一本企业法税融合宝典

企业法税融合
实务指南

王锦莉　马可健　张巧娥　主编

一本企业法税融合宝典

当您看到这本书时，也许您正跃跃欲试，行走在创业的路上，也许您正认真地经营着一家或几家企业，也许您刚刚经历了一家企业的从生到死，也许您正计划加入一家企业或计划和一家企业发生经济往来。

法税融合突破思维
让管理者懂得法税
让法律人理解经营

山西出版传媒集团　山西人民出版社

图书在版编目（CIP）数据

企业法税融合实务指南／王锦莉，马可健，张巧娥主编．
—太原：山西人民出版社，2022.10
ISBN 978-7-203-12355-2

Ⅰ．①企…　Ⅱ．①王…　②马…　③张…　Ⅲ．①企业法－
中国－指南　②企业管理－税收管理－中国－指南
Ⅳ．① D922.291.914-62　② F812.423-62

中国版本图书馆 CIP 数据核字（2022）第 134583 号

企业法税融合实务指南

主　　编：王锦莉　　马可健　　张巧娥
责任编辑：郭向南
复　　审：吕绘元
终　　审：梁晋华

出　版　者：山西出版传媒集团·山西人民出版社
地　　　址：太原市建设南路 21 号
邮　　　编：030012
发行营销：0351 – 4922220　4955996　4956039　4922127（传真）
天猫官网：https://sxrmcbs.tmall.com　电话：0351 – 4922159
E — mail：sxskcb@163.com　发行部
　　　　　　sxskcb@126.com　总编室
网　　　址：www.sxskcb.com

经　销　者：山西出版传媒集团·山西人民出版社
承　印　厂：山西出版传媒集团·山西新华印业有限公司

开　　本：787mm×1092mm　　1/16
印　　张：33.25
字　　数：600 千字
版　　次：2022 年 10 月　第 1 版
印　　次：2022 年 10 月　第 1 次印刷
书　　号：ISBN 978-7-203-12355-2
定　　价：118.00 元

如有印装质量问题请与本社联系调换

编 委 会

主 编

王锦莉　马可健　张巧娥

副主编

于洪源　河北宁昌律师事务所律师、税务师

王永莲　河北三和时代律师事务所合伙人

田雨鑫　北京中闻律师事务所合伙人

白艳红　山西瀛远律师事务所主任

潘品全　广西鼎秀律师事务所副主任、律师

编 委

丛维良　国家税务总局哈尔滨市税务局稽查局干部

刘卫元　广东实能律师事务所律师

刘建忠　山东康桥(威海)律师事务所律师

赵松敏　山西瀛远律师事务所律师

侯　琛　山西宝翰律师事务所律师

钟成渝　山西微天律师事务所合伙人

席　雪　北京市京师(太原)律师事务所律师

序

本书的雏形其实是一张体现企业全流程风险防控的图表：

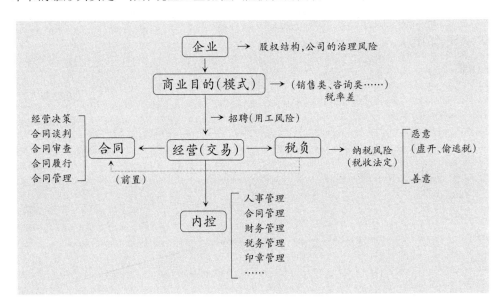

正如表中所示，一个企业无论大小，均要面对公司治理、合同管理、经营模式、劳动人事、税务安排等问题，每个板块看似独立却又相互关联，一本实用性强、内容全面的工具书便显得尤为重要。所以，这本书力求实用。

我们所处的时代日新月异，企业也不断发展。目前，市面上相关的书籍要么专业性太强，只适合法律专业人士学习和使用；要么以偏概全，无法实现融会贯通，而将法律和税务融合起来进行讲述的书籍更是寥寥无几。这就使得很多管理者只能"头痛医头，脚痛医脚"。基于此，这本书力求全面。

本书共分为四编，第一编"公司治理"，包括公司的营业执照、主体、股权架构与股权设计、股东、股权转让等内容，从公司治理角度对企业存在的法律风险、税务风险以及应对策略进行详细阐述；第二编"法税融合看合同"，摒弃常规的合同审查方式，结合企业经营模式，从合同概述、合同审查、合同履行以及合同控税角度对企业合同管理进行了探讨，旨在帮助企业经营者防范风险，增加利润；第三编"劳动用工风险防范"，从员工入职、在职、离职、用工税务角度进行全流程分析，并配合管理表单和制度，帮助企业经营者维护劳动关系，避免、降低劳动用工法税风险，提高企业经济效益；第四编"税收策划"，让企业了解税务风险，并从经营环节举例说明企业常见税种的策划技巧，同时就企业常见税务问题进行总结归纳，帮助企业经营者认识风险、预防风险。

企业都有自身的特殊性，没有放之四海皆准的"道"或"法"，本书系编者多年从业经验的粗浅总结，可作为参考和借鉴，同时尽量通过浅显的语言为法律从业者提供一些税法方面的帮助。因水平所限，遗漏或谬误之处在所难免，这将是今后努力的方向，也期望得到广大读者的指正。

2022年8月20日

目　录

第二编　法税融合看合同

第三编　劳动用工风险防范

第四编　税收策划

第一编

公司治理

第一章 营业执照的故事

当您看到这本书时，也许您正跃跃欲试，行走在创业的路上；也许您正认真地经营着一家或几家企业；也许您刚刚经历了一家企业的从生到死；也许您正计划加入一家企业或是计划和一家企业发生经济往来。那么您是否认真地看过企业的营业执照呢？

为什么要看营业执照？企业治理，实际是一个非常庞大的系统性工程，大到无从下手。但企业就像一个"人"，有自己独有的身份，可以做很多自己要做的事。在企业的生命周期中，就是从获得了一个"户口"为起点的，这个"户口"就是营业执照。

一张小小的营业执照，从最初的手写，到如今的电子营业执照，从样式种类纷繁，到统一版式，见证了中国营商环境的不断优化、经济的不断繁荣。目前，营业执照成为企业唯一的身份信息的集合体，了解企业、读懂企业、探究企业治理，或进行企业风险防控，都要从营业执照开始。

第一节 企业的"户口本"

营业执照长什么样呢？1949年9月27日，中国人民政治协商会议第一届全体会议通过了《中华人民共和国中央人民政府组织法》，设立了政务院财经委员会。委员会内设中央外资企业局和中央私营企业局，负责较大规模的企业登记。而地方登记工作则各不相同，有的是人民政府负责，有的是商会负责。1962年12月31日，国务院颁布《工商企业登记管理试行办法》，各地依照该《办法》的规定，对已经开业的城乡工商企业进行全面的登记，营业执照实现了统一管理。

1982年7月，根据《关于批准国务院直属机构改革实施方案的决议》，工商行政管理总局更名为国家工商行政管理局，2001年4月，国家工商行政管理局更名为国家工商行政管理总局，随着打印机的普及，开始有了打印执照。2014年2月17日，工商总局下发《关于启用新版营业执照有关问题的通知》，营业执照统一为一种样式。2015年9月18日，国家工商总局规定将营业执照中的注册号码调整为18位数，将"注册号"字样调整为"统一社会信用代码"。2019年3月1日，营业执照版式由竖版改为横版，形成我们现在所看到的营业执照样式。

我们现在的营业执照是由市场监督管理局统一颁发的，是企业能从事什么经营活动的凭证，上面记录了企业的名称（叫什么）、统一社会信用代码（身份证号）、类型（属于哪种企业）、住所（住哪里）、法定代表人（谁管事）、注册资本（值多少钱）、营业期限（能经营多长时间）、经营范围（干什么）等。

企业的营业执照有两张，分别叫正本和副本，一大一小，具有相同的法律效力。根据经营需要，也可以申请多个副本。企业往往会将正本悬挂在公司住所或营业场所的醒目位置，这也是法律要求的，否则可能会因为未悬挂执照而受到处罚；副本一般用于外出办理业务使用，比如办理银行开户、税务登记、签订合同等，有点像我们个人的"户口本"和"身份证"，"户口本"我们可以放家里，"身份证"一般带在身上以便办理事务。

企业如果不办理营业执照就会寸步难行。没有营业执照，企业是不允许开业的，也不得刻制公章、签订合同、注册商标、刊登广告，以及到银行开立账户。

所以作为企业的"户口本"，营业执照必须有，而且必须先有，否则什么都不能做。

第二节　营业执照的类型

既然企业一开始就必须有营业执照，那营业执照上所体现的内容企业就必须想好，就像生了个宝宝，他（她）的性别、父母情况、叫什么名字搞清楚，才能去填"出生证"，有了出生证才能办"户口"。

开办企业首先需要考虑的内容就是企业的类型。目前企业类型主要有五种：个体户、个人独资企业、合伙企业、有限责任公司、股份有限公司。

个体户就是个体工商户，一般是由个人或家庭经营，凡是要开展经营行为的，都须依法向市场监督管理部门提出申请，并且经过市场监督管理部门的核准登记，颁发个人经营的营业执照，取得个体工商户的经营资格。如果准备做小本生意，人也少，经营体量也不大，比如小饭店、小超市、五金店、理发馆等，都可以选择个体户的形式。

个人独资企业，简称个独企业，就是由一个自然人投资，财产为投资人个人所有，企业如果需要承担债务，个人要以自己的财产对企业的债务承担无限责任。这种类型最典型的特征是个人出资、个人经营、个人自负盈亏和自担风险。近年来由于各地税收洼地的存在，个独企业在税收策划方面有一定的优势，所以如果经营风险可控且追求税收优势，可以考虑个独企业。

合伙企业，是指自然人、法人和其他组织依法在中国境内设立的，通过订立合伙协议，共同出资经营、共负盈亏、共担风险的企业组织形式。合伙企业包括普通合伙企业和有限合伙企业。普通合伙企业是指由普通合伙人组成合伙人，对合伙企业债务承担无限连带责任的组织；有限合伙企业是指由普通合伙人和有限合伙人组成的合伙企业。除了会计师事务所、律师事务所等特殊企业外，有限合伙企业往往是以投资为目的，或者作为持股平台存在。

有限责任公司是最常见的一种企业类型，是由五十个以下的股东出资设立，每个股东以其所认缴的出资额为限对公司承担有限责任，公司以其全部资产对其债务承担责任的经济组织。这种类型的公司一般有独立的财产，可以以其全部财产对公司的债务负责。也就是说，股东们只要按规定承担当初认缴的那部分出资额后，就不需要为公司承担额外的债务了。

股份有限公司，是指公司资本为股份所组成，股东以其认购的股份为限对公司承担责任的企业法人。设立股份有限公司，应当有2人以上200以下为发起人，可以发行股票筹集资本。我们常见的上市公司一定是股份有限公司，但是股份有限公司不一定是上市公司。如果设立企业之初不仅资本充足，而且有上市的规划，就可以直接选择股份有限公司。

第三节　企业名称如何定

一、企业名称

如果企业的类型定好了，接着就需要绞尽脑汁为这个"即将出世的企业宝宝"想一个有内涵、不重复、响当当的名字。就像人的名字由姓和名组成一样，作为法人的公司或企业的名字，是一个企业区别于其他企业的文字符号，依次由企业所在地的行政区划、字号、行业或者经营特点、组织形式等四部分组成。

企业名称是企业的标志和形象，是企业的第一广告，换一个角度，企业名称是其他人了解一个企业的第一途径，企业名称会随着企业的产生而产生，随着企业的消亡而消亡，企业则以这个名称参与各种经营活动。

【案例】

2017年5月22日，陕西省宝鸡市渭滨区市场监督管理局批准注册了一家公司，名称叫"宝鸡有一群怀揣着梦想的少年相信在牛大叔的带领下会创造生命的奇迹网络科技有限公司"，这个企业名称长达39个字，被称为"史上最长公司名""史上最有情怀公司名"。由于公司名称长达39个字，公司的公章刻制、发票开具也成为网友关注的焦点。

2015年4月2日，昆明官渡区市场监督管理局核准注册"云南妈妈说名字太长不容易被别人记住网络科技有限公司"，公司属于软件信息行业。

类似这样的公司名称，在国家企业信用信息公示系统中还有很多，如××卧槽网络科技有限公司、××这个什么科技有限公司、××那个什么科技有限公司，这些公司名称只要不违反法律的强制性规定，也是合法的，市场监督管理部门也无权拒绝登记。但俗话说，"不怕生意难做，就怕字号起错"，企业名称也应该满足显著性的要求，太长的名称也许很吸引眼球，但不利于人们记忆，在企业创造品牌方面，可能是利弊各半。

按照我国现行法律法规，企业名称需要具备哪些基本要素呢？有过相关经验的朋友都知道，在注册公司时，首要任务是进行核名，直白来讲就是到市场监督管理局申请企业名称。如前所述，企业名称由四部分构成，即行政区划+字号+行业特点+组织形式。公司取名自然有很多讲究，首先是要符合法律法规要求，其次才考虑其对企业的影响。

（一）行政区划

在企业名称的四要素中，行政区划作为企业名称开头，有一些规定和注意事项。

行政区划就是国家为了进行分级管理而实行的区域划分，就是省、市、县、乡这四级行政层级。

1. 以县级以上行政区划开头

企业名称应该以县级以上行政区划作为开头，比如清徐县某某运输有限公司、太原市某某贸易公司、山西省某某公司。在实际中，有的会省去了"县""市""省"等字眼。总之，必须以县级以上行政区划开头，不能以村、镇等地名作为开头，比如"桃源村法律咨询服务有限公司"，这种名称就无法通过市场监督管理部门的审核。

2. 以企业所在地作为行政区划

比如一家公司，其住所在大同，去市场监督管理局注册核名时，名称开头自然不能是

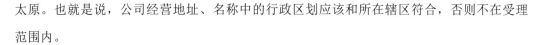

太原。也就是说，公司经营地址、名称中的行政区划应该和所在辖区符合，否则不在受理范围内。

3. 必须是现行行政区划

行政区划名称应当是目前所用的名称，如果是历史上曾经用过的，则不符合规定。比如太原古时称为"并州"，如果企业注册地在太原，企业以"并州××科技有限公司"去市场监督管理局申请核准名称，必然不会通过审核。

4. 不能用简称或俗称代替

行政区划必须是目前官方认定的名称，不能使用俗称或简称。比如太原也叫"龙城"，但是"太原某某科技有限公司"，不能称作"龙城某某科技有限公司"。

5. 功能区不能作为行政区划

什么叫功能区？一般是指为了实现某种目标而设立的管理区，比如各地设立的高新技术开发区、经济技术开发区等。以山西转型综合改革示范区为例，在行政划分上，它并不属于行政区，是由太原经济技术开发区、太原国家高新技术产业开发区、太原武宿综合保税区、晋中经济技术开发区等4个国家级开发区，太原工业园区、山西榆次工业园区、山西科技创新城等3个省级开发区以及山西大学城产业园区，共8个产学研园区整合而成，这种就属于功能区。

6. 不必冠以行政区划的情况

有以下几种情况之一的，企业名称前不必冠以行政区划，其标准相当高，需要到国家市场监督管理总局去核名：①全国性公司；②国务院或其授权的机关批准的大型进出口企业；③国务院或其授权的机关批准设立的大型企业集团；④国家市场监督管理总局定的其他企业；⑤历史悠久、字号驰名的企业；⑥外商投资企业；⑦注册资本（或注册资金）不少于5000万元的。

（二）字号

字号是构成企业名称的核心要素，应由两个以上的汉字组成。字号能够使人们把此企业与彼企业区别开来。一个好的字号，能够提高企业的知名度。当然企业的字号也是登记主管机关审查企业名称时的重点。字号的选择应当注意什么呢？

1. 使用规范的汉字

字号必须使用规范的汉字，不得使用外国文字、汉语拼音字母、阿拉伯数字。规范汉字是指经过整理简化的字和未经整理简化的字。

2. 突出企业特点，提高企业知名度

投资人在选择字号时，应突出自己的特点，让人们印象深刻。如果使用一些缺乏显著性的通用字词做字号，如"熊猫""东方"等，则很难使这些字号为公众所熟知，成为企业的一种显著性标志。例如，熊猫电子和熊猫洗衣粉在市场上都有些名气，但仅提"熊猫"二字，很难令人想到是指上述产品和生产该产品的企业。

3. 可以表达一定的寓意，但避免违反公序良俗、复杂及重复

字号作为一个名称，本身不需要有任何意义，它只不过是一种文字的组合，任何一个汉字都可以与另一个汉字组合成字号。但由于汉字具有表意性，不同的汉字组合可以表达不同的含义。就像父母给自己的孩子取名字的时候，总是再三斟酌，希望通过名字表达自己对孩子的美好祝福，投资人在给企业选择字号时往往也带着这种美好的憧憬。这种通过字号对企业寄予美好希望的思想，在全国各地都很兴盛，比如人们注册公司常用"鑫、顺、昌、发、祥、达、通、锦"等吉祥字词。但这样一来，就很容易因为与已经登记注册或者核准在线的企业名称相似或近似等，而无法通过审核。

4. 行业字词做字号问题

企业字号一般不得使用行业字词，这一要求是与企业名称的保护原则相联系的。如果一个企业用行业字词做字号，则无法区分在一个具体的企业名称中哪些字词是字号，哪些字词是行业或经营特点，致使公众对企业的业务范围发生误认。

企业名称一般不使用行业字词做字号，但并没有绝对禁止。登记主管机关应根据具体情况，灵活掌握。如用"航天""邮电"等行业字词做字号的，要具体分析。如申请叫"航天工业公司"，则"航天"不能认定为字号，因为航天工业是一个特定的行业，在"航天工业公司"名称中"航天"是行业表述，不能作为字号使用。如申请叫"航天房地产公司"则可以认定"航天"为企业名称中的字号，因为不存在航天房地产行业，这一名称中的行业字词是"房地产"，公众不可能产生误解。同理，"邮电国际旅行社"名称中用"邮电"做字号也不会引起误认。

（三）行业或经营特点

在不审查某一企业营业执照中所载的经营范围的情况下，公众要了解它的业务范围一般只能看名称中的行业或经营特点字词，即人们所说的"卖什么吆喝什么"。因此，企业名称中的行业或经营特点用词必须准确。这里所说的准确不是与经营范围绝对一致，而是不应明示或暗示有超越其经营范围的业务。如从事百货销售业务，名称应当以商贸或者经贸

为行业特点；主营科技开发业务，那么名称应以科技为行业特点。

因此，企业应慎重选择名称中的行业或经营特点字词，特别是一些特殊行业。如果企业在名称中使用的行业或经营特点字词涉及国家法律、行政法规规定必须办理专项审批的项目，企业在申请名称核准时必须提交有关审批文件；申请企业名称预先核准的可以不提交，但申请企业登记注册时必须提交有关批件，如不能提交，则申请的预先核准名称无效。对此，企业在申请名称核准登记时，应考虑周全，以避免浪费时间。

近几年，由于经济的发展，市场竞争越来越激烈，很多企业从单一经营转向了多种经营，出现了企业经营范围中的主营业务成了次要业务而次要业务却变成主营业务的现象。在企业界，也出现了申请将名称中的行业改换成大行业名称甚至不要行业字词的要求。但是任何事物都有其两面性，选择大行业字词可以不特指，企业经营方向调整不会影响到企业名称，这对一些大企业，特别是新成立企业，却未必有益。在竞争日趋激烈的市场上，企业没有特长、没有一个突破口是很难打开局面的，如果片面追求大行业大派头，往往淹没了自己的特长，失去了宣传自己的时机，同时失去了一批潜在的顾客，结果是得不偿失。因此，企业名称中的行业或经营特点字词如何选择，是否选择概括性语言或不使用行业或经营特点字词，应根据企业自身的情况来决定，不能盲目追求大名称、大派头。

（四）组织形式

一家企业如何发起成立、归谁所有、由谁来经营，都是由企业组织形式决定的，企业组织形式是指企业存在的形态和类型，主要有个人独资企业、合伙企业和公司制企业三种。企业应当根据不同的目的、不同的阶段选择合适的组织形式。

二、企业名称的意义

企业进行名称登记，可以防止他人使用其名称进行不正当竞争，影响其商业信誉，侵害其商业利益。企业名称经核准登记后，该企业即享有使用权，并产生以下几种效力：

1. 排他效力。企业名称经登记主管机关核准，就可以被企业占有、使用或转让。也就是说，企业名称一经核准登记，其他任何企业不得再以相同的字号在相同或者不同行业进行注册登记。但字号的独占性只是在登记主管机关辖区内的某一个行业范围内的独占，相同的字号在不同登记主管机关辖区和不同行业都有可能被其他企业再使用。除了驰名字号外，一般企业名称中的字号不太可能被某一企业在更大范围内占有和使用。

什么是驰名字号？驰名字号是指在一定范围内，在某一行业或多个行业为社会所共知的企业字号。一个驰名的字号，是企业多年经营的结晶，标志着企业在某一行业、某一领域内的成就。驰名字号本身，说明了公众对企业为社会所做出的贡献的认同。一个企业字号的驰名度，往往与企业的潜在利益有着直接的联系，甚至可以用货币来衡量。因此，世界各国对驰名字号的保护都非常重视。

2.救济效力。一旦企业名称被企业注册，企业就享有相应的救济权利。即企业名称被他人冒用、滥用，或者他人未经企业授权，以企业名义进行其他民事活动，企业有权通过法律途径追究冒用人的法律责任。

3.经济效益。企业在经济活动中向社会提供优质商品或服务，经过不断的努力，自然能得到消费者的认可，使其具有良好的商业信誉。这种良好的商业信誉，使社会公众愿意购买该企业的产品或接受该企业提供的服务。由于企业名称是企业的标识，所以企业名称往往代表某个企业的产品或服务。企业良好的商业信誉给企业带来的经济效益无形地转移到企业名称上，使企业名称具有一定的价值，成为一种独立的财产。这种价值使企业名称作为无形资产可以转让。企业名称中最显著的部分是字号，最有价值的也是字号。如可口可乐公司、全聚德烤鸭店等名称中，最有价值的是"可口可乐""全聚德"，而不是在字号之后的"公司""烤鸭店"等字样。企业的知名度越高，信誉也就越高，其名称就越值钱。

三、企业名称、商标、品牌、LOGO的区别和商业价值

实践中，我们经常会听到企业名称、商标、品牌、LOGO这几个词。它们到底有什么区别呢？哪个是具有法律效力的词汇，哪个是具有商业价值的词汇，下文中一一阐述。

1.企业名称

企业名称是企业注册的名字，通常由行政区划名称、字号、行业、组织形式组成，如北京京东叁佰陆拾度电子商务有限公司、天津顺丰速运有限公司等。企业名称由申请人申报，县级以上市场监督管理部门负责企业名称登记管理。在同一企业登记机关，申请人拟定的企业名称中的字号不得与已经登记的企业名称的字号相同，有投资关系的除外。

2.**商标**

商标，是商品生产者、经营者在其生产或者销售的商品上，或者服务提供者在其提供的服务上使用的，可以由文字、图形、字母、数字等构成，主要用于区别商品或服务来源。经商标局核准注册的商标为注册商标，包括商品商标、服务商标和集体商标、证明商标。商标注册人享有商标专用权，受法律保护。

3.LOGO

LOGO是标志或标记的英文说法，形象的LOGO可以让消费者记住公司主体和品牌文化，

起到对公司的识别和推广作用。LOGO有文字LOGO、图形LOGO、带广告语的LOGO等。LOGO并不是商标，如果把LOGO拿去商标局申请注册，注册成功后才能受到法律保护。

4. 品牌

品牌指公司名称、产品或服务的商标，和其他可以有别于竞争对手的标示、广告、宣传等构成公司独特市场形象和优势的无形资产。品牌包含两个层次的含义：一是指产品或服务的名称、术语、标记、符号、设计等的组合体；二是代表有关产品或服务的一系列附加值，如效用、功能、品位、便利等。

5. LOGO与商标的区别

（1）权利的取得方式不同。LOGO在设计完成后，设计者就拥有了LOGO的著作权，企业可自行选择是否办理著作权登记。著作权登记证明可在侵权行为发生时证明原创性。而商标注册人只有在经过商标局的审核批准后才享有商标权。

（2）权利的归属不同。商标的所有权归商标权人所有，而LOGO的著作权归设计者所有。现在很多公司委托第三方设计公司设计LOGO，在委托设计合同中需约定著作权归公司所有，如果未约定归公司所有，则LOGO的著作权归设计者所有。

（3）受保护的法律和注册机构不同。LOGO受《著作权法》保护，可以到国家版权局，各省、自治区、直辖市版权局进行著作权登记；商标受《商标法》保护，由国家知识产权局商标局负责注册。

（4）受保护的期限不同。LOGO自设计完成之日产生著作权，如果是自然人的作品，保护期为作者终生及其死后50年；如果是法人或者其他组织的作品，保护期为50年。商标的注册有效期为10年，可以通过续展的方式无限期续展商标权。

6. 品牌与商标的区别

（1）商标是品牌的一部分，品牌包括商标。商标是品牌中的标志部分，便于消费者识别不同的商品或服务。而品牌的内涵远不止于此，品牌最持久的含义和实质是其价值、文化和个性，品牌是企业长期努力经营的结果。品牌是人们对一个企业及其产品、服务、文化价值的一种评价和认知，是一种信任。因此，品牌是一种商品综合品质的体现和代表。

（2）商标属于法律范畴，品牌是市场概念。商标是法律概念，是区分商品和服务来源的标志。品牌是市场经济（商业）的概念，是消费者对企业产品或服务的信赖、附加价值、商誉、技术、质量等多种要素支撑的综合性评价和认知。

（3）商标要注册审批，品牌则可自己决定。企业需向商标局提出申请，经过形式审查、实质审查和公告等程序后，才能取得商标注册证。品牌则不同，企业用什么品牌和怎么用不需要谁来批，由企业自定，不过，品牌最好和企业商标一致，便于推广和宣传。

（4）商标有地域限制，而品牌没有。商标具有地域性，世界上每个国家都有自己的商标法，在一国注册的商标仅在该国范围内使用才受法律保护，超过国界就失去了受该国保护的权利。但是对于品牌来说，它的适用范围是无国界的，不受任何限制。

（5）商标是品牌的最重要的商业符号。商标是最重要的品牌资产，商标需要权利化才能获得法律上的保障，是品牌打造的前提和基础。一个品牌要想受到法律保护，首先要遵循"商标先行注册"的原则，品牌设计完成之后应当尽早申请注册，否则从法律的层面得到的保护会非常有限，还存在侵犯他人商标的风险。因此，从本质上看，品牌资产构建的基础就是做好商标布局，从法律上保障品牌权利化，为品牌的后期市场运营保驾护航。

企业名称、品牌、LOGO、商标之间既有联系又有区别，要想充分保护企业利益，应尽早采取行动，例如将品牌标志注册为商标。商标注册前可以先进行著作权申请，在很多商标纠纷案件中，著作权都起着决定性的作用。著作权登记证明作为原始权利的证明文件，可以最大限度保证商标权的稳定。另外，如有单独LOGO，也可以LOGO及时进行著作权申请。

第四节　住所地如何选

一、概念

注册地址是在公司营业执照上登记的"住址"。一般情况下，企业以其主要办事机构所在地为住所。不同的地方对注册地址的要求也不一样，具体应以当地市场监督管理局要求为准。

二、注册地址的选择

企业在工商行政部门登记的住所，应当为其主要办事机构所在地，也就是企业开展业务活动和处理事务的机构所在地。对于达到一定规模的企业来说，企业的办事机构往往有多处，考虑到企业注册地址的上述意义，我国法律明确规定企业注册地址只能有一个。因此，在有多处办事机构的情况下，应根据各办事机构所处理业务的性质不同，确立其中一个为主要办事机构，从而该企业的住所便是该办事机构所在地。

【法规链接】

《中华人民共和国民法典》第六十三条　法人以其主要办事机构所在地为住所。依法需要办理法人登记的，应当将主要办事机构所在地登记为住所。

第六十四条　法人存续期间登记事项发生变化的，应当依法向登记机关申请变更登记。

企业在成立前首先应该选定自己的住所，即选定一个地址作为企业的注册地。在申请企业注册登记时，需要向登记机关提交住所的证明材料，用以证明即将要注册的企业对该住所享有使用权。作为公司注册地的地址是否可以随意选择？选择注册地址有什么注意事项呢？

1. 公司注册地址的房屋可以是租赁的，也可以是自有的，但必须有产权证明。产权证明包括房产证、商品房买卖合同、村委会证明、土地使用证、拆迁安置协议等。无论是租赁的，还是自有的房屋，在进行注册登记时，市场监督管理部门都会要求提供该房屋的产权证明。

2. 公司注册地址房屋产权属于企事业单位的，需提供租赁合同原件及该单位的营业执照副本复印件并加盖公章。租赁个人的房屋，注册登记时的手续相对简单，但租赁个人房屋，往往无法取得发票。二者各有利弊。

3. 公司注册地址的房屋产权性质可以是住宅、商住、商业、办公、写字楼等，所以公司注册到自己的家里是可以的。若产权性质为住宅或商住，待企业名称核准后要提供当地居委会、业主委员会或物业公司加盖公章的《住所（经营场所）登记表》。

4. 商务中心，也就是写字楼。商务中心由物业公司购买或者长期租用，在相关部门的批准下，分割成小型的办公场地，然后单独租赁出去。这种场地的位置和环境基本上是比较好的，所以费用比较高，比较适合规模大、资金充裕的企业。

5. 集中办公区。顾名思义是大家集中起来在一个地方办公。不同公司合租一个办公室，不影响彼此的业务开展。共享办公设施，实现了资源共享，大大降低了前期租用办公室的费用，适用于刚起步、资金相对比较紧张的中小型公司。

6. 虚拟地址，只用来注册，但是不能实际办公，是用来配合市场监督管理局信息核查的地址，适合资金短缺的初创企业，如作为科技类公司的孵化器。

三、企业注册地址的法律意义

企业可以有多处生产、营业场所，但是经登记机关登记的企业住所只能有一个，并且这个公司住所应当在登记机关管辖范围内。为什么要规定企业住所？最基本的理由就是为了在任何时候都能找到这家企业。

在民法上，自然人的居住地和户籍地具有十分重要的法律意义，法人作为另一类重要的民事主体，在法律上也为其建立了住所制度。具体说来，可以将企业注册地址的法律意义总结为以下几方面。

1. 企业注册地址是企业设立的条件之一

由于住所是企业开展各种业务的中心场所，因此企业不能没有住所，这就像国家不能没有领土一样。住所是企业设立的必要条件之一，是在市场监督管理部门申请设立时必须具备的，没有住所，就无法进行企业注册登记。理论上讲，企业没有固定住所，市场监督管理部门也无法对其进行监督管理。

2. 企业注册地址是确定管辖标准的依据

实践中，有的当事人在签订合同时，没有约定合同的履行地点，此时，法律会给当事人提供一个相应规则。由于这一问题涉及地点的确立，而对于各类民事主体来说，住所在法律上有明确的判定标准，易于确立，因此住所便成为解决这一问题的首要选择。

此外，民事诉讼法在建立地域管辖标准时，首要的选择也是当事人的住所；国际私法在建立准据法规则时，也经常以当事人的住所为依据。

3. 企业注册地址是确定法律文书送达地的依据

《民事诉讼法》规定，人民法院送达诉讼文书，应当直接送交受送达人；直接送达诉讼文书有困难的，可以邮寄送达。对企业来说，无论是直接送达还是邮寄送达，均以公司住所地为送达地址。

4. 注册地址是确定登记、税收等其他管理机关的依据

注册地址在一定意义上是公司享有权利和履行义务的法定场所，比如，税务机关送达税务方面的文书，必须有一个可以送达的处所；公司置备财务会计报告等资料供股东查阅，应当置备于公司住所等。

四、注册地与实际经营地不一致的风险

1. 注册地与实际经营地址不一致，在司法实践中将会造成法院送达诉讼文书的困难，公司可能会因此承担不利的诉讼后果。

2. 企业注册地址与实际经营地址不一致，可能被市场监督管理部门列入经营异常名录。

根据《企业经营异常名录管理暂行办法》的规定，市场监督管理部门在依法履职过程中通过登记的住所或者经营场所无法与企业取得联系的，企业将被列入经营异常名录。

3. 会面临行政处罚的风险。注册地址与实际地址不一致的，可根据《公司登记管理条例》之规定，处以1万元以上10万元以下的罚款；登记主管部门对擅自变更主要登记事项，未按规定进行变更登记的，可根据《企业法人登记管理条例施行细则》之规定进行警告、没收非法所得、处以非法所得额3倍以下但最高不超过3万元的罚款、责令停业整顿、扣缴营业执照甚至是吊销营业执照等行政处罚。

4. 不能在银行开户。根据银行管理规范，银行会对申请人开户申请资料的真实性、完整性和合规性进行审查，并且银行会根据工商注册地址上门核实公司是否在实际经营中，所以，如果公司注册地址与实际地址不一致，将不能通过银行审核，无法设立公司账户。

如果企业在创业初期资金紧张，可以选择入驻创业孵化器（集中办公区），使用它们的注册地址。这种情形下，企业在对外签订合同或者进行其他业务活动的时候应当将实际办公地址作为联系地址标明，避免出现企业登记注册地空置化。

第五节　营业执照如何领

公民个人有户口本、身份证，而营业执照就相当于企业的户口本、身份证，营业执照的领取就是公司注册成立的过程。公司设立时必须对设立流程中的制度、文件进行合理设计，才能规避公司设立过程中的各类法律风险。

一、公司设立的合规程序

1. 签署发起人协议

发起人协议是发起人之间就设立公司事项所达成的明确彼此权利义务关系的书面协议。在公司设立程序中，组建公司的方案、股权分散或集中程度、发起人之间的职责分工等，均由发起人协议形成最初的格局。签署发起人协议不仅对公司的组建工作至关重要，对公司的未来发展也有着重要的影响。

2. 订立公司章程

订立章程是公司设立的一个必要程序，订立公司章程的目的是确定公司的宗旨、设立方式、经营范围、注册资本、组织机构以及利润分配等重大事项，为公司设立创造条件，并为公司成立后的活动提供一个基本的行为规范。

根据《公司法》的精神，公司治理遵循高度自治的原则。公司章程相当于公司内部最高效力的法律，是公司治理的基本纲领和指引。在公司股东发生纠纷时，往往需要从章程中找依据。因此，制定公司章程应当进行充分研讨，形成切实符合股东意愿和公司实际的章程。但在现实生活中，一些地区的市场监督管理部门要求公司章程必须按照规定格式制定，甚至一些采用网上电子注册的地区，企业登记时，只能根据系统中的提示填写股东姓名、注册地址、注册资本、股权比例等必要条款，其他条款由系统自动生成，无法修改。针对这些情况，建议在公司注册登记成功后，再根据实际情况修改章程并备案，而不是在公司注册后就将公司章程束之高阁，不闻不问。

3. 前置审批

根据《公司法》规定，我国实行准则主义为主、核准主义为辅的公司设立制度。因此报经批准并不是设立公司的必经程序，只有法律、行政法规规定设立公司必须报经批准的，例如金融控股公司、证券公司、营利性民办学校、危险化学品经营企业、经营快递业务的企业等，需要在公司登记前依法办理批准手续。根据《市场监管总局关于调整企业登记前置审批事项目录的通知》（国市监注发〔2021〕17号），目前我国公司登记注册需要前置审批的事项共有35项。

4. 申请工商登记

设立有限责任公司，应当由全体股东指定的代表或共同委托的代理人向公司登记机关申请登记。申请设立有限责任公司应当向公司登记机关报送公司登记申请书、公司章程等文件。法律、行政法规规定设立时必须经过审批的公司还应提交有关审批文件。公司登记机关对于申请进行认真审查，凡符合《公司法》规定条件的，应予以登记，经公司登记机关核准并发给营业执照，公司即告成立。

5. 缴纳出资

股东出资既是公司设立的必要条件，也是公司设立过程中最核心的事项。2014年国家颁布了《国务院关于印发注册资本登记制度改革方案的通知》（国发〔2014〕7号），公司登记注册由实缴制改为认缴制，在工商注册时无须先进行验资，股东认缴注册资本总额，《公司法》对公司注册资本额、股东实缴额和出资期限原则上不再做限制，均可由股东在公司章程中约定，并按照公司章程的约定分期实缴出资即可。但是，公司登记机关对认缴可以进行合理性审查。例如，公司的营业执照注明的经营年限为20年，但股东认缴出资的年限设定为30年，这种情况就属于不合理，登记机关可以要求改正。

注册资本认缴制实行后，注册公司门槛降低，但注册资本也并不是越多越好！理论上，根据《国务院关于印发注册资本登记制度改革方案的通知》，除了银行业金融机构、证券公司、期货公司、基金管理公司、保险公司、保险专业代理机构和保险经纪人、直销企业、对外劳务合作企业、融资性担保公司、募集设立的股份有限公司，以及劳务派遣企业、典当行、保险资产管理公司、小额贷款公司等27个行业暂不实行注册资本认缴登记制，仍然实行注册资本实缴登记制（《国务院关于实施金融控股公司准入管理的决定》国发〔2020〕12号文新增金融控股公司实行实缴制），其他行业的注册资本是可以随意设定的。

但作为创业者，应当有比较强的法律意识，建议考虑以下几点因素：

第一，公司注册资本要参考所在行业资质要求。比如，互联网公司申请ICP经营许可证时，要求公司注册资本在100万以上；天猫、京东也对入驻平台的商家提出了要求：注册资本为200万以上。其他需要资质/资格的，如招投标等，参照行业通行做法就可以了。

第二，注册资本越大，承担的风险和责任就越大。注册资本与所要承担的风险和责任是成正比的。例如，注册资本为100万的公司，如果经营不善，欠了1000万的外债，那么股东最多只需用100万的出资额来承担责任，超出的部分就和他没关系了。

第三，注册资本的实缴程度影响印花税负担。根据《国家税务总局关于资金账簿印花税问题的通知》（国税发〔1994〕25号），企业"记载资金的账簿"的印花税计税依据改为"实收资本"与"资本公积"两项的合计金额，每年年底，企业要按"实收资本"和"资本公积"的合计金额缴纳万分之五的印花税。例如，一家有限公司的注册资本是100万元，如果企业完成实缴，印花税将是500元。而注册资本越多，在完成实缴时，其印花税也越高。

创业者在注册公司时，应当考虑注册资本并不是越多越好，最重要的是股权比例，而不是注册资本。根据自己的实际情况，设定一个合理的注册资本，才是理智的选择。

二、公司工商登记注册

1. 核准名称

时间：1—3个工作日。

操作：网上填报，填写准备申请的公司名称，由市场监督管理局网上审核是否有重名，如果没有重名，就可以使用这个名称，会核发一张企业（字号）名称预先核准通知书。

预先核准的公司名称在保留期内，不得用于经营活动，不得转让。

2. 提交材料，申请设立登记

时间：5—15个工作日。

操作：核名通过后，确认地址信息、高管信息、经营范围，在市场监督管理局系统网上填报信息，将填报好的资料打印下来，由法定代表人签字。网上审核通过后提交资料，在线预审通过之后，按照预约时间去市场监督管理局递交申请材料。审核通过后，收到准予设立登记通知书。

3. 领取执照

时间：预约当天。

操作：携带准予设立登记通知书、交件人员身份证原件，到市场监督管理局领取营业执照正、副本。

4. 刻章等事项

时间：1—2个工作日。

操作：凭营业执照，到指定刻章点制作公司公章、财务章、合同章、法人代表章、发票专用章。至此，一个公司注册完成。

三、营业执照领取之后的事项

1. 办理银行基本户

公司注册完成后，需要开设银行基本户。银行基本户（又称"基本存款账户"）是公司办理转账结算和现金收付的主要账户，日常资金收付以及工资、奖金和现金的支取都可以通过这个账户来办理。根据《人民银行结算账户管理办法》的规定，一家单位只能选择一家银行申请开立一个基本存款账户。

2. 记账报税、申报税控

记账就是根据审核无误的原始凭证（公司经营期间的所有收入、成本、费用、发票），按照国家统一会计制度，通过指定的记账法把经济业务序时地、分类地登记到账簿中。

完成公司注册后，需先办理税务报到，报到时需提供一名会计的信息(包括姓名、身份证号、联系电话)。公司成立后一个月起，需要会计每月记账并向税务机关申报纳税。企业准备好资料并报到后，税务局将核定企业缴纳税金的种类、税率、申报税金的时间，及企业的税务专管员。企业日后将根据税务部门核定的税金进行申报与缴纳。

如果企业要开发票，需要申办税控器，参加税控使用培训，核定申请发票。完成申请后，企业就可以自行开具发票了。

报税是纳税人在法定纳税义务发生后，在申报期限内，以书面或电子数据等形式向主管税务机关申报缴纳税款的行为。如果在纳税期限内，公司没有按时报税缴纳税款，主管税务机关可以按规定对企业进行处罚。

3. 社保开户

公司注册完成后，需要在30天内到所在区域的社保局开设公司社保账户，办理社保登记证及CA证书，并和社保、银行签订三方协议。之后，社保的相关费用会在缴纳社保时自动从银行基本户里扣除。

4. 企业年报

根据《企业信息公示暂行条例》的规定，每年1月1日至6月30日，企业应当报送上一年度年度报告，内容包括公司基本情况简介、主要财务数据和指标、股东及股东变动情况等。

第六节　法人、法定代表人与法人代表

1. 法人。通俗来讲是一个组织。法人是相对于自然人的一个概念，是享有民事权利和承担民事义务的组织机构。法人实际上不是人，是组织机构，在法律上，一个单位就是一个"人"，所以就有了"法人"。我们平常生活中常见的公司就是"法人"，像有限责任公司、股份有限公司等。而合伙企业、个人独资企业、个体户不是法人。同样，我们平常所说的张三是某某企业的法人，这种说法是不准确的，某某企业本身就是法人，张三只是企业的法定代表人，而不能称为法人。

2. 法定代表人。顾名思义就是"法律上规定的代表人"。企业在经营过程中，需要一个活生生的自然人代表机构从事经营业务，那么就要记录在营业执照上，也就是我们在营业执照上看到的法定代表人。

《中华人民共和国民法典》第六十一条规定，依照法律或者法人章程的规定，代表法人从事民事活动的负责人，为法人的法定代表人。法定代表人以法人名义从事的民事活动，其法律后果由法人承受。法人章程或者法人权力机构对法定代表人代表权的限制，不得对抗善意相对人。

所以，法定代表人的行为代表了法人的意志，体现了法人的利益，因此其以法人名义从事的民事活动的法律后果由法人承担。法定代表人对外的商业活动代表的是公司，也就

是法定代表人代表公司签字的文件，公司是要认账的。

不是谁都可以当法定代表人，有以下情形的，企业登记机关不予核准登记，不能担任法定代表人：（1）无民事行为能力或被限制行为能力的；（2）正在执行刑罚或者被执行刑事强制措施的；（3）正在被公安机关或者国家安全机关通缉的；（4）因犯有贪污贿赂罪、侵犯财产罪或者破坏社会主义市场经济秩序罪，被判处刑罚，执行期满未逾五年的；（5）因犯有其他罪，被判处刑罚，执行期满未逾三年的；（6）因犯罪被判处剥夺政治权利，执行期满未逾五年的；（7）担任因经营不善破产清算的企业的法定代表人或者董事、经理，并对该企业的破产负有个人责任，自该企业破产清算完结之日起未逾三年的；（8）担任因违法被吊销营业执照的企业的法定代表人，并对该企业违法行为负有个人责任，自该企业被吊销营业执照之日起未逾三年的；（9）个人负债数额较大，到期未清偿的；（10）有法律和国务院规定不得担任法定代表人的其他情形的。

3. 法人代表。也可以称为代理人。在企业的经营过程中，不可能任何事情都让法定代表人出面去解决，这个时候就需要授权第三者在授权的范围内从事经营活动，这个被授权的就是法人代表，他是某个或某些事项的代理人。比如单位要办一件事，可以派单位里的任何一个人去，但是需要出具书面证明，而任何一个被单位派出去办事的人都叫法人代表，这个法人代表（代理人）并不是固定的，单位可根据需要随时更换。

4. 法人、法定代表人和法人代表三者的关系。我们可以这么理解法人、法定代表人和法人代表三者的关系：法人是一个单位，法人在法律上的负责人叫法定代表人，法人派出去办事的人叫法人代表（代理人）。所以，如果张三自称某公司的法人代表，他要代表公司与我们发生经济往来时，我们应当查看公司出具的授权委托书或介绍信等能证明张三确实有办理该事务的权限的书面文件。在查看授权委托书或介绍信的时候，还要注意，有的书面文件是泛泛地承认其办事权限，有的是有时间限制的，还有的是限于某件事或某类事。如果不认真审查，那么张三在文件授权范围之外与我们签约，将来他所在的公司根据法律规定可以反悔或不承认该约定。

5. 法定代表人一定要由股东来担任吗？部分管理者有一个误区，认为法定代表人必须由股东来担任。实际上，公司法定代表人可以由股东来担任，也可以不由股东来担任。法定代表人是公司的负责人，法定代表人与公司在内部也往往是劳动合同关系，所以法定代表人属于雇员，而股东是公司的资金投入者。在一般的公司中，法定代表人享有经营和管理的权力，而股东只是投资者，不具备经营权，不能对公司业务进行经营和管理。

第七节 注册资本

一、概念

营业执照中的注册资本，是指全体股东出于公司经营的需要，所提供或承诺提供的资金总数。注册资本和实收资本是有区别的，一般情况下，营业执照的注册资本等于实收资本，但在2014年3月1日以后，法律将公司注册资本从"实缴制"修改为"认缴制"。而且注册资本的实缴也没有期限承诺要求，只要不超过公司的经营期限，可以分期实缴；同时，注册资本已经没有认缴的最低限额，理论上讲，"一元公司"也是可以存在的，同样注册资本的最高额也没有限制。

二、注册资本是否越高越好

由于新《公司法》取消了对实缴出资的期限规定，允许股东自行约定实缴出资的期限，因此，有些企业管理者认为既然不需要实缴资本，那就把注册资本定得高一点，一方面通过高额注册资本来提升公司形象，一方面将出资期限无限制地推后。这种方法看似两全其美，实际上隐藏了重大债务风险。

在认缴之后，股东出资缴付期限可以通过章程约定的方式推后，但如果股东利用认缴期限延后，恶意规避债务的意图非常明显，或者在产生债务后，通过股东会决议，恶意延长认缴期限，可能会构成股东出资不实损害债权人利益的情况，在公司对外产生债务，又没有财产可以执行的情形下，债权人有权要求股东的认缴期限加速到期，对公司债务承担补充赔偿责任。

我国《公司法》规定，公司解散时股东尚未缴纳的出资都应当作为清算财产。当公司要申请注销时，如果根据公司章程存在应缴纳出资，但没有缴纳或没有足额缴纳的，要按照章程规定足额缴纳出资，如果公司章程约定的注册资本未到期也可以不补缴，不过剩下没缴的注册资本要当作公司注销时的清算财产，如果公司在注销清算时发现现有资本仍然不够抵债的，股东就要以未缴出资部分为限对外承担连带清偿的责任，如果公司在设立时注册资本非常高，那么办理注销时股东将面临较高的债务风险，所以说注册资本并非越多越好，应当量力而行，既要考虑自身经营的需要，也要考虑可能发生的债务风险，不要让注册资本成为创业路上遇到的第一个坑。

股东对公司负有如期缴付出资的义务，出资人或认股人缴纳出资或股款成为股东后，即完成了对公司的全部责任，对于公司债权人和公司均不负任何法律义务或责任，如果股东出资不到位或出资不实，"空手套白狼"，一定程度上会扰乱市场经济秩序。

三、股东不履行出资义务的法律责任

一是民事责任，包括对内民事责任，即向公司补足出资；向其他股东承担违约责任；股东权利受到限制，比如只能按照实缴的出资比例分取红利、行使表决权等。还包括对外民事责任，即出资不足的股东，对于公司的债务应当承担连带清偿责任。对此，《公司法》司法解释（二）第二十二条第二款规定："公司财产不足以清偿债务时，债权人主张未缴出资股东，以及公司设立时的其他股东或者发起人在未缴出资范围内对公司债务承担连带清偿责任的，人民法院应依法予以支持。"二是行政责任，即因出资不足将面临市场监督管理部门的行政处罚。对此，《公司法》第二百条规定："公司的发起人、股东虚假出资，未交付或者未按期交付作为出资的货币或者非货币财产的，由公司登记机关责令改正，处以虚假出资金额百分之五以上百分之十五以下的罚款。"三是刑事责任，即因其出资不足，可能构成虚报注册资本罪而被追究刑事责任。对此，《刑法》第一百五十八条规定："申请公司登记使用虚假证明文件或者采取其他欺诈手段虚报注册资本，欺骗公司登记主管部门，取得公司登记，虚报注册资本数额巨大、后果严重或者有其他严重情节的，处三年以下有期徒刑或者拘役，并处或者单处虚报注册资本金额百分之一以上百分之五以下罚金。单位犯前款罪的，对单位判处罚金，并对其直接负责的主管人员和其他直接责任人员，处三年以下有期徒刑或者拘役。"

四、如何确定注册资本的金额

注册资本究竟是高了好，还是低了好？注册资本从《公司法》的本意来说，主要有两个作用，一是作为公司的启动资金，二是作为公司基本的信用指标，让外人知道公司值多少钱。这两个作用里面，第一个作用是最主要的。

一家公司设立、运作起来，是需要启动资金的。即使一家不实际经营的公司，也会产生设立费用以及日常报税等开支，同样需要一些资金。

启动资金哪里来？一是股东投入的出资，二是公司向外去借款。一家刚成立的公司，通常情况下，是不太可能借到钱的，所以启动资金主要就是依赖股东的出资。这也是注册资本原始的作用。因此，注册资本定多少，要根据公司从设立到正常运营需要多少资金来确定，需要多少，公司注册资本就至少要有多少。当这个最主要目的确定后，注册资本的底数就可以确定。比如，根据公司的经营计划，半年到一年之内运营资金需要100万，那

么注册资本就定至少100万。底数定了之后，再考虑其他的事项，比如股权比例、股东之间的关系等。在安排好股东关系的前提下，股东们稍微多出一点资，对公司而言总是好事。

注册资本的第二个作用，对于一部分公司而言可能不是很重要，但对于某些行业的公司来说可能是要特别考虑的。在一些行业，项目的招标对于公司注册资本是有要求的。公司要取得某些特别的许可和资质时，也要求公司注册资本不能低于特定数额。

第八节　营业执照背后的信息

对于企业而言，写在营业执照上的并不是全部，还有很多更为具体的内容，能够体现一个企业的经营状况、履行能力以及风险状况。这些内容多数都记录在企业的工商登记信息里面。我们只要查询到企业详细的工商登记信息，并且读懂这些信息所反映的内容，在选择合作伙伴、投资对象时就会更加游刃有余，胸有成竹。

一、如何查询企业的工商信息

在信息轰炸的网络狂潮下，真真假假的信息映入眼帘，要全面有效地查询企业的工商信息，有几种方法可供参考。

方法一：在国家市场监督管理总局门户网站查询。企业可以通过搜索"国家企业信用信息公示系统"，点击官网链接进入首页，输入企业全称，就可以查询到工商登记信息，注意企业全称不要有误，毕竟全国那么多企业。查询后的所有信息也可以打印保存，以备后用。

方法二：可以在一些靠谱的平台查询企业工商登记信息，例如：企查查、天眼查、启信宝等，而且这些平台都开发有手机App，操作起来非常简单。这些平台企业信息更新快，内容与工商登记系统几乎一致，除企业申请不公开的信息外，其他企业详细信息都可以看到，包括营业执照信息、企业的背景信息、知识产权、股东成员、经营状况、司法风险信息、关联企业、股权架构、历史信息等信息。

方法三：去当地市场监督管理局查询。当然这种查询，得到的结果是最全面的，但是也是最麻烦的。需要查询人办理相关手续。

日常经营活动中，我们想了解一个公司的情况，前两种方法就基本上够用了，如果涉及重大投资、并购重组等情况，建议由专业人员前往企业注册地的市场监督管理局查询企业详细信息，了解清楚企业的前世今生。

二、可以查看哪些信息

以天眼查手机App查询到的信息为例。

1. 企业基本信息。如企业名称、法定代表人、注册资本、成立日期、股东等。

2. 企业背景。该部分涉及企业股东的信息，包括企业股东的构成情况、股东的类型（自然人还是法人）、股东实力情况，可以反映公司的投资实力。同时，还可以查询公司的对外投资情况，一般来说，对外投资项目越多、种类越杂，说明公司的关联公司越多，相对而言公司的实力会好一些。还有就是公司的年报，如果公司按照法律规定上传年报材料，那么查询者是可以从年报中了解到公司的经营状况、资产负债情况、对外担保情况，以及发展轨迹和发展状况。另外，还可以查询到公司的股权架构，一个良性发展的公司股权架构必与其公司类型匹配，本部分内容我们会在后面的章节中展开论述。

3. 司法风险。我们可以查询到企业的诉讼情况：企业是否涉诉？主要是哪种诉讼？比如一个贸易企业的工商信息中标注有多个诉讼，而诉讼的主要内容是被他人起诉索要货款，那查询者如果有与该公司合作的意向，就需要谨慎考虑了。从该部分还可以看出企业是否是失信被执行人或者被执行人，以及企业的破产重整情况，如果标注有这些信息，那查询者就要多注意了，以免与之合作或投资后发生不必要的经营风险。

4. 经营风险。该部分内容所体现的方面比较多，对查询者比较重要的有以下三点。第一，是否存在经营异常，如果企业信息中标注有经营异常，那就要看异常项目是什么，是税务异常，拖欠税款，还是工商信息发生变更未报备，或是地址异常和年报异常。如果出现上述经营异常，就可能无法开发票，或者相关的企业法定代表人、税务负责人被列入企业异常名录，不得注册其他公司，也无法办理股权转让。第二，是否受过行政处罚，如果企业所在的行业对于环保、安全、消防等要求比较严格，需要有相关的资质或者企业的主要业务需要进行招投标的，那么就要注意这一内容了。第三，是否存在股权出质、质押和动产不动产抵押等，这些都关系到企业的现有经济状况。尤其是涉及企业贷款、股权转让、重大资产交易、房地产开发等业务时上述内容都需要查询者认真查询，谨慎核实。

5. 企业发展和经营信息，这部分内容主要是一些新闻、行政许可、资质证书等，对于查询者侧面了解企业也非常重要。

当然，除了上述列举的查询内容，还有其他内容可以通过工商信息进行了解，我们可以根据实际需求逐一了解。

第二章 公司主体的选择

第一节 企业类型有哪些

企业组织形式是指企业存在的形态和类型。在我国,企业的组织形式主要有独资企业、合伙企业和公司制企业三种。其中法定公司制企业有两种形式:一是有限责任公司,二是股份有限公司。

一、有限责任公司

(一)概念

有限责任公司,通常称为有限公司,是指根据法律规定登记注册,由五十个以下的股东出资设立,每个股东以其所认缴的出资额为限对公司承担有限责任,公司法人以其全部资产对公司债务承担全部责任的经济组织。

为什么要称之为有限责任公司呢?有限责任,顾名思义,是指股东承担的责任是有限的,也就是说公司股东对其投资设立的公司承担的责任是有限的,有限责任公司的股东以其认缴的出资额为限对投资公司承担责任。举个例子,当公司出现资不抵债的情况时,无论公司到底亏了多少钱,股东承担责任的上限就是公司设立时自己认缴的出资额,超过认缴金额的部分,一般情况下股东无须承担责任,这个责任由被投资公司自行承担。

【案例】

刘、关、张三人共同成立了桃园投资有限责任公司,注册资本500万,三人的认缴出资额为200万、200万、100万,后因经营不善导致公司负债1000万元,那么刘、关、张应承担的负债上限就是200万、200万、100万。超出部分即剩余的500万负债怎么处理呢?只能由桃园公司这个商主体来自行承担了。

（二）有限责任公司的特点

1. 股东以认缴出资额为限对公司承担责任

注意，这里是"认缴"！如果股东在公司注册成立时，只是认缴了出资额，没有实际缴纳出资，在公司资不抵债或对外欠债时，股东就应当以认缴的出资额为限陪着公司承担连带责任。但如果股东在公司注册时或者资不抵债前，已经完全实际缴纳了出资额，就无须再对公司债务承担连带责任了，即使将来公司破产解散，股东也不必再承担公司名下的债务，这也是"有限"的终极意义。

2. 公司以其全部财产承担债务

当公司对外负债时，公司应当用全部财产去偿还。全部财产包括公司的全部资金、以物的形式存在的其他资产以及对外拥有的债权等。当公司用全部财产偿还债务后，剩余债务仍没有偿还完毕，公司可以进入清算程序，清算结束后，到市场监督管理部门办理注销登记。如果公司仍愿意负债经营，也可以不进入清算程序。

3. 灵活性较高

一方面，在注册时，有限责任公司的注册资本要求并不是很高，一般情况下，有几万元就可以了，这对创办公司的人来说非常有利。另一方面，有限责任公司的管理也比较简单，许多程序没有股份有限公司那么复杂。总之，公司规模可大可小。俗话说船小好转舵，遇有市场风险时，小一点的有限责任公司就显得格外灵活一些。所以，在创业初期，有限责任公司是一种较好的选择。

（三）设立条件

设立有限责任公司，一般情况下，第一，要有投资人员，也就是要有投资入股的股东，这是设立公司的第一步；第二，要考虑股东出资的情况，这是公司设立的经济基础；第三，要由参与者商议制定公司章程，形成共同的意思表示；第四，着手建立规范的公司组织机构，也就是符合有限责任公司要求的管理经营机构；第五，使公司具有生产经营的条件。

从法律上看，设立有限责任公司的法定条件是：

1. 股东符合法定人数；

2. 股东出资达到法定资本最低限额；

3. 股东共同制定公司章程；

4. 有公司名称，建立了符合有限责任公司要求的组织机构；

5. 有固定的生产经营场所和必要的生产经营条件。

对于上述法定条件的详细内容,法律还有具体规定。

（四）有限责任公司的利弊

有限责任公司这种企业形式必定有其优势,所以,这种形式才会成为市场经济主体的主流。

有限责任公司侧重点在于"有限",将自然人和法律拟制出来的人也就是法人二者的界线清晰地画了出来,这样就形成了现代企业法人制度,而其所强调的是权利、责任的具体化、独立化。

即便如此,有限责任公司制度也存在显而易见的缺陷。因为其投资人的有限责任规定,目前,由于社会信用体系不完善、股东进退机制不健全,同时监督体系效率低,导致有限责任这一原本美好的设想演变成"有心人"规避责任的机制,从而降低了对债权人的保护力度。

为应对这样的弊端,"揭开公司面纱"这样的穿透追责机制应运而生。穿透机制,具体来说就是准确识别公司和股东的人格混同。如果在有限责任公司的经营过程中出现公司和股东的人格混同,比如公司公户和股东私户之间存在频繁的账务往来,公户资金直接用于股东个人消费,或者其他原因导致股东与公司的财产无法明确分开,那么股东对公司债务便不再承担有限责任,而是以其所有资产对公司债务承担无限连带责任。但是这种穿透追责对企业的真实运营状况的审核要求极高,需要有相应的财务审计制度。

二、股份有限公司

（一）概念

股份有限公司是指公司资本为股份所组成,股东以其认购的股份为限对公司承担责任的企业法人。根据我国法律规定,设立股份有限公司,应当有2人以上200人以下发起人。由于所有股份公司均须是负担有限责任的有限公司（但并非所有有限公司都是股份公司）,所以一般合称"股份有限公司"。

（二）股份有限公司的特征

股份有限公司是将公司的资本总额平分为金额相等的股份,可以向社会公开发行股票筹资,股东以其所认购股份对公司承担有限责任,公司以其全部资产对公司债务承担责任。股份有限公司具备以下特征:

1. 股东具有广泛性

股份有限公司通过向社会公众广泛地发行股票筹集资本,任何投资者只要认购股票和支付股价款，都可成为股份有限公司的股东。

2. 出资具有股份性

股份制公司中，股东的出资具有股份性。这一特征是股份有限公司和有限责任公司的区别之一。股份有限公司将其全部资本划分为金额相等的股份，股份是构成公司资本的最小单位。

3. 股东责任有限性

股份有限公司究其本质还是有限公司，股东承担的仍然是有限责任。也就是说股东对公司债务仅就其认购的股份为限承担责任，公司的债权人不得直接向公司股东提出清偿债务的要求。

4. 股份公开、自由性

股份有限公司通常以发行股票的方式公开募集资本，这种募集方式使得股东人数众多、分散。同时，为提高股份的融资能力和吸引投资者，股份必须有较高程度的流通性，因而股票必须能够自由转让和交易。

5. 公司的公开性

股份有限公司的经营状况不仅要向股东公开，还必须向社会公开，使社会公众了解公司的经营状况，这也是和有限责任公司的区别之一。

由此可以看出，相比于有限责任公司，股份有限公司是典型的"资合公司"。简单地说，就是一个人能否成为股份有限公司股东，决定于他是否缴纳了股款，购买了股票，而不取决于他与其他股东是否达成一致意见，因此，股份有限公司能够迅速、广泛、大量地集中资金。

（三）设立条件

股份有限公司具有能够迅速、广泛、大量地集中资金的特征，为了避免市场主体采取设立股份有限公司的方式非法集资，破坏市场经济秩序，法律要求的股份有限公司的设立条件比其他企业都要苛刻得多：

1. 发起人符合法定的资格，达到法定的人数。发起人的资格是指发起人依法取得的创立股份有限公司的资格。股份有限公司的发起人可以是自然人，也可以是法人，但发起人中须有过半数的人在中国境内有住所。设立股份有限公司，必须达到法定的人数，应有2人以上200人以下的发起人。

2. 发起人认缴和向社会公开募集的股本达到法定的最低限额。为保护债权人或者股民的利益，股份有限公司必须具备基本的责任能力，设立股份有限公司必须达到法定注册资本要求。根据《国务院机构改革和职能转变方案》，现在已经取消股份有限公司最低注册资本限制，仅对有特定要求的股份有限公司的注册资本进行限额。

3. 股份发行、筹办事项符合法律规定。股份发行、筹办事项符合法律规定，是设立股份有限公司所必须遵循的原则。

4. 发起人制定公司章程，并经创立大会通过。股份有限公司的章程，是股份有限公司的重要文件，其中规定了公司最重要的事项。它不仅是设立公司的基础，也是公司及其股东的行为准则。因此，公司章程虽然由发起人制定，但以募集设立方式设立股份有限公司的，必须召开由认股人组成的创立大会，并经创立大会决议通过。

5. 有公司名称，建立符合公司要求的组织机构。名称是股份有限公司作为法人必须具备的条件。公司名称必须符合企业名称登记管理的有关规定，股份有限公司的名称还应标明"股份有限公司"字样。

股份有限公司必须有一定的组织机构，对公司实行内部管理和对外代表公司。股份有限公司的组织机构是股东大会、董事会、监事会和经理。

6. 有固定的生产经营场所和必要的生产经营条件。

（四）设立方式

股份有限公司的设立方式主要有两种：

1. 发起设立。即所有股份均由发起人认购，不得向社会公开招募。

2. 募集设立。即发起人只认购股份的一部分，其余部分向社会公开招募。

实践中采取发起设立的股份有限公司相对较少，更多的是采取募集设立的方式，而募集资金必须通过合法的机构进行，否则有可能构成非法集资。股份有限公司筹集资金的方式主要有两种，一是发行股票，二是发行公司债券。

（五）有限责任公司和股份有限公司的区别

有限责任公司和股份有限公司两种典型的公司形态将会长期并存，创业者在选择公司组织形式时，需要了解二者的不同，从而做出适合自己的选择。

1. 是人合还是资合

有限责任公司将人合性和资合性统一起来：一方面，它的股东以出资为限，享受权利，承担责任，具有资合的性质，区别于其他形式的公司；另一方面，因其不是公开招股，股东之间关系较密切，又具有一定的人合性质，因此与股份有限公司有一定的区别。

股份有限公司是彻底的资合公司。其本身的组成和信用基础是公司的资本，与股东个人（信誉、地位、声望等）没有关系，股东个人也不得以个人信用和劳务投资，这种完全的资合性与有限责任公司存在区别。

2. 股份是否为等额

有限责任公司的全部资产不必分为等额股份，股东只需按协议确定的出资比例承担出资义务，并享受相应的权利。而股份有限公司必须将股份化作等额股份，这不同于有限责任公司。这一特性也保证了股份有限公司的广泛性、公开性和平等性。

3. 股东数额

有限责任公司因具有一定的人合性，以股东之间一定的信任为基础，所以其股东数额不宜过多。我国的《公司法》规定为2—50人。法律对于有限责任公司股东数额上下限均有规定，对于股份有限公司则只有下限规定，即只规定发起人最低限额，实际只规定股东的最低人数。同时，有限责任公司多为中小型企业，法律要求不如股份有限公司那么严格，有的可以简化，并有一定的任意性。

通过以上的粗略对比，与其说有限责任公司符合中小企业需要，股份有限公司符合大企业和企业集团需要，不如说是市场竞争中降低交易成本的要求决定了公司形态。

三、合伙企业

什么是合伙？合伙是指两个以上的人为着共同目的，相互约定共同出资、共同经营、共享收益、共担风险的自愿联合。合伙一般体现为一种单纯的合同关系，当合伙人依照《合伙企业法》进行登记并取得营业资格后，便形成合伙企业。

那么，合伙企业有哪些优缺点？合伙企业与有限责任公司的区别是什么？合伙企业是法人吗？合伙企业要缴纳所得税吗？这些都是大家最关心的问题。想要了解这些问题，首先我们要知道合伙企业的特征和种类。

（一）合伙企业的特点

1. 人合性。合伙企业的股东以其个人全部财产对企业承担责任；股东承担连带责任；股东之间的结合、信用，是公司存续的基础。合伙企业是典型的人合公司。它看中的是合伙人之间的相互信任，而不仅仅是出资。合伙人可以出钱，也可以出力，还可以出房子、出地，甚至是知识产权。正因为具有极强的人合性，所以合伙人的入伙、退伙以及其他合伙事项一般都要经过全体合伙人一致同意。

与人合性相对应的是资合性。资合公司的债务不能连带股东出资以外的财产；股东不承担连带责任；股东出资是公司存续的基础，股份是连接公司与股东的纽带；公司的规章制度对公司的存续、运作至关重要。有限责任公司和股份有限公司是典型的资合公司。

2. 周期短。合伙企业比较容易设立和解散。合伙人签订了合伙协议，就宣告了合伙企业的成立。新合伙人的加入，旧合伙人的退伙、死亡、自愿清算、破产清算等均可造成原合伙企业的解散以及新合伙企业的成立。

3. 无限责任。合伙组织作为一个整体对债权人承担无限责任。按照合伙人对合伙企业的责任，合伙企业可以分为普通合伙企业和有限合伙企业两种类型，其中普通合伙企业又包含特殊的普通合伙企业和一般的普通合伙企业。普通合伙企业的所有合伙人对企业债务承担无限连带责任。对于有限合伙企业，合伙人被划分为两种类型，一种是普通合伙人（GP），另一种是有限合伙人（LP），普通合伙人对合伙企业的债务承担无限连带责任，有限合伙人以其认缴的出资额为限对合伙企业债务承担责任，这类合伙人一般不直接参与企业经营管理活动。

【案例】

刘备、关羽、张飞三人成立的桃园合伙企业（普通合伙），拖欠他人600万元债务，根据合伙协议约定，每人应当分摊债务200万元，虽然张飞已经根据合伙协议分摊了应该由自己承担的200万元债务，但由于刘、关二人无法偿还所欠的400万元债务，所以张飞仍然有义务替刘、关二人偿还债务。当然，在偿还对外债务后，张飞可以向刘、关二人追偿代为偿还的款项。

4. 非法人。《民法典》第九百六十九条规定，合伙人的出资、因合伙事务依法取得的收益和其他财产，属于合伙财产。合伙合同终止前，合伙人不得请求分割合伙财产。因此，合伙企业无法人资格，但是可以对外以自己的名义做出法律行为、建立法律关系。

5. 合伙企业并非企业所得税纳税人。财政部、国家税务总局《关于合伙企业合伙人所得税问题的通知》（财税〔2008〕159号）规定，合伙企业以每一个合伙人为纳税义务人。合伙企业合伙人是自然人的，缴纳个人所得税；合伙人是法人和其他组织的，缴纳企业所得税。合伙企业生产经营所得和其他所得采取"先分后税"的原则管理。

(二) 合伙企业的优缺点

那是不是合伙企业就一定很好呢？总的来说，合伙企业是比一人责任公司有优势，但是也并非适合所有的创业者。

首先，合伙企业的一个明显优势，就是能够获取更多的创业资金和技术，因为是合伙，所以合伙人要么有资金，要么有技术，要么可以提供劳务，否则凭什么选择他们作为合伙人呢？

其次，与一般公司相比，合伙企业中至少有一个是负有无限责任的合伙人，这样能使债权人的利益得到更大的保护。理论上讲，在这种无限责任的压力下，更能提升企业的信誉。

再次，合伙企业与个人独资企业相比较，能够让更多投资者优势互补，比如技术、知识产权、土地和资本的结合，并且投资者很多，大家共同出力谋划，集思广益，可以提升企业综合竞争力。

但是，合伙企业也有自身的缺点。比如，因为合伙人承担的是无限连带责任，也就是说将来万一创业失败，欠下的债务是要全部承担的，这一点和有限责任公司股东只承担有限责任有所不同，所以合伙企业一般要求合伙人全力以赴。既然全力以赴，那么就会产生各种分歧，如果处理得不好，就很可能给企业造成致命的打击。

另外，虽说连带责任在理论上来讲有利于保护债权人，但是在现实生活中操作起来往往不然。

继续拿前文刘、关、张的例子来说，张有能力还清自己应分摊的债务，刘、关却没有能力还清自己的那份债务，按连带责任来讲，张应该还清企业所欠的所有债务。虽然张具有追索权，可以向刘、关追回自己垫付的债务款项，但是很麻烦，实践中往往难以实现。因此，张极有可能不会独立承担所有债务，甚至连自己的那一份都要等大家一起还。

四、个人独资企业

个人独资企业，简称个独企业，是指由一个自然人投资，全部财产为投资人所有，投资人以其个人财产对企业债务承担无限责任的经营实体。

在公司出现以前，个人独资企业是最典型的企业形式，是介于一人独资有限责任公司和个体工商户之间的企业形态，具有灵活的特点。在现代经济中，个独企业发挥着重要作用，主要盛行于零售业、手工业、农业、林业、渔业、服务业和家庭作坊等。

设立个人独资企业的只能是一个自然人，国家机关、国家授权投资的机构或者国家授权的部门、企业、事业单位等都不能作为个人独资企业的设立人。除此之外，个人独资企业还需要有合法的企业名称、投资人申报的出资、固定的生产经营场所和必要的生产经营条件，同时还需要有必要的从业人员。

1. 个人独资企业和合伙企业在一定程度上有着共同的特征：

（1）无限责任。由于个人独资企业的投资人仅为一个自然人，因此，对企业出资多少、是否追加投资或减少投资、采取什么样的经营方式等均由投资人一人决定。投资人对企业的债务承担无限责任，即当企业的资产不足以清偿到期债务时，投资人应以自己的全部财产用于清偿。

（2）机制灵活。个人独资企业的内部机构设置简单，经营管理方式灵活。个人独资企业的投资人既可以是企业的所有者，又可以是企业的经营者。因此，法律对其内部机构的设置和经营管理方式不像对有限公司和其他企业那样予以严格规定。

（3）非法人。个人独资企业也不具有独立的法律人格，不具有法人地位，但却是独立的民事主体，可以以自己的名义从事民事活动。

（4）对投资者征收个人所得税。根据2018年8月31日修改生效的《中华人民共和国个人所得税法》，对个人独资企业和合伙企业不再征收企业所得税，只对投资者个人取得的生产经营所得征收个人所得税。

2. 个人独资企业是企业制度序列中最初始和最古典的形态，也是民营企业主要的组织形式之一。它的优点在于：

（1）企业资产所有权、控制权、经营权、收益权高度统一。这有利于保守与企业经营和发展有关的秘密，有利于投资人创业精神的发扬。

（2）投资人自负盈亏和对企业的债务负无限责任成为硬性的约束。企业经营好坏同投资人的经济利益乃至身家性命紧密相连，因而，投资人会尽心竭力地把企业经营好。

（3）外部法律法规等对企业的经营管理、决策、进入与退出、设立与破产的制约较小。

3. 虽然个独企业有如上的优点，但也有比较明显的缺点，比如：

（1）难以筹集大量资金。一个人的资金终究有限，以个人名义贷款难度也比较大。因此，个人独资企业形式限制了企业的扩展。

（2）投资人风险很大。投资人对企业负无限责任，在强化了企业预算约束的同时，也带来了投资人风险过大的问题，从而限制了投资人向风险较大的领域或项目进行投资的可能，这对新兴产业的形成和发展较为不利。

（3）企业连续性差。企业所有权和经营权高度统一的产权结构，虽然使经营者拥有充分的自主权，但这也意味着企业是自然人的企业，投资人的病、亡、个人及家属知识和能力的缺乏，都可能导致企业破产。

五、个体工商户

我国《中华人民共和国民法典》第五十四条规定："自然人从事工商业经营，经依法登记，为个体工商户。个体工商户可以起字号。"根据该条规定，个体工商户是以个人或者家庭为单位的一个经营单位，规模小，管理方式比较简单。

个体工商户的特征是：第一，个体工商户可以是自然人经营，也可以是家庭经营；第二，个体工商户从事的经营活动种类繁多，几乎所有的行业都可以；第三，个体工商户对外是以"户"的名义进行民事活动，这里的"户"是指工商登记上的户；第四，个体工商户必须就经营者姓名、住所、经营范围、经营场所等依法登记；第五，个体工商户可以起字号，"字号"即个体工商户的商号。实践中，个体工商户还可以刻制、使用印章。

通常我们见到的多是"夫妻店"、一家两代或者三代的"家庭店"。当规模越来越大，组织架构日益复杂，"夫妻店"已经不能负荷的时候，注册为有限责任公司也是非常不错的选择。之前，我们遇到一个客户，成立了一家"××健身俱乐部"。俱乐部初期是以个体工商户的方式运营的，随着几年的运作，分店越开越多，他就萌生了"把个体工商户转为公司"的念头。但是，实际操作起来，却比较复杂。首先要把个体工商户的营业执照申请注销，再去市场监督管理局申请设立有限责任公司。但是在申请设立公司的时候，才发现他的"××"字号已经被别的公司占用了。最后，市场监督管理局在调查之后，基于事实，让他出具了保证书，又经历了一些曲折，才注册成功。

所以，创业初期，多了解一些相关知识还是非常有必要的，免得后期走很多弯路，耽误时间不说，还可能影响生意。

综上所述，企业的组织形式不同，所承担的责任、风险也不同。那么个人独资企业与个体工商户、合伙企业、一人有限公司的区别到底在哪里呢？

（一）个人独资企业与个体工商户的区别

1. 出资人不同。个人独资企业的出资人只能是一个自然人；个体工商户既可以由一个自然人出资设立，也可以由家庭共同出资设立。

2. 承担责任的财产范围不同。个人独资企业的出资人在一般情况下仅以其个人财产对企业债务承担无限责任，只有在企业设立登记时明确以家庭共有财产作为个人出资的才依法以家庭共有财产对企业债务承担无限责任。而个体工商户的债务，个人经营的，以个人财产承担；家庭经营的，以家庭财产承担；无法区分的，以家庭财产承担。

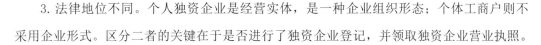

3. 法律地位不同。个人独资企业是经营实体，是一种企业组织形态；个体工商户则不采用企业形式。区分二者的关键在于是否进行了独资企业登记，并领取独资企业营业执照。

（二）个人独资企业与合伙企业的区别

1. 个人独资企业由一个自然人投资设立，合伙企业由两个以上合伙人共同出资设立。个人独资企业的投资人只能是自然人，而合伙企业的投资人可以是自然人、法人或其他组织。

2. 个人独资企业的出资人可以自行管理企业事务，也可以委托或者聘用其他具有民事行为能力的人管理企业事务。合伙企业的合伙人按照《合伙企业法》的规定和合伙协议协商管理合伙企业事务。可以由全体合伙人执行合伙企业事务，也可以通过合伙协议商定或委托一名或数名合伙人执行合伙企业事务。

3. 个人独资企业投资人的个人财产与企业财产不分离，投资人以其个人财产对企业债务承担无限责任。合伙企业合伙人的财产与合伙企业的财产相对分离，当合伙企业财产不足以清偿合伙企业债务时，合伙人以其投入合伙企业财产以外的其他财产对合伙企业债务负连带清偿责任。

4. 个人独资企业的名称不得使用"有限""有限责任""公司"等字样。合伙企业的名称要标明合伙企业的类型，如"特殊普通合伙""有限合伙"等。

5. 个人独资企业的财产所有权和经营权都由出资人控制，内部机构设置简单，经营管理方式灵活。合伙企业的财产归全体合伙人共有。

6. 个人独资企业不得以劳务出资。合伙企业允许以劳务出资。

（三）个人独资企业与一人有限责任公司的区别

个人独资企业与一人有限公司最本质的差异在于，个人独资企业，自然人承担无限连带责任，无独立法人资格；一人有限责任公司，公司本身具备独立法人资格，自然人只是法定代表人，按公司章程里的注册资本承担有限责任。

六、从法律角度选形式

投资人在创设企业（严格来讲，个体工商户并非企业，但为了便于对比，在这里将其作为创业者可选择的企业形态）时，第一要务就是选择正确的企业形态，不同的企业形态有着不同的法律优势，也存在着不同的法律风险，应当综合考虑实际情况进行选择：

一是考虑个人投资还是与他人合作投资：个人投资的，可以选择个体工商户、个人独资企业、一人有限责任公司；合作投资的，可以选择合伙企业、有限责任公司。

二是要考虑公司的规模大小：规模小的可以考虑个体工商户、个人独资企业、合伙企业；规模大的应当考虑有限责任公司，甚至股份有限公司。

三是要考虑管理与控制能力的差异，对企业的管理与控制能力强的，可以选择风险较大的个体工商户、个人独资企业、合伙企业等，否则应当选择有限责任公司。

四是要考虑企业经营风险的大小以及投资人承担风险的能力或预期：风险大或投资人承担风险的能力较差的，一般选用有限责任公司或有限合伙企业；风险小，可以选择个体工商户、个人独资企业、普通合伙企业。

个体工商户、个人独资企业、普通合伙企业均是无限责任的企业形态，创办人对企业的债务承担无限责任，企业的债权人可以追索创办人的个人全部资产，甚至家庭资产。选择这种形态，创办人有可能获得少交税、灵活管理和监管宽松的便利，但也可能陷入重大债务陷阱。因此，在选择这些无限责任的企业形态之前，创办人应当有充分的思想准备与风险意识，并在企业经营中时刻注意防范各种风险，保持充分的控制和管理能力。随着企业规模扩大，企业风险也随之加大，应及时将无限责任企业形态变更为有限责任企业形态，以防控企业做大之后的风险。

第二节　税法基础概念

一、什么是税收

税收是国家（政府）公共财政最主要的收入形式和来源。税收的本质是国家为满足社会公共需要，凭借公共权力，按照法律所规定的标准和程序，参与国民收入分配，强制取得财政收入所形成的一种特殊分配关系。

税收是国家财政收入的主要来源。实现国家富强、民族振兴、人民幸福，都离不开税收的支持。那谁是纳税人呢？我们都是纳税人，单位和个人都是纳税人，是税收的贡献者，企业员工每月领取工资要交纳个人所得税；在购买房子的时候要缴纳契税、印花税；买汽车时要缴纳车辆购置税；企业销售商品、提供服务要缴增值税、企业所得税、城市建设维护税等，所以在我们的生活中，税收就在身边，税收无处不在。

二、我国的税种

当前我国到底有多少种税？2014年，财政部部长在回答记者提问时专门强调了我国税种一共是18种！

近几年我国税法变动较大，立法的速度也突飞猛进。目前我国18个税种中已经立法的达到了11个。

那这18个税种分别是什么呢？为了方便大家记忆，我们按照性质分成了五大类：第一类为流转税，包括增值税、消费税和关税；第二类所得税，包括企业所得税、个人所得税；第三类财产税，包括房产税、契税、车辆购置税和车船税；第四类行为税，包括印花税、城市维护建设税、烟叶税和船舶吨位税；第五类资源税，包括资源税、环境保护税、土地增值税、耕地占用税和城镇土地使用税。

我国现有的18个税种中，企业常见的税种有下列几种：

1. 增值税，是以商品（含应税劳务）在流转过程中产生的增值额作为计税依据而征收的一种流转税。

2. 企业所得税，是对我国境内的企业和其他取得收入的组织的生产经营所得和其他所得征收的一种所得税。

3. 个人所得税，凡在中国境内有住所，或者无住所而在中国境内居住满一年的个人，从中国境内和境外取得所得的，以及在中国境内无住所又不居住或者无住所而在境内居住不满一年的个人，从中国境内取得所得的，均为个人所得税的纳税人。

4. 城市维护建设税，简称城建税，是我国为了加强城市的维护建设，扩大和稳定城市维护建设资金来源，对有经营收入的单位和个人征收的一个税种。税款专门用于城市的公用事业和公共设施的维护建设。

5. 印花税，是对经济活动和经济交往中订立、领受具有法律效力的凭证的行为所征收的一种税，因采用在应税凭证上粘贴印花税票作为完税的标志而得名。

三、小规模纳税人与一般纳税人

增值税小规模纳税人是指年销售额在规定标准以下，并且会计核算不健全，不能按规定报送有关税务资料的增值税纳税人。

增值税一般纳税人是指年应征增值税销售额超过财政部、国家税务总局规定的小规模纳税人标准（年增值税销售额大于500万）的企业和企业性单位。一般纳税人的特点是增值税进项税额可以抵扣销项税额。

1. 这两种纳税人存在相当大的区别，企业如果选择得合适，不仅能减轻一定的税负，还能对企业的经营有所帮助。要确定选择哪种纳税人身份，就要具体了解两者的区别。那么一般纳税人与小规模纳税人的具体区别是什么呢？

（1）认定条件不同。自2018年5月1日起，增值税小规模纳税人标准为年应税销售额500万元及以下，那么，年应税销售额500万元以上的应认定为一般纳税人。即，一般纳税人：年应税销售额500万元以上（特殊情形除外）；小规模纳税人：年应税销售额500万元及以下（特殊情形除外）。这里的"应税销售额"都指的是应纳增值税销售额。

特殊情形：一是年应税销售额未超过规定标准的纳税人，会计核算健全，能够准确提供税务资料的，可以到主管税务机关办理一般纳税人资格登记，成为一般纳税人。二是可以不办理一般纳税人登记的情形，包括非企业型单位、不经常发生应税行为的企业可选择按照小规模纳税人纳税；年应税销售额超过规定标准但不经常发生应税行为的单位和个体工商户可选择按照小规模纳税人纳税；年应税销售额超过规定标准的自然人。

（2）税率不同。一般纳税人税率分为6%、9%、13%和零税率4种。一些特殊业务还可以按简易办法征收，征收率可适用3%和5%；小规模纳税人一般按3%和5%（出租住房）的征收率征收，2020年国家又出台了多项小规模纳税人减免增值税政策，根据《财政部、税务总局关于明确增值税小规模纳税人免征增值税政策的公告》（2021年第11号）的规定，小规模纳税人发生增值税应税销售行为，合计月销售额未超过15万元（以1个季度为1个纳税期的，季度销售额未超过45万元，下同）的，免征增值税。

（3）发票不同。一般纳税人在日常经营中多数情况下开具的是增值税专用发票，当然也可以开具增值税普通发票，而且一般纳税人取得的增值税专用发票可以用于抵扣销项。小规模纳税人正好相反，多数情况下开具的是普通发票。2020年2月1日前，小规模纳税人如果开专用发票，需要去税务部门代开，从2020年2月1日起，所有小规模纳税人也可以自行开具专用发票。一般纳税人购进货物、应税劳务、服务等，取得增值税专用发票可以抵扣进项税，符合条件的，可以适用加计抵减政策；小规模纳税人购进货物、应税劳务或服务等，即使取得了增值税专用发票也不能抵扣进项税，不可以适用加计抵减政策。

（4）账务处理不同。一般纳税人应当在"应交税费"科目下设置应交增值税、未交增值税、预交增值税、待抵扣进项税额、待认证进项税额、待转销项税额、增值税留抵税额、简易计税、转让金融商品应交增值税、代扣代交增值税等明细科目；小规模纳税人只需在"应交税费"科目下设置"应交增值税"明细科目，不需要设置上述专栏及除转让金融商品应交增值税、代扣代交增值税外的明细科目。

小规模纳税人购买物资、服务、无形资产或不动产，取得增值税专用发票，上面注明的增值税额，应计入相关资产成本或费用，不通过"应交税费—应交增值税"科目核算。

（5）税金缴纳方式不同。一般纳税人按"抵扣制"计算税金，即按销项减进项后的余额缴税；小规模纳税人按销售收入除以（1+适用税率）后的金额再乘税率计算应交税金。

以上就是一般纳税人和小规模纳税人的具体区别了。

2.注册企业是选择一般纳税人还是小规模纳税人好呢？

（1）看规模。如果企业投资规模大，年销售收入很快就会超过500万元，建议直接认定为一般纳税人。如果估计企业月销售额在15万元以下，建议选择小规模纳税人，依照现行税法规定，将享受增值税免征政策。

（2）看买方。如果企业预计未来的购买方主要是大客户，很可能他们不会接受3%征收率的增值税专用发票，建议直接认定为一般纳税人。

（3）看抵扣。如果你的企业进项税额抵扣充分，通过测算估计增值税税负低于3%，建议选择认定为一般纳税人，否则选择小规模纳税人身份。

（4）看行业。如果是13%税率的行业，且为轻资产行业，这类行业一般增值税税负较高，建议选择小规模纳税人身份。

（5）看优惠。看企业所在行业能否享受增值税优惠政策，比如软件企业能享受增值税超税负返还等增值税优惠政策，如果能享受，建议选择一般纳税人身份，否则选择小规模纳税人身份。

四、税率与征收率

增值税税率是税额与一定数量征税对象之间的比例，它是计算应纳税额的尺度，体现了征税的深度，是税收制度的中心和基本要素。税率的高低直接关系到国家的财政收入和纳税人的负担水平，是国家税收政策的具体体现。

增值税征收率是指对特定的货物或特定的纳税人销售的货物、应税劳务，在某一生产、流通环节，应纳税额与销售额的比率。比如说增值税中的小规模纳税人，按3%的征收率计征增值税。征收率多数情况下是因为纳税人财务会计核算制度不健全，不能提供税法规定的相关资料，由税务机关经调查核定的一个比率。

税率与征收率的区别：（1）对象不同。税率是对一般纳税人而言，征收率是针对不符合进项税额抵扣条件的销售行为而言。（2）比例不同。现行税率分为一般税率、低税率和零税率，也就是我们常见的13%、9%、6%及零税率。而征收率，比如小规模纳税人的征收率一般为3%和5%。（3）权威性不同。税率是法定的，也是基本的，一般无法更改。征收率是国务院可以更改的暂定性比率。

五、核定征收与查账征收

纳税申报是企业必须进行的一项工作。而这项工作就涉及企业所得税缴纳方式。目前主要有两种：一个是核定征收，一个是查账征收。这两者的概念是什么呢？二者又有何具体区别呢？

所谓核定征收税款，是指由于纳税人会计账簿不健全，资料残缺，难以查账，或者是由于其他原因难以准确确定纳税人应纳税额时，由税务机关采用合理的方法依法核定纳税人应纳税款的一种征收方式，简称核定征收。

根据《税收征收管理法》第三十五条规定，适用核定征收的情况，主要包含以下几种：（1）依照法律、行政法规的规定可以不设置账簿的；（2）依照法律、行政法规的规定应当设置但未设置账簿的；（3）擅自销毁账簿或者拒不提供纳税资料的；（4）虽设置账簿，但账目混乱或者成本资料、收入凭证或费用凭证残缺不全，难以查账的；（5）发生纳税义务，未按规定的期限办理纳税申报，经税务机关责令限期申报，逾期仍不申报的；（6）纳税人申报的计税依据明显偏低，又无正当理由的。

核定征收方式包括定额征收和核定应纳税所得率征收两种。

所谓查账征收是指纳税人在规定的纳税期限内依据账簿记录，自行计算缴纳税款，事后经税务机关查账核实，如有不符，可多退少补的一种征收方式。这种征收方式主要为已建立会计账册且会计记录完整的单位所采用，适用于账簿、凭证、财务核算制度比较健全，能够据以如实核算，反映生产经营成果，正确计算应纳税款的纳税人。

核定征收与查账征收的区别主要体现在：

1. 对财务要求不同。查账征收对企业财务要求比较高，必须建立会计账簿。而核定征收对财务要求比较低，即使企业没有财务人员，不做账也没关系。

2. 优点不同。查账征收的优点是可以通过收入和成本的比率调节，确定缴纳的税额，可把握企业发展方向等。核定征收的优点是可根据核定的税额安排资金支付时间，利于把精力放在经营中。

3. 对税负影响不同。对于采用查账征收方式的企业而言，企业亏损是不需要缴纳所得税的。而对于采取核定征收的企业来说，企业不管是亏损还是盈利，都必须缴纳企业所得税。

4. 应税所得不同。核定征收多少税，取决于收入或者成本。查账征收多少税，是根据经营状况（净利润）决定的。

核定征收一定比查账征收划算吗？不一定！查账征收能够根据企业实际经营情况进行，

实行多得多缴，公平征收。实行查账征收的企业，应按时参加所得税汇算清缴，及时补缴税款。而实行核定征收的企业不必参加汇算清缴，可以减少查账的费用和麻烦；经营效益好的企业，有可能会从中取得额外收益，但是效益差的企业有可能遭受额外损失。

举个例子：一家企业按照查账征收的方式，假设盈利3万元，缴税1000元；盈利6万元，缴税2000元；若亏损，则不用缴纳企业所得税。另一家企业按照核定征收的方式，假设核定征收1000元的税，则该企业盈利3万元，缴税1000元；盈利1000元，也要缴税1000元；即使亏损，也要缴税1000元。因此，确定哪一种征收方式更适合企业，需要进行专业税务分析和策划。企业在选择税款征收方式前，有必要对上述内容进行具体了解，从企业经营实际出发，选择合理的征收方式来缴纳税款，从而减轻企业纳税负担。

六、发票与虚开

发票，是指在购销商品、提供或者接受服务以及从事其他经营活动中，开具、收取的收付款凭证。也就是说，发票可以是收款凭证，也可以是付款凭证。要注意的是，发票对应的是业务关系，和有没有收到款项、有没有支付款项没有直接关系。

目前发票主要有下列三种：

1. 增值税专用发票，购买方支付增值税税额并可按照增值税有关规定据以抵扣进项税额的凭证，是增值税一般纳税人销售货物或者提供应税劳务时开具的发票，简称为"专票"。

2. 增值税普通发票，包含电子发票和卷式发票，日常生活中比较常见，是增值税纳税人销售货物或者提供应税的劳务、服务时通过增值税税控系统所开具的普通发票，简称为"普票"。

3. 机动车销售统一发票，是每一个从事机动车零售业务的个人或者单位在收取款项时所开具的发票（不包括销售二手旧机动车）。

关于发票，有一种行为叫虚开，最令人闻之色变。究竟什么是虚开发票行为？根据《中华人民共和国发票管理办法》第二十二条规定，开具发票应当按照规定的时限、顺序、栏目，全部联次一次性如实开具，并加盖发票专用章。任何单位和个人不得有下列虚开发票行为：（一）为他人、为自己开具与实际经营业务情况不符的发票；（二）让他人为自己开具与实际经营业务情况不符的发票；（三）介绍他人开具与实际经营业务情况不符的发票。

这里面，有一个反复提及的关键词，就是"实际经营业务"。既然要和"实际经营业务"来比对。那么首先应该知晓"实际经营业务"到底是指什么？税收法律法规并没有对这个概念做出明确的界定，实践中，因为经营业务多数是建立在经济合同之上，所以我们可以考量《民法典》合同编中对经济业务的规定。

根据《民法典》第四百七十条的规定，合同的内容由当事人约定，一般包括以下条款：（一）当事人的名称或者姓名和住所；（二）标的；（三）数量；（四）质量；（五）价款或者报酬；（六）履行期限、地点和方式；（七）违约责任；（八）解决争议的方法。由此可以看出《民法典》对合同规定了八项经济业务要素，我们可以将其作为判断实际经济业务的参照物。

发票票面上记载的主要要素包括购货与销货单位名称，货物或应税劳务、服务名称，数量，金额，税额等。发票上的要素，对应的是合同要素中的第一、二、三、五项内容。如果发票中填写的要素有一项或者多项与合同约定不一致，就初步可以判定这是一张"与实际经营业务情况不符"的发票。

判定虚开发票，除了要"与实际经营业务情况不符"，还需要有主观故意。在日常经营中，应当坚持一个基本底线，那就是发票与合同内容要相符。

七、企业财务"三张表"

"三张表"其实并不是一个法律概念，而是企业财务报表的简称，分别是资产负债表、利润表、现金流量表。

1. 资产负债表代表实力，是企业的基础。资产负债表反映企业在某一时间点的资产和负债。编制企业资产负债表的目的是通过如实反映企业资产、负债和所有者权益的数量和结构，帮助财务报告的使用者评价企业的资产质量、短期偿债能力、长期偿债能力和利润分配能力。

2. 利润表代表能力，是企业的脸面。利润表反映了企业在一定时期内的经营情况。收入和利润越大，企业业绩越好。编制企业利润表的目的是帮助财务报告使用者掌握企业实现的收入额和结构、发生的费用、应计入当期利润的损益以及其他综合收益，从而分析和评价企业的盈利能力、构成和质量。

3. 现金流量表代表生命力。现金流量表主要反映资产负债表中各个项目对现金流量的影响。按其用途分为三类：经营、投资、融资。现金流量表可以用来分析企业短期内是否有足够的现金来支付费用。编制现金流量表的目的是通过如实反映企业各项活动的现金流入和流出，帮助财务报告的使用者评价企业的现金流量和资本周转情况。

第三节 主体不同税不同

在经济活动中，我们要开展各种各样的业务，同一项业务可以用不同的身份来完成，身份不一样，纳税主体就不一样，要承担的税负也就不同。我们在开展相关业务活动之前，首先要对开展业务活动的身份进行适当的分析和选择，选对身份，税负自然会比较低，用错了身份，税负可能会增加。

一、个体户如何交税

个体户指的是个体工商户。个体工商户是以个人经营者的名义登记注册的商业主体。个体户目前可以经营的业务也非常多，只要法律没有特别限制的业务，都可以开展。

从增值税方面考虑，个体户与有限公司是相同的，如果是小规模纳税人，它使用的增值税征收率一般是3%。为进一步支持小微企业发展，财政部、税务总局联合发布《关于明确增值税小规模纳税人免征增值税政策的公告》（财政部税务总局公告2021年第11号）明确，自2021年4月1日至2022年12月31日，对月销售15万元以下（含本数）的增值税小规模纳税人免征增值税。如果每个月收入少于15万，根据目前的增值税政策可以免征增值税；如果每月收入超过了15万但连续12个月不超过500万元，属于小规模的，按3%交税；如果超过一年500万的规模，就变成一般纳税人，就按照一般纳税人对应的税率去交税。

个体户的经营者同时按照个人经营所得缴纳个人所得税，经营者在缴纳增值税与个人所得税后，将税后的收益再提取到经营者的个人账户，不需要再交其他税费。

简单地讲，张飞注册了一家字号为"张记食品店"的个体工商户，销售各种生熟肉制品，因为经营有方，张飞一年的收入达到100万，按照税务政策规定缴纳了5万的税，剩下95万就是张飞的税后收入，该笔款项可以直接转到张飞个人的银行账户，不需要再交其他税费。从税收角度看，张记食品店作为纳税主体，只有一项个人所得税，食品店通过经营取得的收入，缴纳增值税后再交个体经营者的个人所得税即可。

个体户与有限公司在税务上典型的区别，就是有限公司的企业收入在不考虑任何优惠的情况下，首先按照25%缴纳企业所得税，剩下的盈利部分可以由股东进行分红，股东个人在获得分红时，需要再缴纳20%的股息红利个人所得税。

【案例】

张飞开设了桃园食品有限公司，经营肉制品业务，在不享受任何优惠政策条件的情况下，如果公司年盈利100万元，需要缴纳企业所得税25万元，其余的75万元进行分红的话，需要缴纳个人所得税15万元，那么桃园食品公司的企业所得税与张飞的个人所得税合计应缴纳40万元。所以说有限公司存在征收两道税的问题。而个体户经营者，只需要缴纳个体户经营所得的个人所得税，不存在征收两道税的问题。

二、个人独资企业的税务知识

很多管理者会把个人独资企业与一人有限公司混淆，其实这是两个截然不同的主体，有着很大的区别：一是设立的法律依据不同，个人独资企业根据《个人独资企业法》登记注册成立，一人有限公司是根据《公司法》登记注册成立。二是投资者的责任不一样，投资者对个人独资企业的债务承担连带责任，企业的投资人对企业经营中产生的债务，要用个人财产承担责任，而一人有限公司的投资人承担的是有限责任，只有在特殊情况下，例如公司财产与股东个人财产混同无法分开的情况下，投资人才对企业债务承担连带责任。三是税务政策上不一样，个人独资企业跟一人有限公司在所得税方面不一样，个人独资企业在缴纳增值税后，只按经营者的"个人经营所得"缴纳个人所得税。一人有限公司首先要交企业所得税，然后要交股息、红利分配的个人所得税，有两道所得税，个人独资企业只有一道所得税。

个体户跟个人独资企业的区别在于：规模上有所不同，个体户规模较小，个人独资企业一般规模比个体户大，会达到千万级的营业额，并且个人独资企业按照政策，可以设立分公司，可以对外转让，也就是说可以转给另外一个人来经营。但个体户是不能对外转让的。个体户跟个人独资企业涉及的税务政策基本上是相同的，但也有区别。个体户一般变为一般纳税人以后，很多地方是不允许核定征税的，但是个人独资企业在变为一般纳税人以后，很多地方也可以对个人所得税实施核定征收。

《国务院关于个人独资企业和合伙企业征收所得税问题的通知》（国发〔2000〕16号）规定，自2000年1月1日起，对个人独资企业和合伙企业停止征收企业所得税，其投资者的生产经营所得，比照个体工商户的生产、经营所得征收个人所得税。

三、合伙企业的税务分析

合伙企业是由自然人、法人和其他组织依照《中华人民共和国合伙企业法》在中国境内设立的，由两个或两个以上的自然人通过订立合伙协议，共同出资经营、共负盈亏、共担风险的企业组织形式。

合伙企业在纳税上比较另类，它是企业但没有法人资格，只交增值税，不交企业所得税。它本身不是所得税纳税主体，是各位合伙人自己交税。它的合伙人可以是自然人（个人），也可以是企业。自然人就交个人所得税，企业合伙人则交企业所得税。

合伙企业采用的是"先分后税"的原则，指合伙企业的应纳税所得额先拆分再交税。仅就合伙企业来说，不需要缴纳企业所得税（企业所得税属于法人税，而合伙企业非法人），而是直接按照合伙企业约定的利润分配比例分配，由法人合伙人以及自然人合伙人分别缴税。合伙人缴税的大原则是按照协议进行，合伙人按照合伙协议约定的分配比例来确定各自的应纳税所得额。如果合伙协议没有约定或者约定不明确的，以全部生产经营所得和其他所得，按照合伙人协商决定的分配比例进行分配。协商不成的，按照合伙人实缴出资比例确定应纳税所得额。如果无法确定出资比例的，那么按照合伙人数量平均计算每个合伙人的应纳税所得额。另外，合伙协议不得约定将全部利润分配给部分合伙人。

【案例】

刘、关、张三人共同成立桃园有限合伙企业，约定三人平均出资，平均分配利润。在不考虑其他调整项目的情况下，2020年实现利润60万元，桃园合伙企业利润平均分配给刘、关、张三人，各15万元，剩余15万元留存用于扩大生产。那么根据合伙企业"先分后税"原则，桃园有限合伙企业本身不需要缴纳企业所得税，缴税的主体为刘、关、张三个自然人。但是缴税的基础既包括桃园有限合伙企业分配给三人的数额45万元，也包括企业的留存利润15万元，刘关张三人分别以20万元为基础，按照经营所得缴纳个人所得税。

由于合伙企业在企业层面不用缴纳企业所得税，从经营到分红只交一层个人所得税，在一定程度上避免了有限公司企业所得税和个人所得税的两道税，从而吸引很多创业者选择合伙企业组织形式。

四、有限公司的税务特点

有限公司在法律层面最大的特点是投资人承担有限责任，我们在前面讲的个体户、个人独资企业投资人都是承担连带责任，这是它们在法律上最大的区别。从发展角度看，个体户、个人独资企业的经营规模始终都受到限制。如果企业规模比较大，组织架构比较复杂，或者需要处理的问题比较复杂，有限公司就是比较合适的选择。同时，个体户与个人独资企业如果想找投资的话，比较困难。如果在业务活动中需要引入外部投资者，个体户和个人独资企业由于没有股份一说，就没有办法来实现。个体户是以个体经营者的形式对外经营的个人，个人独资企业只有一个投资者，它在对外经营的时候没有办法引入外部资本，企业未来发展若需要引入外部资本，建议优先采用有限公司的形式。

有限公司存在征收两道所得税的问题，除了在销售过程中缴纳增值税以外，既要交企业所得税，还要交利润分配的个人所得税。当然有限公司也有自身天然的优势，有限公司可以实现对经营亏损的弥补，这是其在税务政策上特有的优势。根据税务政策的规定，有限公司可以用未来五年的利润弥补前面的亏损，对于一些特殊情况，可以延长到十年，这给有限公司提供了一定的税收策划空间。

【法规链接】

《中华人民共和国企业所得税法》第18条　企业纳税年度发生的亏损，准予向以后年度结转，用以后年度的所得弥补，但结转年限最长不得超过5年。

《关于延长高新技术企业和科技型中小企业亏损结转年限的通知》（财税〔2018〕76号）第一条　自2018年1月1日起，当年具备高新技术企业或科技型中小企业资格的企业，其具备资格年度之前5个年度发生的尚未弥补完的亏损，准予结转以后年度弥补，最长结转年限由5年延长至10年。

《财政部税务总局关于支持新型冠状病毒感染的肺炎疫情防控有关税收政策的公告》（财政部税务总局公告2020年第8号）第四条　受疫情影响较大的困难行业企业2020年度发生的亏损，最长结转年限由5年延长至8年。

如果企业建设周期比较长，前面几年都在投入，或者是刚开始的时候，它的业务规模还没有上去，没有达到量产，固定成本比较高，企业始终处于亏损的状态，那么在企业前期产生的亏损可以用后面五年的利润进行弥补，总体上，企业的所得税就会比较低。

比如，刘备、关羽、张飞在经历前期创业失败后，于建安六年，重新成立新野投资有限公司，租赁土地，建设厂房，招兵买马，前面厂房建设期需要三年，然后开始进行生产销售，预计三年达到盈亏平衡点，在没有达到盈亏平衡点以前，前期投入的土地租金、厂房建设等导致公司一直亏损，达到盈亏平衡点以后才会产生利润。但是可能需要用后续几年的利润才能弥补前面三年的亏损。所以说实际上整个新野投资有限公司可能七到八年才能实现整体上有收益。由于采用了有限公司的方式，前面的亏损可以用后面的利润来抵减，这样在七到八年以内新野投资有限公司都可以不用考虑企业所得税的负担，这就是有限公司的优势所在。

所以，对于投资规模比较大、经营周期比较长的项目，无论是从法律角度，还是从税务角度，采用有限公司的形式都比较合适，目前主流业务模式也是采用有限公司形式对外开展经营活动。

五、子公司与分公司的税务区别

企业需要在异地开展业务，并设立新组织时，通常有两种形式可供选择——子公司或者分公司。根据《公司法》，子公司拥有独立的法人地位，对外独立承担民事责任，自负盈亏；而分公司不具有法人资格，不能以自己的名义对外独立承担民事责任。选择子公司还是分公司进行经营，对税务也会有不同的影响。

从增值税角度分析，无论是子公司还是分公司，产生销售收入或视同销售的情形，都需要缴纳增值税，而增值税在多数情况下应当独立核算，无论组织形式是哪一种，对增值税基本没有影响。

【法规链接】

《中华人民共和国增值税暂行条例》第二十二条 增值税纳税地点：（一）固定业户应当向其机构所在地的主管税务机关申报纳税。总机构和分支机构不在同一县（市）的，应当分别向各自所在地的主管税务机关申报纳税；经国务院财政、税务主管部门或者其授权的财政、税务机关批准，可以由总机构汇总向总机构所在地的主管税务机关申报纳税。……

从企业所得税角度分析，根据《企业所得税法》第五十条，居民企业在中国境内设立不具有法人资格的营业机构的，应当汇总计算并缴纳企业所得税。分公司不具有法人资格，需要与总公司合并计算企业所得税；而子公司拥有法人资格，应当独立计算企业所得税。

由此可见，组织形式会对企业所得税产生较大的影响，需要预测未来各组织的盈亏情况来选择使用子公司还是分公司。

【案例】

蜀国资产管理公司派关羽创办荆州资产管理公司，预计未来几年蜀国资产管理公司一年税前利润1000万元，荆州公司一年亏损500万元。

如果荆州资产管理公司使用子公司的形式，则企业所得税独立核算，因此荆州公司的亏损不能与母公司的利润进行抵销，此时母公司需要缴纳企业所得税（按25%）250万元，子公司无须缴纳企业所得税。

如果荆州资产管理公司使用分公司的形式，那么分公司与总公司需要汇总计算企业所得税，则汇总后的税前利润为500万元，企业所得税（按25%）只需要缴纳125万元即可。

所以，我们需要进行具体的测算，判断采用哪种组织形式有利于优化企业税负。同时，还应结合企业的业务模式、战略发展等综合考虑选择哪种组织形式，企业所得税仅为参考因素之一。

第三章　股权架构

第一节　股权的概念

一、什么是股权

公司被称为人类发明的最伟大的经济组织。股权随着公司的出现而出现，没有公司就不会有股权，股权是公司治理和运营的权力来源。公司股权自拟设立公司开始就一直是股东尤其是大股东需要认真面对的问题，公司控制权也围绕公司股权来行使。

股权是有限责任公司或者股份有限公司的股东对公司所享有的权益。具体而言，股权是股东基于其股东资格而享有的从公司获得经济利益并参与公司经营管理的权利。股权不仅指股东对公司的各种权利，如控制权、分红权、知情权等，更是企业的股东与股东之间、股东与员工之间约定好的关于利益分配的规则。这是股权中最核心的内容。我们也可以把股权理解为股东对公司享有的所有权，只是这个所有权是按照比例享有的。

二、股权的类型

股权按照性质划分，可以分为财产权和管理权。

财产权，指的是投资所获得的经济利益。我们投资成为股东，目的自然是挣钱。财产权包括投资收益权、分红权、股权收购权、退股权、优先受让和认购新股权。

管理权，是指作为股东，有权参与公司的经营管理，包括知情权、质询权、表决权、召集和主持股东大会的权利、提案权、违法决议撤销权、请求解散权、诉讼权、参与决策权、选择管理者权、监督管理者权。作为股东，只有享有管理公司的相应权利，才有可能保证自身的权利。首先保证投进去的钱是安全的，然后才能赚钱。

根据股权的来源不同，可以划分为原始股权与继受股权。

原始股权，是股东基于原始取得而享有的股权，是投资人直接向公司出资而取得的股权，原始取得分为公司设立时取得和公司设立后取得。公司设立时取得股权，是指在公司设立时因向公司认缴出资而取得，有限责任公司的发起人签署出资协议书，公司登记成立后即成为公司股东，其股权自公司成立时取得；公司设立后取得股权，是指在公司成立后通过增资方式取得股权。

继受股权，是指股东基于继受取得而享有的股权。股权的继受取得又称传来取得、派生取得，是指因股权转让、赠与、继承、遗赠而取得公司股权。

股权转让，是指原有股东将持有的公司的部分或全部股权以一定的对价转让给公司其他股东或第三方。

股权继承，是指有限责任公司的自然人股东死亡后，其合法继承人继承其股东资格，获得继承所得的股权。同时，我国《公司法》实行的是公司意思自治原则，如果公司章程对股权继承有特别规定，规定股权不得继承的，应当按照公司章程的规定执行。这种情况下，死亡股东的继承人，将无法继承相应的股权。

股权赠与，是指公司原有股东将其股权赠与其他股东或第三方，其他股东或第三方无偿取得相应的股权。

股权遗赠，是指原有自然人股东通过订立遗嘱的方式，在其死亡后将其股权赠与法定继承人以外的第三方，在原有股东死亡后，第三方通过遗赠方式取得相应股权。

三、股权的特征

股权是一项重要的投资性民事权利，它具有以下特征：

1. 财产性和非财产性。股权即股东因出资而享有的股东权利。首先股权具有财产性，股东享有分配红利、转让股权、公司解散后剩余财产分配权等财产性权利。同时股权具有非财产性，包括表决权、知情、咨询权等。

2. 可分割性。按照法律和公司章程的规定，股东可以将持有的股权全部或者部分转让。另外，股东权利也可以分开行使，例如股东可以将表决权、分红权的一部分让与其他股东。我国《公司法》规定，公司章程可以约定股东分红权不按出资比例行使。

3. 股东以出资为限承担责任。我国《公司法》规定股东以其认缴的出资额为限对公司承担责任，法律和公司章程另有规定的除外，也就是说股东只要履行了按时足额出资的义务，即使公司资不抵债或破产，或是公司陷入困境，只要不是由股东直接造成的，那么股东不需要以个人财产为公司清偿债务。

4. 股权价值具有动态性。股权投资的收益包括两方面，一是股权的红利分配收入，二是股权价值提升的差价收益。股权价值根据公司的经营状况，具有动态变化的特点。公司发展壮大了，占有更多的市场，盈利越多，股权估值越高。如果公司业务萎缩，出现亏损，股权估值就会下降。因此，股东必须关心公司发展，努力让公司的经营规模扩大，才有机会取得高分红收益。

四、投资股权的意义

股权投资是指为了参与或控制某一公司的经营活动而投资购买其股权的行为。股权投资者作为企业的股东，有参与决策投票的权利，按照企业实现的利润享有红利。股权投资一般投资大、投资周期长、风险较大，但是能为投资者带来较大的利益。

1. 实现创业梦想。在"大众创业、万众创新"的时代，绝大多数创业者都是通过开设公司来实现梦想的，创业者将公司做大做强后，其持有的股权价值也将越来越大。

2. 通过股权价值的提升，实现财务自由。持有公司股权，只要公司能够持续盈利，股东就能从公司获得股权分红。随着公司的发展，股权也会进一步增值，股东也会随着股权的不断增值实现财务自由。

3. 用股权办理质押贷款，缓解资金紧缺。股权质押是指股东以其持有的股权作为质押标的物为债权设立担保，属于权利质权的一种。股权质押，实际上是担保物权的一种，通过股权质押贷款，可以缓解企业或个人的资金压力。我们经常看到一些上市公司发布公告，公告股东以自己股权进行质押，这是一种有效的融资方式。

4. 可将持有的股权通过转让方式获得现金。在日常生活中，大部分股权转让都是通过支付对价来完成的。支付对价一般指的是支付现金，因此，在资金短缺的情况下，将持有的股权转让也是一种救急或变现措施。

需要注意的是，股权投资具有一定的风险，一旦公司经营不善，资不抵债，公司解散清算或者破产，则所有的股权投资将血本无归。在股权投资时，应当三思而行。

如果把企业比喻为一棵慢慢成长的树，那么股权就是这棵树的根。树的成长主要靠根部的滋养，树没有根或者树根生长不旺就有可能长不大。企业也是如此，如果在创办企业时没有做好股权设计，那么企业的根基就会不稳，发展也不会顺利。经营企业必须处理好股权中人与人之间的权和利的问题。每个人扮演的角色不同，对企业股权也就有不同的需求。比如大股东需要的是对企业的控制，创始合伙人需要的是话语权，核心团队需要的是参与感，投资人需要的是股权给予的安全和保障。这些都需要通过股权架构，或者说用股权设计来实现。

第二节 公司股权架构的常见形式

一、自然人直接持股

自然人持股是指由自然人股东直接持有核心公司的股权。在公司的股权结构中，自然人股东直接持股的形式最为普遍，是目前中小企业最为常见的持股方式，具有架构简单、注册方便快捷、节省企业年检费用等优点，当然其弊端也非常明显。自然人股东直接持股的股权架构，在法律风险防范上，有高风险、易穿透的特点；在税务上，也因其股东身份和性质的不同，存在较大差异。

（一）自然人持股的特点

1. 有利于上市后套现

自然人直接持股的税收政策非常明确。对于自然人持有非上市公司的股权，个人转让股权按财产转让所得征收20%的个税。公司对个人分红按"利息、股息、红利"所得征收20%的个税。当公司发展到一定阶段后，就会上市，自然人转让上市公司限售股时，按照20%征收个人所得税，但是转让上市公司非限售股票时，免收个人所得税。因为公司上市后，股权也就变成了金融资产，所以自然人直接持股套现是可以免征增值税的。

根据税法规定，自然人转让上市公司的限售股，纳税地点为个人股东资金账户开户的证券机构所在地。也就是说，自然人直接持股的公司上市后，自然人股东可以比较各地对股票交易个税的返还力度，来决定其资金账户开户的营业厅，从而决定纳税地点。

2. 不利于公司控制权集中

在公司初创时期，公司股东较少的情况下，股东彼此容易交流。但当公司发展到一定阶段，自然人股东人数增加，且部分高管因故离职后依然保留自然人股东身份，可能会发生公司的控制权争夺。

3. 资金转移成本高，风险大，不利于形成规模效应

企业盈利之后，并非都要全部分配给老板用于个人消费、家庭支出。尤其是企业做到一定规模之后，在需要扩大规模、进行商业布局、投资新的业务板块等情况下，需要注册新公司，这种情况下老板如果用分红所得来投资设立新公司，资金转移成本非常高，会多缴冤枉税；如果老板投资新公司，不走分红这个资金获取路径，而采用从公司借款的方式，则存在股东长期借款不还视同分红计征个税的问题（详见财税〔2003〕158号），同样也存

在税务风险；如果老板通过关联交易或者虚开发票从公司把资金"套出"，这样风险更大，甚至涉嫌虚开、逃税等刑事犯罪。

即使不考虑资金转移的成本和风险，自然人股东同时投资多家公司，这些公司之间也无法形成集团规模。资产、人员、技术、无形资产等生产要素缺乏统一配置和调度，势必造成经营上的分散，将来的企业重组和资源整合缺少基础，更不利于将来打包上市。

4. 盈余公积、资本公积、未分配利润转增注册资本，要缴纳20%的个税

公司发展到一定程度，账面上会有大量盈余，主要表现为盈余公积、资本公积和未分配利润。公司如果有引进投资、申请特殊资质乃至上市需求的话，往往需要增加注册资本，而且要将注册资本实缴到位。实践中，公司往往采用将资本公积、盈余公积转增注册资本的方式实现，而这个过程中，无法忽视的就是税务问题。

《国家税务总局关于股份制企业转增股本和派发红股征免个人所得税的通知》（国税发〔1997〕198号）规定："一、股份制企业用资本公积金转增股本不属于股息、红利性质的分配，对个人取得的转增股本数额，不作为个人所得，不征收个人所得税。二、股份制企业用盈余公积金派发红股属于股息、红利性质的分配，对个人取得的红股数额，应作为个人所得征税。"

《国家税务总局关于原城市信用社在转制为城市合作银行过程中个人股增值所得应纳个人所得税的批复》（国税函〔1998〕289号）第二条规定："《国家税务总局关于股份制企业转增股本和派发红股征免个人所得税的通知》（国税发〔1997〕198号）中所表述的'资本公积金'是指股份制企业股票溢价发行收入所形成的资本公积金。将此转增股本由个人取得的数额，不作为应税所得征收个人所得税。而与此不相符合的其他资本公积金分配个人所得部分，应当依法征收个人所得税。"

（二）自然人持股的税务分析

1. 非上市公司自然人股东的所得税税负分析

对于非上市的有限公司和股份有限公司来讲，其本身要在盈利的情况下缴纳25%的企业所得税，其中高新技术企业按15%的企业所得税税率缴税，小型微利企业年应纳税所得额不超过100万元的部分，减按25%计入应纳税所得额，按20%的税率缴纳企业所得税；对年应纳税所得额超过100万元但不超过300万元的部分，按50%计入应纳税所得额，按20%的税率缴纳企业所得税。

在缴纳企业所得税且按《公司法》规定提取法定盈余公积和任意盈余公积后，向自然人股东分配股息红利时，还要对自然人股东计征20%的分红个税。这样一来，自然人股东投资分红的所得税实际税负率达到40%［25%+（1-25%）×20%=40%］。

如果自然人股东将其持有的目标公司股份进行转让，则需要对股权转让的溢价增值部分按照"财产转让所得"缴纳20%的个人所得税。

2. 新三板公司自然人股东的税收优惠政策

新三板挂牌公司的自然人股东在符合条件的情况下，可以实现股息红利所得的减免。财政部、税务总局、证监会《关于继续实施全国中小企业股份转让系统挂牌公司股息红利差别化个人所得税政策的公告》（财政部公告2019年第78号）规定：个人持有挂牌公司的股票，持股期限超过1年的，对股息红利所得暂免征收个人所得税。个人持有挂牌公司的股票，持股期限在1个月以内（含1个月）的，其股息红利所得全额计入应纳税所得额；持股期限在1个月以上至1年（含1年）的，其股息红利所得暂减按50%计入应纳税所得额；上述所得统一适用20%的税率计征个人所得税。

新三板公司自然人股东转让股份，目前为止，并无全国性减免税优惠政策。新三板公司股权转让的财政返还，要视各地政策而定。

3. 上市公司自然人股东的税收政策

第一，公开发行或受让取得的股票、分红所得的减免政策。《财政部　国家税务总局　证监会关于上市公司股息红利差别化个人所得税政策有关问题的通知》（财税〔2015〕101号）："一、个人从公开发行和转让市场取得的上市公司股票，持股期限超过1年的，股息红利所得暂免征收个人所得税。个人从公开发行和转让市场取得的上市公司股票，持股期限在1个月以内（含1个月）的，其股息红利所得全额计入应纳税所得额；持股期限在1个月以上至1年（含1年）的，暂减按50%计入应纳税所得额；上述所得统一适用20%的税率计征个人所得税。"通过政策对比来看，上市公司自然人股东分红政策，类似于新三板公司自然人股东分红政策。

第二，关于限售股分红的个税政策。《财政部　国家税务总局　证监会关于实施上市公司股息红利差别化个人所得税政策有关问题的通知》（财税〔2012〕85号）第四条规定："对个人持有的上市公司限售股，解禁后取得的股息红利，按照本通知规定计算纳税，持股时间自解禁日起计算；解禁前取得的股息红利继续暂减按50%计入应纳税所得额，适用20%的税率计征个人所得税。前款所称限售股，是指财税〔2009〕167号文件和财税〔2010〕70号文件规定的限售股。"

第三，限售股的转让适用20%的税率或核定收入的15%。《财政部　国家税务总局　证监会关于个人转让上市公司限售股所得征收个人所得税有关问题的通知》（财税〔2009〕167号）有如下规定：

> 一、自2010年1月1日起，对个人转让限售股取得的所得，按照"财产转让所得"，适用20%的比例税率征收个人所得税。
>
> 二、本通知所称限售股，包括：1.上市公司股权分置改革完成后股票复牌日之前股东所持原非流通股股份，以及股票复牌日至解禁日期间由上述股份孳生的送、转股（以下统称股改限售股）；2.2006年股权分置改革新老划断后，首次公开发行股票并上市的公司形成的限售股，以及上市首日至解禁日期间由上述股份孳生的送、转股（以下统称新股限售股）；3.财政部、税务总局、法制办和证监会共同确定的其他限售股。
>
> 三、个人转让限售股，以每次限售股转让收入，减除股票原值和合理税费后的余额，为应纳税所得额。即：应纳税所得额＝限售股转让收入－（限售股原值＋合理税费）；应纳税额＝应纳税所得额×20%。本通知所称的限售股转让收入，是指转让限售股股票实际取得的收入。限售股原值，是指限售股买入时的买价及按照规定缴纳的有关费用。合理税费，是指转让限售股过程中发生的印花税、佣金、过户费等与交易相关的税费。如果纳税人未能提供完整、真实的限售股原值凭证的，不能准确计算限售股原值的，主管税务机关一律按限售股转让收入的15%核定限售股原值及合理税费。
>
> 四、限售股转让所得个人所得税，以限售股持有者为纳税义务人，以个人股东开户的证券机构为扣缴义务人。限售股个人所得税由证券机构所在地主管税务机关负责征收管理。

虽然限售股的股票转让所得按照应税所得额20%征收个税，但是目前国内有许多地区实行限售股解禁转让地方财政返还政策，上市公司的自然人股东可以到有财政返还政策地区开立股票结算账户，通过个人所得税地方留存部分的财政返还，实现个人所得税的有效降负。

二、有限合伙持股模式

在这种架构中，股东并不直接持有核心公司股权，而是通过有限合伙企业作为一个持股平台，间接地持股核心公司。持股平台是指在主体公司之外，以投资人或被激励对象作为主要成员来搭建的有限合伙企业，然后用有限合伙企业去持有主体公司股权，从而实现投资人或其他关联人员间接持有主体公司股权的目的。

（一）有限合伙持股平台架构的搭建流程

（1）创始人（实际控制人）设立有限公司。（2）由创始股东与投资人等各利益相关方签订合伙协议，确定有限合伙人（LP）和普通合伙人（GP）；由创始人设立的有限公司作为普通合伙人，其他相关人员作为有限合伙人，共同成立有限合伙企业。（3）有限合伙企业持股核心主体公司。

（二）合伙企业架构模式的优势

第一个优势，隔离风险，避免承担责任。根据《合伙企业法》第二条规定，在有限合伙企业中，普通合伙人对合伙企业的债务承担无限连带责任。

同时，根据《合伙企业法》第三十九条、第九十二条规定，合伙人承担无限连带责任的情形仅限于三种：（1）合伙企业不能清偿到期债务的；（2）合伙企业注销后，在存续期间仍存在债务的；（3）合伙企业依法被宣告破产，存在未偿还债务的。如果有限合伙企业仅作为持股平台，而不开展实质性经济业务，则能大大降低企业债务生成的概率，只要企业未产生债务，即可避免承担普通合伙人责任。

第二个优势，调整灵活，有利于掌握控制权。要实现对公司制持股平台的控制，则须通过股权比例优势、委派董事人数优势或者决策权与分红权的分离等方式实现，需要设立股东会、董事会、监事会，需要明确三会和总经理的职权范围，以确保持股平台运营管控有效，相对而言更加复杂。在有限合伙企业中，公司创始股东通过在有限合伙企业担任普通合伙人（GP），执行合伙企业事务，承担管理职能，而有限合伙人（LP）只作为投资方，不参与合伙企业管理。将投资方（或股权激励对象）放在有限合伙持股平台中作为有限合伙人（LP），一方面可以发挥资本价值，另一方面由于LP没有直接持有主体公司股权，无法直接参与主体公司经营，因而可实现创始股东对合伙企业的控制。

有限合伙架构的优点在于可以实现钱权分离，普通合伙人可以出资很少，但是在合伙协议中可以约定享有全部话语权，实现四两拨千斤的功效；有限合伙人虽然没有话语权，但是未来可以享受投资收益。

第三个优势，可以灵活处理人数较多的情形。以有限责任形式的主体公司为例，其股东不超过50人。在设立有限合伙企业作为持股平台时，有限合伙企业只作为一名股东存在。当公司投资人或者被激励对象人数较多时，可以选择设立多个有限合伙企业作为持股平台。

（三）有限合伙架构适用主体

一是钱权分离度极高的创始人股东。对于一些资金密集型的行业，如互联网公司，风险投资人在企业发展中起到了至关重要的作用，属于举足轻重的股东。如果创始人预判自己及管理团队的持股比例会被稀释，为了实现控制，可以采取该种有限合伙架构，并尽可能让投资人或高管通过有限合伙企业间接持股，公司创始人自己则作为有限合伙企业的普通合伙人。或者，从进一步规避风险的角度出发，以创始人注册的有限公司为普通合伙人。

二是有短期套现意图的财务投资人，在目前合伙企业税收政策存在地区差异的情形下，可以选择在税收洼地注册合伙企业，享受核定征收或者财政返还的地方优惠政策。如果投资人投资后有短期内套现的计划，可以考虑有限合伙企业架构。

三是员工持股平台。当股权激励的对象较多时，以合伙企业作为员工持股平台，不仅方便对股权进行管理，还有利于大股东获得更大的控制权。

有限合伙持股平台相比于其他持股平台模式，有力地保障了创始股东的控制权，减轻了税负，合理安排了投资人及被激励对象的位置，在公司初期股权设计及中期股权调整时，可优先适用。

三、控股公司架构模式

（一）控股公司持股模式分析

控股公司持股模式，是由创始人设立控股公司，控股公司名下有多个业务板块公司，每个业务板块公司可以再投资多个实体公司。这种方式下，公司控制权人控制第一层公司，第一层公司再控制第二层公司，以此类推，控制人通过多个层次的公司控制链条取得对目标公司的控制权。对于企业而言，每个实体公司都可以是独立的项目，类似一个树干生出多个枝干。从经营风险考虑，即使某个板块出现问题，也可以及时砍掉，不会对整个树干造成影响。

控股公司架构的优势在于：第一，可以通过股权杠杆以小搏大。通过控股公司模式，在树干底部的控股股东可以用少量自有资金控制大量的外部资金，持股链条越长，控股股东用同样资金控制的资产规模就越大，从而实现以小搏大。第二，有利于债权融资。一方面由于控股公司可以合并其他产业的报表，有些控股公司的资金实力银行认可度较高，控股公司在关联公司从银行借款或发行债券等过程中，可以提供相应的担保，提高关联子公司的信用等级，降低融资成本；另一方面控股公司在达到一定资产规模后，可以通过发行企业债等方式获得资金，开展一些亏损期较长的项目或需要在控股公司体内培育的新兴产业。第三，有利于人事安排。一些公司的创业元老，长期跟随实际控制人，为公司发展做出了巨大的贡献，但随着事业的成功和时间的推移，有些元老知识结构老化，学习动力不足，无法适应公司的进一步发展，而中国的传统文化观念也不提倡要求元老因此离职，如果设立控股公司，将已经缺乏进取心的管理层安排在控股公司担任虚职，空出的相应职位可以让渡给新晋年轻的骨干，这样既照顾到原先管理层的情绪，又保证了新管理层的活力。

（一）控股公司持股的涉税分析

1. 控股公司分红免收企业所得税。控股公司作为法人，在获得持股公司利润分红收益时，根据现行税法政策，不需要缴纳企业所得税。《企业所得税法》第二十六条："企业的下列收入为免税收入：……（二）符合条件的居民企业之间的股息、红利等权益性投资收益……"该条款规定了居民企业之间分红免税的基本原则。

2. 持股公司的资本公积、盈余公积转增注册资本免税。资本公积、盈余公积、未分配利润与实收资本这四大会计科目，合称所有者权益。如果将资本公积、盈余公积、未分配利润转增注册资本，可以加大企业注册资本，同时股东也无须追加投资，可谓"一举两得"。但此过程往往被税法分解为两个步骤：一是视同股东获取收益，二是股东用视同获取的收益再投入企业的注册资本。上述第一个步骤通常会涉及所得税的问题。如果自然人股东用资本公积、盈余公积、未分配利润转增注册资本，需要缴纳20%的个人所得税。而法人股东作为居民企业，以其直接投资的居民企业的所有者权益中的资本公积和留存收益（包括盈余公积和未分配利润），用于转增注册资本，不需要缴纳企业所得税。

《国家税务总局关于进一步加强高收入者个人所得税征收管理的通知》（国税发〔2010〕54号）规定："对以未分配利润、盈余公积和除股票溢价发行外的其他资本公积转增注册资本和股本的，要按照'利息、股息、红利所得'项目，依据现行政策规定计征个人所得税。"

《国家税务总局关于盈余公积金转增注册资本征收个人所得税问题的批复》（国税函〔1998〕333号）规定："青岛路邦石油化工有限公司将从税后利润中提取的法定公积金和任意公积金转增注册资本，实际上是该公司将盈余公积金向股东分配了股息、红利，股东再以分得的股息、红利增加注册资本。因此，依据《国家税务总局关于股份制企业转增股本和派发红股征免个人所得税的通知》（国税发〔1997〕198号）精神，对属于个人股东分得再投入公司（转增注册资本）的部分应按照'利息、股息、红利所得'项目征收个人所得税，税款由股份有限公司在有关部门批准增资、公司股东会决议通过后代扣代缴。"

《国家税务总局关于贯彻落实企业所得税法若干税收问题的通知》（国税函〔2010〕79号）规定："企业权益性投资取得股息、红利等收入，应以被投资企业股东会或股东大会作出利润分配或转股决定的日期，确定收入的实现。被投资企业将股权（票）溢价所形成的资本公积转为股本的，不作为投资方企业的股息、红利收入，投资方企业也不得增加该项长期投资的计税基础。"

《财政部、国家税务总局关于将国家自主创新示范区有关税收试点政策推广到全国范围实施的通知》（财税〔2015〕116号），对全国范围内的中小高新技术企业转增股本个人所得税政策进行了规定，明确中小高新技术企业的个人股东获得资本公积转增的股本，应按照"利息、股息、红利所得"项目，适用20%税率征收个人所得税。

3. 控股公司股东撤资时可享受部分免税待遇。《国家税务总局关于企业所得税若干问题的公告》（国家税务总局公告2011年第34号）第五条："投资企业撤回投资或减少投资，其取得的资产中，相当于初始出资的部分，应确认为投资收回；相当于被投资企业累计未分配利润和累计盈余公积按减少实收资本比例计算的部分，应确认为股息所得；其余部分确认为投资资产转让所得。"根据上述规定，法人股东在股权退出时可以设计不同的退出路径方案，从而实现达成交易且合法节税的目的。

4. 控股公司持股有利于公司扩大规模，形成集团效应，提升资金利用效率。法人股东可以利用分红免税的政策，将分取的红利不断在持股公司积累，该持股公司可作为投资控股公司，再根据实控人的商业决策，去投资设立不同的公司，进行业务链条的延展和商业布局。或用持股公司作为控股公司，组建企业集团，形成规模优势。集团内部可形成优势互补、利润转移、资金调拨，形成良好的产业及税务生态。

集团公司在资金使用、利息扣除方面享受相关优惠政策。比如：

《财政部 税务总局关于明确养老机构免征增值税等政策的通知》（财税〔2019〕20号）第三条："自2019年2月1日至2020年12月31日，对企业集团内单位（含企业集团）之间的资金无偿借贷行为，免征增值税。"（该文件根据财税2021年第6号文，执行期限延长至2023年12月31日。）

《财政部、国家税务总局营业税改征增值税试点过渡政策的规定》（财税〔2016〕36号）第一条第十九项规定，统借统还业务中，企业集团或企业集团中的核心企业以及集团所属财务公司按不高于支付给金融机构的借款利率水平或者支付的债券票面利率水平，向企业集团或者集团内下属单位收取的利息收入免征增值税。统借方向资金使用单位收取的利息，高于支付给金融机构借款利率水平或者支付的债券票面利率水平的，应全额缴纳增值税。

《财政部、国家税务总局关于企业关联方利息支出税前扣除标准有关税收政策问题的通知》（财税〔2008〕121号）第一条规定，在计算应纳税所得额时，企业实际支付给关联方的利息支出，不超过以下规定比例和税法及其实施条例有关规定计算的部分，准予扣除，超过的部分不得在发生当期和以后年度扣除。企业实际支付给关联方的利息支出，符合本通知第二条规定外，其接受关联方债权性投资与其权益性投资比例为：（一）金融企业，为5：1；（二）其他企业，为2：1。同时，第二条规定，企业如果能够按照税法及其实施条例的有关规定提供相关资料，并证明相关交易活动符合独立交易原则的，或者该企业的实际税负不高于境内关联方的，其实际支付给境内关联方的利息支出，在计算应纳税所得额时准予扣除。

四、混合架构模式

在现实中，每个股东的诉求会有所不同。例如，实际控制人往往以长期持有为目的，但也不排除待公司上市后出售部分股票套现的做法。公司员工往往希望在公司上市后可以套现。战略投资人大部分希望长期持股，财务投资人大部分希望上市后售股套现。因此，针对现实中复杂的情况，为了满足不同类型的股东和不同的诉求，混合架构应运而生。它集合了自然人持股、有限合伙持股和控股公司持股等几种架构的优势，是最为常见的一种架构。

在混合架构中，创始人直接持有核心公司的股权，方便在核心公司上市后进行套现，达到税收策划的效果。员工通过有限合伙企业持股，一方面避免分散核心公司的控制权，另一方面可以起到杠杆效应，使创始人仅用很少的资金就能撬动较大的资源，同时员工在套现时也避免了承担较高的税负。

混合架构中，根据不同的持股目的，可以随意组合出不同的持股架构。如果创始人和创业伙伴在公司上市后计划长期持股上市公司，可以通过设立控股公司作为持股平台，方便上市公司进行资本运作。当然，创始人和创业伙伴完全可以同时直接持有一部分股权，以方便未来减持套现。而员工股权激励持股平台，可以设计为有限合伙企业架构。高管为有限合伙人，创始人作为普通合伙人。如果创始人希望将公司的风险与个人进行完全隔离，可以选择使用有限公司作为普通合伙人。

混合架构的优点显而易见，可以根据股东持股目的，选择最合适的架构，更有针对性。缺点是构架较为复杂，难以预判公司的资本战略。假如公司原计划上市IPO，因此创始人选择了控股公司架构，可是中途因为一些因素希望将公司出售套现，那么在控股公司架构下，最高套现税负可达40%。

"股权之问"：股权设计必须考虑哪些问题？

股权设计贯穿企业发展，股权设计合理，企业就能稳健发展，股权设计不合理，企业可能会内耗不断，甚至给企业造成巨大的灾难。鉴于此，我们设计了股权之问，创业者可以审视这些问题，如果企业存在的问题超过5个，或者对这些问题没有合理的解决方案，则需要考虑调整企业的股权模式。

问题1：公司的创始股东是否超过三人？

问题2：公司章程是否使用市场监督管理局的范本？

问题3：是否存在未缴注册资本过高的情形？

问题4：股东间是否存在平均分配股权的问题？

问题5：公司是否给兼职人员发放大量股权？

问题6：是否存在仅提供一次性资源的股东？

问题7：是否给短期资源承诺者发放大量股权？

问题8：是否有技术劳务入股的股东？

问题9：是否在创业初期进行股权激励？

问题10：是否存在小股东在操盘公司的情况？

问题11：是否给管理团队预留股权？

问题12：是否考虑创业合伙人的退出机制？

问题13：是否给投资人预留股权？

问题14：是否由外部投资人控股？

问题15：是否设置股东配偶钱权分离的预案？

问题16：是否存在隐名股东或代持情况？

问题17：是否考虑股权变现的税收策划？

第三节　股权设计文书范本

一、持股平台合伙协议范本

××企业管理中心（有限合伙）合伙协议

（基础版）

普通合伙人：××有限公司

有限合伙人（包括姓名、性别、身份证号、联系地址、电话）

有限合伙人（包括姓名、性别、身份证号、联系地址、电话）

……

根据《中华人民共和国合伙企业法》相关规定，普通合伙人××××/有限公司（以下简称"普通合伙人"）与有限合伙人于××年××月××日签订，决定成立合伙企业。全体合伙人愿意遵守国家相关法律、法规、规章的规定，依法纳税，守法经营。各合伙人在平等自愿的基础上达成如下协议，共同遵守：

1.合伙企业目的

1.1　本协议中各合伙人成立×××企业管理中心（有限合伙）（以下简称"合伙企业"）的目的：认同×××有限公司运营的发展理念和运作模式，自愿加入×××有限公司，以合伙企业作为加入×××有限公司的持股平台，入伙合伙企业达到成为×××有限公司合伙人的法律效果。

1.2　该合伙企业所有合伙人共同出资×××万元投资到×××有限公司，占×××有限公司20%股权，各合伙人按本协议约定出资和占合伙企业中相应份额，享有相应的权利和承担相应的义务。

2.名称及主要经营场所

2.1　本合伙企业的名称为×××企业管理中心（有限合伙），本合伙企业的主要经营场所为：_____。

2.2　根据经营需要，普通合伙人可与有限合伙人协商一致，决定变更本合伙企业的名称或经营场所，并办理相应的企业变更登记手续。普通合伙人依本条获得自行签署及/或代表有限合伙人签署变更本合伙企业名称的相关法律文件并办理企业变更登记手续的授权。

3.经营范围和期限

3.1　合伙企业的经营范围：该合伙企业只作为＿＿＿＿＿＿＿＿公司合伙人的持股平台公司，该合伙企业不做其他任何具体商业事务的经营（＿＿＿＿＿＿＿＿公司授权指定对外签订合同除外）。

3.2　期限：合伙企业的经营期限为＿＿＿＿＿年。自＿＿＿＿＿年＿＿月＿＿日到＿＿＿＿＿年＿＿月＿＿日，普通合伙人可与有限合伙人协商一致，决定延长存续期一年或多年。

4.出资方式、数额和缴付期限

4.1　全体合伙人对合伙企业的总认缴出资额为人民币＿＿＿万元，合伙人认缴的出资额及出资比例如下：

合伙人名称	出资方式	认缴出资额	占总额比例
			％
			％
			％

4.2　所有合伙人之出资方式均为人民币货币出资，并应在签署本合伙协议十个工作日内实缴。

4.3　逾期缴纳出资视为自动放弃入伙，已缴纳部分全额无息退还。

5.有限合伙人

5.1　有限合伙人的权利

5.1.1　监督合伙企业的管理和运作情况，并有权获取和查阅企业管理与运营的相关资料。

5.1.2　督促普通合伙人按本合伙协议的约定全面履行应尽的义务。

5.1.3　依照本合伙协议的约定对合伙事务行使表决权。

5.1.4　依据本合伙协议约定获得合伙企业利润分配。

5.1.5　法律、行政法规规定的其他权利。

5.2　有限合伙人的义务

5.2.1　保证出资的资金来源合法，且为其依法可支配的财产。

5.2.2　按本合伙协议的约定及时缴付认缴出资额。

5.2.3　按规定缴纳相关税费，同意合伙企业为其代扣代缴相关税费。

5.2.4　按本合伙协议的约定承担合伙企业亏损或者终止的责任。

5.2.5 对合伙企业事务的相关情况和资料保密，但法律、法规另有规定的除外。

5.2.6 不从事任何有损本合伙企业利益的活动。

5.3 不执行合伙事务

5.3.1 有限合伙人不执行合伙企业事务，也不得对外代表合伙企业。任何有限合伙人均不得参与管理或控制合伙企业的投资业务及其他以合伙企业名义进行的活动、交易和业务，不得代表合伙企业签署文件，亦不得从事其他有损合伙企业形象和形成约束的行为。

5.3.2 有限合伙人对除名、更换、选定普通合伙人权利行使表决权时，应遵守本协议的规定。

5.4 有限合伙人入伙

5.4.1 本合伙企业成立后有新合伙人陆续入伙，故所有合伙人均同意授权普通合伙人代表所有合伙人与新入伙的合伙人签署合伙协议，对所有合伙人产生法律效力。

5.4.2 普通合伙人根据本协议内容可接纳新投资者作为有限合伙人入伙。新投资者应当经普通合伙人批准入伙并签署书面文件确认其同意受本协议约束。普通合伙人应在本协议附件一补充增加新入伙人名单，并在合伙企业的合伙人登记册上修改登记。每年集中依法办理相应的企业变更登记手续一次。

5.5 有限合伙人退伙

5.5.1 除本协议另有规定外，有限合伙人不得提出退伙或提前收回投资成本的要求。

5.5.2 有限合伙人发生下列情形时，当然退伙：

（1）依法被吊销营业执照、责令关闭，或者被宣告破产的；

（2）有限合伙人丧失完全民事行为能力或死亡而没有法定继承人的；

（3）持有的有限合伙权益被法院强制执行的；

（4）有限合伙人有故意损害合伙企业及其投资的企业的荣誉或利益的行为的；

（5）发生根据《合伙企业法》规定被视为当然退伙的其他情形以及该合伙企业规章制度规定退伙的情形。

有限合伙人依上述约定当然退伙时，合伙企业不应因此解散。

凡当然退伙的合伙人其所占份额由普通合伙人代持，一律不得要求退还出资款，但属于4.3规定情形时按该合伙人入伙时实缴出资全额（无息）退还。

5.5.3 合伙企业存续期间，5年内不得退伙，如有特殊情况有限合伙人可通过转让其持有的有限合伙权益退出合伙企业，但应当经普通合伙人批准同意，不得擅自转让。

5.5.4　有下列情形之一时，有限合伙人才可以提出退伙：

（1）为满足法律、法规及有权机关监管规定的变化而不得不提出退伙；

（2）其他合伙人严重违反本协议约定的义务。

有限合伙人依本条约定提出退伙的，经普通合伙人批准同意，该有限合伙人可以退伙，合伙企业总认缴出资额相应减少。对于该有限合伙人拟退出的有限合伙权益，普通合伙人和其他守约合伙人参照本协议规定享有和行使优先受让权。

5.6　优先参与权

如果普通合伙人今后发起设立新合伙企业，有限合伙人有权优先参与。

6.普通合伙人

6.1　普通合伙人

本合伙企业的唯一普通合伙人为×××有限公司。

6.2　无限责任

普通合伙人以其全部财产承担无限连带责任。

6.3　普通合伙人的权利

6.3.1　普通合伙人执行合伙事务的权利见本协议第7条。

6.4　普通合伙人的义务

6.4.1　普通合伙人从事经营活动，应当遵守法律、法规和本协议的约定，不得损害国家利益、社会公众利益和其他合伙人的合法权益。

6.4.2　为合伙企业及全体合伙人利益的最大化执行合伙事务，并接受有限合伙人的监督。

6.4.3　保证出资的资金来源合法，且为其合法可支配财产。

6.4.4　按本协议的约定及时缴付认缴出资额。

6.4.5　按规定缴纳相关税费。

6.4.6　普通合伙人应当为合伙企业事务的情况和资料保密，但法律法规另有规定或有权机关另有要求的除外。

6.4.7　普通合伙人应当将合伙企业财产和其自有财产、其管理的其他企业财产分别管理、分别记账。

6.4.8　不从事任何有损本合伙企业利益的活动。

6.4.9　妥善保管合伙企业业务交易的完整记录、原始凭证及资料，保存期为自合伙企业终止之日起十五年。

6.4.10 法律、行政法规及本协议规定的其他义务。

6.5 利益冲突

6.5.1 普通合伙人不得自营或者同他人合作经营与本合伙企业相竞争的业务。普通合伙人虽然开展同类业务，但实质上未与合伙企业形成竞争关系的，不构成普通合伙人违反竞业禁止义务的情形。

6.5.2 全体合伙人在此一致同意，本合伙企业可以与普通合伙人、普通合伙人的关联企业或管理的其他企业进行关联交易。

6.6 普通合伙人退伙

6.6.1 普通合伙人在此承诺，除非经全体合伙人一致同意，在合伙企业按照本协议约定解散或清算之前，普通合伙人始终履行本协议项下的职责；其自身亦不会采取任何行动主动解散或终止。

6.6.2 普通合伙人发生下列情形时，当然退伙：

（1）依法被吊销营业执照、责令关闭撤销，或者被宣告破产；

（2）发生根据《合伙企业法》适用于普通合伙人被视为当然退伙的其他情形。

7.合伙事务执行

7.1 全体合伙人以签署本协议的方式一致同意选择普通合伙人xxx有限公司担任本合伙企业的执行事务合伙人。同时，同意×××有限公司在合伙企业存续期间不可撤销地行使并承担执行事务合伙人的全部权利义务。

7.2 执行事务合伙人的权限

7.2.1 普通合伙人作为执行事务合伙人拥有《合伙企业法》及本协议所规定的对于合伙企业事务的执行权，包括但不限于：

（1）决策、执行合伙企业的投资及其他业务；

（2）管理、维持和处分合伙企业的资产；

（3）采取有限合伙企业维持合法存续和开展经营活动所必需的一切行动；

（4）开立、维持和撤销合伙企业的银行账户、证券账户，开具支票和其他付款凭证；

（5）聘用专业人士、中介及顾问机构向合伙企业提供服务；

（6）订立与合伙企业日常运营和管理有关的协议，包括但不限于管理协议等协议；

（7）合伙企业终止时，按照本协议约定计算并分配各合伙人的合伙收益；

（8）按照本协议约定批准有限合伙人转让有限合伙权益；

（9）为合伙企业的利益决定提起诉讼或应诉，进行仲裁；与争议对方进行妥协、和解等，以解决合伙企业与第三方的争议；采取所有可能的行动以保障合伙企业的财产安全；采取切实有效的措施，最大限度地提高合伙企业的投资收益；

(10)根据国家税务管理规定处理合伙企业的涉税事项；

(11)代表合伙企业对外签署、交付和执行文件；

(12)采取为实现合伙目的、维护或争取合伙企业合法权益所必需的其他行动。

7.2.2　在本协议7.2.1条规定基础上，全体合伙人在此特别同意并授权普通合伙人可对下列事项拥有独立决定权：

（1）根据各合伙人的实缴出资额出具和签署出资确认书；

（2）变更合伙企业名称；

（3）变更合伙企业主要经营场所；

（4）延长或缩短合伙企业的存续期限；

（5）变更普通合伙人委派至合伙企业的委派代表；

（6）所有合伙人一致同意如有新合伙人入伙时，普通合伙人有权代表本合伙企业原所有合伙人与新入伙的合伙人签署合伙协议，对所有合伙人发生法律效力；

（6）普通合伙人批准有限合伙人转让有限合伙权益、依照本合同约定退伙；

（7）代表合伙企业对拟投资项目进行筛选和尽职调查、投资、持有股权/股份/合伙企业份额、对所投资企业行使出资人权利、处分合伙企业因对外投资而持有的股权/股份/合伙企业份额；

（8）选聘或者更换普通合伙人之外的专业人士、中介及顾问机构为合伙企业提供服务；

（9）任合伙企业的经营管理人员。

7.3　执行事务合伙人之行为对合伙企业的约束力

执行事务合伙人为执行合伙事务根据《合伙企业法》及本协议约定采取的全部行为，均对合伙企业具有约束力。

7.4　违约处理办法

执行事务合伙人应基于诚实信用原则为合伙企业谋求最大利益。若因执行事务合伙人的故意不当行为或重大过失行为，致使合伙企业受到损害或承担债务、责任，执行事务合伙人应承担赔偿责任。

7.5 责任的限制

7.5.1 除本协议另有规定外，执行事务合伙人不应被要求返还任何有限合伙人的出资，执行事务合伙人亦不对有限合伙人的投资收益保底；所有投资成本返还及投资收益均应源自合伙企业的现有资产。

7.5.2 除非由于故意、重大过失行为，执行事务合伙人及其管理人员不应对因其作为或不作为所导致的合伙企业或任何有限合伙人的损失负责。

7.6 免责保证

各合伙人同意，执行事务合伙人及执行事务合伙人之高级管理人员、雇员及执行事务合伙人聘请的代理人、顾问等人士为履行其对合伙企业的各项职责、处理合伙企业委托事项而产生的责任及义务均归属于合伙企业。如执行事务合伙人及上述人士因履行职责或办理受托事项遭到任何索赔、诉讼、仲裁、调查或其他法律程序，合伙企业应补偿各该人士因此产生的所有损失和费用，除非有证据证明该等损失、费用以及相关的法律程序是由于各该人士的故意不当行为或重大过失所引起。

7.7 执行事务合伙人除名及更换

7.7.1 因执行事务合伙人故意或重大过失行为，致使合伙企业受到重大损害或承担合伙企业无力偿还或解决的重大债务、责任时，可将执行事务合伙人除名。

7.7.2 执行事务合伙人除名应履行如下程序之一：

（1）经本协议约定的仲裁程序，仲裁机构裁决合伙企业可依本协议第7.7.1条规定终止或解除对执行事务合伙人的委托；

（2）合伙人会议就执行事务合伙人委托解除事项一致同意并做出决议，但执行事务合伙人应回避表决。

7.7.3 若合伙人会议在做出执行事务合伙人除名决议之时未能同时就接纳新的执行事务合伙人做出决议，则合伙企业进入清算程序。

7.7.4 执行事务合伙人更换应履行如下程序：

（1）合伙人会议在做出执行事务合伙人除名决议之同时就接纳新的执行事务合伙人做出决议；

（2）新的执行事务合伙人签署书面文件确认同意受本协议约束并履行本协议规定的应由执行事务合伙人履行的职责和义务。

7.8　授权和工商变更登记

7.8.1　全体有限合伙人通过签署本协议向执行事务合伙人进行一项不可撤销的特别授权，授权执行事务合伙人代表全体及任一有限合伙人在下列文件上签字：

（1）本协议的修正案或修改后的本协议。

（2）合伙企业所有的工商设立登记/工商变更登记文件。

（3）当执行事务合伙人担任合伙企业的清算人时，为执行合伙企业解散或清算相关事务而需签署的文件。

7.8.2　如按本协议规定的条件和程序发生变更并需办理工商变更登记（包括但不限于新合伙人入伙、合伙人退伙、合伙人的财产份额发生转让、缩减合伙企业的总认缴出资额等），该等变更事项自本协议规定的条件成就日或本协议规定的程序完成之日即对全体合伙人生效。执行事务合伙人应相应更新合伙人登记册上的相关信息，并在约定时间内办理工商变更登记手续，且全体合伙人应配合执行事务合伙人办理工商变更登记手续。全体合伙人在此不可撤销地确认，发生上述情形后，合伙人名单、各合伙人认缴出资额、总认缴出资额、出资比例等均以合伙人登记册上的记载为准，工商变更登记手续的办理情况不影响上述变更的效力。全体合伙人进一步确认，退伙的有限合伙人自退伙生效日即丧失合伙人的一切权利，并承担本协议项下的违约责任，不得以工商变更登记或其他任何事由主张退伙无效；新入伙的合伙人入伙生效日即享有有限合伙人的权利和义务。

8.合伙企业财产

8.1　合伙企业财产

合伙人的出资、以合伙企业名义取得的收益和依法取得的其他财产，均为合伙企业的财产。

8.2　出资变动

除非经执行事务合伙人同意，任何合伙人不得就其已认缴或实缴份额予以增加或者减少。

8.3　财产份额出质

任何合伙人不得将合伙企业中的财产份额及其权益出质。

8.4　财产份额转让

8.4.1　有限合伙人之间转让其在合伙企业中的全部或者部分财产份额时，应经普通合伙人同意批准，并通知其他合伙人，普通合伙人有优先受让权。

8.4.2 有限合伙人向合伙人以外的人转让其在合伙企业中的全部或者部分财产份额时，应当经普通合伙人批准并提前5个工作日通知其他合伙人。

8.4.3 有限合伙人向合伙人以外的人转让其在合伙企业的财产份额的，在同等条件下，其他合伙人享有优先购买权。

9.投资业务

9.1 投资目标

本合伙企业所有出资指定投到×××有限公司。

9.2 投资范围

合伙企业将充分利用普通合伙人的资源、信息、人才和机制等方面的优势，在经营范围内进行投资，为全体合伙人获取良好的投资回报。

9.3 投资管理

普通合伙人将采取审慎的尽职调查，针对具体投资项目拟定稳妥的投资方案，加强投后管理与风险管理，最大限度地提高合伙企业的投资收益。

9.4 投资限制

9.4.1 非经合伙人一致同意，合伙企业存续期间不得举借债务，不得为被投资企业之外的企业提供担保。

9.4.2 不得投资于承担无限责任的企业。

9.4.3 不得从事法律、法规以及本合伙协议禁止从事的其他事项。

9.5 现金管理

合伙企业的全部现金资产，包括但不限于待投资、待分配及费用备付的现金，在不影响投资或分配的前提下，可进行临时投资，但仅限于以存放银行、购买国债等固定收益类投资产品的方式进行投资。

9.6 投资退出

投资期限届满，普通合伙人将根据投资情况采取措施促使投资逐步变现。

10.收益分配与亏损分担

10.1 收益分配原则

10.1.1 合伙企业原则上只能以货币形态分配收益。

10.1.2 合伙企业取得的投资项目货币收入，按本协议确定的分配原则和顺序依次向各合伙人进行分配，但合伙企业、普通合伙人等均未对本合伙企业的业绩表现或者任何合伙利润的分配做出保证。

10.2 收益分配顺序

合伙企业取得的收益具体按下列顺序进行分配：

（1）向有限合伙人按其实缴出资比例分配，直至全部有限合伙人的分配所得达到其在合伙企业中对应的实缴出资额；

（2）向普通合伙人分配，直至普通合伙人的分配所得达到其在合伙企业中对应的实缴出资额；

（3）……

10.3 收益计算

10.3.1 合伙企业提前终止的，普通合伙人应按照合伙企业实际存续期限计算并分配各合伙人的合伙收益。

10.3.2 对各有限合伙人的收益分配时间为：自获得收益后的3个工作日内发放到各合伙人的入资账户内。

10.4 亏损分担

10.4.1 合伙企业的经营亏损由合伙企业财产弥补。

10.4.2 合伙企业债务由合伙企业财产偿还；合伙企业财产不足以清偿其全部债务时，合伙企业的普通合伙人对合伙企业的债务承担无限连带责任，有限合伙人以其缴付的出资额为限对合伙企业债务承担责任。

10.5 所得税

根据《合伙企业法》之规定，合伙企业并非所得税纳税主体，合伙人所获分配的资金中，在投资成本收回之后的收益部分，由各合伙人自行缴纳所得税，但主管税务机关要求普通合伙人对其他有限合伙人代扣代缴所得税的除外。

11.合伙人会议

11.1 合伙人会议决议事项

合伙企业存续期间，合伙人会议只在讨论决定下列事项时召开：

（1）合伙企业设立；

（2）决定除本协议授权普通合伙人独立决定事项之相关内容外，本协议其他内容的修订；

（3）本协议约定的应由全体合伙人一致同意的事项；

（4）除本协议约定外，法律规定应由合伙人会议决定的其他事项。

合伙人会议不应就合伙企业潜在的项目投资或其他与合伙企业事务执行有关的事项进行决议，但普通合伙人应当将拟投项目的全部资料事先发本合伙企业，本合伙企业在收到上述资料后，五个工作日内提供一个书面反馈，如果过半数合伙人反对普通合伙人的投资方案，普通合伙人不得进行投资。

11.2　合伙人会议的召开

11.2.1　合伙人会议由普通合伙人召集并主持，并应提前至少5个工作日将会议时间、地点及决议事项以书面形式通知其他合伙人。全体合伙人均应积极出席合伙人会议；合伙人会议须由普通合伙人及合计持有合伙企业三分之二以上出资份额的有限合伙人共同出席方为有效。合伙人为法人或其他组织的，应由其授权代表持加盖合伙人公章的授权委托书出席会议；合伙人为自然人的，应由自然人本人出席。

11.2.2　合伙人会议可以采取现场会议、电话会议或通信表决方式或以上方式相结合的方式进行，由会议召集人确定，并在会议通知中列明。

11.3　合伙人会议的表决

合伙人会议讨论第11.1条所列各事项时，由合计持有合伙企业实缴出资总额三分之二及以上的合伙人通过方可做出决议，但法律另有规定或本协议另有约定的除外。

12. 不可抗力

"不可抗力"指在本协议签署后发生的、本协议签署时不能预见的、不能避免、不能克服的客观情况。上述情况包括地震、台风、水灾、火灾、战争、国际或国内运输中断、政府或公共机构的行为（包括重大法律变更或政策调整）、流行病、罢工，以及一般国际商业惯例认作不可抗力的其他事件。一方缺少资金非为不可抗力事件。如果发生不可抗力事件，影响一方履行其在本协议项下的义务，则在不可抗力造成的延误期内中止履行，而不视为违约。宣称发生不可抗力的一方应迅速书面通知另一方，并在其后的15天内提供证明不可抗力发生及其持续的充分证据。如果发生不可抗力事件，各合伙人应立即互相协商，以找到公平的解决办法，并且应尽一切合理努力将不可抗力的后果减小到最低限度。若不可抗力的发生或后果对合伙企业运作造成重大妨碍，时间超过六个月，并且各合伙人没有找到公平的解决办法，则该方可按照本协议约定要求退伙，在此种情况下，合伙人会议应批准该方的退伙要求。

13.争议解决

13.1 因本协议引起的及与本协议有关的一切争议，首先应由相关各方之间通过友好协商解决，如相关各方不能协商解决，任何一方均应向××仲裁委员会申请仲裁。

14.解散和清算

14.1 解散

当下列任何情形之一发生时，合伙企业应被终止并清算：

（1）合伙企业存续期限届满，普通合伙人决定不再延期；

（2）合伙企业的投资项目已经提前退出或变现，或者无适合的投资项目；

（3）合伙企业被吊销营业执照、责令关闭、被撤销或破产；

（4）因当然退伙、被除名等原因，致使普通合伙人的人数不符合有限合伙企业成立的要求；

（5）合伙人已不具备法定人数满30天；

（6）合伙企业发生达到或超过实缴出资总额50%的严重亏损，或者因不可抗力无法继续经营；

（7）全体合伙人决定解散；

（8）合伙协议约定的合伙目的已经实现或者无法实现；

（9）出现《合伙企业法》及本协议规定的其他解散原因。

14.2 清算

14.2.1 清算人由普通合伙人担任，除非全体合伙人一致同意决定由普通合伙人之外的人士担任。

14.2.2 在确定清算人以后，所有合伙企业未变现的资产由清算人负责管理，但如清算人并非普通合伙人，则普通合伙人有义务帮助清算人对未变现资产进行变现，清算期内普通合伙人不收取任何管理费或其他费用。

14.2.3 清算期为一年，清算期结束时未能变现的非现金资产由普通合伙人决定进行分配。

14.2.4 清算结束，清算人应当编制清算报告，经全体合伙人签名、盖章后，在15日内向企业登记机关报送清算报告，申请办理合伙企业注销登记。

14.2.5 清算期间，本合伙协议继续保持完全效力，但合伙企业及清算人不得开展与清算无关的经营活动。

14.3 清算清偿

14.3.1 合伙企业到期或终止清算时，合伙财产按下列顺序进行清偿及分配：

（1）支付清算费用；

（2）支付职工工资、社会保险费用和法定补偿金；

（3）缴纳所欠税款；

（4）清偿合伙企业其他债务；

（5）根据本协议约定的收入分配原则和程序在所有合伙人之间进行分配。

其中对第（1）至（3）项必须以现金形式进行清偿，如现金部分不足则应增加其他资产的变现。第（4）项应与债权人协商清偿方式。

14.3.2 合伙企业财产不足以清偿合伙债务的，由普通合伙人向债权人承担连带清偿责任。

15. 其他

15.1 通知

15.1.1 本协议项下任何通知、要求或信息传达均应采用书面形式，交付或发送至下列地址，即为完成发送或送达：

（1）给普通合伙人及合伙企业的通知发送至：

地址： 电话： 收件人：

（2）给各有限合伙人的通知发送至其本协议附件一所列地址。

任何人可随时经普通合伙人向合伙企业及各合伙人发出通知而变更地址。

15.2 合伙协议的修订

本合伙协议原则上不再进行修订。特殊情况下，经全体合伙人同意，可以以补充协议的形式，对合伙协议进行补充说明。

15.3 附件

本协议附件为本协议不可分割的组成部分，与本协议具有同等法律效力。

15.4 全部协议

本协议及补充协议和普通合伙人与其他有限合伙人签订的合伙协议、合伙企业的规章制度等构成合伙人之间的全部协议，对所有合伙人产生法律效力。本协议签署后，普通合伙人与各有限合伙人之前签署的意向书、承诺书的内容与本协议不一致的，以本协议的约定为准。

15.5　可分割性

如本协议的任何条款或该条款对任何人或情形适用时被认定无效，其余条款或该条款对其他人或情形适用时的有效性并不受影响。

15.6　保密

本协议各方均应对因协商、签署及执行本协议而了解的其他各方的商业秘密承担最高级别的保密责任。有限合伙人还应对其通过财务报告及合伙人会议所了解到的合伙企业经营信息承担最高级别的保密责任。

15.7　签署文本

本协议各方签署正本一式（　　　）份，各份具有同等法律效力。

15.8　本协议效力

（1）本协议自各方签署盖章之日起生效；

（2）如本协议通过新的修订，则以修订后的协议为准；

（3）本协议修订时，修订后的合伙协议自各方签署之日起生效。

[以下无正文，为《×××企业管理中心（有限合伙）合伙协议》签署页]

普通合伙人：　　　　　　　　　　　有限合伙人：

签署日期：　　　　年　　月　　日

（附各合伙人基本信息登记表及身份证复印件）

二、一致行动人协议范本

一致行动人协议

甲方：　　　　　　　　　　　乙方：

丙方：　　　　　　　　　　　丁方：

鉴于各方系×××有限公司（以下简称"公司"）的股东，为了公司长期稳定的发展，提高经营决策的效率，各方按照《中华人民共和国公司法》等有关法律、法规的规定和要求，作为一致行动人行使股东权利，承担股东义务，共同参与公司的经营管理。

为明确协议各方作为一致行动人的权利和义务，根据平等互利的原则，经友好协商，特签订本协议书。

第一条　协议各方的权利义务

1.协议各方应当在决定公司日常经营管理事项时，共同行使公司股东权利，特别是行使召集权、提案权、表决权时采取一致行动。协议各方采取一致行动的具体事宜包括但不限于：

（1）决定公司的经营方针和投资计划；

（2）选举和更换非由职工代表担任的董事、监事，决定有关董事、监事的报酬事项；

（3）审议批准董事会的报告；

（4）审议批准监事会或者监事的报告；

（5）审议批准公司的年度财务预算方案、决算方案；

（6）审议批准公司的利润分配方案和弥补亏损方案；

（7）对公司增加或者减少注册资本做出决议；

（8）对发行公司债券做出决议；

（9）对公司合并、分立、解散、清算或者变更公司形式做出决议；

（10）修改公司章程；

（11）公司章程规定的其他职权。

2.协议各方应当在行使公司股东权利，特别是提案权、表决权之前进行充分的协商、沟通，以保证顺利做出一致行动的决定；必要时召开一致行动人会议，促使协议各方达成采取一致行动的决定。

3.协议各方同时作为公司董事或者各方所指定的人员担任公司董事的，在董事会相关决策过程中应当确保采取一致行动，行使董事权利。

4.协议各方应当确保按照达成一致行动决定行使股东权利，承担股东义务。

5.协议各方若不能就一致行动达成统一意见时，则各方应按照甲方的意见表决。

第二条　协议各方的声明、保证与承诺

1.协议各方均具有权利能力与行为能力订立和履行本协议，本协议对协议各方具有合法、有效的约束力。

2.协议各方对因采取一致性行动而获得的文件资料、商业秘密及其可能得知的协议他方的商业秘密负有合理的保密义务。

3.协议各方在本协议中承担的义务是合法有效的，其履行不会与其承担的其他合同义务冲突，也不会违反任何法律。

4.本协议项下各项声明、保证和承诺是根据本协议签署日存在的实施情况而做出的，协议各方声明，其在本协议中的所有声明和承诺均是不可撤销的。

第三条　一致行动的特别约定

1.协议各方承诺，在×年内（以下简称"禁止转让期限"）不转让其所持有的公司股份。

2.在禁止转让期限届满后，协议任何一方如转让其所持有的公司股份时应至少提前30日书面通知协议他方，协议他方有优先受让权。

第四条　违约责任

1.协议一方若违反本协议约定导致公司和/或者协议其他方发生损失，违约方应当赔偿损失并向协议其他方和/或公司支付违约金＿＿＿＿＿元（大写：＿＿＿＿＿＿元整）。

2.协议一方的股东代表或者委派的董事违反该方意志，未按照本协议约定参与一致行动导致公司和/或者协议其他方发生损失，该股东代表以及董事应当与该方一起就损失承担无限连带责任。

第五条　争议解决方法

因履行本合同所发生的或与本合同有关的一切争议、纠纷，各方应协商解决。协商不成的，各方应依法提交××仲裁委员会申请裁决。

第六条　其他

1.本合同一式五份，甲乙各方各执一份，具有同等法律效力。

2.本协议中未尽事宜或出现与本协议相关的其他事宜时，由协议各方协商解决并另行签订补充协议，补充协议与本协议具有同等法律效力。

3.本协议经各方签字盖章后生效。

甲方签名：　　　　　　　　　　乙方签名：

签约日期：

三、表决权委托协议范本

表决权委托协议

甲方（委托人）：　　　　　　　　乙方（受托人）：

身份证号：　　　　　　　　　　　身份证号：

联系电话：　　　　　　　　　　　联系电话：

住　　址：　　　　　　　　　　　住　　址：

1.本协议签署之日，甲方、乙方均为公司（以下简称"公司"）在册股东，分别持有公司_____%和_____%的股权。

2.甲方自愿将其所持有的公司股权对应的全部表决权委托给乙方行使。

为了更好地行使股东的权利，甲、乙各方经友好协商，达成以下协议：

第一条　委托权利

1.在本协议有效期内，依据公司届时有效的章程行使如下权利：

（1）代表甲方出席公司的股东大会；

（2）表决决定公司的经营方针和投资计划；

（3）代表甲方审议批准董事会的报告；

（4）指定和选举公司的董事；

（5）指定和选举公司的监事；

（6）对其他根据相关法律或公司章程需要股东会讨论、决议的事项行使表决权。

2.本协议的签订并不影响甲方对其持有的公司股权所享有的收益权、处分权。

3.本协议生效后，乙方将实际上合计持有公司的股权对应的表决权，乙方应在本协议规定的授权范围内谨慎勤勉地依法履行委托权利；超越授权范围行使表决权给甲方造成损失的，乙方应对甲方承担相应的责任。

第二条　委托期限

1.本协议所述委托表决权的行使期限，自本协议生效之日起至_____年____月____日止。但是如果出现以下情况，经甲方书面要求，表决权委托可提前终止：

（1）乙方出现严重违法、违规及违反公司章程规定的行为；

（2）乙方出现严重损害公司利益的行为。

2.本协议经各方协商一致可解除，未经各方协商一致，任何一方均不得单方面解除本协议。本协议和法律另有约定的除外。

第三条 委托权利的行使

1.甲方将就公司股东大会会议审议的所有事项与乙方保持一致的意见，因此针对具体表决事项，甲方将不再出具具体的《授权委托书》。

2.甲方将为乙方行使委托权利提供充分的协助，包括在必要时（例如为满足政府部门审批、登记、备案所需报送文档之要求）及时签署相关法律文档，但是甲方有权要求对该相关法律文档所涉及的所有事项进行充分了解。

3.在乙方参与公司相关会议并行使表决权的情况下，甲方可以自行参加相关会议但不另外行使表决权。

4.本协议期限内因任何原因导致委托权利的授予或行使无法实现，甲、乙各方应立即寻求与无法实现的约定最相近的替代方案，并在必要时签署补充协议修改或调整本协议条款，以确保可继续实现本协议之目的。

第四条 免责与补偿

各方确认，在任何情况下，乙方不得因受委托行使本协议项下约定的表决签名而被要求对任何第三方承担任何责任或做出任何经济上的或其他方面的补偿。但如损失系有证据证明由于乙方故意或重大过失而引起的，则该损失应由乙方承担。

第五条 违约责任

甲、乙各方同意并确认，如甲方违反本协议约定，应承担相应的违约责任，包括但不限于赔偿乙方及公司因此形成的损失。如乙方利用甲方委托其行使的表决权做出有损公司或甲方合法权益的决议和行为，乙方应承担相应的法律责任。

第六条 保密义务

1.甲、乙各方认可并确定有关本协议、本协议内容，以及就准备或履行本协议而交换的任何口头或书面数据均被视为保密信息。一方未经另一方书面同意擅自向任何第三方披露任何保密信息的，违约方应赔偿守约方由此而受到的全部损失，并且守约方有权单方面解除本协议。

2.本条所述保密义务不受本协议期限约束，一直有效。

第七条 委托权转让

未经甲方事先书面同意，乙方不得向任何第三方转让其于本协议下的任何权利或义务。

第八条　争议解决

因履行本合同所发生的或与本合同有关的一切争议、纠纷，各方应协商解决。协商不成的，各方可依法直接向有管辖权的人民法院起诉。

第九条　生效及其他

1.各方确认，已经仔细审阅过本协议的内容，并完全了解协议各条款的法律含义。

2.本合同自各方签章之日起生效，一式两份，甲、乙各方各执一份，具有同等的法律效力。

甲方签名：　　　　　　　　　　　　　　乙方签名：

签约日期：　　　　年　　　月　　　日

第四章　股东权利及顶层设计

第一节　股东权利有哪些

《公司法》第四条规定，公司股东依法享有资产收益、参与重大决策和选择管理者等权利。也就是说，作为一名股东，其享有的权利大都是《公司法》及相关法律规定赋予的。我们将这种权利称为法定权利。

当然，除了法定权利之外，股东还享有很多协定权利。《公司法》的若干章节赋予了股东可以自主约定的权利，这种权利主要通过公司章程或者股东协议进行约定。所以，只要股东之间对一些权利的约定不违反法律规定，这种自主约定的权利也受到法律法规的保护。

一、法定权利

（一）股东身份权

就像自然人用身份证证明自己的身份一样，股东也有身份证明，以证明自己是股东，比如有限责任公司的出资证明书、股份有限公司的股票，这就是所谓的股东身份权。

【法规链接】

《中华人民共和国公司法》第三十一条　有限责任公司成立后，应当向股东签发出资证明书。

出资证明书应当载明下列事项：

（一）公司名称；

（二）公司成立日期；

（三）公司注册资本；

（四）股东的姓名或者名称、缴纳的出资额和出资日期；

（五）出资证明书的编号和核发日期。

出资证明书由公司盖章。

第三十二条　有限责任公司应当置备股东名册，记载下列事项：

（一）股东的姓名或者名称及住所；

（二）股东的出资额；

（三）出资证明书编号。

记载于股东名册的股东，可以依股东名册主张行使股东权利。

公司应当将股东的姓名或者名称向公司登记机关登记；登记事项发生变更的，应当办理变更登记。未经登记或者变更登记的，不得对抗第三人。

第一百二十五条　股份有限公司的资本划分为股份，每一股的金额相等。

公司的股份采取股票的形式。股票是公司签发的证明股东所持股份的凭证。

第一百二十八条　股票采用纸面形式或者国务院证券监督管理机构规定的其他形式。

股票应当载明下列主要事项：

（一）公司名称；

（二）公司成立日期；

（三）股票种类、票面金额及代表的股份数；

（四）股票的编号。

股票由法定代表人签名，公司盖章。

发起人的股票，应当标明发起人股票字样。

（二）参与决策权

参与决策权，也称为表决权，是股东依据其所持有的股份而享有的参与决策的权利。

股东出席股东大会，所持每一股份有一表决权，即一股代表一份表决权。（比如"A股"）

每一特别表决权股份代表的表决权数量大于每一普通股份代表的表决权数量，其他股东权利与普通股份相同。（比如科创板）

公司股东依法享有参与重大决策和选择管理者等权利。

表决权是股东权利中最重要的权利，没有之一。从持股100股的小散户到控股股东、实际控制人，1股1票童叟无欺，谁持股多谁嗓门大，谁桌子拍得响，谁影响大，可以说表决权是现代公司治理的基础。

我国监管理念还是偏向维护小股东的利益，所以，持股多到一定程度或身份特殊时，表决权也会受限制，比如常见的关联交易回避表决。

有些时候，股东在某些利益安排下会把表决权委托给其他股东行使。

【法规链接】

《中华人民共和国公司法》第四十二条　股东会会议由股东按照出资比例行使表决权；但是，公司章程另有规定的除外。

第一百零五条　股东大会选举董事、监事，可以依照公司章程的规定或者股东大会的决议，实行累积投票制。

本法所称累积投票制，是指股东大会选举董事或者监事时，每一股份拥有与应选董事或者监事人数相同的表决权，股东拥有的表决权可以集中使用。

第一百零六条　股东可以委托代理人出席股东大会会议，代理人应当向公司提交股东授权委托书，并在授权范围内行使表决权。

（三）知情权

依据《公司法》的规定，股东有权查阅公司章程、股东名册、公司债券存根、股东大会会议记录、董事会会议决议、监事会会议决议、财务会计报告，对公司的经营提出建议或者质询。

《公司法》的导向之一就是加强信息披露。比如，上市公司出现一些问题，监管机构就会一直追问。2021年5月13日，上海证券交易所出具《关于对中源家居股份有限公司涉及媒体报道事项予以核实的监管工作函》，其实就是在维护股东的知情权。

除了公司主动公布信息保障股东的知情权外，股东还有其他的渠道去行使知情权：投资者电话、公司邮箱、各种说明会等。因而，公司上市后就成公众公司了。

（四）建议或者质询权

股东有权对公司的经营提出建议或者质询。董事、监事、高级管理人员在股东大会上应就股东的质询做出解释和说明。

质询也好，建议也好，可以理解为知情权的补充和延伸。质询是为了更好地了解公司相关信息，建议也是为了公司更好地发展。建议公司得听着，质询后公司得回复。

【法规链接】

《中华人民共和国公司法》第一百五十条 股东会或者股东大会要求董事、监事、高级管理人员列席会议的，董事、监事、高级管理人员应当列席并接受股东的质询。

董事、高级管理人员应当如实向监事会或者不设监事会的有限责任公司的监事提供有关情况和资料，不得妨碍监事会或者监事行使职权。

（五）优先认购权

上市公司向不特定对象公开募集股份或者发行可转换公司债券，可以全部或者部分向原股东优先配售，优先配售比例应当在发行公告中披露。这是《证券发行与承销管理办法》规定的优先配售，对于股东就是优先认购权。其实背后的逻辑和有限责任公司增资、转让注册资本份额差不多，也是原股东权利的一种。

（六）临时股东会召集权

单独或者合计持有公司10%以上股份的股东有权向董事会请求召开临时股东大会，董事会不同意召开临时股东大会，有权向监事会提议召开临时股东大会，监事会不召集和主持股东大会，连续90日以上单独或者合计持有公司10%以上股份的股东可以自行召集和主持。

《中华人民共和国公司法》第一百零一条 股东大会会议由董事会召集，董事长主持；董事长不能履行职务或者不履行职务的，由副董事长主持；副董事长不能履行职务或者不履行职务的，由半数以上董事共同推举一名董事主持。

董事会不能履行或者不履行召集股东大会会议职责的，监事会应当及时召集和主持；监事会不召集和主持的，连续九十日以上单独或者合计持有公司百分之十以上股份的股东可以自行召集和主持。

（七）股权回购请求权

对股东会决议持有异议的股东可以请求公司收购其股权，进而退出公司。当然，这是一种比较极端的权利。

《中华人民共和国公司法》第七十四条　有下列情形之一的，对股东会该项决议投反对票的股东可以请求公司按照合理的价格收购其股权：

（一）公司连续五年不向股东分配利润，而公司该五年连续盈利，并且符合本法规定的分配利润条件的；

（二）公司合并、分立、转让主要财产的；

（三）公司章程规定的营业期限届满或者章程规定的其他解散事由出现，股东会会议通过决议修改章程使公司存续的。

自股东会会议决议通过之日起六十日内，股东与公司不能达成股权收购协议的，股东可以自股东会会议决议通过之日起九十日内向人民法院提起诉讼。

（八）股东诉讼权

在公司出现违法违规经营活动时，股东有权"大义灭亲"，向人民法院提起诉讼，这种诉讼分为两种：一是间接诉讼，二是直接诉讼。股东的诉讼权利是股东保护自己的底牌，当权益受到侵害时，无法通过协商解决，可以对簿公堂，以法律手段维护自身的权益。

（九）公司解散请求权

公司运营中，有些公司可能会长期亏损，或者股东之间出现了难以调解的矛盾。在这种情况下，小股东和大股东的利益诉求必然是不一样的。对于小股东来说，一般只能通过分红享受公司利益。这时候公司继续经营只会损害小股东的利益，因此小股东可能会通过解散公司将投资损失降到最低。但是公司的大股东一般不愿意解散公司，即使公司做下去依然会亏损，但是大股东可以通过控制权获取私利。所以法律赋予小股东公司解散请求权，用以维护其合法权益。

【法规链接】

《中华人民共和国公司法》第一百八十二条　公司经营管理发生严重困难，继续存续会使股东利益受到重大损失，通过其他途径不能解决的，持有公司全部股东表决权百分之十以上的股东，可以请求人民法院解散公司。

二、协定权利

《公司法》在公司的经营范围、法定代表人、担保总额上限、优先认购权、股东会召开次数和时间、召开股东会通知时间、表决权约定、董事任期选举方法、股权转让、分红方式、公司解散等方面都赋予了股东自主约定的权利。那么股东想要保护自己的权利，最好的办法就是在可以协议约定的范围内进行设计，以更好地保护自己。

（一）分红权的设计妙招

公司是以盈利为目的的独立法人，而且背后的股东也是为了追求利益和资本增值，因此分红权是其最终权利的一种表达，是对如何分钱做出的约定。但在现实中，一些大股东经常在企业赚了钱之后不分红，而是找借口扩大企业。实际上，公司的利润只有一部分用于企业的再发展，大部分可能被他们通过违法违规的手段转移到自己的手中。

投资收益权是小股东们最根本的权利。他们之所以愿意成为小股东，主要目的就是得到那点分红。如果这个权利得不到保护，小股东的投资可能就会肉包子打狗，有去无回。

如何利用法律来设计分红权对小股东更有利呢？最有利于小股东的约定是在公司章程中规定强制分红政策，比如，约定每年至少将一定比例的利润用于分红，如果有股东提议不分红，除非全体股东一致同意，否则必须分红。其次是约定特定情况下的股权回购权。比如公司章程中可以约定，如果公司连续两年盈利，但大股东连续两年不分红，此时小股东就有权要求公司回购小股东的股份。小股东提出回购申请之日起三个月内依然没有回购的，可以请求法院强制执行。当然回购价格的约定也是有技巧的，可以约定为原价回购，也能约定为按其他价格回购，要根据实际情况自主选择。

（二）退出机制的巧妙利用

《公司法》有"不得退资"的规定，但实践中总是要考虑到人情世故。经常会发生各种各样的退股情况，比如大股东看小股东不顺眼，想方设法清理小股东，小股东急需用钱，只能"退股"或转让股权。这些都可以通过协议来设计。

1. 分红权和退出机制的结合

对有些小投资者而言，公司的分红额度和年化收益率是很重要的，此时就可以约定，如果公司的年化收益率或者分红低于某个数字，股东就有权要求创始人进行违约赔偿，或有权要求公司进行股权回购，且回购价格为原价，约定这种条款之后，股东退出就会非常方便。

2. 知情权和退出机制的结合

小股东认为自己的知情权没有得到纸上的保证，与大股东沟通过程中有矛盾的，此时小股东有权要求公司以净资产的价格回购其持有的股权。

总而言之，股东权利是法律赋予股东的权利，是股东的自我保护屏障，股东要学会合理地利用股东权利来维护自身利益。

第二节 股权设计

一、股权设计的生命线

股权设计的目的是什么？就是为了保证在释放股权的过程中，自己还能够拥有对公司控制权，或者至少不能失去对公司的主导权。要控制公司，众所周知的最简单最粗暴最有效的方法就是持有更多的股份。股东到底持有多少的股份才能牢牢地控制公司呢？我们首先了解一下股权分配最基础的知识——"八条线"，了解这八条线，在股权释放中就能更好地保护自己：

（1）绝对控制权线：67%。虽然只有67%的股权，但是相当于拥有了企业100%的权利。根据《公司法》的规定，股东依其所持股份享有与其股份数同样数额的表决权，而拥有公司三分之二以上表决权的股东就能够决定修改公司章程、企业的分立、合并、变更主营项目、重大决策等事宜。因此，即使股东没有100%的股权，也能拥有绝对的控制权。

（2）相对控制权线：51%。比起67%的股权，51%股份代表的就是一种相对的控制权，虽不能对公司的重大决策做到一人决策，但也能够绝对控制公司的经营方向，能够做主公司的大部分事宜。

（3）安全控制权线：34%。拥有34%的股权，虽然不能拥有对公司的控制权，但是有一票否决权。所以，股东即使不能争取51%的持股比例，也应该为自己争取到34%的股权。因为有了这个比例，至少在7项事务上能够一票否决：修改公司章程、增加注册资本、减少注册资本、公司合并、公司分立、公司解散、变更公司形式。

【案例】

刘备终于顺利与三位合伙人协商调整了持股比例，刘备占34%，关羽占22%，张飞占22%，诸葛亮占22%。在公司经营的过程中，关、张、诸葛三人一致认为，公司当下已经具备兼并孙权的东吴赤壁投资有限公司的条件，应当把握时机。但是刘备认为按照公司当下的规模，兼并东吴赤壁投资有限公司只是给自己增加负担，于是四位股东召开股东会对"是否需要兼并东吴赤壁投资有限公司"进行表决。依照《公司法》

第三十四条的规定，公司合并的决议需要经代表三分之二以上表决权的股东通过。在表决时，关、张、诸葛三人一致同意兼并，刘备反对兼并。但是关、张、诸葛三人的表决权加起来只有66%，并没有达到三分之二，所以该决议未能通过。这就是所谓的"一票否决权"。

（4）实际控制认定线：30%。投资者为上市公司持股50%以上的控股股东，或者投资者可以实际支配上市公司股份表决权超过30%，即拥有上市公司控制权。当投资者可以实际支配的上市公司股份表决权超过30%时，将被证监会认定为拥有上市公司控股权。

（5）科创板激励上限：20%。科创板上市公司在有效期内的股权激励计划所涉及的标的股票总数，累计不得超过公司总股本的20%。科创板主要服务于符合国家战略、突破关键核心技术、市场认可度高的科技创新企业，重点支持新一代信息技术、高端装备、新材料、新能源、节能环保、生物医药等高新技术产业和战略性新兴产业。对这些产业，科创板给予了更宽松的上市条件，而且对上市后股权激励的限制也给予了放宽。如科创板上市公司在有效期内的股权激励计划所涉及的标的股权总数，累计不得超过公司总股本的20%，而主板、中小板、创业板不得超过10%。

（6）召开临时股东大会/解散公司底线：10%。申请解散公司权：通俗地讲，公司是拟制的法人，其实际管理要依靠股东会、董事会等决策机关和执行机关的有效运行，股东会和董事会等就像公司的大脑和四肢，如果大脑和四肢瘫痪，公司这个组织的运营管理就会出现严重困难。为了打破股东僵局，《公司法》赋予了部分股东救济手段。若公司经营管理发生严重困难，继续存续会使股东利益受到重大损失，通过其他途径不能解决的，持有公司全部股东表决权10%以上的股东可以请求人民法院解散公司。

临时股东大会的召开权：在股份公司中，股东大会是公司的权力机构，它是通过召开会议的形式来行使自己的权利的。股东大会分为股东大会年会和临时股东大会。由于股份公司通常股东人数较多，不可能经常召开股东会议，因此《公司法》确定股东大会应当每年召开一次，年会决定公司一年中的重大事项。在两次股东大会年会之间，公司可能会出现一些特殊情况，需要由股东大会审议决定某些重大事项，因而有必要召开临时股东大会。在股份公司中，股东单独或者合计持有公司10%以上股份，表明其在公司中的权利占有相当大的比重，当其认为有必要时，可以要求公司召开临时股东大会审议决定其关注的事项。

所以，作为实业投资人，尤其是参与公司运营的投资人，建议拥有的股权尽量不要低于10%。

（7）股东提案资格线：3%。根据《公司法》的规定，在股份有限公司中，只有单独或者合计持有公司3%以上股份的股东才可以在股东大会召开十日前提出临时提案，并书面提交董事会，俗称临时开小会。

（8）股东代表诉讼线：1%。股东代表诉讼权，亦称派生诉讼权，是《公司法》于2005年修改时引进的一种股东代表诉讼制度。这一制度说的是，当公司利益受到侵害时，在公司拒绝或者怠于行使诉权的情况下，股东可以为了公司利益，以自己的名义直接向人民法院提起诉讼。在实践中，大股东操纵董事会、高级管理人员损害公司利益以及公司中小股东利益的情况时有发生，赋予股东提起代表诉讼的权利，具有重要的实际意义。但需要注意的是，提起股东代表诉讼有前置性条件，只有有限责任公司的股东以及股份有限公司连续180日以上单独或者合计持有公司1%以上股份的股东，才有资格提起股东代表诉讼。

以上内容告诉我们，掌握控股权是王道。三分之二的表决权，是一个极具诱惑力的比例，它代表着管理层难以撼动的决策地位。但是这67%的股权占比，在实践中相当难以取得。所以，在法律层面上，我们给出的建议是归集表决权。所谓归集表决权，就是通过各种方式，例如表决权委托、签署一致行动人协议等，最大限度地将表决权控制在自己手里。如果无法归集表决权，那就巧妙地运用限制性条款来防御。限制性条款大多体现在公司章程之中。一方面，限制性条款可以赋予管理层一票否决权，例如针对公司的一些重大事项——合并、分立、解散、公司融资、公司上市、公司的年度预算结算、重大人事任免、董事会变更等等。另一方面，为了拿下董事会的"战略高地"，在公司章程中，还可以直接规定董事会一定数量的董事（一般过半数）由核心创始人委派。需要注意的是，《公司法》对章程的法定、意定事项的范围有所限制，在设立限制性条款时，必须时刻避免超过法律制度的框架。

二、股权设计应考虑的六个因素

不合理的股权结构设计会给公司长久经营发展埋下隐患，引发创始股东丧失控制权、公司经营决策僵化等问题。合理的股权结构设计能够为公司后续的发展打下坚实的基础。在进行股权结构设计时要把握六个关键因素。

（一）要有控股股东

现实生活中，创始人为了避免在股权分配上反复争论，往往会选择平分。均分股权主要出现在创业之初，创始股东基于感情且没有意识到这种股权结构存在的问题——均分股权非常容易导致缺乏绝对控股或者相对控股的情况。虽然在实践中不乏均分股权也能够得到很好发展的情形，但是风险却一直存在。一旦各方存在分歧，轻者导致公司陷入僵局，重者则导致公司分崩离析。

创始股东中要有绝对或相对控股股东。一般认为，绝对控股是指股权比例超过三分之二的情形；相对控股则是指股权比例超过50%，或者虽然股权比例没有超过50%，但超过其他任何单一出资人的股权比例，或者通过协议拥有控股权。如果股东人数较多，即使单一股东处于相对控股地位，这种控股地位也十分脆弱，其他几个股东稍加联合，其相对控股地位就将无法保证，因此必须另辟蹊径，可以考虑通过设置持股平台或者表决权委托等方式来保证相对控股甚至绝对控股。

（二）管理团队和投资人的股权比例要适当

传统思维中，股权的比例由出资额决定，即出资多的比例高，出资少的比例低。当公司的某个或者某些股东采用人力资本出资时，所占股权的比例应当合适，否则可能引发不同出资方式股东的分歧。确定合适的股权比例，要综合考虑人力资本拥有者在公司中的价值、人力资本拥有者在公司中的人员数量、人力资本拥有者的可替代性等方面。

（三）提前为引进人才预留股份

公司的发展壮大史就是一个各种人才不断荟萃的历程。高工资固然是吸纳人才的重要方式，但单纯以工资作为筹码显然分量不够，尤其是对具备一定经济基础的高端人才。因此，在公司创立时，必须为未来团队的股权激励预留空间。否则，当引进的团队提出股权要求，需要创始股东转让股权时，创始股东在股权价值提升后会有惜售心态，从而导致股权激励存在障碍。

（四）设置股东退出机制

创业就是一场没有终点的长跑，过程中不断有人参与，也会有人因为主观或者客观的原因退出。股东退出的原因主要有两种，一种是股东对公司发展缺乏信心。对于公司前景的判断因人而异，一些对公司前景比较悲观的股东和管理层会选择退出。但如果股东个人退出而股权并不退出的话，则可能对公司的发展带来障碍。第二种是创始股东不合。创始股东在创业途中产生分歧十分正常，若各方因为理念、个性不同或者利益分配不均而无法协调，有些股东可能选择退出。如果股权结构没有设置退出通道，则可能无法吐故纳新，甚至可能使公司陷入困境。

（五）要为融资时股权稀释留空间

在某些行业，不引进外部股权投资是不可能获得发展的。如果创业者在公司创立之初的股权结构设计中没有考虑到股权融资导致的股权稀释问题，则可能会引起投资人的担心。如某企业第一大股东的股权比例仅为30%，若经过多轮融资，其股权比例将稀释至20%以下，那么其对公司的控制权可能会出现问题。为了解决股权结构不合理的问题，创始股东可以考虑通过签署一致行动协议、表决权委托等方法解决。

（六）考虑其他特殊情况

除了上述股权结构设计中应注意的问题外，股权结构设计中还应当注意一些特殊情况，如创始股东丧失行为能力、实际控制人离婚等特殊情形。土豆网案就是实际控制人离婚导致公司重大变故的最典型案例：2010年11月，土豆网向美国证券交易委员会(SEC)递交了纳斯达克上市(IPO)申请，意味着土豆网将成为全球首个在美国独立上市的网络视频公司。只要完成上市，土豆网将彻底坐稳行业老大的地位，让在其身后紧追的优酷网望尘莫及。就在这关键的节点，王微前妻杨蕾向法院提起诉讼，要求分割土豆网38%的股权。法院直接冻结了王微所持有的土豆网股权，导致土豆网上市进程延误。随着优酷网在同年12月在美国上市实现反超，土豆网彻底错过登顶的唯一机会。最终的结局是土豆被优酷收购，王微也在2012年8月离开了一手创办的土豆网。受王微离婚案的影响，很多投资机构在对被投企业尤其是对Pre-IPO的被投企业进行投资时，希望在投资协议中增加"被投企业的自然人大股东、实际控制人承诺：结婚、离婚均要征得董事会或者股东大会的同意"之类的约定。这种约定被戏称为"土豆条款"。

"土豆条款"从本质上讲，就是为了预防由于创始股东婚变给投资人、其他股东、公司造成经营风险之外的附加风险。

因此，公司在进行股权设计时，应当提前设计好各种合作机制以及出现特定情形的处理方法。

第五章　股东的法律风险防范

第一节　股东民事风险防范

一、股东出资不足的风险

出资是股东的基本义务。2013年12月修订的《公司法》将注册资本由"实缴登记制"改为"认缴登记制"，注册资本的登记条件也相应放宽。但是，"认缴"不等于"不缴"，公司股东（发起人）认缴数额实质上对应的是其对公司的"负债"。根据《公司法》及其他相关法律的规定，股东（发起人）如果没有按照约定按时缴足出资，将面临以下法律风险：

1. 足额缴纳出资并承担违约责任，具体如下：

（1）股东或发起人未按公司章程约定缴纳出资的，公司或其他股东有权要求其向公司依法全面履行出资义务；（2）股东在公司设立时未履行或者未全面履行出资义务的，公司的其他发起人应承担连带责任，公司的发起人承担责任后有权向未缴出资股东进行追偿；（3）未履行出资义务的股东除应继续按公司章程约定缴纳出资外，还需向已依法缴纳出资的股东或发起人承担相应的违约责任。

2. 对公司债务承担补充赔偿责任或连带清偿责任，具体如下：

（1）有限公司的股东以其认缴的出资额为限对公司承担责任，股份公司的股东以其认购的股份为限对公司承担责任；（2）公司债权人有权要求未履行或未全面履行出资义务的股东在其未出资本息范围内对公司债务不能清偿的部分承担补充赔偿责任；（3）公司债权人有权要求公司的发起人就股东在公司设立时未履行或者未全面履行出资义务所应承担的补充赔偿责任承担连带责任，公司的发起人承担责任后有权向未缴出资股东进行追偿；（4）公司解散或破产时，股东尚未缴纳的出资应作为清算财产或破产财产，而不受出资期限的限制；（5）公司财产不足以清偿债务时，债权人有权要求未缴出资股东在未缴出资范围内对公司债务承担连带清偿责任。

【案例】

桃园公司与赤壁公司签订了一份购销合同，赤壁公司向桃园公司供货后，因桃园公司经营不善，公司倒闭，无力支付货款。赤壁公司起诉到法院后要求桃园公司偿还货款，但桃园公司已无任何资产来支付货款。经查实，桃园公司股东刘备认缴出资200万，实缴50万，剩余150万出资并未缴足。赤壁公司遂申请追加桃园公司的股东刘备为被告，并要求其承担补充支付责任。

《最高人民法院关于适用〈中华人民共和国公司法〉若干问题的规定（三）》第十三条规定："公司债权人请求未履行或者未全面履行出资义务的股东在未出资本息范围内对公司债务不能清偿的部分承担补充赔偿责任的，人民法院应予支持。"根据以上规定，桃园公司的股东刘备认缴出资未到位，应以未出资为限，即150万元范围内对公司债务承担补充责任。

面对出资不足的风险，股东、其他股东或者公司如何进行防范呢？

1. 根据公司所属的行业合理选择注册资本规模。设立公司前，投资者应当判断公司所属行业是否实行注册资本实缴登记制，是否有最低注册资本要求，从而确定合理的注册资本规模。

2. 股东要充分考虑自身的经济状况，理性做出认缴承诺。在确定注册资本之前，可自行进行财务分析，计算公司的预期收入，并核算可能发生的支出，从而确定启动资金。

3. 为了防范其他股东出资不足，最好在大家资金都到位的情况下再去注册公司。如果资金不能一次到位，需要明确约定出资期限及违约责任。另外，还可以通过公司章程或者股东会决议，限制未全面履行出资义务的股东的表决权、分红权等权利。

二、股东抽逃出资的风险

抽逃出资，是指公司股东在缴纳出资后，又将出资暗中撤回，但仍然保留其股东身份和出资额的一种欺诈违法行为。在实践中，如果股东已实缴出资，而股东没有正当理由或正常的业务往来，比如因经营活动需要或者合法的借贷关系等，又将其出资额转移、非法占有或者挪作他用等，均有可能涉嫌抽逃出资。而抽逃出资将会面临以下法律风险：

1. 返还出资本息，协助者承担连带责任。根据《公司法》的规定，股东抽逃出资，公司和其他股东可以要求其返还出资本息，而协助抽逃出资的其他股东、董事、高级管理人或者实际控制人对此需要承担连带责任。

2. 对债权人承担补充赔偿责任，协助者承担连带责任。根据《公司法》的规定，抽逃出资的股东应当在公司债务无法清偿的情况下，在抽逃出资本息范围内承担补充赔偿责任，而协助抽逃出资的其他股东、董事、高级管理人或者实际控制人对此需承担连带责任。

3. 如股东抽逃全部出资，经公司催告返还，其在合理期限内仍未返还出资，公司可以通过股东会决议解除该股东的股东资格。

除此之外，股东抽逃出资还会面临行政责任。根据法律规定，公司的发起人、股东在公司成立后抽逃其出资的，由公司登记机关责令整改，处以所抽逃出资金额5%以上15%以下的罚款。另外，股东抽逃出资还可能面临刑事责任，可能会构成抽逃出资罪。

那么，针对抽逃出资的情形，股东或者公司如何进行风险防范呢？

1. 明确股东财产与公司财产各自的独立性。股东在缴纳出资时，应当综合分析个人的经济实力，切勿盲目认缴，从而避免通过抽逃出资来化解自身资金压力的情况。

2. 制定规范的财务制度，完善使用公司资金的审批程序，严格控制公司资金的运作及流向，防止公司资金的非正常流出，保证公司资金安全。

3. 可以根据公司章程或者股东会决议，合理限制抽逃出资股东的利润分配请求权、新股优先认购权等股东权利。

三、股权代持（实际出资人）的风险

所谓股权代持，也被称为委托持股、隐名持股、股权挂靠，是指实际出资人（被代持人）与名义出资人（代持人）以协议或其他形式约定，由名义股东以自己名义代实际出资人履行股东权利义务，由实际出资人履行出资义务并享有投资权益的一种权利义务安排。

股权代持的原因多种多样。比如《公司法》规定的有限责任公司股东人数上限是50人，持股人数过多就可能选择股份代持。除此之外，代持股权的原因无外乎有所不便：身份特殊、不允许持股、低调奢华不露富、债务、夫妻财产隔离等。有些身份特殊的人不能直接出资成为股东，他们若想成为股东，就需要找其他人帮助他们代持股权。

一般情况下，不建议将股权交给他人代持，如果确实需要将股权交给他人代持，需要注意以下法律风险：

1. 实际出资人的股东资格可能不被认可。造成这种情况的原因主要有：名义股东和实际出资人之间的协议缺失或者约定不明；公司其他股东多于半数以上不同意实际出资人"显名"，即不承认其股东身份。

2. 名义股东如果违反股权代持协议，或者不按照实际出资人的要求行使股东权利，滥用股东权利的，可能侵害实际出资人的权益。

3. 名义股东对外负债，司法机关根据债权人的申请，可以查封、拍卖其代持的股权，将会损害实际出资人的权益。

4. 名义股东有可能擅自将代持的股权转让、质押。

5. 名义股东离婚或死亡，其代持的股权可能成为配偶或继承人的争夺对象。如配偶或继承人不清楚其与实际出资人之间委托投资的关系，实际出资人的权益可能会遭受损害。

如果投资者不得已选择隐名出资的方式，为避免不必要的损失，建议做到以下几点：

1. 慎重选择名义股东。要尽量找可靠的、有一定经济能力的人做名义股东，以防出现合法权益受到侵害后，向名义股东追偿，但名义股东却没有能力承担法律责任的情况。

2. 重视股权代持协议。对于实际出资人来说，股权代持协议是保障其合法权益的重要证据。在签订股权代持协议时，应当注意以下事项：

（1）避免口头协议，尽量通过书面协议明确双方的权利义务。

（2）明确实际出资人的权益，如获得公司利润的权益，名义股东未经实际出资人同意不得在公司经营管理过程中以股东的身份行使表决权等。

（3）约定名义股东不得对股权进行质押、转让、抵押等，并约定相应的违约责任。

（4）让名义股东的配偶在代持协议上签字确认，防止股东的配偶在离婚时主张分割股权，从而侵害实际出资人的权益。

（5）约定实际出资人有权随时解除代持协议，有权将股权变更到自己或指定的第三人名下，名义股东必须无条件配合。

（6）代持协议最好让其他股东过半数以上签字确认。如果履行了这一程序，实际出资人的股东身份就得到了公司股东的确认，实际出资人可以据此要求公司将其记入股东名册，出具出资证明书，将来可以据此主张其股东资格，办理股权变更登记手续。

3. 保留出资证据。实际出资人在缴纳出资时，应当完善相关手续。例如，通过银行转账的方式向名义股东支付出资款，注明"用于实际出资人对××公司的出资款"，或者直接向公司汇入出资款，由公司出具相关出资证明。

4. 尽量实际参与公司的决策和经营管理。这样的话，一旦发生纠纷，可以被认定为其他股东默认其公司股东的资格。

5. 保留协议履行期间的相关证据。比如，名义股东向实际出资人分红时，保留相关证据；实际出资人与名义股东沟通过程中，通过微信、邮件、短信等保留好关于代持股权事宜的沟通记录。

四、挂名股东（名义股东）的风险

【案例】

2012年，"90后"女孩小乔，被一家担保公司聘用。2013年，该公司成立了一家空壳公司，用于向银行贷款。不久后，总经理找到小乔，希望其当一名股东，并称仅是挂名。于是小乔同意了。而后，总经理再次找到小乔，让其帮忙在一笔9000万元的贷款合同上签字，并称所有的手续都已经办下来，就差她签字，小乔拒绝。但经过银行客户经理及公司同事的多次劝说，小乔无奈只好签字。2014年贷款到期，公司经营状况不良，无力偿还。于是，银行起诉公司和小乔，小乔作为担保人，自然背负起这笔巨债。

这则新闻，真实揭示了挂名股东面临的法律风险。对于挂名股东或者名义股东来说，帮朋友代持股权存在很大的民事风险与刑事风险。最大的民事风险在于，如果实际出资人未按照章程约定缴纳出资，那么，公司的其他股东都有权要求代持股权的挂名股东出资。同时，公司的债权人也有权要求挂名股东在出资的范围内承担补充清偿责任。另外，如果挂名股东在公司担任法定代表人、董事、高级管理人员，那么，如果公司存在违法经营的情形，挂名股东作为公司的主要负责人或者直接责任人，是可能要承担刑事责任的。

那么，如何化解上述法律风险呢？建议如下：

1. 与实际出资人签订书面的委托代持协议。因挂名股东对外而言就是公司的股东，应当承担公司股东不履行相应义务时的法律责任，所以，挂名股东应在协议里明确约定责任最终由谁承担，以及如何承担，甚至可以约定严格的违约责任，促使实际出资人履约。

2. 保证拥有知情权且切实行使。挂名股东的股东权利行使虽然严格受限，但不代表其不能行使任何权利。知情权是股东有效行使股东权利的前提和基础，挂名股东应该争取。挂名股东通过查阅公司章程、股东会会议记录、董事会会议决议以及公司会计报表等，可及时了解各股东的出资情况和公司运营状况，从而保障自己的利益。

3. 必要时对其他股东公开其为挂名股东的事实。

五、干股股东的风险

干股，就是指公司无偿赠与的，不出股金，赚了分红赔了不受损失的股权。在现实生活中，"干股"这一概念主要是国家工作人员是否构成受贿的一个判定标准。从《公司法》角度看，干股就是一种与普通股不一样的股权形式，其主要有以下两个特征：

1. 股东享有股权。实践中，公司或者大股东会为了奖励公司的管理、技术骨干，而给他们一定数额的干股，这些股权可以分取红利，但一般不允许转让。因此，这种股权具有很强的人身属性，只有特定的人才能持有。换言之，持有干股的股东，拥有的仅仅是分红权，而不是股权的所有权。

2. 股东没有出资。一般而言，获得股东资格的实质前提是向公司出资，但是干股股东不同，他们要么没有向公司以任何财产形式出资，要么出资具有瑕疵，存在出资不实或出资形式不合法的情况。

公司或者大股东向他人赠与干股，实际上属于合同法上的赠与合同关系，原则上有效，但如果赠与人反悔，根据《中华人民共和国民法典》第658条的规定，赠与人在赠与财产的权利转移之前可以撤销赠与。而且因为赠与干股并没有要求去市场监督管理部门办理登记手续，所以，赠与人的自主权较大，其撤销行为相当于没有任何门槛限制。另外，很多公司赠与干股会附加条件，如果条件没有成立，那么赠与干股的行为可能也就不会产生法律效力。

那么，干股股东如何避免这些法律风险呢？建议如下：

1. 有关赠与干股事宜，应当签订详细的书面赠与协议，无论是公司一方，还是受赠一方，都应当将相关权利、义务、争议解决方式等予以明确，以避免产生纠纷，或者在纠纷产生后提供明确的解决方式。

2. 对于受赠方而言，应当了解受赠的干股存在可能被撤销的风险，所以，要尽量与公司协商办理工商登记。

3. 避免为了避税、逃税或行贿、受贿而赠与干股、接受干股。

六、股东与公司人格混同的风险

现实生活中，很多初次创业的投资者都存在这样的认识误区：公司是自己创立的，公司的一切都属于自己。因此，公司的法人独立地位完全被忽视，最主要的表现形式如下：

1. 财产混同。如股东与公司的财产或账目混在一起，没有明确的界限，股东出资后又随意抽逃公司资本，股东任意支取公司资金供个人使用等。

2.组织机构混同。这种情况通常存在于法人股东与公司之间。组织机构混同，俗称"一套人马，两个班子"，主要表现为董事兼任以及总经理和公司高级管理人员的统一任命和调配。这种情况下，法人股东与公司这两个实体下的董事、经理完全一致，甚至连雇员也完全一致。

3.业务混同。这主要是指公司与股东之间在经营业务、经营方式、交易方式、价格确定等方面存在混同现象。公司与股东经营相同业务，有时甚至存在货物由公司购买签收，股东使用后提出质量异议的情况，这种情况属于典型的业务混同。

以上三种表现形式都构成股东与公司人格混同。根据《公司法》第20条的规定，公司股东滥用股东权利给公司或者其他股东造成损失的，应当依法承担赔偿责任。而且一人公司作为有限责任公司的特殊类型，法律还对它有特殊的规定：除非一人公司的股东能够举证证明公司财产独立于股东个人财产，否则就应当对公司债务承担连带责任。之所以规定如此严格，就在于一人公司只有一名股东，监督和制约机制相对薄弱，如果股东将个人财产与公司财产混同，极易对债权人的利益造成损害。

在公司经营中，为防止股东与公司人格混同，建议采取如下防范措施：

1.股东，尤其是自然人股东，应当树立"公司是公司，股东是股东"的观念，切勿通过成立公司，利用"股东责任有限"的特权来谋取个人利益。

2.公司成立后，应当制定切实可行的财务制度，完善公司资金使用的审批程序，严格控制公司资本的运用及流向，防止公司资本的非正常流出，保证公司资本安全。

3.在组织机构方面，应当通过公司章程或其他组织文件，完善公司的治理结构，明确董事会、监事会、经理各自的权利和职责，确保分工明确、利益制衡，从而实现组织机构运转良好。

4.为防止"一股独大"或部分股东控制公司，应当在章程中约定董事及经理的选任和免职程序，以维护公司利益不受侵犯。

5.一旦出现股东滥用公司人格，损害公司利益的情况，其他股东可以提起诉讼追究股东个人的责任。

第二节　股东税务风险防范

一、公私不分、私户转账的风险

很多企业家们认为企业是他的，所以企业的钱也是他的，他喜欢怎样用就怎样用，记账报税零申报就可以了，至于实际业务是不用通过财务，甚至不用登记在账本上的。笔者曾问过一个企业家："企业没有完善的财务核算制度，那怎么样知道企业是赚还是亏？"他直接回答："摸摸左口袋，再摸摸右口袋，到仓库点点库存，然后看看欠供应商的款项，那就知道当年是赚还是亏了。"但大家都没意识到这样做，除了存在民事风险，还会存在税务风险，甚至是刑事风险。

还有一些企业由于各种原因，以某一股东或财务人员的名义开办了银行账号作为企业的"小金库"。设立"小金库"的根本目的就是隐藏收入少缴税。随之的举动就是设多套账目，讲究"内外有别"，多数收入不入外账入内账，资金体外循环。于是就出现了一种现象——"企业长亏不倒"，一方面公司账面长期亏损或处于微利的边缘，另一方面，公司生产经营规模却越来越大，办公场所扩建，公司员工剧增。但企业家往往没有考虑过，设立"小金库"的一系列安排是否合理。在金税三期的大数据监控下，这些安排漏洞百出：

1. 出现长期亏损，但企业主们却经营得不亦乐乎，享受着多年的"亏损"。

2. 频繁地与"小金库"持有人的账户发生转账记录。

3. 制造业的水电费用远远高于账面所记录的生产销售额所需要的水电费用。

4. 员工的人数侧面反映的业务量与企业表面业务量差异巨大。

5. 所纳税率与同行业的其他企业的所纳税率不匹配等。

只要出现其中一种情形，金税三期的大数据筛查均可能发出预警，引发税务部门的稽查。一旦稽查中确定属于偷税，税务机关将追缴其不缴或者少缴的税款、滞纳金，并对其处不缴或者少缴的税款50%以上5倍以下的罚款；构成犯罪的，依法追究刑事责任，而且实际经营人与财务人员均要承担相应法律责任。

【法规链接】

《税收征收管理法》第六十三条　纳税人伪造、变造、隐匿、擅自销毁账簿、记账凭证，或者在账簿上多列支出或者不列、少列收入，或者经税务机关通知申报而拒不申报或者进行虚假的纳税申报，不缴或者少缴应纳税款的，是偷税。对纳税人偷税的，由税务机关追缴其不缴或者少缴的税款、滞纳金，并处不缴或者少缴的税款百分之五十以上五倍以下的罚款；构成犯罪的，依法追究刑事责任。

第六十四条第一款　纳税人、扣缴义务人编造虚假计税依据的，由税务机关责令限期改正，并处五万元以下的罚款。

企业在运营的过程中，会因为各种不合规行为面临税务风险，企业管理者应当避免公私不分、私户转账、公款私用等行为，避免涉嫌偷税漏税。这就要求，规范公司账务管理，严格按照会计制度和准则进行账务处理，及时、依法进行申报纳税。特别是工资和股东分红，公司作为代扣代缴义务人，应当如实扣税。很多创业企业为了降低运营成本，喜欢请代账公司代为记账，客观上造成公司资金往来、经营状况、成本费用等无法及时如实地反映在公司账面中，从而为公司埋下风险的种子。同时，如果股东与公司之间，的确有因为公司经营需要而发生的资金往来，最好有明确的协议和约定，并如实体现在公司账面中。

二、股东从公司借款的风险

公司和股东均为相对独立的法律主体，二者在人员、资产、责任等方面相互独立，不得混同。但在实践中，股东和公司之间难免会有一些资金往来，主要体现为股东从公司"借款"。有些是真实发生的借款，而有些是股东为了规避缴纳个人所得税，希望通过"借款"的方式变相发放股息、红利，甚至有些是股东为了抽逃出资而产生的"借款"。无论是哪种情况下的借款，都存在税务风险：

1. 个人所得税风险。股东在一个纳税年度内，向所投资的公司借款，在该纳税年度终了后既不归还，也不用于企业生产经营的，其未归还的借款可视为企业对个人投资者的红利分配，依照"利息、股息、红利所得"项目计征20%的个人所得税。

实践中，有的财务人员存在认知误区，认为股东借款超过12个月不归还才视为分红，事实上，"该纳税年度"是指"借款时的纳税年度"，并不涉及12个月的判定事项。而且，在年度终了后，即使归还也要按照分红交税。

有些企业家会认为，自己转入企业的钱远远高于企业的注册资金，所以现在转走的钱属于高于注册资金的部分，是企业对股东的还款，没有收利息，所以不用交税。但从公司运营角度来看，是投资款还是借款，并不是在事后由股东自己来说明的，而是在股东向公司汇款前就要对该款项的性质进行明确定性，如果属于投资款就应该订立增资协议，如果属于借款，应该签订借款协议，或者财务人员挂账时应当注明是借款。实践中经常有股东给公司投入资金，财务人员将超出注册资本的部分计入公积金的情况。若为股东借款，则需计入其他应付款中。如果没有借款协议，财务人员也将款项计入资本公积金一项，那么事后从企业转出的款项只能视同股息红利或抽逃出资，抽逃出资的股东要对企业债务承担连带责任或承担刑事责任。

2.抽逃出资风险。公司成立后，股东不得抽逃出资。如果股东从公司借钱，又并非经营活动需要，在股东之间产生矛盾时，可能被其他股东追究抽逃出资甚至职务侵占、挪用资金等法律责任。

3.增值税风险。财税〔2016〕36号文件所列视同销售服务是指"单位或者个体工商户向其他单位或者个人无偿提供服务（用于公益事业或者以社会公众为对象的除外）"。股东从公司借钱，相当于公司无偿为股东提供了贷款服务，可能会被"视同销售服务"，而需要缴纳增值税。

因此，股东从公司借款，在税务上和刑事上都有很大的风险，处理此类业务一定要慎重，具体有以下防范措施：

一是股东从公司借款，要尽量有合理的理由，在公司内部履行一定的程序，并在短期内归还，不建议超过一个年度。如果必须超过一个年度的话，可以在第一个年度终了前先将借款归还公司，在第二个年度开展新的借款业务。

二是与公司签订借款合同，合同明确约定借款的期限、借款的利率、利息支付的时间以及其他义务，并且履行合同，按时支付公司利息，以此从公司获得的资金属于股东债务，也就规避了财税〔2003〕158号文件中股东长期借款未归还视同分红的嫌疑。

三是公司日常费用报销，可以从股东所借款项中逐渐冲抵，账面上不应显示股东借款长期挂账不变。

四是公司账务上通过"其他应收款——备用金"核算，费用报销也通过此科目，以证明并非提供贷款服务，而只是经营活动所需。

【法规链接】

《财政部 国家税务总局关于规范个人投资者个人所得税征收管理的通知》（财税〔2003〕158号） 二、关于个人投资者从其投资的企业（个人独资企业、合伙企业除外）借款长期不还的处理问题：纳税年度内个人投资者从其投资的企业（个人独资企业、合伙企业除外）借款，在该纳税年度终了后既不归还，又未用于企业生产经营的，其未归还的借款可视为企业对个人投资者的红利分配，依照"利息、股息、红利所得"项目计征个人所得税。

三、股权代持的风险

股权代持因具有隐蔽性、灵活性等特点，成为不少投资者的选择。实践中，因股权代持产生的税务纠纷也不少。以最常见的自然人代持的情况来分析，在税务方面可能存在重复缴税的风险，主要有三种情况：

1. 取得分红收益时

在自然人作为名义股东代持的情况下，其从公司取得分红时，需缴纳个人所得税。代持人将完税后的分红交付给实际出资人时，若实际出资人是自然人的，实际出资人需就该收益缴纳个人所得税；若实际出资人是公司的，实际出资人需就该收益缴纳企业所得税。

由于不管是代持人缴纳的个人所得税，还是实际出资人缴纳的个人所得税或企业所得税，最终都由实际出资人承担，因此，这种情况下存在重复缴税的风险。

2. 对外转让股权时

当代持人按实际出资人的意愿对外转让股权，而后再将转让所得交付给实际出资人时，由于股权转让中实际取得收入的主体是实际出资人，根据实质课税的原则，税务机关仅应对实际出资人就转让股权所得征收企业所得税或个人所得税。

但是，若税务机关不同意这种观点，那么此时应缴税情况如下：代持人需就股权转让所得缴纳个人所得税。代持人将完税后的股权转让所得支付给实际出资人时，若实际出资人是自然人的，实际出资人需就该所得缴纳个人所得税；若实际出资人是公司的，实际出资人需就该所得缴纳企业所得税。因此，这种情况下也存在重复缴税的风险。

3. 实际出资人要求变更登记时

当实际出资人要求代持人将代持的股权变更登记到实际出资人名下时，从外观来看，其实就是股权转让。因此，若税务机关不同意按实质课税原则征税，那么此时应缴税情况与上述第2点中对外转让股权的情况一样，也存在重复缴税的风险。

因此，股权代持存在诸多税务风险.但因其灵活性，又广受投资者喜爱。这就需要代持人和实际出资人采取一定的防范措施，降低税务风险。

1. 谨慎选择代持主体

如果股权代持的安排确有必要，应当审慎选择代持对象。根据国家税务总局2014年67号公告第十三条规定，将股权转让给其能提供具有法律效力身份关系证明的配偶、父母、子女、祖父母、外祖父母、孙子女、外孙子女、兄弟姐妹以及对转让人承担直接抚养或者赡养义务的抚养人或者赡养人，如果申报的股权转让价格偏低，则被视为有正当理由而免于核定征收税款。因此，实际出资人或股东若因各种原因需要股权代持，应尽量在上述范围内选择代持主体，以减少未来解除代持协议时可能产生的税务负担。

2. 为税务机关创造按照实质课税原则课税的条件

如果实际出资人没有充足的证据证明是股权代持的，税务机关为了效率，通常就会根据外在的交易表现形式进行课税。现实中，虽然代持股的法律关系客观存在，但是往往因为缺乏充足的证明材料，致使税务机关无法按照实质课税原则对有关纳税主体征税，而是按照公允价格对其征收税款。为避免这种情况出现，实际出资人或股东应重视有关材料的收集，比如出资的支付凭证、参与公司股东会的决议、参与公司利润分配的凭证等，并加强与税务机关的沟通，来争取免征个人所得税或企业所得税。

3. 必要时可以提起关于投资权益归属和实际出资人身份的确权之诉

若实际出资人提供的材料无法说服税务机关按照实质课税原则进行课税，那么实际出资人可以根据下述规定，通过取得确认投资权益归属和实际出资人身份的裁判文书的方式，来取得税务机关的理解和支持。

【法规链接】

《最高人民法院关于适用〈中华人民共和国公司法〉若干问题的规定（三）》第二十五条　有限责任公司的实际出资人与名义出资人订立合同，约定由实际出资人出资并享有投资权益，以名义出资人为名义股东，实际出资人与名义股东对该合同效力发生争议的，如无合同法第五十二条规定的情形，人民法院应当认定该合同有效。

前款规定的实际出资人与名义股东因投资权益的归属发生争议，实际出资人以其实际履行了出资义务为由向名义股东主张权利的，人民法院应予支持。名义股东以公司股东名册记载、公司登记机关登记为由否认实际出资人权利的，人民法院不予支持。

实际出资人未经公司其他股东半数以上同意，请求公司变更股东、签发出资证明书、记载于股东名册、记载于公司章程并办理公司登记机关登记的，人民法院不予支持。

第三节　股东刑事风险防范

股东作为公司的投资人，在开展投资经营活动时，面临很多法律风险，除了上述介绍的民事风险、税务风险以外，还存在刑事风险。刑事风险导致的后果最为严重，受到的处罚更为严厉。特别是近几年经济刑事案件频发，不少投资人因缺少相关刑事法律知识而深陷其中。因此，本节主要围绕司法实践中较为常见的罪名，对公司股东面临的刑事法律风险及防范措施进行详细分析。

一、股东刑事风险概述

根据我国刑法及相关法律规定，公司股东因犯罪被刑事处罚后，在未来生活、工作中将面临以下诸多不利影响：

1. 留有案底

每个公民犯罪都会在个人档案中有记录，成为一辈子无法抹去的痕迹。这种案底对公民个人的生活、工作等都有直接的影响。刑满出狱后会面临人际交往中的排斥、时代的淘汰、自信的下降等，很难恢复入狱前的生活状态。很多的工作岗位不接受有刑事犯罪前科的人员，同时，出狱后再创业的难度可谓难上加难。这些都是普遍性的影响。

此外，有些犯罪也将对后续公司经营产生巨大影响。例如作为公司股东，在经营公司的过程中，以公司的名义对外行贿，可能涉嫌单位行贿等犯罪，这将直接影响公司的发展。这种公司，在政府招投标等领域都没有资格参与，会失去很多商业机会。在刑事处罚方面，单位行贿实行双罚制，除了对公司适用罚金刑之外，也会对公司直接负责的主管人员和其他直接责任人进行刑事处罚。被判刑罚的股东，如在一定期限内再犯，则属于累犯，还会从重处罚。

2. 担任公司董事、监事、高级管理人员等职务受到限制

法律对于有犯罪前科的人出资设立公司没有限制，但对其在公司担任高管有相应的限制。如《公司法》第146条规定，因贪污、贿赂、侵占财产、挪用财产或者破坏社会主义市场经济秩序，被判处刑罚，执行期满未逾五年，或者因犯罪被剥夺政治权利，执行期满未逾五年的，不得担任公司的董事、监事、高级管理人员。同时，担任因违法被吊销营业执照、责令关闭的公司、企业的法定代表人，并负有个人责任的，自该公司、企业被吊销营业执照之日起未逾三年，也不得担任公司的董事、监事、高级管理人员。股东出资并参与公司管理是常态，尤其是公司的大股东，如果不参与公司管理，很难对公司进行有效的控制。但鉴于法律的规定，以上人员无法直接参与投资企业的经营管理活动。

3. 个人出国、公司海外业务拓展受限制

很多发达国家出于安全和经济发展等诸多考虑，对移民对象严格限制，除对申请人的资产、商业背景、学历或者专业等有具体要求外，还有一项非常重要的要求，即品行良好。

目前几乎所有的移民申请都需要拟移民的人员提供无犯罪记录证明。如果有犯罪记录，对申请绿卡或者入籍都有巨大的影响。不仅如此，随着各国的发展，对公民个人素质的要求越来越高，出国留学、经商、务工、商务考察与交流、旅游等均可能要求行为人出具无犯罪记录证明。因此，股东犯罪，于自身而言，对包括移民、留学等在内的出国行为会有严重影响。此外，如果公司要发展国外业务，开拓外国市场，会因为股东有刑事犯罪记录而信誉受损，面临阻碍。

4. 个人信用受损，将失去某些商业机会

股东犯罪，在后续的商业合作中，基于合作方对股东个人信誉的特别要求，极有可能让企业丧失相应的商业机会。随着国家信息公开化的快速发展，公民个人情况，比如是否犯过罪、是否欠钱不还等，都可以通过网络等查询。2016年10月1日，《最高人民法院关于人民法院在互联网公布裁判文书的规定》开始施行，该规定施行后，意味着我国各级法院审理的刑事案件，除个别涉及国家秘密、个人隐私、未成年犯罪等的特殊刑事案件外，判决书和裁定书都会在中国裁判文书网上公布。重大的商业项目中，合作方可能会对拟合作相对方进行调查，包括查询裁判文书网，检索是否存在与该股东有关的刑事判决书等有关个人不良信息。合作方了解到该股东存在犯罪记录时，不排除会慎重考虑是否合作。

二、虚报注册资本罪

2013年，《公司法》做出重大修改，将注册资本实缴登记制改为认缴登记制。《公司法》的修改，对刑法上的罪名认定产生了一定的影响，实行认缴登记制的公司不再适用虚报注册资本罪，但虚报注册资本罪仍有适用的空间。根据《保险法》《商业银行法》《外资银行管理条例》等法律、行政法规及国务院的特殊规定，保险公司、商业银行、外资银行、证券公司、信托公司、基金管理公司等仍实行注册资本实缴登记制，此类公司的设立者使用虚假证明文件或者采取其他欺诈手段向市场监督管理部门申请公司登记的，仍有可能触犯虚报注册资本罪。

1. 罪名简介

虚报注册资本罪，是指申请公司登记使用虚假证明文件或者采取其他欺诈手段虚报注册资本，欺骗公司登记主管部门，取得公司登记，虚报注册资本数额巨大、后果严重或者有其他严重情节的行为。

2. 罪名认定

犯罪的主体是申请公司登记的个人或公司，主观方面为故意，即犯罪的目的是欺骗公

司登记机关，非法取得公司登记。欺诈登记的行为被登记主管部门发现，并未取得公司登记的，不构成犯罪，但由于欺诈登记的行为违反了公司法等法律、行政法规的规定，相关单位和个人将面临行政处罚。在客观方面表现为使用虚假的证明文件或者采取其他欺诈手段，虚报注册资本。常见的欺诈手段有：（1）向登记主管部门提供虚假的、伪造的证明文件；（2）使用虚假的股东姓名，虚构公司住所；（3）以注册代办机构垫资等方式取得公司登记，企业注册完成之后，由中介机构抽走资金等。

3. 入刑标准

（1）法定注册资本最低限额在六百万元以下，虚报数额占其应缴出资数额百分之六十以上的。

（2）法定注册资本最低限额超过六百万元，虚报数额占其应缴出资数额百分之三十以上的；

（3）造成投资者或者其他债权人直接经济损失累计数额在五十万元以上的。

（4）虽未达到上述数额标准，但具有下列情形之一的：

①两年内因虚报注册资本受过行政处罚两次以上，又虚报注册资本的；

②向公司登记主管人员行贿的；

③为进行违法活动而注册的。

（5）其他后果严重或者有其他严重情节的情形。

4. 量刑标准

虚报注册资本数额巨大，后果严重或者有其他严重情节的，处三年以下有期徒刑或者拘役，并处或者单处虚报注册资本金额1%以上5%以下罚金。单位虚报注册资本的，对单位处罚金，对其负责的主管人员和其他责任人员，处三年以下有期徒刑或者拘役。

5. 风险控制

《公司法》修改以后，仍实行注册资本实缴制的公司、企业，在申报注册资本过程中依然存在触犯虚报注册资本罪的刑事风险。可以从几个方面，对这一风险进行防范：

（1）确定合理的注册资本金额。在进行注册登记之前，应当明确法律、法规对于注册资本最低限额、出资比例、出资方式、出资期限的规定。在此基础上综合考虑公司规模、现有及将有出资能力，合理确定注册资本金额。

（2）依照法定条件和程序提出登记申请。向登记主管部门提出登记申请时，应当严格按照我国《公司法》《公司登记管理条例》《保险法》《商业银行法》等法律、行政法规的规定，依照法定程序向登记主管部门提出申请，并保证提供的资产评估报告、验资报告、验资证明、银行账户信息等的真实性和合法性，杜绝弄虚作假行为。

（3）注重对注册代办机构的审核。采取中介机构代办的方式进行公司注册登记，具有规范、高效、便捷的优势，但由于监管机制尚不健全，同业竞争激烈，一些注册代办机构在代办登记过程中存在违法、违规甚至犯罪行为。因此，通过注册代办机构代办公司登记相关手续的，应当注重审查代办机构的资质和规范性。

三、虚假出资、抽逃出资罪

1. 罪名简介

虚假出资、抽逃出资罪，是指公司发起人、股东违反《公司法》的规定，没有交付货币、实物或者没有转移财产权，虚假出资，或者在公司成立后又抽逃其出资，数额巨大、后果严重或者有其他严重情节的行为。

2. 罪名认定

本罪的犯罪主体是公司发起人或股东。犯罪的主观方面为故意，就是说发起人或者股东是故意要虚假出资或抽逃出资。客观行为表现为，公司发起人或股东未交付货币、实物或者未转移财产权，或者在公司成立后又抽逃出资。（1）未交付货币，是指以货币出资的股东未在法定期限内将货币出资足额存入公司开设的临时账户；（2）未交付实物或者未转移财产权，是指以实物、工业产权、非专利技术或者土地使用权出资的，未依法办理财产权的转移手续；（3）公司成立后又抽逃出资，是指在公司设立时依法缴纳了出资，但当公司成立以后又将其出资撤回。

3. 入刑标准

（1）法定注册资本最低限额在六百万元以下，虚假出资，抽逃出资数额占其应缴出资数额百分之六十以上的；

（2）法定注册资本最低限额超过六百万元，虚假出资，抽逃出资数额占其应缴出资数额百分之三十以上的；

（3）造成公司、股东、债权人的直接经济损失累计数额在五十万元以上的。

（4）虽未达到上述数额标准，但具有下列情形之一的：

①致使公司资不抵债或者无法正常经营的；

②公司发起人、股东合谋虚假出资、抽逃出资的；

③两年内因虚假出资、抽逃出资受过行政处罚二次以上，又虚假出资、抽逃出资的；

④利用虚假出资、抽逃出资所得资金进行违法活动的。

（5）其他后果严重或者有其他严重情节的情形。

4. 量刑标准

（1）自然人犯本条所定之罪，处五年以下有期徒刑或者拘役，并处或者单处虚假出资金额或者抽逃出资金额2%以上10%以下罚金。

（2）单位犯本罪的，对单位判处罚金，并对其直接负责的主管人员和其他直接责任人员处五年以下有期徒刑或者拘役。

5. 风险控制

仍实行注册资本实缴制的企业，要防范虚假出资、抽逃出资的刑事风险，可以从以下几个方面着手：

（1）出资人在设立公司时应当及时缴纳出资，如实履行法定出资义务。货币出资应当在法定期限内存入公司专门账户，实物、工业产权、非专利技术或者土地使用权出资应及时办理财产权转移手续。

（2）严格区分公司财产与个人财产。公司注册成立以后，公司发起人、股东应当明确公司是独立的法人，要将个人财产与公司财产严格区分开来，不能随意支配。

（3）建立严格的内部管理制度。在公司管理上，应当建立严格的公司内部管理制度，要设立专门的账户，保障公司资金安全，并且严格监督资金的流向，防止股东抽逃资金。

四、妨害清算罪

1. 罪名简介

妨害清算罪，是指公司、企业进行清算时，隐匿财产，对资产负债表或者财产清单作虚假记载，或者在未清偿债务前分配公司、企业财产，严重损害债权人或者其他人合法利益的行为。

2. 罪名认定

本罪的犯罪主体为正在清算的公司、企业，实践中，主要为清算组或管理人成员中直接负责的主管人员和其他直接责任人员。犯罪的主观方面为故意，即明知隐匿公司、企业财产，对资产负债表或者财产清单做虚伪记载，或者在未清偿债务前分配公司、企业财产，会严重损害债权人或者其他人利益，但是依旧故意实施。本罪的客观方面表现为发生妨害清算的行为，常见的有：（1）全部或者部分转移、隐匿公司、企业的资金、设备、产品、原材料等各种财产，使公司、企业没有财产或者无足够的财产清偿债务；（2）对资产负债表或财务清单做虚伪记载，如夸大负债数额，做实际上并不存在的负债记载，对特定债权人做不符合事实的负债记载，减少公司、企业的收入，降低固定资产的价格等；（3）故意隐藏、毁损公司账册、财务会计报告及其他重要资料，导致无法清算或者无法依法全面清算；（4）在清偿债务前分配公司、企业财产等。

3. 入刑标准

公司、企业进行清算时，隐匿财产，对资产负债表或者财产清单做虚伪记载，或者在未清偿债务前，分配公司、企业财产，涉嫌下列情形之一的，应予立案追诉：

（1）隐匿财产价值在五十万元以上的；

（2）对资产负债表或者财产清单做虚伪记载涉及金额在五十万元以上的；

（3）在未清偿债务前分配公司、企业财产价值在五十万元以上的；

（4）造成债权人或者其他人直接经济损失数额累计在十万元以上的；

（5）虽未达到上述数额标准，但因清偿的职工的工资、社会保险费用和法定补偿金得不到及时清偿，造成恶劣社会影响的；

（6）其他严重损害债权人或者其他人利益的情形。

4. 量刑标准

公司、企业犯本罪的，对其直接负责的主管人员和其他直接责任人员，处五年以下有期徒刑或者拘役，并处或者单处2万元以上20万元以下罚金。

5. 风险控制

清算是公司、企业走向消亡的重要一环，我国《公司法》《企业破产法》等法律法规对公司、企业的清算进行了细致的规范，严重妨害清算的行为将构成刑事犯罪。组成清算组的公司、企业董事、经理、财务人员，由于对被清算公司、企业的财产拥有处分权或一定的管理权，一般会被认定为直接负责的主管人员和其他直接责任人员，触犯妨害清算罪的风险也很大。此类人员在公司、企业的清算中，应当增强法律意识，按照相关法律、行政法规的规定，遵循清算活动的运作流程，杜绝蓄意妨害公司、企业清算的行为。虽然妨害清算罪发生在公司、企业进行清算时，但是在公司、企业清算程序开始之前的一段时间内，实施上述行为，进而持续到企业清算程序中的，也有被刑事立案的风险。

五、虚假破产罪

1. 罪名简介

虚假破产罪是指公司、企业通过隐匿财产、承担虚构的债务或者以其他方法转移、处分财产，实施虚假破产，严重损害债权人或者其他人利益的行为。

2. **罪名认定**

本罪的犯罪主体为公司、企业。犯罪的主观方面为故意，即行为人明知自己通过隐匿财产、承担虚构的债务或者以其他方法转移、处分财产，实施虚假破产，会严重损害债权人或者其他人的利益，但仍然为之。本罪的客观方面表现为实施虚假破产的行为，常见的有：(1) 将公司、企业的资金、设备、产品、货物等财产全部或部分予以隐瞒、转移、藏匿；(2) 捏造、承认不真实或不存在的债务；(3) 私分或者无偿转让财产；(4) 非正常压价出售财产；(5) 对原来没有财产担保的债务提供财产担保；(6) 对未到期的债务提前清偿；(7) 放弃自己的债权等。

3. **入刑标准**

涉嫌下列情形之一的，应予以立案追诉：

(1) 隐匿财产价值在五十万元以上的；

(2) 承担虚构的债务涉及金额在五十万元以上的；

(3) 以其他方法转移、处分财产价值在五十万元以上的；

(4) 造成债权人或者其他人直接经济损失数额累计在十万元以上的；

(5) 虽未达到上述数额标准，但因清偿的职工的工资、社会保险费用和法定补偿金得不到及时清偿，造成恶劣社会影响的；

(6) 其他严重损害债权人或者其他人利益的情形。

4. **量刑标准**

实施虚假破产，严重损害债权人或者其他人利益的，对直接负责的主管人员和其他直接责任人员，处五年以下有期徒刑或者拘役，并处或者单处2万元以上20万元以下罚金。

5. **风险控制**

正常的经营失败是难以避免的，破产是市场经济优胜劣汰的必然结果。破产制度在保护债权人和债务人的合法权益、维护正常的市场经济秩序方面发挥着越来越重要的作用。公司、企业应当诚信经营，不能铤而走险，通过虚假破产的方式逃避债务。虚假破产的行为，在损害债权人或者其他人利益的同时，也使企业经营管理者自身陷入虚假破产罪的刑事风险中。公司、企业只有在确实发生经营困难、资不抵债或者明显缺乏清偿能力的情况下，才能向法院提出宣告破产的申请，按照《企业破产法》等相关法律、法规的规定清算破产、偿还债务。

六、单位行贿罪

1. 罪名简介

单位行贿罪，是指公司、企业、事业单位、机关团体为谋取不正当利益而行贿，或者违反国家规定，给予国家工作人员回扣、手续费，情节严重的行为。

2. 罪名认定

本罪的犯罪主体是公司、企业。犯罪的主观方面为故意，即明知自身的行贿行为会侵犯公务活动的廉洁性，但是依然希望或者放任这种结果的发生。本罪在客观方面通常表现为：为单位谋取不正当利益，或违反国家规定，给予国家工作人员回扣、手续费，情节严重的行为。

3. 入刑标准

涉嫌下列情形之一的，应予立案追诉：

（1）单位行贿数额在20万元以上的；

（2）单位为谋取不正当利益而行贿，数额在10万元以上不满20万元，但具有下列情形之一的：

①为谋取非法利益而行贿的；

②向3人以上行贿的；

③向党政领导、司法工作人员、行政执法人员行贿的；

④致使国家或者社会利益遭受重大损失的。

4. 量刑标准

对单位判处罚金，对直接负责的主管人员和其他直接责任人员，判处五年以下有期徒刑或者拘役。

5. 风险控制

公司、企业为防范触犯行贿类犯罪，需要注意以下几点：

（1）公司、企业都是以营利为目的的，但应当在公平、公正、公开的市场环境中，通过诚实信用、合法经营谋取合法利益，而不能罔顾法律，为谋取不正当利益进行钱权交易。

（2）当人情往来与工作交织在一起的时候，应当格外慎重。发生财物往来的背景，往来财物的价值，财物往来的缘由、时机和方式，提供财物方对于接受方有无职务上的请托，接受方是否利用职务上的便利为提供方谋取利益，这些因素都是认定行贿行为时考虑的因素。

七、对非国家工作人员行贿罪

1. 罪名简介

对非国家工作人员行贿罪主要是指为谋取不正当利益，给予公司、企业或者其他单位的工作人员财物，数额较大的行为。

2. 罪名认定

本罪的犯罪主体，包括公司和个人。犯罪的主观方面为故意，换言之，行贿的目的就是使公司、企业或者其他单位的工作人员利用职务上的便利为自己谋取不正当利益，在客观上表现为：为谋取不正当利益，给予公司、企业或者其他单位的工作人员财物，数额较大的行为。

3. 入刑标准

（1）个人行贿数额在三万元以上的；

（2）单位行贿数额在二十万元以上的。

4. 量刑标准

数额较大的，处三年以下有期徒刑或者拘役；数额巨大或其他严重情节的，处三年以上十年以下有期徒刑，并处罚金。

单位犯前款罪的，对单位判处罚金，并对其直接负责的主管人员和其他直接责任人员，依照前款的规定处罚。

行贿人在被追诉前主动交代行贿行为的，可以减轻处罚或者免除处罚。

5. 风险控制

原则上，本着诚实信用、公平交易的原则，居间人提供了居间服务并收取佣金，不违反法律的规定。但是，如果为了谋取不正当的利益，支付回扣、手续费，危害市场经济公平竞争机制，破坏市场经济秩序，严重的会构成犯罪。

八、非国家工作人员受贿罪

1. 罪名简介

非国家工作人员受贿罪，是指公司、企业或者其他单位的工作人员利用职务上的便利，索取他人财物或者非法收受他人财物，为他人谋取利益，数额较大的行为。

2. 罪名认定

本罪的犯罪主体为公司、企业或者其他单位的工作人员。公司工作人员，是指有限责任公司、股份有限公司的董事、监事或职工。本罪的主观方面为故意，客观方面主要表现

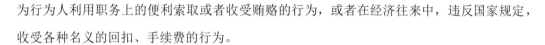

为行为人利用职务上的便利索取或者收受贿赂的行为，或者在经济往来中，违反国家规定，收受各种名义的回扣、手续费的行为。

3. 入刑标准

根据最高人民法院《关于办理违反公司法受贿、侵占、挪用等刑事案件适用法律若干问题的解释》的规定，索取或者收受贿赂5000元至2万元的，属于数额较大；索取或者收受贿赂10万元以上的，属于数额巨大。根据最高检联合公安部修订后的《关于公安机关管辖的刑事案件立案追诉标准的规定（二）》，收受各种名义的回扣、手续费，归个人所有，数额在三万元以上的，应予立案追诉。

4. 量刑标准

受贿数额较大的，处五年以下有期徒刑；受贿数额巨大的，处五年以上有期徒刑。

5. 风险控制

担任公司职务的股东，利用职务上的便利，索取或者收受贿赂，或者是收受各种名义的回扣、手续费，都可能构成非国家工作人员受贿罪。所以，担任公司职务的股东在行使职权的时候，应树立廉洁忠诚的意识。收受他人好处、利用职务便利为他人谋取利益，必将面临巨大的刑事法律风险。

九、挪用资金罪

1. 罪名简介

挪用资金罪，是指公司、企业或者其他单位的工作人员利用职务上的便利，挪用本单位资金归个人使用或者借贷给他人，数额较大、超过三个月未还的，或者虽未超过三个月，但数额较大、进行营利活动的，或者进行非法活动的行为。

2. 罪名认定

本罪的犯罪主体为公司、企业或者其他单位的工作人员（如果是国家工作人员则构成挪用公款罪）。主观方面为直接故意，即行为人明知是本公司、企业或者单位的资金，而在一定期间内挪用归个人使用或者借贷给他人，但没有非法占为己有的目的。在客观方面表现为：（1）利用职务上的便利，挪用本单位资金归个人使用或者借贷给他人，数额较大、超过三个月未还的；（2）虽未超过三个月，但数额较大、进行营利活动的；（3）进行非法活动的。

3. 入刑标准

涉嫌下列情形之一的，应予立案追诉：（1）挪用本单位资金数额五万元以上，超过3

个月未还的；（2）挪用本单位资金数额五万元以上，进行营利活动的；（3）挪用本单位资金数额三万元以上，进行非法活动的。

4. 量刑标准

犯本罪的，处三年以下有期徒刑或者拘役；挪用本单位资金数额巨大的，或者数额较大不退还的，处三年以上十年以下有期徒刑。

5. 风险控制

公司、企业工作人员，尤其是企业高管及财务人员，掌握着公司、企业资金的调配和使用。为了防范挪用资金罪的刑事风险，可以从以下几个方面着手：

（1）健全和完善公司资金管理制度，规范资金使用流程，保证资金流通的各个环节都有相应的责任人及监督机制。

（2）加强对公司、企业工作人员的培训。通过业务、法律、职业道德的培训，使公司、企业工作人员明确挪用单位资金的法律责任，严格遵循业务规范。

（3）公司、企业高管，尤其是公司、企业的初始投资者，应当树立企业法人的理念，增强法律意识，严格区分个人与企业的财产。需要动用公司资金时，应当按照《公司法》以及公司章程的规定，遵照相应程序，不能擅自决定。

（4）公司、企业工作人员已经实施了挪用公司资金行为的，应当及时回收资金，归还单位，防止民事责任向刑事责任的转化。

十、职务侵占罪

1. 罪名简介

职务侵占罪，是指公司、企业或者其他单位的工作人员利用职务上的便利，将本单位财物非法据为己有，数额较大的行为。

2. 罪名认定

本罪的犯罪主体为公司、企业或者其他单位的工作人员。犯罪的主观方面为直接故意，即具有非法占有公司、企业或者其他单位财物的目的。本罪在客观方面表现为利用职务上的便利，将本单位财物非法占为己有。常见的职务侵占行为方式包括侵吞、窃取、骗取以及其他方式，通常表现为：（1）利用合法主管、管理、经手、使用公司、企业财物的便利，将财物非法占为己有。例如，收入不入账，据为己有；涂改账目，加大支出，缩小收入，从中侵吞；伪造付款凭证套现等。（2）将自己合法主管、经手、管理的公司财物秘密占为己有。一般通过做假账，伪造现场，谎称被盗、丢失等方法进行。（3）利用职务之便，采

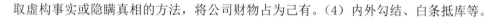

取虚构事实或隐瞒真相的方法，将公司财物占为己有。（4）内外勾结、白条抵库等。

3. 入刑标准

最高人民检察院、公安部《关于公安机关管辖的刑事案件立案追诉标准的规定(二)》第八十四条："[职务侵占案(刑法第二百七十一条第一款)]公司、企业或者其他单位的人员，利用职务上的便利，将本单位财物非法占为己有，数额在三万元以上的，应予立案追诉。"

4. 量刑标准

数额较大的，处五年以下有期徒刑或者拘役；数额巨大的，处五年以上有期徒刑，可以并处没收财产。

5. 风险控制

公司、企业的财物是保障企业良好运转的物质基础，一旦被侵占将严重影响公司、企业运营，应当引起足够重视。为了防范职务侵占犯罪的发生，可以从以下几个方面着手：

（1）加强公司、企业的财务制度建设。公司、企业应当给财务管理、货物流转、合同签订等重要环节制定完善的规章制度，规范财务流程，严格执行审批程序，确保财务管理的各个环节有章可循。加大与业务单位核对账目的力度，及时发现和处理违规账目，并尽量通过银行结算。

（2）加强对公司、企业工作人员的培训。公司、企业应当定期开展对管理人员、员工的业务能力、法律知识及职业道德培训，使公司、企业工作人员明确自身职责，诚信履职。

（3）公司董事、监事、高级管理人员等，应当强化公司财产独立的意识，严格按照《公司法》等法律法规以及公司章程的规定，开展经营活动。杜绝将个人财产与公司财产混同，用公司资金支付个人支出。

（4）对公司、企业工作人员的职务侵占行为应当按照公司、企业的规章制度严肃处理。其中情节严重、涉嫌犯罪的，应当及时向公安机关报案。

十一、骗取贷款罪

1. 罪名简介

骗取贷款罪，是指以欺骗手段取得银行或者其他金融机构贷款，给银行或者其他金融机构造成重大损失，或者有其他严重情节的行为。

2. 罪名认定

本罪的犯罪主体为贷款申请人，包括自然人，也包括单位。犯罪的主观方面为直接故意。本罪的客观方面表现为，行为人在申请贷款时，虚构事实、隐瞒真相，故意作虚假陈述或提供与客观事实不相符的材料，骗取银行或者其他金融机构的信任，导致银行或者其他金融机构在借款人是否符合取得借款条件上，产生错误认识，把不符合取得金融机构贷款条件的行为人误认为符合条件，因而为其发放贷款，从而使行为人取得贷款，给银行或其他金融机构造成重大损失，或者有其他严重情节。常见的骗取金融机构贷款的行为有：（1）编造引进资金、项目；（2）使用虚假的经济合同；（3）使用虚假的证明文件；（4）使用虚假的产权证明作担保或者超出抵押物价值重复担保。

3. 入刑标准

涉嫌下列情形之一的，应予立案追诉：

（1）以欺骗手段取得贷款、票据承兑、信用证、保函等，数额在100万元以上的；

（2）以欺骗手段取得贷款、票据承兑、信用证、保函等，给银行或者其他金融机构造成直接经济损失数额在20万元以上的；

（3）虽未达到上述数额标准，但多次以欺骗手段取得贷款、票据承兑、信用证、保函等的；

（4）其他给银行或者其他金融机构造成重大损失或者有其他严重情节的。

4. 量刑标准

（1）造成重大损失或者有其他严重情节的，处三年以下有期徒刑或者拘役，并处或者单处罚金；

（2）造成特别重大损失或者有其他特别严重情节的，处三年以上七年以下有期徒刑，并处罚金；

（3）单位犯本罪的，对单位判处罚金，并对其直接负责的主管人员和其他直接责任人员，依照前款的规定处罚。

5. 风险控制

企业向银行或者其他金融机构贷款，不同于民间借贷，在贷款条件及贷款程序上都有更严格的要求。企业在向银行或者其他金融机构贷款时，必须本着诚实信用的态度，克服侥幸心理，规范自身行为。详言之，企业应当做到：

（1）根据企业的实际情况确定贷款金额。企业在确定贷款数额时应量力而行，根据企业自身经营状况、贷款项目的资金需求、担保财产的价值等确定贷款数额。

（2）保证所提供信息、证明材料的真实性。企业在向银行或者其他金融机构申请贷款时，应当安排企业法务人员及财务人员对贷款材料进行审核与分析。不能采用提供虚假资料、编造贷款项目等做法。

（3）严格按照法定程序签订借款合同并办理相关手续。企业向银行或者其他金融机构贷款，应当与之签订规范的借款合同。贷款担保应当按照相关法律规定进行登记或备案。

（4）诚信履行借款合同。企业在获得银行贷款后，应当按照借款合同约定的用途，有计划地合理使用贷款资金，并做好详细的财务记录；要按照合同约定的期限和方式还本付息，不要肆意挥霍贷款，以致无法按期偿还贷款。

十二、高利转贷罪

1. 罪名简介

高利转贷罪，是指行为人以转贷为目的，套取金融机构信贷资金高利转贷他人，违法所得数额较大的行为。

2. 罪名认定

本罪的犯罪主体为单位或个人。犯罪的主观方面为故意。本罪在客观上表现为两种行为：套取行为和转贷行为。具体而言，即行为人采取虚构事实、隐瞒真相的手段套取金融机构信贷资金，然后将该资金高利转贷给他人。所谓"套取"手段与骗取贷款罪的骗取方法并无实质差异，主要包括：（1）编造引进资金、项目；（2）使用虚假的经济合同；（3）使用虚假的证明文件；（4）使用虚假的产权证明作担保或者超出抵押物价值重复担保等。所谓"高利转贷"，是指把从金融机构套取的信贷资金以高于金融机构贷款利率的利率转贷给他人，包括转贷给个人或单位。

3. 入刑标准

涉嫌下列情形之一的，应予立案追诉：

（1）高利转贷违法所得数额在10万元以上的；

（2）虽未达到上述数额标准，但两年内因高利转贷受过行政处罚2次以上，又高利转贷的。

4. 量刑标准

（1）违法所得数额较大的，处三年以下有期徒刑或者拘役，并处违法所得一倍以上五倍以下罚金；

（2）数额巨大的，处三年以上七年以下有期徒刑，并处违法所得一倍以上五倍以下罚金；

（3）单位犯本罪的，对单位判处罚金，并对直接负责的主管人员和其他直接责任人员，处三年以下有期徒刑或者拘役。

5. 风险控制

经济活动中，企业之间拆借资金能够缓解企业融资难、融资贵等顽疾，满足企业自身经营的需要，因此较为普遍。虽然法律上是允许企业之间借贷的，但绝不意味着对企业之间的借贷完全听之任之。企业不满足于将自有闲余资金借贷给其他企业，而从银行借贷高利转贷给他方的行为，是为《刑法》所禁止的。此外，企业及其经营管理人员以转贷牟利为目的，套取金融机构信贷资金，表面上将该部分资金用于生产经营，但将自有资金高利借贷给他方，违法所得数额较大的，也存在构成高利转贷罪的风险。企业及经营其管理人员在经济活动中应当避免此类行为。

十三、非法吸收公众存款罪

1. 罪名简介

非法吸收公众存款罪，是指无权办理存款业务的单位或个人，采用非法方法吸收公众存款或变相吸收公众存款，或者金融机构违反规定，以提高利率及其他不正当手段吸收存款、扰乱金融秩序的行为。

2. 罪名认定

本罪的犯罪主体为单位或个人。犯罪的主观方面为故意。本罪的客观行为表现为非法吸收公众存款或者非法变相吸收公众存款。司法实践中，下列行为通常会被认定为非法吸收公众存款或者变相吸收公众存款：（1）不具有房产销售的真实内容，或者不以房产销售为主要目的，以返本销售、售后包租、约定回购、销售房产份额等方式非法吸收资金；（2）以转让林权并代为管护等方式非法吸收资金；（3）以代种植（养殖）、租种植（养殖）、联合种植（养殖）等方式非法吸收资金；（4）不具有销售商品、提供服务的真实内容，或者不以销售商品、提供服务为主要目的，以商品回购、寄存代售等方式非法吸收资金；（5）不具有发行股票、债券的真实内容，以虚假转让股权、发售虚构债券等方式非法吸收资金；（6）不具有募集基金的真实内容，以假借境外基金、发售虚构基金等方式非法吸收资金；（7）不具有销售保险的真实内容，以假冒保险公司、伪造保险单据等方式非法吸收资金；（8）以投资入股的方式非法吸收资金；（9）以委托理财的方式非法吸收资金；（10）利用民间"会""社"等组织非法吸收资金。

3. 入刑标准

具有下列情形之一的，应予立案追诉：

（1）非法吸收或者变相吸收公众存款，数额在一百万元以上的；

（2）个人非法吸收或者变相吸收公众存款对象一百五十人以上的；

（3）非法吸收或变相吸收公众存款，给集资参与人造成直接经济损失数额在五十万元以上的。

4. 量刑标准

（1）自然人犯非法吸收公众存款罪的，处三年以下有期徒刑或者拘役，并处或者单处2万元以上20万元以下罚金；

（2）数额巨大或者有其他严重情节的，处三年以上十年以下有期徒刑，并处5万元以上50万元以下罚金；

（3）单位犯本罪的，对单位判处罚金，并对直接负责的主管人员和其他直接责任人员，依照上述规定处罚。

5. 风险控制

企业创办需要资金，企业在运转过程中更需要大量的资金。资金是企业不可或缺的血液，是一个企业的命脉。由于资本市场直接融资和银行贷款的门槛较高、程序烦琐，不能满足企业发展的资金需求，民间融资成为企业融资的优先选择。企业在民间融资实际操作中必须把握好合法民间融资与非法吸收公众存款的界限，防范民间融资跨越刑法的底线，构成非法吸收公众存款罪。具体而言，企业应关注以下几点：

（1）融资方式。企业进行民间融资时，应注意避免通过媒体、推介会、传单、手机短信等公开宣传、推介的方式，而应当采用非公开的方式募集资金。

（2）融资对象。企业进行民间融资应注意避免向"不特定对象"融资，可以主要向有合作关系的业务伙伴、确定范围的家庭成员、亲戚朋友融资。

（3）资金用途。企业民间融资的用途影响融资行为的定性。企业应当将筹集的资金及时投入生产经营活动中，而不能用于转贷或者违法犯罪活动。

（4）对于已经涉嫌非法吸收公众存款的企业，应当立即停止非法吸收存款活动，在不影响企业正常生产经营的前提下，按期、按比例退还部分集资款，或与集资人签订还款协议，约定延展一定的还款期。

十四、逃税罪

1. 罪名简介

逃税罪，是指纳税人违反国家税法，采取欺骗、隐瞒手段进行虚假的纳税申报或者不申报，逃避缴纳税款数额较大，占应纳税额的10%以上的，或者扣缴义务人采取上述手段，不缴或者少缴已扣、已收税款，数额较大的行为。

2. 罪名认定

本罪的犯罪主体是特殊主体，只有纳税人和扣缴义务人才能构成本罪主体。主观方面为直接故意。本罪的客观方面表现为采取欺骗、隐瞒手段进行虚假纳税申报或者不申报，逃避缴纳税款的行为。通常的欺骗、隐瞒手段包括：（1）伪造、变造、隐匿、擅自销毁账簿、记账凭证；（2）在账户上多列支出或者不列、少列收入；（3）报送虚假的纳税申报表、财务报表、代扣代缴税款报告表、代收代缴税款报告表或者其他纳税申报材料等。经税务机关通知申报而不进行纳税申报，逃避缴纳税款的行为，也可能构成逃税罪。

3. 入刑标准

涉嫌下列情形之一的，应予立案追诉：

（1）纳税人采取欺骗、隐瞒手段进行虚假纳税申报或者不申报，逃避缴纳税款，数额在十万元以上并且占各税种应纳税总额百分之十以上，经税务机关依法下达追缴通知后，不补缴应纳税款、不缴纳滞纳金或者不接受行政处罚的；

（2）纳税人五年内因逃避缴纳税款受过刑事处罚或者被税务机关给予二次以上行政处罚又逃避缴纳税款，数额在十万元以上并且占各税种应纳税总额百分之十以上的；

（3）扣缴义务人采取欺骗、隐瞒手段，不缴或者少缴已扣、已收税款，数额在十万元以上的。

4. 量刑标准

纳税人采取欺骗、隐瞒手段进行虚假纳税申报或者不申报，逃避缴纳税款数额较大并且占应纳税额10%以上的，处三年以下有期徒刑或者拘役，并处罚金；逃避缴纳税款数额巨大并且占应纳税额30%以上的，处三年以上七年以下有期徒刑，并处罚金。

5. 风险控制

企业利用税法中的模糊之处或空白之处，通过对经营及财务活动进行安排，合理进行税收策划是可行的，但如果试图挑战法律的底线，实施逃税行为，将面临严厉的行政处罚与刑事处罚。为防范风险，企业可以从以下几个方面着手：

（1）增强依法纳税的意识，规范纳税申报和缴纳税款的行为。会计凭证、会计账簿是公司、企业进行核算和缴税的重要依据，公司、企业应当依法保存和管理，保证凭证的完整、科学，杜绝伪造、变造、隐匿、擅自销毁账簿、记账凭证的行为，确保在纳税申报过程中提供真实的纳税申报材料，并足额缴纳税款。

（2）定期进行税务检查，及时发现涉税问题。公司、企业应当根据实际生产经营状况和财务资料，定期进行税务检查，发现有少列收入、多列支出、虚增抵扣税额等情况，及时纠正。

（3）对于已经因逃税行为受到行政处罚的公司、企业来说，应当利用刑法上不追究逃税人刑事责任的特别条款，防止行政责任演化成刑事责任：在税务机关依法下达追缴通知后，应及时补缴应纳税款，缴纳滞纳金。

十五、虚开增值税专用发票罪

1. 罪名简介

虚开增值税专用发票，是指有为他人虚开、为自己虚开、让他人为自己虚开、介绍他人虚开行为之一的，违反有关规范，给国家造成损失的行为。

2. 罪名认定

本罪的犯罪主体为单位和自然人。主观方面必须是故意。本罪在客观方面表现为没有货物购销或者没有提供或接受应税劳务，而为他人、为自己、让他人为自己、介绍他人开具增值税专用发票；即使有货物购销或提供或接受了应税劳务，但为他人、为自己、让他人为自己、介绍他人开具数额或者金额不实的增值税专用发票；进行了实际经营活动，但让他人为自己代开增值税专用发票的行为。

3. 入刑标准

虚开增值税专用发票或者虚开用于骗取出口退税、抵扣税款的其他发票，虚开的税款数额在十万元以上，或者致使国家税款被骗数额在五万元以上的，应予立案追诉。

4. 量刑标准

（1）虚开增值税专用发票或者虚开用于骗取出口退税、抵扣税款的其他发票的，处三年以下有期徒刑或者拘役，并处2万元以上20万元以下罚金；虚开的税款数额较大或者有其他严重情节的，处三年以上十年以下有期徒刑，并处5万元以上50万元以下罚金；虚开的税款数额巨大或者有其他特别严重情节的，处十年以上有期徒刑或者拘役，并处5万元以上50万元以下罚金或者没收财产。

（2）单位犯本罪的，对单位判处罚金，并对直接负责的主管人员和其他直接责任人员，处三年以下有期徒刑或者拘役；虚开的税款数额较大或者有其他严重情节的，处三年以上十年以下有期徒刑；虚开的税款数额巨大或者有其他特别严重情节的，处十年以上有期徒刑或者无期徒刑。

5. 风险控制

为防范虚开发票类犯罪，企业可以从以下几个方面着手：

（1）完善企业的发票管理制度。企业财务人员应当按照国家发票管理及公司相关制度的规定，对于发票、合同及其他交易凭证加强管理，严格控制，明确责任，并建立制约和监督机制。

（2）加强对企业内部人员的业务及法律知识培训。通过对财务人员、采购人员等进行专业的税法培训，使其全面了解发票相关知识，明白虚开发票、虚开增值税专用发票等行为的法律责任。

（3）涉及增值税专用发票及其他发票的具体业务中要增强防范意识，规范业务。在销售和采购过程中，要确保物流、现金流、发票流的一致。关联方之间因关系密切，违法开票的现象更加严重，更要注意物流、现金流、发票流合法合规，规避风险。

第六章 股权转让风险及实务处理

第一节 股权转让概述

一、什么是股权转让

股权转让是指公司股东依法将自己的股份让渡给他人，使他人成为公司股东的民事法律行为。转让股权的一方称为转让方或出让方，接受股权的一方称为受让方。股权转让是股东行使股东权利的表现之一，我国《公司法》也明确规定了企业股东有权通过法定方式转让其全部出资或者部分出资。这种股权可以依法自由转让的制度，被称为股权自由转让制度。

这里提到的股权是一种基于股东身份而享有的包含财产权、经营管理权等多种权利在内的综合性权利，它是与我们平常所讲的物权或债权不相同但又有联系的一种独立存在的权利形态。股权与股东身份密不可分，股权转让意味着一方股东身份的丧失，股权的取得也就意味着股东身份的取得。

股权转让的类型有很多种，常见的股权转让主要有以下几种：

1. 持份转让与股份转让

持份转让，是指公司的股东对持有的份额进行转让，在我国主要指对有限责任公司的出资份额的转让。股份转让，根据股份载体的不同，又可分为一般股份转让和股票转让。一般股份转让是指非股票形式的股份转让，实际包括已缴纳资本但并未出具股票的股份转让。股票转让，是指以股票为载体进行的转让。股票转让还可进一步细分为记名股票转让与非记名股票的转让、有纸化股票的转让和无纸化股票的转让等。

2. 书面股权转让与非书面股权转让

股权转让多是以书面形式来进行。甚至，有的国家的法律还明文规定，股权转让必须以书面形式，甚至以特别的书面形式，比如公证书的形式来进行。在我国两种方式都可以，非书面的股权转让也经常发生，尤其通过股票来进行的股权转让，以非书面的形式更能有效快速地进行。

3. 即时股权转让与预约股权转让

即时股权转让，是指随股权转让协议生效或者受让款的支付而生效的股权转让。而那些附有特定期限或特定条件的股权转让，为预约股权转让。

【案例】

> 刘、关、张三人一起发起成立了蜀国桃园股份有限公司，刚成立三个月，刘备就计划将其持有的股权份额转让给诸葛先生一部分。但是根据《公司法》第一百四十一条规定："发起人持有的该公司股份，自公司成立之日起一年内不得转让……"遇到这种情况应该如何处理呢？刘备可以与诸葛先生签订一份股权转让协议，并在协议中将股权转让的期限设定在一年之后。刘备与诸葛先生的股权转让就属于预约股权转让。

4. 有偿股权转让与无偿股权转让

顾名思义，有偿转让中取得股权的一方要支付一定对价给出让股权的一方；无偿转让中取得股权的一方不需要支付任何对价给出让方。有偿股权转让无疑属于股权转让的主流形态。无偿的股权转让同样是股东行使股权处分权的一种重要方式，比如通过赠与的方式转让其股权。

二、股权转让与增资扩股

公司设立后，可能会因发展的需要而增加公司的资本。为此，可能"增资扩股"，通过增资扩股的方式为企业注入新的资本，从而帮助企业度过低谷期或瓶颈期。

增资扩股和股权转让都是股权领域的买卖行为，但二者有着本质的区别。（1）受益者不同。增资扩股，获得资金的主体是公司；股权转让，获得资金的主体是某一特定股东。股权转让可以简单理解为股东的套现，股权转让的最终收益归属于股东而不是公司。（2）对公司的影响不同。公司增资扩股导致股东的增加，也为公司增加了注册资本，而股权转让后，企业的注册资本并没有增加或减少。

【案例】

> 刘备和关羽俩兄弟各投500万元共同开了家贸易公司，公司注册资本金为1000万

元，各自占股50%。一年后他们的贸易公司要扩建，需要500万元。于是兄弟俩筹划后邀请张飞出资500万元入股，三人约定张飞入股后占20%股权。此时公司的注册资本变更为1500万元，股权比例为刘备占40%、关羽占40%、张飞占20%，这种情况称为增资扩股。又过了一年，张飞决定退出贸易公司，同时经其他股东同意，将自己在贸易公司的20%的股权份额，以800万元的价格转让给诸葛先生，诸葛先生成为贸易公司的新股东，占股比例为20%。张飞与诸葛先生之间的交易称为股权转让。

增资扩股与股权转让有哪些区别呢？通俗地讲，增资一般体现出公司的实力，向人们宣告公司在高速发展。而转让的作用一般体现在团队建设上，告诉人们公司又来了一个牛人。相比而言，增资程序较之复杂，增资的钱是给公司的，与股东无关；股权转让程序相对简单，有利于原股东收回投资款。从税务方面分析，增资扩股进入企业的款项不用交企业所得税，如果进行股权转让，原股东对股权增值的部分应当承担相应的纳税义务。

三、零对价股权转让和股权赠与

在企业经营中，股东对其所持有的公司股权进行转让时，多数是为了收回投资款并获得溢价。双方的转让协议通常包含股权转让金额和转让流程，然后大家都按照协议，该支付对价的支付对价，该履行股东权利义务转移的履行股东权利义务的转移。然而，在实践中，有些交易双方虽于股权转让协议中描述了交易对价，但出于某些原因或商业背景将股权转让对价填写为零，这就是我们俗称的"零对价股权转让"。

对于零对价转让股权是否为股权赠与，我国目前暂无法律规定或司法解释予以明确。从司法实践中法院的判决来看，法院一般认为零对价转让股权不属于股权赠与，但仍有部分法院持有不同观点。

股权赠与就是享有股权的股东将股权无偿转让给他人的一种股权转让方式。我国《公司法》并未设置与股权赠与直接相关的条款。笔者认为，股权赠与与股权继承一样属于特殊形式的股权转让，是一种无偿的股权转让。

上述两种转让都未支付对价，但是从大多数案例来看，零对价股权转让协议更多是基于特定的商业背景或为了达到特定目的，而并非本意要赠与。因此，若是为了达成实质目的，在不违反《中华人民共和国民法典》合同编关于合同无效和可撤销的相关规定的前提下，建议转让方在转让协议中避免使用"赠送""无偿给予""接受赠送"等表示赠与的字样，同时在协议中说明零对价转让的合理交易背景，约定各自的违约责任、协议生效及股权转让的时间和条件，以增强其商业合理性，尽可能避免在合同性质存在争议时被法院认定为赠与合同。

四、股权转让合同的性质及效力

股权转让合同只要符合法律规定，不违反我国法律强制性规定，签订后就具有法律效力，受法律的保护。

股东向股东以外的人转让股权，应当经其他股东过半数同意。股东应就其股权转让事项书面通知其他股东征求同意，其他股东自接到书面通知之日起满三十日未答复的，视为同意转让。其他股东半数以上不同意转让的，不同意的股东应当购买该转让的股权；不购买的，视为同意转让。

经股东同意转让的股权，在同等条件下，其他股东有优先购买权。两个以上股东主张行使优先购买权的，协商确定各自的购买比例；协商不成的，按照转让时各自的出资比例行使优先购买权。公司章程对股权转让另有规定的，从其规定。

五、股权转让的定价原则

股权转让价格并不一定等于注册资金或实际出资，而是由双方（转让方、受让方）参照注册资金、实际出资、公司资产、未来盈利能力、无形资产等因素来确定的。

当前，我国《公司法》及相关法律除了对国有股权的转让估价作了限制性规定外，对于普通股权转让价格并未作具体的规定。根据意思自治原则，只要当事人不违反法律的强制性规定，不损害国家和第三人的合法权益，法律允许股东自由确定股权转让价格。

在商事活动中，普通股权的转让价格通常由以下几种方式确定：

（1）当事人自由协商确定，即股权转让时，股权转让价款由转让方与受让方自由协商确定，可称为"协商价法"。（2）以公司工商注册登记的股东出资额为股权转让价格. 可称为"出资额法"。（3）以公司净资产额为标准确定股权转让价格，可称为"净资产价法"。（4）以审计、评估的价格作为依据计算股权转让价格，可称为"评估价法"。（5）以拍卖价、变卖价为股权转让价格，可称为"拍卖、变卖法"。

上述几种方法，都有其可取之处，但也均存在不足。出资额法和净资产价法简单明了，便于计算和操作；评估价法则涉及对公司会计账目、资产的清理核查，较能体现公司的资产状况；拍卖、变卖的方法引入了市场机制，在一定程度上能体现股权的市场价值。但是，公司的生产经营受经营者的决策及市场因素的影响较大，公司的资产状况处于动态变化之中，股东的出资与股权的实际价值往往存在较大差异。对股权未经作价以原出资额直接转让，这无疑混淆了股权与出资的概念；公司净资产额虽然反映了公司的一定财务状况，但由于其不体现公司资金的流转等公司运作的重要指数，也不能反映公司经营的实际情况；审计、评估能反映公司财产状况，也能对公司运作的大部分情况进行估算，却不能体现公司的不良资产率、公司发展前景等对股权价值有重要影响的因素；拍卖、变卖一般时间较紧，转让方和受让方常无法进行更多直接沟通。如不能很好理解和运用这几种方法，将使股东和公司的合法权益受损。

应当注意的是，虽然当事人可以自由选择以何种方式确定股权转让价格，但仍需遵守我国法律的强制性规定。如果股权转让价格与股权实际价值（或市场价值）差距过大，往往容易产生股权转让纠纷，有异议的第三方可能会以此为由主张股权转让双方恶意串通。而依据我国《民法典》的相关规定，恶意串通约定股权转让价格，致国家、集体或者第三人利益受损的，将导致股权转让行为无效。为了避免此类法律风险，保障股权转让各方的合法权益，当事人应尽量采取反映股权实际价值或市场价值的价格确定方式。例如，可以先对公司的资产、负债情况进行整体评估、审计，确定转让基准价，再以此为基础协商确定转让价格，还可以结合公司不良资产率、国家产业政策等因素确定转让价格，或者引进拍卖竞价的市场竞争机制转让股权。

六、股权转让的限制性规定

股权转让以自由为原则，以限制为例外，这是股权转让的总体规则。但是，无论股权转让何等自由，对其限制皆不同程度地存在，正是这种限制，使得人们对股权转让协议的效力很难把握。具体地说，对股权转让的限制可以分为以下3种情形。

1. 依法律的股权转让限制，即各国法律对股权转让明文设置的限制。这也是股权转让限制中最主要、最为复杂的一种。依照我国法律规定，依法律的股权转让限制主要表现为封闭性限制，包括股权转让场所的限制，发起人持股时间的限制，董事、监事、经理任职条件的限制，特殊股份转让的限制，取得自己股份的限制。

2. 依章程的股权转让限制，即通过公司章程对股权转让设置的条件。依章程的股权转让限制，多是依照法律的许可来进行。

3. 依合同约定的股权转让限制，指依照合同的约定对股权转让作价的限制。此类合同包括公司与股东、股东与股东以及股东与第三人之间的合同等。比如部分股东之间就股权优先受让权所作的约定、公司与部分股东之间所作的特定条件下回购股权的约定，皆是依合同约定的股权转让限制的具体体现。

七、股东未出资的股权转让

想要开一家公司，肯定需要相关市场监督管理部门颁发营业执照，而营业执照上面很重要的一项就是注册资金。这个注册资金可以理解为公司值多少钱，注册资金越多，并且注册资金实缴到位，某种程度上就意味着公司实力较为雄厚。而公司本身是没有钱的，那么这个钱就需要各股东缴纳到公司的账户里面去。各股东把钱放到公司账户的过程就叫"出资"，对应的就有出资方式。

【案例】

刘备、张飞注册了蜀国桃园科技有限公司，注册资金1000万，各占股50%，出资期限为10年。公司成立3年后，张飞实缴注册资金为500万元，完成了全部出资义务。刘备实缴资金200万元，尚有300万元没有出资到位。刘备已经缴纳的200万就是实缴出资额，剩余的300万元就是未实缴出资。此时刘备也可以将他在公司的股权份额直接出售，进行股权转让。

如果公司的股东未缴纳出资，在进行股权转让时，往往会将对应需要缴纳出资额的义务也一并"转让"出去。要重点强调的是，在实际生活中，很多接受转让股权的人（受让人）没有对原股东实缴出资的情况进行了解，在签订了转让协议之后才知道需要承担出资的义务，而后要求撤销股权转让协议，这一点法院并不会支持。所以，股权转让时，应注意以下几个基本方面：

1. 公司章程。公司章程里面会写明认缴出资额的缴纳期限以及股东出资义务，如果股东出资义务的履行条件都不成立，股东自然就没有出资义务，所以也不存在股东没有履行出资义务这一说法。股东有可能没有出资义务，这时受让人就更没有出资义务了。

2. 受让人是否知道未实缴出资。受让人是有义务去了解公司的状况的，如果受让人知道股东未实缴出资，在受让了股东权利之后，则需要承担对应的出资义务。如果受让人不知道股东未实缴出资，根据公司章程，如果股东出资义务还没到期，那么受让人作为新股东需要履行出资义务。但是原股东和受让人之间是签订了股权转让协议的，原股东有义务将尚未实缴出资告知受让人，如果受让人确实不知情，后续可以追究原股东的违约责任。

3. 股权原值。股权原值涉及缴税的问题，如果股东真的没有出资，那么工商显示的股权原值肯定是0元。而在股权转让时税务机关会根据"净资产份额"来确定股权收入，要求纳税。

4. 股权转让协议。原股东和受让人，在转让股权时会签订股权转让协议。很多人就会在这个协议上面动心思，交给市场监督管理部门的合同上面写明零收入、零成本、应税所得额也是0元，再签一个股权转让协议内部使用，这也是所谓的"阴阳合同"。这种情况一旦被税务机关查到也将面临罚款。上面也说到税务机关局往往不会认可股权转让的收入为0元，当然法律规定的特殊情况除外。

综上所述，股东未实缴出资是能够出售股权的，受让人在获得股东权利的同时也应该承担出资的义务，因而需要关注公司章程和股权转让协议，避免股权受让之后的额外风险。

八、一人公司的股权转让

一人公司的股权转让，包括全部股权转让与部分股权转让两种情况。全部股权转让即转让方将所有股权转让给受让方，股权转让后，公司仍旧是一人有限公司。部分股权转让即转让方将部分股权转让给受让方，股权转让后公司不再是一人有限公司，而是两人以上股东的有限责任公司。

根据我国《公司法》第63条规定，一人有限责任公司的股东不能证明公司财产独立于股东自己的财产的，应当对公司债务承担连带责任。

【案例】

关羽成立了一家一人独资的食品有限公司做大枣生意，后来由于经营转型，将公司股权全部转让给刘备，转让后该公司成为刘备一人持股的自然人独资公司，仍然是一人有限责任公司。如果刘备经营该食品公司后，认为反正公司就是他一个人的，公司财产就是他的个人财产，随便拿随便花，家里购买住宅也从公司账上付款，日常消费也从公司报销，导致公司账目混乱，公司财产与家庭的财产无法分开，这就形成了公司与股东个人的财产混同。如果食品公司后期出现纠纷需要承担债务，那么刘备有可能需要以其个人财产与食品公司一起承担连带责任。受让一人有限责任公司股权的一方，应注意上述法律风险。

九、未办理有关变更登记手续的股权转让

现行《公司法》没有规定股权转让什么时间发生股权变动的效力。一般认为在没有法律特别规定或特别约定的情况下，合同约定的股权转让日也就是发生股权变动效力之日，

但是，要特别提醒的是，根据《公司法》第32条第3款的规定，股权转让未在市场监督管理部门办理变更登记的，不得对抗第三人。

【案例】

关羽与刘备签订了股权转让协议，由关羽受让刘备持有的目标公司20%的股权，双方未办理股权变更登记手续。之后，刘备又将股权转让给了张飞，并在市场监督管理部门办理了股权变更手续。此时虽然关羽签订股权转让协议在先，但因为没有办理股权变更手续，他与刘备签订的股权转让协议不能对抗张飞，张飞因为登记取得了相应的股权。因此，对受让方而言，在股权转让协议签订后，建议及时到市场监督管理部门办理股权变更登记手续，防范上述风险。

十、股权转让需要缴纳的税费

股权转让应缴纳的税费主要有（企业/个人）所得税和印花税。转让方为自然人的应缴纳个人所得税，按照我国《个人所得税法》的规定，股权转让收入属于财产转让所得，适用的税率为20%，以转让财产的收入额减除财产原值和合理费用后的余额为应纳税所得额。

转让方为企业（个人独资企业、合伙企业除外）的，按照我国《企业所得税法》的规定，股权转让收入属于财产转让收入，应计入企业收入总额。企业应按纳税所得额缴纳企业所得税，企业每一纳税年度的收入总额减除不征税收入、免税收入、各项扣除以及允许弥补的以前年度亏损后的余额，为应纳税所得额，一般情况下，企业所得税的税率为25%。

按照《中华人民共和国印花税法》的规定，转让方、受让方均需缴纳印花税。转让方和受让方分别按照股权转让合同中记载的转让金额的万分之五缴纳印花税。

需要注意的是，上市公司的非个人股东转让股票还应缴纳增值税。

十一、股权转让纳税义务发生时间

最常见的转让股权行为是企业转让股权和自然人转让股权。虽然同是转让股权，但是纳税义务发生的时间是不同的。

1. 企业转让股权

《国家税务总局关于贯彻落实企业所得税法若干税收问题的通知》（国税函〔2010〕79号）规定："企业转让股权收入，应于转让协议生效且完成股权变更手续时，确认收入的实现。转让股权收入扣除为取得该股权所发生的成本后，为股权转让所得。企业在计算股权转让所得时，不得扣除被投资企业未分配利润等股东留存收益中按该项股权所可能分配的金额。"

从上述规定可以看出，企业所得税方面，企业转让股权的收入的纳税义务发生的时间点是转让协议生效且完成股权变更手续时。

2. 自然人转让股权

《国家税务总局关于发布〈股权转让所得个人所得税管理办法（试行）〉的公告》（国家税务总局公告2014年第67号）规定，自然人转让股权，纳税义务发生时间有几种情况，一是受让方已经支付或部分支付股权转让价款的，二是股权转让协议已经签订生效的，三是受让方已经实际履行股东职责或享受股东权益的，四是国家有关部门判决、登记或公告生效的，五是股权被司法或行政机关强制过户的，六是以股权对外投资或进行其他非货币性交易的，七是以股权抵偿债务的，八是税务机关认定的其他有证据表明股权已发生转移的情形。

我们注意到，上述股权转让纳税义务发生时间，与企业转让股权纳税义务发生时间有一个重大的区别，就是不以"完成股权变更手续"为前提。这一点在实务中应当加以重视，尤其在股权转让协议已签订生效的时候，即使没有收到转让价款、没有完成股权变更手续，自然人受让人也可能要承担纳税义务。后期情况发生变化，变更转让价格后再做股权变更手续，就有可能多交个人所得税，这种情况下，退税是很麻烦的。

因此，在实务中，发生股权转让行为的，必须注意两种股权转让纳税义务发生时间的差异，慎重考虑，不要随意签订转让股权合同。

第二节 股权转让法税风险及防范

一、股权转让的法律风险

（一）未订立书面股权转让协议的法律风险

交易双方达成股权转让合意是股权转让法律关系成立的基础。一般而言，股权交易较为重大，且内容复杂，所以最好订立书面股权转让协议，以更为清晰地展现交易双方的意思表示，避免纠纷。

在日常股权转让中，存在以下两类不规范的协议形式：一类是口头协议，另一类是没有单独订立股权转让协议，只是在股东会决议中体现了股权转让的内容。在股权转让发生纠纷时，一方当事人往往会利用前述协议形式的不规范，否认双方已达成股权转让合意或主张股东会决议包含的股权转让内容不属于法院的可受理范围。

如果是口头股权转让协议，法院通常综合双方的磋商过程、实际履行情况等予以判定，但是谁主张已达成合意谁就需要举证证明，而这一点证明起来是比较困难的，法律上称为"承担举证不能的风险"。如果是在股东会决议中包含股权转让内容，实践中会认为，股东会决议与股权转让协议存在差异，一个是股东们做出的决定，在法律上不能诉讼；一个是股东之间的合意，有争议可以协商，再不济去法院打官司解决。二者搅在一起，混淆股东会决议与商事平等主体间的股权转让协议，会造成不必要的障碍和风险。

（二）股权转让协议签署瑕疵

在股权转让中，尤其是中小微企业的股权转让中，因单位人员配备不完善，企业往往会将此类事项委托给第三方代办机构打包处理，比如办理股权工商变更登记。代办机构嫌天天找股东麻烦，股东也觉得既然花了钱找了专门的人做，那就一切都不用管了，于是代办机构就替转让方或受让方签署股权转让协议、股东会决议等文件，这种情况在实践中较为普遍，甚至连委托授权手续都是代办机构自己搞出来的。

这种方式效率是有了，但是如果其中一方在后期不愿意履行股权转让协议，然后以转让协议签署存在瑕疵，例如以冒名签署为由，主张协议并不是真实的，怎么办？打官司？审理过程中，如果没有事实能够辅助证明存在有效代为签署的情形，法院原则上会认定股权转让协议因未真实签署而无效。

所以，在股权转让中一定要将相关协议、文件准备齐全，并真实签字捺印，避免签署瑕疵。

（三）同一个股权转让行为签订数份内容不同的转让协议

一类是股权转让双方在产生股权转让意向后，一边谈一边签，谈着谈着，就形成数份书面协议，但是双方不销毁这些协议，也不作废或变更、替代，最终就形成了"双方有很多份协议，而且每份协议看上去都有效"的局面。

另一类是股权转让双方有点小心思，想着怎么能少交税或不交税。出于避税目的，形成一份专门用于市场监督管理局登记备案的股权转让协议，集中表现为股权转让款低于实际的价格，然后双方再写一份真实的股权转让协议傍身。这就存在矛盾了，前一份出于避税目的形成的协议，一方面因具有避税的目的或构成双方虚假意思的表示而存在效力瑕疵，另一方面市场监督管理局的备案文件具有公信力。如果这个股权转让行为没成功或者受让方主张按登记备案的协议少支付转让款，就会产生纠纷。

所以，股权转让协议不仅要写明确，还要与事实一致。如果双方转让意向发生变化，要么签补充协议，要么重新做协议，但一定要覆盖前面的协议或将前一份协议作废。

（四）股权转让协议约定不明的法律风险

股权转让协议约定不明有两种表现形式。

一类是没有约定，遗漏股权转让款数额、支付方式与时间、变更登记办理时间、违约责任等股权转让协议主要条款，在协议履行中容易发生这种情况，即"公说公有理，婆说婆有理"，甚至股权转让合意是否达成且真实有效也会成为争议焦点。

另一类是股权转让协议表达不明确，即交易双方虽就某一事项做出约定，但表达的意思不明确。

【案例】

刘备计划将他的蜀国桃园集团旗下的五家公司股权打包转让给张飞，转让协议中双方约定打包价300万元，但未明确各个公司股权的具体对价。后来张飞在五家公司中一家卖大枣的公司股权转让中出现违约行为，刘、张二人发生纠纷到法院打官司，双方就违约金的计算基数是股权转让打包价还是大枣公司股权的转让款产生争议。

所以，在书写股权转让协议时，股权转让款数额、支付方式与时间、变更登记办理时间、违约责任等股权转让协议主要条款一定要写明确，同时要将具体条款内容表述清楚，以免发生法律纠纷。

（五）混淆转让主体，将转让股权的公司列为股权转让方

实践中，有限责任公司与股东人格区分不明显的现象较多，在一人有限责任公司中表现得尤为明显。一人公司的老板总是认为公司就是他的，公司的钱就是他的钱，所以在转让股权时就会将公司也列为转让方。《公司法》第142条严格限定了公司收购本公司股份的情形、程序、转让及注销时间。由此，在股权转让法律关系中，除实行员工股权激励计划、处置回购的本公司股份等特殊情形外，股权转让的主体只能是公司股东，而不能是公司本身。

如果在股东转让股权的时候，将目标企业列为股权转让方，容易因转让主体不适合而导致转让无效。

（六）没有查明转让方婚姻状态

依照《中华人民共和国民法典》有关婚姻的规定，夫妻关系存续期间以夫妻共同财产出资取得的股权，即便登记在一方名下，亦属夫妻共同财产。

未经配偶同意，转让属于夫妻共同财产但登记在一方名下的股权，极易出现没有登记的一方对转让的股权提出权利主张，从而引发诉讼。若股权转让发生于转让方离婚诉讼期间，这类风险就更加明显了。

原则上股权转让不因未经配偶同意而无效，也就是说，没有登记的一方所共有的股权实际上只是股权的财产权利，而不是股权本身。但是，转让方未经配偶同意转让共有股权，仍然是影响股权转让顺利完成的潜在法律风险。

如离婚诉讼期间，夫妻一方低价或零对价向他人转让共有股权，股权转让可能因构成恶意转移财产而无效。所以，受让方最好将标的股权共有状况及转让方婚姻状态纳入调查范围，必要时，可事先征询未登记一方的意见并取得书面同意。

（七）标的股权已设立质权等的法律风险

《中华人民共和国民法典》第443条："以基金份额、股权出质的，质权自办理出质登记时设立。基金份额、股权出质后，不得转让，但是出质人与质权人协商同意的除外。出质人转让基金份额、股权所得的价款，应当向质权人提前清偿债务或者提存。"

也就是说转让方如果没有经过质权人同意，转让已设立质权的股权，股权转让后，原质权人认为股权转让侵害了其利益，可以主张这个股权转让行为无效。所以，在股权转让中一定要提前做好调查。

（八）转让方出资瑕疵

此风险点根源于受让方对标的股权前期审查不足，后于履行过程中发现转让的股权存在未履行出资、抽逃出资等瑕疵，遂以此为由要求解除、撤销协议或减少股权转让款。

受让方受让存在出资瑕疵的标的股权，第一，无权要求转让股东补足出资。股东出资与股权转让分属不同的法律关系，股东出资义务的履约对象为股权所对应的标的公司，受让方以自身名义要求转让方补足出资存在障碍，而且还存在被公司债权人另案诉讼承担补足出资连带责任的风险。第二，出资瑕疵原则上不能作为少支付股权转让款的正当理由。股东是否履行对标的公司的出资义务，并不影响其与他人之间所订立的股权转让协议的效力，受让方仍应按协议约定履行付款义务。第三，自力救济可能构成违约。实践中，受让方发现转让的股权存在出资瑕疵，往往以扣留部分股权转让款的方式进行补救，但此类行为通常会被认定为违约行为，受让方反而要承担违约责任。

建议企业在受让股权前通过查阅公司年报、章程，要求转让方提供标的公司审计材料等途径，全面了解标的公司经营情况、对外投资情况、股权架构、资产与负债、收购与被收购事宜、标的股权出资等影响股权交易的因素，核实转让方陈述的真实性。

（九）股东优先购买权方面

1. 未履行书面通知义务。依《公司法》第71条规定，有限责任公司股东向股东以外的人转让股权，应就股权转让事项书面通知其他股东，并征得其他股东过半数同意。经股东同意转让的股权，在同等条件下，其他股东有优先购买权。也就是说如果在转让股权过程中，转让股权的股东在股权转让前未向其他股东发送书面通知，征询其他股东意见，那么这次股权转让行为就有可能因损害其他股东优先购买权而无效。

2. 书面通知义务标准分歧。转让方向其他股东发送的书面通知应包含拟受让人的有关情况，拟转让股权的数量、价格及履行方式等主要转让条件。实践中，由于股权转让形式的多样性以及股权转让协议内容的复合性，人们对何为恰当的通知义务仍存在分歧，进而影响股权交易进程及履行可能性。

比如，股权转让双方签订的股权转让协议中除约定了股权转让外，还约定了利润分配结算、债权抵销等内容，双方就协议项下整体内容约定了打包式作价。之后，转让方就股权转让事项书面通知了其他股东，其他股东可能会认为通知没有明确股权转让价格，主张优先购买权受到损害，从而最终导致股权转让行为无效。

3. 其他股东收到通知后，对股权转让行为提出正当异议且在处理过程中的，这时股东优先购买权仍然存在。也就是说，股东收到通知后，如果有异议，股东的优先购买权就还存在，因为这个时候其他股东并没有放弃优先购买权，而只是在异议的过程中。如果转让方和受让方在这个时候就股权转让达成协议，就可能存在无法实现股权转让目的的风险。

（十）转让股权中隐名持股的法律风险

隐名股东也叫实际投资人，是指依据书面或口头协议委托他人代其持有股权者。隐名投资是指投资人实际认购了出资，但是公司的章程、股东名册、股票（仅指记名股票）、出资证明书和工商登记等却显示他人为股东的一种投资方式。在这种投资方式中，实际出资并享有投资收益的人被称为隐名投资人、实际投资人或者隐名股东，而被投资公司对外公示的投资者则可称为显名股东。转让股权中隐名持股的法律风险有下列几种：

1. 隐名股东直接以自己名义转让股权

隐名持股本身不影响股权转让协议的效力，但是，隐名股东直接转让股权往往成为受让方主张股权转让协议无效的事由。

如果名义股东与隐名股东之间就代持股协议产生纠纷，也可能会影响股权转让，主要表现在名义股东不认可代持股关系，也不配合办理股权转让的登记等。

另外，隐名股东直接以自己名义转让股权还存在下述履行风险：隐名股东显名是股权转让协议得以实质性履行的前置条件，而隐名股东显名依法须经其他股东过半数同意。

笔者代理过一起案件，双方股权转让协议约定，转让方需在三个月内办理显名手续。后转让方未按约显名，且转让的股权被名义股东转让给第三人，法院只能判决解除股权转让协议。所以，在隐名股东直接转让股权时，建议将名义股东作为一方当事人列入协议，以规避此类风险。

2. 名义股东转让代持股权

一种为名义股东未经授权，擅自转让代持股权，实际权利人对标的股权提出权利主张，受让方若不符合善意取得的条件，依法不能取得股权。

另一种为转让方转让的股权部分为自有，部分系代别人持有，如果转让方与被代持的人之间因代持协议发生纠纷等，则会影响股权转让协议的继续履行。

3. 以股权转让形式实现隐名持股

这里指的是股权转让协议约定，受让方受让股权后不办理工商变更登记，由转让方代受让方持有标的公司股权。此类股权转让减免了通常意义上作为股权转让方主合同义务的变更登记事项，相应地，将股权代持协议里面的实际股权利益分配、股权归属等内容作为转让方的合同义务，这种方式很容易出现双方争议股权转让的意向是否达成以及转让方将一份股权卖给多个人的情况。

（十一）资产转让与股权转让混同

资产转让与股权转让存在以下差异：（1）主体不同。资产转让的主体为公司，股权转让的主体为公司股东。（2）法律效果不同。资产转让为财产权利的移转，而股权转让为被转让股所属公司资产负债的整体继受。实践中，存在资产转让与股权转让概念混淆的现象。

一种是交易双方目的在于转让商铺、字号等资产，但签订了股权转让协议，产生法律关系性质争议。另一种是交易双方目的是在转让股权，但是在股权转让协议中同时约定了设备、不动产租赁、字号等资产移转等内容。

实际上，股权转让并不涉及资产所有权转移内容，资产所有权归属于股权转让公司，受让方受让股权后，自然享有相应的权益。股权转让协议约定的应当是资产交接事宜，而不是转让事宜。

（十二）股东之间产生矛盾导致其中一方退出

股东间产生矛盾而导致其中一方退出，这种情况仍应当签订股权转让协议，明确股权对价、办理登记等股权转让必要事项。实践中，存在以下几种不规范退股行为：

1. 一方股东签订欠条，约定向退出方支付一笔款项，但未明确该笔款项性质是借款还是股权转让款。

2. 产生矛盾的双方股东签订退资协议，或是混淆转让方主体，由股权转让公司与退出股东签订退资协议，约定股东退出收回投资。此类约定在表述上更接近于股权转让公司减资，但股权转让公司通常又没有履行法定的减资程序，存在法律风险。

3. 双方签订零对价股权转让协议，同时另行订立合同约定将转让方对股权转让公司的投资款转化为债权。此种模式下，股权转让法律关系中的主要义务包括支付对价、变更登记等被分置于两份协议中，而且将价款支付方由受让股权一方变更为股权转让公司，可能构成抽逃出资。

一方股东退出后，因双方间前期矛盾，退出方可能不履行公司相关材料、证照的移交，法定代表人的变更等事项，最终对簿公堂。

（十三）股权转让法律风险的防范

综合上述12项典型的股权转让的法律风险，笔者认为可以通过下列方式尽可能地予以防范：

1. 转让方应注重沟通和信息的公开公示

实践中转让方持有更多交易信息，所以要承担较多的信息公开公示义务。转让方的信息公开公示义务包括以下两个层面：

一是向交易对方公开公示可能影响股权交易成立、价格的各种因素，积极保持与受让方的信息交流，尽量采取书面形式以保证争议时协商交流过程能再现。

二是向股权转让公司其他股东公开公示对外转让股权事宜，书面征询意见以及确定是否行使优先购买权。

2. 受让方应在股权交易前尽职调查

从司法实践可以看出，交易中受让方整体上处于信息弱势地位，大部分股权转让案件根源于交易前期信息的不对称。为避免交易后期矛盾的凸显，股权受让方应当在股权交易前尽职调查。

（1）通过查阅标的公司年报、章程，要求转让方提供标的公司审计材料等途径，全面了解标的公司经营情况、对外投资情况、股权架构、资产与负债、收购与被收购事宜、标的股权出资等影响股权交易的因素，核实转让方陈述的真实性。

（2）寻求律师事务所、会计师事务所、产权评估机构等相关专业机构的辅助，完善前期股权价值评估。

（3）在股权转让协议中列明标的公司资产、负债等基本情况，避免后期争议。

3. 以股权转让为目的，合理设置股权转让条款

明确股权转让的目的，根据不同的目的合理设置不同的股权转让条款。

（1）注意明确资产转让部分与股权转让部分的差异，可以对二者作分别约定，以明晰义务履行的标准。同时，处理好股权转让前后标的公司的债权债务关系；转让部分经营权的，应注重对后期合作事项的约定，明确各方权利义务。

（2）因股东矛盾退出的股权转让，要选取规范的退出形式，避免与公司减资程序混淆，即时履行公司证照、财务账册等资料的移交，无法即时履行的，明确移交时间，并与股权转让款的支付相挂钩。另，建议在协议中明确："自一方退出标的公司后，双方再无其他争议。"

（3）以资本引入为目的的股权转让，要注重借款、出资与股权转让的概念区分，明确股权回购条件及时间，合理设置担保条款。

4. 提高诚信意识，防范信用风险

在股权交易的风险中，信用风险占据很大比例。其中，有很多纠纷纯粹因一方未按约履行协议而产生。因此，交易各方应秉持诚信的理念，提升自主履约意识，保持沟通畅通，营造良好的股权交易市场氛围，优化营商环境。

二、股权转让的税务风险防范

（一）转让空壳公司股权零对价的税务风险及防范

随着"大众创业、万众创新"在中国大地上不断开花，注册公司成为一件非常平常的事情。可是公司注册完成以后，有没有业务就另当别论了。公司注册资本认缴制出台以后，空壳公司也就出现了。

空壳公司股权转让对价为零，会存在什么税务风险呢？有的人认为既然公司是空壳公司，那么公司的股权原值就是零，股权转让收入也是零，既然没有取得财产转让所得，那么转让方当然就不需要缴纳所得税了。但是如果这个空壳公司存在净资产并且有价值，那么，零对价转让股权的收入就明显低于股权对应的净资产份额，就有可能被视为股权转让收入明显偏低，主管税务机关可能会按照净资产核定股权转让收入。

（二）平价转让股权，转让方不交税的税务风险及防范

在为企业提供咨询的过程中，我们发现企业在转让股权时，喜欢采用平价转让股权的形式。殊不知，平价转让股权也隐藏着一定的涉税风险。如果股权平价转让不交税，谁才是税收风险的真正承担者呢？

【案例】

近期，税务人员在对桃园公司进行检查时发现，桃园公司2018年度股权发生了变更。桃园公司原股东张飞将持有的20%的股权（300万元），在2018年8月全部平价转让给了关羽，股权转让金额为300万元。双方认为是平价转让股权，在转让过程中没有实现增值，不需要缴纳个人所得税。经税务部门进一步调查核实，按照独立第三方出具的企业价值评估报告，显示桃园公司的净资产为2500万元，根据相关规定，张飞转让给关羽20%的股权（300万元），应缴纳个人所得税（财产转让所得）（2500万元×20%−300万元）×20%=40万元。那么，应补缴的税款，由谁来承担？

要回答以上补税的问题，我们需要分步来解释税收相关规定。

第一步：计算股权转让所得。个人转让股权，以股权转让收入减除股权原值和合理费用后的余额为应纳税所得额，按"财产转让所得"缴纳个人所得税。

第二步：确认股权转让收入。税务机关应依次按照下列方法核定股权转让收入：净资产核定法、类比法、其他合理方法。

第三步：确定纳税人。个人转让股权，以股权转让方为纳税人，以受让方为扣缴义务人。

扣缴义务人应于股权转让相关协议签订后5个工作日内，将股权转让的有关情况报告税务机关。

被投资企业应当详细记录股东持有本企业股权的相关成本，如实向税务机关提供与股权转让有关的信息，协助税务机关依法执行公务。

第四步：扣缴义务人应扣未扣、应收而不收税款的，由税务机关向纳税人追缴税款，对扣缴义务人处应扣未扣、应收未收税款百分之五十以上三倍以下的罚款。

第五步：扣缴义务人违反征管法及其实施细则规定应扣未扣、应收未收税款的，税务机关除按征管法及其实施细则的有关规定对其给予处罚外，应当责成扣缴义务人限期将应扣未扣、应收未收的税款补扣或补收。

所以，如果股权转让价格不按照独立交易原则确认或采用阴阳合同形式收购股权，原股东所应承担的纳税义务，很有可能会全部转嫁给股权受让人，而且还会产生相应的罚款。因此，企业在收购股权时，在价格确认上，一定要慎重、慎重！

(三) 自然人股东转让股权价格明显偏低的税务风险及防范

随着市场经济蓬勃发展，改革开放不断深化，带动了资本市场的繁荣发展。近年，股权交易行为日益频繁，且因其涉及的金额大、资本升值率高，成为税务机关重点关注和稽查的领域之一。目前，我国非上市公司的股权交易市场尚未建立，采用明显低价转让股权的行为比比皆是，股权涉税风险较高。

实务中，有些自然人股东为了逃避、减少股权转让的纳税义务，往往采取一些比较极端的手段，比如：(1) 签订阴阳合同。即双方就股权转让签订两份合同，一份低价的转让合同，作为计税依据在市场监督管理部门备案，为"阳合同"，一份实际转让价格的合同，转让价格一般都较高，这份合同为双方实际履行的合同，为"阴合同"。(2) 虚假评估。当企业有土地、房屋、知识产权、采矿权、股权等资产时，蕴含较高的价值，增值难以确定。交易主体与聘请的资产评估机构可能串通，故意对标的资产进行低值评估，以低价转让，减少纳税。(3) 虚假交易。股权转让前，转让方通过虚假交易，降低企业净资产后，以低价转让股权，少交税款。以上行为具有重大法律、税务风险，一旦被税务机关发现，交易主体将承担法律责任。

国家税务总局公告2014年第67号文件明确列举了股权转让收入明显偏低的六种情形：(1) 申报的股权转让收入低于股权对应的净资产份额的。其中，被投资企业拥有土地使用权、房屋、房地产企业未销售房产、知识产权、探矿权、采矿权、股权等资产的，申报的股权转让收入低于股权对应的净资产公允价值份额的。(2) 申报的股权转让收入低于初始投资成本或低于取得该股权所支付的价款及相关税费的。(3) 申报的股权转让收入低于相同或类似条件下同一企业同一股东或其他股东股权转让收入的。(4) 申报的股权转让收入低于相同或类似条件下同类行业的企业股权转让收入的。(5) 不具合理性的无偿让渡股权或股份。（6）主管税务机关认定的其他情形。

当然国家税务总局公告2014年第67号文也列举了股权转让收入明显偏低，但视为正当理由的情形：（1）能出具有效文件，证明被投资企业因国家政策调整，生产经营受到重大影响，导致低价转让股权。（2）继承或将股权转让给其能提供具有法律效力身份关系证明的配偶、父母、子女、祖父母、外祖父母、孙子女、外孙子女、兄弟姐妹以及对转让人承担直接抚养或者赡养义务的抚养人或者赡养人。（3）相关法律、政府文件或企业章程规定，并有相关资料充分证明转让价格合理且真实的、本企业员工持有的不能对外转让股权的内部转让。（4）股权转让双方能够提供有效证据证明其合理性的其他合理情形。法规最后兜底的"其他合理情形"，笔者认为包括被转让股权的企业连续三年亏损、股权架构的调整、自然人由间接持股变成直接持股等。

所以，股权转让收入低于初始投资成本，低于相同或类似条件其他企业股权转让收入的，都需要进行情况说明，否则会被认定为收入明显偏低，需要按核定方式来确定股权转让收入。

（四）股权转让中收到违约金不缴税的税务风险及防范

股权转让很多时候都是分阶段、分步骤进行的，这样一来，有时候中途无法按照原来的协议履行就在所难免，那么就会出现违约。一方支付了违约金，另一方收到了违约金，那这个违约金的税款如何缴纳呢？是不是就不需要缴税了呢？

【案例】

2018年3月，桃园公司个人股东刘备将持有的桃园公司20%的股权（价值200万）以240万转让给了张飞。股权转让协议约定：协议签订时支付50%即120万元，办理完股权变更手续后支付余款120万元。双方在2018年11月份办理了变更登记。然而张飞由于资金周转问题一直未支付余款，后经双方多次沟通，最后在2019年5月才支付余款，同时张飞向刘备支付了3万元的违约金。刘备收到股权转让违约金是否需要缴纳个人所得税？

根据《国家税务总局关于个人股东转让过程中取得违约金收入征收个人所得税问题的批复》和《中华人民共和国个人所得税法》的有关规定，股权成功转让后，转让方个人因受让方个人未按规定期限支付价款而取得的违约金收入，属于因财产转让而产生的收入，并入财产转让所得收入，按照财产转让所得项目缴纳个人所得税，税款由取得所得的转让方个人向主管税务机关自行申报缴纳。

通过上面的分析就可以知道，股权转让过程中收到的违约金仍然需要按照财产转让所得项目缴纳个人所得税，税款由取得所得的转让方个人向主管税务机关自行申报缴纳。

第三节 股权转让常用文书

一、股东会决议范本

_____股东会决议

时　　　　间：_____

地　　　　点：_____

出席会议股东：_____

出席本次会议的股东代表_____%的股权，决议事项经出席会议股东所持表决权的半数通过。

根据股东_____提出转让其所持有的_____有限责任公司（以下简称公司）股权的书面申请，_____有限责任公司股东大会于_____年____月____日召开会议。会议中全体股东认真听取了原股东_____转让股权的说明，公司股东会就此问题及相关事宜进行了讨论，并作如下决议：

1.同意_____将所持公司_____%的股权，以_____万元转让给_____，批准了_____与_____关于股权转让事宜签订的协议。

2.同意_____将所持公司_____%的股权，以_____万元转让给_____。其中，_____出资_____万元购买_____%的股权；_____出资_____万元购买_____%的股权；_____出资_____万元购买_____%的股权；_____出资_____万元购买_____%的股权。

3.鉴于股东的变化，股东会决定修改公司章程，并选举新一届公司董事会和监事会。选举股东_____为公司新董事，同时免去_____董事、_____监事的职务。

4.会议决定根据本次会议精神及《公司法》修改公司章程。

5.会议决定委托公司职员_____负责拟定相关文件、材料，向市场监督管理局申办公司变更登记手续，并办理新设企业的开业登记手续。

原股东签署：　　　　　　　　　　新增股东签署：

签署日期：

二、股权转让协议范本

股权转让协议

转让方（以下称甲方）：　　　　　　受让方（以下称乙方）：

住　　所：　　　　　　　　　　　　住　　所：

电　　话：　　　　　　　　　　　　电　　话：

鉴　于：

1._____有限责任公司是于_____年___月___日在_____市场监督管理局合法注册成立并有效存续的一家有限责任公司（以下简称目标公司或公司）。

2.甲方是目标公司股东，现合法持有目标公司_____%的股权，甲方决定出让其所持有的目标公司股权。

3.乙方同意按本合同约定的条件受让甲方所持有的目标公司_____%的股权。

经平等友好协商，在平等、自愿、互利互惠的基础上，双方一致同意甲方将其所持有的目标公司_____%的股权转让给乙方，为明确各方权利义务，特制定本合同。

一、股权的转让

1.目标公司概况

（1）_____有限公司是经_____市场监督管理局依法注册登记成立的一家有限责任公司，企业法人营业执照注册号：_____，住所：_____，法定代表人：_____，注册资金：_____万元，经营范围：_____。股权结构：_____持有公司_____%股权，_____持有公司_____%股权。截至本协议签订时，甲方实际缴付的出资款_____万元。

（2）债权债务状况：截至本协议签订时，目标公司债务情况见附件。

2.合同标的（目标公司_____%的股权）

甲方将其所合法持有的目标公司_____%的股权转让给乙方。乙方同意按本合同约定的条件受让甲方出让的股权。甲方拟转让的股权所对应的出资额仅缴付了_____万元，对此，乙方不持任何异议，并自愿按本协议约定的条件受让该股权，并按目标公司章程约定的期限补足全部出资。

3.转让基准日

本次股权转让的基准日为_____年____月____日。

4.转让价款

本合同项下股权转让的总价款为：人民币_____万元整。

5.甲方保证对其向乙方转让的股权享有完全的独立权益，没有设任何质押，未涉及任何争议或诉讼。

二、转让价款的支付

乙方同意在本合同双方签字之日向甲方支付_____元，在甲乙双方办理完工商变更登记后，乙方向甲方支付剩余的价款_____元。

三、甲方声明

1.甲方为本协议第一条所转让股权的唯一所有权人。

2.甲方作为公司股东已完全履行了公司章程规定的出资义务。

3.自本协议生效之日起，甲方完全退出公司的经营，不再参与公司财产、利润的分配。

四、乙方声明

1.乙方以出资额为限对公司承担责任。

2.乙方承认并履行公司修改后的章程。

3.乙方保证按本合同第二条所规定的方式支付价款。

五、保密条款

1.为完成本合同有关事项，各方对于从对方获取的资料和相关的商业秘密，负有保密的义务，并且应采取一切合理的措施以使其所接受的资料免于被无关人员接触。

2.双方应以适当的方式告知并要求其参与本合同工作之雇员遵守本条款。

3.双方在对外公开或宣传本次股权转让事宜时，采用经协商的统一口径，保证各方的商誉不受侵害，未经另一方同意，任何一方不得擅自对外发表有关本次股权转让的言论、文字。

4.本保密条款不因本合同终止而解除，在本合同履行完毕后对双方仍然具有约束力。

六、变更登记

1.甲方应在本合同生效后_____日内依据目标公司章程的相关规定提请召开目标公司

临时股东会，并促使目标公司临时股东会表决通过本次股权转让事宜。

2.自目标公司临时股东会表决通过本次股权转让事宜起_____个工作日内，甲方应配合乙方到市场监督管理机关办理目标公司股权转让及章程修订等事项的变更登记手续。

3.目标公司企业信息变更登记办理完成之日起，目标公司依法分别办理组织机构代码、税务登记、经营资质等事项的变更备案登记，期限分别为_____日。

七、费用负担

1.本合同项下股权转让时发生的各类行政收费、税金（包括但不限于所得税等）由双方依相关法律法规的规定各自承担。

2.本合同项下股权转让完成后，目标公司需向政府有关部门支付的一切费用（本合同其他条款特别约定的除外）全部由目标公司或乙方承担。

八、双方的权利和义务

1.自本合同生效之日起，甲方丧失目标公司_____%的股权，不再享有目标公司任何权利，也不再承担任何义务；乙方根据有关法律、本合同及修订后目标公司章程的规定，按照其所受让的股权比例享有权利，并承担相应的义务。

2.本合同签署之日起_____日内，甲方应负责协调组织召开目标公司股东会，保证股东会批准本次股权转让，并就公司章程的修改签署有关协议或制定修正案。

3.本合同生效之日起_____日内，甲方应与乙方共同完成目标公司股东会、执行董事的改组，并完成股权转让的全部法律文件。

4.在按照本合同约定完成本次股权转让地全部法律文件之日起_____日内，甲方应协助乙方按照中国法律、法规及时向有关机关办理变更登记。

九、违约责任

1.如协议一方不履行或严重违反本协议的任何条款，违约方须赔偿守约方的一切经济损失。除协议另有规定外，守约方亦有权要求解除本协议及向违约方索取赔偿守约方因此蒙受的一切经济损失。

2.如果乙方未能按本合同第二条的规定按时支付股权价款，每延迟一天，应按延迟部分价款的_____%支付滞纳金。乙方向甲方支付滞纳金后，如果乙方的违约给甲方造成的损失超过滞纳金数额，或因乙方违约给甲方造成其他损害的，不影响甲方就超过部分或其他损害要求赔偿的权利。

十、争议的解决

甲、乙双方因履行本协议所发生的或与本协议有关的一切争议，应当友好协商解决。如协商不成，任何一方均有权按下列第_____种方式解决：

1.将争议提交_____仲裁委员会仲裁，按照提交仲裁时该会现行有效的仲裁规则进行仲裁。仲裁裁决是终局的，对甲、乙双方均有约束力。

2.向_____所在地人民法院起诉。

十一、生效及其他

1.本合同自签署日经双方签署后，自本合同文首所载明日期起即成立并生效。

2.本合同正本一式四份，甲乙双方各执一份，公司存档一份，交市场监督管理登记机关一份，具有同等法律效力。

（以下无正文）

转让方（签字盖章）：   受让方（签字盖章）：

　　　年　　月　　日   　　　年　　月　　日

三、股权转让协议（框架协议）

_____有限公司

股权转让框架协议

本股权转让框架协议（以下简称"本协议"）由以下各方于_____年_____月_____日在_____签署。

甲方：   乙方：

（甲方、乙方合称为"甲、乙双方"或"本协议各方"）

鉴于：

1._____有限公司（以下简称"_____"或"标的公司"）系一家依中华人民共和国法律成立并合法存续的有限责任公司，住所地为_____，现持有_____核发的营业执照（统一社会信用代码：_____），主营业务为_____。

2.甲方系依法设立并合法有效存续的【有限责任公司/合伙企业】，拟受让乙方持有的标的公司_____%股权。

3.乙方系【依法设立并合法有效存续的有限责任公司/合伙企业/具有完全民事行为能

力和民事权利能力的自然人】，现持有标的公司_____%股权。

4.甲、乙双方通过磋商达成一致：乙方拟将其持有的标的公司_____%股权转让给甲方。

为顺利推进本次股权转让事宜，本协议各方特达成本框架协议，具体约定如下。

第一条　定义

1.1　标的公司：_____。

1.2　标的公司实际控制人：_____。

1.3　标的股权：乙方持有的标的公司_____%股权。

1.4　本次交易、本次股权转让：甲方以【现金方式】购买乙方所持有的标的公司_____%股权。

1.5　过渡期：甲乙双方签署正式股权转让协议之日至股权完成交割之日的期间。

1.6　中国法律：中华人民共和国现行法律、法规及规章。

1.7　登记机关：_____。

1.8　元：指人民币元。

第二条　本次交易标的

本次交易标的为乙方持有的标的公司_____%股权，对应的标的公司出资额为人民币____万元。

第三条　交易价格及支付方式

3.1　标的股权交易价格按照标的公司_____年度净利润_____万元（以扣除非经常性损益前后孰低为准）_____倍市盈率计算，标的股权交易价格应不超过_____元。本次股权转让最终交易价格，由双方协商确定交易价格后签署正式交易协议。本次股权转让完成后，甲方将持有标地公司_____%股权。

3.2　本次交易由甲方以向乙方支付现金方式进行购买，交易价款按照以下进度支付：

【根据双方协商确定。】

第四条　业绩承诺【根据交易各方协商情况确定是否设置】

4.1　乙方承诺，标的公司_____年度、_____年度经【具有证券期货从业资质的】会计师事务所审计后归属于母公司股东的净利润（以扣除非经常性损益前后孰低为准）分别不低于_____万元、_____万元。

4.2　在业绩承诺期内，经【具有证券期货从业资质的】会计师事务所审计的标的公司实际实现净利润低于业绩承诺的，对于差额部分乙方应对甲方进行现金或股权补偿，具体补偿方式由甲乙双方在本次交易正式协议中予以明确。

第五条　过渡期损益安排

如标的公司在过渡期内实现盈利，则由本次股权转让后的新股东享有；如标的公司在过渡期内发生亏损，则由乙方以现金方式补足。关于过渡期的损益依据双方认可的【具有证券期货业务资格的】审计机构出具的专项审计报告确定。

第六条　本次交易实施的先决条件

甲、乙双方同意关于本次交易的正式实施应满足以下先决条件：

6.1　乙方对标的股权拥有完整的所有权，不存在任何担保物权和任何第三方权利，标的股权具备可交易性。

6.2　标的公司保持正常经营，标的公司的产品、设备等有形资产和技术、知识产权等无形资产与甲方聘请的中介机构尽职调查时的情况保持一致，无对标的公司整体价值评估产生重大影响之事件发生，包括但不限于商业运营、财务状况、管理、人事等方面。

6.3　甲方聘请的中介机构完成商业、技术、法律及财务等方面的尽职调查，标的公司及标的公司实际控制人应协助中介机构完成尽职调查工作，依据尽职调查结果，标的公司及标的股权不存在影响本次交易的重大问题。

6.4　甲、乙双方协商一致确定本次交易最终价格，并由甲、乙双方签署以本协议所列各条款为主要条件的正式股权转让协议等交易文件。

6.5　甲、乙双方就本次交易方案已获得各自内部决策机构的批准。

6.6　乙方向甲方提供的与做出投资决策相关的所有信息数据在所有重大方面都是真实、正确和准确且不具有误导性的。

6.7　标的公司不存在影响本次交易的其他情形。

第七条　投资后甲方拥有的权利

7.1　普遍优惠

公司在本次交易完成后至完成合格发行上市前，公司引入新投资者，甲方自动享有下一轮投资人享有的优于本轮的任何权益。乙方有义务并确保公司对甲方享有和行使该等权利进行积极配合。

7.2　优先认购权

除公司员工股权激励计划外，若公司合格发行上市前增资，同等价格条件下甲方有权

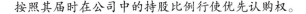

按照其届时在公司中的持股比例行使优先认购权。

7.3 优先购买权

如乙方向第三方转让其持有的公司的股权，应就其股权转让事项书面通知甲方，转让通知中应列明拟转让股权的数量、价格和总价款、受让方的身份，以及其他与该等拟进行的出售有关的条款和条件。在同等条件下，甲方享有优先购买权。

7.4 反稀释权

基于本次交易的价格的计算，本次交易完成后，公司的估值为人民币_____万元（"本次交易后估值"）。双方一致同意，自本补充协议签署之日起至公司实现上市或甲方不再持有本次交易权益为止期间（"协议期间"）内，双方不得同意任何其他第三方（"新投资者"）以低于本次交易后估值的标准确定公司届时的融资估值，以确保甲方的权益不被稀释。

7.5 优先清偿权

双方同意，在公司资产适用法律规定的优先顺序支付清算费用、职工的工资、社会保险费用和法定补偿金以及缴纳所欠税款、清偿公司债务后，应优先向甲方进行分配，且该分配额应等于以下两者之和：（1）甲方本次交易价款；（2）甲方资金占用成本（按照年单利的_____%计算）。如公司分配给甲方的剩余资产不足上述金额，差额部分由乙方对甲方进行补偿。

7.6 信息查阅权

甲方或其书面委派的人员有权在提前通知公司后，随时检查公司的资产、验核报表、复印财务账簿和财务凭证等相关文件，并与政府、其他股东、核心员工、审计师及律师沟通公司事务。

第八条 公司治理

8.1 投资完成后，标的公司应按照法律法规的规定健全公司法人治理。标的公司设董事会，甲方有权提名并任命_____名董事。

8.2 以下重大事项须经标的公司股东会决议且甲方享有一票否决权：

（1）任何合并、分立、变更公司形式、停止营业、解散、清算、股权收购或其他形式的公司重组，或任何导致出售事件发生的交易或一系列交易；

（2）重大对外投资，设立子公司或重大并购交易；

（3）公司在年度预算额度外向第三方申请或进行借贷；任何为第三方提供保证或担保，

以及其他可能产生或有负债的行为；

（4）涉足任何与公司当时商业计划所描述的业务根本不同的其他业务、改变公司名称或停止公司任何当前的业务内容，或停止、改变公司目前实质的经营业务、商业计划或经营范围；

（5）对外提供任何借款；

（6）批准任何基于股权的奖励、奖金及激励计划；

（7）财务制度和重大会计政策的变更，审计师的选聘与更换；

（8）挑选任何上市保荐人、上市地点、上市时间或批准公司的上市估值或任何与上市有关的实质性条款或条件。

8.3 以下重大事项须经标的公司董事会决议且甲方享有一票否决权：

（1）制定关于公司合并、分立、重组、变更公司形式、停止营业、清算、解散或者变更公司形式或股权结构的方案；

（2）制定或修改任何基于股权的奖励、奖金及激励计划；

（3）处置公司30%以上财产（包括但不限于房产、设备，以及商标、专利等知识产权）或子公司、分公司的出售、转让、抵押或其他处置；

（4）决定单项超过_____万元以上的资本开支；

（5）决定出售或处置公司超过_____万元的资产。

第九条　排他性约定

甲、乙双方一致同意，双方应当自本协议签署之日起_____个月内进行排他性洽谈，在排他性洽谈期内，任何一方不得直接或间接与本协议交易双方外的第三方就本协议拟议事项进行洽谈、协商、磋商、谈判或签署任何文件（包括但不限于意向书及任何协议，不论该意向书或协议是否对其具有约束力），或达成任何口头或书面的其他约定。本协议终止后，双方不受上述排他期条款的限制。

第十条　其他相关安排

甲、乙双方应按照相关法律、法规及规范性文件规定的程序共同推进本次股权转让方案的完善及实施，以及本次股权转让各方涉及的内部决策、决议、审批、备案等各项程序。

第十一条　保密义务

11.1 除非另一方事先书面同意或法律法规另有要求，任何一方不得直接或间接向第三方披露或公开保密信息，或者允许其董事、职员、代理、顾问和律师披露或使用包括但不限于以下内容的保密信息：

（1）本框架协议及本次股权转让所涉及的所有相关事宜；

（2）甲、乙双方关于本协议的签署或履行而进行的任何讨论、协议条款、交易条件或有关本协议拟议交易的任何其他信息；

（3）任何一方在与其他方就本协议项下交易进行协商或履行本协议过程中获得的关于其他方或其关联企业的任何非公开的信息。

11.2　本协议双方同意，任何一方对本协议保密条款约定的保密义务的违反将构成该方违约，守约方有权要求违约方承担违约责任，并且守约方有权启动法律程序要求停止此类侵害或采取其他救济，以防止进一步的侵害。

11.3　本协议保密条款约定的保密义务对协议双方均具有法律上的约束力，且不因本协议的终止而终止。

第十二条　违约责任

本协议签署后，任何一方不履行或不及时、不适当履行本协议项下其应履行的任何义务，或违反其在本协议项下作出的任何陈述、保证或承诺，均构成其违约，违约方应按照法律规定和本协议的约定承担违约责任；违约方应当赔偿其他方由此所遭受的全部损失。

第十三条　法律适用及争议解决

13.1　本协议的签署、效力、履行、解释和争议的解决均适用中国法律。

13.2　因本协议所发生的或与本协议有关的任何争议，双方应争取以友好协商方式迅速解决。若协商未能解决，任何一方均有权向有管辖权的人民法院起诉。

第十四条　其他

14.1　本协议自双方签字盖章之日起生效。

14.2　本协议经签署后，仅作为甲、乙双方本次股权转让的预期框架，不构成对双方具有约束力和强制执行力的协议，但本协议第九条"排他约定"、第十一条"保密义务"、第十二条"违约责任"、第十三条"法律适用及争议解决"、第十四条"其他"除外。

14.3　本协议一式_____份，双方各执一份，其余用作报备及存档，各份具有同等的法律效力。

（以下无正文）

（本页无正文，为《_____有限公司股权转让框架协议》之专属签章页）

甲方：_____（盖章）

乙方：

乙方：_____有限公司

法定代表人或授权代表：_____（盖章）

乙方：_____合伙企业

执行事务合伙人：_____（盖章）

委托人（签字）：_____

乙方（签字）：_____

四、代持股协议范本

代持股协议书

委托人（甲方）：　　　　　　　受托人（乙方）：

身份证号码：　　　　　　　　　身份证号码：

住　　址：　　　　　　　　　　住　　址：

甲、乙双方本着平等互利的原则，经友好协商，就甲方委托乙方代为持股事宜达成协议如下，以兹共同遵照执行：

一、甲方委托乙方代持股权情况

1.甲方委托乙方代为持有甲方在_____公司中占公司总股本_____%的股权，对应出资额为人民币_____万元。

2.乙方在此声明并确认，代持股权的投资款系完全由甲方提供，只是由乙方以其自己的名义代为投入_____，故代持股权的实际所有人应为甲方；乙方系根据本协议代甲方持有代持股权。

3.乙方在此进一步声明并确认，由代持股权产生的或与代持股权有关之收益全部归甲方所有，在乙方将上述收益交付甲方之前，乙方系代甲方持有该收益。

二、甲方的权利与义务

1.甲方作为代持股权的实际拥有者，以代持股权为限，根据_____公司章程规定行使股东权利，承担股东义务，包括但不限于股东权益、表决权、查账权等公司章程和法律赋予的全部权利。

2.在代持期间，因代持股权而产生的收益，包括但不限于利润、现金分红等，由甲方按出资比例享有。

3.如＿＿＿＿＿＿＿＿＿＿公司发生增资扩股之情形，甲方有权自主决定是否增资扩股。

4.甲方作为代持股权的实际拥有者，有权依据本协议对乙方不适当的履行受托行为进行监督和纠正，并要求乙方承担因此而造成的损失。

三、乙方的权利与义务

1.乙方在代持股权期间行使法律及公司章程所赋予的以下股东权利时，必须严格按照甲方的授意行使，不得违背甲方的意志，包括但不限于以下股东权利：

（1）公司股东会召集、出席、表决权；

（2）股东会提案权；

（3）公司董事、监事、高级管理人员的提名权；

（4）公司章程修改、增加或减少注册资本，以及公司合并、分立、解散或变更公司形式等重大事项表决权；

（5）公司其他股东转让股权时的优先购买权。

2.在代持期限内，甲方有权在条件具备时，将相关股东权益转移到甲方或甲方指定的任何第三人名下，乙方须无条件配合并提供必要的协助。

3.在代持期间，乙方作为代持股权形式上的拥有者，以乙方的名义在市场监督管理部门股东登记中具名登记。

4.在代持期间，乙方代甲方收取代持股权所产生的收益，应当在收到该收益后＿＿＿＿＿个工作日内，将其转交给甲方，如逾期未转交，则乙方需按逾期未转交金额的百分之＿＿＿＿＿每日向甲方支付违约金。

5.在代持期间，乙方应保证所代持股权权属的完整性和安全性，非经甲方书面同意，乙方不得处置代持股权，包括但不限于转让、赠与、放弃或在该等股权上设定质押等。

6.若因乙方的原因，如债务纠纷等，造成代持股权被查封，则乙方应提供其他财产向法院、仲裁机构或其他机构申请解封。

7.乙方应当依照诚实信用的原则适当履行受托义务，并接受甲方的监督。

四、代持股权的费用

1.乙方为无偿代理，不得向甲方收取代持股权的代理费用。

2.乙方代持股期间，因代持股权产生的相关费用及税费由甲方承担；在乙方将代持股权转为由甲方或甲方指定的任何第三人持有时，所产生的变更登记费用也由甲方承担。

五、代持股权的转让

1.在代持期间，甲方可转让代持股权。甲方转让股权的，应当书面通知乙方，通知中应写明转让的时间、转让的价格、转让的股权数。乙方在接到书面通知之后，应当依照通知的内容办理相关手续。

2.若乙方为甲方代收股权转让款，乙方应在收到受让方支付的股权转让款后_____个工作日内将股权转让款转交给甲方。如逾期未转交，则乙方需按逾期未转交金额的百分之_____每日向甲方支付违约金。

六、保密

协议双方对本协议履行过程中所接触或获知的对方的任何商业信息均有保密义务，除非有明显的证据证明该信息属于公知信息或者事先得到对方的书面授权。该保密义务在本协议终止后仍然继续有效。任何一方因违反保密义务而给对方造成损失的，均应当赔偿对方的相应损失。

七、协议的生效与终止

1.本协议自签订之日起生效。

2.甲方通知乙方将相关股东权益转移到甲方或甲方指定的任何第三人名下并完成相关办理手续时终止。

3.如乙方不适当履行受托行为，甲方有权利随时终止本协议。

八、违约责任

本协议生效后，如乙方不履行或不适当履行受托行为，造成甲方损失，乙方应当承担赔偿责任，包括一切直接和间接的损失。

九、适用法律及争议解决

因履行本协议所发生的争议，甲、乙双方应友好协商解决，协商不能解决的，任何一方均可向甲方所在地有管辖权的人民法院提起诉讼。

十、其他

1.本协议自双方签字后生效。

2.本协议一式两份，甲、乙双方各执一份，均具有同等法律效力。

3.本协议未尽事宜，可由双方以附件或签订补充协议的形式约定，附件或补充协议与本协议具有同等法律效力。

委托方（甲方）： 　　　　　　　　　　受托方（乙方）：

签署日期：　　年　月　日　　　　　　签署日期：　　年　月　日

五、股权转让通知书范本

关于转让_____公司_____%股权的通知书

致：_____先生

本人持有的_____有限公司_____%股权拟对外转让，现根据《中华人民共和国公司法》及公司章程的相关规定，现将股权转让事宜通知如下：

一、本人拟将持有的_____公司的_____%的股权进行转让，转让价格为_____元。股权转让款的付款方式、期限，及办理股权工商变更的时间如下：签订股权转让合同之日起3日内支付_____万元；于签订股权转让合同后_____日内办理股权工商变更登记，办理完股权工商变更登记后3日内支付_____万元。

二、请贵方在收到本通知书之日起30日内书面答复是否同意本人对外转让股权。如未在上述期限内书面答复，视为同意本人转让股权。如贵方及其他股东半数以上不同意转让，贵方应当按第一条所述的条件购买相应的股权；贵方不购买的，视为同意转让。

三、如贵方主张优先购买权，愿意按第一条所述的条件购买相应股权，请自收到本通知书后30日内，以书面方式向本人明确表示同意以上述条件购买股权。贵方逾期未回复的，视为放弃优先购买权。

四、本人通信地址：

收件人：_____　　联系电话：_____

特此通知

股东：
日期：

第二编

法税融合看合同

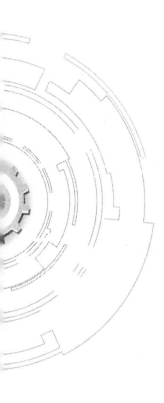

第一章　合同概述

第一节　合同相关法律风险

合同是企业重要经济活动的载体，也是企业获取经济利益的主要途径，在企业的日常经营中居于非常重要的地位。合同有收益也有风险，有成功也有失败。合同里面的收益可以让企业壮大、发展、日益强盛，合同里面的风险可以让企业利益受损，破坏力极强。

合同的风险既包括合同经营风险，也包括合同法律风险、合同税务风险。合同经营风险来源于市场的千变万化，合同法律风险来源于法律的多元化和交易诚信的缺失，合同的税务风险主要来源于管理者对财税知识的认知缺失。

合同的经营风险、法律风险、税务风险都是企业面临的管理难题。控制和排除合同法律风险是现代企业管理的核心内容，要实现控制和排除合同法律风险的目的，首先就要辨别合同法律风险，认识其危害，掌握其变化规律，分析其产生的原因，寻求最有效的方法控制和降低合同法律风险，最终实现企业管理的核心目标。

一、合同风险的危害

合同风险是指在合同签订或者履行过程中，各种潜在的不利法律后果的汇总。所谓不利的法律后果，其实就是指合同的订立方中，一方或者多方应该承担的某种法律责任，包括民事法律责任、刑事法律责任和行政法律责任。我们这里所描述的合同是民事意义上的合同，所以本书所写的合同风险也主要是指民事责任上的风险。对于企业来说，无论哪种责任，危害都是不言而喻的。

对企业的主要危害有以下两种：

1. 法律后果严重。合同的风险，在很多情况下会转变为真正意义上的法律责任，而这些法律责任主要是合同的违约责任和赔偿责任。违约责任和赔偿责任不是一句空话，是要以付出金钱或财产为代价的。一个企业可能不在意因为违约支付几万元甚至几十万元，但如果支付几百万元甚至上千万元呢，恐怕就没那么轻松了。合同风险总是与合同的法律责任联系在一起，哪里有合同风险，哪里就有承担责任的可能。

2. 威胁企业的发展甚至生存。合同风险有的时候是威胁企业生存和发展的巨大隐患，如果不排除，迟早会酿成纠纷，或者是诉讼。一旦形成了诉讼，对企业来说，既耗费人力、物力，也耗费时间，短则几个月，长则几年，况且诉讼的变数也比较大，谁赢谁输难以预料。还有一些企业在打完官司后，由于不能履行人民法院的判决而被强制执行，甚至被列入"黑名单"，有的甚至走向破产、倒闭。由此可见，合同风险是企业经营中的一个巨大的隐患。小了说会影响企业的发展，大了说会影响企业的生存。

二、合同风险涉及的环节

合同风险可以说是无处不在，它存在于合同的各个角落、各个条款之中。按照合同从无到有的过程来看，合同的风险存在于签订合同前、签订合同中、履行合同中以及履行合同后四个环节。其中，签订合同前、履行合同中是合同风险最为密集的两个环节。

1. 签订合同前的风险

签订合同之前，合同的双方或者多方当事人之间没有建立合同关系，所以，很多人就认为不会产生合同的权利义务关系，不受合同约束，也不存在法律责任。但是，根据诚实信用原则，在签订合同前，合同当事人已经负有一定的合同义务了，比如保密、协助、通知等义务，如果合同一方不履行这些义务，即使没有建立合同关系，如果给对方造成损失，也应当承担法律责任。

但是，由于没有签订合同，就存在较大的不确定性，他们的权利义务也不明确，法律责任界定更不清楚，很容易产生法律纠纷，而一旦产生纠纷，由于证据难以取得，解决起来又比较困难，合同的事前控制作用无法体现，就可能产生一定的法律风险。

2. 签订合同中的风险

签订合同中的法律风险主要指的是在签订合同的过程中，合同的一方或者多方存在一定的过失行为，给对方造成了财产上的损失，而有过失行为的一方就应该对这样的损失承担赔偿责任。

3. 履行合同中的风险

签订了一份内容齐备、详尽完善的合同并不代表没有任何风险，在合同的实际履行中有许多预料不到的情况，有的合同需要变更，有的合同需要解除，如果变更没有得到对方的同意，单方变更会有很大的风险。合同解除也是一样，如果不具备合同解除的条件，解除一方同样要承担违约责任。同时，合同履行阶段法律风险比较多，有可能出现不履行合同、不完全履行合同等情况。如果履行合同过程中疏于管理，再好的合同也如同废纸。因此，合同履行环节，必须有专人跟进，保证己方依约履行，督促对方履行义务，及时发现对方的违约行为，采取有效措施，避免违约后果扩大，减少自身损失。

4. 履行合同后的风险

一方面，合同全部履行之后，合同当事人并没有完全脱离干系，还会有一些附随义务需要履行，比如应当履行保密、协助、通知等义务。

另一方面，合同履行完毕后，还有一种风险需要注意，那就是"合同倒签"。所谓合同倒签，是指在履行义务中或义务履行完成后补签合同，其风险在于，对公司内部而言，易造成合同管理秩序混乱，致使合同监管失控。若在合同签订前发生纠纷，只能陷于口说无凭的境地，极不利于维护自身权益；事后补签合同，易发生双方协商不一致的情形，导致合同无法完成补签。

合同法律风险存在于合同签订前，也存在于合同签订中，还存在于合同履行中和履行后，所以，合同法律风险与合同相伴相随。因此，防止合同风险，不仅要在签订环节和履行环节采取防范措施，在合同签订前和合同履行后也要采取防范措施，这样才能全面控制合同法律风险。

三、合同控税理念

合同的法律风险存在于企业日常管理之中。长久以来，尽管企业都比较关注合同法律风险的防范与控制，却没有将合同的控税理念与合同风险防范联系在一起。日常业务中，合同的内容决定企业业务流程，而业务流程决定企业的税负，所以说，企业的税不是财务部门做账做出来的，而是业务部门在开展业务时就已经决定的。合同是企业税负的源头，要降低企业的税负，就应当从合同签订环节开始。企业在签订合同时，应当关注合同中涉税条款可能给企业带来的影响，规避不合法条款，避免给企业造成多交税或漏税的风险。

合同控税是企业降低税负的直接而有效的方法。企业财务和税务处理与合同不匹配是导致企业面临税务风险的主要原因之一，企业的财务部门在进行账务处理时，一定要查看合同，根据合同付款，根据合同开具发票，根据合同进行账务处理。

从《民法典》对合同一般构成要件的规定分析，其中对企业纳税成本有影响的涉税条款包括：价格条款、货款结算方式条款、款项支付时间条款、预付款的支付时间条款、货物和劳务的履行时间条款、违约金条款等。这些合同的涉税条款，直接影响增值税的纳税义务发生时间，以及税负的多少，关系到企业确认收入的时间，会对企业的纳税成本产生较大的影响，如果运用合理可以节省不少支出。

企业生产能创造效益，管理也能创造效益。合同风险防范除了能够避免损失，减少不必要的法律责任，也能够对企业的税务管理进行良好的控制，以达到为企业创造效益的目的。我们说，税法也是法，如果能将税法与《民法典》充分结合起来，运用到合同中去，则企业在市场经营中就又多了一项优势。

第二节 合同与创造利润

一、交易创造价值，交易产生合同

1. 交易创造价值

什么是交易？交易，又称贸易、交换，是双方对有价物品或服务等进行互通有无的行为。它可以是以货币为交易媒介的一种过程，也可以是以物易物，例如一只黄牛交换三只羊。

在一个成功的交易中，双方都会得到自己认为满意的回报。很显然，这其中的价值包含一部分主观效用。一个樵夫用一把古琴与音乐家换得了一把利斧，世界上的总物质并没有增加，但交换前后，这两个产品给这两个人带来的价值完全不一样，他们对这两个产品的估值都增加了。所以，交易创造了价值！

2. 交易也是生产行为

假如我们想生产一个发动机，组装这个发动机需要1000个零件，在工厂里面组装这1000个零件的过程是生产，是在创造财富。那如果零件有缺失，我们需要从别的地方采购一些零件回来，那么这些被采购回来的零件的运输过程也是生产的一部分。再者，这些采购的零件从供应商手里有效地转移到组装厂手里的过程，也是生产。而整个过程中，如果没有购销合同和交易行为，没有雇佣过程，也无法完成发动机的组装。因此，雇佣、交易、采购都是整个生产环节的一部分。

3. 合同是价值的一种体现形式

现实生活中，人们很容易理解一个看得见的物品有价值，一部手机、一辆车、一套房子，这些都有价值。但是，对于一些无形的物品，往往并不能很好地把握其价值。比如合同，也是有价值的。

二、合同为交易服务

既然交易创造价值，我们就应该尽量促成交易。而合同为交易服务。这一理念说来简单，要落实起来却不容易。到底合同如何为交易服务呢？

1. 谈判环节，友好协商，促成交易

企业参与合同谈判的过程中，应该避免过于针锋相对，应当在互利共赢、互谅互让、适当妥协的气氛中争取协商一致。一般意义上说，合同双方是平等的，在合同签订过程中，谁也无法强迫谁，只有双方都达到了自己的目的，合同才能顺利签署。如果合同谈判中双方出现僵局，那我们就应该根据我方的根本利益灵活变通，尽量为僵局提供解决方案。谈判中一定要坚守我方利益底线，但是也不应该过分地、无意义地要求每一条款我方都必须占优势，这样就违背了合同的本意。

2. 起草、修订环节，避重就轻，不要因小失大损害交易进行

我们在起草合同或者审查合同的时候，应当适当注意公平，避免一味强调我方利益，导致合同无法签署，交易无法做成。当然，也不要过分地追求合同文本的完美而损害交易。这就要求我们对合同中不重要的条款，如果双方有争议，最好做适当的让步，避免因为不重要的分歧影响交易的进行。比如，在实务中，有的时候当事人不愿意或不能接受在合同中加上违约责任条款，在权衡利弊和风险的前提下，为达成交易，有些情况下也是可以接受的，虽然这会使合同看上去有很大的缺陷。

另外，针对简单的、小额的交易合同文本也应当适当简化，简单的合同更有利于双方迅速达成一致。

3. 如果合同确实存在大的风险，另辟蹊径，尽量达到交易的目的

如果合同存在风险，综合风险、收益之后，认为该交易基本还能做，那么就应该尽量为交易放行。当然，如果这个交易严重违法，或者风险过大，则本身就不是值得做的，交易就应该停止，不能为了交易而交易。总之，在订立合同的时候要谨记，合同应该尽量服务交易，考虑有没有可代替的或变通的方案，而不是简单地说"不"。

三、合同的目的

法律服务行业中，法律工作者审查合同，更注重防范风险，而对企业而言，其签订合同的首要目的，应当是促进交易。如何在防范风险的基础上促进交易，则应当是企业法务需要深入思考的问题。

1.防范风险

防范风险，是识别并控制签订合同中可能存在的法律风险。防范风险是律师审查合同的首要目的，这一点是律师行业的共识，但如何进一步理解其中的内涵呢？我们从下面三个方面理解：

第一是识别风险。识别风险是防范风险的前提，如果不能识别风险，就谈不上防范风险。识别风险需要有一定的专业知识和经验，发现合同中存在的陷阱或潜在的法律障碍。而企业老板对合同，更关注经济上的可行性，对于合同的法律问题，往往不了解，甚至直接忽视掉了。这也是很多时候合同中的风险无法被识别的原因。合同中的法律风险，可以分为专业型风险和经验型风险。专业型风险一般是指违反法律禁止性规定、违反前置审批程序的规定、超过法定的期限等，这些直接关乎合同的合法性。而经验型风险主要是指合同公平性和可操作性等方面的风险。防范这种风险要求合同的审查者不仅有一定的素养，还要有一定的责任心。

第二是分析风险。在进行识别的基础上，需要对发现的风险进行分类和分析，主要分析该风险对于合同目的的影响，以及可能带来的法律责任和经济风险。

第三是提出防范措施。在分析风险的基础上，应当针对不同的法律风险提出相应的防范措施。这些风险建议应当具备合法性和可行性。合法性是基础，而可行性对于交易的完成更为重要。

2.促成交易

从法律角度而言，市场经济的本质是合同经济，社会主体的经济行为，无一不是通过合同或合同性文件来完成。签订合同的目的是与合同相对方达成合意并完成交易，进而实现我方的经济目的。审查合同的目的不是否决交易，而是促进交易的实现。所谓促进交易，应当包括以下几层含义：

第一是排除交易中的违法因素。促进交易，首先要考虑的是该交易是否合法。若交易本身不合法，则该交易就不能进行，否则将给企业带来法律上的不利后果。随着经济的不断发展、新的经济形态不断涌现以及法治观念不断深化，对于合法性的认知已经发生了改变，法不禁止即自由，因此对于民商事合同而言，只要不违反法律的禁止性规定就可以。

第二是促成合同依法成立并生效。在交易不违法的情况下，接下来的工作就是促成合同当事人之间的合同依法成立并生效。合同是当事人进行交易的基础性法律文件，也是核心法律文件，因此要促进交易，就必须使该合同依法成立并生效。

第三是梳理合同各方的权利、义务。前述两项解决的是合同的合法性问题，是交易进行的基本条件，而合同各方的权利、义务则是合同的核心内容，直接关系交易能否顺利进行。审查合同各方的权利、义务，其主要内容是：（1）根据合同各方确定的交易方案来审查合同条款的适用性，这些条款通常为商务性条款。（2）从合理性和可操作性的角度对合同各方的权利、义务进行梳理和明确。简单说，就是用法律语言来明确交易流程以及整个交易过程中合同各方应当承担的义务以及享有的权利。

第四是明确合同目的的实现机制。必须关注合同目的的实现机制，否则再漂亮的合同也难以实现价值。实际上，前面三项均是为了实现合同的最终目的，只不过关注点是合同本身的法律效力，以及双方的权利、义务，而本项则是将目光聚焦在合同目的上。也就是说，要考虑通过该合同想获得什么，实现合同目的所需要的条件和步骤是什么，如果合同目的不能实现，那么救济手段和途径是什么。

在不同的合同中，防范风险与促进交易并存，但二者所处地位又有一定区别：有的合同应当以防范风险为首要目的；有的合同则可能以促进交易为首要目的，这种情形下，企业即使明知也愿意承受较大风险。

第二章　合同的审查及风险防范

第一节　合同审查概述

一、概念

合同审查就是按照法律法规以及合同订立时双方的约定，对合同的内容、格式进行审核。合同审查的内容包含以下几个方面：合同如何成立或者是否成立，如何生效或者是否生效，有无效力待定或者无效的情形，合同权利义务如何终止或者是否终止，违反相应的合同约定或者条款会产生什么样的法律后果，会产生什么样的民事法律关系、什么样的行政法律关系、什么样的刑事法律关系，与我方的期待有多大距离等。

一提到合同审查，我们习惯的思维是找法务、律师审查，从法律角度控制合同风险。但是很少会有企业家考虑到合同也会和税务扯上关系，会涉及很多的税务问题，也不会要求律师从税务角度对合同进行审查、修改，从合同环节把控税务风险。

本章目的就在于帮助企业管理者学会审查合同，对合同进行法税结合的审查，让企业管理者在审查经营过程涉及的各种合同和相关涉税法律文件时，不仅能把控合同的法律风险，而且能利用合同降低成本。

二、合同审查的思维模式

合同应该怎么审才能最大限度地降低风险、保障利益，或者说我们应该以什么样的立场和思维去审查合同？

第一，在审查过程中，要时刻考虑法律后果这一概念。法律后果，就是指法律规范所规定的人们的行为在法律上可能引起的结果。每一个行为所产生的后果都是不一样的，任何一个环节出现问题或者发生特定的情况都会导致不同的法律后果。所以审查和修改合同过程中，要始终考虑这一条款可能带来的后果是什么，在头脑里进行沙盘推演，预测是否对我方有利。

第二，合同起草与审查的具体工作中，同样离不开对商业因素的考量。合同的收益、风险、成本都与商业因素有关，对合同具体条款的审查修订，其实无非就是为了"提高收益，降低风险与成本"，而收益、风险、成本都离不开商业因素。假如同样是货物买卖合同，同样的付款模式，一份合同金额是10万元，另一份合同金额是5000万元，对两份合同进行审查是否应该有所区别？答案当然是有很大区别。一般来说，10万元的合同所蕴含的风险较小，合同可以相对简单一些，而5000万元的合同应当设置更多更完善的合同条款进行保障。笔者认为每一个企业家都能理解商业因素。所以，在合同内容审查上，企业应当对标的额大的合同投入更多的精力。事实上，企业为了一份金额很小、风险很小的合同，投入过多时间成本，这本身就不符合商业考量。当然，不排除某些情况下标的额较小的合同也非常关键，企业应该综合判断合同的重要性。

【案例】

A企业是家用电器生产商，要采购B企业提供的电器零部件，在合同签订过程中，B企业坚持要求在采购合同中必须有这么一个条款——乙方（B企业）承担的赔偿责任，无论是否因为质量原因，不超过零部件价款金额的2倍。A企业是否可以接受这样的条款？

在进行合同磋商时，对于是否接受限额赔偿的条款，需要结合该零部件的具体使用场景来考虑。如果该零部件只是无关人身安全的零部件，类似电视机的开关按钮、电视机的边框等零部件，则是可以接受这种条款的。如果是显像管、电容器这样可能导致事故或者整台设备报废的零部件，这种限额赔偿的条款隐藏的风险就相对较大。

所以，根据《民法典》合同编制定的合同条款，一定程度上不止涉及法律问题，而是商业逻辑、技术方案的实现。

第三，合同审查需要结合风险控制与交易便利性两方面的需求来进行。例如医药销售公司的热销药品采购一般都有固定的药品供应商，药品的供应也是按需供应，所以医药公司与药品供应商会签署长期采购合同，以签收收据作为货款结算的依据。那么对于这类合同，企业在审查的过程中，需要考虑的一个重点就是，合同中应约定由谁作为货物签收人。

考虑这一问题时，应当结合现实交易的便捷性和可操作性，兼顾法律风险的控制和防范。如果要求销售部门经理签字，由于销售经理并不是每天都在公司，医药公司业务又是以药品采购为主，货物签收单繁杂，可能因无法及时签收影响采购。如果约定随便一个员工或者业务员都能签收，则有可能出现串通损害公司利益的风险。综合考虑，可以采取由财务人员签字或者由两名指定人员共同签收确认的方式。

企业要控制合同风险，就需要设置一些手续、额外的环节，这些环节可能产生一定的成本。如果风险控制措施成本过高，过于烦琐，导致在合同履行中无法实际执行，反而会增加实际履行与合同约定不一致的风险。企业的实际交易应以力求简便和降低成本为原则，在风险控制与交易便利性之间适当权衡。

三、合同审查的基本前提

如前所述，合同审查不仅仅对合同文本样式进行审查，还要对合同实质内容进行审查。在对合同文本进行实质审查之前，应搞清楚合同审查的前提，以及在何种情况下需要进行合同审查和修改，否则审查后的合同，其适用性、可接受程度将大打折扣。合同审查的前提包括代表谁、谁主导以及怎么审。

（一）代表谁

代表谁，通俗地说就是在审查合同时，代表的是哪一方的利益，代表的立场不同，修改合同的思路、模式也不相同。在合同审查修改时应该如何确立合同修改人的立场？很简单，就是要从合同的主体出发来判断。根据合同关于主体的约定，可以分为以下两类：

一是合同主体清晰明确。合同写明企业是合同的一方主体。这种情形可以直接确认合同修改人所代表的究竟是甲方还是乙方。

二是合同主体不清晰。无法通过合同文本直接看出企业是哪一方主体。这种情形就需要合同审查者与企业进行沟通核实，以确定合同的修改立场。

（二）谁主导

谁主导，就是说在交易中谁占主动地位。了解了这个问题，就能看出这份合同我们能否进行修改，能修改到什么样的程度。关于"谁主导"这个问题，企业可以从以下几个角度把握：

一是市场地位决定了谁是合同的主导方。合同的谈判原则之一是公平原则，但这种公平是相对的公平。在市场经济体系内，供求关系决定了双方的合同地位，当供大于求时，需方就会占优势，处于主动地位，能够主导合同的签署，反之则处于劣势、被动地位。这种合同地位也决定了合同的修改权限和修改尺度。

二是当"谁占主导地位"这个问题不明确时，企业就需要从原则上去把握。谈判地位较高的一方，一般情况下具有明显的优势。比如在建设工程施工合同中，发包方的地位相对就比较高，承包方则处于劣势；在商品房买卖合同中，出卖人处于优势，买受人则处于劣势。当然，这并非是绝对的，合同谈判地位的高低还要根据交易双方的经济能力和交易需求来判断。合同的主导方拥有较大的修改权，并不代表就可以对合同进行大幅度的修改，只能是在审查时侧重保护主导方的利益。

与之相反，如果企业在合同谈判中处于劣势，在修改合同时的基本原则是：底线条款必须坚守，非底线问题力争修改。所谓底线就是指涉及企业核心目的的内容，若不进行修改，企业目的就会落空或者遭受重大损失。对于非底线问题，如管辖条款、争议解决方式等，企业可以力争修改，如果企业认为这些问题不影响企业的发展，或者这些问题带来的风险企业能够承受，就可以不作修改。

如果合同双方势均力敌，应当以合同可操作性为出发点，以权利义务对等为原则，对合同内容进行审查和修改。

（三）怎么审

这里说的"怎么审"，不是说怎么审查合同，而是指企业在委托他人进行合同修改时，要求受托人以什么形式进行审查，审查完毕后以什么形式答复企业。比如，是在合同上直接进行修改、出具审查意见书，还是以其他形式。

如果合同的签订时间比较紧，同时企业处于优势，那么企业可以选择要求受托人在合同上直接修改。修改后，可以要求受托人将修改后的文本（修订版）和未修改的文本（清洁版）一起发送给企业，企业可以更直观地看到合同的修改情况，从而决定是否采纳。

如果企业在合同修改上仅有很小的修改权限，那企业不妨要求受托人以出具审查意见书的方式审查合同，对可以修改的条款提出修改意见，对不能修改的条款提出法律风险防范意见。

四、合同审查的方法

合同审查需要按照步骤进行，科学合理的步骤能够让事情按照既定的计划进行，能够顺利实现行动目的。就合同审查而言，同样也要遵循一定的步骤。一般遵循以下步骤：

1. 合同条款的审查。《民法典》合同编第四百七十条第一款规定了合同的一般条款，即"合同的内容由当事人约定，一般包括下列条款：（一）当事人的姓名或者名称和住所；（二）标的；（三）数量；（四）质量；（五）价款或者报酬；（六）履行期限、地点和方式；（七）违约责任；（八）解决争议的方法"。

首先应该审查合同的条款是否全面，全面细致地对合同条款逐一审查。这是审查合同的基本方法。但审查应该有重点，有三方面内容必须审查：一看合同的主体，二看合同的标的，三看合同的数量条款。这三个条款是合同的必备条款，不具备这三个条款则合同不能成立。对于特定合同则按照特定合同的特点和要求对其必备条款进行审查，查漏补缺。

2. 文字审查。合同是文字的游戏，使用规范的、准确的语言能够避免误会和歧义，防止争议。

3. 合法性审查。主要审查是否违反法律强制性规定。

4. 涉他权利审查。涉他权利是指合同标的可能涉及他人的一些权利，比如知识产权。这种情况一般出现在设计合同或者特许权使用合同等，对这类合同应着重进行涉他权利的审查，避免侵权。

5. 涉税条款审查。对合同可能涉及税务的条款进行审查，在合法的前提下进行节税或者避免税务风险。包括但不限于：税务合法性审核，交易涉及的税种、税率、税额，交易是否享受税收优惠，交易模式是否能够节税，纳税义务形成时间，纳税地点在哪里，纳税义务人如何缴纳税款，税务机关会如何征管。

五、合同内容的税务审查

一般合同的条款通常包括：当事人条款、标的条款、数量种类条款、质量条款、价格或者服务报酬条款、履行条款、违约条款、争议解决条款等。从法律角度来审查这些条款的话，相信很多律师、法务能审查得非常专业。

但是我们常说，合同决定税，合同条款多多少少都会涉及税。比如当事人条款，也就是我们常说的主体条款。这个主体是自然人还是公司，是一般纳税人还是小规模纳税人，相对应的是查账征收还是核定征收都有区别。比如标的条款，即买卖的是什么，服务还是货物，是兼营业务还是混合业务，适用的税率是多少。比如价格条款，合同价款是多少，含不含税，怎么支付，如何开票，开增值税专用发票还是增值税普通发票，押金、保证金有没有等。履行条款涉及如何运输、物流安排、履行方式等。违约责任条款，涉及违约金、赔偿、换货、退货、补货等内容，是开发票还是开收据，这些都可能对企业的成本产生影响，需要在合同审查时同步进行，我们称之为"法税同审"。

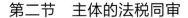

第二节　主体的法税同审

合同的主体就是合同当事人,即签约方,一般我们会在合同中表述为甲方、乙方。确认合同当事人及签约方的合法身份是拟定和审查合同的首要环节。根据相关法律规定,合同的主体,可以是自然人、法人或其他组织。如果是自然人,要写清姓名、家庭住址、工作单位、身份证号及其他身份信息等;如果是法人或其他组织,要写清住所、法定代表人或主要负责人、联系电话等。尤其是面对新客户进行初次交易的,务必要考虑交易对方的履约能力、信用情况等,查看营业执照和企业参加年检的证明材料,不能轻信名片、介绍信、工作证、公章、授权委托书、营业执照复印件等,有必要的时候,还可以到公司注册地的市场监督管理部门进行工商查询。

一、概念

合同主体也称合同当事人,任何合同都需要有明确的合同主体,缺少合同主体将导致合同无法成立。审查合同主体时不仅仅要审查主体的真实性,还需要审查合同主体的资质以及履约能力等。因为在特定的领域,如果不具备法定的资质,可能会影响合同的效力。比如建筑行业,如果没有相应的建筑资质就无法承包建设工程项目,自然也无法签署建设工程施工合同。而如果合同主体的履约能力不足,则可能导致合同难以顺利履行,会影响我方的合同目的的实现。

二、合同主体的审查

（一）法律角度审查

从法律角度审查合同主体时,主要审查以下几个方面:

1. 主体名称

在审查主体名称时,首先要看其名称是否准确唯一。对于自然人来说,要看合同中的主体名称与身份证上的名字是否一致,不能使用笔名、小名、别名来代替。对于法人或其他组织,应审查合同上的名称是否与营业执照上的名称统一,不能用业务部、办事处作为合同主体。

【案例】

笔者曾经办理过一起买卖合同的案子。合同的乙方是自然人,其身份证上的名称是高某太，但在签署合同的时候使用的并非身份证上的名字，而是别名高某。双方因合同付款发生争议的时候，甲方希望通过诉讼方式来解决纠纷，但是在准备起诉时发现，无法证明合同上所签署的名字高某和身份证上的高某太是同一人。这种主体信息混淆或不明确的情况，不仅仅发生于自然人身上，在一些公司签订合同时也屡见不鲜。

此外，合同主体信息既会载于合同首部，也会载明于合同尾部签章处，甚至在合同附件中也可能出现。在审查合同主体名称时，应当确保整个合同文本上的主体名称前后一致。如果不一致，应经过核实后统一。有必要的话，可以要求自然人将其身份证复印件、法人将其营业执照复印件附在合同之后。

写明主体的基本信息时，自然人的基本信息应当按照身份证上的信息列明，包括姓名、身份证号。除此之外，还应核对自然人的现住址、联系电话等信息，这些信息关系到重要文件的送达和管辖等事项。如果是法人及其他组织，其基本信息应当按照营业执照写明，包括单位名称、住所地、法定代表人、统一社会信用代码。

2. 主体资质

在审查合同主体资质时，应当注意两个方面，一是审查合同主体是否具备签订合同的能力。也就是说，合同主体是否是能够独立承担法律责任的民事主体。对于自然人来说，要审查其是否具备相应的民事能力。一般情况下，年满十八周岁的自然人是完全民事行为能力人，可以独立签订民事合同。如果是无民事行为能力人或限制民事行为能力人，则其签署合同的能力就会有相应的限制，需要从法律上予以补正。

如果是法人或其他组织，主要审查其营业执照上登记成立日期和经营期限，看是否成立并有效存续，同时还要审查其经营范围是否包含合同的交易内容。如果是特殊行业的话，还要看相对方是否具有相应的资质，能否承接或者签署这份合同。比如食品经营行业，就需要有食品经营许可证。如果是学校这种特殊机构，就需要有办学资质和办学许可证。

二是审查合同主体的履约能力。合同主体是否具有履约能力直接影响到双方的合同能否顺利履行，进而影响到合同目的能否实现。对于合同相对方的履约能力的判断，才是合同主体审查的真正的核心内容。判断一家企业是否具备履约能力，除了实地考察之外，还可以通过公开的渠道进行查询。比如搜索对方的具体信息，进而合理地预判对方是否具有履约能力。要搜索的主要信息包括相对方是否涉诉、是否被列为失信人员、是否有行政处罚、注册资本是多少、股东情况如何、注册资本是否实缴，这些信息往往能够从一定程度上反映出合同相对人的信用状况。如果这家企业有很多的涉诉信息，不论是被人诉讼还是起诉别人，均说明这家企业存在一定的风险。如果被人诉讼的居多，说明这家企业信用状况不好。如果主动诉讼他人居多，说明这家企业的风险意识以及资金周转存在一些问题。当然，建筑行业等特殊行业的企业，其诉讼较多也是正常的，应进一步了解其在诉讼中的地位、诉讼原因。

3. 合同主体的审查途径

从实践经验来看，审查主体的真实性可以通过以下方式：如果是自然人的话，可以查看其身份证、户口本、护照或者港、澳、台通行证；如果是法人或者其他组织的话，可以通过营业执照来审查。如果不能拿到对方的营业执照，或者怀疑其营业执照是否真实，可以依照企业名称，通过国家企业信用信息公示系统来查询企业的基本信息，也可以通过全国组织机构代码中心来查询企业统一社会信用代码。如果是事业单位，可以通过事业单位在线网站来查询信息。

审查主体的涉诉情况，可以通过中国裁判文书网来查询，该网站较为权威，也可以通过中国法院网来查询开庭公告、开庭信息，通过中国执行信息公开网来查询主体是否涉及执行和是否被列入失信人员名单。

审查主体的特殊资格，可以要求相对方提供相应的资质证明来进行。对资格证明文件的审核重点在于审核是否在有效期内以及该证明文件的许可事项及范围。此外，有些信息也可以从网络渠道核实和查询，如住建部网站可以查询建筑业单位及人员资质；中国土地市场网可以查询土地出让公告、供地计划、地块公示、大企业购地情况等；国家知识产权网站上可以查询相关专利信息；中国证监会指定的信息披露网站巨潮资讯网上可以查询上交所和深交所上市公司的各种公告、公司年报、被处罚情况等。

（二）税务角度审查

提起合同主体审查，人们一般认为只要审查对方就可以。从税务角度出发，纳税义务是双方的，所以主体资格的审查也应该是双向的，不仅仅要审查对方，己方的主体资格也要认真审查，选择最合适的最优越的主体资格。

在经济活动里面，同一项业务活动可以用不同的身份来完成，身份不一样，纳税主体就不一样，涉及的税务成本也就会不同。税法上的主体身份包括个人、个体户、个人独资企业、合伙企业、有限公司。其中，分公司和子公司在税法上的主体地位和成本也不尽相同。

1. 纳税身份信息审查

纳税身份信息审查也就是合同主体审查，主体的名称以及相关信息的准确性非常重要。对于主体信息的税务审查不仅仅是形式审查，还需要审查合同主体的具体信息，包括公司名称、纳税人识别号、地址、电话、开户行、账户信息等。除了核对合同上的签章和公司名称是否一致，在税务上还需要通过这些信息确定企业是一般纳税人还是小规模纳税人，而这些信息也是开具发票时的票面信息。

企业开具增值税专用发票或增值税普通发票，所要填写的信息也是不一样的。增值税专用发票要求填写的信息比较全面，而增值税普通发票的要求相对宽松，但也应当把纳税人识别号（统一社会信用代码）填写正确。

2. 纳税人类型的审查确定

纳税人类型，就是企业以什么身份纳税。纳税人分为一般纳税人和小规模纳税人两类，纳税人身份不同决定了是否能够进行增值税抵扣，是缴纳企业所得税还是个人所得税，是查账征收还是核定征收等。这些在税务上的处理是不一样的，都会影响税率和成本。比如，同样购买一批货物，一般纳税人和小规模纳税人的税负不一样，一般纳税人销售货物适用的增值税税率是13%，小规模纳税人适用的增值税征收率是3%，其可抵扣的进项税税额也不一样。因此，企业需要在签订合同前审查主体，进行成本核算，然后再选择到底和哪一类主体签订合同，而不是单纯对比报价谁高谁低，应当把税务成本也核算进去。

交易产生税，选对主体才能交对税。合同税务审查首先要考虑一项业务活动应该以什么身份去做才是最合适的。每一种主体的纳税特点如下：

第一，个人作为纳税主体时，有两种业务是非常适合的，一个是投资股票证券市场，一个是以个人名义持有商业物业对外出租。

第二，个体户作为纳税主体，从政策上来讲，法律没有特别限制的业务，个体户都可以经营；从业务上来讲，个体户目前可以经营的业务非常多。它的税务特点是，需要缴纳增值税，但是不需要缴纳企业所得税，缴纳的是个人所得税。

个体户缴纳个人所得税有两种方式，一种是核定征收，一种是查账征收。如果个体户注册在有核定征收政策的地方，比如山东、浙江、江苏等地，核定征收的税会比较低，特别是核定征收不需要考虑相关的成本费用列支问题。

如果企业交易的类型是小额零星业务，上游供应商不能提供有效的发票，总体规模不大，从税务角度考虑，比较适合将个体工商户作为合同主体，来签署合同并开展业务。

第三，个人独资企业。在税法上，个人独资企业也是交个人所得税，只有一道所得税。

个人独资企业和个体户有什么异同呢？相同的地方是二者都是以个人全部财产对外承担连带责任。不同的地方是，一般个体户规模较小，个人独资企业比个体户大很多，会达到千万级的营业额。并且，个人独资企业按照政策，可以设立分支机构，可以对外转让，也就是说可以转给另外一个人来经营，但个体户是不能对外转让的，如果不经营了，只能办理注销。个体户跟个人独资企业涉及的税务政策基本上是相同的，但也有区别。个体户变为一般纳税人以后，很多地方是不允许核定征收的，而个人独资企业变为一般纳税人以后，也可以对个人所得税实施核定征收，这是它们之间的区别。

毛利比较低、实际利润较高、规模中等的业务比较适合用个人独资企业来开展。

第四，有限公司。有限公司在法律上、业务上都有优势，但是它也存在征收两道所得税的问题，既要交企业所得税，还要交利润分配的个人所得税。有限公司有天然的优势，优势在哪里？

有限公司可以实现对经营亏损的弥补，这是它在税务上特有的优势，以所得税为例，有限公司产生的经营亏损，在未来五年可以用后面的利润弥补。所以，对于投资规模比较大、经营周期比较长的项目，无论是从法律角度，还是从税务角度，采用有限公司的形式都是比较合适的。

企业对外开展业务选择什么主体身份非常重要。主体身份选对了，税自然会比较低。如果主体身份选错了，即使企业很用心地在合同条款上进行了审查，仍然可能存在成本较高的风险。

合同主体条款示例：

甲　　　方：蜀国桃园钢材销售有限公司

住　　　所：四川省成都市武侯区武侯祠大街×××号

法定代表人：刘备

统一社会信用代码（纳税人识别号）：××××××

联系人：刘备　　　　　　联系电话：×××××××××××

乙　　　方：马谡，男，现住四川省成都市青羊区长顺街×××号，居民身份证号码×××××××××××，联系电话：×××××××××××

第三节　合同标的法税同审

合同标的是合同法律关系的客体，是合同权利义务指向的对象。标的条款是合同的绝对必要条款，合同不规定标的就会失去目的，失去意义。没有合同标的，合同就不能成立。审查合同标的条款，通俗地讲就是要解决"干什么"的问题，主要审查四个方面的内容：一是标的本身，即标的本身是否合法且唯一，标的种类、类型、型号等是否具体明确；二是标的数量，即标的数量是否明确；三是标的交付，即标的以什么方式交付、交付的费用由谁承担、交付前后的风险由谁承担；四是标的质量，即标的质量是否有相关标准、标准是否明确、质量如何验收、质量不合格如何处理等。

一、概念

（一）标的

标的是合同双方权利和义务所共同指向的对象，如货物交付、劳务、工程项目等。它是合同成立的必要条件，是一切合同的必备条款。标的总体上包括财产和行为。其中财产又包括物和财产权利，具体表现为动产、不动产、债权、物权、无形财产权等；行为包括作为、不作为等。

1. 财产

（1）物

民法上的物，指存在于人身之外，能够满足人们的社会需求而又能为人所实际控制或者支配的物质客体，是一切财产关系最基本的要素，且涉及一切财产关系。在合同中，我们将这种民法上的物称为合同的标的物。在合同法律关系中，大多数合同涉及的标的都是物，如房屋买卖涉及的物是房产，汽车租赁涉及的物是车辆，设备运输合同涉及的物是设备。

民法上的物具有以下特征：第一，具有独立性，存在于人身之外，比如人的手、脚这些人体器官不具有独立性，不符合民法上关于物的定义，但是假肢等这些人造假体，就可以算作民法上的物。第二，具有功能性，能够满足人们的社会需求，比如海边的礁石，因为不能够满足人们的社会需求，就不能称为民法上的物，如果岩石经过加工后可以用于建筑、装饰，具有一定的价值，就属于物。第三，具有可支配性，能够为人所控制或者支配。比如日月星辰，其不能为人力所支配，就不能称为民法上的物。第四，具有排他性，能够独立成一体，具有确定的界限和范围。

根据不同的标准，物可以分为不同的类型：根据物是否具有可移动性，可分为动产和

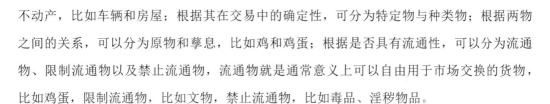

不动产，比如车辆和房屋；根据其在交易中的确定性，可分为特定物与种类物；根据两物之间的关系，可以分为原物和孳息，比如鸡和鸡蛋；根据是否具有流通性，可以分为流通物、限制流通物以及禁止流通物，流通物就是通常意义上可以自由用于市场交换的货物，比如鸡蛋，限制流通物，比如文物，禁止流通物，比如毒品、淫秽物品。

（2）权利

作为合同标的的权利，是指合同主体所拥有的财产性权利，如知识产权、股权、债权等。不直接具有财产内容的，不能以金钱来衡量其价值的，一般不能作为合同交易标的，比如抚养权、赡养费请求权等具有人身性质的权利。但具有财产内容的人身权利的载体，如血液，在不违反法律禁止性规定且不损害社会公共利益的条件下，可以成为合同标的。

2. 行为

作为合同标的的行为，包括积极的作为和消极的不作为。积极的作为也可以理解为服务，如物业服务、保管服务等。消极的不作为，比如竞业禁止义务、保密义务等。

（二）标的数量

合同标的的数量是合同条款中一个非常重要的内容，数量决定了合同价款，所以数量必须是确定的或者能够衡量的。实践中，常见的合同数量条款一般都直接标明具体的数量，如一套房、一辆车等。但是，也有不标明具体的数字，而是确定一个计量规则的，比如"药品销售合同，以实际收货单作为结算依据"，就是典型的约定计量规则的合同。

（三）标的质量

质量条款虽然不是合同成立和生效的必要条款，但对于合同目的而言，却是合同的核心条款。因为标的质量直接关系到合同目的能否实现，或者至少关系到能否顺利实现。本书所称的质量不仅仅是指商品或者货物质量，而是泛指合同标的所应具备的质量或品质标准。如前所述，标的主要包括物、行为、权利。就物品的质量而言，不论是国际的、国家的，还是地方的、行业的，或者企业的标准，一般均有客观的质量标准。就行为而言，一般均由权利人根据实际需要进行约定。就权利而言，则主要依据法律规定和实践经验，对权利的合法性、完整性和可处置性进行约定。

二、审查要点

（一）法律角度审查

1. 标的

对于合同标的本身的审查，要从两方面进行，一是要从合法性上进行审查。合法性审查包含两方面的含义，一是审查合同标的本身是否符合法律规定的能够流通的条件，也就是说该标的的交易是否是法律所允许的。就物而言，流通物是可以依法自由交易的，限制流通物必须是在特定主体之间才可以交易，比如烟草、食盐等，而禁止流通物则不允许交易，比如毒品。就行为而言，其合法性主要是指该行为不得违反法律法规和社会公序良俗，比如雇人盗窃是一种违反法律规定的行为，代孕是一种违反公序良俗的行为。对于权利来说，合法性主要是指权利在法律上得到承认和保护，即当事人对于该标的具有合法的处置权，如果没有合法的处置权，则属于无权处分，会导致合同的效力处于待定状态。若不能事后获得处置权利或被权利人予以追认，则该处分行为无效，当事人的合同目的就无法实现，无处分权一方必须承担因此而产生的法律责任。

二是要从特定性上进行审查。标的的特定性，是指在合同中，标的必须是唯一的、明确的、特定的。因此就需要企业在审查合同时，把标的的种类、规格、型号、颜色、成分、产地、等级等作为重点审查的对象。通过审查前述项目，基本上可以确保合同标的的特定性。如果仅仅审查一个项目，则可能很难锁定目标。多个项目同时审查，则更加容易锁定目标。如果仍不足以锁定目标，必要时可以配以图片加以确认。如果对标的有特殊要求，也应当在合同中列明，并做出特别标识，以提醒相对方注意。如果合同中约定有样品，那应该对样品进行封存，以方便后期成品与之对比。

2. 数量

对标的数量的审查，也是对标的明确性的审查。明确性表现在两个方面，一方面是经审查之后的合同，能够让合同履行人看一眼就明白合同约定的标的是什么，应该如何履行。在标的是物的合同中，标的名称应当规范、明确、正式，比如车辆买卖合同中的标的物是出租车，在表述标的物的时候就应该使用"出租车"，而不是使用"计程车""TAXI"等。在标的是行为的合同中，标的的名称应当能概括行为的主要内容和特点，让履行合同的人不用通读合同全文就知道该合同的主要服务内容是什么。比如一份软件开发合同中，合同标的就应该写明"某软件的技术开发服务"，而不应写成"软件服务"；在软件使用合同中，合同标的就应当是"某软件的使用"。在标的是权利的情况下，不仅要审查合同，还需要一定的实地调查。比如股权，除了在国家企业信用信息公示系统查看其真实性以及对应股权比例之外，可以去市场监督管理部门查看内档资料，判断其股权是何时取得、如何取得的，查看企业财务报表，从而判断该股权是其本人所有还是代持、其出资款是否实缴、企业是亏损还是盈利等。

另一方面表现在标的计量上。在标的计量问题上，一是要有明确的计量方法。标的数量是可以计算出来的，是能够确定的，而不是无法确定的，否则会导致价款无法结算，还会产生其他纠纷。二是计量的单位应当是准确的，比如购买沙土这类型的合同，计量单位应当是"吨"，而不是"车"。"车"不是规范的计量单位，而且每种车的载重量是不一样的。同时，即便是同样车型，也存在甲工人装车时装的是满满一车，乙工人装车时装的是半车。因此，不规范的计量单位是不可控的。

3. 质量

对合同质量条款的审查应当从三个方面着手：（1）质量标准。合同标的的质量标准有国家标准、行业标准、地方标准、企业标准、特殊标准等，质量标准约定应当客观、确定、具体。

在合同标的是物的情况下，应当从物品质量标准的明确性上进行审查。物品的质量标准首先应当选用国家的强制性标准，没有强制性标准才可以选择适用行业标准、企业标准等其他标准。这里需要注意的是，如果有具体的有效的标准名称和标准代号，应当在合同中列明。如合同对质量标准的约定是"甲方提供的货物应当符合国家有关标准"，这种约定不能说错误，但其约定不准确，属于有重大法律风险的约定，其标准应当有明确的指向，不存在歧义。以一个防腐管材的购销合同为例，修改后的约定应当是"甲方提供的上述规定的防腐管材的安全性应当符合GB/T17219-1998《生活饮水输配水设备及防护材料的安全性评价标准》"。

当合同标的是行为时，往往没有统一的质量标准以供参考，行为的质量标准多源自合同双方的共识。这种共识的表现一般是服务提供方的承诺与保证，以及接受服务方对自身需求的描述，在合同中的体现往往比较零散。对于这种源自双方描述的质量标准，在合同履行过程中会因为合同签订人和合同履行人不一致，而出现理解偏差。所以，在标的为行为时，应尽可能在其他项目上进行审查，比如服务提供方的资质、提供服务的人数、服务人员的年龄和学识水平等。

【案例】

劳务派遣合同中约定"甲方应当为乙方派遣3名保安提供合格的安保服务"。这个约定明显就很笼统，我们知道保安人员的职责是维护秩序，在发生紧急情况时能够第一时间处理，而这种维护秩序和处理紧急情况的能力和保安的性别、年龄、体能状况有着密切关系。修改后的条款可以是"甲方应当为乙方派遣3名男性保安人员（保安人员年龄在45岁以下，身体状况良好，初中以上文化程度，退伍军人优先）提供安保服务"。

如果合同标的是权利，应当从权利的完整性和可处分性上进行审查。完整性，就是权利人对作为合同标的的权利拥有毫无瑕疵的权利，比如该权利没有被质押、没有被法院查封等。可处分性，就是指权利人对该权利拥有处理权，能够对该权利进行转让、质押、抵押等处置。在审查该条款时，应当着重审查该权利是否在市场监督管理部门进行登记、有没有其他权利瑕疵、是否存在被人民法院查封的情况等。由于合同的履行需要一定的时间，所以在合同中还应该有关于权利人对权利处分的限制性条款，比如"自本合同签订之日起至权利完全变更登记在甲方名下之日止，乙方不得对该权利进行任何处分行为，同时确保该权利在此时间段内不得出现任何权利瑕疵"。

（2）验收条款。验收条款分为两部分：验收和异议。对验收条款的审查应当注意验收程序和验收方法要具有可操作性。具体应当根据合同标的的性质和检验的难易程度确定是双方共同验收还是委托第三方验收。如果委托第三方验收，应当明确第三方验收机构的具体名称以及检验费用的承担方式。

合同标的瑕疵分为表面瑕疵和隐蔽瑕疵，表面瑕疵在验收时就能予以明确，而对于隐蔽瑕疵需要有特别约定。验收时还有一个重要的需要注意的条款，就是在验收时发生的标的损坏（该损害并非由于验收行为造成）责任由谁承担。最后需要注意的就是质保期，如有质保期应当明确质保期限以及期限的起止时间。

（3）质量异议条款，主要审查四个要点：一是异议期间，应当根据检验的难易程度，约定不同的异议期间。一般情况下，表面瑕疵的异议期间相对较短，如当天、七天、十五天等，而隐蔽瑕疵的异议期间则相对较长，需要根据检验的难易程度或者发现瑕疵的难易程度来确定合理的异议期间。对于卖方而言，自然不希望异议期间过长，买方则相反。实践中，异议期间的长短还决定于买卖双方的谈判地位，在买方谈判地位较低的情况下，异议期间一般较短，买方应当及时进行检验。

二是异议方式，应当在合同中约定买方提出质量异议的方式，建议约定为书面方式，这种方式便于存取证据。

三是责任的承担。即在买方提出异议的情况下，货物如何处理以及根据异议成立与否来分担异议期间所产生的责任和损失。

四是救济途径。在合同标的不符合约定的情况下，除了要有异议条款之外，更重要的是要有救济条款。也就是说，应当进一步审查有没有救济途径或者责任承担的相关规定。实践中，对于物品来说，一般有退、换、修、折价等方式作为救济途径；对于服务类标的，一般救济方式有限期改正、扣减服务费用等；对于权利类的标的，一般适用限期消除瑕疵、支付违约金等救济方式。除此之外，还可以根据实际情况约定暂停付款、解除合同等救济途径，至于适用何种救济途径，只能根据双方的谈判情况、谈判地位等进行详细分析。

（二）税务角度审查

从税务角度审查标的条款，主要是围绕标的本身和合同类型来进行审查。在税法上，合同标的分为货物、劳务、服务、无形资产和不动产这几类。不同的类型适用不同的增值税税率，同一份合同中可能会约定两种甚至多种标的类型，就有可能重复征税或者多缴税款。而增值税在企业的所有税负中占比最大，审查合同标的的类型，选择合适的增值税税率，可以为企业节省开支。那么该如何审查呢？在阐述审查要点之前，先简单阐述几个概念。

合同中的标的条款主要指的是什么？一般是按照交易的实质来进行描述的。在业务中，主要就是货物和服务。如果是纯货物，或者纯服务，按照不同主体的纳税形式进行税务处理就可以了。但是现实中没有那么简单，比如销售设备一般都会附带安装业务，装修工程合同一般除了材料还会涉及人工费用、设计服务，货物买卖合同提供配送服务等。在民法层面，在一份合同上把具体的权利义务约定明确即可，但是从增值税的角度，销售货物一般适用13%的税率，建筑安装服务适用9%的税率，设计服务适用6%的税率。按照税法的规定，不同税率的业务混合在一起，如果可以分开核算，就可以分别纳税；如果不能分开核算，应当合并起来从高纳税。另外，从印花税的角度讲，印花税是按照合同类型以及合同金额征收的，购销合同（包括供应、预购、采购、购销、结合及协作、调剂等合同）按购销金额0.3‰贴花，加工承揽合同（包括加工、定作、修缮、修理、印刷、广告、测绘、测试等合同）按加工或承揽收入0.5‰贴花。

这里我们通过比较常见的两种形式，即混合销售和兼营进行分析。

什么是混合销售？税收政策讲得很简单，一项销售行为如果既涉及货物又涉及服务就是混合行为。对于这句话的理解，要抓住几个核心的要点：第一，混合行为是一项经济业务，不是两项或多项经济业务的混合体，它是以一项业务作为一个整体去征税的。第二，这一项业务既涉及货物也涉及服务，即这一项业务涉及两个业务类型和合同标的，两者构成一个完整的整体。第三，这一项业务涉及的服务和货物之间是有密切联系的，一项业务的发生以另一项业务的发生为前提，二者相互联系，密不可分。两者之间具有因果关系，没有前面的业务就没有后面的业务，后面业务的发生要以前面业务的发生为前提。这就是混合业务的特点。

而兼营行为是指纳税人经营的业务中，有两项或多项合同标的，但是这二项或多项业务没有直接的关联和从属关系，业务的发生互相独立，合同标的也相互独立。比如一个企业既有货物销售业务，又有不动产出租的业务，还提供企业管理服务。这几者之间是相互独立的。

因为混合和兼营行为的特点不同，所以其纳税原则也不相同。一般情况下，混合是以纳税人的经营主业为标准，就其全部收入按照一种税率征税，而兼营行为企业可以分别核算税率。

众所周知，标的的种类不同，税率也不相同，而认定错误会导致成本的提高。所以，在对合同进行审查时，我们就需要根据业务特点选择合适的交易形式和合同类型。也就是说，企业可以通过合同中标的条款的设计，实现税收优化的目的。

【案例】

三国装修设计有限公司是一家提供装修设计及家具定制服务的公司。刘备购置了一处房产，需要对房子进行精装修并定制家具。三国装修公司在整个装修过程中，实际上提供了不同类型的服务：第一个是设计服务，设计服务缴纳6%的增值税。第二个是家居制造服务，按13%缴纳增值税。第三个是企业销售自己的家具产品，并且提供安装服务，这种安装服务根据税务政策可以选择简易计税，适用3%的增值税征收率。第四是家具配送服务，家具制造企业提供物流配送方面的服务，物流配送服务也是适用6%的增值税税率。这就是典型的混合销售。

在总价固定的情况下，设计或者审查、修改合同时，可以对业务收入进行拆分，分别计算设计、安装、配送各是多少，通过这样的方式可以让整体上的增值税税负降低。而企业在提供报价单和提供相关合同的时候，也可以把设计、安装、配送的价格在合同里面单列，确定每一部分的价格，最后再计算总价。

因此，企业在业务合同审查过程中，针对业务类型中既有服务也有产品的情况，应注意各类型业务是否适用统一增值税税率，如果不统一，可以把服务价款和产品价款在合同里面单列清楚，以达到降低企业成本的目的。

【案例】

蜀国电气设备有限公司是一家设备生产销售企业，在销售电气设备的同时提供设备的安装、调试服务。在一份合同中，约定了设备的销售安装价格为900万元（不含税），但没有对设备的安装、调试服务进行单独约定，也就是说没有分别体现其设备金额与安装金额，而是合并签订价格条款。

这种情况下的增值税税务处理为：蜀国电气公司按照销售货物的金额900万元缴纳13%的增值税，增值税税额为117万元，价税合计为1017万元。

如果按照兼营行为模式，对设备的价款和安装、调试的服务费分别进行计算（其中设备价款750万、安装调试费用150万元），则：销售设备适用13%的税率，设备价款不含税金额为750万元，增值税税额750×13%=97.5万元，设备价税合计847.5万元；安装、调试服务费可以适用3%的简易计税征收率，则服务费不含税价150万元，增值税税额150×3%=4.5万元，价税合计154.5万元。设备销售与安装的价税合计款项为847.5+154.5=1002万元。

通过以上比较，可以得出结论，如果对合同标的进行区分，在合同条款里面分别列明产品和安装服务的价款，然后在税务处理上，产品收入按13%的税率缴纳增值税，安装服务收入可以选择简易计税按3%缴纳增值税，对于买卖双方而言，通过合同就可以在成本上进行有效的控制。

应注意的是，销售价格与安装服务费用分别核算，不仅仅是指会计处理上的分别核算，而是在合同签订时，设备销售金额与安装金额就应该分别体现。否则，合同签订与发票开具不符，将存在较大的涉税风险。

第四节　合同价款条款的法税同审

价款或报酬是有偿合同的主要内容，价款是取得标的物所应支付的对价，报酬或酬金是获得服务所应支付的对价。价款条款通常与合同权利义务的平衡具有密切关系，对于保证合同履行质量、实现合同目的具有重要意义。

一、概念

在法律实务中，对于价款的理解，有两种：一是广义理解，价款除包含标的物本身的价款外，还包括在运输过程中发生的运费、保险费、装卸费、保管费、报关费等一系列额外发生的费用；二是狭义理解，价款仅指标的物本身的价款，在运输过程中发生的一系列额外费用统一称为费用。所以，在拟定合同条款时，需要对价款进行定义，避免发生歧义。

二、审查要点

（一）法律角度审查

在对合同价款条款进行法律审查时，要把价款支付与合同履行过程中双方义务的履行及违约风险相结合，把价款的支付条件与相对方在各阶段应履行的合同义务密切联系起来审查，通过设定价款支付的时间点和付款比例来促使合同双方如约履行，最大限度发挥价款条款的风险控制作用。

在合同中，一般价款条款的约定有以下几种：

1. 一次性付款：通常用于合同期限较短且对方没有后续合同履行义务的合同（如礼品、宣传品或其他低值易耗品采购合同等），可约定到货验收合格后一次性付款。一般设备或中小型的采购合同，应留有一定比例的质量保证金，待保修期满后支付。

2. 分期付款：对于设备采购类（涉及安装、调试、试运行、初检、终检等）、技术开发类、租赁类、广告发布类、维护服务类或合作类的合同，由于合同期限较长，对方有需要后续履行的合同义务，常采用分期付款的方式。

在审查合同价款条款时应当关注几个方面：

1. 单价或总金额。金额的大小写应当一致且不能有涂改，以避免产生歧义；涉及税金的，应注明税金的承担方式或者税金是否包含在价款总额中；应明确运输等费用由哪一方承担等。

2. 支付期限。如果是在特定日期付款的，应当以自然年（即公历年）为准，如"2013年12月1日付款"；如果是在特定期限内付款的，特定期限的起算点应当是特定的事实或行为开始或完结之日，如"一方提交文件之日起10日内""甲方向乙方交货完毕之日起30日内"等。总之，要明确约定付款的时间，模棱两可的约定会给相对方提供拖延付款的理由。

示例一：甲方收到货物后一次性付清货款（应更正为"甲方收到货物后×日内一次性付清货款"）。

示例二：检验合格后一次性付清货款（应更正为"检验合格后×日内一次性付清货款"）。

如果是首次交易的客户，出售货物的合同原则上应当避免约定"货到付款"，减少钱货两失的风险。

3. 支付方式。要明确选择一次性付款还是分期付款，分期付款要约定分期节点，以及价款以什么方式支付等。

对于承担付款义务的一方，款项的支付方式对于其来说是重中之重。作为款项支付方，不论款项金额大小，都希望采取分期付款的方式。如果付款方占据相对优越的地位，那就享有选择付款方式的权利。反之，如果付款方处于劣势，那么审查合同时就应当把握住前文所述适合采取分期付款的合同类型，比如，技术开发类、租赁类、加工承揽类等持续周期较长的合同。

如果约定分期付款的话，作为支付方，从风险预防的角度出发，可以约定分批多次支付价款，比如可以分三个支付阶段：一是订立合同时支付30%；二是货物验收合格后支付60%；三是预留10%作为货物的质量保证金，在质量保证期满后，向卖方全额支付。这样一来，对于支付方来说，既可以最大限度地避免因对方违约而造成经济损失，也可以促进双方更加诚实信用。

如果不能准确确定分期付款的时间节点，可以在以下时间节点进行审查修改：合同生效时间，合同经相关管理部门批准、登记、备案的时间（如有），交付时间，验收合格时间，质量保证期届满时间。但需要注意的是，补签合同情况下，分期付款客观上已经构成迟延，应根据实际情况调整付款条件和期限，以免因约定不当导致迟延支付。

在付款方式的审查上应注意，除非小额交易，一般应当采用转账付款方式。作为接受款项的一方，可以对合同款项的支付方式进行预先约定，设定严格的支付手续和方式（比如固定银行账号和开户银行名称，约定支付方采用转账的方式等），促使客户按照双方的约定付款。

有以下三类常见的转账方式：①银行划账：对于收款人而言，这是最安全的支付方式，由付款人自行通过自己的开户银行将款项划到收款人指定的账号，收款人仅需提供银行账号。②开具支票：这种形式较为常见，具体操作步骤是：支付人开出抬头为收款人的支票—支付人将支票交给收款人—收款人在支票背后盖上本公司的印章（俗称"背书"）—收款人将支票递交给自己的开户银行兑现。由于从收到支票到兑现支票需要一定的时间，有些不法分子就利用"空头支票"诈骗货物，所以这类方式的风险最高。③开具汇票：汇票分为银行汇票和商业汇票两种，银行汇票是指支付人先将钱交给银行，银行根据收款金额再开出承兑人为银行的银行汇票，这种汇票依赖的是银行信用，因而有确切的付款保障；商业汇票是指支付人无须把钱交给银行，而是自行开出承兑人为支付人自己的汇票，这种汇票依赖的是企业信用，在目前信用环境下要审慎使用。

4. 支付对象。实践中经常出现企业的业务经办人私自收取客户的款项，在款项收到后立刻就玩人间蒸发或因为与企业有纠纷而扣留款项的情况。此时，企业将很难再向客户讨要该笔款项，即使最后能够讨要成功，也将付出较多的人力、物力。因此，在合同中应明确界定款项的支付对象，例如可以约定："合同款项的结算应凭盖有收款方财务印章的收据以及收款方委派专人收款的介绍信方能支付，若因付款方将合同款项直接付给非收款方介绍信指定的收款人员而造成损失的，责任由付款方自负。"

（二）税务角度审查

法律角度侧重于控制付款的时间点，确保款项按约支付。从税务角度来说，侧重于价款本身的表述，要确保在税法允许的范围内合理缴税、增加利润。目前，合同中对价款的表述一般都不太准确，要么只写总价，或者包税价，要么只写不含税价。这样的书写很容易引起纠纷，甚至引起一些税务风险，或是导致没有办法享受减税红利。

以印花税为例，众所周知，增值税是价外税，一些合同条款在约定价款的时候，往往直接写含税价，但印花税的计税基础是合同约定的总价款，是以合同约定的所有价款的一定比例来计算印花税。如果按照价税分离的方法表述，印花税就能依据不含税价来计算。合同价条款中没有进行价税分离的，印花税就会根据总价来计算。显而易见，不含税价和含税价所缴纳的印花税存在区别。

【案例】

甲、乙公司签订一笔含税金额为3390万元的购销合同，如果合同中价格与增值税未分别列明，那么印花税需要按照含税价款的0.3‰缴纳，按合同现在约定的价款条款计算，需要缴纳的印花税税额为10170元。若是合同中价格与增值税分别列明，则按照不含税金额3000万元缴纳印花税，需要缴纳的印花税税额为9000元。

合同的价款条款的标准内容应该包括不含税金额、税率税款、价税合计，也就是说至少分三部分表述合同价格，先表达不含税价格是多少，再列明适用的税率税额与价税合计的总金额。

企业的财务部门可以把业务对应的税率做成表格，提供给企业业务部门、法务部门。业务部门应该在签订合同时就在合同里面把价款条款确立好，如果业务员们做不到，那至少在法务进行合同审查时要能及时发现并修改，进行合同控税优化。

为什么要这么做呢？主要原因是，在企业的生产经营过程中，财务人员可能是最后才能知道交易行为的人，而签订合同或者制作合同的往往是企业的业务部门、法务部门。等业务部门谈好了，签署了合同，到了汇款、开票的时候，财务部门才能知道合同有什么内容，而这个时候价格约定已经无法改变。

【案例】

有些合同价款条款是这样的："产品不含增值税价格为 1000 元，开票加点 13%。"这种条款表达是不太准确的。建议改成："产品不含税价格是 1000 元，增值税的税率是 13%，价税合计为 1130 元。"

这样表达有两个方面的原因：第一，当双方对价格有争议时，要调整的是不含税价，还是总价，是很容易区分的。第二，当税率下降的时候，这种表达能充分保护企业的利益。在合同中约定"开票加点"，本身蕴含一定税务风险，这种表述相当于明确告诉税务部门，企业存在隐瞒收入的行为，不开票就不申报收入，开票才申报收入。

同时，税率会根据市场经济环境等进行调整，或者会根据社会大环境颁布税收优惠政策，比如近几年增值税的税率从 17% 降到 16%，再降到 13%。在 2020 年疫情期间，湖北省小规模纳税人，适用 3% 征收率的，免征增值税，湖北省以外的小规模纳税人，减按 1% 征收增值税。如果在合同中明确税率税款，无论税率是否调整，不含税价格保持不变，可以避免由于税率调整造成双方对价款结算发生争议。

审查合同的价款条款时还要注重一个问题，就是折扣的表述。在当下竞争比较激烈的市场环境下，企业为了开展业务，可能要给予客户一定的折扣，比方在合同中或者报价中，明确表述给予对方一定的折扣，那么折扣在合同中应该怎么表述呢？

第一种方法是按照打折以后的净价签订合同。比如说原价 1000 元，优惠价 900 元，那就按 900 元直接签合同。第二种方式是分别表述，表述为"总价是多少元，折扣优惠是多少，折后价是多少"，把这几个价格都分别列入合同中或者报价单中。这两种表达方式都是合法的，也符合税务处理的规定。需要注意的是，在开具发票的时候应当与合同保持一致，比如，如果在合同里用第一种方式去表述，那就应该按照折后净价开发票，如果在合同里用第二种方式表述，就应该按照第二种方式开具发票，做到合同流、货物流、资金流、发票流四流合一。

第五节　合同履行条款的法税同审

合同的履行条款是合同的主要内容，合同就是要解决"谁和谁""做什么""怎么做""没做好怎么办"这四个问题。"谁和谁"指的是合同主体，"做什么"指的是合同交易内容，"怎么做"指的是合同双方的权利义务，"没做好怎么办"指的是违约责任或合同履行救济措施。

一、概念

合同的履行条款包括履行期限、履行地点、履行方式。履行期限直接关系到合同义务完成的时间，涉及当事人的期限利益，也是确定合同是按时履行还是迟延履行的客观依据。履行地点，一是涉及风险的分担，二是涉及履行费用的负担。履行方式包括交付标的物的方式以及合同履行中应该遵循哪些要求，当合同的标的是行为时，包括完成行为的方式。

二、审查要点

（一）法律角度审查

1. 履行期限

履行期限在合同中表现为合同双方履行权利义务的时间。如果合同标的是物，能够明确约定交付标的物的时间，就直接约定具体的时间点。如果要求在特定的时间以前或者在特定期间内交付，就应当明确约定交付期间的起始点。如果在订立合同时，交付的时间尚不能确定，可约定由一方合同主体通知确定交付时间，但一般应明确提前通知的时间，以给对方必要的准备时间。

2. 履行地点

合同中应明确约定交付的地点，明确程度应遵循可确定、可执行的原则。双方当事人在合同中约定履行地点为甲方处（甲方的办公地点、营业地点可能有多处），或约定某市某区，这些都是不明确的。对于绝大多数合同，尤其是买卖合同而言，交付标的物地点就是合同履行地，而合同履行地在特定情况下，是确定合同纠纷管辖法院的依据之一，因此对于交付地点的约定不可掉以轻心，应当认真对待。

合同的履行地点还与风险承担和费用承担相关。合同履行过程会涉及标的物的毁损风险承担问题。当货物还在供货方处的时候，货物发生毁坏或者丢失等问题，自然是由供货方承担责任。但是如果货物在到达交付地点前发生毁坏或者丢失，责任由谁来承担呢？原则上是由供货方来承担的。再者就是费用承担的问题，很多合同里会约定"货物到达交货地点后的装卸费用由收货方承担"，此时这个交付地点的确定就显得尤为重要，必须约定得明确详细。

3. 履行方式

履行方式条款包含标的交付方式和相关权利、义务的约定。就标的交付方式而言，分为现实交付和观念交付。现实交付，指出卖人将标的物置于买受人的实际控制之下，即标的物直接占有的移转，这是实践中最常用的交付方式；观念交付，与现实交付不同，是一种无须进行实际的标的物交割的行为，比如以交付提取标的物的单证代替标的物现实交付。

以现实交付为例，现实交付分为送货上门、上门提货、代办托运三种方式，在审查合同时应根据标的类型，着重审查交付方式。每种交付方式的完成节点不一样，费用承担也不一样，送货上门以出卖人运送货物到买受人处为完成交付，上门提货以货物离开出卖人处为完成交付，代办托运以出卖人将货物交给承运人即算完成交付，应谨慎选择。

就合同的权利、义务而言，不仅合同履行会涉及权利、义务，合同的标的、数量、质量、价款等都涉及权利、义务，只是合同履行涉及的更多而已。在审查权利义务条款时，应当重点审查权利义务条款是否符合法律法规的规定、是否全面而系统、是否大致公平、是否明确且可操作、是否倾向于己方。

（二）税务角度审查

从税务角度审查履行条款主要是围绕物流条款来进行的。目前，一般企业在表述物流条款时都很简单随意，可能就写一个"运输方式：公路、铁路等，运费：人民币×××元，由×××来承担"。

这样表述，当税务机关对企业进行检查或者涉及虚开发票或异常发票案件核查的时候，企业很难去证明业务的真实性——合同实际履行中，由于货物的运输情况与实际业务之间无法对应，而企业又缺乏相关证明资料，从而存在涉嫌虚开发票的风险。

合同的物流条款，首先，应当写清楚具体怎么运输、哪里是起点、哪里是终点、具体发货地址是哪里、具体收货地址是哪里、运送到合同相对方还是第三方等等。现实中，经常会遇到，当税务机关来检查业务的真实性的时候，企业能够提供完整的合同、货物单据、增值税发票、付款记录，希望用这些证据证明业务真实、合法，但是税务机关会很谨慎，对于货物的运输单据也要检查，查看运输单据时就有可能发生企业业务和运输内容不一致的情况，或者有的企业干脆连运输单据也没有。这种情况下就有可能被认定为虚开发票。

因此，在合同的物流条款中，应当明确发货地址、对方的收货地址、物流运输方式等。企业发货的时候，可能是从本公司的本地仓库发的，也可能是从本公司的异地仓库发的，或者是从第三方的仓库发出，如果货物是委托别人加工的，则可能是从受托加工厂发出去的。建议把类似情况的关于物流的条款理顺，如果中间出现差错，也应保存好相关资料或者双方签订补充协议予以说明。

前面提到，现在很多企业都采用委托加工方式生产货物，委托加工以后，货物一般情况下是不会运回企业的仓库的，而是直接委托代加工企业把货物发给收货方。同样，购买方购买了货物之后，也是把它直接放在第三方的仓库里，比如仓储公司。结果是受托加工企业发货，第三方仓储管理公司收货，从表面来看，这个业务仿佛跟原合同双方一点关系也没有，如果合同双方没有充分的资料能够将整个交易流程解释清楚，税务机关一旦质疑货物流的真实性，企业会面临比较被动的局面。

如果在审查合同的时候疏忽，没有对运输条款进行修改，而运输与双方都没有关系，那就要注重合同履行过程中的证据保存，比如一定要留存发货单据、购买方的收货单要有收货人的签字，这样才能规避虚开发票的风险。

合同履行条款中还有一个大的方面就是结算方式。目前在税务上有几种结算方式：即时结清的方式、信用赊销的方式、分期付款的方式、预收货款的方式，除了这几种基本方式以外，还有混合方式，也比较常见。

即时结清就是一手交钱一手交货，这个很好理解，也很好区分。信用赊销就是先拿货后付钱，在实践中经常看到很多企业签合同是这么签的："甲方应在收货以后三十日内支付货款"，很多企业认为这就是赊销，其实不然，收货后三十天以内甲方都有义务支付货款，最迟不超过三十天，这是一种付款的宽限期，也就是说我们一发货对方就有付款义务了，所以这不是赊销。赊销是这三十天之内不需要付款，过了三十天才需要付款，两种情况完全不一样。

预收货款和分期付款很容易搞混，这里简单区分一下。企业预收一部分款项，剩余的款项再按照一定的时间段分几次收回，这种形式在税务上是按预收货款方式来处理的，很多企业都错误地把它理解成分期付款，导致税务处理不正确。分期付款没有预收这个行为，而是直接在合同约定的时间节点收取款项，预收款是需要预先收取一部分费用。分期付款过程中会发生这样的情形，企业销售大型设备时，合同里面明确约定："调试合格收款以后再开发票。"这实际上是一种不正确的税务处理方法。分期收款，要按每一次收多少钱开多少发票来处理，而不能在设备验收合格的情况下或者收到所有的合同款后才开具发票，这是不符合税务政策的规定的。所以，在审查合同时，这一处，企业应当着重审查，应该按照税务政策的要求把结算方式表达准确。

【案例】

　　某企业的设备需要安装调试，双方约定：签约支付30%，初验支付10%，验收支付50%，质保金10%，一年后支付。如果是赊销方式，应该怎么写呢？建议写为："双方协商同意采用赊销方式结算货款。供货方给予买方的赊销信用期限为30天，自买方签收货物之日起计算。"

　　这就将赊销的方式表达得很清楚，第一是采用赊销方式，第二是赊销期限是多少天，第三是从什么时间开始计算。也就是说，收了货三十天以内是不用给钱的，三十天以后再给钱。相应，出卖方在这三十天内也不用确认收入，等到三十天期满以后再确认收入，并开具发票。

　　如果是分期收款方式，应该怎么写呢？可以这样写："双方协商同意采用分期收款方式结算。买方分三次付讫货款，第一次为收货之日起15日内支付30%，第二次为收货之日起45天后5日内支付40%，第三次为收货之日起75天后5日内付讫余款。"

　　分期收款的表达方式有三个要点：第一，明确采用分期收款方式；第二，讲清楚分几期；第三，讲清楚每一期是在什么时间付多少钱。这样写就很清晰明了，发票也可以分三次开具。

从税务角度审查合同履行条款，秉承的原则是表述详尽、区分细致，从税法中找依据。

第六节　违约责任条款的法税同审

违约责任条款是合同的相对必要条款之一。对于其他条款而言，其法律性质要大于商务性质，是企业在审查合同时的重点审查对象。

合同双方在订立合同之初，其关注点往往是"做什么"和"怎么做"，同时由于业务人员的目的在于促成交易，导致其无法对"没做好怎么办"的问题给予足够的关注。

做好违约责任条款的审查，应当深入理解和掌握违约责任的功能、法律依据、形态以及适用条件，并结合业务特性来进行审查。

一、概念

违约责任又称为违反合同的民事责任，是指合同当事人因违反合同义务所承担的责任。违约责任是合同责任的重要内容，也是守约方的重要救济手段之一。由于违约责任可以由当事人约定，所以，当事人在法律规定的范围内，对违约责任做出事先的约定和安排，对合同双方都有重要意义。

（一）违约责任条款的功能

违约责任就是基于合同双方的约定，因违反合同义务所承担的一种民事责任。合同中约定的违约责任主要有两种功能：

1. 纠偏功能

合同重视面向未来制定规则，是为即将发生的交易铺垫道路和规则。合同在履行过程中难免会出现偏差，实际上就是合同双方未能按照合同既有约定履行义务。如果这种偏差不能得到及时纠正，就可能导致合同履行出现障碍、双方产生争议，进而可能影响合同目的的实现。违约责任条款实际上就是针对合同双方未来不能履行合同或履行合同不符合约定的行为而制定的。违约条款的纠偏功能是基于违约责任的震慑力量，当合同一方出现违约念头或违约行为时，基于对违约责任这一不利后果的畏惧，可能会放弃违约的想法，或是及时纠正其违约行为，回到合同预定的轨道上来，进而保障合同能够正常继续履行，实现双方的合同目的。

2. 救济功能

合同在履行过程中难免会出现偏差，有的违约行为之所以发生并不是因为合同双方的主观原因，而是因为客观原因，如材料价格上涨、标的物灭失、第三方侵权等。有时候违约行为的出现是由于合同履行方的故意，比如为追求利益最大化而主动违约。尽管我们无论从道德层面还是法律层面，均在倡导和坚持诚实信用原则，但实践中违约情况仍屡见不鲜。当违约已经发生，并且阻碍了合同继续履行时，守约方显然会因此遭受一定的损害，其理应享有相应的救济权利。追究违约方的违约责任，就是重要的救济途径，即通过要求违约方承担违约责任，来减少违约行为造成的损害或者是让受损的利益得到适当的赔偿。

（二）法律依据

《中华人民共和国民法典》合同编第八章"违约责任"的第五百七十七条至第五百九十三条都是关于违约责任的法律规定，对违约行为、违约责任的形式及承担方式进行了原则性的规定。这些规定，都是企业在约定违约责任条款时的基本法律依据和参考。

（三）违约责任的形态及适用条件

《民法典》第五百七十七条规定："当事人一方不履行合同义务或者履行合同义务不符合约定的，应当承担继续履行、采取补救措施或者赔偿损失等违约责任。"根据这一规定，违约行为包括不履行合同义务和履行合同不符合约定两种。不履行合同义务包含两方面的意思，一种是合同相对方愿意履行合同，但是完全没有能力继续履行合同约定的交易行为，一种是完全拒绝履行合同义务，说得直白一点就是"撂挑子"；履行合同不符合约定，分为只履行了一部分合同、履行合同的时间点与合同约定不一致、合同虽然履行完毕但是与合同约定不完全一致。针对这些违约行为，《民法典》规定了不同的责任：

1. 继续履行

不论合同约定的义务是给钱还是交物，抑或必须做出或不得做出一定的行为，在出现违约情形时，守约方均可以要求违约方继续履行，因为签订合同的目的不在于追究谁的违约责任。因此，在具备履行条件的情况下，法律首先考虑的是促成双方的交易继续，实现交易目的。虽然合同继续履行，但不影响守约方追究违约方赔偿因为违约方的违约行为给其造成的损失。

2. 采取补救措施

采取补救措施作为一种违约责任形式，主要是用于合同不适当履行的情形，通过采取补救措施使得合同继续履行、合同履行缺陷得以弥补或消除。采取补救措施主要针对的是质量不符合约定的情形，此处的"质量"应作宽泛解释，泛指合同标的的品质或者标准，而并不是狭义理解为产品的质量。在合同标的为货物的情形下，质量是指货物的质量；在合同标的为服务的场合，质量应当解释为服务的品质或者水平。

适用采取补救措施这一违约责任时，应注意：若合同对质量不合格的违约责任没有约定或约定不明，且依据法律规定仍不能确定违约责任，则要以标的物的性质和损失大小为依据确定相应的补救方式。守约方对具体补救措施享有选择权，但应当合理。比如在货物买卖合同中，若80%的货物质量符合约定，20%的货物质量不符合约定，守约方若要更换20%的货物就具有合理性，若要求更换全部货物或退货，在合同没有约定的情况下，其合理性就会受到质疑，守约方需要对该主张的合理性进一步举证证明。当然，采取补救措施并不影响守约方要求赔偿的权利。

3. 赔偿损失

赔偿损失是违约责任的重要形态之一，但实践中较为困难的是，如何举证证明损失的存在和损失的大小。损失分为直接损失和间接损失，直接损失相对好衡量，比如利息损失、货款损失、运费损失都是较为直观的损失，举证较为容易；间接损失，也称可得利益损失，举证就较难，既要区分可得利益的种类，还要承担必要的举证责任。

对于损失赔偿这一违约责任形态还需要注意两个问题，一个是损失的计算方式是可以预先约定的，即合同当事人可以在合同中预先约定损失的计算方法，以便降低举证难度；二是损失额度要受到可预见规则、减损规则等法律规则的制约，不能随意约定。

4. 支付违约金

在适用支付违约金的救济手段时，应注意违约金的数额应当明确，违约金数额不宜过高或过低。因此，在合同中要么约定明确的违约金数额，要么约定违约金的计算方法。

5. 定金责任

定金合同是合同双方在订立主合同时，为了保证主合同的履行，签订从合同，约定一方当事人预先支付给对方一定数额的货币，债务人履行债务后，定金应当收回或者抵作价款的一种担保合同。定金责任也是违约责任的形态之一。说到定金责任，企业一定不陌生，有很多的企业都在这个规则上吃过亏。要么是"定金"和"订金"约定错误，要么是约定了定金但是没有实际支付定金，要么是约定了定金但没有签订定金合同，这些情况都会导致"定金罚则"无法适用。因此，定金合同必须以书面形式签订，同时在合同中明确约定定金性质、交付期限、交付方式等，另外，定金数额不得超过主合同标的额的20%。

二、审查要点

(一) 法律角度审查

在审查违约责任条款时，应当谨记违约责任条款的功能，熟悉各种违约责任形态及其适用条件，针对具体合同的特点及合同当事人的核心利益从以下几点来进行审查和修改：

1. 违约责任应当与合同义务相对应

这包含两层含义，一是合同义务与违约责任对应，二是违约行为与违约责任形态对应。简单地说，就是合同中必然包含合同双方的义务，有义务就应当有责任，如果没有责任的制约，义务便缺少了威慑力。缺少威慑力，合同义务方就少了履行义务的动力。换个角度说，就是增加了义务方违约的可能性。从合同当事人的目的出发，合同约定违约责任的目的绝非追究对方的违约责任，而是希望对方能够全面履行合同义务。因此，针对合同义务约定相应的违约责任就尤为必要，一是能够督促义务方按照既定规则履行义务，二是让守约方在违约方出现违约时能够及时地行使权利，保障己方的合同利益。

在审查违约责任条款时，首先要审查对方的合同义务的内容、履行时间、履行程序及履行方式，然后针对具体的合同义务审查是否设置了相应的违约责任条款，如果没有约定，应当补增。笔者在审查合同过程中经常看到这样的违约责任条款："一方履行合同不符合约定的，需赔偿对方合同金额30%的违约金。"这样的条款看似约定了明确的违约责任，实则隐患重重。比如，在买卖合同中卖方一物二卖、迟延交货、未交付货物附随单据、未及时提供售后服务，都属于违约，倘若不加以区分，一概以合同金额的30%追究违约责任，显然缺乏合理性，在实践中也容易受到对方和司法机构的否定。

违约行为与违约责任形态的对应，包括违约行为的性质与违约责任形态的对应，违约程度与违约责任大小的对应。违约责任条款是可以依据当时的谈判地位进行适当倾斜的，但应当保持大致的平衡，不能过偏。从违约行为的性质来看，拒不履行合同义务对应的违约责任可以包括继续履行、赔偿损失、支付违约金等，但不适合采取补救措施。比如，在义务方拒不交货的情况下，如果约定的违约责任是更换或修理，则会显得逻辑不通，也无法操作。从违约程度来看，违约责任的大小应与违约程度保持一定的比例关系，不能失衡。

2. 责任应当明确、具体

违约责任的约定不适宜过于笼统，如果约定的违约责任形式是继续履行，应当明确继续履行的方式；如果是采取补救措施，则应明确采取何种补救措施，采取补救措施的时间、方式以及效果；如果是赔偿损失，应当进一步约定损失的范围以及损失的计算方式；如果是支付违约金，应明确违约金的数额或计算方式，并进一步约定若违约金不足以弥补守约方损失的，违约方应当继续予以赔偿。总之，违约责任条款在设置上要以委托人的利益为核心，主次结合，宽严相济。

任何条款的设置，都是为了产生法律效力。如果不能产生法律效力，不论该条款设置得如何精致，表述如何完美，均没有价值。就违约责任条款而言，主要得关注违约责任的合并、适用违约金的调整以及定金责任的特殊规定。违约责任的合并适用中，不同的违约责任形态对违约方的制约力度不尽相同，应当根据合同的性质和目的，就具体的违约行为约定不同的违约责任。同时，还应注意各种违约责任形态的合并适用问题，比如定金和违约金不能并用，但在违约金或定金不足以弥补损失的情况下，可以与赔偿损失并用。

违约金不能过高也不能过低，否则合同当事人可以请求调整。在审查合同时，应当对违约金的数额进行必要的考量，若损失难以计算或者发现违约金过高，则应当进行修改。

如果约定了定金条款的话，应该确定是"定金"二字，不要因为笔误或者其他问题而引发风险。二是定金必须实际交付，否则定金合同不能成立，不能达到约定的法律效果，这属于法律的特殊规定，在审查合同时应当严格把握。

违约金条款的示范

示例一：

乙方未能在合同约定的期限内向甲方交付全部货物的，甲方有权要求乙方限期交货，同时有权要求乙方承担逾期交货的违约责任。

示例二：

若卖方向买方交付的货物质量不符合本合同约定的质量标准的，买方有权选择下列第_____种方式追究卖方的违约责任：

（1）拒绝接受，全部退货；

（2）要求卖方在_____日内更换符合要求的货物；

（3）接受货物，但对于不符合约定的货物，按照约定价格的_____%进行折价。

买方的上述选择不影响买方基于本合同的其他约定追究卖方违约责任的权利。

示例三：

若乙方未能按照本合同约定的标准提供服务的，甲方有权要求乙方限期改正，甲方也可以向第三方另行采购类似服务予以代替乙方，因此支付的采购费用由乙方承担。甲方因此遭受其他损失的，乙方应予赔偿。

（二）税务角度审查

违约责任条款涉及的法律问题主要和增值税发票相关，这里主要围绕这个问题做阐述，企业在审查时也应该首先考虑到这个问题。

合同双方经常在合同中约定："任何一方违反本合同给守约方造成损失的，应当赔偿守约方的经济损失，并支付合同金额30%的违约金。"那么，违约方支付的违约金、赔偿金，要不要开发票呢？这是财务人员经常讨论的问题。"你不开发票我就不给钱"，面对这种僵局应该怎么办？

从税法角度看，销售方收取的违约金、赔偿金实际上属于价外费用，是应该按照法律规定开具增值税发票的，要按货物对应的税率交增值税。而如果是购买方收取了违约金、赔偿金，因为购买方不是取得销售收入的一方，所以他们只需要开具收据就可以了，这是一个基本的判断方法。

那么销售方收取违约金和赔偿金开发票，是开全额发票还是差额发票呢？这又是一个新的问题，如果是打折就按差额开票，如果是收全额货款，另外再收取违约金、赔偿金，那就应该是单独处理违约金、赔偿金。

第七节　增值税发票条款的法税同审

在我国，税收是国家财政收入的主要来源。随着金税三期完善、增值税发票管理系统升级、税务征管和检查力度不断加强，发票相关风险日益成为每个企业都必须面对的重要问题之一。发票税务风险不仅直接影响企业的经营业绩，而且会造成一定的声誉损害，严重的企业甚至要承担刑事责任。

对于增值税发票来说，风险主要来自税务方面，所以本节的阐述也是主要围绕税务来进行的。

一、增值税发票条款存在的法律和税务风险

增值税发票，每一位企业管理者都非常熟悉，在这里不做过多的解释和定义。合同中发票条款的法律风险主要表现在两方面，一是发票的开具和付款的顺序，二是要开具增值税普通发票还是增值税专用发票。

发票一旦开具，就意味着要确认收入并缴纳税款。如果企业已经把发票开好并交给了

合同相对方，而合同相对方又没有按约付款，那企业就会面临两种损失，一是货款的损失，二是税款的损失。所以，在合同审查时一定要谨慎，如果你是付款方，当然要先票后款，以规避付款之后无法取得发票的问题，因为无法取得发票就无法进行增值税进项税额的抵扣或者无法进行企业所得税的税前扣除；反之，如果你是开票方，肯定是先款后票。

关于发票类型，就要结合企业的纳税人类型来审查确认，如果企业是一般纳税人，能够进行增值税进项税额的抵扣，就可以要求对方开具增值税专用发票，反之，开具增值税普通发票就可以。

相比法律风险，发票条款存在的税务风险更多：一是企业取得或者开具的发票不符合税法的规定，应纳税而未纳税、少纳税，从而面临补税、罚款、加收滞纳金、刑事处罚以及声誉损失的风险；二是企业取得或开具的发票不符合税法的规定，多缴了税款。比如企业取得一份不符合规定的增值税专用发票，增值税不能抵扣进项税额，企业所得税不能扣除成本，若企业进行了增值税抵扣进项税额和企业所得税税前扣除的处理，那么一旦被税务稽查或协查，将面临补税、罚款、加收滞纳金等风险；若企业没有进行增值税进项税额的抵扣和企业所得税税前扣除的处理，虽然没有补税、罚款、加收滞纳金等风险，但也因为该份不符合规定的增值税专用发票而要多缴税款。

发票税务风险是多种多样的，有的明显，有的隐蔽，有的轻微，有的严重，有的经常出现，有的偶尔发生，形形色色的发票风险，对企业的影响各不相同，其产生的原因众多。那么，如何在合同审查的过程中有效地防范呢？

开具发票属于合同附随义务，当事人基于合同约定或者合同之附随义务要求收款方开具发票，属于人民法院民商事案件受案范围。因此，付款方有权要求收款方开具发票这一收款凭证。

司法实践中对于发票属性的认识不同会导致司法裁判结果不同。在民事合同中，经常会出现未约定开票事项的情况。这种情形下，如果应开具发票一方未开具发票，另一方诉至法院可能会面临被法院驳回的窘状。

在合同中应当明确约定提供发票的义务、提供发票的时间，根据企业纳税主体的形式明确要开具的是普通发票还是专票，税率是多少，还有发票不符合约定的赔偿责任。企业一旦取得异常凭证就必须做进项转出，补缴税款，即便交易是真实的，企业也需要补缴税款后再行申辩，这个过程中损失也是非常大的。所以，我们应当在合同中设计发票条款，对类似取得异常凭证等情况给企业造成的损失的赔偿责任予以明确。比如可以表述为："一方提供的发票无法抵扣或出现异常，提供方应承担因此造成的损失，包括但不限于进项转出的税款、滞纳金、罚款等损失。"

作为卖方，审查折扣等促销方式的税负时，还会面临不同的税务风险。如果以折扣方式销售货物，原售价金额和折扣额是在同一张发票上分别注明的，可以按折扣后的金额作为计算增值税税额的金额。如果给折后金额另开发票，就不能按折后金额计算增值税。

发票条款示范

示范一：

1.甲方支付每一笔款项前，乙方应向甲方开具符合法律规定的可以抵扣税款的增值税专用发票，税率应为＿＿＿＿。若乙方为小规模纳税人的，乙方应向甲方提供符合法律规定的可以抵扣税款的增值税专用发票，征收率应为3%。如乙方逾期提交符合上述条件的发票，甲方有权顺延付款时间。

2.甲方增值税专用发票开票信息：

公司名称：

纳税人识别号：

开户行：

账　号：

3.甲方有权向乙方发出开票信息变更通知书，该通知书送达乙方时生效，乙方应按该通知书中载明的信息开具发票，乙方对此不持异议。

4.因乙方开具的发票票面信息不真实、不规范、不合法、不符合约定等导致发票不能抵扣税款或涉嫌虚开发票引起税务问题的，甲方有权暂停支付全部应付款项并无需承担任何违约责任，乙方需依法向甲方重新开具发票，并向甲方承担赔偿责任，包括但不限于税款、滞纳金、罚款及相关损失等。且乙方应承担不合格发票票面金额10%的违约金。并由乙方承担因发票不符合法律、行政法规或国务院税务主管部门有关规定所引起的税务处理、处罚及司法刑事责任。

5.乙方应按照甲方要求，及时向甲方开具可以抵扣税款的增值税专用发票。因乙方开具发票不及时给甲方造成无法及时认证、抵扣发票等情形的，甲方有权暂停支付全部应付款并无需承担任何违约责任，乙方需向甲方承担赔偿责任，包括但不限于税款、滞纳金、罚款及相关损失等，且乙方应承担100元/天的迟延开具发票违约金。

6.乙方应向甲方提供其产品发出的出库凭证、物流信息及票据，连同增值税专用发票一起交付甲方。如果本合同项下产品系由第三方发出，则乙方需要提供与第三方签订的采购合同等证明以及委托第三方发货的手续、第三方出库凭证、物流信息及票据。否则，甲方有权暂停支付全部应付款项，并无需承担任何违约责任，且乙方需向甲方承担赔偿责任，包括但不限于税款、滞纳金、罚款及相关损失等。

7.本合同内容经双方同意变更的，或发生退货退款等情形，其内容涉及采购产品品种、价款等增值税专用发票记载项目发生变化的，则应作废、重开、补开、红字开具增值税专用发票，乙方应根据甲方要求履行协助义务。若乙方怠于履行协助义务而导致甲方损失，包括但不限于遭受税务、工商等行政部门处罚的，该等损失应全部由乙方承担，且甲方有权暂缓支付任何后续应付款项，而无需承担违约责任。

示范二：

乙方应按下述条款的规定向甲方开具增值税专用发票：

1.无论乙方是一般纳税人还是小规模纳税人，都必须向甲方开具增值税专用发票，具体开票信息由甲乙双方另行书面确认。

2.乙方同时向甲方公司及其分支机构提供产品及服务的，双方应在合同中约定甲方的分支机构和对应的价款，乙方应分别为清单中的费用承担方开具相应金额的增值税专用发票。

3.乙方应在每次增值税专用发票开具后的30个自然日内向甲方提交相应增值税专用发票，否则甲方有权拒收发票；多次分批的增值税专用发票的开具提交以及双方收付款中，乙方每次开具并提交甲方的增值税专用发票的价税合计金额不得低于甲方已经支付的价税合计款项。

4.乙方必须严格遵照相关税务法律法规和政策开具合法的增值税专用发票，因乙方开具的增值税专用发票不符合税法与税务机关相关规定而给甲方造成经济损失的，乙方负责赔偿。

5.乙方开具的增值税专用发票在送达甲方前如发生丢失、灭失或者被盗等情况导致相应票据未顺利送达甲方的，乙方应负责按相关税务法律法规的规定向甲方提供相应资料，以保证甲方顺利获得抵扣，否则甲方有权拒绝支付货款。

6.为保证取得的发票可以及时并成功获得抵扣，乙方开具的增值税专用发票送达并经甲方签收后，若发生丢失，乙方应积极协助甲方按照相关税务法律法规和政策的规定提供相应资料。

7.本合同项下的业务发生销售折让、销售退回或其他按照国家规定需要开具红字发票或重新开票的情况，乙方有义务按照国家相关税务法律法规和政策向甲方开具红字发票或重新开票，甲方有义务按照国家相关税务法律法规和政策退回乙方已开具的发票或向税务局递交需乙方开具红字发票的有效证明。

若任何一方违反了上述条款中任意一条，应按照合同正文中违约责任条款部分的相关规定执行。

第三章　合同履行的风险与防范

第一节　合同履行的风险概述

一、合同履行的法律风险

合同是双方维护权利、恪守义务的依据，虽然在合同签订时会留下风险隐患，但多数合同法律风险都是在合同履行过程中发生的，或者在合同履行的过程中由隐性的风险演变成显性的风险。起草、审查、签订一份好的合同是防范法律风险的开端，而合同履行作为合同目的实现的必经阶段，更是重要的环节。

合同履行中的法律风险，是指在合同履行过程中，各个环节所存在的对合同履行方不利的可能性。例如，我方履行完合同义务，没有保留证据；对方违约，我方没有固定证据；合同履行经办人缺乏基本法律常识；对方出现经营异常情况我方未及时发现等。一旦合同履行发生争议，在诉讼中决定案件胜败的是"法律事实"，也就是我们通常所说的证据和法律依据，而非争议双方的"口述事实"。

因此，为保证合同的顺利履行，使现实效果与预期效果一致，应当清楚合同履行中的各种风险，注意证据的保留和节点的控制，积极防范合同履行中的法律风险。

二、合同履行的税务风险

企业在开展经济活动、履行合同时应承担相应的纳税义务，因此合同中应包含相应的税务条款。合同中的税务风险，多是由于签署合同前，没有进行全面考虑而埋下了隐患。企业在签订合同时往往只关注双方的权利、义务及法律风险，却很少关注涉税条款，不知道合同可能存在税务风险，经常会出现早交税、多交税的情形。同时，如果经济合同中没有针对性的约定，一旦被税务机关认定存在错误，纳税人的合法权益将得不到保护。

因此，"签对合同交对税"，通过恰当的合同签订方式，控制合同履行中的税务节点，可以有效减轻自己的税负，化解合同签订、履行过程中的涉税风险。

第二节　合同履行中的法律风险防范

一、合同签订前的法律风险防范

如前所述，我们懂了如何起草、审查合同，那是不是就意味着能签好一份合同呢？在实践中，无论是企业的法务还是外聘的律师，在真正签订合同时，往往并不在现场，这时就需要企业自己把控法律风险，做好合同签订前的准备工作。

（一）准备并审核合同清洁文本

什么是清洁文本，顾名思义，就是一份干干净净的合同文本。原则上，清洁文本应当是完全打印的，不能有手写，不能有空格（横线），留出空格再手写，那就不是清洁文本了。我们通常可以在合同中看到这样的条款："本合同正文为清洁打印文本，如双方对此合同有任何修改及补充均应另行签订补充协议。合同正文中任何非打印的文字或者图形，除非经双方确认同意，不产生约束力。"

这样，在签署过程中，应当注意：当合同中有这种清洁文本条款时，合同中的所有条款均应事先打印完成，不得在合同签字时出现合同正文里有手写文字或者空白未填写的情况。当然，签署人签字、时间签署与盖章除外。

所以，对于需要签订合同的当事人来说，首先要拿到律师、法务或对方为其提供的合同清洁文本。

（二）详细阅读合同

即使这份合同清洁文本已经经过律师和法务的起草、审核，在签合同之前，经办人员仍需要从头到尾阅读。

1. 了解合同内容

我们要知道所要签订的合同的内容，熟悉本方、对方或他方的权利义务，知道合同什么时候成立、什么时候生效，合同成立和生效的要求有哪些，知道本方在未来合同履行过程中需要做什么、达到什么标准、实现什么目的、保留哪些证据，这些都和业务人员及其他业务协作人员关系很大。另外，要知道做什么、怎么做、做到什么程度、做完了会取得什么结果。以上这些内容在签合同之前必须清楚，否则在履行合同的过程中会发生很多问题。

2. 再次检查确认

最后检查一遍合同有没有错别字、漏行、串行、语句文法等错误。起草合同或者审查合同的人，不是神仙，也不是电脑，是有可能出错的。所以，签订之前，最后一关就由负责签字盖章的人把关，要认真地检查核对。特别是涉及付款的关键金额数字，原则上金额数字等应当机打印刷，而且是汉字大写与阿拉伯数字结合，如果有冲突的话，原则上以汉字大写为准。还要在金额前面写上币种，如人民币或美元。如果是手写的话，数字写完后向右斜着画一道短线，避免被人前后增加数字篡改合同金额；如机打金额错误，应当将原有记载涂画后按照原汉字或数字格式更改，且各方均应在此处盖章、捺印，或销毁错误记载的合同重新打印签署。另外，对于付款信息，务必确保账户名称、开户行、账号完整、准确，否则会出现付款错误，或因为合同预留账户错误而变更账户，对方否认交易等风险。

（三）签约时的合同主体确认

这部分工作是很多合同经办人员常常忽略的，因为很多人的习惯性认识是：前期的业务沟通、合同谈判我都参加了，难道不清楚签约的对方主体是谁吗？很多时候我们忽略了合同签署的一个重要环节，那就是合同主体的核实，即张三是否就是张三。有时候，我们认识的张三实际上是李四，或者我们一直认识的张三就是张三，但他提供了一个也叫张三但身份证号码属于另一主体的身份。

【案例】

某申请人是一家上市公司，被申请人是一个煤电集团的子公司。仲裁的时候，发现合同履行主体有问题：申请人当时跟煤电集团的子公司——A公司签订了工矿产品买卖合同，货物也发给了A公司。因为煤矿行业连续多年不景气，A公司一直没有支付货款，随后申请人就对A公司提请了仲裁。审理的时候发现，买卖合同上的公章不是A公司的公章，而是B公司的章，而B公司是煤电集团的另外一家子公司，两家公司的名称就差两个字。此时B公司就提出异议，我们是盖章了，但是没有收到货物，当然也不需要付款。这样一个错误，导致申请人十分被动。

所以，我们在签合同时就要关注这些问题：

（1）对方是企业的有必要核实企业营业执照原件，在签约前及时核实企业工商登记状态，有无经营异常，是否被吊销营业执照，是否已经注销，有无被行政处罚、涉诉执行等，以及股权质押、正在进行的破产保护、重整、清算状态等信息，判断合同相对方的资质，

以及排除可能影响其正常履约的负面信息。

（2）对于企业的法定代表人，我们也要进行涉诉、被执行信息的查询。

（四）核实签字人员的身份

如何核实身份呢？最基本的方法就是查看身份证。签字人是法定代表人的，除了查看并留存对方企业营业执照等外，还要尽量核实法定代表人身份证；签字人不是法定代表人的，需要核查企业出具的法人授权委托，即签字人是否为有权签字人，形式可以是法人授权委托书，也可以是在股东会或董事会决议中明确具有签字权的决定，或是企业对外明确公开的授权性公告；签约对方为自然人的，参照企业法定代表人的涉诉、被执行、失信、限制高消费等身份信息核查的要求进行签约前复核。

二、合同签订时的法律风险防范

合同的签订，既是公司商业谈判的最终阶段，又是合同履行的最初阶段。它作为企业对外交易的第一步，其好坏直接关系到企业将来的权利能否顺利实现，是关系到企业能否正常运营和进一步发展的头等大事。也正是因为其重要地位，在实践中，由于竞争关系的存在，交易对手往往在这一环节设置诸多障碍，致使由于签订合同的细小疏忽带来巨大风险和损失的案例时有发生。那么究竟应该从哪些方面予以关注呢？

（一）签字、盖章的注意事项

《民法典》第四百九十条　当事人采用合同书形式订立合同的，自当事人均签名、盖章或者按指印时合同成立。

由此可见，在合同条款商讨完毕、商业谈判结束、合同正式文本形成后，签字、盖章是对于整个过程的最终确认。签字、盖章可谓是合同签订过程中的重中之重，必须得到重视。而实践中，并不是所有的合同都可以当面签订，还有很多时候是通过邮件签订、电子签订等方式进行的。因此，我们在此分别阐述这几种不同形式下签字、盖章应该注意的问题。

1. 当面签订的合同

（1）签订合同只能加盖公司公章或者合同专用章，不能使用财务章、发票专用章，以及企业自行刻制的方形章、椭圆章、三角章等。

在我国，一个企业法人领取了营业执照以后，一般情况下就可以刻制三枚印章并在市场监督管理局备案：公章、合同专用章和财务专用章。这些印章确实都具有法律效力，但它们发挥作用的途径是不同的：公章是所有印章中最重要的，它具有最高的效力，代表着企业的法人权利，这也体现在司法上，审查一份合同、文书等是否盖有法人公章是判断民事活动是否成立和生效的重要标准；财务专用章，是用来办理单位会计核算和银行结算业务等的；发票专用章，开具发票时使用；合同专用章，对外签订合同时使用，可以在签约的范围内代表企业。合同专用章和公章的效力，实际上在使用过程中和司法实践中是一样的，对于合同而言具有同等的法律效力。

企业自行刻制的其他业务章，比如投标专用章，还有企业的各级职能部门、基层单位的印章等，主要在企业内部使用，一般来说，不能在企业的外部使用，不对外发生效力。这些内部章的加盖仅仅是对某项事实的确认，可以作为证明某一事实的证据，以方便企业内部的管理或者追责。

盖章时要注意一些细节：加盖的公章一定要清楚。如果对方加盖的印章模糊不清，就要有所警惕，可以要求对方再次加盖。在公章确定无伪造的情形下，公章可以独立发生效力，仅有企业公章而无法定代表人签字的情况下，合同一样有效。

（2）为避免少数不诚信的人在合同签署过程中擅自更换合同的内容，企业在合同上一定要加盖骑缝章。

当合同有两页以上的时候，就要加盖骑缝章，防止对方从合同中间更换合同内容，从而给合同的履行造成障碍。我们曾经遇到一起买卖合同纠纷，双方都是大型企业，合同大概五六页。因为双方不在一个地方，卖方签好合同盖章后就把合同邮寄给了对方，对方盖好章后又邮寄回来。后来卖方把货物发给对方后，对方一直不付货款，称付款时间未到。卖方拿出合同准备和对方对质，却发现对方在合同中的付款时间后添了几个字，把这一页重新打印后，加盖骑缝章寄回来的。卖方哑巴吃黄连，有苦说不出。之所以造成这样的结果就是因为当初卖方没有在合同上加盖骑缝章，让对方趁机把内容改了。

所以，加盖骑缝章，看似小事，实际非常重要，大家不要迷信交易对方所谓的信用良好，应该先讲规则再谈感情。

（3）若合同没有加盖公章，只有签字，则签字主体必须是对方公司的法定代表人，或者由对方具有合法授权委托书的代理人签名。

原则上签订合同应当加盖公章，只有签名风险很大。但是在商业实践中，出于促进交易的考虑，某些合同中也存在只签名的情形。在此情形下对于签字主体资格的确认是重中之重，而签字权只能由两类主体行使。

第一类：法定代表人。法定代表人是签字主体中最主要也是最优先的一类，实践中能够由法定代表人签名则无需考虑其他主体，企业也需要尽可能地促使由法定代表人签字。法定代表人是依照法律或者法人组织章程规定，代表法人行使职权的负责人。他是法定的、唯一的，其以法人名义对外实施行为的法律后果由企业来承担。

第二类：具有合法授权委托书的代理人。若交易对方的法定代表人因故无法亲自签名，代替其签名的代理人必须出具加盖公章的授权委托书，且委托书明确表明其有签订合同的权限，并且应把授权委托书、个人的身份证明连带合同放在一起保管，以保证签订合同的有效性。同时，在履行合同的过程中涉及对方人员签字的地方（如验收单上）都要注意签字方的身份，要审查其是否具有合法的授权委托书，且要注意审查授权的内容、事项以及授权的期限。否则，签字可能会变为个人的行为，使得企业的合同利益难以得到保障。

另外，合同一方当事人是自然人的，应尽量写明身份证号码，以避免发生对自然人身份的争议；合同一方当事人是法人的，要写清企业的名称和法定代表人姓名，不能只在合同当事人栏中填写法定代表人的名字，避免以后发生理解上的分歧，不能明确这份合同是跟企业签订的，还是跟法定代表人个人签订的。

2. 异地邮寄签订的合同

对于重要的合同、需要长期履行的合同，一定要采用书面形式签订，并且采用当面签订的形式。但是，由于交易市场的广阔和交易主体的庞杂，在实践中，很多时候需要通过异地邮寄的方式进行合同的签订。那么，这种情况下，该如何降低签订过程中的风险呢？

（1）异地邮寄签订合同时，一定要要求对方先加盖公章及骑缝章，然后再将加盖了对方公章的合同文本邮寄回来，之后己方再加盖公章。如果己方先盖章邮寄过去，对方很有可能在这之后添加不利于己方的合同条款，盖章后再邮寄回来，作为最终生效的合同文本。

（2）出于促进交易的需要，为了完成最终的交易，也存在企业不得不先退一步，必须自己先加盖公章的时候。对于这种情况，也有一定的应对措施：先与对方沟通，通过简便易行的方式，如电子邮件、微信等将双方约定的内容固定下来，形成合同正式文本，公证后将已经加盖公章的合同文本邮寄出去。这样，公证处可以替企业做好证据留存工作，为日后可能产生的纠纷预留有利于己方的证据。

（3）异地邮寄签订合同的过程中，最重要的一点是，一定要在合同中注明"手写添加内容无效"。同时，合同的页面上也要尽量避免留下空白，尽可能减少让对方添加内容的可能性。另外切记，一定要在合同上加盖骑缝章。

3. 电子签订的合同

目前，随着互联网技术的飞速发展，社会变革过程中最显著的一大特征就是电子化。电子化带给人们方便快捷的同时，也会引发一些新的问题。在电子化背景下，合同形式与以往最大的区别就是纸质合同变成了电子合同。与纸质合同相比，电子合同具有容易丢失、篡改或者伪造等特点，具有极大的风险。

必须通过网络签订电子合同时，企业要注意截图留存电子证据，为日后可能产生的纠纷提供证明材料。若涉及重大合同，建议请公证处协助企业留存证据，公证处能够以公证书的形式对合同签订的过程提供证明。总之，若非万不得已，企业应尽量避免使用电子方式签订合同。

（二）联系方式的重要性

合同中的联系方式，是合同签订过程中较为重要的一部分，应当给予特别关注，否则将会面临对方违约后难以救济的重大风险。联系方式相关内容包括：如果合同对方是企业法人的话，需要列明它的公司全称、法定代表人、委托代理人、住所地、联系人及联系方式；如果合同对方是个人的话，需要列明他的姓名、身份证号码、住址、联系方式等。

当合同约定了明确具体的联系方式之后，它可以起到如下的重要作用：

1. 固定法定的送达地址，督促交易对方依照合同履行合同义务，向其陈述由此可能产生的不利后果和违约责任。

2. 以约定的联系地址邮寄 EMS 挂号信，并保留寄发和签收记录，可以起到证据保全的作用，为日后诉讼做好准备。

3. 作为法院或者仲裁委的送达地址，防止因当事人下落不明导致司法程序需要适用公告程序而增加时间成本。

因此，合同中应当有明确的联系方式，如果没有，即使合同约定了单方变更或解除权，也会因为没有约定联系方式而无法向对方送达；其次，联系方式应当准确无误，否则，对方会以联系方式错误导致没有收到邮件作为理由进行抗辩；最后，联系人应当填写合同对方本人或者授权指定的联系人，否则，对方会以联系人不是其本人或者不是其合法授权人，无权处理合同相关事项而进行抗辩。

（三）避免合同留白

对于合同而言，空白就是漏洞。在合同中留下空白，等于把风险留给了自己。一些不诚信的企业经常会找借口将所有合同都掌握在自己手中，然后在合同的空白处随心所欲地填写对自己有利的内容。对此，签约时要注意合同留白处，如不需要填写内容就一定要划掉，并且自己一定要留存一份合同。

三、合同签订后的法律风险防范

合同签订后，就到了合同履行阶段。认真履行合同义务，是防范合同风险最根本的方法。如果合同双方都能认真履行合同义务，严格按照合同约定履行合同，就几乎不会发生违约情形，保证双方都能实现合同目的。

1. 认真履行合同义务

认真履行合同义务是合同各方的共同责任，只有一方认真履行而另一方不认真履行，合同也不能完美履行。因此，各方都应认真履行，任何一方都不可懈怠。

（1）坚守诚实守信原则，不折不扣地履行合同约定的内容，不违约，不食言，宁可自己吃亏，也不让合同出现差错，这是履行合同应具备的高度负责态度。

（2）在履行合同前做好必要的资金、设备、技术、物资、产品、服务等准备，减少和杜绝合同违约。如果签订合同时没有做好资金、设备、技术、物资、产品、服务等准备，缺乏履行的必要条件，必然出现合同违约。

（3）履行合同出现偏差时，要及时采取措施予以纠正，主动承担违约责任，恢复合同的良好履行状态，将合同全面履行完毕。

认真履行合同义务有利于建立良好的交易秩序，可以有效防止合同违约，降低合同风险，减少合同纠纷，实现各方的合同目的。认真履行合同义务既是商业道德的体现，也是法律的要求。

2. 纠正己方违约

合同履行中，要按照诚实守信原则，全面认真履行合同各项义务。如果发现本方违约，应马上采取措施纠正，防止继续违约给对方扩大损失，防止对方由此提起诉讼。纠正己方违约，可以采取如下措施：

（1）立即停止违约行为。立即停止违约可以使违约行为终止，给对方造成的损失也能马上终止，客观上既帮了别人，也帮了自己。

（2）向对方道歉，以取得谅解。违约后取得对方的谅解很关键，如果对方不予谅解，很可能会要求本方承担违约责任。违约责任的大小，主要根据合同条款和违约行为的严重程度来决定。如果合同没有明确约定违约金数额，就违约责任的承担，双方要进行协商。

如果取得了对方的谅解，对方很可能放弃对违约金的要求，双方又会重归于好，把未履行的合同履行完毕。

（3）主动承担违约责任。主动承担违约责任，显示了违约一方的诚意，这是以积极的态度纠正违约行为的表现，一般情况下都会得到对方的谅解。可是，实践中很少会有人主动承担违约责任，这需要一种商业勇气。但反过来想，主动承担违约责任不一定吃亏，如果对方认可我方诚意，往往也会谅解我方，从而避免因为双方发生矛盾造成更大的损失。

（4）赔偿损失。视对方损失的情况，由违约方主动赔偿损失是纠正违约行为最到位的手段。如果对方认为赔偿已经足以弥补损失，就不会再提出额外要求了。

（5）继续履行合同。继续履行合同就是按合同约定的权利义务继续履行，在吸取违约教训的基础上，会更认真、全面地履行合同义务。

对本方的违约行为，如果不主动纠正，对方必然会采取相应措施。例如，起诉本方要求承担违约责任，此时本方就会陷入被动。当然，接到对方要求纠正违约行为的通知或律师函后，马上停止违约是最明确的选择，切不可置纠正违约通知或律师函于不顾，那样会招致更严厉的后果。

3. 监督对方履约

监督对方履行合同是保证合同全面履行的一种有效方法。合同履行中不能只关注自己的履行情况，也应当及时关注对方的进展，当发现对方履行存在瑕疵，或者已经出现违约，守约方不能泰然处之，而应及时采取相应措施。监督对方履行合同有以下几种方法：

（1）通过电话、电子邮件或其他方式向对方了解合同执行情况。如果是买卖合同，可以询问货物准备情况、何时发货、何时到达。这种询问属于合同签订后的必要沟通，对方也并不会因此而产生反感。

（2）通过配合对方履行合同，也可以掌握履行合同的进展情况。比如，对方汇款时应协助为其提供银行账号。

（3）通过配货渠道了解发货时间或者了解货物运输途中的情况。

（4）派员在场监督。比如，建设工程合同的履行中，甲方应派员在场，随时了解工程进展情况和承包方履行合同的情况，或者通过委托监理来监督合同执行情况。

监督对方履行合同，可以减少合同违约的机会，保证合同全面履行，有利于实现合同目的。

4. 纠正对方违约

合同履行中，如果对方出现违约行为，守约方不能视而不见、无动于衷，应当对违约行为加以制止和纠正，使合同恢复正常履行，最大限度地减少损失。纠正对方违约行为，可以采取如下措施：

（1）及时发现。合同的违约可能处在履行的不同阶段，发现越早越有利于纠正，如果发现得晚，造成的损失可能就会扩大。要发现对方违约，就必须与对方保持联系，通过现场、电话或电子邮件等方式，了解合同执行的情况。

（2）口头提示。发现对方一般违约时，合同可以继续履行，同时可以口头提示对方，要求加以改正。

（3）书面提出。如果口头提示没有起到作用或效果并不明显，守约方可以用书面方式，向对方正式提出，指出违约所在和责任，要求对方改进履行合同的态度，并采取措施防止违约行为的延续。

（4）出具律师函。如果违约方接到书面通知后，仍不能进一步纠正违约行为，其事态发展有可能酿成诉讼，在这种情况下，守约方可以向对方发出律师函，与对方进行严正交涉，同时收集和保管对方的违约证据。

（5）提起诉讼或仲裁。一旦事态继续恶化，马上采取诉讼措施。

监督对方履行合同情况与纠正对方违约行为有所不同，监督只是对情况进行了解，而纠正则是采取相应的措施，监督对方履约与纠正对方违约，同时运用效果会更好。

第三节　合同履行中的证据保留

合同签订生效后，合同的履行是关键，生活中不少的合同纠纷就是发生在合同履行过程中，所以想要更好避免纠纷，或者在纠纷产生后能快速解决，在合同履行中一定要保留好证据。

我们知道，在诉讼过程中一般情况下是"谁主张谁举证"，双方需要提供相应的证据来证明各自的"口述事实"，有理没证据，不会获得法院的支持。所以，在签订合同和履行合同过程中，对于证据的保留一定要重视，要及时、全面、客观地收集证据，否则一旦发生纠纷，可能因为举证不能而承担败诉的法律后果。

然而现实中，很多企业认为，双方之间有合同这一份证据就够了，甚至很多经济活动中连最基本的合同都没有，都是口头协商确定的。要知道，在合同履行过程中，除了双方签订的合同文本之外，还会出现各种因为合同履行所产生的文件资料，如送货单、发票、汇票等单据和票证，甚至还包括微信聊天记录、电子邮件、确认函、对账单等书面资料。这些在合同履行过程中产生的资料，都是证据，都应当妥善保存。保留这些证据，既可以作为自己履行了义务的证据，还能作为对方存在违约行为、我方可以要求索赔的证据。

接下来，我们就以常见的买卖合同涉及的相关证据，了解如何进行证据保留。

一、自己履行义务的证据保留

在合同履行过程之中，就履行方自己而言，应当完整地保存自己履行了合同义务的证据。合同履行中，会产生一系列凭证，绝大多数履行凭证都具有法律效力，一定要搜集和保存这些凭证。这些凭证不仅是履行合同的证明，在发生纠纷时更是诉讼的证据。常见的可以证明自己履行义务的证据有：

1. 合同及相关的文件。包括合同、合同附件、工程图纸、招标文件、补充协议等。

2. 合同对方的主体证据材料。如果对方是企业法人的话，需要保留企业的营业执照、资质证书、授权委托书、银行账号、地址、电话、联系人等方面的材料。如果对方是个人的话，需要保留他的身份证复印件、住址、联系电话等信息。

3. 付款凭证、对账单及结算凭证。支付价款时，最好以银行转账方式，尽量避免现金支付，因为现金支付不易保留和固定证据，难以证明自己履行了付款义务。不管是连续交易还是一次性交易，买卖双方都应该在一个结算周期内进行对账或结算，以明确双方债权债务情况。同时，对账单或者结算凭证应有买受方负责人签名及公司盖章，单方制作的结算凭证除非有其他证据予以证明，否则法院不予认可。

4. 交货凭证。交货凭证指将货物依据合同约定的种类、数量、方式、时间和地点交给约定的接收人，并由接收人签字确认表明已经交付货物的凭据。交货凭证是履行货物交付义务最直接、最重要的证据。

5. 验收凭证。验收凭证是指合同当事人对合同标的进行验收后，就验收结果进行签字确认的凭据。因合同类别不同，合同标的也有不同，验收凭证也不同，有买卖合同中货物的验收凭证，有服务合同中服务事项的验收凭证，有承揽合同中工作成果的验收凭证，有施工合同中的工程验收凭证等。

6. 合同变更凭证。在合同履行中，经常会因各种原因出现合同变更的情形，比如合同交货地点发生变更、交货时间发生变更、收货人或验收人发生变更等。对于变更事项，双方应及时签订补充协议或保留其他能够证明变更事项发生的书面证据。

7. 送达凭证。除了保留往来中形成的原始书证之外，还需要对履行通知义务、协助义务等事实或行为保留证据。这些事实或行为往往难以证明，这就需要考虑用特殊的通知方式以便保留送达证据。例如，对于书面通知，建议采用 EMS 等邮寄方式投递，并在快递单上注明内件的内容及份数，如"《××买卖合同解除通知书》一份"等，并在投递完成后将邮局提供的回单或网上查询结果作为送达的依据。从目前的司法实践来看，法院一般都会认可用这种通知方式视为已经履行了通知义务。

除了对上述证据的保留，建议企业制定专门的合同履行证据管理制度。合同履行证据管理制度，是企业进行合同风险管理的重要组成部分，是有效避免合同法律风险必备的环节。所有法律风险防控成果，都要通过合法有利的证据来体现。在司法实践中，一旦产生纠纷，法院一般不会采信没有证据的单方陈述，相应的事实、理由和主张也得不到法院支持，最终造成财产性、非财产性损失。

二、对方违约行为的证据保留

在保留自己履行义务证据的同时，我们也要在对方出现违约行为时，及时有效地对证据进行保留和固定。如果没有及时有效地固定、保留违约证据，对方又不承认其违约行为，企业将难以向对方主张赔偿责任或其他违约责任，企业也可能因此遭受经济损失。常见的可以证明对方违约的证据有：

1. 合同、合同附件及补充协议。合同能够证明双方权利义务关系的建立，合同内容是证明对方违约的最好的证据。合同附件是合同的组成部分，违反合同附件的约定同样是违反合同约定，同样构成违约。另外，补充协议是双方就合同订立时或履行中发生的问题所重新达成的协议，也是合同的一部分。

2. 转账凭证。银行开具的转账凭证，是付款方是否完全履行了付款义务、是否存在剩余货款未支付的证据。

3. 运输单。运输单记载运输货物的时间、地点、数量，是卖方交付的凭证，可以证明卖方履行交付义务的情况。

4. 验收单。验收单是收货方对货物验收的记载，把验收单交给卖方，可以证明买方已经收到了货物。

5. 异议书。如果买方对货物的数量、质量、包装物等有异议，应当在合同约定的时间内向卖方提出异议，异议书证明买方对所交付的货物不予认可。

6. 双方往来信函、电子邮件。往来信函或者电子邮件能够反映双方对问题的处理意见和要求，可以证明其主张的权利的存在。

7. 律师函。律师函代表发出方与对方进行的交涉，表明发出方的意见和诉求，同样可以作为证据使用。

综上，对方违约的证据很多，凡是能够证明对方违约的书面记载和其他物证都可以作为证据收集起来。证据决定官司的胜败，有理没证据，官司打不赢，从某种意义上来说证据是胜诉的法宝。

合同履行中，一旦发现对方有违约行为，应当及时有效地固定自己履约以及对方违约的证据，必要时，企业应当建立完善的合同履行证据管理制度。

三、固定证据

1. 原始证据

尽量收集原件、原物，并妥善保管。除特殊情形外，合同应采用书面形式。要收集合同对方主体证照、合同正本、副本及附件、对方银行账户资料、合同文本的签收记录、签证资料、合同当事人的往来函件、交货送货单据、检验验收资料、结算凭证、变更及解除合同的协议及其他签订及履行合同的相关资料（包括文书、传真、电子邮件等），尤其是能证明我方应享有某项权利、已经履行了某项义务的书面证据，及能证明对方负有某项义务、应承担某项责任的书面证据。

2. 传真证据

通过传真方式签订合同的，须注意传真件的效力。如是传真专用纸应及时复印，传真原件及复印件须妥善保管。要及时把双方口头达成的协议书面固定下来，要及时收集对我方有利的证据材料，不得擅自向对方出具对我方不利的书面资料。

3. 录音、摄像证据

录音、摄像是取得证据的一种重要形式，只要不是以侵害他人合法权益或者违反法律禁止性规定的方法取得的，都可作为认定案件事实的依据。因此，合同签订及履行过程中，尤其是发生合同纠纷后的协商谈判过程中，须谨防对方通过谈话录音或电话录音来收集对我方不利的证据。当然，我方也可以通过谈话录音或电话录音方式来收集对我方有利的证据，再与其他证据相互印证，构成完整的证据体系。

4. QQ、微信聊天记录证据

QQ、微信聊天记录属于证据中的电子数据。因为聊天记录中的双方当事人身份无法确认以及聊天内容容易伪造、篡改、删减，所以，在实践中，法院不一定会将此类证据作为定案依据。也就是说，QQ、微信聊天记录可以作证，但是证明效力需要加强，最好是配合其他书面证据共同使用。使用QQ、微信聊天记录作为证据，应当满足以下条件：聊天记录的来源必须符合法律规定；应当确定聊天的双方为案件当事人；确定聊天时间在涉案事实发生的时间段内；聊天的内容不能含糊不清，不能删减，应具有相对完整性，能够反映当事人想要证明的事实。

5. 利用公证保留证据

公证证据，是指通过公证机构对当事人的证据进行记录、固定和保存，并由公证机构出具公证书。公证证据在效力上要强于普通证据，并且，目前的网络证据及电子合同等证据，大多只能通过公证的方式加以固定。如上所述，电话录音等许多传统证据虽然具有证据效力，但常常由于无法确定确切的通话时间、通话人以及是否经过剪辑，往往无法被法院采纳。而对通话过程进行公证则可以很好地解决这一问题，从而使经过公证的通话录音成为非常有力的证据。此外，公证还能更为有效地固化双方的权利和义务关系，比如公证赠与具有不可撤销性，甚至某些公证书可以直接作为人民法院的执行依据，而不必经过诉讼。

6. 加强内部证据管理

公司及各业务部门应建立健全合同出借、领用等合同档案管理制度并严格执行，妥善保管合同资料，保证合同资料的完整性。业务部门和财务部门应根据合同编号对合同进行保存并建立工作台账，分别按业务进展情况和收付款情况一事一记，做到准确、及时、完整。经办人员应按公司的要求定期或不定期汇总各自工作范围内的合同订立及履行情况。

第四节　合同履行中的节点控制

在每一份合同的履行过程中，都有很多关键的节点需要进行风险控制，以最常见的买卖合同为例，我们除了要知道什么时间付款、什么时间开票、什么时间发货、什么时间提出质量异议，并严格按照合同约定的期限履行上述义务之外，还要注意很多的风险点。

一、收支款项的节点控制

收支款项是指在货物经买卖双方检验确认符合合同约定后应支出或者收取的款项。凡有偿合同的履行，必然包含价款的结算过程。因此，企业要想防范合同风险，不但要管理好货物的交接过程，还要管理好价款的结算和发票的开具过程。具体而言，付款开票的节点控制，主要注意以下问题：

1. 收付款主体要与合同主体相对应，尤其是公对公进行银行转账。实践中，要注意收支货款的银行账户、款项名称、内容必须与合同条款约定的相一致。如果不与合同条款约定的内容相一致，那么在合同履行过程中，将无法进行有效的证据固定与保留，随之而来的就是企业需要面对巨大的风险。

2. 企业支付合同约定的款项，应当由卖方提供合法有效的发票，以便企业进行记账并做进项税抵扣或税前扣除。对方未提供合法有效发票的，企业应当拒付相应的款项。卖方提供的发票是否为合法有效的发票，由企业的财务部门负责审验。企业应当在合同条款中注明付款和开票的先后顺序，以及合同价款是否包含税金，且注意需要严格按照合同约定时间、金额付款。

3. 企业收支款项的事项应当统一由企业的财务部门负责办理。企业财务部门办理收支款项时，应当审验由采购部门提供的合同书或者订单、企业检验部门提供的质量检验单、企业仓储部门提供的入库单、卖方开具的发票以及业务部门负责人签署的付款申请等文件。

4. 货款由企业的财务部门统一收取，任何部门和个人不得截留、占用、挪用。企业应当定期向债务人或者债权人发出对账单，由企业的业务部门送交对方，让对方核对无误后签字或者盖章，返回给企业的财务部门，由财务部门存查。

5. 企业在进行付款之前，应当向对方索要收到款项的确认函，作为自己履行合同的凭证，如果对方拒绝收取款项，企业应该进行公证提存，以避免风险。

二、交付货物的节点控制

合同的标的物可以是有形的物，也可以是无形的权利，可以是动产，也可以是不动产。合同的履行，必然包含标的物的交接。标的物的交接无论就其复杂性而言，还是就其对企业实现合同目的的重要性而言，都是企业在合同履行阶段管理的重点。

在交付货物的过程中，最重要的节点控制事项是需要对方出具收条。该收条作为履行义务的重要凭证，具有非常重大的法律意义。首先，必须要求对方在收条上加盖公章，没有公章的必须由获得授权的人签收。如果由其他人签收会存在重大的风险。因为收条的签收方必须能够代表合同对方，如果不能代表合同的主体，那么在追究责任的时候就会出现无法追责的情形。其次，收条应当注明货物名称、型号、规格、外包装、外观、数量、价款等要素，可以当时确认质量的，应当在收条上写明"已收到符合合同约定的全部货物"；

最后。收条一定要写明年月日，要按照合同约定的交货时间、交货地点进行交付。

三、质量异议的节点控制

标的物的质量，是反映标的物功能、效应的指标，因此直接关系到买方能否实现合同目的。买方对质量是否符合合同约定或者是否合格，享有检验的权利。即使合同对此没有明确的约定，买方也依法享有该项权利。

企业对合同货物质量问题的节点控制需要注意几个方面：

1. 当事人在合同中约定有标的物质量检验期的，买受人应当在约定的检验期内将标的物的数量或者质量不符合约定的情形通知出卖人，否则，过期责任自负。

2. 当事人未约定检验期的，买受人应在发现或者应当发现标的物质量瑕疵的合理期间内提出质量异议，且买受人提出质量异议的最长期限为两年。值得注意的是，不论标的物存在外观瑕疵还是化学成分、物理特性等内在瑕疵，买受人自收到标的物之日起两年内未提出质量异议的，则视为标的物没有质量瑕疵，买受人无权提出质量异议。

3. 买卖合同中有质量保证期的，买受人应在质量保证期内提出质量异议。

4. 质量异议期限的例外。出卖人知道或者应当知道提供的标的物不符合约定的，买受人不受上述的通知时间限制。法律之所以做出例外规定，是因为出卖人的恶意或重大过失应得到法律的制约，但是在实践中这一点很难予以证明。

【法规链接】

《中华人民共和国民法典》第六百二十条　买受人收到标的物时应当在约定的检验期限内检验。没有约定检验期限的，应当及时检验。

第六百二十一条　当事人约定检验期限的，买受人应当在检验期限内将标的物的数量或者质量不符合约定的情形通知出卖人。买受人怠于通知的，视为标的物的数量或者质量符合约定。

当事人没有约定检验期限的，买受人应在发现或应当发现标的物的数量或质量不符合约定的合理期限内通知出卖人。买受人在合理期限内未通知或者自收到标的物之日起二年内未通知出卖人的，视为标的物的数量或者质量符合约定；但是，对标的物有质量保证期的，适用质量保证，不适用该二年的规定。

出卖人知道或应当知道提供的标的物不符合约定的，买受人不受前两款规定的通知时间的限制。

第五节 合同履行中的税务节点控制

增值税与企业所得税是我国最重要的两大税种，都是以收入为基数计算应纳税额，最大的差异在于：企业所得税是按照权责发生制确认收入，而增值税在收款时或开具发票时就会发生纳税义务。

如上所述，在税务中，我们经常会遇到两个时间节点，会影响我们缴纳税款的时间以及会计凭证的记载。一个是纳税义务发生时间，另一个是收入确认时间。二者有很大的区别，只有企业所得税才有"收入确认"，在其他税种中，比如增值税、消费税、房产税等中，没有"收入确认"，而是叫"纳税义务发生时间"。每个税种的纳税义务发生时间也有所不同，需要按照各自的规定进行确认。

一、增值税的纳税义务发生时间

《增值税暂行条例》明确规定了增值税纳税义务的发生时间。所谓纳税义务发生时间，是指纳税人发生应税行为，应当承担纳税义务的起始时间。就是说，在这个时间节点上，可以正式确认纳税人已经发生了增值税应税行为，应当承担纳税义务。关于纳税义务发生时间的规定，有利于税务机关实施税务管理，监督纳税人切实履行纳税义务。

《增值税暂行条例》中，有关增值税纳税义务发生时间的规定如下：

1. 销售货物、劳务、服务、无形资产或不动产，纳税义务发生时间为收讫销售款项或者取得索取销售款项凭据的当天；先开具发票的，为开具发票的当天。

2. 进口货物，纳税义务发生时间为报关进口的当天。

3. 增值税扣缴义务发生时间为纳税人增值税纳税义务发生的当天。

《增值税暂行条例实施细则》中有关增值税纳税义务发生时间的规定如下：

1. 采取直接收款方式销售货物，不论货物是否发出，均为收到销售款或者取得索取销售款凭据的当天。

2. 采取托收承付和委托银行收款方式销售货物，为发出货物并办妥托收手续的当天。

3. 采取赊销和分期收款方式销售货物，为书面合同约定的收款日期的当天，无书面合同的或者书面合同没有约定收款日期的，为货物发出的当天。

4. 采取预收货款方式销售货物，为货物发出的当天，但生产销售生产工期超过12个月的大型机械设备、船舶、飞机等货物，为收到预收款或者书面合同约定的收款日期的当天。

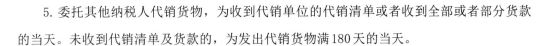

5. 委托其他纳税人代销货物，为收到代销单位的代销清单或者收到全部或者部分货款的当天。未收到代销清单及货款的，为发出代销货物满180天的当天。

6. 销售应税劳务，为提供劳务同时收讫销售款或者取得索取销售款凭据的当天。

7. 纳税人发生其他视同销售货物行为，为货物移送的当天。

二、企业所得税的收入确认

在了解企业所得税的收入确认之前，我们需要先知道什么是企业的收入，哪些收入需要进行确认，缴纳企业所得税。企业的收入形式多种多样，既包括货币形式的收入，也包括非货币形式的收入。企业以货币形式和非货币形式从各种来源取得的收入，称为收入总额。具体来说，收入总额包括：

1. 销售货物收入；2. 提供劳务收入；3. 转让财产收入；4. 股息、红利等权益性投资收益；5. 利息收入；6. 租金收入；7. 特许权使用费收入；8. 接受捐赠收入；9. 其他收入。

以上企业取得的各项收入，均应按照《企业所得税法实施条例》《国家税务总局关于确认企业所得税收入若干问题的通知》以及其他相关法律法规规定的时间，确认收入的实现，具体收入确认时间如下：

1. 销售货物收入

企业销售收入的确认，必须遵循权责发生制原则和实质重于形式原则。企业销售商品同时满足下列条件的，应确认收入的实现：

（1）商品销售合同已经签订，企业已将商品所有权相关的主要风险和报酬转移给购货方；

（2）企业对已售出的商品既没有保留通常与所有权相联系的继续管理权，也没有实施有效控制；

（3）收入的金额能够可靠地计量；

（4）已发生或将发生的销售方的成本能够可靠地核算。

符合上述收入确认条件，采取下列商品销售方式的，应按以下规定确认收入实现时间：

（1）销售商品采用托收承付方式的，在办妥托收手续时确认收入。

（2）销售商品采取预收款方式的，在发出商品时确认收入。

（3）销售商品需要安装和检验的，在购买方接受商品以及安装和检验完毕时确认收入。如果安装程序比较简单，可在发出商品时确认收入。

（4）销售商品采用支付手续费方式委托代销的，在收到代销清单时确认收入。

2. 提供劳务收入

企业在各个纳税期末，提供劳务交易的结果能够可靠估计的，应采用完工进度（完工百分比）法确认提供劳务收入。

提供劳务交易的结果能够可靠估计，是指同时满足下列条件：

（1）收入的金额能够可靠地计量；

（2）交易的完工进度能够可靠地确定；

（3）交易中已发生和将发生的成本能够可靠地核算。

下列提供劳务满足收入确认条件的，应按规定确认收入：

（1）安装费。应根据安装完工进度确认收入。安装工作是商品销售附带条件的，安装费在确认商品销售实现时确认收入。

（2）宣传媒介的收费。应在相关的广告或商业行为出现于公众面前时确认收入。广告的制作费，应根据制作广告的完工进度确认收入。

（3）软件费。为特定客户开发软件的收费，应根据开发的完工进度确认收入。

（4）服务费。包含在商品售价内可区分的服务费，在提供服务的期间分期确认收入。

（5）艺术表演、招待宴会和其他特殊活动的收费。在相关活动发生时确认收入。收费涉及几项活动的，预收的款项应合理分配给每项活动，分别确认收入。

（6）会员费。申请入会或加入会员，只允许取得会籍，所有其他服务或商品都要另行收费的，在取得该会员费时确认收入。申请入会或加入会员后，会员在会员期内不再付费就可得到各种服务或商品，或者以低于非会员的价格销售商品或提供服务的，该会员费应在整个受益期内分期确认收入。

（7）特许权费。属于提供设备和其他有形资产的特许权费，在交付资产或转移资产所有权时确认收入；属于提供初始及后续服务的特许权费，在提供服务时确认收入。

（8）劳务费。长期为客户提供重复的劳务收取的劳务费，在相关劳务活动发生时确认收入。

3. 股息、红利等权益性投资收益

除国务院财政、税务主管部门另有规定外，按照被投资方做出利润分配决定的日期确认收入的实现。

4. 利息收入

按照合同约定的债务人应付利息的日期确认收入的实现。

5. 租金收入

按照合同约定的承租人应付租金的日期确认收入的实现。

6. 特许权使用费收入

按照合同约定的特许权使用人应付特许权使用费的日期确认收入的实现。

7. 接受捐赠收入

按照实际收到捐赠资产的日期确认收入的实现。

8. 企业的下列生产经营业务可以分期确认收入的实现

（1）以分期收款方式销售货物的，按照合同约定的收款日期确认收入的实现；

（2）企业受托加工制造大型机械设备、船舶、飞机，以及从事建筑、安装、装配工程业务或者提供其他劳务等，持续时间超过12个月的，按照纳税年度内完工进度或者完成的工作量确认收入的实现。

9. 采取产品分成方式取得收入的

按照企业分得产品的日期确认收入的实现，其收入额按照产品的公允价值确定。

三、增值税与企业所得税的税务节点控制

通过对增值税的纳税义务发生时间与企业所得税的收入确认的分析，我们可以了解到，合同的内容与纳税义务发生时间以及收入的确认有很强的关联性。比如，对于增值税来说，采取分期收款或赊销方式销售货物的，以合同注明的收款日期为纳税义务发生的日期，如果没有注明收款日期的，那么货物发出时即发生纳税义务。一般情况下，增值税的纳税义务发生时间和企业所得税的收入确认时间是相吻合的。但是，有的时候，一份合同在履行中，增值税和企业所得税的纳税节点和处理方式会不一样。

【案例】

2021年1月，桃园公司与赤壁公司签订了一份《厂房租赁合同》，约定桃园公司将其厂房出租给赤壁公司，租期3年，年租金为不含税价120万元，含税价126万元，征收率5%。租金支付方式为，赤壁公司须在2021年1月内一次性向桃园公司支付3年含税租金，共计378万元。合同签订后，桃园公司于2021年1月20日收到了全部租金。那么，关于这份合同，增值税和企业所得税有什么区别呢？

首先，关于增值税，企业的纳税义务是否发生？根据增值税的相关规定，纳税人提供租赁服务，收到预收款时增值税纳税义务发生。也就是说，桃园公司在2021年1

月20日收到赤壁公司支付的全部租金时，增值税的纳税义务就已经发生了，此时就应当缴纳增值税。那么，缴纳多少增值税呢？这里需要按照3年的租金共计378万来缴纳增值税，即378÷（1+5%）×5%=18万元，而不是按照一年的租金计算。

关于企业所得税，根据相关规定，企业取得的租金收入，应按合同约定的承租人应付租金的日期确认收入的实现。如果合同约定租赁期限跨年度，且租金提前一次性支付，出租人可对上述已确认的收入，在租赁期内分期均匀计入相关年度收入。也就是说：（1）桃园公司可以选择在2021年、2022年、2023年分别确认120万元的租金收入，分三年通过汇算清缴来缴纳企业所得税。（2）桃园公司也可以选择在2021年一次性确认360万元的租金收入，2022年、2023年则不确认租金收入。但在此种情形下，税务处理和会计处理会有差异，在企业所得税汇算清缴时，需要相应调增或者调减应纳税所得额。

所以，一份合同，不仅要审查它的商事部分、法律部分，还要审查税务事项，通过税务处理结果反推企业交易模式，我们称之为"法税同审"。

第六节　合同风险的救济措施

当合同发生争议或其他不能履行的情形时，当事人可以在法律规定的范围内寻求各种方式和途径对自身权益进行补救，避免损失的进一步扩大。企业在采取救济措施时，若未及时以恰当的方式规范行使权利，或者没有取得有力证据，将给企业带来巨大的法律风险。

一、签订补充协议

合同签署后，如果在履行中发生了无法预料的情形，或就有关事项约定不清楚，双方可以经过协商后就达成一致的问题签订补充协议。补充协议是排除合同风险的有效方法之一，在许多情况下，合同双方会采用补充协议解决悬而未决的问题。

1. 补充协议与主合同具有同等的法律效力

补充协议可以补充双方未考虑到的问题，也可以对原合同内容进行相应的调整，只要不违反法律的禁止性和限制性规定，双方在补充协议上签字盖章以后，补充协议就会生效。补充协议与主合同的效力是同等的，双方均应按补充协议的内容来履行。

2. 补充协议与原合同不一致的地方，以补充协议为准

一般来说，补充协议的效力是优先于主合同的，因为它是合同双方对主合同的变更和补充，主合同无论做怎样的约定，补充协议都可以修改。在补充协议与主合同发生冲突，即约定不一致时，视为对主合同的变更或撤销，其效力优于主合同，即补充协议的条款优先适用。

3. 补充协议以主合同的成立和生效为前提

如果主合同欠缺成立的必备条件和必要条款，或者主合同被确认无效或者被撤销，就没有签订补充协议的必要了。

4. 补充协议的签订程序与主合同的签订程序基本相同

起草补充协议时，应当写明它是对哪个合同的补充，补充了哪些事项，主合同已有的约定，如果没有变动则不用调整。补充协议不可缺少的形式要件是双方的签字盖章，如果补充协议页数较多，应注意加盖骑缝章。

补充协议是对合同风险的救济，通过签订补充协议，可以弥补合同漏洞，完善合同不足，使合同履行更加全面、顺利。

二、行使抗辩权

在合同履行过程中，一方不依约履行合同的，另一方可以根据对方履行合同的情况行使抗辩权。抗辩权是指双务合同中专门对抗请求权的权利，即合同一方要求另一方履行合同义务时，另一方享有的拒绝其要求的权利。合同中的抗辩权包括：同时履行抗辩权、先履行抗辩权、不安抗辩权。

1. 同时履行抗辩权

《民法典》第五百二十五条　当事人互负债务，没有先后履行顺序的，应当同时履行。一方在对方履行之前有权拒绝其履行请求。一方在对方履行债务不符合约定时，有权拒绝其相应的履行请求。

从该法律条文可知，一方行使同时履行抗辩权的前提是：（1）在同一双务合同中互负给付义务。比如，买卖合同中，买方负有付款义务，卖方负有交付货物的义务。（2）互负的义务已到了清偿期。比如，买卖合同中，买方已到了付款期限，卖方也到了交付货物的

期限。

同时履行抗辩权是在同时履行时的抗辩权，只有在对方也没有履行义务时，才享有同时履行抗辩权。这种拒绝是相互的，自己可以拒绝向对方履行，对方也可以拒绝向自己履行，最终的结果，要么双方通过同时履行而实现合同目的，要么双方都不履行而告终。

2. 先履行抗辩权

《民法典》第五百二十六条　当事人互负债务，有先后履行顺序，应当先履行债务一方未履行的，后履行一方有权拒绝其履行请求。先履行一方履行债务不符合约定的，后履行一方有权拒绝其相应的履行请求。

先履行抗辩权是指，在双务合同中应当先履行的一方当事人在没有履行合同义务之前，后履行的一方当事人可以拒绝其相应的履行请求的权利。当事人行使先履行抗辩权必须符合法定条件，包括：（1）双方都有履行合同的义务。（2）合同履行有先后顺序，先履行的一方应当先于另一方履行。比如，先付款后交货，先付款的一方不能要求后交货的一方先履行交货义务。（3）先履行一方到期未履行或未适当履行义务，后履行一方才可以不履行。比如，先付款后交货，只有在买方没有在约定期限内付款的情况下，卖方才可以拒绝交货。这是一个很重要的条件，没有这一条，就不能行使先履行抗辩权。

3. 不安抗辩权

《民法典》第五百二十七条　应当先履行债务的当事人，有确切证据证明对方有下列情形之一的，可以中止履行：

（一）经营状况严重恶化；

（二）转移财产、抽逃资金，以逃避债务；

（三）丧失商业信誉；

（四）有丧失或者可能丧失履行债务能力的其他情形。

当事人没有确切证据中止履行的，应当承担违约责任。

不安抗辩权是指，应当先履行的一方有确切证据证明对方不能履行或者有不能履行义务的可能时，在对方没有履行或者提供担保之前，可以拒绝先履行合同义务的权利。

当事人行使不安抗辩权时，并非可以任意而为，而是必须符合上述法条规定的四个条件之一：对方经营状况严重恶化，实践中"严重恶化"没有特别标准，可以理解为严重缺乏资金，无力购买原材料、无力支付货款或无力偿还债务；对方转移财产，指合同当事人为了逃避债务，故意将财产转移别处；对方抽逃资金，指企业将注册资金从企业账目中抽逃出去，以逃避债务；对方丧失商业信誉，指企业在市场中的信誉评价极低，没有信誉可言。如果负有先履行义务的一方能够证明对方有上述情形，可以行使不安抗辩权。

【案例】

刘备于2016年10月份认购了桃园小区的预售商品房，签约当时即支付了20%首付款，购房合同约定在2017年6月30日前再支付30%房款，2017年12月31日前再支付30%房款，2018年8月份收房时再付20%房款。但是，刘备在2017年5月份去施工现场查看工程进度时，发现该楼盘已经停止施工，到现在都没有开工的迹象。由于第二笔房款的付款日期将至，刘备害怕楼盘烂尾，于是拒绝支付剩余房款，但开发商却执意要求刘备按照合同约定期限支付房款。

在这个案例中，首先，刘备有权暂时中止履行合同，拒绝支付剩余房款。依据《民法典》，先履行一方在后履行一方可能出现丧失履行合同能力的情况时，有拒绝对方请求自己履行合同的权利。

其次，如果开发商既不能在合理期限内提供担保，也没有恢复履约的能力，刘备有权解除合同。因为根据有关不安抗辩权的规定，中止履行合同后，在合理期限内如果对方不能恢复履行能力，也不能提供担保，先履行一方有权解除合同。

在行使抗辩权的过程中也需要注意以下事项：

1. 同时履行抗辩权的行使。对于没有约定履行先后顺序的合同，建议考虑订立合同的目的，尽量促使交易的完成。如果履行期限并不影响当事人订约目的的实现，则在一方迟延履行后，另一方应催告对方继续履行，并给对方一个合理的履行准备期限。在该期限到期后，如果对方仍不履行，另一方可以行使同时履行抗辩权，拒绝履行。

2. 先履行抗辩权的行使。先履行抗辩权的行使必须符合法律规定的条件，且必须遵循诚实信用原则，不能滥用该项抗辩权。同时，行使这种权利并不等于自己可以不再履行合同。抗辩之后，如果对方完全履行了合同义务，那么行使先履行抗辩权的一方应当恢复履行合同义务，不得拒绝。

3. 不安抗辩权的行使。为了防止先履行一方滥用不安抗辩权，《民法典》第五百二十八条规定了在行使不安抗辩权时的两项法定义务：一是当事人的举证义务，即行使不安抗辩权的一方不能凭空推测或根据臆想推测对方不履行，而需要有确实的证据。对于什么才是确实的证据，只能由法官来具体判断，而且每个法官判断的结果也会有所差异。所以，不安抗辩权在法律上成立，但在实践中争议很大。二是通知义务，即当事人一方在行使不安抗辩权而中止合同的履行时，为了避免对方支出不必要的费用，应当及时通知对方。此外，还需要注意的是，如果对方能够提供适当的担保或恢复履行能力，乙方应当继续履行合同。

三、行使代位权

代位权指的是因债务人怠于行使其到期债权，对债权人造成损害的，债权人可以向人民法院请求以自己的名义代位行使债务人的债权。

> 《民法典》第五百三十五条　因债务人怠于行使其债权或者与该债权有关的从权利，影响债权人的到期债权实现的，债权人可以向人民法院请求以自己的名义代位行使债务人对相对人的权利，但是该权利专属于债务人自身的除外。
>
> 代位权的行使范围以债权人的到期债权为限。债权人行使代位权的必要费用，由债务人负担。
>
> 相对人对债务人的抗辩，可以向债权人主张。

根据该法律条文可知，代位权的行使必须具备以下条件：（1）债权人对债务人的债权合法、确定，且必须已届清偿期。（2）债务人怠于行使其到期债权。（3）债务人怠于行使权利的行为已经对债权人造成损害。（4）债务人的债权不是专属于债务人自身的债权，例如基于扶养关系、抚养关系、赡养关系、继承关系产生的给付请求权和劳动报酬、退休金、养老金、抚恤金、安置金、人寿保险、人身伤害赔偿请求权等权利，均不得由债权人代位行使。

关于行使代位权的风险控制，除了必须满足上述条件外，还主要涉及程序方面的问题。债权人在提起代位诉讼时应该符合相关法律要求，以免导致诉讼失败。

1.代位权的行使主体

代位权的行使主体是债权人本人，即由债权人以自己的名义代债务人之位行使权利。

2.债权人必须通过诉讼程序来行使代位权

根据《民法典》第五百三十五条的规定，债权人只能通过向法院提起诉讼的方式来行使代位权，债权人与债务人在合同中约定以仲裁方式解决纠纷的，此约定并不具有约束力。因为只有通过法院裁判方式才能有效防止债权人滥用代位权，随意处分债务人的财产，不当侵犯债务人及第三人的合法权益，也能避免债权人与其他未行使代位权的债权人、债务人以及第三人之间因代位权的行使产生纠纷。

3.代位权行使的范围，以债权人的债权为限

意思就是说，债权人行使代位权时，只能以自身的债权为基础，其请求债权的数额不能超过债务人实际所负债务，也不能超过第三人对债务人所付的债务。比如，A欠B货款15万元，B欠C货款20万元，当C向A行使代位权的时候，只能主张A支付15万元，剩余5万元仍然需要向B主张。

代位权作为合同相对性规则的例外，其行使将会对第三人产生效力，因此，法律对其行使条件及程序等都予以了明确规范。为了规避代位权行使不当带来的法律风险，实务中，必须按照法定要求行使代位权。

四、行使撤销权

众所周知，撤销权是司法实践中很多人经常使用的一种权利。债权人的撤销权是指，因债务人实施减少其财产的行为对债权人造成损害的，债权人可以请求人民法院撤销该行为的权利。比如，双方当事人的某些行为侵犯了第三人的利益，那么这个第三人就可以行使撤销权来撤销他们的行为。

《民法典》第五百三十八条 债务人以放弃其债权、放弃债权担保、无偿转让财产等方式无偿处分财产权益，或者恶意延长其到期债权的履行期限，影响债权人的债权实现的，债权人可以请求人民法院撤销债务人的行为。

第五百三十九条 债务人以明显不合理的低价转让财产、以明显不合理的高价受让他人财产或者为他人的债务提供担保，影响债权人的债权实现，债务人的相对人知道或者应当知道该情形的，债权人可以请求人民法院撤销债务人的行为。

第五百四十条 撤销权的行使范围以债权人的债权为限。债权人行使撤销权的必

要费用，由债务人负担。

法律赋予债权人此项权利，目的在于维护债权人的利益，防止债务人恶意放弃债权。向人民法院申请撤销债务人放弃到期债权，应当符合法律规定的条件：（1）债务人享有债权；（2）债权已经到期，应予偿还；（3）债务人放弃债权，给债权人造成了损害。三者缺一不可。

权利人必须通过诉讼的方式行使撤销权。并且，必须由享有撤销权的债权人以自己的名义向法院提起诉讼。与代位权诉讼主体相区别的是，撤销权诉讼只能以债务人为被告，至于受让人则不能作为被告，只能作为诉讼中的第三人。另外，需要强调的是，撤销权应自债权人知道或者应当知道撤销事由之日起一年内行使，自债务人的行为发生之日起五年内没有行使撤销权的，该撤销权消灭。

因此，企业在合同履行过程中应当时刻关注对方的履行能力。在对方的行为对债务履行造成威胁时，应积极采取保护措施，维护自己的利益，以免因过了诉讼时效超过而失去向法院提起撤销之诉的权利。

五、和解及调解

和解与调解是众多合同救济方式中最平和的救济方式。无论是在平等自愿、相互协商的基础上达成和解协议，还是借助有关组织、个人或法院等第三方来调解，都可以快速和谐地化解争议和矛盾，提高经济效益。

1. 和解

和解是指当事人通过自行协商，就合同履行产生的争议达成和解协议。但是，和解具有自身的缺陷和弊端：首先，由于和解是双方当事人意思自治的表现，双方当事人在和解过程中，往往会为了争取自身利益最大化，而不愿意做出让步，导致和解双方迟迟难以达成一致。其次，实践中，合同双方往往有强弱之分，在纠纷发生时，若双方协商以和解的方式解决，由于和解没有第三方的介入，很难避免强势的一方利用其优势地位损害弱势一方的利益，导致和解协议存在公平问题。再次，由于和解协议不具有强制执行力，实践中又容易出现当事人反悔的情形，因此，协议当事人将面临协议不被执行、合同权利无法得到救济的法律风险。

为了应对上述和解比较常见的法律风险，建议在选择和解作为救济方式时：首先，双方可以在和解之前约定和解时间，如果双方在一定的时间之内不能达成和解协议，应及时采用其他救济手段，避免因拖延带来经济损失。其次，双方在和解过程中必须遵守我国相关法律法规及相关原则，双方当事人应在平等协商的基础上自愿达成和解协议。最后，针对实践中出现的当事人一方反悔、不履行和解协议的情形，另一方当事人应立刻寻求其他救济途径进行补救，以免合同损失进一步扩大。

2. 调解

调解是在有关组织、个人或法院的主持下，双方当事人就争议的问题，本着相互谅解的精神进行协商，最终达成一致意见的争议解决方式。法院主持的调解以外的调解，统称为诉讼外调解。诉讼外调解和和解在法律效力和风险上具有相同之处，此处我们重点说的是法院调解。

与和解不同的是，法院调解由人民法院和双方当事人共同参加，具有人民法院行使审判权的性质。重要的是，经过法院调解达成协议制作的调解书生效后，与生效判决书具有同等的法律效力，当事人对此不得反悔，也不得再以同一事实和理由重新申请仲裁或向法院起诉。如果一方当事人不履行调解书所确定的义务，对方当事人有权根据调解书申请人民法院强制执行。

鉴于上述调解书的强制执行效力，当事人在法院的主持下进行调解时，应注意以下两点：

（1）调解协议的生效时间。根据《民事诉讼法》的规定，调解书经双方当事人签收后，即具有法律效力。因此，当事人一旦签收了调解书，就不得再反悔，否则另一方可以申请强制执行。

（2）调解书不能上诉。由于调解协议是当事人自愿协商的结果，因此不存在对调解书不服的问题，当事人不能对调解书进行上诉。而在调解未达成协议或者调解书送达前有一方反悔的，另一方应积极要求法院对案件进行继续审理。

六、提起诉讼

在很多情况下，当事人之间发生纠纷往往会采取协商的办法解决，但有的时候当事人之间就争议的问题无法达成一致意见，各持己见，不可调和。在这种情况下，就应该考虑诉讼。诉讼是企业保护自身利益最有效的手段。但提起诉讼并非易事，当事人在诉讼之前要做好证据收集工作，写好起诉状，选择立案法院，建议尽量聘请律师进行代理。

从总体上看，诉讼大概分为三个阶段：起诉阶段、审理阶段和执行阶段。在诉讼各个阶段，都不同程度地存在各种类型的法律风险。由于篇幅限制，以下只能对诉讼不同阶段的法律风险及其防范进行简要说明。

1. 起诉阶段

当事人向人民法院提起诉讼，必须符合《民事诉讼法》第122条规定的四个条件：（1）原告是与本案有直接利害关系的公民、法人和其他组织；（2）有明确的被告；（3）有具体的诉讼请求和事实、理由；（4）属于人民法院受理民事诉讼的范围和受诉人民法院管辖。如果不符合法律规定的条件，将面临不被法院受理的法律风险，也可能被法院裁定驳回起诉。

另外，和申请仲裁一样，提起诉讼也有时效的规定。《民法典》第一百八十八条规定，向人民法院请求保护民事权利的诉讼时效期间为三年，自权利人知道或者应当知道权利受到损害以及义务人之日起计算。如果权利人在法定的时效期间内不行使权利，当时效期间届满时，很容易被驳回诉讼请求。

2. 审理阶段

在审理过程中，当事人对自身提出的事实与请求均应提供充足的证据予以证明。在提供证据时，尽量提供原件，特殊情况下才可以提供经人民法院核对的复印件或复制品。并且，当事人应尽量在人民法院指定的期限内完成举证。

3. 执行阶段

在领取了胜诉生效判决文书以后，如果对方不按判决书履行相关义务，当事人需要在法律规定的时间内向指定的人民法院申请强制执行。

《民事诉讼法》第二百三十一条　发生法律效力的民事判决、裁定，以及刑事判决、裁定中的财产部分，由第一审人民法院或者与第一审人民法院同级的被执行的财产所在地人民法院执行。法律规定由人民法院执行的其他法律文书，由被执行人住所地或者被执行的财产所在地人民法院执行。

《民事诉讼法》第二百四十六条　申请执行的期间为二年。申请执行时效的中止、中断，适用法律有关诉讼时效中止、中断的规定。前款规定的期间，从法律文书规定履行期间的最后一日起计算；法律文书规定分期履行的，从规定的每次履行期间的最后一日起计算；法律文书未规定履行期间的，从法律文书生效之日起计算。

诉讼是当事人的权利，但周期相对较长，程序比较复杂，一般的一审、二审程序结束要花费半年左右的时间甚至更长的时间。诉讼虽然耗费精力和财力，但却是最有效率的办法。如果当事人因合同产生损失，对方又拒绝承担违约金或赔偿金，诉讼是最好的选择，

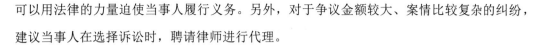

可以用法律的力量迫使当事人履行义务。另外，对于争议金额较大、案情比较复杂的纠纷，建议当事人在选择诉讼时，聘请律师进行代理。

七、申请仲裁

向仲裁机构申请仲裁和向法院提起诉讼是实践中广泛使用的两种纠纷解决方式。仲裁与诉讼具有相同的法律效力，但也有明显的区别，其管辖范围也不同。

申请仲裁的三个前提条件是：

1. 必须有仲裁条款。申请仲裁前或申请仲裁时，在合同中必须有仲裁条款或仲裁协议，确定发生纠纷由某个仲裁机构解决，如果没有类似的条款，则仲裁机构不能受理，由人民法院受理。需要注意的是，在合同中订立仲裁条款时，选择的仲裁机构必须是确定的，且是唯一的。没有写清楚具体的仲裁委员会或者约定仲裁与诉讼条款共同存在的，都会导致仲裁条款无效。

2. 必须属于仲裁范围。申请仲裁的事项必须属于仲裁机构受理范围。仲裁委员会虽然是处理合同纠纷的重要机构，但其受案范围没有法院的受案范围广泛。仲裁机构仅可受理合同纠纷和其他财产权益纠纷，对于婚姻、收养、监护、扶养、继承纠纷，以及应当由行政机关处理的行政争议，只能提起诉讼进行解决。

3. 不能超过仲裁时效。仲裁时效，就是依据法律规定，当事人应在一定期间内提起仲裁。根据《民法典》的规定，仲裁时效为三年，涉外仲裁和涉及技术的仲裁时效为四年，从知道或应当知道权利被侵害之日起计算。

仲裁一般情况下采取不公开审理的方式，如果当事人的纠纷涉及商业秘密，建议约定采用仲裁方式解决争议，可以相对有效地保密。另外，对于标的额较小的纠纷，建议采用诉讼方式解决，所缴纳的诉讼费比较低。而仲裁受理费用相比诉讼费用较高，但由于其不存在二审程序，自然也不存在二次缴纳仲裁费用的问题。从时间成本上考虑，仲裁相对于诉讼耗时较短。

仲裁也存在一定的法律风险。仲裁实行一裁终局，裁决做出后，即产生法律效力。当事人对裁决不服，不能就同一案件再向法院提起诉讼，只能在特定条件下，申请法院撤销仲裁裁决。

第四章　常见的合同控税

第一节　合同决定是否纳税

企业必然要交易，而交易往往是通过合同来体现的。合同是企业与其他主体之间因为交易产生权利义务的重要凭证，也是管理者用来进行企业税务策划的重要工具。部分企业的管理者片面地认为合同是法律部门或业务部门的事情，与财务部门没有关系，从而忽略了合同在控制和降低企业税负中的重要作用。事实上，合同的签订与企业的税务有密不可分的联系，合同往往决定企业的业务模式和业务流程，影响企业的账务和税务处理。企业的税负并不是做账做出来的，而是企业前端的业务模式决定的。

合同控税的本质是通过合同与业务的设计，实现不多交税、不早交税的目的。

【案例】

刘备与张飞二人共同设立桃园开发有限公司，公司收益颇丰，其间张飞准备个人投资一家肉制品项目，由于资金紧张，就与刘备商量从桃园开发有限公司借款300万。于是张飞与桃园开发有限公司签订借款协议，约定借款期限一年，从2021年5月1日至2022年4月30日。

从法律角度分析这份借款协议，张飞与桃园开发有限公司是平等的民事主体，双方签订的借款合同是各自真实的意思表示，不违反法律法规的强制性规定，合同本身是合法有效的。但是，合同中关于借款期限的约定，却给公司经营带来一定的税务风险。根据税务相关规定，作为公司的股东，如果从公司借款，没有用于公司经营，而且跨年度归还，该笔借款就视同股东分红，应当缴纳百分之二十的个人所得税。

【法规链接】

《财政部　国家税务总局关于规范个人投资者个人所得税征收管理的通知》（财税〔2003〕158号）　二、关于个人投资者从其投资的企业（个人独资企业、合伙企业除外）借款长期不还的处理问题　纳税年度内个人投资者从其投资的企业（个人独资企业、合伙企业除外）借款，在该纳税年度终了后既不归还，又未用于企业生产经营的，其未归还的借款可视为企业对个人投资者的红利分配，依照"利息、股息、红利所得"项目计征个人所得税。

《中华人民共和国个人所得税法》第三条　个人所得税的税率：（一）综合所得，适用百分之三至百分之四十五的超额累进税率（税率表附后）；（二）经营所得，适用百分之五至百分之三十五的超额累进税率；（三）利息、股息、红利所得，财产租赁所得，财产转让所得和偶然所得，适用比例税率，税率为百分之二十。

第二节　合同决定纳税时间

发生交易行为后，何时交税？这决定于合同对纳税义务发生时间的约定，还要结合交易中的实际情况进行调整。不同税种的纳税义务发生时间不同，多数税种的纳税义务发生时间可以通过合同中的约定进行设置。

【案例】

桃园公司与东吴公司签订销售合同，合同约定东吴公司8月31日付款。按照此约定，桃园公司的增值税纳税义务发生时间是8月31日，桃园公司应当在9月份报税时缴纳增值税。如果桃园公司与东吴公司在合同中约定付款时间是9月1日，虽然只比8月31日晚一天，但桃园公司的增值税缴纳时间却可以延后一个月，从而延长企业流动资金的使用时间。

增值税纳税义务发生时间总原则：如果是销售货物或者应税劳务，为收讫销售款项或者取得索取销售款项凭据的当天；先开具发票的，为开具发票的当天。取得索取销售款项凭据的当天，是指书面合同确定的付款日期；未签订书面合同或者书面合同未确定付款日期的，为服务、无形资产转让完成的当天或者不动产权属变更的当天。在具体合同履行中，增值税纳税义务发生时间按照先到原则确定，即货物已发出，收到款项时纳税义务发生；货物已发出，没有收到款项，但已到合同约定的收款日，纳税义务发生；货物未发出，收到款项，纳税义务发生；货物未发出，没有收到款项，但已到合同约定的收款日，纳税义务发生。

【案例】

桃园公司与东吴公司签订货物买卖合同，合同标的为1000万元。合同约定："合同生效后十日内桃园公司向东吴公司交付货物，东吴公司在收到货物，且经验收合格后七日内支付全部货款。"合同生效后，桃园公司如期交付了全部货物，但东吴公司未能全部支付货款，仅仅支付了300万元。这种情况下，虽然东吴公司没有如期支付货款，桃园公司依然要缴纳约115万元的增值税；如果双方及时签订补充协议，协议条款变更为：合同生效后十日内桃园公司向东吴公司交付货物，东吴公司在收到货物经验收合格后七日内支付30%货款，剩余的70%半年后一次性支付。那么此时，桃园公司只需要以已经收取的300万元货款为基数，缴纳约34.5万元的增值税。

由此可见，通过对收款时间、收货时间的约定，可以实现增值税纳税时间的调整。

【法规链接】

《中华人民共和国增值税暂行条例》第十九条　增值税纳税义务发生时间：（一）发生应税销售行为，为收讫销售款项或者取得索取销售款项凭据的当天；先开具发票的，为开具发票的当天。（二）进口货物，为报关进口的当天。增值税扣缴义务发生时间为纳税人增值税纳税义务发生的当天。

《中华人民共和国增值税暂行条例实施细则》第三十八条　条例第十九条第一款第（一）项规定的收讫销售款项或者取得索取销售款项凭据的当天，按销售结算方式的不同，具体为：（一）采取直接收款方式销售货物，不论货物是否发出，均为收到销售款或者取得索取销售款凭据的当天；　　　　（二）采取托收承付和委托银行收款方式销售货物，为发出货物并办妥托收手续的当天；（三）采取赊销和分期收款方式销售货物，为书面合同约定的收款日期的当天，无书面合同的或者书面合同没有约定收款日期的，为货物发出的当天；（四）采取预收货款方式销售货物，为货物发出的当天，但生产销售生产工期超过12个月的大型机械设备、船舶、飞机等货物，为收到预收款或者书面合同约定的收款日期的当天；（五）委托其他纳税人代销货物，为收到代销单位的代销清单或者收到全部或者部分货款的当天。未收到代销清单及货款的，为发出代销货物满180天的当天；（六）销售应税劳务，为提供劳务同时收讫销售款或者取得索取销售款的凭据的当天；（七）纳税人发生本细则第四条第（三）项至第（八）项所列视同销售货物行为，为货物移送的当天。

《国家税务总局关于增值税纳税义务发生时间有关问题的公告》（国家税务总局公告2011年第40号） 纳税人生产经营活动中采取直接收款方式销售货物，已将货物移送对方并暂估销售收入入账，但既未取得销售款或取得索取销售款凭据也未开具销售发票的，其增值税纳税义务发生时间为取得销售款或取得索取销售款凭据的当天；先开具发票的，为开具发票的当天。

同样，不仅仅是增值税，其他的税种，也可以通过合同约定来调整纳税时间。

【案例】

桃园公司因为业务扩大需要，以出让方式取得了一块300亩（20万平方米）的土地，拟修建企业总部。2020年10月签订土地出让合同，土地出让合同中注明2021年7月1日前供地。在这种情况下，有可能出现三种缴税方式：第一种，合同约定交付土地时间是2021年7月1日前，也就是说最迟2021年6月30日要交付土地，那么，桃园公司应当在次月缴纳城镇土地使用税（年税额6元/平方米），公司2021年应缴城镇土地使用税为200000×6÷12×6=60万元；第二种，由于合同约定7月1日前供地，从合同签订到交付的期间过长，没有一个明确的交付时间，那么根据政策规定，有可能按照未约定交付土地时间计算，此时，桃园公司需要从合同签订的次月，也就是2020年11月开始缴纳城镇土地使用税，2020年需要缴税200000×6÷12×2=20万元，2021年需要缴税120万元，至2021年底需要缴税140万元；第三种，如果土地出让合同供地时间推迟几天，明确约定7月10日交付土地，则根据政策规定，从交付土地次月开始缴纳城镇土地使用税，桃园公司需缴纳税款为200000×6÷12×5=50万元。

如果合同中没有写明土地交付的时间，则会使企业面临多缴纳土地使用税的风险，因为合同约定交付土地的时间一定在合同签订时间之后，如果合同中没有约定土地交付使用的时间，企业缴纳土地使用税的时间就是土地转让或出让合同签订的次月，这样可能会增加企业的负担。

总之，合同作为市场经济中交易双方权利义务关系确定的主要载体，有可能影响或直接决定纳税义务发生时间。涉及纳税义务发生时间条款的拟定应秉持两个基本原则，一是防范潜在法律风险，二是合法推迟纳税义务的发生。

【法规链接】

《财政部 国家税务局关于房产税城镇土地使用税有关政策的通知》（财税〔2006〕186号） 二、关于有偿取得土地使用权城镇土地使用税纳税义务发生时间问题 以出让或转让方式有偿取得土地使用权的，应由受让方从合同约定交付土地时间的次月起缴纳城镇土地使用税；合同未约定交付土地时间的，由受让方从合同签订的次月起缴纳城镇土地使用税。

《国家税务总局关于通过招拍挂方式取得土地缴纳城镇土地使用税问题的公告》（国家税务总局公告2014年第74号） 通过招标拍卖挂牌方式取得的建设用地，不属于新征用的耕地，纳税人应按照《财政部 国家税务总局关于房产税、城镇土地使用税有关政策的通知》（财税〔2006〕186号）第二条规定，从合同约定交付土地时间的次月起缴纳城镇土地使用税，合同未约定交付土地时间的，从合同签订的次月起缴纳城镇土地使用税。

第三节　合同决定税率高低

合同中直接涉税的条款通常包括标的条款、价格条款、付款时间条款、发票条款。合同可以直接影响企业交多少税、何时交税。合同价格条款不当，企业就会多缴纳税款。

【案例】

桃园房地产开发有限公司承揽了龙宫建设业务，需要从大魏电梯有限公司购买两部电梯。价款条款直接影响企业涉税成本。桃园公司可以采取两种方法：一是从大魏电梯公司购买电梯及安装服务，合同约定，电梯价款 200 万元，免费安装；二是可以与大魏电梯公司签订电梯购买合同，电梯价款 180 万元，然后再签订安装服务合同，安装服务费 20 万元。

不同的交易模式的涉税成本也不一样，这就需要桃园公司在签订合同时选择最优的交易模式。

第一种，桃园公司与大魏公司签订一份合同，将安装费用计入电梯价格中，在合同中直接约定采购总价。在这种模式中，桃园公司可以在合同中约定由大魏公司出具 13% 的增值税专用发票，桃园公司可以抵扣 13% 的增值税进项税额，可抵扣增值税款约 23 万元。

第二种，桃园公司与大魏公司签订两份合同，分别为电梯购买合同、安装服务合同。在这种情况下，大魏公司就电梯采购合同的 180 万元，向桃园公司出具 13% 的增值税专用发票，而双方签订的电梯安装服务合同，则根据财税〔2016〕36 号文的规定，可以适用简易计税方法，就安装服务价款出具 3% 的增值税专用发票。桃园公司可用于抵扣的增值税进项税额约 21.2 万元。

通过上述分析可以看出，合同签订方法不同，增值税的进项抵扣也是不一样的。对于桃园公司而言，第一种合同签订方法比较有利，全额开具 13% 的增值税专用发票，桃园公司可以获得 13% 的增值税进项税额抵扣；第二种合同签订方式中，电梯价款部分开具 13% 的增值税专用发票，安装服务部分开具 3% 的增值税专用发票。相应地，对于销售方大魏公司而言，第一种方式则是税负较重的合同签订方法。具体如何选择，可能是双方博弈的结果。实践中，当事人一方面对合同价款锱铢必较，另一方面对大额的涉税成本视而不见的例子比比皆是。

【法规链接】

《财政部、国家税务总局关于全面推开营业税改征增值税试点的通知》（财税〔2016〕36 号）第三十九条 纳税人兼营销售货物、劳务、服务、无形资产或者不动产，适用不同税率或者征收率的，应当分别核算适用不同税率或者征收率的销售额；未分别核算的，从高适用税率。

第四十条 一项销售行为如果既涉及服务又涉及货物，为混合销售。从事货物的生产、批发或者零售的单位和个体工商户的混合销售行为，按照销售货物缴纳增值税；其他单位和个体工商户的混合销售行为，按照销售服务缴纳增值税。

《国家税务总局关于进一步明确营改增有关征管问题的公告》（国家税务总局公告2017年第11号） 一、纳税人销售活动板房、机器设备、钢结构件等自产货物的同时提供建筑、安装服务，不属于《营业税改征增值税试点实施办法》（财税〔2016〕36号文件印发）第四十条规定的混合销售，应分别核算货物和建筑服务的销售额，分别适用不同的税率或者征收率。

《国家税务总局关于明确中外合作办学等若干增值税征管问题的公告》（国家税务总局公告2018年第42号） 六、一般纳税人销售自产机器设备的同时提供安装服务，应分别核算机器设备和安装服务的销售额，安装服务可以按照甲供工程选择适用简易计税方法计税。一般纳税人销售外购机器设备的同时提供安装服务，如果已经按照兼营的有关规定，分别核算机器设备和安装服务的销售额，安装服务可以按照甲供工程选择适用简易计税方法计税。纳税人对安装运行后的机器设备提供的维护保养服务，按照"其他现代服务"缴纳增值税。

企业经营行为同时涉及货物和服务时，可以通过合同约定将货物与服务明确分开，不同的行为分别按照不同的税率计算，从而控制成本。同样，在交易仅涉及一项销售行为时，也可以通过合同改变交易的性质，由此控制成本。

【案例】

桃园公司有大量装载机、挖掘机，大魏公司因为修建铜雀台，需要租赁挖掘机、装载机各5台。双方签订合同时，可以有两种方式：第一种方式，合同约定只租赁设备；第二种方式，合同可以约定桃园公司将设备出租给大魏公司，同时配备操作人员。

在第一种模式中，桃园公司从事的是经营性租赁业务，就是提供机械设备的使用权，此时，桃园公司按照有形动产的租赁服务缴纳增值税，增值税税率为13%。在第二种模式中，桃园公司将挖掘机、装载机和操作人员同时提供给大魏公司，人员的劳务关系并没有改变，桃园公司按照销售建筑服务缴纳增值税，而建筑服务的增值税税率为9%。由此可见，

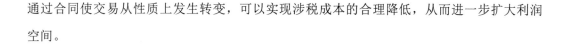

通过合同使交易从性质上发生转变，可以实现涉税成本的合理降低，从而进一步扩大利润空间。

【法规链接】

《财政部、国家税务总局关于全面推开营业税改征增值税试点的通知》（财税〔2016〕36号）附件《营业税改征增值税试点实施办法》附件《销售服务、无形资产、不动产注释》第一条第（六）项第5款　（2）经营租赁服务，是指在约定时间内将有形动产或者不动产转让他人使用且租赁物所有权不变更的业务活动。

按照标的物的不同，经营租赁服务可分为有形动产经营租赁服务和不动产经营租赁服务。

将建筑物、构筑物等不动产或者飞机、车辆等有形动产的广告位出租给其他单位或者个人用于发布广告，按照经营租赁服务缴纳增值税。

车辆停放服务、道路通行服务（包括过路费、过桥费、过闸费等）等按照不动产经营租赁服务缴纳增值税。

《财政部、国家税务总局关于建筑服务等营改增试点政策的通知》（财税〔2017〕58号）　二、《营业税改征增值税试点实施办法》（财税〔2016〕36号印发）第四十五条第（二）项修改为"纳税人提供租赁服务采取预收款方式的，其纳税义务发生时间为收到预收款的当天"。

《财政部、国家税务总局关于明确金融、房地产开发、教育辅助服务等增值税政策的通知》（财税〔2016〕140号）　十六、纳税人将建筑施工设备出租给他人使用并配备操作人员的，按照"建筑服务"缴纳增值税。

《财政部、税务总局、海关总署关于深化增值税改革有关政策的公告》（财政部、税务总局、海关总署公告2019年第39号）　一、增值税一般纳税人（以下称纳税人）发生增值税应税销售行为或者进口货物，原适用16%税率的，税率调整为13%；原适用10%税率的，税率调整为9%。

第四节　合同决定纳税金额

企业租赁大都为房屋租赁，例如出租车间、厂房、宾馆、门面房等，根据规定，要按租金收入的12%缴纳房产税。但往往企业出租的不仅是房屋设施自身，还有房屋内部或外部的一些附属设施，比如机器设备、办公家具、附属用品等，而国家对这些设施并不征收房产税。如果把这些设施与房屋不加区别地写在一份租赁合同里，则出租这些设施的收入也要缴纳房产税，从而会增加企业的税负。

【案例】

　　桃园公司承租东吴公司位于荆州的办公楼、厂房，包括围墙以内的办公区域、厂房、道路设施及原有设备等，每年租金含税价1000万元，租赁期为五年。

　　这属于不动产出租，从东吴公司应缴纳的房产税分析，房产税是从租计征，即按租金的12%计征，东吴公司在这个项目中一年需要缴纳房产税1000×12%=120万元（不考虑增值税）。

　　根据《财政部税务总局关于房产税和车船使用税几个业务问题的解释与规定》（财税地字〔1987〕3号）的规定，房产是以房屋形态表现的财产。房屋是指有屋面和围栏结构（有墙或两边有柱），能够遮风避雨，可供人们在其中生产、工作、学习、娱乐、居住或储藏物资的场所。独立于房屋之外的建筑物，如围墙、烟囱、水塔、变电塔、油池油柜、酒窖菜窖、酒精池、糖蜜池、室外游泳池、玻璃暖房、砖瓦石灰窑以及各种油气罐等，不属于房产。所以，办公设备、办公厂区、停车位、厂区道路和绿化带等附属设施，不属于房产，不用交房产税。但由于东吴公司打包出租办公楼、厂房和所有的附属设施，收取桃园公司的租金中包括办公厂区、道路绿化带等附属设施的租金，还包括办公楼中的设备租金，这使得东吴公司要承担更多的房产税。

　　如果换一种模式，桃园公司与东吴公司签订一份办公楼、厂房租赁合同，年租金为600万元；签订一份空地、绿化带、停车区等附属设施租赁合同，年租金300万元；签订一份办公设备租赁合同，年租金100万元，则整个租赁项目中，除了办公楼、厂房租赁合同之外，其他的租赁合同不涉及缴纳房产税，东吴公司一年可以少交房产税400×12%=48万元（不考虑增值税）。

　　在这个案例中，合同还影响印花税。印花税是个不起眼的小税种，历来有"拔鹅毛不让鹅叫"的美誉。它的征税税源很大，又因税负轻，被征税者的痛感并不明显。印花税依据合同征收，合同一签订，印花税的纳税义务就发生，至于合同是否履行、何时履行、能否完全履行，不影响印花税的缴纳，即使合同未来没有履行，也不存在退税。

印花税的计税依据是合同上载明的金额。如果合同上写的是总价，就以含税总价作为印花税的计税依据；如果合同上标明的是不含税价和税率、税额，那么就以不含税价作为印花税计税依据。例如租赁合同的印花税税率是千分之一，若桃园公司与东吴公司约定合同总价款为1000万元，则两家公司各自都要交印花税10000元；若两家公司在合同中约定不含税价917.4312万元，税率9%，税额82.5688万元，价税合计1000万元，则两家公司各自以917.4312万元为基数，缴纳9174元印花税即可；如果两公司考虑到资金利用效果的最大化，也可以在签订租赁合同时只约定月租金标准，对于具体的租赁期限不做约定，这样，可以在未来进行结算时补贴印花。

【法规链接】

《中华人民共和国房产税暂行条例》

第三条　房产税依照房产原值一次减除10％至30％后的余值计算缴纳。具体减除幅度，由省、自治区、直辖市人民政府规定。

没有房产原值作为依据的，由房产所在地税务机关参考同类房产核定。

房产出租的，以房产租金收入为房产税的计税依据。

第四条　房产税的税率，依照房产余值计算缴纳的，税率为1.2％；依照房产租金收入计算缴纳的，税率为12％。

《中华人民共和国印花税法》

第一条　在中华人民共和国境内书立应税凭证、进行证券交易的单位和个人，为印花税的纳税义务人，应当按照本法规定缴纳印花税。

《国家税务局关于印花税若干具体问题的规定》（国税地字〔1988〕25号）

4.有些技术合同、租赁合同等，在签订时不能计算金额的，如何贴花？有些合同在签订时无法确定计税金额，如技术转让合同中的转让收入，是按销售收入的一定比例收取或是按实现利润分成的；财产租赁合同，只是规定了月（天）租金标准而却无租赁期限的。对这类合同，可在签订时先按定额5元贴花，以后结算时再按实际金额计税，补贴印花。

对于拥有仓库等场地的企业，相同的场地，如果运营方式不同，则适用的税种及税率也不同。最典型的就是仓储服务、租赁服务：租赁服务，是指在约定的时间内将场地、房屋、物品、设备或设施等交给别人使用的业务活动；仓储服务，是指利用仓库、货场或者其他场所替客户贮放、保管货物的业务活动。仓储服务与不动产租赁服务均需利用固定的场地提供服务，两者具有一定的相似性。从涉税成本上看，二者有明显的不同，如果签订仓储服务合同，则适用"物流辅助业"税目，适用6%的增值税税率，对于小规模纳税人，则适用3%的征收率；如果签订租赁合同，则适用9%的增值税税率。

第五节　一个值得研究的合同控税案例

这是一个成功的案例，通过对交易模式的设计，以签两份合同的形式进行了税务策划。

公告1：SG股份有限公司关于SG公司委托JT公司管理房屋暨关联交易公告

一、关联交易概述

（一）关联交易基本情况

SG股份有限公司（以下简称"公司"）控股股东SG有限公司（以下简称"SG公司"）拟与SGJT联合有限责任公司（以下简称"JT公司"）签订《房屋委托管理协议》，由SG公司将其所有的位于JT公司厂前区和协力区的24栋房屋（面积共计137703.76平方米）委托JT公司管理。经双方协商一致，委托管理资产费用为每年17174391元。

……

三、关联交易标的基本情况

本次关联交易标的资产为SG公司所有的位于JT公司厂前区和协力区的24栋房屋（面积共计137703.76平方米）的管理与维护。上述房屋包括用于职工住宿的公寓楼16栋，以及用于经营日常餐饮、文体等活动的辅助建筑8栋。JT公司为满足职工生活所需，拟自SG公司通过有偿方式获得前述24栋房屋的使用权，相关情况详见公司于2020年9月25日发布的《SG股份有限公司关于JT公司有偿使用SG公司房屋暨关联交易公告》（公告编号：2020-050）。该等房屋在使用过程中会产生日常的修缮、物业管理等费用，基于资产管理便利性考虑，SG公司委托JT公司从事该等房屋的日常维护与管理，并据此向JT公司支付管理费。

四、关联交易的定价政策及定价依据

房屋委托管理费用根据实际发生的房屋修缮、物业、防雨防汛、垃圾清运、配套管理人员等费用情况确定，SG公司每年向JT公司支付委托管理费17174391元……

五、关联交易协议的主要内容

协议约定SG公司委托JT公司对位于JT公司厂前区和协力区的24栋房屋（面积共计137703.76平方米）进行管理，SG公司每年向JT公司支付委托管理费。委托管理期限为2020年1月1日至2024年12月31日。委托管理费用为每年17174391元；其中2020年12月15日前支付2020年管理费用，2021年—2024年每年12月31日前支付当年管理费用。

......

公告2：SG股份有限公司关于JT公司有偿使用SG公司房屋暨关联交易公告

一、关联交易概述

（一）关联交易基本情况

SG股份有限公司（以下简称"公司"）控股子公司SGJT联合有限责任公司（以下简称"JT公司"）拟与SG有限公司（以下简称"SG公司"）签订《房屋有偿使用协议》，SG公司将其所有的位于JT公司厂前区和协力区的24栋房屋（面积共计137703.76平方米）有偿提供给JT公司使用、经营。经双方协商一致，有偿使用费用为每年20160000元。

......

三、关联交易标的基本情况

本次关联交易标的资产为SG公司所有的位于JT公司厂前区和协力区的24栋房屋（面积共计137703.76平方米）的使用权、经营权。上述房屋包括用于职工住宿的公寓楼16栋以及用于经营日常餐饮、文体等活动的辅助建筑8栋。

四、关联交易的定价政策及定价依据

本次关联交易定价参照周边房屋租赁价格确定，JT公司每年向SG公司支付房屋有偿使用费20160000元，其中厂前区16560000元、协力区3600000元。

五、关联交易协议的主要内容

协议约定SG公司提供位于JT公司厂前区和协力区的24栋房屋（面积共计

137703.76平方米）给JT公司使用、经营，JT公司每年向SG公司支付房屋有偿使用费。房屋使用期限为2020年1月1日起至2024年12月31日止。有偿使用费用为每年20160000元；其中2020年12月15日前支付2020年使用费用，2021年—2024年每年12月31日前支付当年使用费用。

第六节　合同管理制度示例

××××集团股份有限公司合同管理制度

第一章　　总则

第一条　为防范××××集团股份有限公司（以下简称"股份公司"）及下属子公司（子公司指全资和控股子公司，下同）在经营过程中出现的法律风险，加强合同管理，规范合同签订、履行等程序，根据《中华人民共和国民法典》和股份公司《公司章程》等的规定，结合股份公司实际情况，特制定本制度。

第二条　本制度适用于股份公司及下属子公司。股份公司下属子公司的合同管理须遵照本制度的规定，并结合各自公司的实际情况实施。

股份公司及下属子公司的内设部门、分公司原则上均不得以自己名义对外签订合同。

第三条　本制度所称合同是指股份公司及下属子公司与其他合同当事人（包括法人、其他组织和自然人）之间设立、变更、终止民事权利义务关系的各类法律文本，包括但不限于协议、合约、契约、订单、确认书。

第二章　合同管理机构及其职责

第四条　证券法律部是股份公司的合同归口管理部门，承办部门（公司）以及综合管理部、资产财务部等职能部门按照各自的职责参与合同管理。

第五条　证券法律部承担以下职能：

1.负责制定和修订股份公司的合同管理制度，指导各下属子公司制定和修订合同管理的具体实施办法或细则；

2.负责股份公司合同及下属子公司重大合同的审核工作，协助参与起草重大对外投资与合作项目合同，并起草无法归于具体部门（公司）草拟的合同；

3.参与重大合同的法律风险论证、谈判及签订工作；

4.负责解答其他部门（公司）在合同签订、履行等过程中遇到的法律问题；

5.监督、检查合同的签订、履行、管理情况；

6.参与合同纠纷的调查处理，制定法律解决方案；

7.负责组织合同管理的有关法律知识讲座和培训；

8.负责对股份公司下属子公司合同签订的指导、监管工作；

9.其他相关合同管理事宜。

第六条　承办部门（公司）承担以下职能：

1.对合同相关方展开调查，了解合同相关方主体资格、信用资质等方面的信息，必要时根据要求提供相关资料，确保合同相关方主体适格且具备履约能力；

2.起草、完善合同文本，组织项目的谈判；

3.负责合同文本审查、会签程序的流转；

4.组织合同履行，办理付款审批、支付，根据要求反馈合同履行的结果；

5.负责将合同原件提交存档；

6.负责本部门（公司）的合同统计，保管合同履行过程中的所有协议文件和资料；

7.指定合同经办人；

8.处理涉及本部门（公司）合同的争议或纠纷；

9.其他相关合同管理事宜。

第七条　综合管理部承担以下职能：

1.对完成签批程序的合同进行登记、编号、存档和保管；

2.其他相关合同管理事宜。

第八条　资产财务部等职能部门承担以下职能：

1.资产财务部必要时根据要求审查合同中的财务事项是否符合国家法律法规和公司财务管理制度；

2.资产财务部对未经股份公司盖章的合同，原则上不得付款、结算；

3.资产财务部等职能部门根据合同管理需要，对合同审批、签订、变更、履行、争议等事项出具部门意见或配合开展相关工作。

第三章　合同的起草

第九条　合同由经办部门（公司）或证券法律部等负责起草。公司业务运营、行政办公等日常合同，一般对外合作、投资项目涉及的合同，以及出版、财务等专业合同，按业务归口由经办部门（公司）起草；对外重大合作、投资项目涉及的合同，由经办部门（公司）牵头起草，证券法律部协助；不归属于具体部门（公司）草拟的合同，由证券法律部或外聘中介机构起草。

第十条 起草的合同文本必须能够明确各合同主体的权利和义务，做到内容翔实，用语严谨、简练、准确，并且应当使用打印或印刷的合同文本。各类合同有标准文本或示范文本的，原则上应当优先适用。

第十一条 合同一般包括以下条款：

（一）当事人的名称或者姓名和住所；

（二）标的；

（三）数量；

（四）质量；

（五）价款或者报酬；

（六）履行期限、地点和方式；

（七）违约责任；

（八）解决争议的方法；

（九）其他需要约定的事项。

第四章 合同的送审

第十二条 证券法律部和法律顾问负责合同的审核工作，主要是从合法合规的层面审核合同，资产财务部等职能部门从财务等层面审核合同，起到维护公司利益、防止合同陷阱、减少法律风险、避免法律纠纷的作用。

第十三条 经办部门（公司）起草的合同或由合同对方起草的合同（包括格式合同），由经办部门（公司）责任人在《合同订立审批表》上签署送审意见后附带合同对方资质资信、履约能力等相关材料（如有）或尽职调查报告（如有），送证券法律部进行审核。证券法律部和/或法律顾问对合同进行初审后，由证券法律部签署审核意见。

第十四条 证券法律部和法律顾问对合同提出疑问或异议，经办部门（公司）应予全面解释。对证券法律部和法律顾问提出的修改意见或批注意见，经办部门（公司）应予重视并修改完善，且后续应及时反馈合同的修改情况。证券法律部和法律顾问要求提供相关材料的，经办部门（公司）需及时按要求补齐。

第十五条 股份公司经办部门对外签署的合同，需提交证券法律部审核；子公司对外签署的合同，涉及兼并收购、股权转让等重大对外合作、投资项目或单笔标的金额超过1000万元的非日常经营性合同，以及股份公司股东会、董事会或总经理办公会明确提出相关合同审核要求的，需提交证券法律部审核。

第五章 合同的签订

第十六条 合同在签订之前，经办部门（公司）必须依法履行审查义务，认真了解合同对方的真实情况，包括但不限于了解合同对方是否具有签约的主体资格，是否有履约能力以及资质资信等级，合同对方签约人是否法定代表人或其授权代表人，审查对方提供资料的真实性与合法性等，如果涉及对公司的兼并收购、股权转让等重大事宜，还应对目标公司开展全面深入的尽职调查，切实做好合同签订前的审核把关工作。

第十七条 对重大合同从谈判到签订过程中的重要事项和参与谈判人员的主要意见，要予以记录并妥善保存，同时加强对谈判人员的管理，做好相关保密工作，避免泄露公司谈判策略和商业秘密。

第十八条 合同签订应遵循诚实信用、平等互利、协商一致、等价有偿的原则，既要保护公司的应得权益，又要做到互惠互利，确保订立的合同合法有效。

第十九条 签订合同时案件管辖条款应尽量约定，因合同引发的相关法律纠纷，由股份公司或其子公司所在地的人民法院管辖。

第二十条 合同的签订实行审批制度，具体的审批和签署程序为：经办部门（公司）根据本制度第十三条的规定经证券法律部和/或法律顾问修改、审核定稿，且按股份公司有关规章制度的规定履行相应的决策程序后，日常合同由股份公司分管副总经理或总经理直接签批和签署；经股份公司总经理办公会决议通过的合同（项目）文本，由分管副总经理或总经理直接签批和签署；经股份公司董事会或股东大会决议通过的合同（项目）文本，由总经理或董事长签批和签署。

无须股份公司审批和签署的合同，由股份公司下属子公司根据本制度的规定，并结合自身的实际情况，自行制定或修订有关的合同审批和签署制度。

第二十一条 经办部门（公司）持《合同订立审批表》和已有领导签署的合同，由综合管理部或子公司相关负责部门加盖相应公司的合同专用章或公章。没有履行审批程序和无领导签署（字）的合同，综合管理部或子公司相关负责部门不予盖章。

第二十二条　合同签订一律采用书面形式。单份合同文本达两页以上的须加盖骑缝章。废弃的合同原件和复印件均须经碎纸机粉碎后，方可做废弃处理。

第二十三条　根据法律法规规定和协议约定，合同需要办理批准、鉴证和公证的，由承办部门或承担有关职责的部门负责办理。

第六章　重大合同的信息披露

第二十四条　经办部门（公司）在筹划签订重大合同时，应当在知悉该事项当日通告证券法律部，由证券法律部根据证券监管部门及《公司章程》《公司信息披露事务管理制度》等有关信息披露的规定和要求，履行信息披露义务。

第二十五条　本制度所称的重大合同包括但不限于：

（一）股份公司股东大会决议通过相关事项后需要签署的合同；

（二）股份公司董事会决议通过相关事项后需要签署的合同；

（三）重大对外投资（含委托理财、委托贷款等）合同；

（四）重大对外担保、借贷、融资合同；

（五）租入或租出资产的重大合同；

（六）签订管理方面的合同（含委托或者受托经营合同）；

（七）因赠与或者受赠资产而签订的重大合同；

（八）债权、债务重组合同；

（九）公司重大事项的战略合作协议；

（十）除日常经营性合同外，单笔标的金额超过1000万元的合同；

（十一）依照法律法规、证券监管部门规范性文件、《公司章程》、《公司信息披露事务管理制度》等的有关规定，其他可能对公司的资产、负债、权益和经营成果产生重大影响的合同。

除重大合同以外的合同为"一般合同"。

第七章　合同的存档

第二十六条　以股份公司名义签订的合同，合同原件由经办部门（公司）送至综合管理部，综合管理部指定专人负责合同的登记、编号、存档和保管等合同管理工作。同时，综合管理部应建立"合同台账"，及时登记已签订合同的主要内容，合同签订时间、主体、金额，以便检查。

第二十七条　经办部门（公司）需要合同原件的，应在合同签订时增加原件份数，同时仍需将一份合同原件送至综合管理部保管。

第二十八条　综合管理部不得将合同内容向外泄露，不得将合同原件丢失；经办部门（公司）保留有合同原件的，也需要遵此规定。如因合同原件丢失，并因此引起法律纠纷等造成股份公司损失的，将追究有关当事人员的责任。

第二十九条　股份公司下属子公司按本章的规定，并结合各自公司的实际情况，制定或修订本公司的合同存档制度。

第八章　合同的履行

第三十条　合同依法签订后即具有法律约束力。经办部门（公司）必须认真履行合同，确保维护公司信誉，严格按合同条款履行义务，积极行使合同条款赋予的权利。

第三十一条　经办部门（公司）必须对合同的履行（包括但不限于签约、履约、验收、结算）进行全程动态跟踪管理。合同经办人应随时了解和掌握合同的履行情况，督促合同对方全面履行合同，及时发现问题、风险并给予处理。合同履行中发生重大情况、重大纠纷，应及时逐级向部门负责人、分管副总经理和总经理上报并提出解决建议。

此外，合同经办人变更时，必须办理好交接手续。否则，造成合同不能履行或不能完全履行的后果并给股份公司造成损失的，将追究经办部门（公司）负责人和合同经办人的责任。

第三十二条　合同的履行涉及财务部门的，经办部门（公司）在合同签订后须将合同复印件送至财务部门。财务部门专人负责合同的账务往来、书面签证、来往信函等事宜。合同履行中所有涉及财务的相关凭证，必须是合法有效的纸质凭证，否则，财务部门不得办理结算支付等相关事宜。

第三十三条　对合同履行过程中出现的法律问题，经办部门（公司）应及时向证券法律部反映，如需证券法律部给予协助，由证券法律部会同法律顾问及时配合解决，必要时提供书面的法律应对策略和解决方案。

第三十四条　合同全面履行完毕，以合同约定或法律规定为准。没有合同约定或法律规定的，一般应以物资交清、劳务完成、工程竣工并验收合格、价款结清、无遗留交涉手续等为准。

第三十五条　根据有关规章制度，证券法律部每年年末对股份公司合同履行总体情况和重大合同履行情况进行评估汇总。

第九章　合同的变更、解除

第三十六条　合同履行过程中，确需签订补充协议或者对合同的一般性条款变更的，经办部门（公司）应按合同签订的有关程序办理。标的、价款、期限、违约责任的承担方式等合同重要条款变更的，经办部门（公司）应按合同的送审、批准、签订等合同订立的全部程序重新办理。

第三十七条　合同的变更、解除应注意下列事项：主体的变更、解除，应征得合同各方的同意；有担保的合同变更，应依法通知或征得原担保人同意。

第三十八条　经批准的合同，在达成变更、解除合同前，应报原机构批准；经鉴证的合同，在达成变更、解除合同后，应报原机构备案；经公证的合同，在达成变更、解除合同后，应报原公证机构重新公证，才具有法律效力。

第三十九条　股份公司及下属子公司向合同对方发出的中止合同、解除合同、质量异议以及其他事项的通知，应以书面方式送达合同对方，合同对方签收后，经办部门除自行留存签收材料外，还应将有关签收材料报综合管理部门随合同一并归档保存；重要合同涉及的书面通知必要时应采用公证方式送达。

第四十条　变更、解除合同，必须采用书面形式，书面形式是指合同书、信件和数据电文（包括电报、电传、传真、电子数据交换和电子邮件）等可以有形地表现所载内容的形式，口头形式无效。

第四十一条　变更、解除合同的协议在未达成或未履行必要的批准等程序之前，原合同仍有法律约束力，应继续履行。

第十章　合同纠纷的处理

第四十二条　合同在履行过程中如发生纠纷或争议，由经办部门（公司）经办人逐级向部门负责人、分管副总经理和总经理书面汇报有关情况，且必要时提前进行协调处理。同时，注意及时收集、保存下列有关证据：

（一）合同文本，包括但不限于签订、变更、解除的协议，电报，电传，传真，电子数据，信函，图标，视听资料，广告，授权委托书，介绍信；

（二）送货、提货、收货、托运、验收等凭证及发票等票证票据；

（三）货款的承付或托收凭证、信用证、完税凭证、有关财务账目；

（四）作为质量标准的法定或约定文本、封样、样品及鉴定报告、检测结果；

（五）证人证言；

（六）其他相关证据材料。

第四十三条　经办部门（公司）在解决纠纷或争议过程中如需要法律帮助，可提请证券法律部会同法律顾问协助解决，应介绍具体情况并提供相关书面材料。

第四十四条　如遇重大法律问题或可能面临法律诉讼，由证券法律部提请常年法律顾问协助解决，或聘请、协助聘请律师事务所等专业机构参与。

第四十五条　合同纠纷经合同各方协商达成一致意见的，合同各方应订立书面协议，由合同各方签字并加盖公章。

第四十六条　在合同签订、履行和变更、解除等过程中，有关人员出现违法违规违纪行为给股份公司造成重大损失的，按有关规定追究有关部门和人员责任。

第十一章　附则

第四十七条　股份公司下属子公司参照本制度的规定，并结合自身的实际情况，制定或修订合同管理实施办法或细则。

第四十八条　本制度中的数字、期限均包含本数。

第四十九条　本制度由股份公司证券法律部负责解释。

第五十条　本制度自印发之日起实施。

第三编

劳动用工风险防范

第一章　招聘录用过程中的风险与防范

第一节　招聘环节的法律风险与防范

员工招聘是企业人力资源管理最初的环节，也是企业最先可能遭遇法律风险的环节。但是这个环节往往也是用人单位不太重视的环节，招聘环节难以绕开的两个要素是招聘广告和应聘材料，这两个要素也是重要的风险点。

一、招聘广告

（一）概念

招聘广告主要指用来发布招聘信息的广告。人才招聘广告是企业招聘的重要工具之一，设计得好坏，直接影响到应聘者的素质和企业的竞争力。

招聘广告是企事业单位招录人才的一种重要的方式。随着网络的高速发展，招聘广告也通过各种互联网手段传播得更加广泛。招聘广告一方面要吸引企业所需的人才，另一方面又要明确应聘者条件，精确招聘。而企业因为费用的原因，制作的招聘广告往往比较简短，这种情况下往往难以表述清楚招聘要求，容易出现各种各样的法律风险。

（二）招聘广告的常见风险点及防范措施

1. 就业歧视

就业歧视是指没有法律上的合法目的和原因而基于种族、肤色、宗教、民族、性别、户籍、身体健康状况、年龄、身高、语言等原因，采取区别对待、排斥或者给予优惠等任何违反平等权的措施侵害劳动者权利的行为。

虽然国家出台了各类规定来遏制就业歧视，但是种族、性别、户籍、年龄等这些最常见的属于就业歧视的招聘要求，还是在招聘广告中屡屡出现。有的招聘广告为了引人注目还明确标注要求身高170cm以上、相貌清秀、未婚未孕、非处女座等。

对各类知名招聘网站发布的招聘信息进行检索发现，大部分企业的招聘广告中会对性别、年龄、学历、经验做出要求，有的甚至对相貌、身高也有特别要求。企业作为用人单位，在制定这些特别要求时如果不是基于工作岗位本身特点，而是以与工作本身无关的理由差别对待求职者，则构成就业歧视。在就业歧视中，性别歧视尤为突出。

那为什么在已经有各种法律规定的情况下，这种就业歧视现象还愈演愈烈呢？如果真正有很多"较真"的应聘者，肯定会有大量的争议产生。

就业平等权指劳动者不论民族、种族、性别、宗教信仰等，而依法享有平等就业、自主择业而不受歧视的权利。就业平等权不仅属于劳动者的劳动权利范畴，亦属劳动者作为自然人的人格权范畴。根据《中华人民共和国民法典》第一千一百六十五条规定，行为人因过错侵害他人民事权益造成损害的，应当承担侵权责任。

就业歧视的形式多种多样，那如何才能避免招聘广告出现就业歧视？

第一，要遵循一个大原则——有合法目的和原因。如果企业想避免招聘广告所确定的条件构成就业歧视，就应该确保招聘广告所标明的招聘要求都是基于岗位特性做出，都符合岗位的特点。

第二，招聘广告中关于招聘条件的表述要尽量缓和，避免采用刚性的要求。目前国家对于就业歧视的标准没有明确的规定，司法实践中，是否构成就业歧视几乎完全依据法官的自由裁量。因此，企业应该学会合理设置招聘广告和表达招聘条件，例如使用"优先""择优"等字眼。并且，最终的选择应该是对应聘者进行评估和考核之后的合理选择，而非基于某一个刚性标准。

第三，企业对招聘广告中的部分内容，如果无法确定是否涉及就业歧视，应该慎重表述或者不写。

总之，企业招聘广告中的内容应该表达准确，并非越多越好，但也不应过于简短，尤其是对于部分内容处在模糊状态的情形，企业更应该慎重，应该选择柔和的语言或其他更为恰当的方式表述。

【法规链接】

九部委《关于进一步规范招聘行为促进妇女就业的通知》二、依法禁止招聘环节中的就业性别歧视。各类用人单位、人力资源服务机构在拟定招聘计划、发布招聘信息、招用人员过程中，不得限定性别（国家规定的女职工禁忌劳动范围等情况除外）或性别优先，不得以性别为由限制妇女求职就业、拒绝录用妇女，不得询问妇女婚育情况，不得将妊娠测试作为入职体检项目，不得将限制生育作为录用条件，不得差别化地提高对妇女的录用标准。国有企事业单位、公共就业人才服务机构及各部门所属人力资源服务机构要带头遵法守法，坚决禁止就业性别歧视行为。

《中华人民共和国就业促进法》第二十七条　国家保障妇女享有与男子平等的劳动权利。

用人单位招用人员，除国家规定的不适合妇女的工种或者岗位外，不得以性别为由拒绝录用妇女或者提高对妇女的录用标准。

用人单位录用女职工，不得在劳动合同中规定限制女职工结婚、生育的内容。

第二十八条　各民族劳动者享有平等的劳动权利。

用人单位招用人员，应当依法对少数民族劳动者给予适当照顾。

第二十九条　国家保障残疾人的劳动权利。

各级人民政府应当对残疾人就业统筹规划，为残疾人创造就业条件。

用人单位招用人员，不得歧视残疾人。

第三十条　用人单位招用人员，不得以是传染病病原携带者为由拒绝录用。但是，经医学鉴定传染病病原携带者在治愈前或者排除传染嫌疑前，不得从事法律、行政法规和国务院卫生行政部门规定禁止从事的易使传染病扩散的工作。

第三十一条　农村劳动者进城就业享有与城镇劳动者平等的劳动权利，不得对农村劳动者进城就业设置歧视性限制。

第六十二条　违反本法规定，实施就业歧视的，劳动者可以向人民法院提起诉讼。

第六十八条　违反本法规定，侵害劳动者合法权益，造成财产损失或者其他损害的，依法承担民事责任；构成犯罪的，依法追究刑事责任。

2. 虚假承诺

虚假广告，就是指广告内容是虚假的或者容易引人误解的，一是指宣传的内容与所提供的商品或者服务的实际质量不符，二是指可能使宣传对象或受宣传影响的人对商品或服务的真实情况产生错误的联想，从而影响其决策。这类广告的内容往往夸大失实，语意模糊，令人误解。

企业在刊登的招聘广告中，往往提到一些有利条件。例如，将提供优厚的薪酬待遇，将为攻读各类高等教育的员工提供资助，为员工提供住房，等等。有些企业为了吸引求职者，在招聘广告上夸大薪酬、福利待遇，更有甚者混淆月薪与年薪的概念。虚假招聘广告的情形主要有：（1）薪资报酬过分夸大；（2）福利待遇不当承诺；（3）虚假承诺定期到国外参观学习、旅游，解决住房、某地户口，子女上学名校优先等；（4）对公司情况夸大宣传，未如实告知公司基本情况，虚构事实甚至虚构单位进行招聘等。

招聘广告的性质是要约邀请，而通常情形下，要约邀请并不具有法律约束力。因此，当招聘广告的内容未列入劳动合同时，企业并没有履行招聘广告中相关内容的义务。反之，如果招聘广告的内容表述具体且确定，同时招聘广告的内容表明经应聘者承诺入职，企业将会实现这些承诺，招聘广告的相应内容可以视为要约。因此，企业在招聘广告中表述应当慎重。其原因在于：（1）招聘广告的内容如果明确，从形式上符合要约的要求，并且应聘者对其产生了合理的信赖，也可能被认为具有法律约束力；（2）诚信原则是订立劳动合同的基本原则，如果善意的应聘者对于招聘广告中的内容产生了合理的信赖并因此递交简历、求职申请，甚至自费"长途奔袭"参与面试等，招聘企业应该承担相应的赔偿责任。

招聘广告中做出虚假承诺，将面临如此多的风险，那么企业该如何防范呢？《就业服务与就业管理规定》明确规定，招用人员简章应当包括用人单位基本情况、招用人数、工作内容、招录条件、劳动报酬、福利待遇、社会保险等内容，以及法律、法规规定的其他内容。此外，还包括报名的方式、时间、地点等。因此，招聘信息应当全面、真实，若其中存在不确定的事项，应当注明"面谈"。

同时，《劳动法》和《劳动合同法》都规定劳动者不能胜任工作是单位解除劳动合同的法定依据，因此在招聘广告中应清晰表述岗位职责和要求。这样可以避免日后解除劳动合同时出现争议，降低单位人力资源管理工作的风险。

企业在招聘广告中列明吸引应聘者的较好待遇，但在正式建立劳动关系后并未兑现，在不构成要约的情况下，虽然无需承担违约责任，但有可能面临行政处罚。

【法规链接】

《就业服务与就业管理规定》第十一条　用人单位委托公共就业服务机构或职业中介机构招用人员，或者参加招聘洽谈会时，应当提供招用人员简章，并出示营业执照（副本）或者有关部门批准其设立的文件、经办人的身份证件和受用人单位委托的证明。

招用人员简章应当包括用人单位基本情况、招用人数、工作内容、招录条件、劳

动报酬、福利待遇、社会保险等内容，以及法律、法规规定的其他内容。

第十二条　用人单位招用人员时，应当依法如实告知劳动者有关工作内容、工作条件、工作地点、职业危害、安全生产状况、劳动报酬以及劳动者要求了解的其他情况。用人单位应当根据劳动者的要求，及时向其反馈是否录用的情况。

3. 未明确录用条件

录用条件，是指用人单位针对不同岗位所要聘用的劳动者自行制定的标准，是用人单位在试用期内考核劳动者是否合格的标准。

录用条件是企业对新员工的考核要求，若企业通过试用考核发现新员工不符合录用条件，就可以终止新员工试用期。未明确录用条件也会产生一定的风险：

风险一：试用期解除劳动关系容易产生纠纷。在试用期内解除劳动合同，对于劳动者而言，不需任何理由，只需提前三日通知用人单位即可。但是，《劳动法》和《劳动合同法》对于用人单位解除与试用期内员工的劳动合同均有相关规定：劳动者在试用期间被证明不符合录用条件的，用人单位才可以单方解除劳动合同。此时，录用条件就显得尤为重要，如果没有明确的录用条件，试用期内企业想要以"不符合录用条件"为由单方解除劳动合同，就会产生纠纷。

风险二：将招聘条件等同于录用条件。在实践中，不少人事工作者混淆录用条件与招聘条件，认为招聘广告中的条件就是录用条件。招聘条件与录用条件有明确区别，招聘条件是进行第一次简历筛选的基本门槛，它仅仅是用人单位在招聘时选择候选人的最低要求。录用条件是用人单位最终决定要录用该员工，对其应具备的条件的要求，可以用作解雇试用期员工的依据。招聘条件与录用条件有重合的部分，但并不完全一致。

风险三：没有录用条件容易产生纠纷。按照《劳动法》，出于对劳动者的保护，在用人单位与劳动者发生劳动纠纷时，用人单位有举证的责任。而录用条件相关文件就是解决纠纷的重要凭据。

企业在制定录用条件时，应当在不违反相关法律法规的情况下，对易产生纠纷的风险点做一个详细的书面说明，并建议从以下角度进行防范：

（1）录用条件要明确具体

录用条件应根据所招聘职位的要求逐条拟定，内容应明确、具体，切忌空泛化、简单化。一般来说，录用条件可以包括：工作能力方面（如学历、工作经验、专业技能等），身体状况方面（如没有不适合从事相关工作的疾病等），工作态度方面（如遵守公司的规章制度等），法律规定方面（如与其他任何单位不存在劳动关系等），以及用人单位的其他特殊要求。

企业在设定录用条件时对于应聘人员的学历、技术职称、外语水平、健康状况、岗位业绩等都要明确要求，同时还可要求应聘人员提供社保的证明材料、与原单位已经依法解除或者终止劳动关系的证明材料、与原单位无竞业限制关系的证明材料等，以便用人单位在试用期内以不符合录用条件为由合法解除劳动合同。同时，要注意在设定录用条件时合法合理，不能包含就业歧视等违法因素。

（2）录用条件应经过公示

企业所设定的录用条件须通过一定的方式让劳动者知晓。在实践中主要有以下五种方法：第一，将录用条件在劳动合同中进行明确约定；第二，在规章制度中对录用条件进行明确规定，但要满足民主程序以及向劳动者进行公示的程序；第三，通过招聘公告来对外进行公示，并保留相应的证据；第四，在聘用函件或录用通知书中向劳动者明示录用条件，并要求其签字确认；第五，劳动者入职时，向其明示录用条件，并要求劳动者签字确认。

二、应聘材料

（一）概念

应聘材料是指劳动者应聘时，根据招聘企业的要求提供的资料，包括身份证明材料、简历、学历证明材料等。这一方面有哪些风险点，应该如何防范呢？

（二）应聘材料相关风险防范

1. 劳动关系主体资格

劳动关系主体，即劳动者，指达到法定年龄、具有劳动能力、以从事某种社会劳动获得收入为主要生活来源，依据法律或合同，在用人单位的管理下从事劳动并获取劳动报酬的自然人。并不是所有自然人都是合法的劳动者，要成为合法的劳动者必须具备一定的条件，有劳动权利能力和劳动行为能力。

企业主要是通过审查劳动者在应聘时提交的身份证件及相关资料来判断劳动关系主体资格。根据《劳动法》第15条的规定，禁止用人单位招用未满16周岁的未成年人。未满16周岁不能参加社会保险，劳动合同的部分内容实际不能履行，因此，企业招用未满16周岁的未成年人，双方不能成立劳动关系。所以，在审查身份资料时，发现年龄未满16周岁的应聘者，应当不予录用。实际上，企业招用不满16周岁的未成年人，不仅要承担相应的民事责任，还有可能要承担一定的行政责任。

既然劳动者的年龄限制在16周岁以上，那么在校大学生可以成为劳动者吗？

实践中，大学生与用人单位之间存在的用工关系一般可以分为三种：第一种是利用业余时间勤工俭学或者课外兼职；第二种是学校安排或自愿到用人单位参加生产性实习，如每到寒暑假，学校都会要求大学生参加社会实践，毕业前一年左右还要求参加长时间实习；第三种是在校大学生直接到用人单位上班，接受用人单位管理，用人单位发放工资，双方之间的关系符合劳动关系的一切特征。

关于在校大学生是否具有劳动关系主体资格的问题，法律并无特别的规定，因此，不应在劳动关系主体资格这个问题上对在校大学生区别对待，只要年满16周岁的就可以认定其具有劳动关系主体资格。是否存在劳动关系，主要看双方是否满足从属性要件和达成建立劳动关系的合意。根据这一条件，有以下三种情形：

情形一，业余时间勤工俭学不视为就业，不存在劳动关系；

情形二，学校安排或自愿到企业参加生产性学习的，双方没有建立劳动关系的合意，不存在劳动关系；

情形三，在校大学生到企业上班，接受用人单位管理的，应当认定双方存在劳动关系。

所以，在校大学生也可以有劳动关系主体资格。在校大学生是以什么样的方式提供劳动，决定了双方建立什么样的用工关系，适用什么类型的用工合同。

劳动者的年龄上限是法定退休年龄，那么达到法定退休年龄的人是否具有劳动关系的主体资格呢？

实践中有两种观点，一种观点认为，自然人达到法定退休年龄后就不再是《劳动法》意义上的劳动者，其与用人单位之间的关系应当按照劳务关系处理。实践中，广东、浙江、四川等地的法院采用的就是这种观点。

第二种观点认为，是否属于劳动关系，不能以劳动者是否达到法定退休年龄来认定，而应当以劳动者是否已经依法享受养老保险待遇或领取退休金为认定标准。由于享受养老保险或领取退休金，除了要达到退休年龄外，还对工龄、养老保险缴费最低年限等有要求，还需办理相关的退休手续，因此，在实践中存在劳动者达到法定退休年龄但不能享受养老保险待遇也未领取退休金的情况。而劳动者已经依法享受养老保险或领取退休金的，不再缴纳各项社会保险费用。也就是说，达到法定退休年龄但并未享受养老保险待遇，也没有领取退休金的，若认定其与用人单位之间的用工关系属于劳务关系，用人单位就可以不给这类劳动者缴纳社会保险，可以随时与其终止用工关系，且不用支付经济赔偿金等，这类劳动者的合法权益就无法得到保障。云南、上海、河北、山东等地的法院就认为是否属于劳动关系，要以劳动者是否依法享受养老保险金待遇或领取退休金为认定标准。

在审查劳动者应聘资料时，还有可能遇到劳动者同时还有一份工作的情形，这种情形称为双重劳动关系。这种用工关系能否被认可呢？我国法律并未禁止双重甚至多重劳动关系。但是，建立双重甚至多重劳动关系，势必会对工作进度造成影响，对企业来讲显然不公平，尤其是劳动关系建立在前的用人单位。

2. 应聘材料的真实性

在对应聘者资料进行相应的审查时，人事工作者经常面临这些问题：不知道该审查什么内容，重点审查哪些资料，对于资料的真实性该如何核查等。

企业招聘技术型人才的方式往往是给予高薪，但这种高薪酬附带的就是苛刻的学历、工作经历、第二语言及其他的限制性条件。在高薪酬的激励下，少数不诚信的劳动者会提供虚假的资料或者对自身条件进行编造、伪造以谋取该高薪职位，比如我们经常看到的伪造学历证书、伪造职业技术证书或者伪造工作经历等。

根据《劳动合同法》的相关规定，劳动者在订立劳动合同时应当遵循诚实信用原则。诚实信用原则并不仅仅是对企业的要求，也是对劳动者的要求。但是，招聘过程中，不可避免会有不诚信的劳动者，为了进入一个好的企业，谋得一份薪水较高的工作，当自身达不到企业的录用条件时，就采用伪造学历证书、虚列工作经验等方式使自己符合企业要求。

虽然法律赋予了企业救济权利，即以员工存在作假和欺诈行为为由，提请仲裁委或法院确认双方的劳动合同是无效的，并且这种主张通常都会得到仲裁委或法院的支持，但是辞退员工后，企业需要重新招聘员工，重新培训，这无疑是变相增加了用人成本。那么人事工作者在招聘过程中，怎么样避免类似的现象呢？

首先，一定要仔细审查应聘者的应聘材料和简历。审查应聘材料和简历时，主要应关注以下一些重要信息：第一，工作经验和人生经历的合理性。工作经验是简历中最重要的部分，比如企业在校招时普遍倾向有工作经历的学生，但是学生哪有什么工作经历，于是，造假就应运而生了。例如，明明没有担任学生会主席，却说自己担任过学生会主席，这种情况在校园招聘中时常发生。工作经验或者人生经历是不是伪造的，主要看是否合乎逻辑。换句话说，要看该求职者是不是一步步走上更好的岗位或进入更好的公司，要看到深处，看有没有经常跳槽的情况、在职时间的长度是否适当等。第二，教育类和其他证书。伪造文凭、职业技能证书是企业招聘中常见的现象。在审查资料时，应当仔细核对毕业院校名称、毕业年份、证书颁发机构等信息，同时可以对专业、任课教师、技能证书的考试时间等其他信息进行简单询问，以核实其证书的真实性。必要时，可以要求应聘者提供学历及资格认证的材料。

其次，对于中高级管理人员，如果确实有必要，则应当做好背景调查。调查内容一般包括年龄、学历、经历等。如果招聘人数很多，无法一一核实，至少应当为之后的背景调查做好准备，留一手。例如，要求应聘人员提供证件、证明、文书等的原件，并签名确认，无法提供原件的，要求劳动者在复印件上签署"与原件一致"并签名确认。还可以要求劳动者做出类似"本人保证提供的学历证明、资格证明、工作经历等资料真实，如有虚假，公司可立即解除劳动合同并依法处理"的声明，由企业保留声明原件。

第二节　录用环节的法律风险与防范

入职是招聘过程中风险防范的关键环节。俗话说，"病从口入"，入职环节就是企业招聘新人的入口，重视入职环节审查，对于有效规避用工风险、降低人力资源成本、增强企业的竞争力有着重要的意义。俗话说，"先小人，后君子"，在入职环节企业将该做的工作全部做完，在后面会轻松得多。

一、录用环节

录用环节主要有录用通知书的发放和录用人员身份核对两项工作。在竞争日益激烈的市场环境中，获取企业需要且符合条件的人才是企业发展的第一步。企业招聘到所需人才，录用与入职才是双方握手和认识的开始。而握手和认识的开始，也代表风险的萌发。

（一）概念

就像高考之后被心仪的大学录取后收到录取通知书一样，录用通知书是在被心仪的单位录取之后，应聘者收到的用人单位向其发送的"录取通知书"，也被称为"offer"。

（二）录用通知书的风险和防范

录用通知书的发出必须谨慎，如果人事工作者将offer发出去了，却恍然发现，录用的人并不是真正适合的人选，覆水难收，这种情况人事工作者应该怎么办？尽管这种情况发生的概率不是很高，但也不是绝对没有。

录用通知书，从法律角度分析，虽然不是劳动合同，但通常包括录用岗位、薪资标准、工作内容等与劳动合同有关的具体内容。其实质是用人单位向劳动者发出的要约，在劳动者作出承诺之前，用人单位可以予以撤销。也就是说，应该在劳动者发出承诺通知之前把撤销要约的通知发给对方。有经验的企业人事工作者一般会在offer后面附一个回执，要求对方签收，并且发送回来。在劳动者还没有把回执返回来之前，撤销这个offer还是可能的。

但是，如果劳动者对要约表示信任，有理由认为该要约是不可撤销的，并且在要约被撤销之前，辞去原工作或者已经为履行合同做了准备工作，因用人单位的撤销行为产生损失，根据《劳动合同法》第三条和《民法典》第七条、第五百条之规定，用人单位应当承担缔约过失责任，对劳动者做出赔偿。因此，用人单位在发出录用通知书时应当谨慎，在设计录用通知书的时候也要注意其中的措辞。

如果企业在最后一刻才决定不再需要某位候选人，而此时已经收到回执，尤其是候选人已经在原单位办理了离职手续，这个时候就容易产生劳动纠纷。另外，这个时间节点也比较尴尬——劳动关系尚未形成，劳动合同尚未签订，但属于《民法典》第四百七十六条规定的要约不得撤销的情形，还属于第四百八十三条规定的承诺生效时合同成立的情形。也就是说，劳动合同实际已经成立了。换言之，当劳动者寄出了回执，并且按照offer的要求开始办理离职手续的时候，这个要约就不可能撤销了。用人单位需要为此付出代价，要么继续履行，要么赔偿损失，有违约金约定的，还要支付违约金。

因此，企业要慎重发送录用通知书：

第一，在发送之前，应当完成录用前的所有审查手续，例如身份证、学历证的审核，工作经历的调查等，确定其符合录用条件才能发送。一旦发送，应遵循诚信原则，与劳动者及时签订劳动合同。如果要撤回或撤销录用通知书，要符合法律的规定条件。不符合撤回或撤销的条件，而企业又想不录用劳动者，这时企业最好与劳动者协商解决纠纷，不要闹上法庭。

第二，录用通知书并非录用环节必需文件，能不发则不发。建议通过电话请应聘者来签订合同。但是，对于重要的岗位，为表示单位的重视和诚信，有必要发放录用通知书，不过应在录用通知中明确应聘者承诺入职的期限。可明确收到录用通知书的应聘者不能按期书面确认，公司有权取消此职位或另招新人。

第三，录用通知书最好明确失效条件，如，"应聘者未在通知书规定的时间内入职，本录用通知书作废"，"双方签订劳动合同后，本录用通知书失效"。

第四，要在录用通知书中明确应聘者不与企业建立劳动关系应当承担的责任。

第五，录用通知书不能代替劳动合同。因此，企业一旦录用员工，应尽快和员工签订书面劳动合同，用劳动合同规范双方的权利义务，以避免承担不利的法律后果。同时，要约定清楚录用通知书与劳动合同内容冲突的适用规则。

二、入职环节

入职环节的审查包含对劳动者身体状况、入职手续办理情况及竞业限制情况等的审核。

（一）入职体检

入职体检的意义是把风险扼杀在摇篮里，如果不注意防范，后期就会很麻烦。那么入职体检的意义到底在哪呢？

（1）提前检查出拟录用员工是否怀孕

现在有的医院入职体检项目中会有验血、尿检等检查，如果查出某女员工呈阳性，则单位就可以判断其怀有身孕。所以如果单位在入职体检上下功夫，要求拟录用员工按照单位对岗位的要求做检查，那么无论员工怎么说，单位都一目了然。

另外，人事工作者在面试时也可以向拟录用员工透露，入职体检会有胸透、X光之类的体检，如果该员工怀孕，那么她第一反应肯定是考虑一下。

（2）提前检查出拟录用员工是否有恶性疾病

现在常规的入职体检都能查出职工是否患有恶性疾病，很多劳动者本人甚至不知道自己有恶性疾病，入职体检就像一面镜子，不仅提醒入职者要去及时治疗，也提醒了用人单位要谨慎招录。

实践中，有些企业在劳动者入职之后才让其体检，检查出上述情况或者其他不符合要求的，再行辞退。这种情况下，双方已经建立劳动关系，企业辞退员工必须符合法律规定，否则构成违法解除劳动合同，将面临支付赔偿金或继续履行劳动合同的法律风险。所以，入职体检较为重要，要做到：

（1）先体检后入职

在不违反法律禁止性规定的前提下，企业应当结合单位自身生产经营、工作岗位要求，在录用应聘者之前就让拟录用员工进行全面系统的体检，最大限度地发现潜在的、隐性的疾病，而不能将体检放到录用之后进行。入职体检是面试后入职前不可缺少的一个环节，不要在几轮面试通过后就发出入职通知，承诺其已被录用。"恭喜你，你被我公司录用！"这句话务必等到收到体检报告并确认没有疑问再说出。

（2）指定入职体检医疗机构

企业可以事先和医疗机构安排好体检项目，然后安排求职者到单位指定的医疗机构去体检，这样单位就可以控制体检项目的细节，也便于掌握关键体检信息。

【案例】

某劳动者在甲单位工作10年后，跳槽到同样工作性质的、会对身体造成一定侵害的乙单位生产车间。3个月后，该员工查出肺部肿瘤晚期，便向乙单位提出工伤赔偿。由于乙单位未让该员工做入职体检，没有证据能证明肿瘤是在前单位工作时已得的，只能承担相应的赔偿责任。

将入职体检安排在办理入职手续之前，并将体检结果备案存档，可以防止因入职前疾病而索赔的纠纷。

（二）办理入职手续

在办理入职手续过程中也存在各种各样的风险，比如企业没有要求劳动者提供离职证明、在办理入职时要求劳动者交押金等。

1. 扣押劳动者财物

（1）扣押劳动者的身份证或其他证件。在签订劳动合同过程中，为了防止劳动者辞职，企业经常要求劳动者将身份证等交由企业保管。由于劳动者和企业在订立劳动合同时的地位完全不对等，所以，可能会发生强制劳动者上交身份证等情况。

（2）订立劳动合同时要求劳动者提供担保。有的用人单位在签订劳动合同过程中，为了防止劳动者辞职，会要求劳动者提供财物进行担保。用人单位和劳动者双方约定，在缔结劳动合同之前或者缔结劳动合同时，由劳动者向企业交付一定数额的金钱或者其他财产作为担保，如果履行劳动合同过程中出现特定的违约或者解约情形，则该金钱或者财物不予退还。

（3）订立劳动合同时变相向劳动者收取风险抵押金。在现实生活中，有些用人单位为防止劳动者在工作中给用人单位造成损失，不辞而别，在招用劳动者时要求劳动者提供担保或者向劳动者收取风险抵押金。劳动监察部门会对这种违法行为进行查处，于是有的用人单位就采取一些变相的方法或者手段达到向员工收取抵押金的目的，如收服装费、住宿费、培训费、资金款（股金）等。

为了保护劳动者的合法权益，防止用人单位滥用优势地位侵害劳动者合法权益，《劳动合同法》中明确规定禁止用人单位扣押劳动者的居民身份证或者其他证件，禁止用人单位要求劳动者提供担保或者以其他名义向劳动者收取财物。所以，企业应当尽量避免这些行为，可以通过加强内部管理和提高待遇等方式，避免劳动者轻易离职，而不能采取违法手段，以免给企业带来风险。

2. 未要求劳动者提供相应材料

员工入职需要提供哪些材料？（1）个人信息登记表：也就是简历，这里不做赘述。（2）身份证：大部分企业都会要求提供身份证复印件。这里说明一下常见的会用到身份证复印件的地方：公司员工档案、集团公司总部备案、社保理赔和费用报销、劳动合同备案、厂区安保登记、办理社会保障卡等。（3）照片：和身份证复印件用途基本差不多，也不再赘述。（4）学历、职称证书：用于建立档案。（5）无犯罪记录证明或声明：这个主要是用于判断员工的品行，特别是财务、安保、物品管理等岗位。需要注意的是，无犯罪记录证明是户籍所在地派出所开具的，现在很多地方也可以在网上开具，在网上开具时，应当将纸质证明和网上开具的证明核对一致，如果不一致，应当要求提供与网上开具的证明一致的版本。（6）入职前声明：主要声明所提供材料的真实性，和原单位不存在劳动关系、竞业限制协议，不将原单位或第三方商业机密带入公司，遵守公司规章制度和保守商业机密等。（7）离职证明：避免双重劳动关系和商业间谍。（8）体检报告/健康证明：这又是一个相当重要的材料，建议写入公司规章制度和劳动合同（书写时要避免涉嫌就业歧视），健康的身体是胜任工作的基本条件，而且可以一定程度上避免员工一入职就请病假、产假等。（9）岗位责任告知书：主要作为试用期考试标准，避免因工作内容、职责不清导致劳动纠纷。（10）户口本复印件：在日常工作中用到户口本复印件的次数较少，主要用于公积金贷款等，但是关键时刻，特别是寄发劳动合同解除通知书，而联系不上员工的时候，可起到辅助作用。（11）其他：如员工原单位继续给员工缴纳社保费，需要员工提供相关证明（社保是强制性的，不要幻想员工自己写书面的放弃材料有用，但是社保政策规定社保不能重复参保，如果有单位给员工缴费，现单位就不需要缴费）。

3. 未审核入职的劳动者和应聘者是否一致

实践中存在持他人身份证或假身份证入职的现象（多见于劳动密集型企业），这种情况下，企业凭员工提供的假身份证购买社保，一发生工伤等事故需支付社保待遇时，社保部门经审查后通常会以身份资料不实拒付，员工必然会要求单位支付社保待遇，司法实践中会判令用人单位承担相应比例的赔偿责任。此外，如用人单位招录的是需特定资质的劳动者，但劳动者提供的资质信息不实，将导致用人单位无法实现招聘成效。

4. 未审核劳动者是否与前单位解除劳动关系

如劳动者未与前单位解除劳动关系，或前单位未及时办理社保停缴，则形成了双重劳动关系，主要有如下三方面法律风险：

（1）泄露商业秘密的风险：如果与劳动者同时存在劳动关系的两家用人单位产品、行业相同或类似，或者存在竞业关系，则有可能导致企业的商业秘密泄露。

（2）对前用人单位连带赔偿风险：先成立的劳动关系优先于后成立的劳动关系，原用人单位有权要求劳动者履行劳动合同，不得对外兼职或建立新的劳动关系，若企业招用与其他用人单位尚未解除或者终止劳动合同的劳动者，给原用人单位造成损失，应当承担连带赔偿责任（包括侵犯商业秘密、侵犯知识产权等不正当竞争方面的侵权责任等）。

（3）工伤赔偿的法律风险：随着全国统一社会保障号的启动，若劳动者已通过前用人单位购买了社会保险，则后建立劳动关系的用人单位将难以为劳动者购买保险，尤其是工伤保险，如果劳动者在未缴纳工伤保险费的用人单位发生工伤，就不能从工伤保险部门获得工伤保险赔偿。

为防范上述法律风险，在招聘环节，人事工作者应当审查应聘者是否与前单位解除或终止劳动合同，并要求其提供解除或终止劳动合同证明书（离职证明）以存档。企业可根据职位的重要性来建立相关的审核程序，对于中高层管理人员、技术研发人员等，应询问拟录用员工是否与原单位签过保密协议、竞业限制协议等。

第三节　劳动合同和规章制度拟定中的法律风险与防范

企业与员工之间的权利义务关系，主要通过劳动合同来实现。劳动合同在劳动关系管理中起着很重要的作用。劳动合同有着明显区别于一般民事合同的特点，比如劳动合同的必备条款、解除和终止劳动合同条款的限制、违法解除劳动合同的法律责任等等。规章制度是针对企业大多数人制定的普遍适用性规则，单位的规章制度在调整劳动关系方面发挥着重要的作用。规章制度与劳动合同相辅相成，规章制度侧重于对生产的组织以及对劳动者的管理，劳动合同则侧重于约定本单位范围内的最低劳动标准。

一、劳动合同制定中的风险与防范

劳动合同是用工管理的关键环节。从实践看，许多劳动争议都是由在劳动合同订立时被隐藏的瑕疵导致的。如果把住了这个关口，就能有效地避免无效劳动合同的出现，防止劳动争议的发生，从而稳定劳动关系。

在实践中，大多数企业使用的劳动合同都是当地人力资源和社会保障局制定的范本。这样的范本合法性没有问题，但是从企业角度而言，存在很多法律风险。做得好不如谈得好，谈得好不如写得好，根据企业的用工要求制定企业独特的劳动合同，是企业劳动用工法律风险防范的基础。

1. 劳动合同法定条款的风险防范

根据我国《劳动合同法》的规定，劳动合同可以分为两部分：必备条款和备选条款。必备条款就是合同中必须具备的条款，如果缺少其中之一，这个合同将被视为无效合同。

根据法律规定，劳动合同必须具备以下条款：（1）用人单位的名称、住所、法定代表人或者主要负责人的姓名；（2）劳动者的姓名、住址，居民身份证或者其他有效身份证件号码；（3）劳动合同的期限；（4）工作内容和工作地点；（5）工作时间和休息休假；（6）劳动报酬；（7）社会保险；（8）劳动保护、劳动条件和职业危害防护；（9）法律、法规规定的应当纳入劳动合同的其他事项。

另一方面是备选条款，其中包括试用期、培训、商业秘密和竞业限制、补充商业保险和福利待遇等事项。

劳动合同法定条款涵盖企业与劳动者主要的权利义务：

（1）劳动合同双方的基本情况。应该在合同中列明双方当事人的基本情况。企业应当写明名称、住所和法定代表人或者主要负责人；劳动者个人情况包括姓名、住址和居民身份证或者其他有效身份证件号码等。

（2）劳动合同期限。劳动合同按照期限可以分为：固定期限劳动合同、无固定期限劳动合同和以完成一定工作任务为期限的劳动合同。其中，固定期限劳动合同，是指用人单位与劳动者约定合同终止时间的劳动合同；无固定期限劳动合同，是指用人单位与劳动者约定无确定终止时间的劳动合同；以完成一定工作任务为期限的劳动合同，是指用人单位与劳动者约定以某项工作的完成为合同期限的劳动合同，例如，劳务公司外派一员工去另外一家公司工作，两个公司签订了劳务合同，劳务公司与外派员工签订的劳动合同约定以劳务合同的解除或终止而终止，这种合同就属于以完成一定工作为期限的种类。协商合同期限时，应根据双方的实际情况和需要来约定，避免所有的岗位使用同一种期限。

（3）工作内容和工作地点。工作内容是劳动者入职以后需要做的事情。企业应该向劳动者说明具体职位、职责和行为要求。在劳动合同中，有关工作内容的约定应该明确、具体，并有一定的弹性，给企业留下回旋的空间。在工作内容这一必备条款中，双方可以约定工作数量、质量，劳动者的工作岗位等内容。在约定工作岗位时可以约定较宽泛的岗位，也可以另外签一个短期的岗位协议作为劳动合同的附件，还可以约定在何种条件下可以变更岗位条款等。掌握了这种订立劳动合同的技巧，可以避免因变更岗位条款协商不一致而发生争议。

工作地点是劳动者的劳动场所，是劳动合同的履行地。工作地点应该是劳动者的实际工作地点。同时，由于劳动仲裁实行属地原则，工作地点涉及劳动纠纷仲裁时的仲裁委确定、最低工资标准等一系列问题，所以对工作地点的约定应准确、具体。

（4）工作时间和休息休假。工作时间是劳动基准的内容，应该在合同中明确这一内容，这关乎员工的考勤、工资发放、辞退等问题。我国法律规定，标准工时每日不超过8小时，每周不超过40小时。因此，企业的工作时间应当严格按照法律规定拟定，避免出现"强制加班"的情形。除标准工时外还有缩短工时、综合计算工时、不定时工时、计件工时等，大部分企业在劳动用工上均采用标准工时，偶有部分企业采取其他工时，但是不论采用何种工时，均应该在合同中明确约定。

在工作时间以外，劳动者有休息休假的权利，这是劳动者的基本权利之一。现实中很多民企要求劳动者加班，认为只要支付了劳动者加班费就可以。这种观念是错误的，企业要合理安排工作时间，保障劳动者的休息权利。

（5）劳动报酬。获取劳动报酬是劳动者提供劳动的主要目的，也是劳动者的首要权利。我国法律明确规定了最低工资标准，并对工资发放等做了规定，企业在劳动合同中约定劳动报酬应该遵守有关法律、法规的规定。在劳动报酬这一必备条款中可以约定劳动者的标准工资、加班加点工资、奖金、津贴、补贴的支付时间、支付方式等，这些约定应当尽量详细。

（6）社会保险。缴纳社会保险是企业用工的法定义务。社会保险包括养老保险、失业保险、医疗保险、工伤保险和生育保险等，俗称"五险"，现在医疗保险和生育保险合二为一，实际上是"四险"。当然，有些单位还有企业年金、住房公积金等。

（7）劳动保护、劳动条件和职业危害防护。企业作为用人单位，应该为劳动者提供安全的生产场所，如生产环境可能存在安全隐患或职业病危害因素，企业应该在招用劳动者时如实告知。在这方面可以约定，各项劳动安全与卫生措施，以及对女工和未成年工的保护措施与制度等。

（8）劳动纪律。此条款应当包括用人单位制定的规章制度，可将内部规章制度印制成册，作为劳动合同的附件。

（9）劳动合同终止的条件。这一必备条款一般在无固定期限的劳动合同中约定，因这类合同没有终止的时限，但其他种类的合同也可以约定。需要注意的是，企业在拟定劳动合同过程中，不得将法律规定的可以解除合同的条件约定为终止合同的条件。这是违反法律规定的，发生纠纷后，企业将因此承担法律责任。

（10）违反劳动合同的责任。这一条款中一般可约定两种形式的违约责任：一是赔偿损失；二是承担违约金，采用这种方式应当注意根据劳动者一方的承受能力来约定具体金额，不要出现显失公平的情形。另外，这里讲的违约，不是指一般性的违约，而是指违约程度比较严重，严重到致使劳动合同无法继续履行的程度，如劳动者违约离职、用人单位违法解除劳动合同等。

2. 劳动合同约定条款的法律风险防范

按照法律规定，用人单位与劳动者订立的劳动合同除上述必须具备的内容外，还可以约定其他的内容，一般简称为协商条款或约定条款，也可以称为随机条款。本节所称约定条款，是指在法律规定不明确，或者尚无法律规定的情况下，用人单位与劳动者根据双方的实际情况约定的一些随机性的条款，例如，试用期、保守用人单位商业秘密的事项、员工培训与服务期、用人单位内部的一些福利待遇等。

二、企业规章制度制定中的风险与防范

规章制度，是指用人单位按照特定程序制定的，以书面形式表达的，并以一定方式公示的规范性管理文件。规章制度不应该是针对个别人、个别事务的一次性决议或者决定、通知，而是具有长期性、稳定性的规范的总称。

1. 员工手册

员工手册是企业和员工之间的"法律"，是企业规章制度的重要组成部分。好的员工手册一方面可以加强员工的责任感，另一方面能对员工的日常工作起到指引作用。员工手册如设置不当，可能会导致公司承担诸多违法成本。

员工手册是企业劳动人事管理中的重要规章制度，通过行为规范、考勤、奖惩等制度来约束劳动者，可以作为劳动合同的附件，也可以起到传播企业文化、展示企业形象的作用。尽管用人单位是员工手册的制定主体，但不代表其可以随心所欲地制定"霸王条款"，侵犯劳动者的合法权益。从劳动维权实践来看，由于员工手册而引发的对职工的侵权行为随处可见，因此，在制定员工手册过程中应当严格把控风险。

（1）员工手册的内容

一般而言，员工手册应当包含以下内容：

①董事长致辞。

②公司介绍。

③员工管理制度，主要包括聘用、工作时间、薪资、福利、休假、培训、考勤、加班、奖励原则等制度。

④行为规范，即企业对员工日常行为的基本要求，包括日常的行为规范、工作规范、保密制度、奖惩制度等。

⑤附则。主要是针对一些条款的补充说明，以及对手册解释权、修订权做出的说明。

（2）员工手册的制定程序

企业制定员工手册应当依法进行，不能随意制定或变更。为了保证制定的员工手册合法合理，防止企业滥用权利而侵害劳动者的合法权益，法律规定员工手册须经过一定的程序才能生效：民主程序和公示程序。

如何走民主制定程序才是正确的呢？分为三个步骤：第一，经职工代表大会或者全体职工讨论；第二，提出方案和意见；第三，与工会或者职工代表平等协商确定。

2. 企业规章制度制定中的风险防范

企业制定规章制度存在哪些风险，主要原因是什么，应如何规避或者防范这些风险，已成为企业必须认真研究的重要问题。

（1）主要原因

规章制度制定要注重实体和程序两个方面，一些企业制定的规章制度看似没有争议，却在内容和程序上违反了《劳动合同法》。

首先，制定的主体不适格。为保证企业制定的劳动规章制度在本单位范围内具有统一性和权威性，企业规章制度的制定主体应是用人单位行政系统中处于最高层次、对本单位实行全面和统一管理的机构，由其代表用人单位制定规章制度并以用人单位的名义颁布实施。

其次，内容失当。这方面主要表现为内容不合法、不合理。在实践中，一些单位的内部规章制度不同程度存在着违法内容，这些规章制度都会因为违反不同层次的法律、行政法规而无效。企业规章制度除了合法之外，还应该合理，一些法律没有规定的内容，需要用人单位在规章制度中明确。一般来说，企业规章制度不得违反常规性判断标准，应当为大多数劳动者所认同。

最后，企业规章制度制定程序不合法。我国《劳动合同法》第四条规定，用人单位应当依法建立和完善劳动规章制度，保障劳动者享有劳动权利、履行劳动义务。用人单位在制定、修改或者决定有关劳动报酬、工作时间、休息休假、劳动安全、卫生、保险、福利、职工培训、劳动纪律以及劳动定额管理等直接涉及劳动者切身利益的规章制度或者重大事项时，应当经职工代表大会或者全体职工讨论，提出方案和意见，与工会或者职工代表平等协商确定。在规章制度和重大事项实施过程中，工会或者职工认为不适当的，有权向用人单位提出，通过协商予以修改完善。用人单位应当将直接涉及劳动者切身利益的规章制度和重大事项决定进行公示，或者告知劳动者。实践中，很多用人单位规章制度因为程序不合法而导致无效。

（2）法律风险防范

在规章制度的起草、撰写过程中，需要注意以下几点：

①制度内容一定要合法，不得与强制性法律、法规相抵触，这是衡量规章制度是否有效的重要条件；规章制度应该尽量少用原则性条文，尽可能具有可操作性、明确、清楚、具体。

②制定规章制度须经过民主协商程序，并经过公示或告知。由于企业劳动规章制度的内容关乎劳动者的切身利益，因此企业制定规章制度，必须严格遵守法律所规定的程序：

第一，对于涉及劳动者切身利益的规章制度，必须让劳动者参与制定，经过民主协商程序予以确定。

第二，规章制度应当经职工代表大会或者全体职工讨论，提出方案和意见；企业在制定劳动规章时，要让劳动者了解、参与并发表意见。

第三，将劳动者的意见落实到企业规章制度中，要通过一定的组织形式和组织程序，这就需要用人单位与劳动者协商解决。

第四，在劳动者参与劳动规章制度制定时，企业应注意相关书面材料的整理与归档，并形成书面记录，以备以后发生争议时所需。

第五，规章制度的内容应避免与劳动合同的内容相抵触，注意两者相互协调、印证以及相关补充。

那么，公示程序如何履行呢？主要有以下几种方式：①会议或培训。如开会讨论、组织规章制度知识考试、组织培训等，同时保存会议或培训的记录，并让员工签字。②本人签收。如发放员工手册或规章制度印刷文本，并让员工签字，说明已经收到并阅读相关规章制度，且愿意遵守。③公示公告。在公司的公告栏或者单位网站上公告。④电子邮件。向每位员工发送电子邮件，但是电子邮件并不适用所有企业，一是取证和保留证据都受限制，二是很多大型工厂或不发达地区的员工不具备人人使用个人邮箱或企业邮箱的条件。

当国家制定颁布了新的法律法规，规章制度的内容和法律规定相违背时，或者企业的生产经营有了重大变化时，就应该及时进行规章制度的修订。

规章制度与劳动合同相辅相成，共同确立企业和劳动者的权利义务关系。劳动合同具有有限性，不可能面面俱到，所以规章制度就显得尤为重要。

在实践过程中，用人单位以劳动者违纪与其解除劳动合同败诉的案件居多，其重要原因在于用人单位对于制度的运用不够严谨和准确，存在操作上的疏忽。建议用人单位在设计制度过程中尽量细化制度，在适用制度过程中注意风险评估，固定完善的证据链条，以达到所期盼的法律效果。

第四节　劳动合同签订中的法律风险及防范

劳动合同是劳动者与用人单位确立劳动关系，明确双方权利和义务的协议。劳动合同正式签订之后，企业与劳动者之间的关系就正式确立。这也意味着，劳动者开始接受企业的管理，企业要承担起作为用人单位的义务和责任。

一、劳动合同书面化及签订时间

劳动合同书面化是劳动合同最基本的要求。书面合同在证明劳动关系的存在以及明确用人单位与劳动者的权利义务方面发挥着不可替代的作用。企业与劳动者建立劳动关系之时，即在员工入职之日，双方就必须订立书面劳动合同，不能因为劳动关系的存续时间短就不订立书面劳动合同。用人单位应培养先订合同后用工的习惯，订立劳动合同的时间不得超过劳动者入职后一个月。

二、未签订书面劳动合同的风险防范

原则上，企业应当在员工入职之日即与员工签订书面的劳动合同。但是很多企业出于各种原因，忽略了劳动合同的签订，或者不愿与员工订立书面合同，认为不签署劳动合同就不存在劳动关系，发生争议可以辩解存在的是劳务关系或其他用工关系，从而规避责任。在劳动法上，劳动者与用人单位建立劳动关系并不以订立书面劳动合同作为前提，而是以开始事实上的用工为判定依据，我们称之为"事实劳动关系"。事实劳动关系本来就是一种劳动关系，但是由于它没有书面合同，所以劳动关系中很多权利义务无法确定。这固然对单位有很多好处，但也存在很多弊端。在具体的争议中，依据基本的举证规则，劳动关系是否存在需要由劳动者来承担举证责任，只要劳动者提供了工资单、工作服、工作证等间接证明劳动关系存在的证据，劳动仲裁委就会对劳动关系的存在主张予以支持。在劳动争议仲裁和诉讼中，认定劳动关系和劳务关系也采取的是更加有利于保护劳动者的基本原则，所以企业应当重视劳动合同的签订。

若企业未能签订劳动合同，劳动关系一经仲裁或诉讼程序确定就会面临以下的风险：

①二倍工资的支付。《劳动合同法》规定，用人单位自用工之日起超过一个月不满一年未与劳动者签订书面劳动合同的，应当向劳动者每月支付二倍的工资。同时规定，用人单位违反规定不与劳动者订立无固定期限劳动合同的，自应当订立无固定期限劳动合同之日起向劳动者每月支付二倍的工资。

②工伤赔偿风险自担。企业未能和劳动者签署劳动合同，自然无法办理社会保险的缴纳。如果劳动者工作过程中发生了任何人身损害，且该损害经认定为工伤，那么企业就面临自行支付工伤赔偿款的风险。

③员工离职侵害企业权益无法追责。没有劳动合同的约束，员工的流动性就会增强。员工随时离职，不仅会造成一个岗位，甚至一个部门工作的停滞，生产环节的断裂，更有甚者，员工带走了企业的技术和商业秘密，在没有劳动合同作依据的情况下，企业想要追究责任或者要求违约赔偿就会面临举证难的问题。

三、以颁发聘书等形式代替签劳动合同的风险防范

一般情况下，劳动合同的表现形式为企业与劳动者签字或者盖章确认的书面协议，协议的名称可能是"劳动合同"，也有可能是"劳务合同"。但是实践中还有一种比较特殊的情形，就是企业没有与劳动者签订书面的协议，而是给劳动者颁发了聘书之类的东西，其中包含劳动报酬、工作岗位等内容。那么聘书能否代替书面劳动合同呢？

劳动合同合法包含两方面的意思，一是必须有法律规定的劳动合同的必备要件，二是必须是企业和劳动者的合意。可以确定的是，法律并未规定企业和劳动者签订的具体文件名称必须有"劳动合同"的字样才认定双方之间签订了书面的劳动合同。所以，即使名称为"聘书"，只要其内容包含劳动合同应当具备的条款，且聘书的内容符合企业和劳动者的合意，那么就应当认定为企业和劳动者签订了书面的劳动合同。如果用人单位不能证明劳动者就聘书的内容表示认可，则不能认定双方就聘书的内容达成一致，也不能认定聘书为劳动合同。

所以，建议企业尽可能采用一般意义上的劳动合同形式。如果必须采用聘书的形式，那也应该在制作聘书的同时，再制作一份书面的劳动合同或者制作一份受聘人同意且接受聘书内容的书面文件。

四、劳动者拒签劳动合同的风险防范

鉴于劳动者处于弱势，法律规定了企业必须与劳动者签订劳动合同。但在实践中，少数劳动者有意无意地拒绝签订劳动合同，这样就使企业处于不利的地位。

在劳动者拒绝签订劳动合同时，法律赋予了企业一定的救济途径，《劳动合同法实施条例》第五条规定，自用工之日起一个月内，经用人单位书面通知后，劳动者不与用人单位订立书面劳动合同的，用人单位应当书面通知劳动者终止劳动关系，无需向劳动者支付经济补偿，但是应当依法向劳动者支付其实际工作时间的劳动报酬。因此，从法律的角度来说只有一个选择，那就是用人单位需要在一个月内，以书面形式通知劳动者限期签订劳动合同，仍不签订的，书面通知终止劳动关系，否则就可能面临支付双倍工资、签订无固定期限劳动合同的风险。

从证据的角度来说，企业要保留已经履行书面通知义务的相应证据，并作为人事档案资料存档。否则，一旦发生劳动争议，在举证不能的情况下就可能陷入不利的局面，有苦难言。

五、代签劳动合同的风险防范

劳动合同的签订一般采取的是面对面的形式，但是也存在劳动者声称将劳动合同带回家考虑之后直接给企业拿来一份已经签好字的劳动合同的情况。有经验的人事工作人员会妥善处理这种情况，但是，实践中，更多的是没有经验的人事工作人员。

如果不能面对面签署劳动合同，就有可能发生劳动合同内容被篡改、劳动者找人代签等情形。这种情况下，如果人事工作人员没有仔细审查，企业将会因此承担未签劳动合同的风险。笔者就曾处理过一起恶意代签劳动合同的案例。

【案例】

张某经面试合格入职一家医药销售公司，在签订劳动合同时，张某看医药公司的行政人员小李是一个刚毕业不久的大学生，便称自己将劳动合同带回家考虑一下。几天之后，张某带来两份已经签好字的劳动合同，将该合同交给小李，小李核对了张某的身份信息和合同中的其他重要信息后，加盖了公司公章，便将一份合同交给张某，另一份用于归档。入职半年后，张某以公司未和其签署劳动合同为由提起仲裁。仲裁过程中，公司拿出张某签署的劳动合同证明双方签订了劳动合同，但张某主张该合同的签字并非其本人签字，经司法中心鉴定，合同中的签名非张某所签。

在该案中，因为公司用张某提交的合同为其办理了社会保险等，完全保护了张某的权益，同时公司经案例检索，发现张某并非第一次提起这类诉讼，在此之前张某已经以相同的手法和案由提起过四次仲裁，后仲裁委经审理，驳回张某的请求。

虽然本案中企业通过合法手段维护了自己的权益，没有遭受经济损失，但是这一次诉讼让企业老板身心俱疲。所以，在签署劳动合同的过程中，人事工作人员应当确保全程在场并监督劳动者本人亲自签署劳动合同。如果发生劳动者将劳动合同带走后直接给企业拿来一份已经签好字的劳动合同的情况，应当要求劳动者重新当面再签一份劳动合同。如果劳动者拒绝签署，为了避免给企业带来纠纷，可与其终止劳动关系并保留劳动者拒绝签署劳动合同的证据。

六、其他附加文件的签订

劳动合同签订并非仅仅涉及劳动合同本身，还涉及劳动合同的附件，比如规章制度、员工手册、入职声明、保密协议、竞业限制协议等。规章制度、员工手册作为劳动合同的补充、劳动者的工作衡量标准，必须向劳动者公示才有效，才能作为衡量劳动者是否合格的依据。一般企业在劳动者入职时便会发放这两样材料，但是发放不代表劳动者收到或者知晓，只有劳动者签字确认才能确认是劳动者本人签收，才意味着向劳动者公示了。

所以，在当面签订劳动合同时，应要求劳动者签字确认已经收到企业留给自己的那一份附件。

企业用工中，首要的环节是招聘入职环节。把控好招聘入职环节，把风险扼杀在摇篮里，才能更好地为企业用工后续环节降低风险。

第二章 人事管理过程中的风险与防范

第一节 试用期

试用期是指包含在劳动合同期限内，用人单位对劳动者是否合格进行考核，劳动者对用人单位是否符合自己要求也进行考核的一个期限，这是一种双向选择的表现。不少企业在人事管理过程中，因为不理解试用期，没有合理使用试用期制度，出现各种各样的问题，未能利用试用期制度保护企业自主用工的权利。

一、试用期的相关法律规定

1. 劳动合同期限和试用期的关系

【法规链接】

《劳动合同法》第十九条 劳动合同期限三个月以上不满一年的，试用期不得超过一个月；劳动合同期限一年以上不满三年的，试用期不得超过二个月；三年以上固定期限和无固定期限的劳动合同，试用期不得超过六个月。

同一用人单位与同一劳动者只能约定一次试用期。

以完成一定工作任务为期限的劳动合同或者劳动合同期限不满三个月的，不得约定试用期。

试用期包含在劳动合同期限内。劳动合同仅约定试用期的，试用期不成立，该期限为劳动合同期限。

也就是说，不能随意约定试用期以及试用期的期限，需要和劳动合同期限相对应。但是，不管怎样，即便是无固定期限劳动合同，试用期最长也只能是 6 个月，不能超过 6 个月。同时，有一些情况是不能约定试用期的，比如劳动合同期限很短，可能连三个月都不到，或者非全日制的劳动合同，或者以完成一定工作任务为期限的劳动合同。例如，装饰公司、建筑公司和劳动者签订的多数是以完成某个项目为期限的合同，这就属于以完成一定工作任务为期限的劳动合同，是不能约定试用期的。

如果是一年的劳动合同，最长试用期是一个月还是两个月呢？

【案例】

一家公司的人事工作人员，经常会代表单位与员工签订书面劳动合同。其中，如果是一年期限的劳动合同，他是这样约定的："劳动合同起始时间是2020年1月1日，终止时间是2021年1月1日。"有人问他："为什么要这样签？"他的解释是："我们单位的目的和要求是和员工约定两个月的试用期。根据《劳动合同法》第十九条的规定，三个月以上不满一年的劳动合同最长可以约定一个月试用期；一年以上不满三年最长可以约定两个月试用期。从2020年1月1日到2021年1月1日刚好是一年零一天，属于一年以上，这样就可以约定两个月试用期。"

正常情况下，一年劳动期限应该是"从2020年1月1日到2020年12月31日"，而不是像上述案例中多增加一天。虽然一年零一天可以约定两个月试用期，但是却存在这样的风险：如果劳动合同到期后，由于用人单位的原因不再与劳动者续签劳动合同，那么根据《劳动合同法》第四十七条的规定，用人单位需要向劳动者支付经济补偿金，经济补偿金的标准为每满一年支付一个月工资，六个月以上不满一年的，按一年计算；不满六个月的，支付半个月工资。这样一来，因为多了一天，就需要多支付半个月工资的经济补偿金。所以，用人单位一定要弄清楚劳动合同期限和试用期的关系，不要存在侥幸心理。

当然，根据《民事诉讼法》的相关规定，"不满"不包括本数，"以上"包括本数。也就是说，用人单位签订一年期限的劳动合同，就相当于"一年以上不满三年"，约定两个月试用期是没有任何问题的。

2. 能否单独约定试用期

实践中，很多用人单位招聘员工之后，会先和员工单独签订一份只有试用期的劳动合同，如果员工通过考核的话，再另行签订一份有劳动期限的劳动合同。可能在用人单位看来，相当于只签订了一份劳动合同。但是，根据《劳动合同法》的规定，单独签订仅约定试用期的劳动合同就已经相当于签订了一次固定期限劳动合同，上述情况下，用人单位就连续签订了两次固定期限劳动合同，那么第三次就应当签订无固定期限劳动合同。此时，如果用人单位没有意识到这个风险，未和员工签订无固定期限劳动合同的话，就可能会承担支付二倍工资的法律责任。

3. 试用期的工资

【法规链接】

《劳动合同法》第二十条 劳动者在试用期的工资不得低于本单位相同岗位最低档工资或者劳动合同约定工资的百分之八十，并不得低于用人单位所在地的最低工资标准。

根据上述法律规定，试用期工资的硬性条件有两个：第一，不能低于当地最低工资标准；第二，不能低于相同岗位最低工资标准或劳动合同约定工资的百分之八十。

【案例】

一个员工转正之后工资是5000元，如果按照80%计算，试用期工资应该是4000元。那么用人单位能否在试用期支付低于4000元的工资呢？可以的，因为《劳动合同法》规定，试用期工资不能低于本单位相同岗位最低工资标准或劳动合同约定工资的百分之八十，这里使用的是"或"！所以，试用期的工资可以低于转正后工资的80%。

但是，如果该用人单位相同岗位转正后工资是3000元，并且当地最低工资标准也是3000元，那么，即使转正后工资的80%是2400元，但《劳动合同法》规定，试用期工资不能低于当地最低工资标准，所以，用人单位在支付试用期工资时必须在3000元（含）以上。

二、违反试用期规定的法律责任

1. 试用期工资约定违法的风险

如果试用期的工资低于法律规定的最低工资标准，用人单位需要向劳动者补齐工资差额。同时，既然需要补齐工资差额，就相当于默认了用人单位拖欠劳动者工资。根据《劳动合同法》第三十八条的规定，劳动者可以以用人单位拖欠工资为由提出解除劳动合同，并要求用人单位支付经济补偿金。另外，根据《劳动合同法》第八十三条的规定，如果用

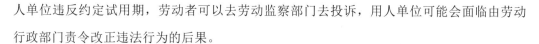

人单位违反约定试用期，劳动者可以去劳动监察部门去投诉，用人单位可能会面临由劳动行政部门责令改正违法行为的后果。

2. 试用期内随意辞退员工的风险

根据《劳动合同法》第三十九条的规定，如果劳动者在试用期内被证明不符合录用条件，用人单位可以解除劳动合同。在实践中，很多用人单位是没有明确的录用条件的，在试用期内辞退员工完全是根据某某领导的主观看法。而这种情况下，一旦员工去申请仲裁，用人单位是极有可能需要支付赔偿金的。另外，用人单位在试用期满之后再以劳动者不符合录用条件为由进行辞退，仍然需要支付赔偿金。至于如何在试用期内合法辞退员工，我们将在后续章节进行详细介绍。

【案例】

桃园公司与小张签订了两年期限的劳动合同，约定试用期六个月，试用期工资2000元，转正后工资3000元。六个月试用期满后第二天，公司以小张不符合录用条件为由与其解除了劳动关系，小张要求公司赔偿。

本案中，桃园公司存在违规情形：（1）签订的劳动合同期限是两年，根据《劳动合同法》规定，劳动合同期限一年以上不满三年的，试用期不得超过二个月。但是，公司和小张约定了六个月的试用期，超过了法律规定的上限。（2）小张试用期工资2000元，转正后工资3000元，根据《劳动合同法》规定，在不考虑本单位相同岗位最低工资标准这个前提条件下，如果转正后工资3000元，那么试用期工资不得低于转正后工资的80%，即2400元。即便按照公司约定的六个月试用期，试用期满之后公司才向小张出具了不符合录用条件为由的解除通知书，根据《劳动合同法》规定，用人单位在试用期过后，以不符合录用条件为由辞退劳动者属于违法辞退。

三、试用期的法律风险防范

1. 试用期应当签订书面劳动合同

很多用人单位认为试用期不需要和员工签订书面劳动合同，而是等到员工试用期满之后或转正之后再和员工签订书面劳动合同。这个观点是错误的。根据《劳动合同法》的相关规定：用人单位招聘员工，必须在一个月内和员工签订书面劳动合同。如未签，用人单位需要向劳动者每月支付二倍的工资。

2. 试用期应包含在劳动合同期限之内

一般情况下，不建议用人单位和员工单独签订试用期劳动合同。如果必须这样签的话，需要注意在第三次和该员工签订劳动合同时，签订无固定期限劳动合同。否则，用人单位将承担每月支付二倍工资的法律风险。

3. 试用期长度不能随意约定

如前所述，《劳动合同法》规定了不同期限的劳动合同对应着不同的试用期上限，包括一个月、二个月、六个月。并且，在某些情况下不能约定试用期，比如，以完成一定工作任务为期限的劳动合同、三个月以内的劳动合同等。

4. 不要随意延长试用期

试用期期限不能随意调整。有些用人单位和员工约定一个月的试用期，试用期满之后，经考核发现员工不符合录用条件，还要再给予员工一段时间作为考察期，即延长了试用期。根据《劳动合同法》第十九条规定，同一用人单位与同一劳动者只能约定一次试用期。如果延长试用期，相当于约定了两次或两次以上的试用期，此时就属于试用期约定违法。根据《劳动合同法》第八十三条的规定，用人单位可能要支付违法约定试用期的赔偿金。

5. 员工调岗不能再次约定试用期

同样是基于同一用人单位与同一劳动者只能约定一次试用期的原则，如果用人单位把员工从A岗位调整为B岗位，即使A岗位和B岗位不具有关联性，甚至工作内容格格不入，按照法律规定也不能再约定一次试用期。

6. 试用期工资要达到标准

试用期工资不能低于相同岗位最低工资标准的百分之八十或不能低于转正后的百分之八十，同时也不能够低于当地最低工资标准，这是硬性规定。

7. 试用期员工也需要缴纳社会保险

实践中，很多用人单位的习惯性做法是不为试用期内的劳动者缴纳社会保险，而是跟劳动者约定转正后才缴纳保险。由于劳动者对法律知识的缺乏，也常常错误地认为试用期内用人单位可以不缴纳社会保险，导致自己的合法权益受到损害。但是，这种做法是不合法的。试用期是劳动者在用人单位工作期间的一部分，用人单位应该为其缴纳社会保险。

四、试用期管理工具

用人单位在对试用期的员工进行管理过程中，需要用到什么文件和管理工具呢？

1. 录用条件确认表

这个是确认用人单位在试用期之内能否合法辞退员工的唯一依据,是必备材料。同时,该录用条件的内容必须让员工知晓。

2. 试用期考核表

用人单位根据考核表的内容对试用期员工进行考核,如果考核不合格,才可以和员工解除劳动关系。

3. 解除劳动合同通知书

在试用期中,如果员工不符合录用条件,需要解除劳动关系,用人单位需制作解除劳动合同通知书,并送达劳动者,同时向劳动者出具解除或者终止劳动合同的证明,并在十五日内为劳动者办理档案和社会保险关系转移手续。用人单位不得扣押劳动者的档案和其他物品。

4. 转正通知书

试用期过后,用人单位对劳动者比较满意,愿意继续留用的,可以送达转正通知书。

第二节　劳动合同的续订

一、劳动合同续订的概念

劳动合同续订,是指劳动合同期限届满后,劳动者和用人单位延长劳动合同有效期的法律行为。也就是说,原有的劳动合同在有效期届满后仍然持续一段时间,在这段期限内,劳动者和用人单位继续享受和承担原来劳动合同中完全相同或者基本相同的权利、义务。劳动合同续订的要求和劳动合同订立一样,应当坚持平等、自愿、协商一致的原则,不违反国家法律法规的规定。

劳动合同的续订是劳动合同终止、再订立之间的中转,关系到已有劳动合同的履行终止及新劳动合同的订立。把劳动合同续订置于企业履行劳动合同的整体工作之中,有利于企业对于劳动用工管理工作的整体把握和调度。

二、劳动合同续订的情形和规定

劳动合同续订有法定的情形,也可以约定,比如我国《劳动合同法》规定,劳动合同续订的情形主要有以下几种:第一,劳动合同期限届满后,劳动者和用人单位经过协商续订劳动合同的;第二,员工在规定的医疗期、孕期、产期或者哺乳期内,若劳动合同期限届满，则应顺延至医疗期、孕期、产期或者哺乳期届满。

另外，为了保护特定劳动者的权益，法律规定了到期不得终止、用人单位应当与劳动者续行劳动合同的情形：（1）劳动者是患有职业病或其因工负伤并被确认伤残等级为五、六级的，除非劳动者同意，用人单位应当与该劳动者续订劳动合同；（2）用人单位未及时办理终止劳动合同手续、劳动者仍继续留在单位工作超过1个月的；（3）应当签订无固定期限劳动合同的。

三、劳动合同续订的法律风险及防范

1. 劳动合同到期后未续签，也未终止

在《劳动合同法》实施前，如果出现这个问题那肯定要终止劳动合同，依据是《最高人民法院关于审理劳动争议案件适用法律若干问题的解释（一）》的第16条，劳动合同期限届满后，劳动者仍在原用人单位工作，原用人单位没有表示异议的，视为双方愿意以原条件继续履行劳动合同，一方提出终止劳动关系的，人民法院应当支持。

但是，在《劳动合同法》实施后，法律规定发生了变化，如果单位在劳动合同期限届满后，既不终止劳动合同，也未与劳动者续签劳动合同，单位与员工之间就会形成事实劳动关系。出现上述问题，单位将承担"未与员工签订书面劳动合同"的相应法律后果。

（1）劳动合同期满用人单位对劳动者的去留应当作出明确的表示。不再留用的，及时办理终止劳动合同的手续，否则将形成事实劳动关系。（2）按照法律规定，劳动合同期满超过1个月不满1年的，用人单位除应当与劳动者补订书面劳动合同之外，还应当依法向劳动者每月支付二倍的工资。（3）如劳动者不与用人单位订立书面劳动合同，用人单位应当书面通知劳动者终止劳动关系，并需依法向劳动者支付经济补偿金。

建议用人单位在劳动合同期满后对劳动者的去留作出明确的表示，不再留用的，及时办理终止劳动合同的手续；继续留用的，及时办理续订劳动合同的手续。用人单位没有办理终止劳动合同的手续，但劳动者仍然继续工作超过1个月的，法律上视为双方继续以原条件履行劳动合同，用人单位应当及时办理续订劳动合同的手续，否则要承担不利的法律后果。

2. 续订劳动合同时约定试用期的风险

根据《劳动合同法》第十九条的规定，同一用人单位与同一劳动者只能约定一次试用期。也就是说，用人单位与劳动者曾经约定过试用期，重新签订或者续订劳动合同的，不得再约定试用期。根据上述规定，不管劳动合同的具体内容如何，劳动合同的双方当事人都只能约定一次试用期。对于违法约定试用期的，用人单位可能面临以下两项风险：一是

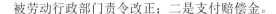

被劳动行政部门责令改正；二是支付赔偿金。

3. 特殊情况下，合同期满后用人单位必须续延劳动合同

根据《劳动合同法》规定，若有以下情形之一的，劳动合同应当续延至相应的情形消失时终止：

（1）从事接触职业病危害作业的劳动者未进行离岗前职业健康检查，或者疑似职业病人在诊断或者医学观察期间的；

（2）劳动者患职业病或者因工负伤并被确认丧失或者部分丧失劳动能力的；

（3）劳动者患病或非因工负伤，在规定的医疗期内的；

（4）女员工在孕期、产期、哺乳期的；

（5）劳动者在本单位连续工作满15年，且距法定退休年龄不足5年的；

（6）法律、行政法规规定的其他情形。

第三节　社会保险

一、社会保险的概念

社会保险是一种为丧失劳动能力、暂时失去劳动岗位或因健康原因造成损失的人提供收入或补偿的一种社会和经济制度。社会保险的主要项目包括养老保险、医疗保险、失业保险、工伤保险、生育保险。

社会保险计划由政府举办，强制某一群体将其收入的一部分作为社会保险税（费）上缴，形成社会保险基金，在满足一定条件的情况下，被保险人可从基金获得固定的收入或损失的补偿。它是一种再分配制度，目标是保证物质及劳动力的再生产和社会的稳定。

社会保险是社会保障体系的重要组成部分，其在整个社会保障体系中居于核心地位。另外，社会保险是一种缴费性的社会保障，资金主要是用人单位和劳动者本人缴纳，政府财政给予补贴并承担最终的责任。但是，劳动者只有履行了法定的缴费义务，并在符合法定条件的情况下，才能享受相应的社会保险待遇。

二、社会保险相关法律风险及防范

1. 社会保险登记风险

用人单位负有社会保险登记的义务，如果用人单位不按照规定办理社会保险登记，一方面将导致用人单位无法如期为员工办理参保手续、缴纳社会保险费，进而影响员工享受相关社保待遇；另一方面，用人单位不办理社会保险登记，也可能导致用人单位本身承担相应的行政责任。

2. 社会保险征缴风险

在实践中，用人单位经常会在社会保险征缴过程中存在下列的错误：第一，认为不办理社会保险登记就不需要参保；第二，认为只要不签订劳动合同，就不需要缴纳社会保险费；第三，认为试用期满后才需要缴纳社会保险费；第四，要求员工出具自愿放弃社会保险申请书或其他免除用人单位社会保险缴纳义务的文书、协议等；第五，约定以现金补贴代替缴纳社会保险费；第六，约定以较低的基数缴纳社会保险费。

用人单位未缴纳社会保险费会面临多重风险：（1）缴纳社会保险费是用人单位的法定义务，必须缴纳，如有拖欠，需要补缴。同时，补缴还会伴有滞纳金和罚款等处罚，并且滞纳金全由用人单位承担，劳动者个人不承担滞纳金。（2）劳动者可能会依据《劳动合同法》第三十八条、第四十六条的规定，以用人单位未依法为劳动者缴纳社会保险费为由，主张解除劳动合同，并要求用人单位支付经济补偿金。（3）劳动者可要求用人单位赔偿社会保险待遇损失。（4）社保机构可能对用人单位进行行政处罚，包括对不办理社保登记的用人单位及负责人进行罚款，以及对用人单位其他直接责任人进行罚款。

3. 社会保险相关风险的防范与应对

（1）员工向单位提出诉求时，用人单位应该做好应对工作。首先，应当认真倾听员工的真实意图。其次，以实事求是的态度，对于历史欠账不回避，对单位应当承担的责任不退缩；针对员工的特点，提出个案解决方案，不宜批量处理。最后，控制小团队和小道消息，避免因个案引起系统性风险。

（2）员工向劳动监察部门提出投诉时，用人单位应当首先了解员工的诉求，立即主动地跟员工协商，并在协商一致的情况下请员工撤诉；最好不要将应当补缴的社保折算成现金补贴"私了"；用人单位应当引以为戒，自查自纠，防范类似事件的再次发生。

（3）员工提起劳动仲裁诉讼时，用人单位首先应当寻求专业劳动法律师帮助，对案件事实及法律适用问题进行研究，全面考虑案件可能的结果，严格按照专业人士的要求准备证据材料，最好是积极寻求和解。

（4）用人单位在受到社保、税务稽查、审计时，应当以工资发放名册中在册人员为基础，先行自查，提供材料需要慎之又慎，对于没有计入工资总额部分的收入，应当有合法合规的说法，并且注意各种材料之间的平衡。

第四节　调岗、调薪、调级

一、理解"三调"——调岗、调薪、调级

调岗、调薪、调级简称为"三调",一直是用人单位管理过程中比较敏感的问题,也是用人单位与劳动者之间最容易产生纠纷的问题之一。实践中,有些用人单位为了降低成本或者为了让劳动者主动提出辞职,在没有给出任何理由的情况下,调整员工的工作岗位,降低员工的工资,变更员工的级别。用人单位如果想做出上述调整,必须符合法律规定。如果不符合法律规定,劳动者有权要求继续按照劳动合同的约定,在原工作岗位履行劳动合同,或者主动要求与用人单位解除劳动合同,并要求其支付经济补偿金。

二、调岗、调薪、调级的法律风险

1. 不符合法定条件,随意进行"三调"

根据《劳动法》《劳动合同法》以及《工伤保险条例》的相关规定,因劳动合同订立时所依据的客观情况发生重大变化,致使原劳动合同无法履行而变更劳动合同的,须经双方当事人协商一致。实践中,若用人单位随意对劳动者进行"三调",将面临如下法律风险:(1)如果用人单位在不符合法律规定的情况下,擅自调整劳动者的工作岗位,降低劳动者的报酬,就属于未按照劳动合同的约定提供劳动条件,未及时足额支付劳动报酬,劳动者有权因此解除劳动合同。(2)劳动者因为用人单位擅自进行调整而被迫解除劳动合同的,有权要求用人单位支付经济补偿金。(3)如果因为劳动者不服从用人单位擅自做出的调岗、调薪,用人单位与劳动者解除劳动合同的,属于违法解除劳动合同,用人单位将面临支付劳动者经济赔偿金的法律风险。

2. 不与员工签订书面变更协议

根据《劳动合同法》第三十五条规定,变更劳动合同应当采取书面形式。对员工进行"三调"属于劳动合同的变更,因此,必须签订书面变更协议。这对于确保双方合法权益,防止日后发生争议具有非常重要的意义。如果没有签订变更协议,则可能认定为用人单位在不符合法律规定的情形下,擅自对员工进行"三调"。此时,如果劳动者不满用人单位的变更,则用人单位将面临支付经济赔偿金的风险。

3. 不支付经济补偿金的风险

用人单位在不符合法律法规的情形下,擅自对员工进行"三调",劳动者不服从调整

的，此时，很多用人单位往往会与劳动者解除劳动合同，并且不支付经济补偿金。但是，根据《劳动合同法》第八十五条规定，用人单位解除或者终止劳动合同，未依法向劳动者支付经济补偿的，由劳动行政部门责令限期支付经济补偿，逾期不支付的，责令用人单位按应付金额50%以上100%以下的标准向劳动者加付赔偿金。因此，因用人单位"三调"的理由不充足，不符合法律规定，劳动者不服从调整，而解除劳动合同的，用人单位应当向劳动者支付经济补偿金，避免支付不必要的双倍赔偿金。

三、调岗、调薪、调级的法律风险防范

1. 与员工协商一致进行"三调"

避免未与员工协商一致或未通过法定程序做出"三调"处理的情形。根据《劳动合同法》的相关规定，用人单位原则上不享有单方变更工作岗位和工作地点的权利，调薪、调级也应当协商一致。

2. 进行单方调岗、调薪应符合法定情形

根据《劳动法》《劳动合同法》及相关规定，除上述协商一致的情形外，用人单位在下列情形中，可以对劳动者进行调岗、调薪：（1）劳动者患病或者非因工负伤，在规定的医疗期满后，不能从事原工作的；（2）劳动者不能胜任工作，用人单位可以调整其工作岗位；（3）用人单位转产、重大技术革新或者经营方式调整，可以变更劳动合同，调整劳动者工作岗位；（4）劳动合同订立时所依据的客观情况发生重大变化，致使劳动合同无法履行，用人单位可以与劳动者协商变更劳动合同，调整劳动者的工作岗位。所以，用人单位单方进行"三调"时，应严格依法进行，否则会有违法之嫌。

3. 保留"三调"过程中的相关证据材料

进行"三调"时，必须保证证据充足、程序合法，在此过程中应当尽量采用书面可保存的形式固定证据，必要时可采取录音、录像，以避免出现劳动争议时，用人单位没有充分的证据。

4. 制定岗位职责说明

制定岗位职责制度，形成书面的岗位职责说明书，明确每一个工作岗位的职责及权限，并进行不定期的更新和完善，必要时可要求员工在上岗前，根据相关的岗位职责出具承诺书。

5. 制定绩效考核制度

通过绩效考核制度，固定相关的调岗、调薪、调级执行标准。也就是说，明确员工的考核成绩不符合某个标准时，公司有权利对他进行调岗、调薪、调级。

第五节 培训服务期

一、培训服务期的概念

培训服务期是指在签订劳动合同之时或履行劳动合同的过程之中，用人单位为劳动者支付了特别投资的前提下，劳动者同意必须为该用人单位工作的一定期限，是用人单位的投资回收期。

实践中，用人单位为了提高劳动者的技能，有时会出资对一些劳动者进行特殊的技术培训，如果劳动者在接受培训后跳槽走人，必然损害了出资培训企业的利益。为此，用人单位可以与该劳动者订立培训服务期协议，劳动者违反服务期约定的，应当按照约定向用人单位支付违约金。违约金的数额不得超过用人单位提供的培训费用，且用人单位要求劳动者支付的违约金不得超过服务期尚未履行部分所应分摊的培训费用。

二、企业对培训服务期的错误理解

用人单位经常混淆培训服务期与劳动合同期限。培训服务期是因用人单位出资培训劳动者，而附加给劳动者的必须在用人单位提供服务的期限，可独立于劳动合同期限而适用。而劳动合同期限，是劳动合同的必备内容，是用人单位与劳动者在劳动合同中约定的劳动合同履行期限。

合同期与培训服务期性质是不同的。合同期是《劳动合同法》规定的劳动合同必备内容之一，具有鲜明的法定性，包括固定期限、无固定期限、以完成一定工作任务为期限三种形式。而培训服务期是当事人以劳动合同或者专门协议的形式特别约定的，带有任意性。劳动合同期限的收益主要归属于劳动者，用人单位非法定理由不能随意解除劳动合同，而培训服务期的收益则完全归属于用人单位，劳动者在服务期内不能随意解约。另外，并不是在任何情况下用人单位都可与劳动者约定培训服务期。

三、培训服务期的法律风险及防范

1. 名为专业技术培训，实为上岗操作培训

《劳动合同法》第二十二条规定，用人单位为劳动者提供专项培训费用，对其进行专业技术培训的，可以与该劳动者订立协议，约定服务期。

员工接受的培训有多种多样，但是否可以约定服务期和违约金，要看是否符合"两专"条件。如果员工接受的不是《劳动合同法》规定的专业技术培训，或者用人单位没有为劳

动者提供专项培训费用，就不能约定服务期和违约金。所以，从培训性质可以判断该培训究竟是属于岗位技能培训，还是有专项出资的专业技术培训。因此，上岗培训的服务期协议，属于"霸王条款"，当属无效。

2. 培训服务期协议中培训费不包括员工工资和社保费

《劳动合同法实施条例》第十六条规定，《劳动合同法》第二十二条第二款规定的培训费用，包括用人单位为了对劳动者进行专业技术培训而支付的有凭证的培训费用、培训期间的差旅费用以及因培训产生的用于该劳动者的其他直接费用。至于在培训期间企业支付的工资和各项社会保险费，是基于劳动者与用人单位之间的劳动关系，并不是基于培训产生的，也不属于因培训产生的用于该劳动者的直接费用，所以不应计入培训费。

还有一种情况，培训补贴是否可以计入培训费？培训补贴实际上是用人单位向劳动者提供的培训期间的特殊补助，属于因培训产生的用于该劳动者的直接费用，所以，可以计入培训费用。另外，需要注意的是，培训服务期的违约金数额不得超过用人单位提供的培训费总额，用人单位要求劳动者实际支付的违约金数额不得超过服务期尚未履行部分所分摊的培训费用。因此，有的企业把工资、社保列入员工培训费并计入违约金的做法是不符合法律规定的。

3. 用人单位提供了技术培训，但没有约定服务期

虽然《劳动合同法》对于这种情况没有明确规定，但目前实践中常把劳动部办公厅《关于试用期内解除劳动合同处理依据问题的复函》的规定作为维护企业权益的依据。按照该复函的规定，用人单位出资对职工进行各类技术培训，职工提出与单位解除劳动关系，如果在试用期内，则用人单位不得要求劳动者支付该项培训费用；如果试用期满，在合同期内，用人单位可以要求劳动者支付该项培训费用。具体支付办法是：约定服务期的，按服务期；没约定服务期的，按劳动合同期；既没约定服务期又没约定劳动合同期的，按5年服务期等分出资金额，以员工已经履行的服务期限递减支付。

4. 培训服务期违约金数额约定不当

实践中，用人单位为了防止劳动者违反服务期的有关约定，往往在培训服务期条款中约定较高的违约金，但根据《劳动合同法》第二十二条违约金计算标准，违约金的数额不得超过用人单位提供的培训费用，用人单位要求劳动者支付的违约金不得超过服务期尚未履行部分所应分摊的培训费用。所以，用人单位在合同中约定了高额的违约金，将面临违约金约定无效的法律风险。

第六节 商业秘密和竞业限制

一、商业秘密

商业秘密是指不为公众所周知，能为权利人带来经济利益，具有实用性并经权利人采取保密措施的技术信息和经营信息。从劳动法层面来说，保密就是指在为用人单位提供劳动的过程中，接触到用人单位商业秘密的员工应当在在职时或离职后保守这样的商业秘密。

为了保护企业的商业秘密，用人单位可以与劳动者在劳动合同中约定保密条款，也可以单独签订一份保密协议。同时，对负有保密义务的劳动者，用人单位可以在劳动合同或者保密协议中与劳动者约定竞业限制条款。

二、竞业限制

在现代市场经济中，人才流失对于企业而言是最可怕的，尤其是核心员工离职会给企业造成很大的损失，甚至会直接导致经营失败。很多企业为了防止核心商业秘密泄露，或者员工将企业原来的信息、资源带到其他的有竞争关系的企业中从事工作，往往会与员工约定，在解除劳动关系之后的一段时间内，不得从事与本单位相竞争的业务，这就是竞业限制。

很多企业管理者对竞业限制存在误解，认为凡是员工都应该签订保密协议和竞业限制协议，这样的做法反而会让企业支付很多不必要的额外补偿。我国《劳动合同法》第二十四条对竞业限制的对象和期限进行了规定，竞业限制的人员仅为用人单位的高级管理人员、高级技术人员和其他负有保密义务的人员，如果企业没有建立保密制度，或建立的保密制度没有对负有保密义务的人员范围予以明确界定，对于知悉企业商业秘密而又不属于高级管理人员和高级技术人员范围的，用人单位将没有办法与其约定竞业限制条款。除此之外，我国《劳动合同法》对于竞业限制的期限也作了明确的规定，该期限最长不得超过两年。而实践中，很多用人单位与劳动者约定的竞业限制期限往往会超过两年，这样的约定由于违反法律规定，属于无效约定。

三、保护商业秘密或竞业限制的法律依据

1. 保护商业秘密的法律依据

《劳动法》规定，劳动合同当事人可以在劳动合同中约定保守用人单位商业秘密的有关事项，劳动者违反劳动合同中约定的保密事项，给用人单位造成经济损失的，应当依法承

担赔偿责任。《劳动和社会保障部办公厅关于劳动争议案中涉及商业秘密侵权问题的函》第一条规定，劳动合同中如果明确约定了有关保守商业秘密的内容，由于劳动者未履行，造成用人单位的商业秘密被侵害而发生劳动争议，当事人向劳动争议仲裁委员会申请仲裁的，仲裁委员会应当受理，并依据有关规定和劳动合同的约定作出裁决。国家工商行政管理局《关于禁止侵犯商业秘密行为的若干规定》第三条规定："禁止下列侵犯商业秘密的行为：……（四）权利人的员工违反合同约定或者违反权利人保守商业秘密的要求，披露、使用或者允许他人使用其所长握的权利人的商业秘密。"

我国《刑法》规定，违反约定或者违反权利人有关保守商业秘密的要求，披露、使用或者允许他人使用其所掌握的商业秘密的，给商业秘密的权利人造成重大损失的，处三年以下有期徒刑或者拘役，并处或者单处罚金；造成特别严重后果的，处三年以上七年以下有期徒刑，并处罚金。

2. 竞业限制的法律依据

《公司法》规定，董事、经理不得自营或为他人经营与其所任职公司同类的业务或者从事损害本公司利益的活动，从事上述业务或活动的，所得收入应归公司所有。《合伙企业法》规定，合伙人不得自营或者同他人合作经营与本合伙企业相竞争的业务。合伙人违反本法规定，从事与本合伙企业相竞争的业务或者与本合伙企业进行交易，给合伙企业或其他合伙人造成损失的，依法承担赔偿责任。《个人独资企业法》规定，投资人委托或者聘用的管理个人独资企业事务的人员未经投资人同意不得从事与本企业相竞争的业务。以上法律只是非常笼统地对竞业限制的问题作出了规定，劳动部和国家科委等部门有关文件中对竞业限制的问题也作出了比较详细的规定。

四、商业秘密相关法律风险及防范

在实务中，由于核心员工跳槽而造成的泄密事件时有发生。从国内外大量的司法案例来看，目前商业秘密纠纷主要表现为劳动者带走用人单位的商业秘密，与后者展开不正当竞争，表现形式多种多样。有些是员工在流动过程中，将原单位的商业秘密带走，另谋高就；有些是劳动者通过泄露原单位的商业秘密谋取不正当利益等。而上述情形都会给原用人单位造成严重的损失。

实践中，建议用人单位采取如下对策：（1）在企业规章制度中明确保密义务，通过规章制度，让企业核心员工对掌握的核心资料或信息保密。同时，通过保密制度设置员工接触权限，根据保密级别，设置不同的开放权限，使用时必须及时、完整地进行登记。（2）与核心员工签订保密协议并加强保密培训。在约定保密条款的同时，对员工进行保密教育培训也必不可少，通过培训向员工传达保密法律法规，对泄密的法律后果进行提前告知，将泄密风险降到最低。（3）做好员工离职交接，要求员工在离职前提交离职申请表，办理交接手续，交清涉密资料，同时与企业签订保密协议，防止员工带走商业秘密。（4）必要时，给予离职员工创业支持。这样做，既可以帮助员工实现自主创业的愿望，又可使其掌握的商业秘密在可控范围内。

五、竞业限制相关法律风险及防范

（1）强迫员工签订竞业限制协议的风险及防范

有些公司在竞业限制协议的签订上存在误区，认为只要单位提出，员工就必须签订竞业限制协议。事实上，竞业限制协议属于合同的一种，公司必须遵循平等自愿的原则，与员工协商一致才能签订协议。如果采取胁迫、欺诈手段或乘人之危签订，合同可能被撤销。建议用人单位在与员工签订劳动合同时，将竞业限制条款放在其中，以避免公司商业秘密外泄或员工利用公司的核心信息跳槽到其他有竞争关系的公司，同时也可以避免单独签订竞业限制协议时员工产生逆反心理。

（2）竞业限制协议约定的期限不当的风险及防范

《劳动合同法》第二十四条第二款规定，竞业限制的期限最长为两年，超过的期间无效。实践中，超过竞业限制期限的情形屡见不鲜，建议用人单位仔细解读法律规定，避免支付额外的补偿金。同时，在签订竞业限制协议时，对竞业限制的地域、范围也应当尽量明确。比如，如果公司有比较明确的竞争对手，可以在竞业限制协议中列明，该员工不得到某某公司任职，也可以列明哪些企业属于有竞争关系的企业，员工离职后限制其应聘入职。

（3）签订竞业限制协议，但不支付经济补偿的风险

根据法律规定，用人单位在与劳动者签订竞业限制协议后，应在竞业限制期限内按月给予劳动者经济补偿，即使因不可抗力不能按期支付经济补偿，也应在不可抗力事件消除后，及时履行支付经济补偿的义务。虽然不能认为单位不支付经济补偿，员工就不需要履行竞业限制义务，但是，经济补偿金是员工履行竞业限制义务的对价，如果用人单位明确表示或以自己的行动表示不支付经济补偿，员工可以要求解除竞业限制协议或不履行竞业限制义务，并且不需要支付违约金。

第七节　停工留薪期

一、停工留薪期的概念

停工留薪期是《工伤保险条例》规定的一个概念，是指职工因工作遭受事故伤害或者患职业病需要暂停工作接受工伤医疗，原工资、薪酬、福利、保险等待遇不变的期限。

二、如何确定停工留薪期

关于停工留薪期确定的争议并不少见。若劳动者在劳动能力鉴定结果出来后及时恢复工作，往往对停工留薪期的确定并无太大的争议。但有时会出现劳动者的伤情早已稳定并能够正常生活，却没有去做劳动能力鉴定，等劳动能力鉴定结果出来后，距离其复工之日已经有很长时间。此时，劳资双方往往对停工留薪期的期间产生争议。

【法规链接】

《工伤保险条例》第三十三条　职工因工作遭受事故伤害或者患职业病需要暂停工作接受工伤医疗的，在停工留薪期内，原工资福利待遇不变，由所在单位按月支付。

停工留薪期一般不超过12个月。伤情严重或者情况特殊，经设区的市级劳动能力鉴定委员会确认，可以适当延长，但延长不得超过12个月。工伤职工评定伤残等级后，停发原待遇，按照本章的有关规定享受伤残待遇。工伤职工在停工留薪期满后仍需治疗的，继续享受工伤医疗待遇。

生活不能自理的工伤职工在停工留薪期需要护理的，由所在单位负责。

根据上述规定，停工留薪期的期间应当自职工因工作遭受事故伤害或者患职业病暂停工作接受工伤医疗开始。由于对停工留薪期的计算方式的规定并不明确，因此，在对该条款的理解上形成了两种不同的观点：一种观点认为，停工留薪期应当截止到劳动能力鉴定结论作出之日，简称为"鉴定截止论"；另一种观点认为，停工留薪期应当截止到劳动者可以正常工作之日，简称为"复工截止论"。

根据《工伤保险条例》的立法精神，劳动者有必要暂停工作并接受治疗的，才能享受停工留薪期待遇，如果劳动者能够正常劳动而不需要暂停工作，实际上是没有享受停工留薪期的基础的，不能再享受停工留薪期待遇。

三、停工留薪期的待遇

实践中一般遵循以下原则：（1）停工留薪期内，原工资福利待遇不变，由所在单位按月支付；（2）停工留薪期满后仍需治疗的，继续享受工伤医疗待遇；（3）生活不能自理的工伤职工在停工留薪期需要护理的，由所在单位负责；（4）停工留薪期内因工伤导致死亡的，按因工死亡处理，享受全部的工亡待遇；（5）一至四级伤残职工在停工留薪期满后死亡的，其近亲属可以领取丧葬补助金和供养亲属抚恤金。

四、停工留薪期可否解除劳动关系

在停工留薪期内，原工资福利待遇不变，可以理解为用人单位不得与工伤职工解除或者终止劳动关系。但笔者认为，如果劳动者具有《劳动合同法》第三十九条规定情形的，比如严重违反用人单位的规章制度，同样可以解除（过失性解除）。

那么，在停工留薪期怎么会严重违反规章制度呢？比如，规章制度规定了请假的流程为必须提供相应医院的休假证明，停工留薪期的确定需要相关医疗或康复机构出具休假证明，如果工伤员工拒不提供，或提供伪造的休假证明，违反规章制度中的请假规定，达到一定次数可以界定为严重违反规章制度，这时就可以解除劳动关系。或者，员工不配合做工伤认定、被追究刑事责任，都可能构成严重违反规章制度。所以，如果符合过失性解除情形，用人单位可以与停工留薪期间的工伤员工解除劳动合同。

对于工伤员工，用人单位还是要本着人性化的原则来处理。当然，最为重要的还是要重视制度建设，重视风险防范，有了健全的制度，在发生问题时才能有章可循，才能做到降低风险，减少损失。

第八节　病假、医疗期

一、医疗期

1. 概念

医疗期不是医学概念。劳动法中的医疗期并非指劳动者需治疗的期限，而是一段解雇保护期。《企业职工患病或非因工负伤医疗期规定》第二条规定，医疗期是指企业职工因患病或非因工负伤停止工作治病休息不得解除劳动合同的时限。当然，这里的"不得解除"不能理解为绝对不能解除。《劳动合同法》第四十二条规定："劳动者有下列情形之一的，用人单位不得依照本法第四十条、第四十一条的规定解除劳动合同：……（三）患病或者非因工负伤，在规定的医疗期内的……"如果劳动者存在《劳动合同法》第三十九条的六种情形，即有重大过错，一样可以解雇。

2. 医疗期期限

分为一般疾病的医疗期和特殊疾病的医疗期。

（1）一般疾病的医疗期。根据《企业职工患病或非因工负伤医疗期规定》第三条规定，企业职工因患病或非因工负伤，需要停止工作医疗时，根据本人实际参加工作年限和在本单位工作年限，给予3个月到24个月的医疗期：实际工作年限10年以下的，在本单位工作年限5年以下的，医疗期为3个月，本单位工作年限5年以上的，医疗期为6个月；实际工作年限10年以上的，在本单位工作年限5年以下的医疗期为6个月，本单位工作年限5年以上10年以下的医疗期为9个月，工作10年以上15年以下的医疗期为12个月，15年以上20年以下的医疗期为18个月，工作20年以上的医疗期为24个月。

（2）特殊疾病的医疗期。根据原劳动部《关于贯彻〈企业职工患病或非因工负伤医疗期规定〉的通知》和《关于贯彻执行〈中华人民共和国劳动法〉若干问题的意见》的相关规定，对于患某些特殊疾病（癌症、精神病、瘫痪）的员工，24个月的医疗期内不能痊愈的，经企业和当地劳动部门批准，可以适当延长医疗期。

3. 医疗期与病假的区别

（1）定义不同。医疗期是法律概念，病假非法律概念。

（2）期限不同。病假没有期限限制，主要是结合员工身体状况给予休假的期限。医疗期一般是企业职工因患病或非因工负伤，需要停止工作医疗时，根据本人实际参加工作年限和在本单位工作年限，给予三个月到二十四个月的医疗期，当然各地会有一些特殊规定。

（3）保护力度不同。医疗期是法律对劳动者的一种特殊保护，病假则更多属于用人单位用工管理的范畴。

（4）待遇不同。在医疗期内的病假，各地比较统一，都是应当支付相应待遇，只是待遇支付标准各地规定不一致，具体参考各地的具体规定。而超过医疗期的病假，是否支付及支付标准没有明文规定，主要依据当地规定，若当地没有规定，则依据用人单位内部规章制度；若仍然没有，则依据用人单位与员工的协商。

二、如何防范"泡病假"或"小病大养"

在现实生活中，个别医院不仅存在"人情病假单"，甚至存在花钱购买病假单的情况，也有部分劳动者存在"小病大养"的情况。如何来防范虚假病假，保障用人单位的合法权

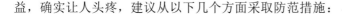

益，确实让人头疼，建议从以下几个方面采取防范措施：

（1）建议用人单位指定医院复查。根据国家相关规定，参加医疗保险的职工可在所在辖区任何一家医保定点医院就医，享受医保待遇。只要医保定点医院开具的病假证明有效，选择到哪家医院就诊是劳动者的权利，用人单位无权限制。但是，用人单位有权要求劳动者提供就诊记录、病历卡、病情证明单、医药费证明，以便对病假的真实性进行形式上的审查。如果用人单位在形式审查过程中产生合理怀疑，有权要求劳动者去指定医院复查。这是用人单位对劳动者进行用工管理的最基本权利之一，劳动者应当服从。

（2）让劳动者到指定医院复查时，要尽可能为劳动者提供方便，并垫付检查费用。比如尽可能指定距离劳动者居住地较近或离用人单位较近的医院，在复查时垫付检查费，并为劳动者报销车费。这既能体现用人单位的人文关怀，又可以使劳动者少些拒绝的理由。

（3）必要时用人单位可以利用上门探望的方式核实病假真伪。这样既能体现用人单位对劳动者的关爱，也能达到了解劳动者病情的目的。

（4）员工"泡病假"或"小病大养"无非觉得有利可图，用人单位如果完善工资结构，让想"泡病假"的员工觉得不合算，他们也就不会这么做了。比如，在工资结构中单独设置全勤奖，并事先规定，请病假超出一定时限的，全勤奖取消，达到一定程度取消年度奖金或年底加薪资格等。

三、医疗期内劳动合同到期的如何处理

1. 职工在医疗期内，用人单位不得解除劳动合同

《企业职工患病或非因工负伤医疗期规定》第二条规定："医疗期是指企业职工因患病或非因工负伤停止工作治病休息不得解除劳动合同的时限。"根据以上规定，职工在医疗期内，用人单位不得解除劳动合同，因为劳动合同期满是劳动合同终止的情形，不存在解除的问题。那劳动合同可以终止吗？答案是不可以终止。

《劳动合同法》第四十五条规定："劳动合同期满，有本法第四十二条规定情形之一的，劳动合同应当续延至相应的情形消失时终止。"第四十二条第三项情形即"患病或者非因工负伤，在规定的医疗期内的"。所以，当在医疗期内的员工劳动合同期满时，劳动合同不会终止，而是延续至医疗期满终止。

2. 劳动合同延续至医疗期满后，用人单位有权选择不续签

根据《劳动合同法》的规定，当在医疗期内的员工非因工致残或患有难以治疗的疾病，彻底终结治疗，不能从事原工作，也不能从事用人单位另行安排的工作的，终止劳动关系，

办理退休、退职手续，享受退休、退职待遇；被鉴定为五至十级的，医疗期内不得解除劳动合同，劳动合同延续至医疗期满。

当医疗期满时，员工治疗仍未结束，续签劳动合同的前提是员工可以履行新的劳动合同，但员工还在治疗当中，不可能履行新一期的劳动合同，所以，这时用人单位可以选择不续签。

当医疗期满时，员工治疗结束，完全康复，这时劳动合同终止，是否续签劳动合同分不同情形而定：（1）如果员工符合签订无固定期限劳动合同的条件，且员工提出签订无固定期限劳动合同，用人单位必须与其签订无固定期限劳动合同。（2）如果员工不符合签订无固定期限劳动合同的条件，用人单位有权利选择不与其续签劳动合同，但要支付经济补偿金。

第九节　特殊群体劳动保护

一、女职工特殊劳动保护

女职工的特殊劳动保护，是指因为妇女的生理特点以及哺育、教育子女的需要而采取的对女职工在生产劳动中的安全和健康实行保护的法律制度。

《劳动法》中对于女职工有一些特殊的规定，国务院审议通过的《关于女职工劳动保护的特殊规定》更加详细地对女职工的劳动权益等作出了规定。

根据我国《劳动法》《劳动合同法》的相关规定，用人单位不得依据以下四种理由在女职工的孕期、产期、哺乳期内与女职工解除劳动合同：（1）女职工病医疗期满后不能从事原工作，也不能从事由用人单位另行安排的工作；（2）女职工不能胜任原工作，经过调岗后仍不能胜任新工作；（3）客观情况发生重大变化，导致合同不能履行，且无法协商一致变更劳动合同；（4）公司裁员。

如果用人单位违反法律规定，侵害女职工合法权益，需要承担相应的法律后果。

二、未成年人特殊劳动保护

我国劳动法律法规中对未成年人的界定为两种：未成年工和童工。未成年工是指，年满16周岁，未满18周岁的劳动者。招用不满16周岁的未成年人为使用童工。使用童工在我国是被严格禁止的。准确来讲，童工不能成为劳动法律关系中的劳动者主体，但现实生活中，使用童工的情况时有发生，有时还演变成极为尖锐和严重的群体性违法事件。

招用未成年工的违法行为，主要表现为违反法律要求的条件招录未成年工，未经批准而使用未成年工，使用过程中造成其身心伤害，等等。

根据《未成年人保护法》，招用未成年工从事过重、有毒、有害等危害未成年人身心健康的劳动或者危险作业的，可能受到的行政处罚包括责令改正、处以罚款，直至吊销营业执照。根据《劳动保障监察条例》第23条，安排未成年工从事矿山井下、有毒有害、国家规定的第四级体力劳动强度的劳动或者其他禁忌从事的劳动的，或者未对未成年工定期体检的，按照受侵害的劳动者每人1000元以上5000元以下的标准处以罚款。

民事责任方面，主要是用人单位应当承担各种赔偿金。至于医疗及工伤保险方面的风险，目前我国社保缴纳并不以年龄为标准，能否参加社保的主要标准是劳动关系。由于未成年工与用人单位之间能够建立合法劳动关系，订立劳动合同，所以，未成年工是可以参加各项社会保险的。

刑事责任方面，如果用人单位招用过程中，存在威胁、拐骗、限制人身自由甚至使用暴力强迫劳动，后果严重的，可以按强迫劳动罪追究用工单位的刑事责任。

用人单位在招用年满16周岁的未成年工时应注意以下事项，避免产生用工风险：（1）安排未成年工从事的岗位需符合法律允许未成年工就业的范围。（2）招用未成年工前，应进行上岗前健康检查以及上岗前培训。用人单位须按规定定期对未成年工进行健康检查。（3）用人单位应在相关部门办理好用工登记，确保未成年工持未成年工登记证上岗。用人单位应为未成年工提供更为可靠的劳动保护及劳动条件，充分重视未成年工的生长发育，营造积极向上的工作环境。

第三章 员工离职过程中的风险与防范

劳动合同履行过程中，由于用人单位或者劳动者的某些行为，可能会导致用人单位和劳动者之间的劳动关系提前终止，也就是劳动合同解除。劳动合同的解除主要包括劳动者和用人单位协商解除、劳动者单方解除和用人单位单方解除三种情形。劳动合同解除是劳动争议的高发环节。

第一节 协商一致解除劳动合同

【法规链接】

《劳动合同法》第三十六条 用人单位与劳动者协商一致，可以解除劳动合同。

劳动合同履行中，出现一定情形导致用人单位和劳动者中的一方或双方不能、不愿继续履行劳动合同时，在自愿、平等、公平的基础上协商并达成一致意见，使双方之间的劳动关系无争议地、和平地终止，应该是解除劳动合同中的最佳途径、最高境界。协商解除劳动合同没有规定实体、程序上的限定条件，只要双方能够达成一致，内容、形式、程序不违反法律禁止性规定即可。

双方协商解除劳动合同的，用人单位只有在劳动者主动提出解除的情况下，才不用支付经济补偿金，如果是用人单位提出解除劳动合同，用人单位需要向劳动者支付经济补偿金。另外，如果在协商解除劳动合同过程中，用人单位对相关法律问题考虑不周、处理不当，也可能产生新的纠纷。用人单位在与劳动者协商解除劳动合同时，需要注意以下三点：

1. 签订协商一致解除劳动合同的书面协议

如果双方达成了提前解除劳动合同的一致意见，务必签署书面的协议并留存证据，这样才可能使各方的意思完整、准确地表达出来并得到遵循，还可以防止一方的恶意反悔。

2. 协商一致解除劳动合同的协议内容应当合法

如果协议的内容不符合法律的规定或者不明确，就可能达不到协商一致解除劳动合同的目的，并且有可能产生法律纠纷。用人单位不能通过改变劳动合同中的主要约定事项，以逼迫劳动者辞职的方式解除劳动合同，否则要承担相应的法律责任。

3. 协商一致解除劳动合同的协议内容要明确

任何书面协议如果内容不明确都会给履行带来不便，当双方的理解误差偏大又无法达成新的一致意见时，难免产生新的纠纷。所以，协议中应当将解除日期、原因以及报酬、补偿金、违约金等事项全部约定清晰。

第二节　劳动者单方解除劳动合同

劳动者单方解除劳动合同，是指具备法律规定的条件时，劳动者享有单方解除劳动合同的权利，无须与用人单位协商达成一致意见，也无须征得用人单位的同意。劳动者单方解除劳动合同的情形分为预告解除和即时解除。

一、预告解除

【法规链接】

《劳动合同法》第三十七条　劳动者提前三十日以书面形式通知用人单位，可以解除劳动合同。劳动者在试用期内提前三日通知用人单位，可以解除劳动合同。

根据上述法律规定，劳动者预告解除劳动合同包括两种情形：

1. 劳动者提前30日以书面形式通知用人单位，可以解除劳动合同；

2. 劳动者在试用期内提前3日通知用人单位，可以解除劳动合同。

劳动者履行告知程序后，单方解除劳动合同，无须经用人单位批准，告知期满后即可离职，用人单位可以不支付经济补偿金。对于劳动者提前解除劳动合同的行为，用人单位不能以任何条件、理由加以限制或拒绝。对于法律的这项规定，用人单位应当予以应有的重视、尊重以及必要的准备，只有这样才不至于在劳动者辞职时陷于被动，建议如下：

1. 根据特殊人员的实际情况在劳动合同中事先约定长于30日的提前通知期。法律规定的是劳动者解除合同需要提前30天书面通知用人单位，但法律并没有明确禁止用人单位在劳动合同中约定长于30天的通知期。因此，用人单位可以针对特殊人员在劳动合同中事先约定较长的提前解约通知期，这样就可以争取时间寻找合适的接替人员。

2. 通过劳动合同中的竞业禁止条款，对劳动者离职后择业进行一定程度的约束。对于重要岗位或者不可替代的岗位，为了尽量减少劳动者辞职给用人单位造成的不利后果，用人单位可以在劳动合同中约定竞业禁止条款，即劳动者在离职之后一定时间内不得从事同类工作。这样也可以在一定程度上减少劳动者随意或者不负责任地"跳槽"。

3. 利用服务期条款达到在一定时期内减少劳动者留在企业的目的。对于经过专项培训的劳动者，用人单位可以在劳动合同中约定违约金、服务期等义务，对劳动者辞职予以限制。但是需注意的是，劳动者有自主择业的权利，这种约束和限制的作用是有限的。

4. 注意审查劳动者辞职的原因。对于劳动者因个人原因辞职的，用人单位要注意审查以下事项：一是辞职理由，应该是劳动者的个人原因，不能是用人单位的某些原因；二是辞职信的形式，辞职信需要书面明确辞职日期、本人署名，不能全部打印或以电子邮件的方式辞职；三是要妥善保管好辞职信。

5. 对于"不辞而别"的劳动者的应对措施。劳动者未提前通知解除劳动合同，自行离职的，用人单位可以在规章制度中明确旷工多少天，属于"严重违反规章制度"，据此作出严重违纪处理，用人单位单方解除劳动合同，并将《解除劳动合同通知书》送达劳动者本人，如果劳动者无法联系或者不予配合办理辞退手续，可以邮寄送达，若无人接收，则可以公告送达。劳动者未提前通知自行离职，由此给用人单位带来经济损失的，用人单位可以要求其承担赔偿责任。

二、即时解除

【法规链接】

《劳动合同法》第三十八条 用人单位有下列情形之一的，劳动者可以解除劳动合同：

（一）未按照劳动合同约定提供劳动保护或者劳动条件的；

（二）未及时足额支付劳动报酬的；

（三）未依法为劳动者缴纳社会保险费的；

（四）用人单位的规章制度违反法律、法规的规定，损害劳动者权益的；

（五）因本法第二十六条第一款规定的情形致使劳动合同无效的；

（六）法律、行政法规规定劳动者可以解除劳动合同的其他情形。

用人单位以暴力、威胁或者非法限制人身自由的手段强迫劳动者劳动的，或者用人单位违章指挥、强令冒险作业危及劳动者人身安全的，劳动者可以立即解除劳动合同，不需事先告知用人单位。

根据以上法律规定，如果用人单位自身存在上述违法情形，就会面临劳动者可以随时走人的风险。同时，这种情况下，用人单位还可能需要依法向劳动者支付经济补偿金。

为避免因用人单位的过错导致劳动者单方解除劳动合同，从而给用人单位造成损失，用人单位应尽量避免上述情形。同时，劳动者即时解除劳动合同后，用人单位仍应履行支付经济补偿金的义务。

第三节　用人单位单方解除劳动合同

用人单位单方解除劳动合同，是指在具备法律规定的条件时，用人单位享有单方解除权，无须与劳动者协商达成一致意见。用人单位单方解除劳动合同的情形包括即时解除、预告通知解除和经济性裁员三种，另外法律还规定了禁止用人单位解除劳动合同的情形。

由于单方解除劳动合同未经双方协商一致，所以常常引发劳动者的不满、不理解、不接受，从而产生劳动争议。应该说，解除劳动合同的法律风险，主要就是由用人单位单方解除劳动合同而引起的。企业应当着重在解除劳动合同环节进行法律风险防范，避免劳动争议纠纷，或者降低劳动争议案件的败诉率。

一、即时解除

【法规链接】

《劳动合同法》第三十九条　劳动者有下列情形之一的，用人单位可以解除劳动合同：

（一）在试用期间被证明不符合录用条件的；

（二）严重违反用人单位的规章制度的；

（三）严重失职，营私舞弊，给用人单位造成重大损害的；

（四）劳动者同时与其他用人单位建立劳动关系，对完成本单位的工作任务造成严重影响，或者经用人单位提出，拒不改正的；

（五）因本法第二十六条第一款第一项规定的情形致使劳动合同无效的；

（六）被依法追究刑事责任的。

即时解除，是指劳动者存在一定的过错，用人单位无须向劳动者预告通知就可以单方解除劳动合同，且无须向劳动者支付经济补偿金或赔偿金。

1. 在试用期间被证明不符合录用条件

用人单位以此为据解除劳动合同时，其关键是如何把握"不符合录用条件"这一点。

由于试用期用人单位与劳动者建立劳动关系的时间比较短，劳动者比较容易接受用人单位单方解除劳动合同，用人单位在行使试用期单方解除权时往往比较随意，有的甚至随意到个别老员工看着新员工不顺眼，就做出辞退的决定。也有用人单位想当然认为，既然是试用期，就可以随时解约。但是，用人单位随意解除试用期劳动合同，劳动者打起官司要求用人单位继续履行劳动合同时，败诉的往往是用人单位。用人单位在试用期内解除劳动合同，应当具备劳动者"不符合录用条件"这个先决条件。只有在能够证明劳动者"不符合录用条件"时，用人单位单方解除劳动合同才会得到法律的支持。

证明劳动者"不符合录用条件"，则需要遵循一定标准，不能仅凭管理人员的主观好恶。首先，要有关于录用条件的前置性约定或者说明，如劳动者不得隐瞒病史、劳动争议、竞业限制等，不得尚未与原用人单位解除劳动关系，不得制造假学历、假简历等。这种约定或者说明应在劳动合同、入职登记、规章制度、员工手册等书面材料中体现，最好取得员工的签字，以证明已告知员工录用条件。其次，要有书面证据证明员工在试用期内不符合录用条件。再次，要在员工试用期届满前进行考核，并保留相关书面考核材料。最后，要在试用期届满前发出劳动合同解除通知，试用期过后，用人单位就不能再依据该条款解除劳动合同了。

2. 严重违反用人单位的规章制度

企业内部规章制度是企业内部管理的重要依据，是职工行为的准则。根据《最高人民法院关于审理劳动争议案件适用法律若干问题的解释》的规定，企业内部制定的规章制度要具有法律效力，必须符合以下三个要件：一是符合国家法律、行政法规及政策规定；二是通过民主程序制定；三是向劳动者公示。三个条件缺一，都会导致规章制度不能作为劳动合同解除的依据，导致无法对劳动者进行处理。

用人单位以劳动者严重违反规章制度为由单方解除劳动合同时，常因双方对"是否违反规章制度"以及"是否严重违反规章制度"有不同的认识而产生纠纷。违反规章制度解除劳动合同是实践中发生争议概率较高的一个环节。从这类纠纷的最终结果看，劳动者和用人单位的胜算基本相当，难分伯仲。

（1）违反规章制度解除劳动合同纠纷中，争议的焦点问题首先是违反规章制度的行为（通常称为违纪行为）是否存在。如果违纪行为不存在或者不能证明违纪行为存在，用人单位的单方解除行为将涉嫌违法，无法获得法律的支持。所以，用人单位以此为由解除劳动合同之前，应注意留存证明劳动者违反规章制度的书面证据，以防因证据不足而败诉。

（2）关于是否严重违反规章制度，实践中，因为各行各业的用人单位工作性质千差万别，法律法规根本不可能确定标准，因此，一般应当以用人单位内部规章制度所规定的具体界限为准。这就要求用人单位制定符合法律规定的规章制度，明确何为"严重违反规章制度"，如"某石油公司规定员工在某作业场所吸烟属于严重违纪的行为，单位可以解除劳动合同"，这样才能够有充分的依据来证明解除劳动合同的行为合法有效。

（3）既然法律规定的是"严重违反用人单位规章制度"，用人单位就不妨在规章制度上以及日常工作中多下功夫，具体如下：

第一，在规章制度中明确规定属于严重违反规章制度的行为，并明确规定出现上述行为时，用人单位可以单方解除劳动合同。

第二，用人单位应注意留存劳动者严重违反规章制度的事实证据，如录音录像、违纪通知单、员工的检讨书等，同时保证解除程序合法，即在解除劳动合同通知中写明解除的原因，并将通知书送达劳动者本人，留存劳动者本人签收的证据；如找不到本人，要邮寄送达；如邮寄送达劳动者未签收，应当办理公告送达。

3. 严重失职，营私舞弊，给用人单位造成重大损害

这种情况是指劳动者在履行劳动合同期间有未尽职责的严重过失行为或者利用职务之便谋取私利的故意行为，使用人单位的有形、无形财产或人员遭受重大损失，包括严重失职、营私舞弊行为，如玩忽职守、违章指挥造成事故，使人民生命、财产遭受损失；滥用职权，偷税漏税，截留上缴利润，损公肥私；贪污、盗窃等。这里的关键不是这些行为本身，而是行为的结果，即这些行为需要"给用人单位造成重大损害"。如果劳动者实施了这些行为，但是没有给用人单位造成重大损害，用人单位以此为由解除劳动合同就可能被认定违法。

但是，法律法规并未对"重大损害"作统一规定，一般由单位的规章制度明确界定，单位规章制度没有明确界定的，出现争议后，由裁判者根据实际情况行使自由裁量权。

与严重违反规章制度一样，关于什么样的损害可以认定为"给用人单位造成重大损害"，用人单位最好在规章制度中事先规定。只要用人单位将界定"重大损害"的文件、规章制度按照合法的程序制定和公示，一般会得到裁判机关的支持。例如，弄虚作假报销差旅费数额达到500元的，截流货款1000元以上的，私拿公司财物价值800元以上的，等等。

4. 劳动者同时与其他用人单位建立劳动关系，对完成本单位的工作任务造成严重影响，或者经用人单位提出，拒不改正

《劳动合同法》第六十九条规定了从事非全日制用工的劳动者可以与一个或者一个以上用人单位订立劳动合同，但是后订立的劳动合同不得影响先订立的劳动合同的履行。对于全日制用工的劳动者，法律法规并未禁止其建立多重劳动关系，但建立多重劳动关系，不能对完成本单位的工作任务造成严重影响，或者经用人单位提出后拒不改正。我国全日制用工的劳动者普遍只与一个用人单位签订劳动合同、建立劳动关系，有条件建立双重劳动关系的人员，一定要经原单位同意。

如果用人单位发现劳动者同时与其他用人单位建立劳动关系，有意解除劳动合同，应注意不能马上解除，只有符合两种情况之一，才可以解除：一是对完成本单位的工作任务造成严重影响，二是经用人单位提出后拒不改正。实践中，因"严重影响"的标准难以界定，企业可以在劳动合同中约定或者在规章制度中规定"禁止同时与其他用人单位签订劳动合同"，并将此作为严重违反公司规章制度的行为，以"严重违反用人单位的规章制度"为由解除劳动合同，这样更容易操作和取证。

5. 因劳动者以欺诈、胁迫的手段或者乘人之危，使对方在违背真实意思的情况下订立或者变更劳动合同

"欺诈""胁迫""乘人之危"三种手段中比较常见的为欺诈。比如，劳动者提供虚假的应聘资料，用人单位可以依法解除劳动合同。但是，并非劳动者提供任何虚假背景信息，用人单位都可以采取上述措施，关键在于判断劳动者提供虚假背景信息导致的后果——该行为是否导致用人单位在违背真实意思的情况下订立合同，即需要衡量劳动者提供的这一虚假信息，对于劳动关系的建立是否具有实质性的影响。比如，用人单位招聘计算机人才时，要求大学本科为计算机相关专业，但是该劳动者本科学习的是管理类专业，冒充计算机专业，该信息对于建立劳动关系具有实质性影响，用人单位可以据此解除劳动合同。

衡量某一信息对于劳动关系的建立是否具有实质性影响，可以参考的标准包括：（1）招聘公告中明确规定的硬性标准，如学历、专业等；（2）行业岗位的特殊要求，比如年龄、工作经验等；（3）各类学历、资格证书，如注册会计师证书等；（4）与劳动者的能力密切联系的其他指标，如语言等。

6. 被依法追究刑事责任

根据劳动部《关于贯彻执行〈中华人民共和国劳动法〉若干问题的意见》第二十九条的规定，"被依法追究刑事责任"是指：被人民检察院免予起诉的、被人民法院判处刑罚的、被人民法院依据刑法免予刑事处分的。

二、预告通知解除

【法规链接】

《劳动合同法》第四十条　有下列情形之一的，用人单位提前三十日以书面形式通知劳动者本人或者额外支付劳动者一个月工资后，可以解除劳动合同：

（一）劳动者患病或者非因工负伤，在规定的医疗期满后不能从事原工作，也不能从事由用人单位另行安排的工作的；

（二）劳动者不能胜任工作，经过培训或者调整工作岗位，仍不能胜任工作的；

（三）劳动合同订立时所依据的客观情况发生重大变化，致使劳动合同无法履行，经用人单位与劳动者协商，未能就变更劳动合同内容达成协议的。

预告通知解除，即劳动者本人无过错，但由于主客观原因致使劳动合同无法履行，用人单位在符合法律规定的情形下，履行法律规定的程序后有权单方解除劳动合同。预告通知解除劳动合同在程序上具有严格的限制：用人单位应提前30日以书面形式通知劳动者本人或者额外支付劳动者一个月工资后，才可以解除劳动合同。用人单位选择额外支付劳动者一个月工资解除劳动合同的，其额外支付的工资应当按照该劳动者上一个月的工资标准确定。

用人单位选择提前30日以书面形式通知劳动者本人或者额外支付劳动者一个月工资解除劳动合同所面临的风险有所不同：提前30日通知的，如果劳动者在30天内可能发生工伤、怀孕、患病等情况，企业将不能解除劳动合同；额外一次性支付一个月工资的，就不会存在上述风险，但要保证劳动者能够有合理的时间做工作交接。

1. **劳动者患病或者非因工负伤，在规定的医疗期满后不能从事原工作，也不能从事由用人单位另行安排的工作**

以此为理由解除劳动合同需具备三个条件：一是劳动者患病或者非因工负伤；二是医疗期届满；三是劳动者在医疗期满后不能从事原工作，也不能从事由用人单位另行安排的工作。

根据《关于贯彻执行〈中华人民共和国劳动法〉若干问题的意见》第三十五条规定，请长病假的职工在医疗期满后，能从事原工作的，可以继续履行劳动合同；医疗期满后仍不能从事原工作也不能从事由单位另行安排的工作的，由劳动鉴定委员会进行劳动能力鉴定。被鉴定为一至四级的，应当退出劳动岗位，解除劳动关系，办理因病或非因工负伤退休、退职手续，享受相应的退休、退职待遇；被鉴定为五至十级的，用人单位可以解除劳动合同，并按规定支付经济补偿金和医疗补助费。故用人单位在安排新的工作岗位时，应注意合理性，如故意安排劳动者无法从事的工作，以此为由解除劳动合同，则可能被认定为违法解除劳动合同。

在司法实践中，通常以劳动鉴定委员会出具的劳动能力鉴定来证明劳动者不能从事原来的工作，也不能从事由用人单位另行安排的工作。

2. **劳动者不能胜任工作，经过培训或者调整工作岗位，仍不能胜任工作**

以此为理由解除劳动合同需同时具备三个条件：一是劳动者不能胜任本职工作；二是用人单位对劳动者进行了重新培训或者调整岗位；三是劳动者仍不能胜任新的工作。

根据劳动部《关于〈劳动法〉若干条文的说明》第二十六条，"不能胜任工作"是指不能按要求完成劳动合同中约定的任务或者同工种、同岗位人员的工作量。用人单位不得故意提高定额标准，使劳动者无法完成。目前司法实践中，单一的领导对单一的下属作出的不能胜任工作结论或者采用末位淘汰制都不能认定劳动者"不能胜任工作"。是否胜任工作，应依据公开、公平、公正的原则认定，员工有权复核，不能因人而异，对同一群体应统一标准。对不能胜任工作的劳动者，用人单位应当在证明其不能胜任后，对劳动者进行培训或者为其调整工作岗位。只有那些经过培训或者调整工作岗位，仍不能胜任工作的劳动者，用人单位才可以与之解除劳动合同。

3. **劳动合同订立时所依据的客观情况发生重大变化，致使劳动合同无法履行，经用人单位与劳动者协商，未能就变更劳动合同内容达成协议**

以此为理由解除劳动合同需同时具备三个条件：一是劳动合同订立时所依据的客观情

况发生重大变化；二是发生的变化导致原劳动合同无法履行；三是用人单位与劳动者协商后不能达成一致意见。如果经当事人协商能够就变更劳动合同达成协议，用人单位就不能解除劳动合同。

根据劳动部《关于〈劳动法〉若干条文的说明》第二十六条，"客观情况发生重大变化"指发生不可抗力或出现致使劳动合同全部或部分条款无法履行的其他情况，如企业迁移、被兼并、企业资产转移等。

而且，还要注意，所谓变化的客观情况，指的是劳动合同订立时所依据的客观情况。如果企业客观情况变化发生在订立劳动合同之前或者情况发生变化时未及时与劳动者协商变更合同内容，按原样履行了劳动合同一段时间后再以此为由解除劳动合同，就很难得到法律的支持了。

三、经济性裁员

经济性裁员是用人单位单方解除劳动合同的法定情形之一。《劳动法》规定的经济性裁员的条件很严格，用人单位只有在濒临破产进行法定整顿期间或者生产经营发生严重困难时才能裁员。所以在《劳动合同法》实施以前，经济性裁员基本用不上。《劳动合同法》第四十一条虽然放宽了经济性裁员的条件，但仍然有严格的条件和程序限制，用人单位裁员时必须遵守规定。

1. 经济性裁员条件

企业裁减人员数量应达到法定标准，即一次裁减20人以上或者不足20人，但占企业职工总数10%以上的劳动者，如果达不到法定数量，则只能单个协商解除劳动合同或使用其他方式解除劳动合同。同时，应当符合四种法定情形之一：

（1）依照企业破产法规定进行重整。实践中，用人单位依照企业破产法规定进行重整的裁员条件举证相对容易，提供人民法院出具的关于重整的裁定书即可。

（2）生产经营发生严重困难。"严重困难"的标准很高，可以说很少有用人单位够得上这个标准。用人单位适用此条件时必须举证证明生产经营发生了严重的困难，建议委托第三方对自己的资产状况以及财务状况进行评估，以保留经营困难的证据。实践中，很多用人单位以金融危机为幌子进行裁员，实际上并没有达到"生产经营发生严重困难"的标准，这就容易陷入违法解除劳动合同的风险。

（3）企业转产、重大技术革新或者经营方式调整，经变更劳动合同后仍需裁减人员。程序上要注意，适用该条件时，用人单位要与劳动者变更劳动合同，经变更劳动合同后仍需要裁减人员的方可裁员。如果未经变更劳动合同即裁员，也属于违法解除劳动合同。

（4）其他因劳动合同订立时所依据的客观经济情况发生重大变化，致使劳动合同无法履行的情况。

2. 经济性裁员程序

根据《劳动法》第二十七条规定，首先要提前30日向工会或者全体职工说明情况，其次要提出裁员方案，再次要听取工会或者职工的意见，最后要向劳动行政部门报告后方可裁减人员。

3. 裁员时优先留用人员

《劳动合同法》从保护弱势群体的角度规定了三种裁员优先留用人员：一是与本单位订立较长期限的固定期限劳动合同的；二是与本单位订立无固定期限劳动合同的；三是家庭无其他就业人员，有需要扶养的老人或者未成年人的。

4. 裁员后重新招录的限制

用人单位依法裁减人员，在六个月内重新招用人员的，应当通知被裁减的人员，并在同等条件下优先录用被裁减的人员。否则被裁员工有权主张赔偿其损失、恢复劳动关系。

另外，还需注意的是，很多用人单位在考虑裁减人选时，试用期员工往往很容易成为被裁减的对象，但裁减试用期员工恰恰是企业裁员中最容易忽视的一个法律风险点。如果用人单位将试用期内的劳动者裁减，用人单位将面临违法解除劳动合同的风险。为避免该法律风险，用人单位对试用期员工可选择协商解除劳动合同，或在试用期届满后再进行裁减。

四、禁止解除情形

【法规链接】

《劳动合同法》第四十二条　劳动者有下列情形之一的，用人单位不得依照本法第四十条、第四十一条的规定解除劳动合同：

（一）从事接触职业病危害作业的劳动者未进行离岗前职业健康检查，或者疑似职业病病人在诊断或者医学观察期间的；

（二）在本单位患职业病或者因工负伤并被确认丧失或者部分丧失劳动能力的；

（三）患病或者非因工负伤，在规定的医疗期内的；

（四）女职工在孕期、产期、哺乳期的；

（五）在本单位连续工作满十五年，且距法定退休年龄不足五年的；

（六）法律、行政法规规定的其他情形。

要特别说明的是，法律规定用人单位在行使预告通知解除和经济性裁员时，除了需要具备法定条件、履行法定程序、承担法定补偿责任之外，还规定了另外的限制。这些限制性规定，是用人单位必须遵守的。以上几种情形下，用人单位不能通过提前30日书面通知或支付经济补偿金的方式解除劳动合同，也不能通过经济性裁员解除劳动合同。

形象地说，这是法律给用人单位裁员划定的红线，企业不能碰触，否则，将要承担相应的法律后果。至于什么样的法律后果，将在后续违法解除劳动合同的经济赔偿中专门讲述。

第四节　经济补偿金和赔偿金

一、经济补偿金和赔偿金的概念

经济补偿金是指用人单位依据国家有关规定和劳动合同的约定，在与劳动者解除劳动合同时支付给劳动者的经济补偿，它的性质是补助费用，不需要用人单位存在过错和违法行为。而赔偿金则是指用人单位违反法律规定解除或者终止劳动合同，需要给劳动者的赔偿。我们从字面上即可理解，赔偿金更强调用人单位一方存在过错，具有一定的惩罚性。

二、经济补偿金和赔偿金的区别

1. 适用条件和计算标准不同

经济补偿金的适用条件为：

（1）用人单位与劳动者协商解除劳动合同。在这里需要注意，如劳动者不是依法定理由主动提出辞职，则不属于协商解除劳动合同，不能主张经济补偿金。这个很好理解，如果在劳动合同期限内，没有出现用人单位拖欠劳动者工资报酬或未缴纳社会保险等违反法律规定的情形的情况下，劳动者随意提出辞职，用人单位还要支付补偿金的话，既会助长劳动者随意对待劳动合同的不正之风，又会侵害用人单位的合法权益，从而造成社会关系、经济环境的不稳定。

（2）用人单位非过失性辞退。这是指劳动者患病或非因工负伤，在规定的医疗期满后不能从事原工作，也不能从事由用人单位另行安排的工作等，用人单位在无过错情况下单方与劳动者解除劳动合同。

（3）用人单位经济性裁员。这是因为《劳动合同法》既要考虑保护劳动者的合法权益，也要考虑用人单位的经营自主权和生存权。

（4）劳动者被迫解除劳动合同。这是指出现用人单位拖欠工资、不提供劳动保护条件、强令劳动者冒险作业等违法情况时，劳动者被迫提出解除合同。

（5）用人单位被依法宣告破产、被吊销营业执照或单位决定提前解散。

（6）劳动合同期满，用人单位不同意续订，或用人单位同意续订但要求降低原定条件致使劳动者不同意续订。

在上述情况下，劳动者可向用人单位主张经济补偿金。

经济赔偿金的适用，只有一种情况，就是用人单位违法解除或终止劳动合同，劳动者不要求继续履行或者劳动合同客观上已经不能继续履行的，用人单位要向劳动者支付相当于二倍经济补偿金的赔偿金。

2. 适用后果不同

适用经济补偿金情形下，用人单位可直接向劳动者支付经济补偿金达到解除或终止劳动关系的目的，而劳动者只能被动接受。适用赔偿金情形下，劳动者可以选择要求继续履行劳动合同，也可以选择要求用人单位支付赔偿金。只有在劳动合同不能履行的情况下，用人单位才可以通过支付赔偿金方式解除劳动合同。

审判实践中，裁判者往往一看符合用人单位违法解除的情形，就判决支付赔偿金，却忽略了向劳动者释明是否要求继续履行，如果劳动者要求继续履行且有继续履行的可能，是要判决继续履行而不能直接判决给付赔偿金的。

3. 性质不同，不能同时主张

支付经济补偿金是用人单位合法解除劳动关系应承担的法定义务，具有补偿性质；支付赔偿金则是用人单位违法单方解除劳动合同时应当承担的法定责任，具有惩罚性。两者性质完全不同，不能同时主张。

第五节　劳动合同终止

劳动合同终止指劳动合同的法律效力依法被消灭，劳动关系因一定法律事实的出现而终结，劳动者与用人单位不再履行原劳动合同中约定的事项。

一、劳动合同终止事由

劳动合同终止导致双方劳动关系消灭。根据法律规定，导致劳动合同终止的情形是：

1. 劳动合同期满

用人单位应当注意虽然劳动合同期满但不能终止劳动合同的特殊情形：（1）劳动者在该用人单位连续工作满十年的；（2）2008年后签过两次固定劳动合同，到期后劳动者要求续订无固定期限动合同的；（3）劳动者患职业病或者因工负伤并被确认达到伤残等级，要求续订劳动合同的。另外，劳动合同期满后，劳动者仍在原用人单位工作，原用人单位未表示异议的，视为双方同意以原条件继续履行劳动合同，任何一方均可提出终止劳动关系。

2. 劳动者开始依法享受基本养老保险待遇（劳动者达到法定退休年龄）

根据《劳动合同法》的规定，劳动者虽达到了法定退休年龄，但没有享受基本养老保险待遇，劳动合同期限未满就不能终止。而在我国享受基本养老保险需要满足以下条件：（1）达到法定退休或提前退休年龄（男性满60周岁；女干部年满55周岁；女工人年满50周岁）；（2）依法参加社会保险并履行了足期（15年）的缴费义务。否则就产生了劳动者退休后却无法享受基本养老保险待遇的现象。实践中，只要劳动者达到法定退休年龄，用人单位即可以为其办理退休手续，终止劳动合同。劳动者达到法定退休年龄后仍在原单位或者新单位工作的，与单位之间建立的是劳务关系，而不再是劳动关系，不再属于《劳动法》《劳动合同法》的调整范围。

3. 劳动者死亡或者被人民法院宣告死亡或者宣告失踪

劳动者被人民法院宣告死亡、失踪的时候，用人单位和劳动者之间的劳动合同自动终止，不需要再以解除劳动合同的方式来终止劳动关系。

4. 用人单位被依法宣告破产

根据《破产法》的规定，用人单位一旦被宣告破产，进入破产清算程序，其主体资格即消灭，导致劳动关系终止。

5. 用人单位被吊销营业执照、责令关闭、撤销或者用人单位决定提前解散

用人单位被吊销营业执照，即丧失了从事生产、经营的资格；被责令关闭、撤销，即应停止生产、经营活动；决定提前解散，即用人单位在营业期限届满前、章程规定的解散事由出现前，因股东会或股东大会决议、公司的合并或者分立等情形，提前解散。

二、劳动合同延期终止

【法规链接】

《劳动合同法》第四十五条 劳动合同期满，有本法第四十二条规定情形之一的，劳动合同应当续延至相应的情形消失时终止。但是，本法第四十二条第二项规定丧失或者部分丧失劳动能力劳动者的劳动合同的终止，按照国家有关工伤保险的规定执行。

上述法律条款规定了劳动合同延期终止的情形，即出现劳动合同终止的法定情形后，劳动合同并不必然终止，而是得等到下述情形消失后才能终止：

1. 从事接触职业病危害作业的劳动者未进行离岗前职业健康检查，或者疑似职业病病人在诊断或者医学观察期间的。

2. 在本单位患职业病或者因工负伤并被确认丧失或者部分丧失劳动能力的。

3. 患病或者非因工负伤，在规定的医疗期内的。

4. 女职工在孕期、产期、哺乳期的。

5. 在本单位连续工作满十五年，且距法定退休年龄不足五年的。

三、终止劳动合同的补偿金与赔偿金

《劳动合同法》明确了终止劳动合同的用人单位应当支付经济补偿金的情形。所以，企业在终止劳动合同时应当注意是否存在应付经济补偿金的情形，应付而未付的，劳动者追究时，不但要依法全额支付，还可能被追究额外赔偿金。

根据上述《劳动合同法》规定，下列情形终止劳动合同的，用人单位应当向劳动者支付经济补偿金，终止劳动合同的经济补偿金的计算方法和解除劳动合同的经济补偿金的计算方法相同。

1. 劳动合同因期满终止时。一般情况下，劳动合同到期终止时用人单位应当向劳动者支付经济补偿金，除非用人单位在维持或者提高劳动合同约定条件基础上提出续订劳动合同，而劳动者不同意续订。

2. 劳动合同因用人单位被依法宣告破产而终止时。

3. 劳动合同因用人单位被吊销营业执照、责令关闭、撤销或者用人单位决定提前解散而终止时。

用人单位违法终止劳动合同主要包括两种情形：一是未出现法定终止事由的情况下，

单方终止劳动合同；二是延期终止情形出现后，仍单方终止劳动合同。根据《劳动合同法》第四十八条规定，用人单位违法终止劳动合同，劳动者要求继续履行劳动合同的，用人单位应当继续履行，劳动者不要求继续履行劳动合同或者劳动合同已经不能继续履行的，用人单位应当依法支付相当于双倍经济补偿金的赔偿金。

第六节　离职管理

【法规链接】

《劳动合同法》第五十条　用人单位应当在解除或者终止劳动合同时出具解除或者终止劳动合同的证明，并在十五日内为劳动者办理档案和社会保险关系转移手续。

劳动者应当按照双方约定，办理工作交接。用人单位依照本法有关规定应当向劳动者支付经济补偿的，在办结工作交接时支付。

用人单位对已经解除或者终止的劳动合同的文本，至少保存二年备查。

无论解除劳动合同还是终止劳动合同，员工办理离职手续的环节都存在很多风险点。比如，用人单位未保留员工主动离职的相关证据；用人单位在解除或终止劳动合同后，不出证明、不移档案、不移保险等。这些都可能会让用人单位在劳动争议中处于不利地位。由此可见正规办理离职手续的重要性。本节，笔者将针对不同的离职类型中相关离职流程管理及离职手续的办理进行探讨。

一、协商解除劳动合同

1.制定离职管理制度

（1）用人单位需制定完善的离职管理制度，且该制度在内容和程序上应合法、有效，对员工离职进行流程化、规范化管理。

（2）员工入职前，用人单位应当要求员工签收离职管理制度，以明确其已知晓用人单位关于离职的流程及规定，并留存备案。

2.完善离职流程

（1）无论是用人单位还是员工提出解除劳动关系，均需签订《协商解除劳动关系协议》。

（2）行政部或相关部门核算该员工考勤记录，计算工资；根据法律规定或用人单位与员工之间协商一致的约定，核算经济补偿金等款项。

（3）通知五险一金缴纳、个税代扣的岗位负责人，按照实际情况对该员工的社保、个税进行核算，明确告知其停止缴纳、停止代缴时间等，停止时间应当与员工正式离职时间保持一致。

3. 离职工作交接

（1）用人单位应当要求员工填写《离职单》。建议用人单位内部制定工作移交的制度，各部门出具移交明细。

（2）针对员工离职后尚未完结的工作以及相应的项目提成，可以协商约定在工作完结后，再结算相应款项，同时约定员工离职后针对未结工作有必要的配合义务。

（3）用人单位根据离职管理制度的规定，在员工未履行或未完全履行工作交接与物品交接义务的情况下，可以暂不支付补偿金。

4. 离职手续办理

（1）工资、补偿款等款项的结算。薪资实时结算的，要求员工出具收据。

（2）离职后未结款项不应当以工资名义发放，尤其注意规避税务机关的核查风险，可以要求员工领取未结款项时出具相应发票。

（3）办理离职证明。用人单位出具离职证明是一个不可缺少的环节。离职证明中应当写明劳动合同期限、解除或终止劳动合同的日期、工作岗位、工作年限等。需要注意的是，用人单位在向员工出具离职证明时，一定要收集、保留员工签收的书面证据，以防止发生纠纷时无据可查，陷入被动。

（4）办理档案、社保关系转移手续。关于已经离职员工的入职、履职、离职的档案，用人单位应当至少保存两年以上。

（5）员工因故无法亲自办理离职手续的，应当出具书面的委托手续。

二、员工单方解除劳动合同

1. 离职申请

（1）用人单位收到员工离职申请的，或者员工不以正式通知的形式单方解除劳动关系的，应当通知员工及时到用人单位办理相关离职手续。

（2）"不辞而别"的员工，其行为视为员工单方解除劳动关系。

（3）注意员工解除劳动关系的原因是否为"个人原因"，如果因为用人单位存在违法行为而解除，就涉及支付经济补偿金。

2. 离职工作交接

（1）向员工发送用人单位的离职管理制度，要求员工签收。

（2）如果是用人单位存在违法行为，导致员工离职，用人单位应尽量与员工进行协商确定经济补偿金数额。

（3）要求员工整理未完成的工作，与相关人员完成工作交接，填写《离职单》。

3. 离职手续办理

（1）结算工资、停缴社保等。薪资实时结算的，要求员工出具收据。

（2）办理离职证明。

（3）办理档案、社保关系转移手续。

三、用人单位单方解除劳动合同

1. 解除劳动关系的通知

（1）用人单位与拟辞退员工就解除劳动关系事宜进行单独协商，协商无果的，用人单位相关部门向拟辞退员工送达解除劳动关系的通知，并要求其签收。

（2）对存在过失的员工进行辞退的，应当在其违反法律、用人单位管理制度的情况下，让其签署相关的证明文件、奖惩告知单等，以此证明其确有违反规定的行为，可以进行过失性辞退，即"即时解除"。

（3）对不存在过失的员工进行辞退的，建议用人单位提前30日向拟辞退员工送达解除劳动关系的通知，或者选择向员工支付一个月的工资作为代通知金。

（4）员工拒绝签收上述文件的，可将解除劳动关系的通知以邮寄/邮件的方式向其发送。因此，用人单位应当要求员工在入职资料中填明联系地址和方式。

2. 离职工作交接

（1）向员工发送用人单位的离职管理制度，要求员工签收。

（2）若用人单位须向员工支付经济补偿金，应尽量与员工协商确定。

（3）要求员工整理未完成的工作，与相关人员完成工作交接，填写《离职单》。

3. 离职手续办理

（1）结算工资、补偿金，停缴社保等。薪资实时结算的，要求员工出具收据。

（2）办理离职证明。

（3）办理档案、社保关系转移手续。

四、劳动合同终止

1. 发出劳动合同终止的通知

（1）存在法律规定的劳动合同终止情形时，用人单位应当及时作出劳动合同终止的通知，并要求员工签收。

（2）用人单位应当以书面形式告知员工劳动合同终止，明确终止的时间和事由。

（3）不能当面送达签收的，应当选择邮寄/邮件的方式送达。

2. 签订劳动合同终止协议

（1）用人单位需要与员工签订劳动合同终止协议，以明确双方的权利、义务。

（2）劳动合同终止的情况下，也可能需要支付经济补偿金，即：除用人单位维持或提高劳动合同约定条件续订劳动合同，员工不同意续订的情形外，都需支付经济补偿金。因此，建议用人单位与员工以协议的形式就经济补偿金问题作出约定。

3. 离职工作交接

（1）向员工发送用人单位的离职管理制度，要求员工签收。

（2）若用人单位须向员工支付经济补偿金，应尽量与员工协商确定。

（3）要求员工整理未完成的工作，与相关人员完成工作交接，填写《离职单》。

4. 离职手续办理

（1）结算工资、补偿金，停缴社保等。薪资实时结算的，要求员工出具收据。

（2）办理离职证明。

（3）办理档案、社保关系转移手续。

第七节 劳动争议纠纷的处理

一、劳动争议的概述

所谓劳动争议，是指劳动关系当事人，即劳动者和用人单位之间因劳动权利义务的争执引起的纠纷。劳动者或用人单位一方或双方的违法、违约行为甚至是相互之间的不理解、误解等都可能导致劳动争议的产生。

根据我国《劳动争议调解仲裁法》第2条的规定，劳动争议的范围包括：（1）因确认劳动关系发生的争议；（2）因订立、履行、变更、解除和终止劳动合同发生的争议；（3）因除名、辞退和辞职、离职发生的争议；（4）因工作时间、休息休假、社会保险、福利、培训以及劳动保护发生的争议；（5）因劳动报酬、工伤医疗费、经济补偿或者赔偿金等发生的争议；（6）法律、法规规定的其他劳动争议。

发生劳动争议后，企业所面临的当然就是如何解决这些争议。解决劳动争议除了需要企业和劳动者的诚意之外，执行并合理利用解决劳动争议的程序与规则也许更加重要。因为不了解、不执行或者违反劳动争议解决程序与规则，不但可能影响劳动争议的顺利解决，而且有可能因此产生新的纠纷。所以，企业劳动用工法律风险的防控应当自然延伸至劳动争议解决的环节。

二、劳动争议解决方式

根据《劳动合同法》《劳动争议调解仲裁法》等法律的规定，发生劳动争议，劳动者可以与用人单位协商，也可以请工会或者第三方共同与用人单位协商达成和解协议；发生劳动争议，当事人不愿协商、协商不成或者达成和解协议后不履行的，可以向调解组织申请调解；不愿调解、调解不成或者达成调解协议后不履行的，可以向劳动争议仲裁委员会申请仲裁；对仲裁裁决不服的，除法律另有规定的外，可以向人民法院提起诉讼。

根据以上法律规定，解决劳动争议的方式或者途径包括：双方的自行协商、民间调解组织的调解、仲裁和诉讼四种。法律并不强制要求争议双方采取其中的哪一种来解决争议，用人单位以及劳动者均有权自行选择。协商和调解属于民间自治性解决问题的途径，因此，对于其中的具体过程以及最终的结果，法律通常不做强制性规定；而仲裁和诉讼，则属于司法范畴，需要严格按照法定的程序和规则进行。

1. 协商

协商是指劳动者与用人单位就争议的问题直接进行协商，寻找纠纷解决的具体方案。与其他纠纷不同的是，劳动争议的当事人一方为企业，一方为企业员工，因双方已经发生一定的劳动关系而相互有所了解。双方发生纠纷后，最好先协商，通过自愿达成协议来消除隔阂。实践中，员工与企业经过协商达成一致而解决纠纷的情况非常多，效果也很好。但是，协商程序并不是处理劳动争议的必经程序，双方可以协商，也可以不协商，完全出于自愿，任何人都不能强迫。

2. 调解

调解是指劳动纠纷的当事人就已经发生的劳动纠纷向劳动争议调解委员会申请调解，由劳动争议调解委员会居中调解。《劳动法》规定，在用人单位内，可以设立劳动争议调解委员会负责调解本单位的劳动争议。调解委员会委员由单位代表、职工代表和工会代表组成，他们一般具有法律知识、政策水平和实际工作能力，又了解本单位的具体情况，有利于纠纷解决。但是，与协商程序一样，调解程序也由当事人自愿选择，且调解协议也不具有强制执行力，如果一方反悔，同样可以向仲裁机构申请仲裁。

3. 仲裁

仲裁程序是劳动纠纷的一方当事人将纠纷提交劳动争议仲裁委员会而启动的程序。该程序既具有劳动争议调解灵活、快捷的特点，又具有强制执行的效力，是解决劳动纠纷的重要手段。劳动争议仲裁委员会是国家授权、依法独立处理劳动争议案件的专门机构。申请劳动仲裁是解决劳动争议的选择程序之一，也是提起诉讼的前置程序，也就是说，如果想提起诉讼，必须经过仲裁程序，不能直接向人民法院起诉。

4. 诉讼

《劳动法》第八十三条规定："劳动争议当事人对仲裁裁决不服的，可以自收到仲裁裁决书之日起15日内向人民法院提起诉讼，一方当事人在法定期限内不起诉，又不履行仲裁裁决的，另一方当事人可以申请人民法院强制执行。"诉讼程序，即我们平常所说的打官司，诉讼程序是由不服劳动争议仲裁委员会裁决的一方当事人，向人民法院提起诉讼后启动的程序。诉讼程序具有较强的法律性、程序性，作出的判决也具有强制执行力。

三、不同争议解决方式的常见问题

（一）协商、调解的法律风险及防范

利用协商、调解解决纠纷可以大大节省各自的时间、人力、物力、财力以及精神方面的支出，发生劳动争议时，如果条件允许，企业应当首选协商和调解的方式。但在通过协商、调解方式解决争议时，需要注意以下几个问题：

1. 调解协议的效力

一般情况下，在劳动争议调解组织进行调解时，任何一方都有权决定是否达成调解协议，也有权对已达成的调解协议不予执行。这也是调解的民间自治性所决定的结果。但基于维护劳动者权益的考虑，法律也做了特别的规定。

《劳动争议调解仲裁法》第十六条规定，因支付拖欠劳动报酬、工伤医疗费、经济补偿或者赔偿金事项达成调解协议，用人单位在协议约定期限内不履行的，劳动者可以持调解协议书依法向人民法院申请支付令。根据《中华人民共和国民事诉讼法》的规定，除非用人单位在法定期限内对支付令提出异议，否则，人民法院就有权根据劳动者的申请强制用

人单位履行调解协议约定的支付义务，即对企业进行强制执行。另外，最高人民法院在审理劳动争议案件的司法解释中规定，当事人在劳动争议调解委员会主持下达成的具有劳动权利义务内容的调解协议，具有劳动合同的约束力，可以作为人民法院裁判的根据。

因此，调解协议的效力视同当事人之间的劳动合同，并且具有具体支付内容的调解协议是劳动者的债权凭证，可以申请人民法院督促执行。基于上述规定，用人单位在调解时就要注意：

（1）不要因调解的民间性质而轻视调解工作，同样应当注意查清事实、分清责任，以免因错误签署协议而反悔、不执行调解协议。

（2）除非调解协议确有错误，企业应当积极按照协议约定的期限履行支付义务，否则，劳动者申请支付令，进入督促程序，额外的人力、财力支出是不可避免的。

（3）正确对待法院的支付令。收到法院发出的支付令通知时，要分清楚情况分别处理：如果没有其他正当理由、确属企业延迟支付，应当积极配合法院按照调解协议的约定履行支付义务；如果企业不履行支付义务事出有因，比如调解协议确有不实、错误等，应当在接到支付令通知后15日内向法院提出异议。按照法律规定，如果当事人在规定的期限内对支付令提出异议，则支付令失效，债权人主张债权则需要另行起诉。

需要补充说明的是，上面所谈到的调解协议，均指在依法设立的民间调解组织主持调解下达成的协议，包括企业劳动争议调解委员会、依法设立的基层人民调解组织、乡镇或街道设立的具有劳动争议调解职能的组织，而不是在仲裁机构或者法院组织调解下达成的调解书。

2．协商、调解中的时效性问题

协商、调解不是司法程序，本身不具有严格的时效性。一般情况下早点或晚点进行协商或调解，对于实体权利义务关系没有影响，不像在司法诉讼程序中，时间上的错失往往意味着实体权利的消灭。但是，由于协商、调解不是解决劳动争议的最终方式，协商、调解不成或不执行调解协议时，任何一方当事人都可以提起劳动争议仲裁和诉讼。所以，企业在通过协商、调解方式解决争议时要注意与仲裁、诉讼的衔接问题，对此问题，我们将在后续详细介绍。

3．注意搜集和保留争议证据

协商、调解虽然是解决争议的理想、便捷方式，但所有纠纷都通过这些方式解决也是不现实的。因此，企业应该对协商、调解不成而需要通过仲裁、诉讼解决做好准备，准备工作的核心应该是搜集有关争议事实的证据，争取在协商、调解不成而仲裁、诉讼时，把双方争议的重点转移到对于法律的理解和适用方面。

（二）仲裁与诉讼的受理范围

提倡用人单位和劳动者在发生劳动争议时力争通过协商和调解解决还有一个原因，就是并非所有的劳动争议都可以通过仲裁、诉讼的方式解决。法律对于可以进入司法程序解决的劳动争议范围是有限定的。根据我国目前的法律规定，下列劳动争议可以申请仲裁或提出诉讼：

1. 因确认劳动关系发生的争议；

2. 因订立、履行、变更、解除和终止劳动合同发生的争议；

3. 因除名、辞退和辞职、离职发生的争议；

4. 因工作时间、休息休假、社会保险、福利、培训以及劳动保护发生的争议；

5. 因劳动报酬、工伤医疗费、经济补偿或者赔偿金等发生的争议；

6. 法律、法规规定的其他劳动争议。

上述范围之外的争议，无论是否与企业和劳动者的劳动关系有关，都不能通过劳动争议仲裁或诉讼的方式解决。比如：

1. 有关劳动者社会保险金发放的纠纷。社会保险金包括养老金、伤残补助金、伤残津贴、工亡补助金、供养亲属抚恤金、生活护理费、女性职工生育津贴等社会保险待遇中应当支付的各项费用。因这些保险金未发放或发放的数额存在异议发生纠纷，主体不是用人单位而是社会保险经办机构。所以，劳动者向用人单位主张权利时，用人单位应当告知劳动者向社会保险经办机构主张权利或者通过行政诉讼的方式解决。但是，如果是劳动者退休后，与尚未参加社会保险统筹的原用人单位因追索养老金、医疗费、工伤保险待遇和其他社会保险费而发生的纠纷，则可以通过劳动争议仲裁或诉讼解决。

2. 用人单位与劳动者因住房制度改革产生的公有住房转让纠纷。这类争议，法律已经明确排除在劳动争议案件受理范围之外。如果存在争议，可以通过一般民事诉讼的程序解决。

3. 有关劳动者劳动能力、职业病诊断鉴定的纠纷。无论是企业还是劳动者，对劳动能力鉴定委员会作出的劳动者伤残等级鉴定结论或者对职业病诊断鉴定委员会作出的职业病诊断鉴定结论存在异议，产生纠纷，虽然纠纷涉及用人单位和劳动者，但不属于劳动争议，不在劳动争议仲裁、诉讼的受理范围内。纠纷当事人需要通过行政复议或者行政诉讼的方式解决。

4. 劳动者要求用人单位为其补办社会保险的纠纷。用人单位没有给劳动者办理社会保险缴纳手续的，劳动者可以向劳动监察部门投诉，但不能就此提出劳动争议仲裁或诉讼。但是，劳动者因用人单位未办理社会保险遭受损失时产生的损失赔偿纠纷，则属于劳动争议仲裁和诉讼受理范围，可以申请仲裁或诉讼。通过劳动争议仲裁或诉讼解决这类纠纷的条件是：第一，用人单位没有给劳动者办理社会保险手续；第二，社会保险机构不能补办劳动者的社会保险；第三，导致劳动者无法享受社会保险待遇。同时具备这三个条件，劳动者可以就其因此受到的损失通过仲裁或诉讼向用人单位提出赔偿请求。

（三）劳动争议仲裁与诉讼的关系

如前所述，按照法律规定，劳动争议仲裁是劳动争议诉讼的前置程序，二者紧密相关但却不同。所以，与其他一般民事纠纷诉讼程序相比，劳动争议仲裁和诉讼程序中以下几个问题比较特殊，需要企业注意：

1. 劳动争议需经劳动争议仲裁程序后才能提出劳动争议诉讼。劳动争议的双方当事人没有经过劳动争议仲裁程序直接起诉的，人民法院不予受理。这就是劳动争议仲裁前置制度的核心所在。

法院对劳动争议案件进行立案审查所必需的文件之一，就是劳动争议仲裁委员会的裁决书或裁定书。但是，从维护劳动者权益、减少诉累出发，对一些特殊类型的劳动争议案件，法律也允许当事人不受仲裁前置程序的约束直接向人民法院起诉。例如：

（1）劳动者以用人单位的工资欠条为证据直接向人民法院起诉，诉讼请求不涉及劳动关系其他争议的，视为拖欠劳动报酬争议，按照普通民事纠纷受理。

（2）用人单位与劳动者在劳动争议调解组织主持下就支付拖欠劳动报酬、工伤医疗费、经济补偿金或者赔偿金事项达成调解协议，用人单位在协议约定的期限内不履行支付义务，经劳动者申请人民法院发出支付令，用人单位依法提出异议，人民法院裁定终结督促程序后，劳动者可依据调解协议直接向人民法院起诉。

2. 劳动争议仲裁的时效期间决定了劳动争议诉讼的时效期间。由于劳动争议诉讼需仲裁前置，所以，法律规定的劳动争议仲裁时效期间实际上就是劳动争议诉讼的时效期间。劳动争议诉讼中，法院在解决当事人有关诉讼时效期间争议时会以《劳动争议调解仲裁法》规定的劳动争议仲裁时效期间为准，即从当事人知道或者应当知道其权利被侵害之日起1年。

3. 劳动争议诉讼的开始终结了劳动仲裁裁决的法律效力。劳动争议仲裁委员会裁决后，当事人如果不服，并在裁决后15日之内向人民法院起诉的，仲裁裁决不发生法律效力，除非当事人在起诉后又撤诉。

（四）一裁终局制度

由于劳动争议案件不断增多、争议内容繁杂、标的数额差别大、一些用人单位恶意拖延诉讼时间等多方面原因，使得原本的"一裁二审""先裁再审"的仲裁前置程序显现出弊端。为缩短劳动争议解决时间，减少劳动者维权成本，建立高效、快捷的劳动纠纷解决机制，《劳动争议调解仲裁法》对小额劳动争议等实施一裁终局制度，对于符合条件的劳动争议案件，劳动争议仲裁委员会的裁决为终局裁决，用人单位不得起诉。

1. 实行一裁终局制度的案件范围

根据《劳动争议调解仲裁法》第四十七条规定，下列案件的仲裁裁决为终局裁决，裁决自作出之日发生法律效力：（1）追索劳动报酬、工伤医疗费、经济补偿或者赔偿金，不超过当地月最低工资标准十二个月金额的争议；（2）因执行国家的劳动标准在工作时间、休息休假、社会保险等方面发生的争议。

对于《劳动争议调解仲裁法》规定的上述范围如何把握，尚无统一标准。例如，劳动者同时追索劳动报酬、工伤医疗费、经济补偿或赔偿金时，如何计算"不超过当地月最低工资标准十二个月金额"，各地就有不同的做法，有的分别计算劳动者的追索分项总额，有的则将劳动者追索的各项请求累加计算总额。

2. 一裁终局的效力范围

《劳动争议调解仲裁法》第四十八条规定，劳动者对本法第四十七条规定的仲裁裁决不服的，可以自收到仲裁裁决书之日起十五日内向人民法院提起诉讼。

根据上述规定，一裁终局的效力仅及用人单位。也就是说，实施一裁终局的劳动争议，用人单位对仲裁裁决不得提出诉讼。如果劳动者不服的，仍然有权向人民法院起诉，从而使仲裁裁决不发生法律效力。因此，上述范围内的劳动争议，劳动争议仲裁委员会作出的仲裁裁决是否是终局裁决，决定权在劳动者手中。

3. 企业不服仲裁裁决的救济手段

虽然企业无权就规定范围内的劳动争议的仲裁裁决提出诉讼，但如果仲裁裁决确有问题，法律也赋予了企业相应的救济手段，即向人民法院申请撤销仲裁裁决。

《劳动争议调解仲裁法》第四十九条规定，用人单位有证据证明本法第四十七条规定的仲裁裁决有下列情形之一，可以自收到仲裁裁决书之日起三十日内向劳动争议仲裁委员会所在地的中级人民法院申请撤销裁决：（1）适用法律、法规确有错误的；（2）劳动争议仲裁委员会无管辖权的；（3）违反法定程序的；（4）裁决所根据的证据是伪造的；（5）对方当事人隐瞒了足以影响公正裁决的证据的；（6）仲裁员在仲裁该案时有索贿受贿、徇私舞弊、枉法裁决行为的。人民法院经组成合议庭审查核实裁决有前款规定情形之一的，应当裁定撤销。仲裁裁决被人民法院裁定撤销的，当事人可以自收到裁定书之日起十五日内就该劳动争议事项向人民法院提起诉讼。

四、劳动争议案件中的举证责任

劳动争议的仲裁与诉讼同样适用"谁主张谁举证"的举证规则。但是考虑到劳动争议案件的特点，法律对于一些案件事实的举证责任进行了分配。对于与特定事实相关的证据明确规定由用人单位负责举证，用人单位不能举证时需要承担不利的法律后果。具体是：

1．举证责任的基本原则

发生劳动争议，当事人对自己提出的主张，有责任提供证据。与争议事项有关的证据属于用人单位管理的，用人单位应当提供；用人单位不提供的，应当承担不利后果。

2．企业做出不利于劳动者决定时的举证责任

《最高人民法院关于审理劳动争议案件适用法律问题的解释（一）》第四十四条规定，在劳动争议纠纷案件中，因用人单位作出开除、除名、辞退、解除劳动合同、减少劳动报酬、计算劳动者工作年限等决定而发生的劳动争议，由用人单位负举证责任。

3．工伤认定的举证责任

《工伤保险条例》第十九条第二款规定：职工或者其近亲属认为是工伤，用人单位不认为是工伤的，由用人单位承担举证责任。

4．加班事实的举证责任

根据《最高人民法院关于审理劳动争议案件适用法律若干问题的解释（三）》的规定，劳动者主张加班费的，应当就加班事实的存在承担举证责任，但劳动者有证据证明用人单位掌握加班事实存在的证据，用人单位不提供的，由用人单位承担不利后果。

5．劳动争议发生时间的举证责任

一般情况下，劳动争议发生的时间由提出劳动仲裁申请或劳动争议诉讼的一方举证证明。但有些情况下，实施特殊的举证责任分配规则：

（1）在劳动关系存续期间产生的支付工资争议，用人单位能够证明已经书面通知劳动

者拒付工资的,书面通知送达之日为劳动争议发生之日;用人单位不能证明的,劳动者主张权利之日为劳动争议发生之日。

(2)因解除或者终止劳动关系产生的争议,用人单位不能证明劳动者收到解除或者终止劳动关系书面通知时间的,劳动者主张权利之日为劳动争议发生之日。

(3)劳动关系解除或者终止后产生的支付工资、经济补偿金、福利待遇等争议,劳动者能够证明用人单位承诺支付的时间为解除或者终止劳动关系后的具体日期的,用人单位承诺支付之日为劳动争议发生之日;劳动者不能证明的,解除或者终止劳动关系之日为劳动争议发生之日。

(4)拖欠工资争议,劳动者申请仲裁时劳动关系仍然存续,用人单位以劳动者申请仲裁超过时效期间为由主张不再支付的,人民法院不予支持,但用人单位能够证明劳动者已经收到拒付工资的书面通知的除外。

五、劳动争议的法律风险防范

劳动争议是企业经常遇到的难题,而且经员工提请劳动争议仲裁委员会仲裁后,企业败诉的也越来越多。企业因为劳动纠纷败诉,其损失不仅仅是支付一定的经济补偿、赔偿以及承担仲裁的相关费用,还有因为应诉而发生的人工费、交通费、会议成本、时间成本等,而且还有一项更重要的损失,即企业败诉可能会在社会上、客户中、企业内部等形成一定程度的影响,使企业形象受到一定程度的损害。

避免和减少可能败诉的劳动争议,应作为企业经营管理者追求的目标。在劳动用工管理中应重点注意几个问题:

1. 建立规范的劳动合同关系。企业在聘用劳动者时,应当依法订立用工合同。订立劳动合同后若情况发生变化,企业应与劳动者就未尽事宜签订补充条款或者补充协议,或者就劳动合同部分条款作出修改。

2. 约定明确可行的违约责任。企业可以针对员工违反服务期或竞业限制约定违约金,但违约金的数额不宜过高。

3. 不要随意辞退试用期间的员工。企业在员工试用期间解除劳动合同的条件是:员工在试用期间被证明不符合录用条件。如随意辞退,需承担支付经济补偿金等相应的法律后果。

4. 不要随意对员工调岗调薪。企业在符合条件的情况下有权对员工调岗调薪,但这种权利不是无限制的,企业应谨慎为之,最好与员工协商变更劳动合同。

5. 不要在效益不好时随意裁员。企业在一段期间内效益不好，想减少开支，应尽量避免随意裁员，采用给员工"放假"的方式会比较好。

6. 通过合同约定保护商业秘密。需要注意的是，如果签订竞业限制协议，协议中应约定公司给予该员工一定的经济补偿，以显示公平原则，否则竞业限制条款可能无效。

7. 明确劳动合同终止和企业单方解除劳动合同的条件。企业可以在劳动合同中约定，如果劳动者有某些行为，企业可以单方解除或终止劳动合同而不需支付经济补偿金或赔偿金。但应注意，相关条件的设置不能违反法律法规的规定，否则会因为违反法律规定而无效。

8. 建立健全合理的企业管理制度。企业管理制度是企业自行制定的内部规范性文件，它是企业经营管理的基本规则。企业在制定和修正管理制度时，要注意与国家法律法规的衔接，不能与国家法律法规相冲突。

9. 过错辞退中有关证据的保全和收集。若企业以严重违纪或者严重失职等理由辞退员工，需要保全和收集员工严重违纪或严重失职的相关证据。主要有两类：其一是员工所违反的企业规章及劳动纪律的具体条款；其二是员工的违纪行为。司法实践中，违纪员工签字的书面材料，往往是劳动争议仲裁委员会和法院愿意采纳的最有力的证据。因此，企业在辞退员工之前，应尽量取得有违纪员工签字的书面材料。

通过以上对劳动争议法律风险防范的阐述，希望能够帮助企业加强人事管理，不断完善人事管理制度，减少劳动争议，避免可能败诉的劳动纠纷。

第八节　工伤引发的劳动争议的处理

一、工伤的认定

工伤引发的争议，在劳动争议中较为特殊，其处理的程序较为繁杂，因此，本节对工伤争议处理单独做介绍。

【法规链接】

《工伤保险条例》第十四条　职工有下列情形之一的，应当认定为工伤：

（一）在工作时间和工作场所内，因工作原因受到事故伤害的；

（二）工作时间前后在工作场所内，从事与工作有关的预备性或者收尾性工作受到事故伤害的；

（三）在工作时间和工作场所内，因履行工作职责受到暴力等意外伤害的；

（四）患职业病的；

（五）因工外出期间，由于工作原因受到伤害或者发生事故下落不明的；

（六）在上下班途中，受到非本人主要责任的交通事故或者城市轨道交通、客运轮渡、火车事故伤害的；

（七）法律、行政法规规定应当认定为工伤的其他情形。

第十五条　职工有下列情形之一的，视同工伤：

（一）在工作时间和工作岗位，突发疾病死亡或者在48小时之内经抢救无效死亡的；

（二）在抢险救灾等维护国家利益、公共利益活动中受到伤害的；

（三）职工原在军队服役，因战、因公负伤致残，已取得革命伤残军人证，到用人单位后旧伤复发的。

第十六条　职工符合本条例第十四条、第十五条的规定，但是有下列情形之一的，不得认定为工伤或者视同工伤：

（一）故意犯罪的；

（二）醉酒或者吸毒的；

（三）自残或者自杀的。

从上述规定可以看出，可以将在工作时间、场所和因工作原因受到的伤害和患职业病认定为工伤，并出于人道主义和社会主义核心价值观的考虑，将在工作时间与工作岗位上突发疾病死亡、因抢险救灾等维护国家利益和公共利益而受到伤害的情况，也视同工伤。

二、上下班途中的工伤认定

实践中，对于是否构成工伤，企业和劳动者之间各有说辞、分歧很大。尤其是上下班途中发生的事故，很多企业和劳动者都分辨不清是否属于工伤。

1. 上下班途中被汽车撞伤

【案例】

赵云系桃园有限公司老员工，2011年3月1日早上8时40分左右，赵云在上班行走至某个路口时，被一辆汽车撞倒，造成盆骨骨折、多处软组织损伤。出事后肇事司机逃逸，赵云被过往行人送往医院治疗。后当地交警部门对事故责任进行认定，认定赵云在此次交通事故中无责任。赵云出院后要求公司赔偿相应医疗费用，但遭到拒绝。公司负责人告诉赵云，可以到本地劳动和社会保障局申请工伤保险待遇。

我国《工伤保险条例》第十四条规定，在上下班途中，受到非本人主要责任的交通事故或者城市轨道交通、客运轮渡、火车事故伤害的，应当认定为工伤。该规定包含以下四层意思：（1）事故发生在上下班途中，上下班虽然不是工作时间，但与工作相关。（2）事故系交通事故，而不是其他意外伤害，如被人打伤。（3）在交通事故中，本人负主要责任以下，包括同等责任、次要责任和无责任。特殊情况下，因肇事者逃逸无法认定事故责任的，只要不能确定劳动者负主要责任，就可以认定为工伤。（4）受到城市轨道交通、客运轮渡、火车事故的伤害，由于这些交通工具带有高速运转和高度危险的特性，故不存在事故的责任区分。劳动者在上下班途中受到事故伤害，只要符合上述条件就可以申请工伤认定。

本案中，赵云在上班途中发生交通事故，根据事故责任认定，其无责任，应当认定为工伤。

2. 上下班途中被自行车撞伤

【案例】

马良是桃园有限公司员工，2013年1月的一天傍晚，他在家接到回公司开会的电话通知，于是骑自行车往单位赶。在路上，马良不小心被一辆快速骑行的自行车刮倒，当场晕倒。现场目击者描述，看到受害人躺下不动，骑车男子趁机逃走了。事故发生后，马良被送到医院进行救治，后被医生诊断为头部受重伤，共花了10万元医疗费。出院后，马良请求公司赔偿医疗费，但遭到拒绝。公司人事部经理认为，马良不是被机动车撞倒，因此不能认定为工伤，建议马良找肇事者赔偿损失。

本案涉及因非机动车造成的交通事故的工伤认定问题。对于上下班途中受到的事故伤害的工伤认定，我国《工伤保险条例》在修订前后有着明显的不同。2004年1月1日实施的旧条例规定，在上下班途中，受到机动车事故伤害的，应当认定为工伤。2011年1月1日起施行的新条例规定，在上下班途中，受到非本人主要责任的交通事故伤害的，应当认定为工伤。从新旧条例的不同规定对比来看，旧条例强调的是机动车交通事故，不区分责任大小；新条例强调的是交通事故，不区分造成事故的是机动车还是非机动车，但新条例对责任大小进行了区分。

本案中，马良被非机动车撞倒，只要其本人非事故主要责任人，就应当认定为工伤。

3. 上下班途中被抢劫而受伤

【案例】

马良是桃园有限公司员工，2015年3月1日下午6点左右，马良下班步行到江边时，被一男子持刀抢劫并砍成重伤，马良身上的手机及3000元现金被抢走，马良住院共花费5万元医药费。2015年4月1日，马良以下班途中遭抢劫为由向人力资源和社会保障局提出工伤认定申请。经调查核实，该局认定下班途中所受伤害并非因交通事故受到伤害，不符合工伤认定的条件，于是做出不予认定工伤决定书。马良不服，遂向人民法院提起诉讼。

本案涉及上下班途中非交通事故引起伤害的工伤认定问题。工伤总是与工作有关，通常情况下与工作时间、工作场所、工作原因、工作职责紧密关联。既包括在本单位上班，也包括外出办事、出差、参加培训等，还包括与工作有关的预备性或者收尾性工作，以及在上下班途中受到的伤害。之所以将上下班途中受到伤害也作为工伤的一种情形，是因为上下班途中是劳动者为了工作所必须经历的。由于社会生活的复杂性，法律不可能将上下班途中的全部意外伤害均列入工伤的范畴，因此规定，只有在受到非本人主要责任的交通事故或者城市轨道交通、客运轮渡、火车事故伤害的，才可以认定为工伤。受到非交通事故或非城市轨道交通、客运轮渡、火车事故伤害的，不认定为工伤。

本案中，马良下班途中受到抢劫伤害，与工作没有关联，也不属于受到交通事故或城市轨道交通、客运轮渡、火车事故伤害，故不能认定为工伤。

4. 上班迟到或下班早退被撞伤

【案例】

赵云系桃园有限公司老员工，为节省成本，公司没有给赵云购买社会保险。2018年5月10日17时左右，由于家里有急事，赵云在没有向公司请假的情况下，提前一小时下班。回家途中，赵云骑摩托车与一辆大货车发生碰撞，致使赵云当场死亡。后经交警部门认定，赵云无事故责任。事发后，肇事者逃逸。赵云家人认为，赵云是在上下班途中遭遇交通事故死亡的，应当认定为工伤。公司负责人刘备认为，赵云系早退后遭遇车祸，不属于正常上下班途中的情形，应当不予认定为工伤。2018年5月30日，赵云家人向所在市人力资源和社会保障部提出工伤认定申请。

本案涉及因迟到或早退等上下班途中受到交通事故伤害的工伤认定问题。《工伤保险条例》第十四条规定，职工在上下班途中，受到非本人主要责任的交通事故或者城市轨道交通、客运轮渡、火车事故伤害的，应当认定为工伤。对于"上下班途中"的界定，最高人民法院也作了相应的司法解释。在迟到或者早退的情况下，因交通事故引起的伤害，是否应当认定为工伤，实践中虽然有争议，但目前通过最高人民法院公布的一些案例，基本上可以确定，迟到与早退属于单位内部管理问题，不会改变劳动者上下班的性质，只要劳动者受伤是在"上下班途中"并且符合其他条件，就应当认定为工伤。

本案中，赵云在下班途中，因交通事故死亡，且本人无责，应当认定为工伤。至于赵云早退，属于违反公司的内部规章制度，其虽然早退，但不会改变其受伤害是在"下班途中"的事实，故公司的理由不能成立。

5.上下班途中绕道发生交通事故受伤

【案例】

马良在桃园有限公司上班，经常晚上加班，2019年6月1日晚上9时夜班下班，在回家途中，马良绕道顺便去同事张飞家归还手机充电宝并在那里逗留了一会儿。晚上9时20分离开。9时30分左右，马良在回家的路上遭遇车祸。经司法鉴定，构成七级伤残。2019年10月，马良以公司没有为他购买工伤保险为由，要求公司报销医疗费等相关费用，但遭到拒绝。公司领导认为，马良从张飞家回到自己家的路程，不应视为下班途中，故马良遭遇车祸受伤不算工伤，公司无须承担责任。

本案涉及因绕道而引发的上下班途中的交通事故伤害的工伤认定问题。我国《工伤保险条例》第十四条规定，职工在上下班途中，受到非本人主要责任的交通事故或者城市轨道交通、客运轮渡、火车事故伤害的，应当认定为工伤。但是由于社会生活的多样性，致使实践中对于"上下班途中"的理解一直存在争议。最高人民法院通过司法解释明确，至少应考虑以下三个要素：一是目的要素，即以上下班为目的；二是时间要素，即上下班时间是否合理；三是空间要素，即往返于工作地和居住地的路线是否合理。

就本案而言，马良9点钟下班，在回家途中顺便绕道同事家中归还手机充电宝，9点20分离开后发生意外。在这个过程中，马良绕道并没有改变其下班回家的目的，只是顺便归还所借物品，并非参加私人聚会或其他活动，其绕道同事家归还物品，存在时间和路线的合理性，不能仅仅因为其绕道就否定属于"上下班途中"。因此，马良的受伤，只要符合"非本人主要责任"的条件，就应当认定为工伤。

三、视同工伤的认定

【案例】

《工伤保险条例》第十五条　职工有下列情形之一的，视同工伤：

（一）在工作时间和工作岗位，突发疾病死亡或者在48小时之内经抢救无效死亡的；

......

我国制定了工伤保险制度，劳动者发生工伤之后可以申请工伤保险进行赔偿。劳动者在工作时间和工作岗位内突发疾病的，在48小时内抢救无效死亡可以视为工伤。那么，视同工伤应怎么理解？

根据以上法律规定，我们知道，员工在工作时间和工作岗位上，因突发疾病在48小时内抢救无效死亡的可以视为工伤，但除了应满足在工作时间以及在工作岗位上这两个条件之外，如果非突发疾病或者治疗时间超过48个小时，也不能认定为工伤。

1. 何为工作时间、工作地点

所谓"工作时间"，是指劳动合同规定的工作时间或者用人单位规定的工作时间，以及单位合法要求的加班加点或者单位违法延长的时间。而"工作场所"则是指用人单位能够对从事日常生产经营活动进行有效管理的区域和职工为完成某项特定生产经营活动所需要的相关区域。

2. 何为"突发疾病"

为了便于《工伤保险条例》的实施，劳动和社会保障部于2004年11月发布了《关于实施〈工伤保险条例〉若干问题的意见》（劳社部函〔2004〕256号），其中第三条即载明，"突发疾病"中的疾病包括各种类型的疾病。

3. 如何正确认识"48小时内"

（1）工伤与视同工伤的属性是不同的。工伤的根本特点在于"三工"：工作时间内、工作地点内、因工作原因，其核心是伤害由工作原因造成。

例如，某建筑工人在工地施工中，因高空坠物被砸伤，在医院救治了3天后死亡，其抢救时间虽然超过了48小时，仍然可以认定为工伤；某工厂职工在车间工作时，突发心脏病被送到医院，救治3天后死亡，因其抢救时间超过了48小时，就不能认定为视同工伤。

前者是因工作原因造成的死亡，不管抢救多长时间，都可以认定为工伤；后者是因在工作岗位上发生疾病造成的死亡，就有了48小时的时间限制。由此可见，现在许多人将视同工伤与工伤混为一谈，动辄就说抢救超48小时不算工伤，这是不准确的。

（2）我国《工伤保险条例》之所以做出"在工作时间和工作岗位，突发疾病死亡或者在48小时内经抢救无效死亡的"视同工伤的规定，是考虑到此类突发疾病可能与工作劳累、工作紧张等因素有关，是将工伤保险的保障范围由工作原因造成的伤害，扩大到在工作时间、工作岗位突发疾病的情形，充分体现了以人为本的立法原则。之所以规定48小时内的限制，主要是考虑到重症疾病的有效抢救时间一般在48小时以内。

4. 为什么要规定"48小时内"

"48小时内"的规定，既保障了在工作时间、工作岗位突发重症疾病死亡职工的权益，也可以防止将突发疾病无限制地划入工伤保险范围。因为工伤保险与其他社会保险一样，其保障范围和水平应与经济社会发展水平相适应，如果保障范围无限扩大，工伤保险基金会受到冲击，最需要保障的人群就会难以得到保障。

5. "48小时"的起算时间

在工作时间和工作岗位，因突发疾病死亡或者在48小时之内经抢救无效死亡的，应视同工伤。这就是说，职工在工作时间和工作岗位突发疾病死亡，在48小时之内抢救无效死亡的，按照规定可以享受工伤保险待遇。不过，如果职工虽然在工作时间和工作岗位突发疾病，但是经过抢救在48小时之后死亡，就不能视同工伤了。也就是说，要认定视同工伤必须同时具备两个条件，即：职工发病时必须在工作时间和工作岗位之上，而且首诊记录距离死亡时间不得超过48小时。可见，突发疾病的发病时间与突发疾病的起算时间是两个不同的概念，前者用于核定是否在工作时间和工作岗位上，后者则只适用于"48小时"的界定。

关于"48小时"的起算时间，劳动和社会保障部《关于实施〈工伤保险条例〉若干问题的意见》（劳社部函〔2004〕256号）中明确："48小时的起算时间，以医疗机构的初次诊断时间作为突发疾病的起算时间。"通常情况下，如无相反证据证明，一般应以医疗机构出具的病历等材料为准。

6. 何为"经抢救无效死亡"

"经抢救无效死亡"的认定只能由医疗机构根据病人情况做出。医疗机构一般会采取口头告知诊断情况并下发病危通知单等方式通知家属病人病情危重。在此情况下，病人家属要求出院的行为是否违背伦理、是否属于放弃治疗的情形，需要综合疾病的治疗情况、家属的后续行为等情节进行认定。

四、工伤争议解决方式

我国现行的劳动争议处理方式为"一调一裁两审"制，四种处理方式连成一个整体，即协商、调解、仲裁和诉讼。工伤争议也可以通过协商、调解和仲裁、诉讼中的任何一种、两种或者三种方式予以解决，如果通过诉讼方式解决工伤争议，则必须通过仲裁程序。

根据《工伤保险条例》的规定，职工发生事故或依法被诊断、鉴定为职业病的，所在单位应当自事故伤害发生之日或者被诊断、鉴定为职业病之日起30日内，向劳动保障行政部门提出工伤认定申请。而用人单位未提出工伤认定申请的，工伤职工或者其直系亲属、工会组织可以在事故伤害发生之日或者被诊断为职业病之日起1年内申请。对于申请人提供材料不完整的，劳动保障行政部门一次书面告知补齐材料；在受理申请之日起60日内作出工伤认定的决定，并于20日内书面通知劳动关系双方。如果当事人在工伤认定上产生争议，不服的一方可以在收到工伤认定决定起60日内提起行政复议，不服复议决定的，于决定送达之日起15日内再提起行政诉讼。

在工伤认定结果确定后，对劳动关系双方之间发生的工伤待遇等方面的争议，当事人可以向本单位劳动争议调解委员会申请调解，调解不成的，则可以向劳动争议仲裁委员会申请仲裁，当然，也可以直接申请仲裁。提出仲裁要求的一方应当自工伤争议发生之日起60日内向劳动争议仲裁委员会提出书面申请。仲裁委员会在受案审查后7日内决定是否受理，一般会在收到申请的60日内作出裁决。当事人对于仲裁裁决不服的，可以自收到仲裁裁决书之日起15日内向人民法院提起民事诉讼，进入民事诉讼程序。

第四章 劳动用工的税务风险与防范

第一节 企业用工模式涉税分析

常见的企业用工模式有全日制用工、非全日制用工、支付劳务报酬、劳务派遣和灵活用工五种模式，因经济下行和疫情等原因，出现共享用工模式。不同的用工模式在税务上有各自的特色。

一、全日制用工模式

这是最常见的用工模式，企业聘用员工开展全日制工作，员工接受管理，企业向员工发放工资薪金。实务中需要关注的是：

1. 在全日制用工模式下，企业应当及时给员工全额缴纳社保。实务中常见的在试用期不缴纳社保或者工作达到一定时间后才缴纳社保，以及按照最低标准缴纳社保等都是违规行为。

2. 企业应当建立完善的考勤制度，一方面是员工工资薪金发放要有制度性的依据，工资薪金发放同公司薪酬管理制度应保持一致，另一方面是要留存考勤记录备查。

3. 工资最好通过银行转账方式发放，避免出现问题时缺乏证据，也避免由于长期用现金发放工资而引发税务机关的关注。

4. 每月发放工资时，应当通过个税申报系统正常申报个税，即使员工工资未超过5000元，没有达到代扣代缴标准，也应当正常申报。未通过个税申报系统申报个税的工资，税务机关有可能不予认可。同时，若不履行代扣代缴义务，根据《税收征收管理法》的规定，企业要承担应扣未扣税款50%到3倍的罚款。

5. 员工的工资薪金应公平合理，保持连续，发放数额长期过低、背离行业实际标准的工资薪金，容易引发税务机关怀疑。

6. 根据实际需要选择用工模式。离职员工应及时从工资表中剔除，避免虚增人头、虚增人员成本来少缴或不缴税款。

7. 企业发放给员工的各种形式的奖金或物品，也应当视为员工的工资薪金，应当代扣代缴个人所得税。

二、非全日制用工模式

非全日制用工是指以小时计酬为主，劳动者在同一用人单位平均每日工作时间不超过4小时，累计每周工作时间不超过24小时的用工形式。非全日制用工的涉税特点有：

1. 非全日制用工的工资支付方式和全日制用工不同，可以按小时、日、周为单位结算，应尽量避免以月为支付周期发放工资。

2. 非全日制用工可以与一个或一个以上的用工单位订立劳动合同，也属于企业任职或受雇人员，企业在支付报酬时应当按照工资薪金支出，通过自制的工资发放表进行企业所得税税前扣除。

3. 非全日制员工也是员工，不属于独立提供劳务，只不过是特殊员工，其工资薪金按劳动合同、工资发放凭据、个税申报系统正常税前扣除，企业也应当按照工资薪金所得预扣预缴个人所得税。

4. 对企业而言，非全日制用工最大的优势在于，企业不需要为非全日制员工缴纳城镇职工基本养老保险。若无保险，企业支付给非全日制用工的劳动报酬不需要作为社会保险统筹部分的缴费基数，从而降低了用工成本。

5. 企业应当为非全日制劳动者缴纳工伤保险费。但有些地区规定，企业不能单独为员工缴纳工伤保险费，一旦出现工伤事故，企业有可能比照工伤保险的规定承担工伤待遇给付责任。企业可以考虑为员工缴纳商业保险，从而降低风险。

三、支付劳务报酬模式

支付劳务报酬，意味着个人不属于公司员工，其与公司是合作关系，但这里的个人又没有设立个体工商户或者个人独资企业，纯粹以自然人名义提供某种服务。劳务报酬的涉税特点有：

1. 按照个税相关规定，劳务报酬所得，是指个人从事劳务的所得，包括从事设计、装潢、安装、制图、化验、测试、医疗、法律、会计、咨询、讲学、翻译、审稿、书画、雕刻、影视、录音、录像、演出、广告、展览、技术服务、介绍服务、经纪服务、代办服务以及其他劳务的所得。

2. 劳务报酬作为个人收入归入综合所得，按照3%—45%超额累进税率统一计算个税。

但企业在向个人支付劳务费用时应按照20%—40%预扣税款，年末再同其他综合所得一起汇算清缴。

3. 企业支付劳务费用可以在所得税前扣除，税前扣除的凭证分两种：每次支付劳务报酬在500元以上的，建议由个人到税务机关代开发票作为税前扣除凭证；支付劳务报酬不超过500元的，可以依据企业自制内部凭证进行税前扣除。

4. 按照劳务报酬预扣预缴个人所得税，是以一个月内的收入为一次，由于支付劳务报酬依然有代扣代缴义务，导致很多企业在支付劳务报酬时有不规范行为，从而造成一定风险。

四、劳务派遣模式

劳务派遣是指由劳务派遣机构与劳动者订立劳动合同，把劳动者派向其他用工单位，再由用工单位向派遣机构支付服务费用的一种用工形式。劳务派遣的税务特点有：

1. 这种模式下员工不是用工企业的员工，而是劳务派遣公司的员工，用工企业只需要将劳务派遣公司开具的发票入账即可。实践中劳务派遣的工资薪酬有两种支付方式：一种是由单方（派遣单位或用工单位）支付，那么实际支付给劳动者报酬的单位是个人所得税扣缴义务人；另一种是劳动者在派遣单位和用工单位两方都取得了收入，则实际支付的单位都是扣缴义务人，同时，劳动者还应当自行申报。

2. 企业接受劳务派遣所产生的费用，在税前扣除时分两种情况：一是按照派遣协议直接支付给劳务派遣公司的费用，该费用作为劳务费进行税前扣除；二是直接支付给劳动者个人的费用，包括工资薪金和福利费，由此产生的个税，由用工单位按照工资薪金预扣预缴。其中，属于工资薪金支出的费用，可以计入企业工资薪金总额的基数，作为计算其他各项费用扣除的依据。

3. 劳务派遣不能滥用，用工单位只能在临时性、辅助性或者替代性的工作岗位上使用被派遣劳动者，而且使用的被派遣劳动者数量不得超过其用工总量的10%。

4. 我国现行税务政策中，小微企业优惠政策中的人数、研发费用加计扣除和高新技术企业、创投企业和天使投资个人投资抵扣优惠政策中的从业人数均包含企业中劳务派遣用工的人数，企业应避免违反优惠政策对人数的要求。

五、灵活用工模式

灵活用工平台其实就是劳务外包公司，企业将工作外包给劳务外包公司，劳务外包公司再发包给一个一个的劳动者。灵活用工在劳动力资源配置上具有灵活性，但也由于其模式的创新性和独特性而在税务处理上存在不少风险点。

实践中，根据灵活用工平台与用工企业签订的合同，存在两种常见的经营模式，即参与经营型和中间服务型。

参与经营型，指灵活用工平台作为服务提供方，与用工企业签订合同，向用工企业直接提供服务。灵活用工平台与个人劳动者建立合法合规的劳动关系，并为其依法代扣代缴个人所得税；用工企业直接向灵活用工平台支付服务费，灵活用工平台以服务费全额为用工企业开具增值税发票。灵活用工平台的增值税应税收入主要来自用工企业，但因目前监管机制有待完善，一些灵活用工平台通过虚增业务量，甚至虚构交易对外开具增值税发票，以获得非法利益。同时，一些灵活用工平台利用网络交易可删除、伪造的漏洞，在个人所得税扣缴申报时，隐瞒真实劳动关系，按照核定征收率较低的个人承包经营所得扣缴个税，很容易产生税务风险。

中间服务型，由灵活用工平台充当中介角色，根据用工企业的要求，筛选个人劳动者，并为用工企业提供信息查询、交易撮合、合同签订、税费代缴、费用结算等服务。在这种模式下，灵活用工平台向用工企业收取分包劳务费及项目服务费，根据项目服务费向用工企业开具增值税发票，并在代扣代缴个人所得税后，将分包劳务费支付给个人劳动者。灵活用工平台与个人劳动者一般不存在雇佣关系，但需按照委托代征协议，代扣代缴个人所得税。灵活用工交易记录数量巨大，服务类型多，一些灵活用工平台在代扣代缴个人所得税时，通常不区分具体服务类型，全部按核定征收率较低的个人承包经营所得代扣代缴个人所得税。

实践中，还有一些灵活用工平台，仅根据下游企业提供的信息来签订从业人员服务协议并结算工资，这些灵活用工平台对个人劳动者的身份及提供服务的真实性均无法验证，存在极大的虚开发票风险。企业在运用灵活用工平台时，应对交易情况进行全流程记录，做到业务环节全程留痕，确保真实。

六、共享用工模式

2020年疫情防控期间，阿里巴巴旗下的盒马鲜生为了解决生鲜超市员工不足的问题，和云海肴、西贝等餐饮大牌达成合作，临时借了一部分员工来盒马鲜生的门店工作，开启了共享用工的新就业模式。由此，共享用工这一新的就业形态引起了社会关注。

共享用工，是指员工富裕的企业（原企业）将本企业的劳动者安排到缺工企业工作的一种就业形式。共享用工的涉税问题有：

1.工资由缺工企业直接支付的情形。缺工企业根据与临时员工签订的用工合同，将报酬直接支付给员工。此时，缺工企业需要根据用工性质来决定该报酬是计入工资薪金税目，还是劳务报酬税目，从而相应预扣预缴个人所得税。另外，如果按照劳务报酬支付，缺工企业还需要取得个人代开的发票作为税前扣除凭证。

2.工资通过原企业代付的情形。缺工企业将报酬支付给原企业，再由原企业支付给员工。要注意的是，缺工企业作为实际用工方，应承担代扣代缴义务或其他纳税义务。《关于做好共享用工指导和服务的通知》（人社厅发〔2020〕98号）中要求缺工企业向原企业支付劳动报酬，从这个角度来看是由原企业申报个人所得税。但从业务实质来看，我们认为，既然是缺工单位向劳动者支付劳动报酬，那么缺工单位就属于实际支付者，就应当进行个人所得税申报。否则，缺工单位在年度汇算清缴时，工资总额与个人所得税申报将出现很大差额，而原单位工资总额与个人所得税申报也会出现同样的差额。

3.原企业向缺工企业提供共享用工而收取费用，用以支付劳动者工资、社保，虽然形式与劳务派遣没有区别，但是由于原企业没有劳务派遣资质，不能享受财税〔2016〕47号规定的差额征税和简易计税，只能按人力资源服务项目开具发票，按6%缴纳增值税。所以，凡是按劳务派遣、经纪代理项目开具发票，申报时享受差额征税的，都有不按规定开具发票和偷税的风险。而缺工企业向原企业支付的劳动者工资、社保等，由于缺乏明确规定，不能计算为缺工企业的工资薪金，不能作为福利、教育、工会三项经费的计算基数。

第二节　工资薪金与福利费

工资薪金，是指企业根据法律法规及劳动合同的约定，支付给员工的工资薪金，包括税法规定的各种形式的工资薪金以及劳务报酬。工资薪金涉及企业所得税、个人所得税等的计算。

企业职工福利费，是指企业为职工提供的除职工工资、奖金津贴、纳入工资总额管理的补贴、职工教育经费、社会保险费和补充养老保险费、补充医疗保险费及住房公积金以外的福利待遇。

企业所得税政策中的工资薪金与个人所得税政策中的工资薪金有一定的区别：从企业所得税角度考虑，工资薪金不包括企业支付的职工福利费等各项具有福利性质的费用和社保费用；而个人所得税角度的工资、薪金所得是指个人因任职或受雇而取得的工资、薪金、奖金、劳动分红、津贴、补贴以及与任职受雇有关的其他收入。企业在福利费中支付的人人有份的福利及超过标准的社保费等均要计入个人工资薪金所得，缴纳个人所得税。

（一）合理工资薪金与工资薪金总额

企业合理工资薪金，是指企业按照股东大会、董事会、薪酬委员会或相关管理机构制定的工资薪金制度，实际发放给员工的工资薪金。在对公司薪金进行合理性确认时，应当把握几个原则：一是企业应当制定较为规范的员工工资薪金制度；二是企业制定的工资薪金制度要符合行业和地区水平；三是企业在一定期间内所发放的工资薪金应该是相对固定的，工资薪金调整应当按照一定规范标准进行；四是企业对实际发放的工资薪金，已经依法履行了代扣代缴个人所得税义务；五是对于工资薪金的安排，不以减少或逃避税款为目的。

企业的工资薪金总额，是指企业实际发放的合理工资薪金的总和，不包括企业的职工福利费、职工教育经费、工会经费以及养老保险费、医疗保险费、失业保险费、工伤保险费、生育保险费等社会保险费和住房公积金。国有性质的企业，其工资薪金，不得超过政府有关部门确立的限定数额；超过部分，不得计入企业工资薪金总额，也不得在计算企业应纳税所得额时扣除。

企业招聘员工时，在合同中往往有明确的薪资条款，可以以这个条款为基础，确定合理工资薪金，只要企业发放的工资薪金符合上述标准，就可以按照规定在企业所得税税前扣除。

（二）工资薪金的个人所得税计算

《中华人民共和国个人所得税法》修订后，工资薪金所得并入综合所得。根据《中华人民共和国个人所得税法》第二条规定，居民个人取得的工资、薪金所得为个人应税所得，在计算个人所得税时，与劳务报酬所得、稿酬所得、特许权使用费所得都作为综合所得，按纳税年度合并计算个人所得税。自2022年1月1日起，居民个人取得全年一次性奖金，也并入当年综合所得计算缴纳个人所得税。

综合所得税率：税法规定，综合所得适用百分之三至百分之四十五的超额累进税率。

综合所得扣除计算：居民个人的综合所得，以每一纳税年度的收入额减除六万元，以及专项扣除、专项附加扣除和依法确定的其他扣除后的余额为应纳税所得额；专项扣除，包括居民个人按照国家规定的范围和标准缴纳的基本养老保险、基本医疗保险、失业保险等社会保险费和住房公积金等；专项附加扣除，包括子女教育、继续教育、大病医疗、住房贷款利息或者住房租金、赡养老人等支出。

从2019年1月1日起，居民个人取得的工资、薪金所得应与劳务报酬所得、稿酬所得、特许权使用费所得合并为综合所得，按纳税年度合并计算个人所得税、支付工资薪金的企业就是代扣代缴义务人，应当按月预扣个人所得税，并在取得所得的次年3月1日至6月30日办理汇算清缴。

（三）个人所得税专项附加扣除

个人所得税专项附加扣除，是指《个人所得税法》规定的子女教育、继续教育、大病医疗、住房贷款利息或者住房租金、赡养老人等6项专项附加扣除。

1. 子女教育。根据《个人所得税专项附加扣除暂行办法》，纳税人的子女接受全日制学历教育的相关支出，按照每个子女每月1000元的标准定额扣除。学历教育包括义务教育（小学、初中教育）、高中阶段教育（普通高中、中等职业、技工教育）、高等教育（大学专科、大学本科、硕士研究生、博士研究生教育）。年满三岁至小学入学前处于学前教育阶段的子女，按上述规定执行。父母可以选择由其中一方按扣除标准的100%扣除，也可以选择由双方分别按扣除标准的50%扣除，具体扣除方式在一个纳税年度内不能变更。如果子女在中国境外接受教育，纳税人应当留存境外学校录取通知书、留学签证等相关证明材料备查。

2. 继续教育。根据《个人所得税专项附加扣除暂行办法》，纳税人在中国境内接受学历（学位）继续教育的支出，在学历（学位）教育期间按照每月400元定额扣除。同一学历（学位）继续教育的扣除期限不能超过48个月。纳税人接受技能人员职业资格继续教育、专业技术人员职业资格继续教育的支出，在取得相关证书的当年，按照3600元定额扣除。个人接受本科及以下学历（学位）继续教育，符合本办法规定扣除条件的，可以选择由父母扣除，也可以选择由本人扣除。纳税人接受技能人员职业资格继续教育、专业技术人员职业资格继续教育的，应当留存相关证书等资料备查。

3. 大病医疗。在一个纳税年度内，纳税人发生的与基本医保相关的医药费用支出，扣除医保报销后个人负担（指医保目录范围内的自付部分）累计超过15000元的部分，由纳税人在办理年度汇算清缴时，在80000元限额内据实扣除。纳税人发生的医药费用支出可以选择由本人或者其配偶扣除，未成年子女发生的医药费用支出可以选择由其父母一方扣除。纳税人应当留存医药服务收费及医保报销相关票据原件（或者复印件）等资料备查。

4. 住房贷款利息。纳税人本人或者配偶单独或者共同使用商业银行或者住房公积金个人住房贷款为本人或者其配偶购买中国境内住房，发生的首套住房贷款利息支出，在实际发生贷款利息的年度，按照每月1000元的标准定额扣除，扣除期限最长不超过240个月。纳税人只能享受一次首套住房贷款的利息扣除。经夫妻双方约定，可以选择由其中一方扣除，具体扣除方式在一个纳税年度内不能变更。夫妻双方婚前分别购买住房发生的首套住房贷款，其贷款利息支出，婚后可以选择其中一套购买的住房，由购买方按扣除标准的100%扣除，也可以由夫妻双方对各自购买的住房分别按扣除标准的50%扣除，具体扣除方式在一个纳税年度内不能变更。

5. 住房租金。纳税人在主要工作城市没有自有住房而发生的住房租金支出，可以按照以下标准定额扣除：（1）直辖市、省会（首府）城市、计划单列市以及国务院确定的其他城市，扣除标准为每月1500元。（2）除第一项所列城市以外，市辖区户籍人口超过100万的城市，扣除标准为每月1100元；市辖区户籍人口不超过100万的城市，扣除标准为每月800元。纳税人的配偶在纳税人的主要工作城市有自有住房的，视同纳税人在主要工作城市有自有住房。住房租金支出由签订租赁住房合同的承租人扣除。纳税人及其配偶在一个纳税年度内不能同时分别享受住房贷款利息和住房租金专项附加扣除。

6. 赡养老人。纳税人赡养一位及以上被赡养人的赡养支出，统一按照以下标准定额扣除：（1）纳税人为独生子女的，按照每月2000元的标准定额扣除；（2）纳税人为非独生子女的，由其与兄弟姐妹分摊每月2000元的扣除额度，每人分摊的额度不能超过每月1000元。可以由赡养人均摊或者约定分摊，也可以由被赡养人指定分摊。约定或者指定分摊的须签订书面分摊协议，指定分摊优先于约定分摊。具体分摊方式和额度在一个纳税年度内不能变更。被赡养人是指年满60岁的父母，以及子女均已去世的年满60岁的祖父母、外祖父母。

（四）员工全年一次性奖金的个人所得税计算

在2022年1月1日之后，根据财税〔2018〕164号文件规定，居民个人取得全年一次性奖金，应并入当年综合所得计算缴纳个人所得税。

（五）两处以上取得工资的个税处理

根据《个人所得税法实施条例》第二十八条规定，居民个人取得工资、薪金所得时，可以向扣缴义务人提供专项附加扣除有关信息，由扣缴义务人扣缴税款时减除专项附加扣除。纳税人同时从两处以上取得工资、薪金所得，并由扣缴义务人减除专项附加扣除的，对同一专项附加扣除项目，在一个纳税年度内只能选择从一处取得的所得中减除。

《国家税务总局关于个人所得税自行纳税申报有关问题的公告》（国家税务总局公告2018年第62号）第一条规定，纳税人有两处以上任职、受雇单位的，选择向其中一处任职、受雇单位所在地主管税务机关办理纳税申报；纳税人没有任职、受雇单位的，向户籍所在地或经常居住地主管税务机关办理纳税申报。

从现行政策可以看出，对两处取得工资、薪金的个人，应当按照规定选择在一家任职的单位所在地办理纳税申报，作为用人单位，只对自己发放的工资、薪金有代扣代缴义务，对其他公司向员工支付的工资、薪金不存在法定代扣代缴义务。

（六）劳务报酬的税务处理

劳务报酬与工资、薪金的区别：工资、薪金所得是指个人因任职或者受雇取得的工资、薪金、奖金、年终加薪、劳动分红、津贴、补贴以及与任职或者受雇有关的其他所得。劳务报酬所得是指个人独立从事各种技艺、提供各项劳务的所得。两者的主要区别在于，前者存在雇佣与被雇佣关系，后者则不存在这种关系。凡企业与员工签订劳动合同，按月支付报酬，员工为企业工作所取得的报酬属于工资、薪金范围；如果企业与员工没有签订劳动合同，不存在实际雇佣关系，员工只是偶尔或按次提供劳动，企业按次支付报酬，则不属于税法中所说的工资、薪金，而属于劳务报酬。比如，办公室装修，请来的粉刷工、油漆工，搬运货物临时找来的搬运工，企业一般不会固定设置这些岗位，这些人员提供的也不是连续性的服务，这些人员提供劳务需要去税务局代开劳务发票，企业凭劳务发票入账，按照劳务报酬所得计算缴纳个人所得税。

劳务报酬个人所得税计算：劳务报酬、稿酬、特许权使用费所得属于居民个人的综合所得，居民个人取得劳务报酬、稿酬、特许权使用费所得时，以收入减除20%的费用后的余额为收入额。其中，稿酬的收入额在减征20%费用的基础上，再按70%计算。企业作为代扣代缴义务人，在向个人支付劳务报酬、稿酬、特许权使用费时，每次收入不超过4000元的，减除费用按800元计算，每次收入4000元以上的，减除费用按收入的20%计算。居民个人办理年度综合所得汇算清缴时，应将劳务报酬、稿酬、特许权使用费所得的收入额，并入年度综合所得计算应纳税款，多退少补。

（七）职工福利费支出的所得税处理

根据《国家税务总局关于企业工资薪金及职工福利费扣除问题的通知》（国税函〔2009〕3号），企业职工福利费，包括以下内容：（1）尚未实行分离办社会职能的企业，其内设福利部门所发生的设备、设施和人员费用，包括职工食堂、职工浴室、理发室、医务所、托儿所、疗养院等集体福利部门的设备、设施及维修保养费用和福利部门工作人员的工资薪金、社会保险费、住房公积金、劳务费等。(2)为职工所发放的卫生保健、生活、住房、交通等各项补贴和非货币性福利,包括企业向职工发放的因公外地就医费用、未实行医疗统筹企业职工医疗费用、职工供养直系亲属医疗补贴、供暖费补贴、职工防暑降温费、职工困难补贴、救济费、职工食堂经费补贴、职工交通补贴等。(3)按照其他规定发生的其他职工福利费,包括丧葬补助费、抚恤费、安家费、探亲假路费等。

根据《企业所得税法实施条例》第四十条规定,企业发生的职工福利费支出,不超过工资薪金总额14%的部分,准予扣除。企业发放的福利性补贴,如果符合上述法律规定,就可以作为企业发生的工资薪金支出,按规定在税前扣除。

(八)福利费个人所得税界定

符合法律规定的福利费、抚恤金、救济金免征个人所得税。《个人所得税法实施条例》第十一条规定,福利费是指根据国家有关规定,从企业、事业单位、国家机关、社会组织提留的福利费或者工会经费中支付给个人的生活补助费;所称救济金,是指各级人民政府民政部门支付给个人的生活困难补助费。

对于符合上述规定的福利费支出,免征个人所得税。而根据《国家税务总局关于生活补助费范围确定问题的通知》(国税发〔1998〕155号)第2条的规定,不属于免税的福利费范围的收入有:(1)从超出国家规定的比例或基数计提的福利费、工会经费中支付给个人的各种补贴、补助;(2)从福利费和工会经费中支付给本单位职工的人人有份的补贴、补助;(3)单位为个人购买汽车、住房、电子计算机等不属于临时性生活困难补助性质的支出。

根据上述政策规定,企业发放的各类福利性补贴,属于合理工资薪金的范畴,就可以作为企业发生的工资薪金支出,按规定在税前扣除;不属于免税范围内的福利性支出,就应当并入员工的工资、薪金收入计征个人所得税。

(九)防暑降温费的税务处理

发放防暑降温(物品)费,有两种形式:一是以实物形式发放,如毛巾、饮料、清凉油等,也有发放超市购物卡代替实物的;二是以现金形式发放,由本人签字领取,并入工资发放到银行卡。根据《关于印发〈防暑降温措施管理办法〉的通知》(安监总安健〔2012〕89号)的规定,用人单位应当为高温作业、高温天气作业的劳动者供给足够的、符合卫生标准的防暑降温饮料及必需的药品。不得以发放钱物替代提供防暑降温饮料,防暑降温饮料不得冲抵高温津贴。在高温（35℃以上天气）环境下作业的员工除了能领取防暑降温（物品）费以外，还可以按标准享受高温津贴（各地标准不一，如山西240元/月、上海300元/月、山东200元/月），但高温津贴针对特殊作业人群，并非人人可以享受。

发放防暑降温（物品）费，一般有三个列支渠道，涉及增值税、个人所得税和企业所得税等：第一，从福利费列支。企业所得税汇算清缴时，不超过工资薪金总额14%的部分，准予税前扣除。不论是发放实物还是发放现金，按照规定，均需并入工资总额，按工资、薪金所得计算缴纳个人所得税（但在实际操作中，发放实物计缴个税比较困难）。对外购置防暑降温物品的增值税进项税额，均不得抵扣；如果企业将自产物品作为防暑降温物品发放给员工，需视同销售缴纳增值税。第二，从劳动保护费列支。满足三个条件的合理劳动保护支出，准予税前扣除：一是因工作需要发生的支出，如果是非工作需要的支出则不能扣除；二是为公司员工发放，与公司无劳动关系的人不得享受；三是特殊作业人群的高温津贴必须现金支付，且需并入工资、薪金所得计缴个人所得税。对外购置劳保用品或防暑降温物品的增值税进项税额，可以抵扣；如果是企业将自产物品作为劳保用品或防暑降温物品发放给员工，需视同销售缴纳增值税。第三，从工会经费列支。如果企业成立了工会组织，且单独进行工会经费的收支核算，可以以工会慰问的形式发放防暑降温物品，相关的支出在工会经费中列支，采购防暑降温物品皆以工会的名义进行，在工会的账目中进行支出核算。这种情况一般不涉及个人所得税。

总体来说，发放防暑降温（物品）费，应尽可能避免直接发放现金，最好采用发放实物的形式。

第五章　企业常用劳动用工表单设计

一、入职员工信息登记表设计

＿＿＿＿＿＿＿＿＿＿＿有限公司拟入职员工信息登记表

填表日期：　　　年　　　月　　　日

入职部门		入职时间		工作岗位		
姓　　名		性　　别		出生日期		（照片）
民　　族		政治面貌		户口类别		
身份证号码				联系电话		
外语语种及水平		计算机水平		电子邮箱		
最高学历		专业		毕业院校		
参加工作时间		累计工作年限		档案存放地		
紧急联系人			紧急联系人电话			
户籍地						

现居住地						
文书送达地址						
教育培训经历（高中及以上）	起止时间	学校/培训机构	专业/培训内容	学历/学位	备注	
工作经历	入职日期	离职日期	本次工作年限	工作单位	职务	证明人及电话	离职原因

（续）

受过何种奖励		受过何种处罚	

是否接受调岗	是否接受出差	是否接受加班
□是　　□否	□是　　□否	□是　　□否

其他情况	是否已婚　　　　　　□是 □否　详细情况：_____ 是否已育　　　　　　□是 □否　详细情况：_____ 是否曾缴纳过社会保险　□是 □否　详细情况：_____ 是否曾缴纳过公积金　　□是 □否　详细情况：_____ 是否曾经承担过刑事责任：□是 □否　详细情况：_____ 是否正在被追究刑事责任：□是 □否　详细情况：_____ 是否被认定为工伤或者职业病：□是 □否　详细情况：_____ 是否存在其他病史：　　□是 □否　详细情况：_____ 是否有亲属在本公司任职：□是 □否　详细情况：_____ 是否从事过井下、高空、高温,特别繁重体力劳动以及有毒有害工种： □是 □否　详细情况：_____

家庭成员	称谓	姓名	出生年月	政治面貌	工作单位、职务	联系电话

声明及确认：1.本人确认，公司已向本人如实告知了工作内容、工作地点、工作条件、职业危害、安全生产状况、劳动报酬以及本人要求了解的情况。2.本人已充分理解并知悉本表内容为公司需要了解的劳动者与劳动合同直接相关的基本情况，系公司决定聘用与否的关键内容，并作为试用期考核的录用条件。本人若有隐瞒、编造、提供虚假信息之情形，公司有权以本人"不符合录用条件"或"严重违反公司的规章制度"与本人解除劳动合同，并不支付任何经济补偿。本人以提供虚假、不实信息等手段，欺诈公司订立劳动合同的，应当依法承担赔偿责任。同时，由此致使公司承担连带责任的，公司有权向本人进行追偿。3.文书送达地址为公司向本人送达法律文书的地址，公司向该地址寄送法律文书的时候，如出现包括但不限于拒收、迁址、查无此人等情形时，亦视为送达，所产生的后果由本人承担。该地址发生变更时，本人有义务在变更之日起3日内书面通知公司，否则公司仍按该地址寄送法律文书而出现包括但不限于拒收、迁址、查无此人等情形时，仍视为送达，所产生的后果由本人承担。4.本人与任何主体均不存在劳动关系，与任何主体也均不存在保密、竞业限制或服务期协议，否则，若由此引发法律纠纷，由本人自行承担法律责任。5.本人自入职之日起30日内协助公司办理签订劳动合同、社会保险登记等用工手续，否则由本人承担一切后果。6.本人确认本表信息将作为公司的录用条件之一，本人保证上述信息真实、准确，并授权公司对本人进行背景调查。

本人确认以上内容并无异议。

签名：

年　　月　　日

（续）

> 1.以上内容均为必填，如没有相关内容需填写"无"或"否"。
>
> 2.员工入职时需提供相关证明资料原件及复印件，在录用时备查。

二、入职声明书设计

入职声明书

致：_____有限公司

本人：_____   身份证号：_____

本人郑重声明如下：

1.本人填写的入职信息登记表及提交公司的证明、证书等全部材料内容均真实无误；

2.本人已与原单位履行完毕合法离职手续，目前不存在任何纠纷；

3.本人与原单位不存在有效竞业禁止协议，与其他任何主体也不存在保密、竞业限制或服务期协议；

4.本人无影响工作的慢性疾病、传染病或者其他重大疾病或者不适合招聘岗位的其他疾病；

5.本人未患职业病或存在其他未处理完毕工伤；

6.本人无吸毒或使用毒品代用品情形；

7.本人无刑事犯罪记录。

本人已经明确知晓，上述任何信息与事实不符，均属于隐瞒重大事实，公司有权依法与本人解除劳动合同且不用承担任何法律责任。如给公司造成损失的，本人愿意承担全部赔偿责任。

声明人（签字）：

年　　月　　日

三、录用条件确认函设计

_____有限公司

录用条件确认函

基本信息

用人单位：_____

员工：_____

身份证号：_____

双方确认，当有下列情形之一时，为不符合该岗位的录用条件：

1.不具备政府规定的就业手续的；

2.未按公司要求的报到日期到岗上班的；

3.未在入职之日起_____日内向公司提供办理社会保险手续、住房公积金手续、档案转移手续等用工登记手续、入职手续所需的资料的；

4.未在入职之日起_____日内向公司提供与原用人单位解除/终止劳动合同证明书的；

5.与原用人单位未依法解除、终止劳动合同或劳动关系的；

6.不能完成公司安排的工作内容或履行岗位职责规定工作内容的；

7.工作时间为自己或任何第三方从事兼职、营利性工作的；

8.患有精神病或按国家法律法规应禁止工作的传染病的，或者身体健康条件不符合工作岗位要求的；

9.与原用人单位签有保密协议或竞业限制协议，且本公司在限制范围之内的；

10.通缉在案的，或被依法采取拘留、逮捕、取保候审、监视居住等刑事强制措施的；

11.有酗酒、赌博、吸毒、嫖娼、参加邪教组织等行为的；

12.入职后拒不同意公司为其缴纳社会保险或公积金的；

13.入职后20日内不与公司签订劳动合同的；

14.隐瞒曾经受过法律处罚或者纪律处分的事实的；

15.试用期内累计旷工3日的，或累计缺勤天数达5日的；

16.一个考勤周期内迟到或早退连续达3次或累计达5次的；

17.违反诚实信用原则对影响劳动合同履行的自身基本情况有隐瞒或虚构事实的，包括提供虚假学历证书、假身份证、假护照等个人重要证件，对履历、知识、技能、业绩、健康等个人情况的说明与事实有重大出入的；

18.试用期考核低于70分的；

19.不具备本岗位所要求的各项技能的；

20._____

21._____

22.其他不符合录用条件的情形，包括但不限于其他特殊岗位的特别录用条件或公司其他规章制度规定的录用条件等情形。

本人确认

1.本人有上述情形之一的，即为试用期不符合录用条件的情形，公司有权据此与本人解除劳动合同并无须向本人支付经济补偿金。

2.本人接受公司在试用期内对本人进行考核，该考核需要参考上级或同事意见，具有一定程度的主观因素，本人知悉并认可公司作出的考核结果。

员工签字确认：

年　　月　　日

四、员工入职告知书设计

_____有限责任公司

入职告知书

_____先生\女士：

1.您应自入职之日起____日内到人力资源部签订书面劳动合同以明确双方的权利、义务。否则视为您拒绝与公司订立劳动合同，公司将依法与您终止劳动合同，一切后果由您自行承担。

2.您应自入职之日起____日内向公司提交与原用人单位解除劳动合同证明书原件及复印件。如未与原用人单位解除劳动合同，应在入职之日明确告知公司，公司有权决定是否留用。因您未与原用人单位解除劳动合同造成公司损失或承担赔偿责任的，公司有权向您索赔或追偿。

3.您应自入职之日起配合公司办理社会保险、公积金关系转入手续，如因您本人原因导致公司无法为您缴纳社保和公积金，进而影响您享受养老、医疗、工伤、失业、生育待遇及影响使用公积金的，一切后果由您自行承担，如因此造成公司损失或承担赔偿责任的，公司有权向您索赔或追偿。

4.您应自入职之日起____日内向公司提交能够证明您本人入职前工作年限的证明资料，该工作年限的证明将用于计算您的年假天数、医疗期、冬季取暖补贴的发放标准等，如您未按规定提交相应的证明材料，则视为您入职前的工作年限为零。

5.公司实行加班审批制度，您未经审批，不得加班。加班须填写《加班申请单》，并以《加班申请单》作为支付加班费的唯一依据。公司有权核实加班的真实工作情况，对于谎报、伪造出勤的，公司将按照相关制度给予处分。未有实际工作内容的延长工作将不会被认定为加班。

6.您应当严格遵守公司的考勤制度，准时上下班，登记考勤。

出现下列情形之一的，视为给公司造成重大损害：

（1）造成公司直接或间接经济损失达5000元以上的；

（2）造成人员重伤或死亡的；

（3）造成公司受到5000元以上行政罚款处罚的；

（4）造成公司受到责令停产停业、暂扣或者吊销许可证、暂扣或者吊销执照等行政处罚的；

（5）造成公司直接负责的主管人员或其他直接责任人员受到行政拘留处罚或刑事处罚的；

（6）造成公司停产或停止经营1小时以上的；

（7）造成工作进度延迟5天以上的；

（8）造成公司声誉或信誉下降的；

（9）造成公司负面信息广泛传播的；

（10）给公司造成重大不良影响的；

（11）给公司造成其他严重程度相当的损害的。

7.存在以下情形之一，员工不得以此为由依据《劳动合同法》第38条提出解除劳动合同：

（1）公司非因故意或者重大过失导致未及时足额支付劳动报酬的；

（2）公司因不可抗力、自然灾害、经营困难、停产歇业、资金周转受到影响等原因而无法及时足额支付劳动报酬的；

（3）劳资双方对计算劳动报酬的基数、方法等因客观原因理解不一致而最终导致未足额支付劳动报酬的；

（4）因计算和处理中的失误造成所发劳动报酬数额与员工应得数额存在差异，人力资源部认可并允许在下月工资中予以补正的。

8.您应当仔细阅读并严格遵守公司的各项规章制度，包括但不限于《员工手册》《惩罚制度》《员工福利管理办法》《办公用品管理办法》等。

9.您应自觉遵守、执行公司颁布的各项通知、公告、会议纪要等文件。

10.当您符合订立无固定期限劳动合同的条件时，您应当明确向公司书面提出订立固定或无固定期限劳动合同的要求，经与公司协商一致后订立固定或无固定期限劳动合同。

11.如您对公司或同事有任何不满或发生任何纠纷,应当通过书面申诉、工会或其他合理途径协商解决,不得作出无故消极怠工、停工、罢工、聚众闹事、寻衅滋事等扰乱公司正常工作秩序的过激行为。如有此情况发生,公司将按照相关规定予以处理。

12.您在任何时候均不得泄露公司保密信息,或导致保密信息存在被泄露的风险。

13.如您与其他用人单位签有保密协议或竞业限制协议,应在入职之日告知公司并确保本公司在限制范围之外,否则由此所产生的一切责任由您本人承担。

14.您在职期间应诚实守信、廉洁自律,不得接受或实施商业贿赂,不得违反基本的职业道德。

15.您应确保向公司提交及填写的所有资料、信息真实、有效,并承诺上述资料、信息有变化时会及时通知公司,如未及时通知,造成的后果由本人承担。如涉及地址和联系方式变动的,您应当于三日内以书面方式通知公司,否则公司仍按该地址寄送文书而出现包括但不限于拒收、迁址、查无此人等情形时,仍视为送达,所产生的后果由您本人承担。

16.您离职时应在公司要求的时间内办理完毕离职交接手续(包括但不限于工作内容交接及公司物品交接等),如因未完成交接或交接不清而给公司造成损失,公司有权向您索赔。

本人已收到并明确知晓以上内容,并无异议,愿严格遵守。

签字确认:

年　月　日

五、劳动合同设计

_____有限责任公司

劳动合同

甲　　方:　　　　　　　　　　乙　　方:

法定代表人:　　　　　　　　　身份证号码:

地　　址:　　　　　　　　　　地　　址:

联系电话:　　　　　　　　　　联系电话:

电子邮箱:　　　　　　　　　　紧急联系人及联系方式:

甲、乙双方经平等自愿协商,订立本劳动合同,供双方共同遵守。

第一条　劳动合同期限

1.双方同意,劳动合同期限采取如下第_____种形式:

1.1　本合同为固定期限的劳动合同。合同期从＿＿＿年＿＿＿月＿＿＿日至＿＿＿年＿＿＿月＿＿＿日。其中试用期从＿＿＿年＿＿＿月＿＿＿日至＿＿＿年＿＿＿月＿＿＿日。

1.2　以完成一定工作任务为期限的合同。工作任务＿＿＿＿＿＿＿＿＿＿＿＿。

乙方同意，甲方有权根据工作任务完成及收尾工作的需要安排合同终止的具体时间。

1.3　无固定期限劳动合同。其中试用期从＿＿＿＿年＿＿＿＿月＿＿＿日至＿＿＿年＿＿＿＿月＿＿＿日。

第二条　工作内容和工作地点

2.1　乙方同意在＿＿＿＿＿＿＿＿＿＿＿＿＿＿＿岗位（工种）工作，按时、按质、按量完成该岗位（工种）所承担的各项任务，同时应完成公司或上级交代的其他任务。

乙方同意接受甲方按照制度进行绩效考核，认可考核结果将作为调整乙方岗位、薪酬及判定乙方是否胜任工作的依据。

2.2　甲乙双方确认工作地点为＿＿＿＿＿＿＿＿＿＿＿＿＿＿＿＿＿＿＿＿，甲方在上述工作地点的其他门店、分支机构有需要时，乙方同意服从甲方安排到其他门店或分支机构工作。如甲方的经营机构搬迁，乙方同意相应变更工作地点。乙方同意，根据岗位及甲方的经营需要接受到外地出差的安排。

2.3　乙方同意，有下列情况之一时，甲方可对乙方的工作岗位进行调整：

（1）连续两个月无法完成月任务业绩指标的；

（2）因公司项目撤销或完成、机构调整、部门撤销、岗位合并、设备更新等，导致不能安排原岗位工作的；

（3）员工无论因何种原因连续一个月以上未到岗上班，公司已安排其他员工替换员工原岗位，员工重新到岗上班的；

（4）员工的父母、配偶、子女、兄弟姐妹在公司工作，公司认为不利于工作需要调岗的；

（5）订立劳动合同时所依据的法律、行政法规、行政规章发生变化，导致岗位必须进行调整的；

（6）根据乙方的工作表现、身体状况以及甲方生产经营的需要等情况，需要调岗的；

（7）乙方绩效考核结果为不合格或不胜任工作的；

（8）出现单位规章制度所规定的应调整岗位的情况的；

（9）其他原因：＿＿＿＿＿＿＿＿＿＿＿＿＿＿＿＿＿＿＿＿＿＿

乙方同意，薪酬标准参照调整后的岗位薪酬标准进行相应调整。

第三条　劳动报酬

3.1　甲、乙双方协商确定，工资标准按下列标准执行：_____

试用期工资标准：上述工资标准的80%，并不得低于本市最低工资标准。

3.2　甲方于每月___日左右发放工资。乙方同意，如遇客观情况变化、生产经营困难等，甲方可告知乙方适当推迟工资发放时间，但延迟发放不得超过1个月。

3.3　乙方同意，甲方有权根据经营情况、甲方规章制度和乙方的工作内容、工作岗位、工作职务、工作地点、工作业绩、工作表现等因素，调整乙方的劳动报酬，但数额不得低于实际工作所在地的最低工资标准。

3.4　乙方同意加班工资的基数按本条第1款约定的月工资标准计算。甲方在该月工资标准之外另外发放的津贴、补贴、奖金等项目不计算在加班工资的计算基数之内。

3.5　乙方若对某月工资、奖金或福利待遇有异议，应在发放之日起3日内向甲方书面提出，逾期未提出的，视为对该月工资、奖金及福利待遇没有异议。

第四条　工作时间、休息休假

4.1　乙方所在岗位执行标准工时制；如所在岗位已申报特殊工时制，则以申报的工时制度为准。

4.2　在公司规定的工作时间之外，乙方因完成工作任务的需要，确需加班的，应当填写《加班申请单》，经主管领导批准后，方可加班，享受加班待遇。加班时间以实际发生的时间为准。

第五条　劳动保护和劳动条件

5.1　甲方为乙方提供符合国家规定的安全、卫生的工作环境和工作条件，为乙方配备必要的安全防护措施，发放必要的劳动保护用品，加强职业危害防治。

第六条　劳动纪律

6.1　乙方应自觉遵守甲方依法制定的规章制度及劳动纪律。乙方违反劳动纪律，甲方可给予纪律处分，直至解除劳动合同。乙方同意甲方可对乙方履行制度的情况进行检查、督促、考核和奖惩。

6.2　乙方有以下情形之一时，属于严重违纪，甲方有权解除本合同，并不给予乙方任何经济补偿：

（1）严重违反甲方规章制度，影响经营、工作秩序的，或给甲方造成经济损失5000元以上的；

（2）未经甲方同意在其他单位从事兼职工作的；

（3）自营、经营或投资与甲方竞争企业、竞争性业务或与甲方相关联的业务的；

（4）与跟甲方有竞争关系或商业往来关系的个人或组织存在业务关联关系，有可能导致利益冲突的；

（5）挪用或侵占公司财物，或私自接受客户、供应商及利害关系方任何好处及报酬的，无论何种金额及手段；

（6）工作中不服从管理，不按领导的正当指令行事，经再次要求仍不服从的；

（7）不服从工作分配擅自离开岗位的；

（8）违反本合同的保密条款，泄露甲方商业秘密的；

（9）一年内累计旷工5日以上（含5日）或连续旷工3日（含3日）以上的，或1个月内累计迟到或早退5次以上的；

（10）在公司内有任何暴力、胁迫、伤害、赌博或盗窃等不法行为及违反社会公德的行为的；

（11）乙方行为给甲方信誉造成损害的，包括但不限于由于乙方行为被媒体报道者；

（12）与客户发生肢体冲突或剧烈言辞冲突的，无论何种原因；

（13）提供虚假的票据进行报销，或报销用途与实际用途不相符合的，无论金额多少；

（14）其他严重违反劳动纪律的情形。

第七条　社会保险和福利待遇

7.1　乙方应当于办理入职手续时提交参加社会保险所必需的真实、合法、完整的资料，因乙方拒绝、延迟提交资料或提交资料不真实、不完整所导致的一切后果和责任（包括但不限于不能补缴社会保险及乙方无法享受社会保险利益，补缴费用和/或滞纳金等）应由乙方承担。

7.2　甲方为乙方提供的福利待遇按甲方规章制度执行。

第八条　劳动合同变更、解除、终止

8.1　经甲、乙双方协商一致，本合同可以解除。

8.2　乙方有下列情形之一的，甲方可以解除劳动合同：

（1）在试用期间被证明不符合录用条件的；

（2）严重违反用人单位的规章制度或劳动纪律的；

（3）严重失职，营私舞弊，给甲方或客户、合作伙伴造成经济损失10000元以上或严重损害甲方声誉的；

（4）乙方同时与其他用人单位建立劳动关系，对完成本单位的工作任务造成严重影响的，或者经甲方提出，拒不改正的，或构成严重违纪的；

（5）乙方以欺诈、胁迫的手段或者乘人之危，使甲方在违背真实意思的情况下订立或者变更合同，致使本合同无效的，如乙方被查实向甲方提供虚假的个人资料或隐瞒个人真实情况，即视为乙方以欺诈的手段使甲方在违背真实意思的情况下订立本合同；

（6）甲方规章制度或国家法律法规政策规定的其他情形。

8.3 本合同到期后，如乙方继续在甲方工作而甲方无异议，则视为本劳动合同自动延期1年，并可多次自动延期。但甲方已向乙方发出终止（解除）劳动合同通知或终止（解除）劳动合同证明书的除外。

8.4 双方符合依法续签无固定期限劳动合同的条件时，如乙方要求续签无固定期限劳动合同，则乙方应在原劳动合同到期前1个月内，书面向甲方提出申请。未书面提出申请的，视为乙方放弃续签劳动合同。

第九条 特别约定

9.1 乙方应当保守甲方的商业秘密，包括甲方客户、交易对方及其他甲方对其负有保密义务的主体的商业秘密。

出于商业秘密保护的需要，劳动合同终止前3个月内，甲方可以变更乙方的岗位。

乙方提出解除劳动合同的，甲方可以在乙方提出后正式解除前变更乙方的岗位。

乙方离职（无论因何种原因）后仍应履行上述保密义务。

9.2 乙方应当按照双方约定或甲方的相关规章制度，办理工作交接，包括但不限于应依据甲方要求交接经办的业务工作，归还当时占有的公司财物和文件资料，结清借款以及签署相关工作交接单等其他相关手续。双方同意签署交接单视为办结工作交接。应当支付经济补偿的，甲方在工作交接办理完成时支付。

9.3 如甲方在乙方离职时或提前通知，乙方在双方关系解除或终止后（无论因何种原因）两年内应遵守竞业限制义务，而无须再行约定。

如无其他约定，竞业限制补偿金按乙方离职前12个月平均工资（不足12个月按实际月份月平均工资）的30%按月向乙方支付。但甲方可以随时通知乙方终止竞业限制，同时免除支付竞业限制补偿金的义务。

如乙方违反竞业限制义务，应退还甲方支付的全部竞业限制补偿金，并按乙方离职前一年的全部收入的5倍向甲方支付违约金，同时应继续履行竞业限制义务。

9.4　乙方在职期间接受费用超过3000元的专业技能培训后，如乙方提前解除劳动合同，则乙方应按未履行的劳动合同年限折算，向甲方返还相应培训费用。

第十条　声明与确认

10.1　双方确认，乙方在工作期间所产生的工作成果（包括但不限于技术资料，开发、总结的概念、创意、文件及所出版的书籍，工作日志、培训材料、操作手册、音像资料等），无论何种形态（文字、图画、音像等），其全部知识产权均属于甲方。

10.2　乙方确认，甲方已如实告知乙方工作内容、工作条件、用人要求、工作地点、职业危害、安全生产状况、劳动报酬、社会保险等情况，并已将工作过程中可能产生的职业病危害及其后果、职业病防护措施和待遇以及乙方要求了解的其他情况告知乙方。

10.3　乙方确认，其向甲方提供或填写的入职登记表、履历上的信息完全真实有效。乙方与其他用人单位不存在劳动关系，亦不受其他用人单位竞业限制协议的限制。

10.4　甲方通过本协议中列明的乙方联系方式的任何一种（包括电子邮箱），就本合同之履行向乙方发送相关通知、发布规章制度与文件、布置工作等，均视为有效送达与告知乙方。

乙方同时授权，在其处于联系障碍状态（包括但不限于乙方因病住院、丧失人身自由等情形）时，其紧急联系人作为乙方的受委托人，该受委托人享有代为进行和解、调解、领取、接受相关通知以及代为变更、解除、终止劳动关系的权利。

10.5　乙方确认已认真阅读、理解甲方制定的规章制度，并同意遵守。此处的规章制度包括《员工手册》等长期的综合的制度，也包括甲方依照法律程序订立且以书面或内部电子网络等方式向乙方公示的通知、须知、办法和细则等单项规章制度，包括但不限于《员工手册》、职位说明、各类行为准则等。

甲方规章制度将通过下述方式送达乙方：（a）书面传阅；（b）电子邮件送达；（c）甲方办公网络或公司网页公示；（d）其他合理可行的方式发布给全体员工或符合该规章制度适用范围的相关员工。乙方确认将随时查收。

10.6　本合同生效前双方已订立的劳动合同自本合同生效之日起失效。

10.7　本合同约定之岗位或工种，乙方已知悉其录用条件，包括规章制度里规定的录用条件、岗位录用条件及下列录用条件：

（1）按甲方要求提交入职材料，包括办理社会保险的全部材料，同意将社保关系转入；

（2）工作能力、表现胜任甲方安排的工作和甲方规定的岗位职责；

（3）未患有精神病或按国家法律法规应禁止工作的传染病，且身体健康条件符合工作岗位要求；

（4）与原用人单位已依法解除或终止劳动关系；

（5）与原用人单位不存在竞业限制约定或甲方不在限制范围之内；

（6）未通缉在案或者被取保候审、监视居住；

（7）按本合同约定时间到岗；

（8）入职后不得拒绝按甲方制定的劳动合同版本签订劳动合同，不得拒绝缴纳社会保险；

（9）不应隐瞒曾经受过法律处罚或者纪律处分的事实；

（10）试用期内请假不得超过3天，迟到不得超过5次，不得有旷工；

（11）具备本岗位所要求的各项技能；

（12）试用期考核应合格；

（13）完成试用期内工作任务，掌握岗位工作技能；

（14）其他：_____。

乙方认可甲方有权对其进行试用期考核，考核可能有相当程度的主观因素。如有异议，仍以甲方的考核结论为准。

第十一条　违约责任

11.1　乙方违反法律法规及本合同约定解除劳动合同，或者违反劳动纪律、规章制度，或者违反本合同约定的其他义务的，应当赔偿由此造成的全部损失，包括但不限于：

（1）甲方为其支付的培训和招收录用费用；

（2）对甲方生产经营工作造成的直接或间接、有形或无形的经济损失；

（3）诉讼费用、律师费用、调查费用、公证费用等；

（4）本合同约定或规章制度规定的其他赔偿费用。

11.2　按前述约定乙方需对甲方负赔偿责任的，甲方可在乙方工资或经济补偿金中扣除。工资、经济补偿金尚不足以弥补损失的，乙方仍需赔偿损失。

第十二条　其他

12.1　合同未尽事宜，按照甲方依法制定的规章制度执行；如果甲方的规章制度未作规定，则按国家有关法律法规政策执行。

12.2　本协议一式两份，甲、乙双方各执一份，经双方签署后生效。

甲方（盖章）：　　　　　　　　　　　乙方（签字）：

签订时间：　　　　年　　月　　日

六、劳动合同特殊条款设计

用人单位在与劳动者订立劳动合同或其他协议时，可以参考本清单中的条款，根据实际情况及用人单位需要进行修改。

1.【加班审批条款】

甲方实行加班审批制度，乙方加班应事前向甲方提出申请。未经甲方事前批准和事后确认，乙方自行延长工作时间或者在工作场所滞留等行为不视为加班。甲方向乙方支付对应值班补贴、出差（含在途时间）等情形，均不按照加班处理。

2.【工作地点条款】

乙方的主要工作地点范围为_____，其他工作地点还包括_____。乙方同意，甲方有权在上述岗位范围内调整乙方工作地点，该调整不属于劳动合同的变更。

3.【告知义务条款】

甲、乙双方共同确认：甲方招用乙方时，甲方已经向乙方如实介绍了工作内容、工作地点、工作条件、职业危害、安全生产、劳动报酬、甲方的各项规章制度以及乙方要求了解的其他情况，乙方已经知晓上述内容并自愿予以遵守。

4.【赔偿损失条款】

乙方因违反本合同给甲方造成损失的，甲方有权向其主张赔偿责任或与乙方工资、报销款等未结款项予以冲抵。除特殊解释外，甲方损失包括但不限于下列内容：

（1）甲方招聘录用乙方所支付的费用；

（2）甲方为乙方支付的培训费用；

（3）乙方行为导致甲方的经营损失；

（4）乙方行为导致甲方对外承担行政罚款、民事赔偿责任的损失；

（5）乙方行为导致甲方产生的差旅费用、仲裁诉讼费用（案件受理、律师代理、司法鉴定费等）、调查费用（商业调查、审计评估等）等直接费用。

上述损失的具体数据以甲方财务部门账目凭证为准。

5.【客观情况重大变化条款】

劳动合同订立时所依据的客观情况发生重大变化，致使劳动合同无法履行的，甲方有权与乙方协商变更劳动合同，若双方未能就变更劳动合同内容达成一致，甲方有权解除本合同。

"劳动合同订立时所依据的客观情况发生重大变化"指劳动合同订立后发生了公司和员工订立劳动合同时无法预见的变化，致使双方订立的劳动合同全部或者主要条款无法履行，或者若继续履行将出现成本过高等显失公平的状况，致使劳动合同目的难以实现。下列情形属于"劳动合同订立时所依据的客观情况发生重大变化，致使劳动合同无法履行的"：

（1）地震、火灾、水灾等自然灾害形成的不可抗力；

（2）企业迁移或者停产、转产、转（改）制、企业资产转移等；

（3）遭遇其他不可抗力、意外事件、政府行为、企业被兼并、部门或岗位精简、业务重组、公司组织架构调整等；

（4）所依据的法律、政策等发生重大变化；

（5）特许经营性质的企业经营范围等发生变化；

（6）甲方住所、经营场所、业务地点变更；

（7）乙方岗位所属业务、项目终止；

（8）经甲方董事会、股东会等决议，撤销乙方所在部门或者岗位；

（9）其他属于客观情况发生重大变化的情形。

6.【重大损害条款】

乙方同意，在其违反规章制度、失职、给甲方造成损害或者出现其他甲方认为不当的行为时，甲方有权依据规章制度处理，若规章制度没有规定，则乙方因过错、失职或营私舞弊等情形给甲方造成重大损害的，甲方有权解除劳动合同，无须支付经济补偿金。重大损害包括但不限于下列情形：

（1）造成公司直接或间接经济损失达10000元以上的；

（2）造成人员重伤或死亡的；

（3）造成公司受到10000元以上行政罚款处罚的；

（4）造成公司受到责令停产停业、暂扣或者吊销许可证、暂扣或者吊销执照等行政处罚的；

（5）造成公司直接负责的主管人员或其他直接责任人员受到行政拘留处罚或刑事处罚

的；

（6）造成公司停产或停止经营1小时以上的；

（7）造成工作进度延迟5天以上的；

（8）造成公司声誉或信誉下降的；

（9）造成公司负面信息广泛传播的；

（10）给公司造成重大不良影响的。

7. 【被迫解除限制条款】

甲方具有《劳动合同法》第38条情形且符合以下条件的，乙方可以依据该条解除劳动合同：

（1）未及时足额支付劳动报酬，经乙方催告，甲方未在指定期限内支付或者作出合理解释的；

（2）甲方规章制度因违反法律、法规的规定而实际损害乙方权益，经乙方催告，甲方未在指定期限内更正或者作出合理解释的。

但存在以下情形之一，乙方不得依据《劳动合同法》第38条提出解除劳动合同：

（1）甲方非因故意或者重大过失导致未及时足额支付劳动报酬的；

（2）甲方因不可抗力、自然灾害、经营困难、停产歇业、资金周转受到影响等原因而无法及时足额支付劳动报酬的；

（3）甲、乙双方对计算劳动报酬的基数、方法等因客观原因理解不一致而最终导致未足额支付劳动报酬的；

（4）因计算和处理中的失误造成所发劳动报酬数额与员工应得数额存在差异，甲方或其人力资源部认可并允许在下月工资中予以补正的。

8. 【医疗期满解除条款】

乙方患病或非因工负伤，在规定的医疗期满后继续请病假的，视为不能从事原工作，甲方有权为乙方调岗，如乙方继续请病假，视为不能从事新安排的工作，甲方有权解除本合同。

9. 【在职期间竞业限制条款】

本合同约定期间及其续期内，除从事本岗位工作外，乙方不得从事下列任何行为，否则视为严重违反甲方规章制度，甲方有权解除劳动合同，不支付任何补偿。如乙方无法判断所从事行为是否属于下列行为，应事先向甲方书面报告，按甲方书面意见执行：

（1）从事与甲方及甲方关联企业有竞争关系的业务；

（2）为第三方经营与本岗位职责相同或类似的其他业务；

（3）未经甲方事先书面同意，为甲方及相关企业的同业竞争者提供服务或信息。

10.【送达条款】

双方确认，就履行本合同发生的通知或公告，甲方可任意选择以下形式之一向乙方送达：

（1）当面通知，乙方应当在收到书面通知后签收确认，乙方不予签收的甲方有权在相应文件中注明情况，也视为乙方签收；

（2）按乙方在入职信息登记表、本合同载明的送达地址或其他文件上填写的本人联系地址以快递形式寄送；

（3）向乙方的员工邮箱、乙方在本合同载明的或其他文件上填写的电子邮箱发送邮件；

（4）向乙方在入职信息登记表、本合同载明的手机号码发送信息。

乙方地址、邮箱或其他联系方式发生变更的，应提前十日书面通知甲方，否则甲方按以上约定发出通知后，仍视为已送达。上述方式无法送达或不便于送达的，甲方可以选择登报等形式公告送达。

双方确认：因乙方提供或者确认的送达地址和联系方式不准确，或者送达地址变更后未及时依程序告知甲方和司法机关，或者其他原因，导致诉讼文书未能被乙方实际接收，邮寄送达的，文书退回之日视为送达之日；直接送达的，送达人当场在送达回证上记明情况之日视为送达之日。

11.【加班费计算基数约定条款】

甲、乙双方约定以_____标准作为乙方加班费计算基数。乙方每月应发工资中固定包含加班费_____元、岗位补贴_____元。

12.【续订劳动合同条款】

经双方协商一致，就续订劳动合同事宜达成本协议。乙方在此确认，在本续订合同签订前、双方劳动合同期限内，甲方已经依法履行了用人单位的相关义务，双方的劳动报酬、加班费、各项奖金、津贴、补贴等均已结清，双方无其他劳动争议。

七、试用期考核表设计

试用期考核表

考核日期：　　　年　月　日

注：应在试用期满前作出通用条件考核表

通用条件考核表					
姓名		部门		职务	
试用期限	年　　月　　日至　　年　　月　　日				

1.是否提供政府规定的就业手续？　　　　　　　　　　　□是　□否

2.是否提供办理录用、社会保险等所需要的证明材料？　□是　□否

3.是否患有精神病或国家法律法规规定应禁止工作的传染病？　□是　□否

4.是否身体健康且符合工作岗位要求？　　　　　　　　□是　□否

5.是否提供与原用人单位解除、终止劳动合同的证明？　□是　□否

6.是否与原用人单位存在竞业限制约定且在限制范围之内？　□是　□否

7.是否通缉在案或者被取保候审、监视居住？　　　　　□是　□否

8.是否按照单位约定时间到岗？　　　　　　　　　　　□是　□否

9.是否同意缴纳社会保险？　　　　　　　　　　　　　□是　□否

10.是否同意与单位签订劳动合同？　　　　　　　　　□是　□否

11.是否隐瞒曾经受过法律处罚或者纪律处分的事实？　□是　□否

12.试用期内请病假是否超过__天？　　　　　　　　　□是　□否

13.试用期内请事假是否超过__天？　　　　　　　　　□是　□否

14.试用期内是否迟到、早退__次？　　　　　　　　　□是　□否

15.其他需说明的情况：_____。

专用条件考核表		
工作态度 （满分30分）	工作能力 （满分30分）	工作绩效 （满分40分）
1. 工作认真负责，做事不推诿，不推卸责任；（满分7分） 得分： 2. 乐于接受新的工作任务并能及时反馈执行结果；（满分7分） 得分： 3. 自觉履行职责，忠于职守，不需督促，想方设法改进工作，提出合理化建议；（满分7分） 得分： 4. 具有团体合作精神，与上级、同事有良好的合作态度。（满分8分） 得分： 得分小计：	1. 善于学习利用新技术、新方法，善于钻研和运用新知识和技能提高工作质量和效率；（满分7分） 得分： 2. 能够独立完成工作任务，较少需要帮助和指导；（满分7分） 得分： 3. 能适应工作变化并迅速自我调整，善于总结改进；（满分7分） 得分： 4. 能理解、把握主管上司的意图，业务上精益求精。（满分8分） 得分： 得分小计：	1. 工作质量等级：好、较好、差、很差；（满分10分） 得分： 2. 工作效率：高、较高、较低；（满分10分） 得分： 3. 工作失误率及差错率：无、较少、较多；（满分10分） 得分： 4. 完成任务情况：全部完成、大部分完成、部分完成、基本未完成；（满分10分） 得分： 得分小计：
该员工试用期表现总得分： 员工签字：　　　　　　　　　　　　　　日期：		
部门意见：　　□转正　　□辞退 部门负责人签字：　　　　　　　　　　　日期：		
人力资源部意见： 符合录用条件； □不符合录用条件，可辞退，违反的录用条件是： 负责人签字：　　　　　　　　　　年　　　月　　　日		
总经理意见： 负责人签字：　　　　　　　　　　年　　　月　　　日		

八、企业用工（劳务）合同设计

＿＿＿＿＿＿＿＿有限责任公司

劳务合同

甲　　方：　　　　　　　　乙　　方：

法定代表人：　　　　　　　身份证号码：

住　　所：　　　　　　　　联系电话：

联系电话：

依照《中华人民共和国民法典》以及相关规定，甲、乙双方经平等自愿协商，签订本协议。

第一条　承揽事项

1.乙方按甲方要求提供劳务，甲方向乙方支付报酬。

2.乙方服务内容：＿＿＿＿＿＿＿＿＿＿＿＿＿＿＿＿＿＿＿＿＿。

3.乙方应自主完成相关服务，不得转委托他人。

第二条　合同期限

1.合同期限为：＿＿＿＿年＿＿月＿＿日至＿＿＿＿年＿＿月＿＿日。

2.如在合同期限届满后乙方仍为甲方提供本合同约定之服务，则视为本合同顺延为不定期合同。

3.甲、乙双方任何一方提前＿天通知对方，可解除本合同。除正常结算费用外，无须承担其他违约责任。

第三条　劳务费用

1.计费标准：按下列第＿＿＿＿种方式计费：

（1）每月＿＿＿＿＿＿元；

（2）计件付费。计件标准为：＿＿＿＿＿＿＿＿＿＿＿＿＿。

2.结算及付款时间：每月＿＿＿＿＿日前结算支付上月费用。

3.本条约定之费用已包括全部成本费用及报酬，除此之外，甲方无须再向乙方支付其他任何费用。

第四条　知识产权与保密

1.乙方履行本协议产生的任何形态的作品（包括但不限于文字作品、图画作品、音像资料、课件等），其全部知识产权均归甲方所有，包括但不限于著作权、专利权、商标权及商业秘密方面的权利。

2.乙方承诺保守在履行本合同过程中得知的甲方商业秘密。

第五条 确认与声明

1.乙方应自行安排工作时间，无须到甲方处坐班，乙方自担风险，自负盈亏，自行以符合安全规范和技术规范的方式履行合同。

2.乙方在提供劳务过程中受到人身损害或财产损失的，由乙方自行负责，甲方对此不承担工伤或其他赔偿责任（由甲方过错造成的，甲方另外承担侵权责任）。

3.甲方与乙方之间为劳务关系，不属于劳动关系或雇佣关系，甲方不对乙方进行管理，不对乙方承担劳动法上的义务，不适用《劳动法》《劳动合同法》等劳动法规。

如因服务需要乙方需佩戴甲方标志、办理员工卡或办理与甲方员工类似的手续，亦不代表双方建立劳动关系。

4.乙方确认，如乙方有所在单位，则已经获得所在单位的许可签署与履行本合同。履行本合同的过程中，不得侵犯所在单位（如有）及任何第三方的商业秘密、知识产权及其他合法权利。

5.如甲方为乙方出资购买了保险（包括但不限于意外伤害保险、医疗保险等），则一旦发生应由甲方承担责任的事宜，保险赔付金额应计算在甲方的赔偿金额之中。

第六条 通知与送达

（1）甲方联系方式：

邮寄地址：＿＿＿＿＿＿＿＿＿＿＿＿＿＿＿＿＿＿；

联系人：＿＿＿＿＿＿＿＿；

联系电话：＿＿＿＿＿＿。

（2）乙方联系方式

邮寄地址：＿＿＿＿＿＿＿＿＿＿＿＿＿＿＿＿＿＿；

联系人：＿＿＿＿＿＿＿＿；

联系电话：＿＿＿＿＿＿。

双方通过上述联系方式之任何一种（包括电子邮箱），就本合同有关事项向对方发送相关通知等，均视为有效送达与告知对方，无论对方是否实际查阅。双方确认上述邮寄送达地址同时作为有效司法送达地址。

第七条　管辖条款

因本合同引起的或与本合同有关的任何争议，由合同各方协商解决，也可由有关部门调解。协商或调解不成的，按下列第＿＿＿种方式解决：

（1）提交位于＿＿＿＿（地点）的＿＿＿＿仲裁委员会，按照提交仲裁时该会现行仲裁规则进行裁决，仲裁裁决是终局的，对各方均有约束力；

（2）依法向＿＿＿＿所在地有管辖权的人民法院起诉。

第八条　本合同一式两份，甲、乙双方各执一份，自双方签字盖章后生效。

特别注意：本合同约定的甲、乙双方为劳务关系，不构成劳动关系或雇佣关系，乙方不得向甲方主张劳动法范畴内的任何权利、待遇，且双方均详细阅读并同意履行本协议。

签署日期：＿＿＿＿年＿＿月＿＿日

甲　　方：　　　　　　　　　　　　乙　　方：

法定代表人：

签订地点：

九、服务外包合作合同设计

服务外包合作合同

甲　　方：　　　　　　　　　　　乙　　方：

法定代表人：　　　　　　　　　　法定代表人：

住　　所：　　　　　　　　　　　住　　所：

联系电话：　　　　　　　　　　　联系电话：

甲、乙双方就甲方将本公司业务外包给乙方相关事宜，经友好协商，达成以下协议：

第一条　合作方式

本合同中甲方与乙方的关系，是公司与公司之间的服务外包关系，不是劳务派遣关系。甲方将工作外包给乙方，乙方作为一个整体为甲方提供服务，乙方员工代表乙方进行服务；甲方不因这些员工在甲方场所工作而与其产生任何劳动关系。

第二条　合作范围

乙方为甲方提供下列范围内的服务：

1）＿＿＿＿＿＿＿＿＿＿＿＿＿＿；

2) _____。

第三条　服务期间

3.1　自_____年_____月_____日起至_____年_____月_____日止。

3.2　甲方有权提前一个月通知乙方解除本合同，除正常结算费用外，甲方不承担其他责任。

第四条　服务要求

4.1　服务质量要求：安全，高效，服务态度好。

4.2　工作沟通要求：对于甲方向乙方提出的工作要求或整改要求，乙方必须在_____小时内提供解决方案。对于紧急的要求，必须立即作出反馈。

4.3　其他要求：

（1）甲方在履行过程中提出要求，乙方能够达到的，乙方应予执行。

（2）除双方约定的以外，乙方的服务同时应满足法律法规要求，满足行业操作规范。

（3）如乙方同时自营或为其他第三方经营同类业务，则乙方服务水准不得低于自营或为第三方经营的服务水准。

第五条　甲方权利、义务

5.1　甲方有权随时对乙方的服务场所、工作设备、工作台账、日志及其他与乙方履行合同相关的材料等进行检查，并复制相关材料。但不得影响乙方的正常管理与经营。

5.2　甲方有权要求乙方按照适当的方式维护、保养、操作甲方或客户提供的设备，如甲方提出要求，乙方应予改正。

5.3　甲方应按照本合同约定向乙方支付费用。

第六条　乙方权利、义务

6.1　乙方有权自行安排人员、班次、工作时间，自行负责人员的招聘、入职、薪资、离职事宜，自行对员工进行管理。

6.2　乙方应与其员工签署劳动合同，依法缴纳社会保险，承担用人单位的全部法定责任。

6.3　乙方人员进入甲方场所作业的，必须按照甲方要求统一穿戴工作制服及劳动保护用品，严格执行安全作业规程，不得携带或帮助无关人员进入甲方场所。

6.4　乙方服务过程中造成自身人身或财产损害的，应由乙方自行承担全部责任，不得向甲方索赔。

6.5 督促、管理乙方人员安全地提供服务。

6.6 乙方及乙方全部上岗人员应具有相应资质。

6.7 乙方及乙方人员均不得以甲方或甲方职工的名义活动。

6.8 乙方不得将甲方提供的设备（如有）用于本合同目的以外的用途。

第七条 服务费用

7.1 经双方协商，服务费用按如下处理：

（1）服务费用标准为：每月_____元（大写_____元）。

服务期内费用合计为_____元（大写_____元）。

（2）乙方同意：为提高服务质量，甲方有权对乙方履行本合同的情况进行考核。

7.2 费用支付方式：所有费用均为按月支付，每月____日之前支付上月费用。支付款项前，乙方应向甲方提供等额的增值税专用发票。

第八条 合同解除

8.1 如出现下列情形之一，甲方有权立即解除本合同：

（1）乙方私自将甲方设备用于合同目的以外的用途的。

（2）乙方或乙方人员造成人身伤害事故的。

（3）乙方或乙方人员造成甲方财产损失超过30000元的。

（4）甲方的生产经营设备（场地、设施等）需要转让给第三方，导致服务目的不再存在的。

（5）乙方有违反双方约定的情形，经甲方指出后在5个工作日内仍未改正的。

8.2 如出现下列情形之一，乙方有权立即解除本合同：

（1）甲方逾期付款，超过30个工作日的。

（2）甲方提供的设备或支持无法满足项目要求，经乙方提出，在30个工作日内仍无法改正的。

第九条 确认与声明

9.1 乙方确认：具有履行本合同的能力与资质。

9.2 乙方确认：双方不建立劳务派遣关系或类似关系，乙方应向其员工承担用人单位的全部责任，甲方不对乙方员工承担任何用人单位或用工单位的责任。

9.3 甲、乙双方不构成代理关系，乙方不得以甲方名义对外签署或发布任何文件、制度等。

第十条　违约责任

10.1　任何一方违反本合同约定，造成对方损失，应予全部赔偿。损失赔偿的范围包括但不限于直接损失、间接损失、向客户或第三方支付的赔偿/违约金、所遭受的行政处罚、可预期利益的损失以及守约方为此支出的律师费、调查费、公证费、诉讼与仲裁费用等。

一方违约造成对方员工人身损害同时构成工伤，导致对方向员工支付的工伤待遇，应作为对方损失，由违约方予以赔偿。

10.2　如乙方员工向甲方提起索赔，乙方应尽量协调，无论何种原因，如导致甲方需要向乙方员工承担任何法律责任，乙方均应当向甲方进行赔偿，甲方有权从乙方的承包费中扣除相应损失。

10.3　甲方逾期付款的，每逾期一天，应按逾期金额的千分之一向乙方支付违约金，同时仍应履行付款义务。

10.4　一方违约应向对方赔偿的，另一方有权在应向违约方支付的款项中直接扣除应赔偿的金额。

10.5　任何一方就对方针对本合同项下任何条款的违约行为的自动弃权追究或重复性放弃追究，不应视为对下一次针对同一条款的违约行为或针对其他条款的违约行为的弃权追究。

10.6　任何一方员工的违约或不当行为，均视为该方的违约或不当行为。

第十一条　通知与送达

为更好地履行本合同，双方提供如下联系方式：

（1）甲方联系方式

邮寄地址：＿＿＿＿＿＿＿＿　　　　联系人：＿＿＿＿＿＿

联系电话：＿＿＿＿＿＿　　　　电子邮箱：＿＿＿＿＿＿＿＿

（2）乙方联系方式

邮寄地址：＿＿＿＿＿＿＿＿　　　　联系人：＿＿＿＿＿＿

联系电话：＿＿＿＿＿＿　　　　电子邮箱：＿＿＿＿＿＿＿＿

双方通过上述联系方式中任何一种（包括电子邮箱），就本合同有关事项向对方发送相关通知等，均视为有效送达与告知对方，无论对方是否实际查阅。双方确认上述邮寄送达地址同时作为有效司法送达地址。

第十二条 管辖条款

因本合同引起的或与本合同有关的任何争议，由合同各方协商解决，也可由有关部门调解。协商或调解不成的，按下列第____种方式解决：

（1）提交位于_____（地点）的_____仲裁委员会仲裁。仲裁裁决是终局的，对各方均有约束力；

（2）依法向_____所在地有管辖权的人民法院起诉。

第十三条 本合同一式两份，甲、乙双方各执一份，自双方签字盖章后生效。

甲　　方：　　　　　　　　　　　　乙　　方：

法定代表人：　　　　　　　　　　　法定代表人：

签订日期：

签订地点：

十、培训服务期协议设计

培训服务期协议

甲方（用人单位）：　　　　　　　　乙方（员工）：

　　　　　　　　　　　　　　　　　身份证号码：

　　　　　　　　　　　　　　　　　有效联系地址：

　　　　　　　　　　　　　　　　　有效电子信箱：

根据员工与企业共同生存、共同发展的理念，现就甲方对乙方进行培训的相关事宜，经协商一致，签订如下协议：

1.培训情况

1.1 培训性质为专业技术培训，培训内容为：_____；

1.2 培训期限：预计__年__月__日起至__年__月__日止，以实际培训时间为准；

1.3 培训地点：_____。

2.培训费用

2.1 双方确认，培训费用包括但不限于培训费、材料费、课本费、食宿费、交通费、培训期间生活补助费等项目，合计：_____元；

2.2 培训费用负担方式：_____；

3.培训期间工资待遇

培训期间甲方向乙方发放生活补助_____元,其他福利待遇:_____。

培训期间甲方向乙方支付的上述待遇计入本协议第二条约定之培训费用。

4.培训要求

乙方保证在培训期间努力学习,取得优异成绩,保证拿到毕业证书/结业证书/职业资格证书。

乙方承诺,在培训期间应遵守甲方有关规章制度,以不低于正常工作时的态度和纪律参加培训,并遵守培训机构的纪律。如有违反,均视为违反甲方规章制度。

5.服务期

5.1 甲、乙双方确定服务期的起始时间为:培训结束时。

5.2 服务期的结束时间为下列第_____种:

(1)至_____年____月____日止;

(2)至劳动合同期满时止。

当服务期的结束时间后于劳动合同期满时间时,甲方可以选择将劳动合同期限顺延至服务期满,也可以选择放弃服务期的权利,劳动合同按原期限终止。

5.3 服务期限内乙方因培训所获证书由甲方代为保存,当培训服务期结束后甲方将证书返还乙方。

6.违约责任

6.1 服务期届满前,无论何种原因,乙方提前解除劳动合同的,应向甲方支付违约金。

6.2 有下列情形之一,甲方与乙方解除劳动合同的,乙方仍应支付违约金:

(1)乙方严重违反甲方的规章制度的;

(2)乙方严重失职,营私舞弊,给甲方造成重大损害的;

(3)乙方同时与其他用人单位建立劳动关系,对完成甲方的工作任务造成严重影响,或者经甲方提出,拒不改正的;

(4)乙方以欺诈、胁迫的手段或者乘人之危,使甲方在违背真实意思的情况下订立或者变更劳动合同的;

(5)乙方被依法追究刑事责任的。

6.3 违约金金额依《劳动合同法》的规定,按未履行服务期与全部服务期的比例进行分摊,具体金额以实际发生的培训费用为准。

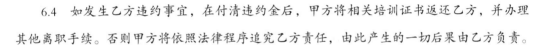

6.4 如发生乙方违约事宜，在付清违约金后，甲方将相关培训证书返还乙方，并办理其他离职手续。否则甲方将依照法律程序追究乙方责任，由此产生的一切后果由乙方负责。

6.5 由于乙方过错，导致培训不能正常完成，无法实现培训目的的，甲方有权停止培训，并要求乙方支付甲方已经为乙方支付的全部培训费用。

7.其他

此协议一式两份，自双方签字或盖章后生效，具有同等法律效力。

甲方：   乙方：

    年   月   日   年   月   日

附件：

乙方确认

甲方已经向乙方详细说明甲方承担的培训费用的构成；鉴于部分费用不一定有正规票据，双方在此明确：

1.甲方承担的培训费用合计金额为＿＿＿＿元。其中：（1）＿＿＿＿费用＿＿＿＿元；（2）＿＿＿＿费用＿＿＿＿元；（3）＿＿＿＿费用＿＿＿＿元。

2.乙方对培训费用金额无异议，不再要求甲方出示票据。

3.上述培训费用金额将作为计算违约金的基准。

乙方确认签字：

签署时间：   年   月   日

十一、竞业限制协议设计

＿＿＿＿＿＿＿＿有限公司

竞业限制协议

甲方（单位）：   乙方（员工）：

                       身份证号：

                       有效联系地址：

                       联系电话：

                       电子邮箱：

就乙方竞业限制事宜，甲、乙双方本着平等、自愿、公平和诚实信用的原则签订本协议。

第1条 定义

1.1 竞业限制或竞业禁止：指用人单位有条件地要求劳动者不能直接或间接从事与自己存在竞争的业务，具体以本合同约定为准。

1.2 甲方公司：包括甲方及其所有分支机构、子公司、办事处和关联单位。

1.3 任职期间：指乙方与甲方正式签订劳动合同或形成事实劳动合同关系之日开始到双方劳动关系结束（或消灭）为止的期间。如乙方到达退休年龄之后继续为甲方所聘用，则任职期间包括聘用期间，至聘用关系终止之日截止。

1.4 个人或组织：包括任何个人、公司、企业、合伙企业、协会、事业单位、社会团体或组织，及各类形式的组织或个人。

1.5 竞争性单位：指生产与甲方类似产品或提供类似服务的或对甲方公司业务构成现实或潜在竞争的个人或组织，包括但不限于：

（1）从事下列业务的个人或组织：＿＿＿＿＿＿＿＿＿＿＿＿＿＿＿＿＿＿。

（2）下列公司或与下列公司经营范围存在重合的组织或个人：＿＿＿＿＿＿。

（3）为上述竞争性单位提供支持，例如提供专业咨询或顾问服务的个人或组织。

（4）上述个人或组织的关联企业及机构。

1.6 竞争性业务：与甲方公司所从事的业务相同或类似的业务。

1.7 竞业行为：自己或与其他个人或组织合作，直接或间接地从事竞争性业务，或为竞争性单位提供服务或劳务，包括但不限于担任竞争性单位的合伙人、董事、监事、股东、管理人员或一般职员、代理人、顾问等。

上述行为之一即为竞业行为；此外本协议可另外对竞业行为作出补充。

1.8 乙方关联人包括但不限于：

（1）乙方近亲属，即配偶、父母、兄弟姐妹、子女、配偶的父母、子女的配偶、配偶的兄弟姐妹、兄弟姐妹的配偶；

（2）乙方担任管理人员或合伙人直接或间接拥有10%或以上权益的机构。

第2条 在职期间的竞业限制

2.1 未经甲方事先书面许可，乙方在甲方任职期间，不得从事竞业行为。

2.2 除本协议中约定的竞业行为以外，在职期间的下列行为将视为乙方从事竞业行为：乙方及乙方关联人从竞争性单位处直接或间接获得好处，包括但不限于财产性利益、旅游、消费、宴请，无正当理由的。

2.3　在职期间乙方履行竞业限制义务，甲方无须向乙方支付额外补偿。

第3条　离职后的竞业限制

3.1　离职后的竞业限制期间内，乙方不得从事竞业行为。

3.2　离职后竞业限制期间：自乙方离职之日起两年。但是，甲方仍可通过下列方式之一缩短竞业限制期间：

（1）离职之日前（含当日），甲方书面通知乙方缩短或取消竞业限制义务；

（2）离职后竞业限制期间内，甲方至少提前一个月通知乙方终止竞业限制。

如有多次通知，则以最近的一次通知为准。

竞业限制义务到期或终止后甲方无须再支付竞业限制补偿。

甲方无须支付提前终止竞业限制的额外补偿。

3.3　竞业限制补偿：每月竞业限制补偿金标准为乙方离职前12个月内的月平均工资的30%。

（1）计算月平均工资时，以乙方实发工资收入为准。与股权激励相关的分红、期权、股权等不计算在内。

（2）发放时间：按月发放，最晚不超过下月20日。例如乙方于2月5日离职，则支付时间不晚于3月20日。

（3）发放方式：甲方向乙方领取工资的银行卡（或双方书面确认的其他账户）内支付。如因任何原因（包括但不限于储蓄卡被注销、银行系统故障等原因）未支付成功，不视为逾期未支付，乙方不得以此为由主张不再履行竞业限制义务。此时乙方可以到甲方处领取竞业限制补偿金，或书面确认乙方名下的其他收款账户之后甲方再行发放。

3.4　在竞业限制期间内具有下列情形之一时，视为乙方违反竞业限制义务：

（1）从竞争性单位处领取任何报酬（包括但不限于以薪酬、报酬、劳务费用、分红名义），或获得旅游、实物、购物卡、消费卡、报销等好处的。

（2）在竞争性单位缴纳个人所得税、社会保险、住房公积金的。

（3）乙方关联人从竞争性单位处领取任何报酬（包括但不限于以薪酬、报酬、劳务费用、分红、报销、服务费用、购买名义）或获得旅游、实物、购物卡、消费卡、报销等好处，而乙方不能提供合理说明的。

（4）乙方不能按本协议约定向甲方说明当下工作情况或所说明情况与实际情况不符的。

（5）其他违反竞业限制义务的情形。

3.5 特别要求：

（1）如甲方提出要求，则乙方应在一周内通过电子邮件或其他书面形式向甲方说明当下的工作单位与工作情况。

（2）乙方如新入职、换工作单位、自己创业等，应在一周内主动通过电子邮件或其他书面形式向甲方说明当下的工作单位与工作情况。

3.6 无论乙方因何种原因从甲方离职，均不影响本协议约定的竞业限制义务的履行。

3.7 有下列情形之一时，甲方可通知乙方暂停支付竞业限制补偿：

（1）乙方从事竞业行为的；

（2）乙方未按本协议要求说明当下工作情况的；

（3）甲方有证据证明乙方有违反竞业限制义务的情形的。

此种情形下，乙方仍应履行竞业限制义务。在上述情形消失或乙方证明并未违反竞业限制义务后，甲方应在一个月内补发竞业限制补偿。

第4条 违约责任

4.1 乙方在职期间，如有竞业行为，均视为严重违反规章制度与劳动纪律。甲方有权同时要求乙方承担下列责任：

（1）解除劳动合同，且无须支付任何补偿；

（2）乙方从事竞业行为所获利益应归甲方所有；

（3）赔偿竞业行为给甲方造成的损失；

（4）乙方应向甲方支付违约金，违约金标准为：乙方当时12个月内月平均工资的十倍。

4.2 乙方离职后，未履行双方约定的竞业限制义务的，应向甲方支付违约金。违约金的标准为：竞业限制补偿金月标准×限制期间月份数×10。同时，乙方应将甲方在离职后支付的竞业限制补偿金全部返还甲方。

如甲方要求乙方改正违反竞业限制的行为，而乙方收到甲方通知后在一个月内仍未改正，继续从事竞业行为的，则甲方有权再次要求乙方按上款约定承担违约金。

4.3 乙方支付的违约金不足以赔偿甲方损失的，还应赔偿甲方损失。甲方损失包括但不限于甲方直接或间接的利润损失、商誉损失、业务机会损失及为制止违约行为所支付的合理费用（律师费、诉讼费、调查费用、公证费用等）。

4.4 本协议约定的违约责任是并列的，甲方可以要求乙方承担全部违约责任，同时，甲方向乙方主张其中的部分违约责任，不视为甲方放弃追究其他违约责任的权利。

第5条　通知

5.1　在职期间，就本协议相关事宜，甲方可通过劳动合同或其他文件中乙方提供的地址送达。

5.2　离职后，甲方可通过下列途径之一向乙方进行通知或送达：

（1）乙方电子邮箱：＿＿＿＿＿＿＿＿＿。

（2）通信地址：＿＿＿＿＿＿＿＿＿＿＿＿＿＿＿＿。

（3）手机短信。手机号为：＿＿＿＿＿＿。

无论乙方是否实际查阅或拒收，甲方通过上述方式之一向乙方发出通知时，即视为乙方已经查阅。如乙方联系方式变更，应立即书面告知甲方。

5.3　甲方的送达地址为：甲方办公场所。

5.4　双方同意本协议中所确认联系地址与联系方式作为有效司法送达地址。

第6条　争议解决

双方同意，与本协议有关的一切纠纷，由双方当事人协商解决，协商不成的，任何一方均应向甲方所在地有管辖权的劳动仲裁机构或人民法院提起劳动仲裁或诉讼。

第7条　附则

7.1　甲、乙双方建立的关系性质（劳动关系、劳务关系、劳务派遣关系、聘用关系等）以双方签署的其他协议为准，但无论何种关系，本协议一经签署，即发生法律效力。

7.2　本协议一式二份，甲、乙双方各执一份，具有同等法律效力。

7.3　本协议自双方签署后生效。

甲方（签章）：

本人已经详细阅读上述协议，特别是其中的违约责任、违约金条款，并同意履行上述协议。

乙方（签名确认）：

时间：　　年　月　日

十二、员工手册设计

员工手册使用说明

1.员工手册属于用人单位规章制度，相当于公司全部或部分规章制度的汇总，可一次性向员工送达用人单位规章制度。

2.法律上不要求用人单位必须以"员工手册"方式发布规章制度，用人单位也可以制定与发布单个的规章制度。

3.员工手册或单个规章制度的制定与发布都应经过"民主协商+公示告知"程序实施，并且有证据证明已被员工知晓，才能认定合法有效。

4.本手册可适用于中小用人单位，但仍应根据用人单位实际情况予以修改，且应配合程序性配套文本使用，以保证合法有效通过与实施。

5.本手册也可用于非公司类的用人单位，可将手册中的"公司"相应替换为具体单位名称。

_____有限责任公司

员工手册

前言

尊敬的员工：

您好！为健全管理制度和组织功能，规范员工行为，提升员工队伍整体素质，明确公司和员工双方的权利和义务，_____公司（以下简称"公司"）特地制定本手册。

本手册是公司对员工管理的基本准则，它介绍了公司的基本情况，解释了公司的规章制度以及其他相关规定，包括员工聘用与工作职责、工作时间与休假、考核与奖惩、薪资与福利、培训与发展、环境安全与卫生等信息，是与每一位员工在公司的工作、生活息息相关的综合性手册。

本手册可以帮助您迅速适应工作环境，请您务必仔细阅读。经常重温本手册会有助于您在公司充分发挥自己的才能并获得职业生涯的成功。本手册适用于公司全体员工，它不仅仅是一本指南或者参考，而且是公司全体员工必须严格遵守的行为规范。

本手册由公司人力资源部门编写，经过协商程序，并经公司管理层批准并实施。本手册自实施之日起替代了之前所有旧版本手册。

本手册及相应的规章制度将根据公司的生产经营情况进行不定期修订和补充，员工应及时通过电子邮件、公司办公平台查阅了解公司颁布的最新制度，并按最新的制度执行。

本手册内容如与国家或地方法律法规相违背，则以国家或地方法律、法规和规定为准。

公司人力资源部门保留本手册内容的最终解释权。

_____有限责任公司

第一章　公司介绍

一、公司简介（略）

二、公司使命（略）

三、公司发展战略（略）

四、公司文化（略）

五、公司组织机构（略）

第二章　劳动关系管理

第一条　适用范围

本制度适用于公司所有部门（包括生产、销售、财务等各部门，以下简称"各部门"），适用于所有员工（包括临时用工与长期用工，包括返聘退休人员、下岗职工或实习学生，包括全日制用工与非全日制用工、劳务派遣用工，包括城镇户口用工与农村户口用工，以下均称为"员工"）。上述人员无论是否与公司形成正式劳动关系，其招聘、入职、离职手续，均应按本制度进行办理。

第二条　风险防范

人力资源部门应提高风险防范意识，对公司所有部门的所有用工均按本制度进行有效管理，建立完善的员工档案，保留相关书面材料。各部门亦应加强用工规范化，配合人力资源部门进行劳动关系管理。

公司任何部门有任何员工入职，无论是短期用工还是长期用工，无论是农村户口用工还是城镇户口用工，部门主管均应通知人力资源部门，并通过人力资源部门办理有关入职手续。

公司任何部门的任何形式用工，在发生劳动合同到期、终止、辞职或辞退、员工私自离职等情形而导致终止用工时，部门主管均应与人力资源部门联系，并配合人力资源部门办理有关离职手续。

第三条　员工档案

人力资源部门应建立每一位员工的档案，并妥善保管。档案中应存入下列材料：

1.员工身份材料；

2.员工入职时提交的学历、学位证书，入职信息登记表，履历，专业技能证书，离职证明等；

3.劳动合同、保密协议、竞业限制协议等有关协议；

4.有关考核材料、职务变动材料、奖励或处罚材料；

5.辞职报告、解除劳动合同通知书、离职交接单、离职审批单等有关离职手续。

员工档案不同于员工人事档案，属公司所有，员工离职后亦由公司保存。人力资源部门应至少保存员工档案至员工离职后两年以上。

第四条　用人原则

公司在用人方面遵循下列原则：

一、公开招聘、择优录用的原则。公司员工在被聘用及晋升方面享有均等的机会，不会因员工的民族、种族、年龄、性别等状况以及宗教不同而给予不同的待遇。

二、德才兼备的招用原则。公司每一个工作岗位均应招聘具有良好道德素质和胜任该岗位的才能的员工。

三、计划控制原则。各部门根据公司下发的各部门设置及人员编制，于每年年底协助人力资源部门，制订下一年度本部门的人员配备需求增补计划，上报总经理批准。经总经理批准后，作为该年度人员配备增补的依据。

各部门因特殊情况需要超年度计划增减人员编制时，必须向人力资源部门提交超计划增员申请报告，经总经理批准后方可实施。

第五条　不得聘用情形

有下列情形之一者，不得聘用为本公司员工：

1.被剥夺政治权利者；

2.通缉在案未撤销者；

3.受管制、拘役、有期徒刑、无期徒刑等刑罚尚未期满者；

4.曾经被本公司开除或未经核准而擅自离职者；

5.曾因贪污、挪用公款或单位款物受刑罚者；

6.经指定医院体检不合格者；

7.患有精神病或传染病或吸用毒品者；

8.未满16周岁者；

9.外国人未办理在华用工手续者；

10.有法律法规规定的其他情形者。

第六条　招聘审批权限

审批权限 (副总以下人员任免)	权限对应职位
建议权	用人部门主管副经理、 人力资源部门负责人、总经理
确定、否决权	总经理

第七条　招聘流程

本公司各部门出现岗位空缺时，应由部门主管提出申请，经人力资源部门核准，总经理批准后，由人力资源部门根据以下流程办理聘用事宜：

1.人力资源部门根据领导招聘决策做出招聘计划和方案；

2.人力资源部门根据招聘计划和方案招募应聘者并进行初步筛选；

3.根据岗位的具体信息和重要性确定考官；

4.通过考试、面试等方式进行甄选；

5.通过体检、背景调查等方式作出聘用决策；

6.人力资源部门通知员工入职并办理入职手续。

第八条　自主招聘

实行承包责任制的部门可自主招聘，但同样应严格按公司的招聘标准进行，并在确定录用后通知人力资源部门，按照本办法规定到人力资源部门办理报到和入职手续，签订有关协议。部门不得自行与拟招聘人员签订劳动合同或其他协议，也不得向拟招聘人员发出有签字或盖章的录用通知书等文件。

第九条　录用通知

经招聘程序决定录用之人员，由人力资源部门负责通知其报到时间与地点。通知采取电话或电子邮件方式，不采取加盖公章的书面形式。

第十条　报到手续

员工在报到当天应交验下列证件：

1.学历、学位、职称、专业技能证件，身份证和户籍证明（正本核对后返还，复印件留存）；

2.本人最近一寸免冠证件照片各4张；

3.原服务单位的离职证明（解除劳动关系证明和退工单）；

4.已就业者须提交社会保险关系与住房公积金转移手续；

5.应届毕业生需提供高校就业指导中心所要求的有关证件材料；

6.通知提交的其他材料及证明。

应聘人员，未于通知时间、地点办理报到手续，视为拒绝接受本公司聘用，该通知自动失效。

第十一条　入职登记

被公司录用的员工在报到时必须亲自认真填写公司《入职信息登记表》，《入职信息登记表》包括以下资料：

1.相对固定信息：员工的姓名、性别、出生日期、国籍、民族、籍贯、血型、身份证号码或护照号码、入职本公司之前的工作经历和奖惩记录。

2.相对可变信息：手机号码、电子邮箱、联系地址、邮政编码、联系电话、教育背景、培训和进修记录、婚姻状况、家庭成员和主要社会关系及其相关信息。

3.其他入职信息登记表上要求阐明的各类事宜。

员工应确保所填写资料正确属实，并经员工本人签名确认，作为公司永久保存的员工个人聘用记录。如果员工提供不正确的或虚假的信息并与公司建立了劳动关系，公司有权单方面决定解除与其签订的劳动合同。

《入职信息登记表》中所登记的信息如果有所变动，自变更发生之日起30天内员工有责任书面通知公司人力资源部，在未收到书面通知之前，公司仍将认定原信息真实有效，由此而产生的一切后果由员工本人承担。

第十二条　领用物品

入职员工应签收领取员工手册或公司规章制度，领用有关证件及工作用具，填写办公室用品配备明细表。如无特别说明，领用的材料仍属公司所有，员工应妥善使用和保管，离职时应归还。

第十三条　入职手续

人力资源部门应在入职时办妥如下手续：

1.审核新入职员工的各类证件的原件，并复印存档；人力资源部门经过审核后，应要求员工在复印件上加注"复印件与原件一致"并由员工本人签名。

2.审阅入职员工与原单位的离职手续，并存档，必要时向员工原单位核实有关离职情况，确保不会招用未与原单位解除劳动关系的员工，必要时还应审查该员工是否与原单位存在竞业限制协议。

3.协助员工填写有关入职信息登记表。

4.协助员工签收并讲解公司规章制度，以及完成其他物品的签收手续。

5.签订有关劳动关系的书面协议，签收《员工入职告知书》。

6.如员工报到材料不全，应督促员工事后补全材料。

7.所有入职材料均应存入员工档案。

第十四条　合同签订

人力资源部门应督促所有用工在入职时签订有关协议。

全日制学校学生来公司实习应签订实习合同，已达退休年龄（男满60岁，女满55岁）的聘用员工或其他单位的下岗员工应签订聘用协议，非全日制用工应签订非全日制用工合同。

其他员工在入职前或入职时，即应与公司签订正式书面劳动合同。

劳动合同是公司与员工之间明确劳动关系的依据，一切有关劳动关系事宜的最终处理均以劳动合同为准。

第十五条　拒签处理

如果员工拒绝当场签订书面劳动合同，则应由人力资源部向其发出《签订劳动合同通知》，督促其在入职一个月内签订劳动合同。如该员工仍拒绝签订，则人力资源部门应与其办理劳动关系终止手续，终止其用工。

公司禁止无书面劳动合同的情况下超过一个月的任何形式用工，所有部门主管均应对未签订劳动合同引发的双倍工资赔偿有清醒认识，并对此保持警惕，配合人力资源部门做好劳动合同签订工作。

第十六条　劳动合同期限

劳动合同的期限有以下三种形式：有固定期限的劳动合同、无固定期限的劳动合同和以完成一定工作为期限的劳动合同。

人力资源部门应根据员工工作的实际情况，选择其中的一种形式与员工签订劳动合同，并在劳动合同中明确合同期限和相应的试用期。

第十七条　试用期

新员工被录用后，一律实行试用期。试用期具体规定如下：劳动合同期限3个月以上不满1年的，试用期为1个月；劳动合同期限1年以上不满3年的，试用期为2个月；3年以上固定期限和无固定期限的劳动合同，试用期为6个月。

以完成一定工作任务为期限的劳动合同或者劳动合同期限不满3个月的，不应约定试用期。员工已过试用期后换岗或者续签劳动合同，不应重新约定试用期。

禁止使用单独的试用期合同。

新员工试用期满前，期满15天前，人力资源部门应当询问有关部门是否决定将其转正，如果准备不予转正，则人力资源部门应组织作出试用期考核，评定其是否符合录用条件，并交由总经理审定。评定不符合录用条件的，公司可解除劳动合同，并不予支付经济补偿金。

第十八条　录用条件

录用条件包括通用条件（适合公司招聘的所有员工）与专门条件（适合各个岗位的员工）。试用期内发现或发生下列情形之一，视为不符合通用录用条件：

1.用工手续不完备的；

2.员工未完成所担任岗位的指标或者任务，或者不胜任公司安排的工作和公司规定的岗位职责的；

3.试用期内请事假及病假超过3天，或迟到及早退超过4次，或有旷工现象的；

4.员工所提供信息有弄虚作假或隐瞒的；

5.有顶撞上司的行为的；

6.试用期内与其他员工发生激烈争吵和肢体冲突的；

7.不能够提供办理录用、社会保险等所需要的证明材料的，或者不能按公司要求提供真实人事档案的；

8.患精神病或按国家法律法规应禁止工作的传染病，或身体健康条件不符合工作岗位要求的；

9.与原用人单位未依法解除、终止劳动关系的；

10.与原用人单位存在竞业限制约定且在竞业限制范围之内的；

11.试用期内被通缉或被取保候审、监视居住的；

12.入职后不同意购买社会保险或者不按甲方制定的劳动合同版本签订劳动合同的；

13.隐瞒曾经受过法律处罚或者纪律处分的事实的；

14.试用期考核得分不满60分的。

第十九条　新员工培训

试用人员应接受新员工培训。新员工培训由人力资源部门与用人部门共同组织实施。

第二十条　工作内容

员工的工作内容及要求以劳动合同和公司规章制度为准。

员工在工作时应全身心地投入工作，应按公司的工作要求和考核目标，按时、按质、按量地完成其工作内容，并力争达到最佳工作表现。

部门经理或者员工的直接上级有责任向员工解释其工作范围、责任及要求。员工有权向所属部门经理或者上级清楚地了解其工作范围、责任及要求。

第二十一条　调岗

各部门主管应按其直接管辖人员的个性、知识、技能等因素，调配适当工作，以做到人职匹配、人尽其才、才尽其用。员工也可以根据公司人力资源部门公布的空缺职位申请调动。

公司将视员工在本岗位的工作年限及工作表现来决定是否同意员工的转岗申请。一般情况下，新员工在试用期内不得申请调职。员工转岗必须报人力资源部门，由人力资源部门核准，公司最高管理层批准生效，并由人力资源部门出具调岗通知书。

员工接到调岗通知书后，管理人员应于7日内、一般员工应于5日内办妥移交手续，前往新岗位报到，具体报到时间以通知为准。在接任者到职前，调任员工所任职务由原属主管指派适合人选暂行代理。

当出现下列情况之一时，公司可调整员工岗位：

1.连续两个月无法完成月业绩指标的。

2.因公司项目撤销或完成、机构调整、部门撤销、岗位合并、设备更新等，导致不能安排原岗位工作的。

3.员工不论何种原因连续30天以上未到岗上班，公司已安排其他员工替换员工原岗位，员工重新到岗上班的。

4.员工的父母、配偶、子女、兄弟姐妹在公司工作，公司认为不利于工作需要调岗的。

5.订立劳动合同时所依据的法律、行政法规、行政规章发生变化，导致必须进行岗位调整的。

6.根据员工的工作表现、身体状况以及甲方生产经营的需要等情况，需要调岗的。

调岗后，相应的薪资级别也将随岗位的变化而变化。

第二十二条 劳动合同的变更

经公司和员工双方协商一致可以变更劳动合同条款，并签订书面《岗位补充协议》，此协议作为双方劳动合同的附件附于合同之后。

经公司审批与员工签字认可的调薪调岗通知，可以等同于书面的劳动合同变更协议。

第二十三条 劳动合同的终止

出现下列情形之一，劳动合同终止：

1.劳动合同期满不再续签的；

2.员工已达退休年龄或开始享受基本养老保险待遇的；

3.员工死亡，或者被人民法院宣告死亡，或者宣告失踪的；

4.公司被依法宣告破产的；

5.公司解散、被吊销营业执照或者责令关闭的。

第二十四条 劳动合同到期

劳动合同到期30天前，人力资源部门应征询相关部门及公司领导意见，确定是否续签劳动合同，并在劳动合同到期20日前书面通知员工合同终止或续签。续签的，应于劳动合同终止前办妥续签劳动合同有关手续。

禁止在劳动合同到期后不办理续签手续，继续用工。各部门应配合人力资源部门办理续签手续。

第二十五条 协商解除劳动合同

经公司和员工双方协商一致，可解除劳动合同。

第二十六条 员工过错时解除

员工出现下列情况之一时，公司可以即时解除劳动合同且无须给予员工任何经济补偿：

1.在试用期间被证明不符合录用条件的；

2.严重违反公司规章制度的；

3.严重失职，营私舞弊，给公司造成2000元以上损失的；

4.员工同时与其他用人单位建立劳动关系，对完成公司的工作造成严重影响，或者经公司提出，拒不改正的；

5.以虚假信息、履历或其他欺诈、胁迫的手段，使公司在违背真实意思的情况下订立或者变更劳动合同的；

6.被依法追究刑事责任的。

员工未办理任何请假或离职手续不再上班，以旷工处理，在构成严重违反公司规章制度的条件下，公司应以严重违反公司规章为由通知其解除劳动关系。

第二十七条　员工无过错时解除

有下列情况之一的，公司可以提前30天以书面形式通知员工本人或者额外再支付1个月工资后，解除劳动合同：

1.员工患病或非因工负伤，医疗期满后不能从事原工作，也不能从事由公司另行安排的工作的；

2.员工不胜任工作，经过培训或调整工作岗位，仍不能胜任工作的；

3.劳动合同订立时所依据的客观情况发生重大变化（包括但不限于因公司项目撤销或完成、机构调整、部门撤销、岗位合并、设备更新导致人员编制与岗位调整），致使无法履行本合同，经双方协商不能就变更合同达成协议的。

第二十八条　经济性裁员

有下列情况之一的，公司需要裁减人员20人以上或者裁减不足20人但占据公司员工总数百分之十以上的，公司提前30日向工会或者全体员工说明情况，听取工会或者员工的意见，并向劳动保障行政部门报告后，可以裁减人员：

1.依照《企业破产法》的规定进行重整的；

2.生产经营发生严重困难的；

3.企业转产、重大技术革新或者经营方式调整，经变更劳动合同后，仍然需裁减人员的；

4.其他因劳动合同订立时所依据的客观经济情况发生重大变化，致使劳动合同无法履行的。

第二十九条　员工辞职

员工提前30日以书面形式通知人力资源部门，可以解除劳动合同，但双方有服务期约定的除外。

第三十条　员工离职流程

离职事由出现→人力资源部门与员工部门领导组织离职面谈→人力资源部门就违约金、经济补偿金、工资结算、竞业限制等相关事宜与员工沟通并达成初步一致→员工填写人力资源部门制作的《离职审批表》报公司领导批示→人力资源部门与员工签署有关文件→员工按《离职交接单》办理离职手续→人力资源部门出具《解除/终止劳动合同证明书》及声明，并办理有关档案与社保转移手续。

所有员工的离职均应经过总经理审阅。

第三十一条　离职面谈

部门领导及人力资源部门应与离职员工谈话，谈话应包括下列内容：

1.了解员工辞职缘由；

2.回答员工可能有的问题；

3.征求对公司的评价及建议。

对离职谈话内容应做详细记录，经员工和谈话人共同签字，并存入员工档案。

人力资源部门应定期对员工离职原因进行统计分析，并撰写相关报告交公司最高管理层参考。

第三十二条　离职手续

离职员工都应当按照《离职交接单》及相关要求，认真进行工作移交，向相关部门归还属于公司的财物。

相关部门（车间或班组）负责人，应当认真查验离职员工归还的财物或者相关资料。发现问题应当及时向离职员工指出，并认真做好记录；重大问题需及时报告公司领导。

离职员工未按照规定进行工作移交和财物归还的，或者在移交或归还中发现已给公司造成损失的，公司可要求该员工进行合理的赔偿。由公司从该离职员工的结算工资中扣除，若无结算工资的，该员工应当以现金一次性赔偿给公司，公司应出具相关收据。员工拒不赔偿的，公司可通过法律途径追索。

离职员工移交或者归还财物和相关资料无误，相关部门车间或班级负责人应在《离职交接单》相关位置签名确认。

办理员工辞职事宜以保密方式处理，并保持工作连贯、顺利进行。

第三十三条　移交物品

辞职员工应移交的物品包括但不限于下列物品：

1.公司的文件资料、电脑磁片；

2.公司的项目资料、客户资料；

3.公司价值在30元以上的办公用品；

4.公司工作证、名片、识别证、钥匙；

5.辞职员工负责的电脑设备、电话等；

6.其他属于公司的财物。

第三十四条 款项结算

办妥有关交接手续后,辞职员工可到公司财务部门结算下列款项:

1.工资;2.应付未付的奖金、佣金;3.其他依法应向员工支付的款项。

结算上述款项时须扣除以下项目:1.员工拖欠未付的公司借款、罚金;2.员工未依规定办理交接手续的赔偿金;3.员工因其他违反劳动合同约定或规章制度规定而应承担的对公司的赔偿金;4.原承诺培训服务期未满的违约金。

第三十五条 离职文件

在任何员工离职时,人力资源部门均应督促办理下列书面手续,具体包括:

1.员工自动辞职的,应有书面辞职申请及离职协议。

2.双方协商解除的,应有书面解除劳动合同协议书。

3.公司单方面解除的,应有员工签收《解除劳动合同通知书》的书面记录。如果员工私自离职或有其他下落不明的情况,应邮寄送达员工认可的通信地址,且保留邮寄回执(回执上应写明送达文件为《解除劳动合同通知书》)存入员工档案。

4.劳动合同到期终止的,人力资源部门应提前30日书面通知员工,并保留员工签收通知的书面记录。

上述书面文件均应存入员工档案。

第三十六条 公司任何部门发生任何形式的用工终止事宜(包括员工私自离职或下落不明)时,均应由部门主管及时通知人力资源部门,并配合人力资源部门办妥有关离职手续。

人力资源部门应审查离职风险,确保有关手续完备。人力资源部门应尽量使用员工主动离职以及协商一致离职的方法。

全体公司员工均有义务配合人力资源部门及相关部门办理有关离职手续。

第三章 员工行为规范

第三十七条 行为准则

员工在工作中应当遵守以下行为准则:

1.严格遵守公司一切规章制度及工作守则;

2.工作中尽忠职守,服从领导,团结同事,保守业务秘密;

3.平时爱护公司财物,不浪费,公私分明;

4.不做任何有损公司声誉的行为。

第三十八条　行为细则

员工务必仔细阅读以下行为细则并严格遵守：

1.员工应按规定时间上下班，不得无故迟到、早退；

2.员工在工作时间内不得随意离开工作岗位，如需离开应向主管请示；

3.员工在工作时间内，未经核准不可接见亲友或与来宾谈话，如确实因重要原因必须会客，应经主管人员核准，在指定时间、指定地点进行；

4.员工每天应注意保护自身和同事的安全与健康，维持作业、办公等区域的清洁和秩序；

5.员工不得携带违禁品、危险品或者与工作无关的物品进入工作场所；

6.员工不得私自携带公物离开公司，如因工作原因确需携带，须征得主管人员的同意；

7.员工在工作时应尽忠职守，服从上级安排，听从上级的工作批示和指导；

8.员工对工作的汇报应遵循逐级向上报告的原则，不宜越级呈报，但紧要或特殊情况不在此限；

9.员工在工作时间应全神贯注，努力提高工作效率，严禁看与工作无关的书籍、报刊；

10.员工在上班时间内禁止打电话聊天、上网聊天、玩游戏、看电影、听音乐、吃零食或做其他一切与工作无关的事情；

11.员工不得在办公场所大声喧哗，打电话时应尽量不影响其他人工作；

12.同事之间应通力合作，同舟共济，不得吵闹、斗殴，不得闲谈甚至串岗聊天，搬弄是非，以维护正常的工作秩序；

13.员工无论在上班或休息时间都应尊重其他同事，未经许可不得翻阅或挪用他人的物品和文件（特殊工作、紧急情况除外）；

14.未经主管或部门负责人允许，员工不得进入财务室、质量管理室、仓库及其他重地；

15.员工不得经营与本公司类似及职务上有关联的业务，或兼任其他同业企业的职务；

16.员工应严格遵守公司的制度规定、办事程序，绝不泄露公司的机密；

17.员工不得借职务之便，贪污舞弊，接受招待，或以公司名义在外招摇撞骗；

18.员工不得打听同事的考绩结果和薪酬收入；

19.员工应爱惜并节约使用公司的一切财物。

第三十九条　着装

有公司统一制服的，上班时间应着统一制服；无统一制服的，着装应相对正式，不得太花哨或太透太露。

男士不得穿背心、无领衫、沙滩裤、凉鞋或拖鞋上班。女士不得穿背心、吊带装、无袖衫、超短裙、休闲短裤或拖鞋上班。

第四十条　员工礼仪

员工应遵守通常公共场合之礼仪规范。

员工接听外部电话时，应用普通话主动应答："您好，某某公司……"

员工在处理对外事务中，应用普通话，使用"您好、欢迎、请、谢谢、对不起、再见、请走好"等礼貌用语。

对来访的任何客人，每个员工都有接待之责，都必须用主动热情的态度做好接待或解释工作，无论何种原因，都不得与外来客人大声争吵，影响工作秩序。遇到委屈之事，应采取暂时回避方式，并通过正常渠道向上反映。

第四十一条　防盗意识

员工下班时，必须关闭其所使用的电器和门窗，锁好抽屉，以防有关文件及其他物品遗失或被盗。公司不提倡员工将贵重的私人物品、钱财带入公司，以免发生不必要的麻烦。

第四章　工作时间与休假

第四十二条　工作时间

非实行特殊工时制的岗位，按每周工作五天（周一至周五）、每天工作八小时的标准工时制执行，具体作息时间为：

工作时间：9：00至12：00，13：00至18：00。

午休时间：12：00至13：00。

一般情况下，周六、周日为正常公休时间。工作时间由公司根据需要决定，如果工作时间有改变，公司需提前通知员工。

第四十三条　考勤制度

公司员工一律实行上班打卡制，员工上下班均需打卡考勤一次。打卡必须由本人亲自操作，不得代打卡。

在规定时间未打卡，视为迟到；超过30分钟，视为旷工。未经许可在18：00以前离开，视为早退；早退超过30分钟，视为旷工。

有正当理由且经核实者，或因公外出者，不按迟到、早退或旷工处理。

迟到或早退者，每次扣罚工资50元；旷工者，每次（一天为一次）扣罚工资200元。

同时，还应按公司奖惩办法进行处理。

公司依照法律或规章制度或劳动合同，对员工岗位进行调整，而员工拒绝上任的，按旷工处理。

第四十四条 休息日

因工作需要，公司可将正常工作日与公休日调换，员工应予服从。如果员工未履行请假手续而无故不上班，作旷工处理。

因工作需要，公司安排员工在休息日工作，公司可先行安排补休，员工应当服从公司的补休安排；如无法安排补休，公司按2倍工资支付报酬。

第四十五条 法定节假日

员工依法享受国家法定节假日，共计11天，具体如下：

1.新年（元旦）：放假1天（1月1日）；

2.农历新年（春节）：放假3天（农历除夕、正月初一和初二）；

3.清明节：放假1天（农历清明当日）；

4.国际劳动节：放假1天（5月1日）；

5.端午节：放假1天（农历端午当日）；

6.中秋节：放假1天（农历中秋当日）；

7.国庆节：放假3天（10月1日、2日、3日）。

对因工作需要，由公司安排在上述节假日工作的员工，公司按3倍工资支付报酬。由公司安排在上述节假日负责与工作无关的值班的，不按加班处理，公司支付一定金额的值班补贴费。

在工作允许的前提下，女性员工在妇女节（3月8日）、青年员工在青年节（5月4日）可放假半天。如因工作原因不能放假，不按加班处理。如果上述节假日恰逢休息日，不安排补休。

第四十六条 病假

员工因病不能上班，应持合法医疗机构开具的证明，并提前向所在部门主管履行请假手续，以便公司调整和安排工作。其中急症病假，应当在该日上班后两小时内用电话通知部门主管或者委托他人向部门主管请假，说明情况，并在正常上班后第一天当日内持有效证件材料补办请假手续。

员工自称病假，但在事前或事后均不提交有效病假证明的，缺勤当日按旷工处理。员工制造虚假病假证明或者通过欺诈、威胁、利诱等不当手段骗取病假证明的，缺勤当日按旷工处理。同时，应按公司奖惩办法处理。

病假可用法定年休假来冲抵，公司按正常出勤考勤，不计算在医疗期内。

病假期间，公司按最低工资标准的80%支付工资。

第四十七条　事假

员工有事需请假时，需先使用法定年休假。在用完年休假后，因有重要私事仍需请假的，可申请事假。任何原因的事假最多不能连续超过7天，全年累计不能超过10天，否则将不被批准。事假期间的工资要扣除，年终奖也按比例扣除。试用期内的员工，一般不得请事假。

以下特殊情况特殊处理：

1.员工因本人违反法律、法规的规定被拘留或收容的时间，按"事假"处理。

2.员工因涉嫌犯罪被公安、司法部门审查的时间，按"事假"处理。被认定有罪的，公司可予以辞退；被认定无罪的，由员工本人依据《国家赔偿法》向有关部门索赔。

3.员工在公司以外受他人侵害或在公司以内非工作场所被他人侵害而缺勤的时间，也作"事假"考勤。受害员工的损失由其本人通过民事诉讼追索侵害人赔偿责任。

事假期间无工资。

第四十八条　年休假

员工在本公司工作满1年后，可依法享受带薪年休假。但依法不享受年休假的情形除外。

年休假与员工累计工龄挂钩。累计工龄满1年不足10年的，年休假为5天；累计工龄满10年不足20年的，年休假为10天；累计工龄满20年的，年休假为15天。

公司将根据生产的具体情况，并考虑员工意愿，统筹安排年休假。根据本公司生产工作的特点，公司可跨年度安排年休假。公司安排员工休年休假而员工自愿上班的，员工应出具书面声明，否则应按公司安排休年休假，或按已休年休假处理。

员工应提供有关工龄的证明，包括社会保险缴费记录、档案记录等，否则公司将依据员工在本公司的工作年限确定年休假天数。

员工提出辞职，辞职前尚未休完当年年休假的，公司不对其未休年休假进行补偿。

员工请事假时，公司有权优先安排年休假。

第四十九条　请假程序

员工请假的项目包括：病假、事假、婚假、产假、法定年休假。

除有特别规定外，员工应当至少提前一个工作日申请各类假期，填写请假单，并附上有关证明，经批准，办妥有关手续后方可享受相关假期，否则以旷工处理。

员工因突发事件未能按照上述手续事先请假，则应在当日上班后2小时内用电话通知部门主管，说明请假理由，经批准后方为有效。然后在上班后当日内补办请假手续，否则视为旷工。

下列情形亦按旷工处理：

1.休假超期而未另行办理请假手续的；

2.以欺骗方式取得批假的。

未经批准，强行或擅自休假的作旷工处理。达到可以辞退条件的，公司可予以辞退。

第五章　薪酬管理

第五十条　薪酬构成

员工的薪酬由五部分组成：

1.岗位基本工资，实行以岗定薪，以员工的学历、经验、技能及其工作性质予以确定，每月固定发放。

2.绩效工资，与绩效考核挂钩。

3.效益奖金，根据公司经济效益浮动发放。

4.计件或提成工资，根据计件或提成办法发放。

5.年终奖，由公司依据取得的实际经济效益决定发放标准。在实际计发时，结合员工全年实际出勤率和考核结果确定。

6.在发放年终奖金前的本年度内任何时候，本人辞职或者因故被公司解除劳动合同的，均不可享受公司当年发放的年终奖。

每一位员工的具体工资构成，不必然包括上述项目，应以劳动合同为准。

第五十一条　工资发放

公司严格执行国家和本市规定的最低工资标准。只要员工在当月提供了正常劳动，其当月应得最低工资不低于本市公布的当年员工最低工资标准。但因员工本人请假、视同事假、旷工等个人原因被扣发工资的，其当月工资收入不受最低工资标准保护。

员工应在每月薪酬发放当日，或之后10个工作日内到人力资源部门领取并签收当月工资单。如有异议，应及时到人力资源部门进行查询。逾期未领取工资单或在上述10个工作日中未提出异议的，视作放弃领取工资单，并认可所收到的薪资。若公司薪资计算有误，多支付给员工，公司可在下期的薪资发放中直接作相应扣减，并在工资清单上明确告知员工。

第五十二条　加班

公司不鼓励员工加班，各岗位所安排的工作任务，均可在正常工作时间内完成。

员工如需延长工作时间，应填写加班审批单，并得到部门主管的同意，否则不视为加班，公司将不予以支付加班工资。仅打卡下班时间超过了规定时间，不视为加班。

实行不定时工时制的岗位员工，公司已在其职位工资标准中考虑了其工作时间的不确定性（即增加了工资数额），故此类员工不再享受加班加点工资待遇。

第五十三条　出差费用

出差员工应对其出差可能产生的费用做出预算，经由部门主管初审，呈请总经理核准后，由出差员工至公司财务部门预支出差款。各项出差费用标准如下：

1. 交通费：在出差途中以及出差期间，员工应根据业务需要选择最为经济实惠而又切实可行的交通工具。

2. 住宿费：部门经理以上的员工每晚房费应不超过500元，其他员工每晚房费不应超过200元。

员工在酒店入住期间，公司仅承担基本的每日房费。其他酒店内的额外支出，例如房间内收费食品和饮料，均由员本人承担。

3. 餐费：通常情况下依据不同的城市或地区来选择餐费标准，即国内出差日餐费为30—50元/餐。

4. 招待费：员工在出差期间因业务需要而发生的商务应酬的开支，可与差旅费一起实报实销。

招待费支出应事先得到批准。招待费的报销必须提供所有参加招待者的姓名与身份证号。

员工出差回来后3个工作日内，根据出差实际发生的费用，凭真实有效发票实报实销。负责出差批示的部门主管应负责审核每一项差旅开支是否必要、合理，然后再考虑是否批准。员工凭部门主管签字的发票，填制《出差报销单》，至财务部门办理报销业务。

第六章　绩效考核

第五十四条　绩效管理

工作绩效是指员工在工作岗位上的工作行为表现与工作结果，体现员工对组织的贡献与价值大小。

绩效管理是指管理者与员工之间在工作目标与如何实现该目标上达成共识的过程，以及推进员工成功地达到目标的管理方法和促进员工取得优异绩效的管理过程。绩效管理的目的在于提高员工的能力和素质，改进并提高公司绩效水平。

第五十五条　考核方法

考核工作必须以客观事实、行为和数据为依据，以公平、公正、公开的态度进行，确保考核评估的客观、合理和有效。

考核将根据员工的出勤情况、工作态度、工作技能、完成工作任务的情况以及奖惩情况做出，客观评价与主观评价相结合，主观评价以同事评价、上级评价为主。

公司可按月、季度、年进行考核，并可根据绩效管理的需要不定时地开展考核工作。

第五十六条　考核结果

考核满分为100分，得分低于60分者，将被视为不胜任工作，公司将安排其调整岗位或培训。调岗或培训后仍不胜任工作者，公司将依法解除劳动关系。

公司将另行制定绩效工资计发办法，将绩效工资与考核得分挂钩。

公司将以考核结果作为调整岗位、晋升员工、续签劳动合同的主要依据。

第五十七条　不胜任工作

员工出现下列情形之一，将被认为属于不胜任工作：

1.绩效考核得分低于60分的；

2.一个月内在本职工作中连续出现两次以上错误，而该错误一般可以避免的；

3.未完成工作任务，而该工作任务同岗位大部分员工均可完成的；

4.其他表明员工不胜任本职工作的情况。

第七章　知识产权和保密义务

第五十八条　知识产权

员工的职务发明或职务作品，或在业余时间，利用公司提供的资金、技术、信息或其他条件完成的有关新产品开发研制的产品、论文、图纸、稿件、书籍、专利等知识产权都属于公司所有。员工无权占有，无权对外提供。

在员工与公司终止或解除劳动合同、因其他原因离开公司后，员工应向公司交还公司的技术文档、备忘录、客户名单、财务报表或推销资料等，且不得在其他场合传播和使用。

第五十九条　保密义务

由于竞争的存在以及员工对公司的责任，公司任何员工都不应将有关公司的任何情报泄露给任何人（公司授权者除外）。对于工资、其他工作伙伴的信息、公司的财务数据、人事政策等，员工都有义务保密。这既是一种良好的工作作风，也是对别人尊重的首要表现。这种保密的义务，不仅限于员工在公司工作期间，在员工离开公司后，也应承担这种义务。

第六十条　保密范围

公司商业机密和保密资料如下表：

经营信息	公司重大决策中的秘密事项
	公司尚未付诸实施的经营战略、经营方向、经营规划、经营项目及经营决策
	公司内部掌握的合同、协议、意向书及可行性报告、主要会议记录
市场信息	供销情报及客户档案
	市场及销售的预测、计划及其他信息
	公司所掌握的尚未进入市场或尚未公开的各类信息
财务信息	公司财务预决算报告及各类财务报表、统计报表
	公司的资金筹措渠道和银行借贷情况
人事信息	公司人力资源管理制度和规划等
	公司职员人事档案、工资、劳务性收入等资料

第六十一条　保密措施

对于公司的商业机密和保密资料，公司采取的保密措施如下：

1.属于公司商业机密和保密资料的相关文件、资料和其他物品的制作、收发、传递、使用、复制、摘抄、保存和销毁，由专人负责执行；

2.公司的商业机密和保密资料应在完善的保险装置中保存，由专人负责执行；

3.未经总经理或主管副总经理批准，不得复制和摘抄；

4.收发、传递和外出携带，由指定人员负责，并采取必要的安全措施；

5.属于公司秘密的设备或产品的研制、使用、保存、维修、销毁，由公司指定专门部门负责执行，并采用相应的保密措施；

6.当公司外部的人员或机构向员工要求提供有关资料，对于其中涉及商业机密和保密资料的部分，一般情况下员工应告知无授权并拒绝提供。在对外交往与合作中确需提供公司秘密事项的，应当事先经总经理批准；

7.不准在私人交往和通信中泄露公司秘密，不准在公共场所谈论公司秘密，不准通过其他方式传递公司秘密；

8.员工发现公司秘密已经泄露或者可能泄露时，应当立即采取补救措施并及时报告公司；

9.若员工对信息的保密程度无法确定，可先视其为保密信息直至被有关部门确定为可以对外透露的信息。

第八章　员工档案

第六十二条　人事档案

人事档案是指员工在进入公司工作前，由国家事业单位、机关、学校或企业办理的个人历史记录材料。基于以下原因，公司可以要求员工将人事档案转入公司：

1.人事档案转入公司属全职员工，享受全职员工有关待遇。

2.公司为员工安排养老保险、失业保险、医疗保险、工伤保险等相关事宜。

3.公司为员工出国接受培训做政审、护照及提供有关的担保和材料。

4.为保障员工和公司双方的利益。

公司要求员工将人事档案转入公司的，员工应在被录用后1个月内将人事档案转至本公司或公司指定的档案管理机构。

第六十三条　工作档案

在员工进入本公司后，由公司人力资源部门负责建立和保管员工的工作档案，其主要内容包括：劳动合同、培训合同、个人资料表、升迁记录、工资福利、表彰及处分记录等。

本档案归公司所有，当员工离职后，此档案留存于本公司。

第六十四条　离职档案办理

员工应当自离职生效之日起15天内将本人档案从公司转出，转入新单位、人力资源交流中心、劳务市场或退回街道等。

员工过期不到公司人力资源部门办理档案转出手续的，本人须承担档案的保存费。

公司自员工离职生效之日起将不负责为员工支付任何保险及出具任何与调动档案无关的证明。

第九章　附则

第六十五条　说明

本手册所称"以上""以下"，均包括本数；"不满"不包括本数。

本手册属内部资料，请员工注意妥善保存，如若不慎遗失，请及时向公司人力资源部门申报、补领并补交相应的工本费。员工在离职时，要将此手册主动交还公司人力资源部门。

本员工手册作为劳动合同的附件，与劳动合同具有同等效力。对本手册内容，如有不甚详尽或有使员工感到疑惑之处，请随时向人力资源部门咨询，以确保理解无误。

本手册如需修正，公司将向员工提供最新修正本，并回收旧手册以防混淆。本手册的修改权和解释权归属于公司人力资源部门。

本手册未尽事宜，均按有关法律、法规和本公司相关规章制度处理。国务院、地方政府或本公司新颁布的法律、政策与本手册相悖时，以前者为准。

第六十六条 生效

本手册已经民主协商程序，并经总经理批准，于_____年____月____日起执行。

_____有限公司

十三、调岗调薪通知书设计

_____有限公司

调岗调薪通知书

姓名			编号		
原任	部门：		调任	部门：	
	职务：			职务：	
	工资：			工资：	
	职务补贴：			职务补贴：	
	兼职：			兼职：	
相关说明					
到新岗位报到时间： 年 月 日					

批示	调出部门意见	调入部门意见	人力资源部意见	分管领导意见
本人意见			签名： 年 月 日	

调岗调薪通知书使用说明：

一、调岗调薪通知书用于证明用人单位已经将调岗调薪决定送达员工，用人单位未将调岗调薪决定送达员工的，决定不发生效力。

二、员工本人意见处填写"本人同意变更劳动合同，对工作内容、岗位和工资作上述变更，将按时赴新岗位工作，认真完成新工作岗位上的任务"。必须确保系员工本人签字，最好现场监督签字，否则可能存在员工找人代签的情形。

十四、通用奖罚制度设计

＿＿＿＿＿＿＿＿＿＿有限责任公司

奖惩制度

1.为加强公司管理，教育员工遵守国家法律法规，遵守社会公德、职业道德以及公司各项规章制度，维护正常工作程序，保障公司各项制度的执行，促进全体员工奋发上进，根据国家有关规定，并结合公司实际情况，制定本奖惩制度。

2.奖惩制度的原则：

2.1 有章可依，有章必依，违章必惩，奖惩严明，赏罚有度；

2.2 精神鼓励与物质鼓励相结合，教育与惩罚相结合。

3.本公司员工之奖励分为下述五种：

（1）嘉奖；（2）记功；（3）晋级；（4）奖金；（5）特别奖励。

3.1 员工具有下列情况之一，可予嘉奖：

3.1.1 品德优良，技术超群，工作认真，恪尽职守的：

3.1.2 领导有方，工作拓展有相当成效的；

3.1.3 品行端正，遵守规章，服从领导，堪为全体员工楷模的：

3.1.4 厉行节约，或利用废料有显著成绩的；

3.1.5 工作积极、忠于职守、遵纪守法、文明礼貌、模范执行公司各项规章制度，全年未出现事故的。

3.2 员工有下述情况之一，可酌予记功：

3.2.1 超额完成公司利润计划指标，经济效益显著的；

3.2.2 积极向公司提出合理化建议，其建议被公司采纳的；

3.2.3 敢于制止、揭发各种侵害公司利益之行为的；

3.2.4　执行临时紧急任务能依限完成的；

3.2.5　维护公司利益和荣誉，保护公司财产，防止事故与挽回经济损失有功的；

3.2.6　维护公司的规章制度，对各种违纪行为敢于制止、批评、揭发的；

3.2.7　对社会作出贡献，使公司获得社会荣誉的；

3.2.8　具有其他功绩，总经理认为应给予奖励的。

3.3　员工有下述情况之一，可酌予晋级：

3.3.1　对主办业务有重大革新，提出具体方案，经实行确有成效的；

3.3.2　办理重要业务成绩特优，产生重大利润或有特殊成绩的；

3.3.3　适时消灭意外事件或重大变故，使公司免遭损害的；

3.3.4　在恶劣环境下，不顾个人危险恪尽职守的；

3.3.5　总经理认为应给予晋级的。

3.4　公司员工具有上述各项情况并取得相应奖励时，经公司经理办公会议批准，可单独或同时给予100—1000元奖金。

3.5　特别奖励，由总经理根据员工的功绩确定。

4.奖励实施

4.1　员工一年内累计获嘉奖3次等于记功1次，累计记功3次可奖励晋级一档工资。

4.2　员工的奖励，由员工所在部门或主管领导向公司人力资源部门推荐，并按人事管理权限审核批准，由人力资源部门落实。

4.3　实绩突出的员工除给予奖励外，公司还将在学习、休假等方面给予优先考虑。

5.本公司之处分有下述几种：

警告、记过、解除劳动关系，并配合扣款措施。

5.1　员工有下列情形之一的，给予警告处分，并从工资中扣款五十元：

5.1.1　工作上消极怠工的；

5.1.2　因工作失误导致过失，情节轻微的；

5.1.3　不服从上级安排或指示的（初次）；

5.1.4　代人刷卡或委托他人刷卡的（初次）；

5.1.5　工作时间内短期（10分钟内）无故脱离工作岗位，未造成严重后果的；

5.1.6　浪费公物，情节轻微的；

5.1.7　在公司随地吐痰、乱扔烟头或其他废弃物的；

5.1.8 利用公司车辆办理私人事务的；

5.1.9 值班、检查、管理或监督人员管理疏忽及不认真履行职务的；

5.1.10 出入厂区时拒绝管理人员检查、询问的；

5.1.11 未遵守就餐时间及餐厅秩序的；

5.1.12 品行不端正、谩骂或辱骂他人的；

5.1.13 工作场所喧哗、嬉戏、吵闹，妨害他人工作的；

5.1.14 不按公司规定着装及穿戴劳保用品的；

5.1.15 个人发型不符合公司规定的；

5.1.16 拒绝公司因工作需要为其安排的健康体检的；

5.1.17 指定受培训人员无故不参加培训学习的；

5.1.18 未经组织者批准不参加公司、部门或班组会议的；

5.1.19 在公司组织的会议、活动中不遵守秩序的；

5.1.20 妨害现场工作秩序或违反安全生产规定的；

5.1.21 不履行请假手续而缺勤的；

5.1.22 不按照公司规定使用浴室、足球场、篮球场、体育器材及各种生活、体育设施的；

5.1.23 一个月内（从第一次发生之日计算）迟到、早退、不按时到岗累计3次以上的，旷工1天的；

5.1.24 其他有上述类似行为的。

5.2 员工有下列情形之一的，给予记过处分，并从工资中扣款二百元：

（1）对上级指示或有期限之命令，无正当理由未如期完成的；

（2）工作上消极怠工，情节较为严重的；

（3）在公司规定的禁烟区内吸烟的；

（4）工作时间内无故脱岗超过10分钟以上的，或者虽未超过10分钟，但造成一定影响或损失的；

（5）在工作时间内从事与本职工作无关活动（包含玩手机或电脑游戏，看电影、小说，听音乐等）的；

（6）未经许可擅自带外人进入公司的；

（7）值班、检查、管理或监督人员管理疏忽或未认真履行职务，影响较轻的；

（8）因工作疏忽或失误，导致机器设备或物品遭受损害，或对本人、他人造成伤害的；

（9）违反安全生产管理操作流程、规定，对本人或他人造成人身伤害的；

（10）利用职务之便谋取私利（投机取巧），情节较轻的；

（11）携带危险物品进入公司的；

（12）中伤、挑拨、诽谤同事的；

（13）未做好上下班次交接工作的；

（14）累计旷工两日的；

（15）代替他人刷卡或委托他人刷卡，超过（并包括）两次的；

（16）一个月内（从第一次迟到、早退、不按时到岗之日计算）迟到、早退、不按时到岗累计5次（含5次）以上的；

（17）擅离职守导致发生事故使公司蒙受损失，情节较轻的；

（18）泄露生产经营或业务上机密，影响较轻的；

（19）遗失所管之重要文件、机件、物件或工具的；

（20）恶意撕毁公文或公告文件的（初次）；

（21）其他被公司认定为具备上述类似行为的。

5.3　员工有下列情况之一的，属于严重违反规章制度与劳动纪律，公司可解除劳动关系并不支付任何经济补偿金：

5.3.1　有以下利用职务便利谋取私利或未经许可从事和公司利益关联的行为之一的：

a.收受他人或其他公司贿赂、以不正当手段谋取私利（包含回扣等）的；

b.私自占用公司财物或擅自将公司财物授予他人的；

c.贪污、挪用公款的；

d.通过虚假发票或与实际用途不符的发票报销的。

上述行为，均无论金额大小，且无论是否已经实际取得利益。

5.3.2　有扰乱公司秩序或破坏工作风气的行为的：

a.工作时间内睡觉，情节严重的；

b.公司内玩牌、赌博的；

c.工作时间内在公司饮酒或酗酒后上班的；

d.工作时间内无故脱岗超过30分钟以上的，或脱岗影响工作的；

e.在工作场所及工作时间内利用公司材料或设备制造私人物品的；

f. 以暴力威胁、恐吓他人或严重侮辱、攻击、诋毁他人的；

g. 打架斗殴的，无论起因为何；

h. 寻衅滋事、聚众结伙或指使公司外人员到公司闹事的；

i. 对上级指示不执行或延误执行，情节严重的；

j. 拒不接受公司工作调派或命令，经教育后仍不悔改的；

k. 工作态度恶劣，经教育后仍不改正的；

l. 张贴或散发传单、图片，或本人参与、教唆、怂恿他人停工、怠工的；

m. 盗窃公司或他人财物的；

n. 故意损毁公司公文、重要文件或损毁公司印章的；

o. 过失或故意损坏公司财产、设备、器材、材料，或泄露公司机密，造成公司损失金额达5000元以上的。

5.3.3　有违反国家相关法律法规的行为的：

a. 因违法被拘留的；

b. 被追究刑事责任的；

c. 吸食毒品（含麻醉剂等）的；

d. 隐瞒传染病或其他病史，危害其他员工健康的；

e. 参加非法组织、游行示威、集会，经劝告仍不悔改的；

f. 违反法律法规，影响公司名誉的。

5.3.4　有违反公司安全管理行为的：

a. 在公司禁烟区域内吸烟，造成任何安全事故的；

b. 未经许可携带危险或违禁物品进入公司，经劝说后仍不改正的；

c. 出入公司拒不接受检查，经教育后仍不改正的；

d. 损坏、占用、挪动公司安全管理设施（含消防设施），引发安全事故的；

e. 未遵守公司安全操作管理流程、规定，造成公司损失5000元以上的。

5.3.5　有违反考勤管理规定的行为的：

a. 累计旷工五日，或连续旷工三日以上的；

b. 一个考勤月内迟到、早退、不按时到岗累计10次以上或全年迟到、早退、不按时到岗20次以上的；

c. 捏造虚假事实骗取休假或虚报生病、伪造证明请假缺勤的。

5.3.6　有泄露公司机密、违反信息管理规定、损害公司声誉及形象的行为的：

a.未经公司许可，将公司信息、文件、账簿带出公司或利用邮件发送给外人，对公司造成严重损失的；

b.故意销毁、隐藏公司重要文件、资料、信息的；

c.未经许可，偷阅、窃取、销毁公司或个人文件、资料的；

d.因个人故意或过失行为，对公司的形象及声誉造成严重影响的。

5.3.7　虚假行为方面：

a.入职时提供、填写虚假材料、信息的；

b.提供虚假出勤、加班记录的；

c.编制、捏造虚假数据、报告的；

d.隐瞒事实不报，对公司造成严重影响的；

e.包庇他人错误行为，或做伪证的。

5.3.8　有履行职务不良的行为的：

a.不遵守工作规定和流程，造成公司损失5000元以上的；

b.在本公司工作期间，在其他公司、单位兼职或提供劳务的；

c.盗用公司名义，造成公司损失5000元以上的；

d.自行注册、参股同行业公司或在职期间参与其他公司经营的；

e.对公司安全管理规定履行懈怠或疏忽，造成公司损失5000元以上的；

f.值班、检查、管理或监督人员管理疏忽及不认真履行职务，给公司造成严重损失的。

5.3.9　在职期间被警告处分三次及以上的，或被警告处分后，又被处以其他处罚一次的，或被处以记过处分两次及以上的。

5.3.10　有被公司认定为严重违反公司规章制度或严重扰乱公司正常生产秩序的行为，或其他规章制度规定的严重违纪行为的。

6.如员工的违纪行为同时符合本规定中两种处罚标准，则应按较重的处罚标准进行处理。

7.员工的奖励或惩处由各部门、各主管领导提供材料，由人力资源部门负责调查落实。

8.公司员工具有上述各项情况并被处以相应处罚时，经公司经理办公会批准，可单独或同时给予100—1000元罚款。

9.员工受奖惩情况记入人事考核档案，处罚情况由人力资源部门每月统计。

10.为使受到惩处的员工将功补过，在同一年度中，功过可以相抵和转换，方法如下：

（1）1次嘉奖可与1次警告相抵；

（2）1次记功可与1次记过相抵；

（3）同年中功过抵销后，对年终评比、提薪、晋级等不发生影响。

11.当年内受过警告处分以上惩处的员工若功过未抵销或连续三个月考核均为本部门最后三名则不得参与晋级和职务升级。

12.本制度已经民主协商程序，并经管理层批准，于公布之日起实施。

十五、规章制度合规设计

_____有限公司

规章制度（重大事项）民主讨论会议纪要

会议议题：《_____规章制度（草案）》_____民主讨论、协商会议

会议形式：全体员工大会

会议时间：　　年　　月　　日　　时

会议地点：

主持人：

_____公司（以下简称"公司"）根据管理需要制定了《_____规章制度（草案）》《_____管理办法（草案）》，依据相关法律规定，公司组织全体员工对上述内容进行民主讨论、协商。

会议由_____主持，会议的主要内容如下：

一、会议主持对《_____规章制度（草案）》《_____管理办法（草案）》进行了详细讲解和说明。

二、全体参会人员认真讨论了《_____规章制度（草案）》《_____管理办法（草案）》，并提出了如下方案和意见：

1._____；

2._____。

三、针对参会人员提出的以上方案和意见，公司进行了认真分析和充分考虑，与全体参会人员进行了充分的讨论和协商。

四、公司同全体参会人员就《_____规章制度（草案）》《_____管理办法（草

案）》进行了充分的平等协商，最终，公司和全体参会人员基于相互理解和共同发展的理念共同协商确定通过了《_____规章制度》《_____管理办法》。

参会人员签字：

公司： （盖章）

年 月 日

十六、规章制度告知确认书设计

本人_____，已确认收到_____有限公司的《员工手册》、_____规章制度、_____规章制度、_____规章制度。

同时本人确认并同意：

1.我已认真阅读并理解了文件的所有内容，并听取了公司相关人员的解释。

2.我同意将严格遵守公司的上述规章制度，同意依照上述制度享有相应权利，并履行上述制度所规定的各项义务，并愿意承担违反相关内容的责任。

3.我明白公司有权根据法律法规和公司经营需要修订、补充上述文件的有关条款，公司将以书面形式、电子邮件、微信等不定期地发布相关通知，我将及时接收。

特此确认。

员工确认签字：

年 月 日

十七、加班申请单设计

_____有限公司

加班申请单

姓名		部门		岗位	
加班理由					
加班地点					
工作内容					
拟加班时间	年 月 日 时至 年 月 日 时				
预计耗时	小时				

（续）

说明	①为保证高效率工作,公司原则上不提倡员工加班。但特殊情况必须加班时,须提前填写本申请,经公司批准后,方可认定为加班。 ②员工休息日加班原则上以调休方式进行核销,员工对公司作出的调休决定应当服从。 ③加班申请单需每天下班前交部门主管并经人力资源部门审核确认,无加班申请单不计算加班费。 ④加班费计算基数由双方约定或公司相关规章制度确定。
员工确认	年　月　日
主管确认	年　月　日
人力资源部确认	年　月　日

十八、员工请假、休假申请单设计

＿＿＿＿＿＿＿＿＿＿＿有限公司请休假申请单

姓名			身份证号		
职位		部门		申请日期	
休假类别 （勾选）	1.年休假【　】 有效期＿＿＿＿＿全年应休天数＿＿＿＿＿ 已用天数＿＿＿＿＿本次申请天数＿＿＿＿＿				
	2.调休【　】				
	3.其他休假 事假【　】病假【　】产检假【　】护理假【　】 产假【　】婚假【　】丧假【　】工伤假【　】 其他假【　】具体说明:＿＿＿＿＿＿＿＿＿				
休假开始日期	年 月 日 时		休假结束日期		年 月 日 时
请假事由					
恢复上班时间	年　　月　　日　　时				
请假证明材料					
申请人确认	本人确认上述申请内容无误。 　　　　　　　　　　　　　　　　申请人签字: 　　　　　　　　　　　　　　　　　　年　月　日				

（续）

审批	部门主管意见： 签字： 年 月 日
	人力资源部意见： 签字： 年 月 日
	总经理意见： 签字： 年 月 日

休假结束后填写			
实际休假 开始日期	年 月 日 时	实际休假 结束日期	年 月 日 时
申请人签字		人力资源 主管签字	
备注：			

十九、年休假安排通知书设计

_____有限公司
年休假安排通知书

_____：

为协助您合理安排工作和休息时间，使得您的生活与工作保持良好平衡，提高工作效率，公司一直积极为您提供年休假这一福利。

根据公司有关规章制度及生产经营的情况，现安排您于下列时间内休年休假（及法定节假日、休息日），请提前做好有关工作交接，妥善处理好自己的工作安排，以便您充分享受假日的欢愉。

1.休假时间：自_____年____月____日（含本日）起至_____年____月____日（含本日）止。

2.其中年休假_____天，法定节假日_____天，休息日_____天。

3.您应于_____年_____月_____日（当日）开始上班。

部门主管签名：

年　　月　　日

签收栏：

□本人同意上述年休假安排，将按要求休假，准时上班。

□本人自愿不休年休假，要求正常上班。

原因是：

员工签名：

年　　月　　日

使用说明书

一、员工享受年休假的条件如下：

1.职工连续工作满12个月以上的，享受带薪年休假。

2.职工累计工作已满1年不满10年的，年休假5天。

3.职工累计工作已满10年不满20年的，年休假10天。

4.职工累计工作已满20年的，年休假15天。

5.国家法定休假日、休息日不计入年休假。

6.职工新进用人单位且符合享受年休假条件的，当年度年休假天数，按照在本单位剩余日历天数折算确定，折算后不足1整天的部分不享受年休假。折算方法为：（当年度在本单位剩余日历天数÷365天）×职工本人全年应当享受的年休假天数。

二、员工不享受年休假的情形如下：

1.职工依法享受寒暑假，其休假天数多于年休假天数的；

2.职工请事假累计20天以上且单位按照规定不扣工资的；

3.累计工作满1年不满10年的职工，请病假累计2个月以上的；

4.累计工作满10年不满20年的职工，请病假累计3个月以上的；

5.累计工作满20年以上的职工，请病假累计4个月以上的。

三、员工签名应确保系本人亲自签字或按捺手印，防止他人代签。

二十、医疗期满返岗通知书设计

_____有限公司

医疗期满返岗通知书

_____先生/女士（身份证号：_____）：

由于您因病于_____年____月____日进入医疗期，根据您的工作年限，以及您在本单位的工作时间，确定您的医疗期为_____个月，您的医疗期将于_____年____月____日结束，届时您的医疗期已满，公司通知您于_____年____月____日到公司上班。

如果原岗位您无法胜任，公司可根据您的身体情况另行安排其他岗位。

若您不能上班，且伴有劳动功能障碍，根据《企业职工患病或非因工负伤医疗期规定》，请于_____年____月____日到公司人力资源部门办理劳动能力鉴定申请手续。公司将到_____劳动能力鉴定委员会为您提出劳动能力鉴定申请。

若您未于_____年____月____日到公司上班，也未于_____年____月____日到公司人力资源部门办理劳动能力鉴定申请手续，则视为"在规定的医疗期满后不能从事原工作，也不能从事由用人单位另行安排的工作的"，单位将依法解除劳动合同。

如您对上述内容有异议，请在3日内以书面形式提出，否则视为无异议。

特此通知！

公司（盖章）：

年　　月　　日

注：

本通知书一式两份，通知方与被通知方各执一份，具有同等效力。

本通知书于___年___月___日以___方式进行送达。

人力资源部联系电话：

二十一、不能胜任工作整改通知书设计

_____有限公司

不能胜任工作整改通知书

_____先生/女士（身份证号：_____）：

由于您在工作中出现公司相关规章制度规定或相关协议约定的不能胜任工作的情况，现通知您在____日内优先对下述事项进行整改，并在上述期限内以书面形式汇报整改情况：

_____

_____

_____

_____

公司保留依法对您进行培训或者调整工作岗位的权利。

如您对上述内容有异议，请在3日内以书面形式提出，逾期视为无异议。

特此通知！

公司（盖章）：

年　　月　　日

　　注：本通知书一式两份，通知方与被通知方各执一份。

二十二、违纪处罚通知单设计

_____有限公司

员工违纪处罚通知单

姓名		所属部门	
事由			
具体情形			
处罚	经济:扣绩效___分　扣奖金___元　扣工资___元		
	行政:□警告　□记过　□记大过　□辞退		
负责人意见	签字：　　　年　　月　　日		

（续）

员工意见	□以上情况属实，接受处罚； □以上情况属实，不接受处罚。 意见： 签字：　　　　年　月　日
见证人意见	□处罚程序合法，员工本人签字确认； □处罚程序合法，但员工无正当理由拒绝签字。 签字：　　　　年　　月　　日
备注：	

注：本表格一式两份，一份交公司，一份交员工。

二十三、终止劳动关系通知书

＿＿＿＿＿＿＿＿有限公司终止劳动关系通知书

＿＿＿＿＿＿：

您与公司所签订的劳动合同（自＿＿＿＿＿年＿＿月＿＿日至＿＿＿＿＿＿年＿＿月＿＿日止），现因下列（＿＿）项之原因通知终止：

1.合同期满，公司决定不再续订劳动合同；

2.您已达到法定退休年龄；

3.公司被依法宣告破产；

4.公司被吊销营业执照、责令关闭、撤销；

5.公司决定提前解散；

6.在公司书面通知后，拒不与公司订立书面劳动合同。

对以上终止无异议，请于接到本通知之日起＿＿＿日内办理如下相关手续：

1.工作、业务交接，于＿＿年＿＿月＿＿日＿＿时前完成。

2.最后一月工资共＿＿＿＿＿元，请于＿＿＿＿＿＿＿年＿＿＿月＿＿日＿＿时到＿＿＿＿＿领取。

经济补偿金＿＿＿＿＿元，将于工作、业务交接完毕后支付。

3.社会保险金已交至＿＿＿＿＿年＿＿月。

4.档案处理意见：＿＿＿＿＿＿＿＿＿＿＿＿＿＿。

5.有关证件的处理意见：_____。

6.其他需办结的手续：_____。

全部相关手续办妥后，即发《终止劳动合同证明》。

特此通知！

通知人：_____有限公司（盖章）

签收栏：上述通知我已收取，内容已知悉。

签收人：

年　　月　　日

二十四、辞职申请（通知）设计

辞职申请（通知）

致_____公司：

本人_____（身份证号码：_____）基于私人原因，决定解除与公司签订的劳动合同，特向公司递交本通知。

本人承诺按照公司人力资源部门的指引做好离职交接工作，在办结离职交接手续前继续妥善履行义务，否则本人愿意承担相关责任。本人同意在提出本通知后，公司可选择30日内的任意一日与我解除劳动合同。

本人确认：在职期间，公司已经依法履行了用人单位的相关义务，本人再无任何未结清的权利、款项。

特此通知！

通知方：（签名）

年　　月　　日

二十五、离职声明书设计

离职声明书

致_____公司：

声明人_____（身份证号码：_____），先就声明人离职事宜，特声明如下：

一、声明人确认于＿＿＿年＿＿＿月＿＿＿日起与＿＿＿＿＿＿公司解除劳动关系。

二、声明人确认在公司工作期间，双方已签订书面劳动合同，不存在工资及加班费的拖欠，公司已经按劳动合同和国家法律法规规定履行自己的义务（包括但不限于社保、劳动保护、档案转移等），并已经合法解除劳动关系，双方不存在任何劳动争议。

声明人不再因劳动关系的履行与解除（终止）向公司要求任何劳动报酬、赔偿或经济补偿金、费用，不存在任何劳动争议。

特此声明！

声明人（签名）：

年　　月　　日

二十六、解除劳动合同协议书设计

解除劳动合同协议书

甲方（用人单位）：

乙方（劳动者）：　　　　　　　　　　身份证号：

联系方式：　　　　　　　　　　　　联系地址：

甲、乙双方于＿＿＿年＿＿＿月＿＿＿日签订【□无固定期限　□为期＿＿＿年　□以完成工作为期限　□非全日制】的劳动合同。现经甲、乙双方友好协商，就劳动合同解除事宜，签订如下协议，以资共同遵守。

一、经＿（甲方或乙方）提出协商解除劳动合同，双方协商一致，双方劳动合同于＿＿＿＿年＿＿＿月＿＿＿日解除，劳动权利义务关系即行终结。

二、甲方于＿＿＿＿＿＿年＿＿＿月＿＿＿日前向乙方一次性支付＿＿＿＿＿＿＿＿＿元（￥＿＿＿）。该费用为甲、乙双方解除劳动合同的一次性对价补偿，包括但不限于未结算带薪年休假折算工资、防暑降温费、冬季取暖补贴费、经济补偿金、赔偿金、罚金、社会保险费用等。

乙方通过上述费用自行缴纳劳动合同存续期间的社会保险差额部分。

三、签订本协议前，双方对国家相关法律法规及自身权益进行了充分的了解，因此双方确认本协议所述费用为甲、乙双方所自愿协商之数额，若与法定数额有所出入，乃为一方自愿对其合法权利进行的适当处分，故任何一方不得以存在重大误解或协商数额显失公平等为由主张撤销本协议或确认本协议无效。与上述所有款项相关的所有个人所得税由乙方个人依法承担，由甲方在此款项中依法代扣代缴。

四、甲方为乙方缴纳社会保险费至_____年____月____日止。

五、甲、乙双方在此确认：劳动合同履行期间，双方已依法签订了书面的劳动合同，解除劳动合同之日前的劳动报酬（包括但不限于加班工资、年休假工资、奖金、补贴等）已结清。乙方不再因为原劳动合同的履行、解除，向甲方要求支付其他任何费用、补偿或赔偿。

六、乙方按照甲方《员工离职管理规定》的交接流程进行工作交接。如乙方交接不清，导致甲方损失，其应向甲方赔偿。

七、甲方按照当地人力和社会资源保障局的规定为乙方办理退工退档及社会保险减除手续，乙方应当予以配合，因乙方原因导致甲方无法正常办理上述手续的，甲方不承担责任，如造成甲方损失，甲方有权向乙方追偿。

八、甲、乙双方在劳动合同解除之前签署的《保密协议》《竞业限制协议》继续有效，不因劳动关系解除而受到任何影响，甲、乙双方仍应严格依约履行。

九、本协议生效后，甲、乙双方就劳动关系再无其他争议。乙方不得以任何方式对甲方进行诋毁、诽谤、恶意中伤或进行任何有损甲方形象或利益的行为，也不得再提起任何异议程序（包括但不限于劳动争议仲裁、监察投诉、举报、民事诉讼等）。一经发现，甲方有权将已付款项全部追回，并向乙方追究进一步责任。

十、本协议自【□甲方付款□甲、乙双方签章捺印】之日起生效，协议壹式贰份，甲乙双方各持一份。

（此后无正文）

甲方（盖章）：   乙方（签字）：

                                        身份证号：

    年   月   日   年   月   日

二十七、（单方）解除劳动合同通知书设计

解除劳动合同通知书

_____先生/女士（身份证号码_____）：

本单位与你签订的_____期限劳动合同，由于_____原因，现根据《劳动合同法》第_____条的规定和公司_____的规定，决定自_____年_____月_____日起解

除，经济补偿金为下列第_____种情况：

（一）无经济补偿金。

（二）经济补偿金_____元。

请你在接到此通知后_____天内到本单位人力资源部门，办理解除/终止劳动关系的相关手续。

特此通知！

公司：（盖章）

年　　月　　日

二十八、劳动合同续订意向书设计

_____有限公司

劳动合同续订意向书

_____女士/先生（身份证号：_____）：

您与公司订立的劳动合同（合同期限_____年_____月____日至____年_____月_____日）期限即将届满。现公司同意不降低原劳动合同约定条件与您续订劳动合同，请您在收到此意向书之日起_____日内将下述回执填写完毕后提交公司，逾期公司将视为您不同意与公司续订劳动合同，并依法与您终止劳动合同。

公司（盖章）：

年　　月　　日

回　执

本人已收到公司的《劳动合同续订意向书》，本人就是否与公司续订劳动合同的事宜作出如下决定：

□同意续订，劳动合同期限_____年；

□不同意续订。

签字：

年　　月　　日

本意向书一式二份，员工一份，公司留存一份。

二十九、离职证明设计

离职证明

兹证明：

_____，身份证号：_____，原为我公司_____（部门）的_____（职务），自_____年____月____日入职我公司，至_____年____月____日因个人原因申请离职。双方现已就经济补偿金及劳动关系存续期间的所有问题达成一致，并已经一次性结清所有费用，办理完毕交接手续。

特此证明！

（公章）

年   月   日

三十、退休返聘协议设计

_____有限责任公司
退休返聘协议

甲方：   乙　　方：

身份证号：

住　　址：

联系电话：

甲、乙双方根据国家有关法规，按照自愿、平等、协商一致的原则，签订本协议。

1.协议期限

1.1　协议有效期：自_____年____月____日至_____年____月____日止，协议期满，聘用关系自然终止。

1.2　聘用协议期满前一个月，经双方协商同意，可以续订聘用协议。

1.3　任何一方不再续订聘用协议的，应在协议期满前一个月书面通知对方。

2.工作岗位

2.1　乙方的工作岗位为_____，职责包括_____。

2.2　甲方根据工作需要及乙方的业务、工作能力和表现，可以调整乙方的工作岗位。

3.工作条件和劳动保护

3.1　甲方实行每周工作40小时、每天工作8小时的工作制度。

3.2　甲方为乙方提供符合国家规定的安全卫生的工作环境，保证乙方在安全及人体不受危害的环境条件下工作。

3.3　甲方根据乙方工作岗位的实际情况，按国家有关规定向乙方提供必要的劳动保护用品。

3.4　甲方可根据工作需要组织乙方参加必要的业务知识培训。

4. 工作报酬

4.1　针对乙方的工作岗位，甲方按月支付乙方工资为_____元。

4.2　甲方可以根据甲方有关规定，调整乙方的工资。

5. 工作纪律、奖励和惩处

5.1　乙方应遵守国家的法律、法规。

5.2　乙方应遵守甲方规定的各项规章制度和劳动纪律，自觉服从甲方的管理、教育。

5.3　甲方按有关规定，依照乙方的工作实绩、贡献大小给予奖励。

5.4　乙方如违反甲方的规章制度、劳动纪律，甲方有权予以处罚。

6. 聘用协议的变更、终止和解除

6.1　聘用协议期满或者双方约定的协议终止条件出现时，聘用协议即自行终止。甲方可以提前一个月通知解除聘用协议。

6.2　甲方单位被撤销或注销，聘用协议自行终止。

6.3　乙方有下列情形之一的，甲方可以解除聘用协议。

（1）严重违反工作纪律或聘用单位规章制度的；

（2）故意不完成工作任务，给公司造成严重损失的；

（3）严重失职，营私舞弊，对甲方单位利益造成重大损害的；

（4）被依法追究刑事责任的。

7. 确认及声明

乙方确认本协议以及乙方向甲方提供的其他材料中甲方的身份信息真实有效，乙方已经达到法定退休年龄且已经领取退休金或享受养老保险待遇。

8.通知与送达

8.1 甲方可通过邮寄、手机短信、电子邮件、微信等方式向乙方送达各种通知、文书，乙方确认下列信息为乙方真实信息，特定通知、文书送达邮寄地址或进入特定系统视为送达：

邮寄地址：

手机号码：

电子邮箱：

微信号：

8.2乙方同时授权，在其处于联系障碍状态（包括但不限于乙方因病住院、丧失人身自由等情形）时，下列"紧急联系人"作为乙方的受委托人，该受委托人享有代为进行和解、代领、签收相关文书以及代为变更、解除、终止劳动关系的权利。

紧急联系人：

身份证号：

联系电话：

联系地址：

9.其他事项

9.1甲、乙双方因实施聘用协议发生争议，应该首先经双方协商解决，协商不成可向甲方所在地人民法院提起诉讼。

9.2本协议一式两份，甲、乙双方各执一份，经甲、乙双方签字后生效。

甲方（盖章）：   乙方（签字）：

法定代表人（签字）：

签约时间：　　年　　月　　日   签约时间：　　年　　月　　日

第四编

税收策划

第一章 认识税收策划

第一节 初识税收策划

一、税收策划的背景

随着社会经济的发展，在这样的大背景下，企业的涉税项目越来越复杂。要想降低企业的税负，就需要从整体的角度出发，从各个环节对纳税方案进行优化。

长期以来，我们过于强化税收和税务的经济属性，税收和税务的法律属性反而被弱化。随着依法治国的推进，尤其是"依法治税""税收法定"理念的不断深入，税收策划的重要性日益凸显。

1. 完善的法律环境对税收策划至关重要，其中就包括立法和执法环境完善。法律越完善，可操作性就越强，税收策划也就越容易实施。反之，若法律不健全，执法不严格，行政干预太大，税收策划可操作性就较差，策划方案就很难落实。在税收法律建设方面，我国已初步建立起适应社会主义市场经济体制的税法体系。现行的税收法律体系以宪法为核心，以各单行税收法律法规为组成部分，层次丰富。

2. 经济环境是影响税收策划发展的重要因素。从宏观上看，经济环境包括经济发展水平、经济体制、国际经济环境对国内经济发展的冲击以及一些具体的财政政策、税收政策等；从微观上看，经济环境包括纳税人的经营能力、管理水平等。经济的繁荣带动了纳税人对税收策划的需求，拉动了税务代理行业的发展。当下，我国新一轮税制改革已拉开序幕，将为税收策划提供广阔的制度空间。

3. 税收策划作为企业日常经营管理的一个重要组成部分，必然受到社会环境的影响，其中社会观念、中介市场对它的影响最为直接和显著。随着我国税制的不断完善，出现这样一种趋势——从纳税人根本没有策划意识发展到税收策划被人们普遍认可和接收，并在实践中自觉或者不自觉地加以利用。

二、税收策划的概念

税收策划（Tax Planning），是指在法律许可的范围内，企业为实现价值最大化，通过经营、投资、理财等，以合理安排纳税。税收策划在实践中通常被称为税收筹划、税务筹划、税务策划等，但并没有法律法规明确其定义。《涉税专业服务监管办法（试行）》中提出，税收策划，是对纳税人、扣缴义务人的经营和投资活动提供符合税收法律法规及相关规定的纳税计划、纳税方案。

企业税收策划以尊重税法、遵守税法为前提，以对法律和税收的详尽分析和研究为基础，以减轻税负为目的。税收策划的关键是纳税人在税法许可的范围内，通过精心安排经营活动和财务管理，以达到节税、转嫁税负和减轻涉税风险的目的。

税收策划主要包括下面四个方面：

1. 采用合法的手段进行节税策划。纳税人在不违背立法精神的前提下，充分利用税法中的起征点、免征额、减免税等一系列优惠政策，通过对筹资、投资和经营等活动的巧妙安排，实现少缴税甚至不缴税的目的。

2. 采用非违法的手段进行策划。就是说纳税人采用不违反法律禁止性规定的方式，利用税收法规体系的空白点获取税收利益。其与偷税有本质的区别，是一种避税行为，但国家会采用反避税措施加以控制。

3. 采用经济手段，特别是价格手段进行税负转嫁策划。指纳税人为了达到减轻税负的目的，通过价格调整，将税负转嫁给他人的一种经济行为。

4. 规整纳税人账目，减轻涉税风险。指纳税人账目清楚、纳税申报正确、税款缴纳及时足额，可以避免税收方面的处罚。也就是说，在税收方面实现没有任何风险或风险极小，甚至可以忽略不计的状态。这种状态下，企业虽然无法直接获取税收上的好处，但却能间接地获取一定的经济利益，同样有利于企业的发展。

三、税收策划的特点

税收策划的首要目标是通过事前周密分析和规划，在现存基础上找到现有的税收风险，分析拟进行的交易或拟开展的事项在未来可能发生的税收风险，分析风险存在的原因，设计解决方案，从而消除风险，避免该风险导致企业承担不必要的成本。同时，通过对现状的审查，发现企业重复纳税、可享受而未享受税收优惠，在综合考量的基础上，采取措施加以优化和改进。

税收策划的特点如下：

1. 事先性：在现实中，纳税义务通常具有滞后性。比如，在企业交易行为发生之后，才会缴纳增值税；收益实现或分配后才会缴纳所得税。这就在客观上提供了在纳税前做出策划的可能性。也就是说，在纳税行为发生之前，纳税人可以进行规划、设计、安排，以实现减轻税负的目的。当然，纳税人和征税对象的性质不同，待遇也往往不同，这就为纳税人提供了选择较低税负决策的机会。如果经营活动已经发生，应纳税额已经确定，而偷税或欠税，就不能认为是税收策划。所以，要在企业经营活动发生之前进行税收策划才能使效果最大化。

2. 系统性：税收策划应当充分考虑企业涉及的全部税种、业务模式，进行综合的节税设计，使企业整体的税负有所降低。不能仅仅限于某个税种的策划，即使在进行单一税种的策划时，也应当考虑关联税种的变化，不能为了策划，导致企业业务出现困境。

3. 合法性：指的是税收策划只能在税收法律许可的范围内进行。违反税收法律规定，逃避纳税责任，以降低税负的行为，属于偷税，要坚决加以反对和制止。现实中，在遵守法律的情况下，往往有多种税收负担高低不一的策划方案，企业可以通过选择来降低税收负担、增加利润，使税收策划成为可能。

4. 专业性：不仅指税收策划需要由财务、会计专业人员进行，而且指面对社会化大生产、经济一体化、贸易日益频繁、交易规模越来越大、税制越来越复杂的情况，仅靠纳税人自身进行税收策划往往显得力不从心，代记账公司、财务公司、税务律师应运而生。

四、税收策划的分类

1. 从实现节税的原理和途径来看，税收策划可分为优惠型税收策划和节约型税收策划。

优惠型税收策划，其着眼点在于选择和利用税收优惠政策，以税收优惠政策为依据安排企业的生产经营活动。

节约型税收策划，不是靠政府税收优惠政策来实现节税，而是通过对企业的生产经营活动进行分析研究，从节税的角度出发，调整企业的生产经营方式和方法，改进经济效益低的生产经营行为和环节，避免和减少企业税金支出的浪费，求得企业经济利益最大化。

2. 按税收策划的区域，可分为国内税收策划与国际税收策划。

国内税收策划是指国内纳税者在我国范围内，通过合理合法的方式、途径和手段安排投资、生产经营及财务活动，以降低国内纳税义务的行为。国内税收策划之所以存在是因为我国目前存在着税种差别、税收优惠政策及一些可选择性条款。

国际税收策划是跨国纳税人的经济活动，涉及他国或多国时，经事先周密安排，以合法手段来降低或免除其税负的行为。国际税收策划的任务是通过税负的最小化来实现全球所得利益的最大化。

3. 从法律的角度来看，税收策划分为顺法意的税收策划和逆法意的税收策划。

顺法意的税收策划一般是指进行税收策划所采用的方法与税法的精神是一致的，这种策划方式完全不影响，也不会削弱税法地位。而逆法意的税收策划则是利用税法中的不足、空白来进行合法的避税。

五、税收策划的原则与必要性

（一）税收策划的原则

1. 合法原则。指税收策划一定不能违反税收法律和税收制度，违反税收法律的行为，从根本上不属于税收策划的范围。企业进行税收策划，应该以国家现行税收法律法规以及相关的政策等为依据，要在熟知税法规定的前提下进行税收策划，选择最优的纳税方案。将税收策划与偷税、欠税、抗税、骗税进行有效的区别是合法原则的关键。

2. 自我保护原则。实质上是守法原则的延伸，因为只有遵守法律才能实现自我保护。纳税人要实现自我保护，就应当做到增强法治观念、知晓税法知识、了解会计制度、熟悉税收策划的技术和方法。

3. 时效性原则。随着时间的推移，社会经济环境、税收法律环境等各方面情况不断发生变化，企业必须把握时机，灵活应对，以适应税收政策导向，不断调整税收策划方案，以确保企业持久地获得税收策划带来的收益。时效性原则也体现在充分利用资金的时间价值上。另一方面，程序性税法与实体性税法如有变动，遵循"程序从新、实体从旧"的原则，也是时效性原则的体现。

4. 风险、收益均衡原则。税收策划有收益，也有风险，企业应当遵循风险与收益适当均衡的原则，采取措施分散、分化风险，选优弃劣，趋利避害。

5. 整体性原则。在进行一种税的税收策划时，还要考虑其他税种，进行整体策划，综合衡量，力求整体税负最轻、长期税负最轻，防止顾此失彼，前轻后重。不要将眼睛只盯在个别税种上，造成一种税少缴了，另一种税反而缴得更多。

（二）税收策划的必要性

税收策划是我国经济发展所催生的客观需求，是纳税人的一项基本权利，也是合情、合理、合法的举措；税收策划是现代市场经济条件下企业降低成本、实现经济效益最大化

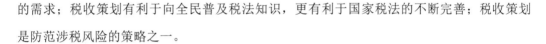

的需求；税收策划有利于向全民普及税法知识，更有利于国家税法的不断完善；税收策划是防范涉税风险的策略之一。

六、税收策划、避税、偷税之间的关系

（一）本质不同

税收策划的前提是遵从税法，按照税法的规定，利用现有的优惠政策，通过对交易结构和流程的事先安排，减轻或消除纳税义务。没有义务，就不存在违反义务，也就不存在责任。如果法律允许或不违反税法，则纳税人的收入为合法收入。可见，通过策划达到节税的目的，不但具有合法性，也具备合理性。

避税是纳税人利用税法的漏洞、特殊情况或其他缺陷减少应纳税额的手段。这是一种表面上遵守税法和相关法规而实质上非法的行为。因此，立法者会在法律法规中设定反避税条款进行规制。避税在形式上是合法的，但实质上不符合独立交易原则或不具备合理商业目的，而是为了获取不当的税收利益。

偷税是纳税人故意违反税收法律法规，伪造、变造、隐匿、擅自销毁账簿、记账凭证，或者在账簿上多列支出或者不列、少列收入，通过这些方式进行虚假的纳税申报，不缴或者少缴税款。偷税不具备合法性，也不具备合理性，是被法律法规明令禁止的行为。

（二）法律后果不同

税收策划是在法律允许的范围内尽可能减轻纳税人的税负的经济行为，无论在形式上还是实质上都符合税法。

避税在形式上是合法的，但由于不具备合理性，所以，如果被认定为避税，则应当补缴税款并且缴纳滞纳金。

偷税是税法明确禁止的行为，因此一旦被税务机关检查核实，纳税人必须承担相应的法律责任，例如《税收征收管理法》规定，对纳税人偷税的，由税务机关追缴其不缴或者少缴的税款、滞纳金，并处不缴或者少缴的税款百分之五十以上五倍以下的罚款；构成犯罪的，依法追究刑事责任。

七、反避税条款

1.《税收征收管理法》第三十五条　纳税人有下列情形之一的，税务机关有权核定其应纳税额：

（一）依照法律、行政法规的规定可以不设置账簿的；（二）依照法律、行政法规

的规定应当设置账簿但未设置的；（三）擅自销毁账簿或者拒不提供纳税资料的；（四）虽设置账簿，但账目混乱或者成本资料、收入凭证、费用凭证残缺不全，难以查账的；（五）发生纳税义务，未按照规定的期限办理纳税申报，经税务机关责令限期申报，逾期仍不申报的；（六）纳税人申报的计税依据明显偏低，又无正当理由的。

税务机关核定应纳税额的具体程序和方法由国务院税务主管部门规定。

2.《个人所得税法》第八条 有下列情形之一的，税务机关有权按照合理方法进行纳税调整：

（一）个人与其关联方之间的业务往来不符合独立交易原则而减少本人或者其关联方应纳税额，且无正当理由；

（二）居民个人控制的，或者居民个人和居民企业共同控制的设立在实际税负明显偏低的国家（地区）的企业，无合理经营需要，对应当归属于居民个人的利润不作分配或者减少分配；

（三）个人实施其他不具有合理商业目的的安排而获取不当税收利益。

税务机关依照前款规定作出纳税调整，需要补征税款的，应当补征税款，并依法加收利息。

3.《企业所得税法》第四十一条 企业与其关联方之间的业务往来，不符合独立交易原则而减少企业或者其关联方应纳税收入或者所得额的，税务机关有权按照合理方法调整。企业与其关联方共同开发、受让无形资产，或者共同提供、接受劳务发生的成本，在计算应纳税所得额时应当按照独立交易原则进行分摊。

第四十七条 企业实施其他不具有合理商业目的的安排而减少其应纳税收入或者所得额的，税务机关有权按照合理方法调整。

第四十八条 税务机关依照本章规定作出纳税调整，需要补征税款的，应当补征税款，并按照国务院规定加收利息。

4.《企业所得税法实施条例》第一百零九条 企业所得税法第四十一条所称关联方，是指与企业有下列关联关系之一的企业、其他组织或者个人：（一）在资金、经营、购销等方面存在直接或者间接的控制关系；（二）直接或者间接地同为第三者控制；（三）在利益上具有相关联的其他关系。

第一百一十条 企业所得税法第四十一条所称独立交易原则，是指没有关联关系的交易各方，按照公平成交价格和营业常规进行业务往来遵循的原则。

5.《一般反避税管理办法(试行)》第四条　避税安排具有以下特征：（一）以获取税收利益为唯一目的或者主要目的；（二）以形式符合税法规定、但与其经济实质不符的方式获取税收利益。

第五条　税务机关应当以具有合理商业目的和经济实质的类似安排为基准，按照实质重于形式的原则实施特别纳税调整。调整方法包括：（一）对安排的全部或者部分交易重新定性；（二）在税收上否定交易方的存在，或者将该交易方与其他交易方视为同一实体；（三）对相关所得、扣除、税收优惠、境外税收抵免等重新定性或者在交易各方间重新分配；（四）其他合理方法。

第二节　税收策划的误区与风险

一、企业成立与注销的涉税误区与风险

在"大众创业，万众创新"的政策环境下，注册或注销公司都是一件非常容易的事情。企业自始至终存在哪些涉税误区和风险呢？

（一）企业注册阶段的涉税误区与风险

1. 注册主体选择不当的涉税风险

不同企业在税款缴纳上是有区别的，以企业所得税为例：根据《中华人民共和国企业所得税法》及其实施条例的有关规定，一般企业所得税税率是25%；符合条件的小型微利企业减按20%的税率征收企业所得税；国家需要重点扶持的高新技术企业减按15%的税率征收企业所得税；非居民企业在中国境内未设立机构场所的，或者虽设立机构场所，但取得的所得与其所设机构场所没有实际联系的，应当就其来源于中国境内的所得缴纳企业所得税，适用税率为20%。

对于投资者来说，经营企业的根本目的是追求利润最大化。所以，经营什么类型的企业，对于企业经营成果影响非常大。在企业注册阶段就应该根据经营的项目以及经营的规模，选择适合自己的企业类型。

2. 注册资本认缴制下的涉税风险

自2014年3月新《公司法》实施后，注册公司可以不再审验注册资本，也无需实缴注册资金，而是采取认缴制。也就是企业去市场监督管理局做注册资金认缴登记即可。认缴制使公司不需要占用大量资金，可以有效提高资本运营效率，降低企业运营成本。但对于

财务人员来说，实行认缴制后对实收资本进行账务处理，需要务必小心，稍不留神就会留下涉税风险，为后续处理埋雷。

【案例】

2021年4月1日，刘备与张飞两人共同出资成立蜀国桃园有限责任公司，章程约定注册资本100万元，刘备与张飞二人各出资50万元。刘备于成立当月实缴资本50万元，张飞由于资金原因实缴资本为0元，承诺后续3年内实际缴清。正确的账务处理方式为：

借：银行存款50万元

　　贷：实收资本50万元

但在实务中常见的不规范的账务处理方式为：

借：银行存款50万元

　　贷：其他应收款——张飞50万元

这种账务处理方式，在印花税与个人所得税方面可能存在一定风险。首先，根据法律规定，营业账簿应按照金额计税，税率为0.5‰，这种错误的账务处理方式会造成多缴印花税 $50 \times 0.5‰ = 0.025$ 万元（250元）。其次，在实缴注册资金前，税务部门可能认定50万元属于股东从公司长期借款未归还的情形，从而认定股东张飞需要缴纳个人所得税 $50 \times 20\% = 10$ 万元。即使企业最终向税务机关解释清楚了该科目的来龙去脉，但已经白白浪费了征、纳双方宝贵的时间和人力资源，要知道对于企业财务人员来说，在全国税务机关普遍实行纳税人分类分级管理的背景下，不被税务机关"盯上"才是国家放管服政策的真正受益者。同时，在股权转让时，股东张飞由于未能实缴资金，其实际出资额为零，如果按注册资本进行股权转让，有可能会缴纳 $(50-0) \times 20\% = 10$ 万元的个人所得税。

【法规链接】

《财政部　国家税务总局关于规范个人投资者个人所得税征收管理的通知》（财税〔2003〕158号）第二条　纳税年度内个人投资者从其投资企业借款，在该纳税年度终了后既不归还，又未用于企业生产经营的，其未归还的借款可视为企业对个人投资者的红利分配，依照"利息、股息、红利所得"项目计征个人所得税。

《股权转让所得个人所得税管理办法（试行）》（国家税务总局公告2014年第67号）第十五条　个人转让股权的原值依照以下方法确认：（一）以现金出资方式取得的股权，按照实际支付的价款与取得股权直接相关的合理税费之和确认股权原值；（二）以非货币性资产出资方式取得的股权，按照税务机关认可或核定的投资入股时非货币性资产价格与取得股权直接相关的合理税费之和确认股权原值；（三）通过无偿让渡方式取得股权，具备本办法第十三条第二项所列情形的，按取得股权发生的合理税费与原持有人的股权原值之和确认股权原值；（四）被投资企业以资本公积、盈余公积、未分配利润转增股本，个人股东已依法缴纳个人所得税的，以转增额和相关税费之和确认其新转增股本的股权原值；（五）除以上情形外，由主管税务机关按照避免重复征收个人所得税的原则合理确认股权原值。

综上所述，认缴制下实收资本的账务处理并非小事，实务中常常见到这种无伤大雅的会计处理，殊不知，已经为企业和股东的后续处理埋下了一颗"地雷"。

（二）企业注销阶段的涉税误区与风险

随着国地税合并、社保统一入税，税务不规范的企业风险越来越大，而规避风险最好的办法无外乎规范企业纳税或注销企业。

在公司注销过程中，主要存在两方面涉税风险，一是公司运营中未依法纳税或办理税务手续，税务机关在公司注销时进行涉税执法检查的风险；二是公司在注销过程中未按税法规定对涉税事项进行处理造成的风险。

风险一，拟注销的公司应根据《公司法》《企业破产法》的有关规定成立清算组，清算组或清算组授权委托代办的中介机构自成立或破产申请裁定之日起十日内应书面告知主管税务机关，对原企业所欠税款进行主动申报，并对企业申报的欠税情况进行全面清查，核实所欠税款是否真实、准确；若清算义务人提供虚假的清算财务报告、清算财务报告有遗漏等，而导致公司被注销登记后税款流失的，税务机关可要求清算义务人承担税款清偿责任。

未完结事项，主要包括纳税人存在违法违规事项尚未处理、应纳税款尚未缴清、发票未缴销、金税盘尚未办理注销等事项。纳税人应在办理税务注销前，按照规定办理完结这些事项。如果属于被纳入非正常户的企业，还需要补充纳税申报、补缴税款，并缴纳相应的滞纳金和罚款，解除非正常状态后，才能按照正常程序提交注销申请。

风险二,《税收征收管理法》第60条规定,纳税人有下列行为之一的,由税务机关责令限期改正,可以处二千元以下的罚款;情节严重的,处二千元以上一万元以下的罚款:(一)未按照规定的期限申报办理税务登记、变更或者注销登记的;(二)未按照规定设置、保管账簿或者保管记账凭证和有关资料的。因此,公司在办理工商登记注销前未办理税务注销登记的,会被罚款。

二、企业往来款项中的涉税误区与风险

往来款是指企业在生产经营过程中,因供销产品、提供或接受劳务而形成的债权、债务关系中的资金数额;往来款以会计手段反映在企业的账务记录上,表示企业收款的权利或付款的义务,具有法律效力。一般包括:应收账款/其他应收款,预付账款,应付账款/其他应付款,预收账款。

企业往来款项一般存在以下涉税误区与风险:

(一)隐瞒收入涉税风险

隐瞒收入是指企业销售货物或者提供服务,按照协议要求收到对应的资金流入,通常应该确认为收入,实际操作中很多企业为隐瞒收入或推迟收入确认时间,没有按照实际发生收入情况入账,而是将收入的资金计入其他科目,使得企业账面上的收入小于实际收入。

一些企业为了避免缴纳或少缴税款,采用进私户、两套账、三套账的方式,把收入隐藏起来,把利润转移掉,或者使劲地做大成本。

隐瞒收入主要有以下几种表现:一种就是长亏不倒,从财务报表会发现,公司从年头到年尾全是亏,一直亏损,从来没有赢利过,而且亏损不是一年、两年、三年,是十年八年的亏,而且越亏越多,这种情形称为长亏不倒。还有一种是企业觉得长亏不倒有点不好看,投个标什么的还受限制,为了避免引起税务部门关注,就采取少记利润的方式,每年都少申报一点税款。这种看似正常,但是忽略了一个问题,就是企业的利润太稳定了,市场无时无刻不在变化,如果企业的利润三年、五年甚至十年都非常稳定,这本身就是不正常的现象。还有一种表现是企业的经营表现与报表明显矛盾,报表显示企业的收入可能交房租都不够,员工的工资也发不了,但现实中却频繁更换办公场所,今年100平方米,明年办公场地改为500平方米,企业的员工增量也很大。这种低利润高扩张情况也是一种隐瞒收入的表现。

那是不是税务局就不允许企业亏损呢?企业的收入一点儿都不能有差别吗?正常情况下企业亏损是可以的,不是说不能亏,但是企业的亏损不能是一条斜线或垂直亏,企业一

年一年亏着，但是却更换了办公场所，还扩大了规模，干得兴高采烈，这就不符合正常逻辑了。

实务中，企业三年内一直亏，而且越亏越多是正常的，但是如果企业连续三年越亏越多，还能往下干，这个就不正常了，因为如果这三年企业是真的亏损，除了少数前期投资特别大或者需要持续加大研发投入的高新技术企业，大部分情况下企业是不会再往下干的。所以，企业收入有差别是可以的，但不应当通过隐瞒收入来少缴税款。

除了采用最粗暴的两套账方式隐瞒收入外，其他常见的方法是从科目上进行隐瞒，一是计入预收账款，认为计入预收账款暂时就不用交税了，但是像房地产业、租赁业、建筑业都存在预收账款需要缴纳税款的情形；二是计入其他应付款，这样做要么因为强行将收入计入其他应付款，造成其他应付款的二级科目异常，要么该笔业务的原始凭证异常，经不起推敲。

（二）视同分红涉税风险

民营企业股东多为自然人，如果企业进行分红则股东应当缴纳个人所得税。实际操作中很多企业为躲避分红，采取种种变通手段将资金抽走，多体现在预付账款和其他应收款两个科目。

预付账款科目方面，通常的做法是虚拟一个主体，或者找一个关联公司签署虚假购销协议或其他服务合同，并支付大额预付款，实际上并未发生真实交易，预付款通过关联公司账户直接转移到个人账户，实现现金从公司逃离。实际操作中常常造成预付账款科目异常，如有大量关联方预付、长期预付没有后续交易，甚至出现和经营无关的预付行为，只要稍稍深究，很容易被发现。其他应收款科目方面，通常的做法是将公司资金借给股东或者关联个人，长期挂账不予归还。关于这一点，税法早就做了明确规定，股东从公司长期借款不予归还（跨年或超过一年度），这种情形视为股东分红，应当缴纳个人所得税。还有一种更加明显的情况就是企业出资为个人购买车辆、房产等，资金流显示为支付给汽车4S店或房地产公司，但账务处理挂在股东身上，这种情形很容易被认定为分红行为。

（三）成本费用虚增风险

说到成本费用大家都不陌生，企业老板除了天天琢磨怎么改进经营、扩大宣传、增加业务，另一方面估计考虑最多的就是成本费用的问题。是不是企业在经济往来中只要玩儿命地凑发票，就没有税务风险呢？

实际上成本费用的税务风险有很多方面，比如提前确认成本费用，延后确认成本费用，虚列、超列、少列成本，多做损失等。

1. 成本费用的提前确认

　　A企业是一家中日合资的外资公司，2004年9月成立，注册资本是1.3亿，中方投资公司投资比例为90%，日方企业投资比例为10%，注册登记的类型是外资企业；主要行业是汽车零部件及配件制造，主要生产销售汽车上使用的电机。税务局在一次稽查中发现A企业的账目中有一笔账记在待摊费用科目下，内容是模具费，摊销期限为两年。

　　这个有问题吗？有问题。我国《企业所得税法实施条例》对于固定资产计算折旧的最低年限做了一定的规定。比如建筑物是20年，飞机、汽车、轮船、机器、机械和其他生产设备是10年，与生产经营有关的器具、工具、家具是5年。所以，根据税法规定，A企业把模具费计入长期待摊费用，按2年摊销是错误的，应该计入固定资产按5年计提折旧。

也就是说企业为了扩大成本把摊销年限故意缩短了，在税法上是违法的。如果税务局查到，会按照权责发生制，要求企业对提前做成本的部分调增应纳税所得额，把应纳税额补上。同时还可能需要交滞纳金。所以说成本费用不是企业想用就可以提前用的，是要按照税收相关管理规定来安排的。

2. 成本费用的延后确认

比如有的企业近几年一直在扩大经营，投入多，产出少，账面上显示就是企业一直亏。而根据税法规定企业利润只能弥补连续五年之内的亏损，如果五年内用不了，那就作废了。也就是说你的亏损最多只能结转五年，如果五年内没那么多利润，那这个成本费用就不能再用了。实操中企业就会对一些成本费用暂时不确认，等以后盈利再确认来实现少交税的目的。但是这在《企业所得税法》上也是不允许的，比如财产损失应该在损失发生年度进行确认，而不能往后拖。

3. 虚开发票

在前面的章节中对于企业虚开发票已经做了详细阐述，这里不做赘述。在这里只强调一点，有一些企业采取资金支付和资金回流及先正常支付，再通过个人账户回流方式，隐蔽性增强，但风险依旧，伴随着国家对虚开增值税发票的打击力度不断增大，事后翻船的案例越来越多。

4. 超列成本

顾名思义就是多做成本费用。企业多做成本费用主要就是为了作为税前扣除凭证，少交税。那是不是只有发票可以做扣除凭证，其他形式能不能扣除呢？如果能开到发票，那么发票就是税前扣除凭证。如果确实开不到发票，那没有发票也是可以扣除的。但是能开却没有开，还做了成本费用税前扣除，那就是多列，就存在潜在的税务风险。

（四）被动确认收入的所得税风险

企业经营中，有时候会出现长期挂账的应付账款和其他应付款，无论由于什么原因形成，只要挂账时间超过三年，且无法证明该笔款项仍须支付，税务机关就有可能认定为"确已无法偿付的应付款项"，这属于《企业所得税法》中的其他收入中的一种特殊收入。因此，企业需要定期清理往来中的应付账款和其他应付款，需要支付的及时支付，的确不需要支付的应转入营业外收入及时确认收入、缴纳所得税，避免检查中被动确认收入，交罚款和滞纳金。

（五）胡乱对冲的往来处理风险

由于往来款项成因复杂，来源多样，很多往来科目会变成长期挂账的死科目，但这并不意味着可以随意处理，尤其是实际操作中很多企业财务人员发现问题无法简单解决，随意调整分属不同主体的往来，甚至胡乱对冲资产和负债科目，不处理还好，这样随意且无根据处理反而会使得隐藏的问题迅速浮出水面，风险直接爆发。

往来款项是企业账务核算中的重要对象，必须在核算之初就做好判断，准备资料，规范核算，并考虑未来的消化和处理，而不是目光短浅，只有这样才能确保将往来科目核算的涉税风险降到最低。

三、关联企业之间借款处理

多数企业在生产经营过程中会发生资金拆借，因为向关联企业拆借资金最便捷，也就最为普遍，尤其是集团性企业与下属子公司、分支机构之间进行资金拆借。但是，常常由于财务人员对于政策把握不到位，税务处理不及时、不规范，而产生涉税风险。

（一）关联企业间无偿借款的涉税风险

根据《税收征收管理法》第三十六条规定：企业或者外国企业在中国境内设立的从事生产、经营的机构、场所与其关联企业之间的业务往来，应当按照独立企业之间的业务往来收取或者支付价款、费用。不按照独立企业之间的业务往来收取或者支付价款、费用，而减少其应纳税的收入或者所得额的，税务机关有权进行合理调整。

《税收征收管理法实施细则》第五十四条第二款规定，纳税人与其关联企业之间的业务往来有下列情形之一的，税务机关可以调整其应纳税额：融通资金所支付或者收取的利息超过或者低于没有关联关系的企业之间所能同意的数额，或者利率超过或者低于同类业务的正常利率。

根据上述规定，关联企业之间的资金划拨，如果没有按独立企业之间的往来正常收取利息，则税务机关有权根据《税收征收管理法》调整应纳税额，并作出相应处理。

关联企业间无偿借款的涉税风险主要有下面两方面：

（1）从增值税方面看：企业之间的无偿借款根据《税收征收管理法》及《税收征收管理法实施细则》的相关规定，依据财税〔2016〕36号文件适用"贷款服务"税率征收增值税，符合财税〔2016〕36号附件3《营业税改征增值税试点过渡政策的规定》中"统借统还"业务的除外。

（2）从企业所得税方面看：根据《企业所得税法》第四十一条，企业与其关联方之间的业务往来，不符合独立交易原则而减少企业或者其关联方应纳税收入或者所得额的，税务机关有权按照合理方法调整。值得注意的是，如果无偿借款企业之间存在企业所得税税负差，需要调整相对应借贷企业的收入或成本费用。

（二）关联企业间高利息借款的涉税风险

【案例】

张飞的牛肉公司与刘备的鞋业公司共同出资成立"蜀国桃园公司"，注册资本1000万元，后由于经营需要，蜀国桃园公司需要一笔款项发展业务，但由于初创企业无法贷款，特向张飞的牛肉公司借款500万元，年利率18%。据了解，同期同类贷款利率为8%。后蜀国桃园公司对于该笔贷款利息支出，全部在税前予以扣除。

本案中，蜀国桃园公司对于该笔贷款的利息支出的税前处理存在一定的税务风险，根据《企业所得税法实施条例》第三十八条第二项规定，非金融企业向非金融企业借款的利息支出，不超过按照金融企业同期同类贷款利率计算的数额的部分，准予扣除。也就是说，蜀国桃园公司对于该笔贷款利息支出只能扣除同期贷款利率范围内的部分，多余部分不应在税前予以扣除。

四、企业隐存的万丈深渊——税务

企业经营是一个非常复杂的事情，从商业模式到产品设计，从技术研发到市场推广，从资金融入到股权安排，每个环节都有可能成为决定企业胜败的关键，企业管理者对于这些已经非常熟悉了，在经营中也会时时刻刻予以关注，但往往会忽视另一个隐形的坑儿，那就是税务。很多企业家朋友认为税务是会计的事，会计专业了就可以处理好，认真做账、认真报税就不会有问题。

事实上，税务贯穿企业发展整个过程。如果说商业模式、业务拓展、架构设计是企业发展大河中激昂的浪头，那么税务就是大河深处的潜流，为业务活动提供信息统计、风险控制和决策支撑。企业家常常聚焦翻滚的浪头，却忘记了河流深处还有不易察觉的潜流，从而认识不足，重视不够，最终栽了跟头。

（一）账务系统虚假的风险

账务系统是财务工作的核心，无论外部税务机关还是内部的管理部门，都依赖账务系统获取信息支撑。经营活动形成协议、发票、资金流、货物流等证据链条，财务人员再依据这些证据链条进行会计处理，形成会计凭证，最终根据会计凭证的复式记账法形成明细账和总账，对总账的汇总就形成了我们俗称的"三张表"（资产负债表、损益表和现金流量表）。实务中，企业在经营中常常出现账务系统虚假甚至混乱的问题，有的为了隐瞒收入形成"两套账"，有的干脆只有一套面对税务机关的虚假账务，还有的在账务中随意列入虚假的凭证。这些都会导致账务系统无法客观真实反映企业实际经营状况，税务机关一旦检查，风险频发。

其中"两套账"是首当其冲的，可谓"万丈深渊"。"两套账"是一种通俗的叫法，分为内账和外账。内账，可以理解为企业内部管理账，是能够真实反映公司经营状况的账目，仅企业负责人可以查阅。外账，即对外公开的工商税务账，是经会计人员"加工"而成，用于向税务机关申报纳税、向企业员工和投资者公开的账目。

从形式上看，外账符合会计准则与法律法规的形式要求，实质上并不能反映企业真实的经营状况。在某些情况下，外账会虚增收入与利润，例如少数上市公司年报造假。而大部分是相反的情况：减少收入、增加支出，以达到少纳税款的目的。搞"两套账"可能得承担行政责任与刑事责任，其中，行政责任包括补缴税款、滞纳金与税务行政处罚；刑事方面则可能构成偷税罪和隐匿、故意销毁会计凭证、会计账簿罪以及其他一些经济类犯罪。

（二）内控制度不完善，会计资料不完整

一方面，企业岗位安排混乱，一人多岗、人员混岗现象严重，财务方面缺少应有的职能部门，会计资料缺少该有的内容或者直接就是记录混乱、没有体系可言，财务报表不能全面准确地反映企业的真实信息，容易出现会计造假现象。有的企业内控系统不够成熟，存在内控体系控制不到的业务，监管部与业务部、财务部之间缺乏有效的协调，存在内控漏洞。

另一方面，有的企业缺乏完善的、符合实际情况的制度，不重视内部体制的建立，影响企业的长远发展。在财务方面，存在内控系统有缺陷、管理系统权限不明确、审批程序设置混乱等，导致执行不到位。财务人员只会进行机械的统计工作，很难找到财务问题，即使发现了问题，也不能将风险扼杀在萌芽状态。

（三）税务决策风险

在经营中，很多决策都可能引发税务风险，比如商业模式的设计、股权架构的设计、企业财产转让、对外投资行为等。可以说，企业经营过程中的任何一个环节都离不开税务。

实践中，很多企业在初创阶段，选择用第三方机构代理进行财务、税务管理。有些企业选择低价格、低品质的代理记账，这些代理连基础工作都没有办法完全做好，更谈不上支持财务和税务决策。有的企业虽然有自己的专职财务人员，但是由于企业的理念和财务自身能力的局限，也在税务方面造成极大的风险。还有的企业认为，做大了才需要财务制度、税务制度，殊不知，企业更需要从一开始就进行各种策划和决算，否则只会使小的失误演变成巨大的风险。

五、税收策划风险知多少

企业经营离不开纳税，如何合理地少纳税，成为企业经营者日益关心的问题。但是税收策划能否做到对法律的准确把握和取得执法者对企业税收策划方案的认同，又是否会偏离企业利益最大化目标呢？是否会成为新的企业风险点呢？

首先来看什么是风险。所谓的风险，就是不确定性。比如，我们做好了策划方案，可能会面对不确定性，这些不确定性就是风险。所以，税收策划也是有风险的。那有哪些风险呢？

（一）来自企业自身的税收策划风险

1. 企业经营者自身的依法纳税意识低

如果企业经营者自身依法纳税意识很强，税收策划的目的很明确，就是通过策划，降低企业涉税费用和风险，实现优化纳税，那么只要策划人员严格按法律法规进行精心策划，策划风险一般不高。但是，有的企业经营者纳税意识淡薄或者对税收策划有误解，认为策划的目的是通过所谓的"策划"尽可能地少缴或不缴税，甚至授意或唆使策划人员通过非法手段达到少缴税的目的，这本质就变成了偷税，使策划风险上升。

在股权转让过程中，当事人签署两份转让价格不一样的股权转让合同逃避纳税的现象屡见不鲜。我们将两份内容不一样的合同称为"阴阳合同"，其中对内的为"阴合同"，股权转让价格等内容意思表示真实；对外的为"阳合同"，股权转让价格不是真实意思表示，用于变更登记和申报纳税。这种所谓的"策划"，是典型的违法行为。

2. 企业财务管理人员操作风险

财务管理人员在进行企业税收策划过程中，存在思想和行为不符合现实情况的现象，容易在操作过程中出现一些失误，同时部分财务管理人员缺乏财务知识积累，不能及时了解税法的变化，制定的税收策划方案不合理不合法，使操作风险加大，造成企业损失和国家的利益受损。

3. 策划人员职业道德风险

税收策划人员的职业道德和职业操守会影响其工作态度、对风险的判断，对策划的最终结果有着重要的影响。如果税收策划人员素质差，不严肃认真，工作得过且过，会导致企业面临很高的策划风险。如果税收策划人员认真负责，善于思考和沟通，及时学习最新专业知识，就会降低企业的税收策划风险。

4. 企业内部执行风险

企业做好了税收策划方案，也可能在内部执行的时候出现偏差，结果没有达到税务机关的要求、税务政策的要求，最终不能实现税收策划的目的。

【案例】

蜀国桃园公司因为经营的需要，需要向农民收购农产品，这种业务就可以采用两种税收策划方式。

第一种：让卖农产品的农民到税务机关去申请代开农副产品的销售发票。依据税收政策，农民卖农产品免征增值税，免征个人所得税。所以，他们去申请代开发票，也不需要交税。但存在的问题是，这么多的农民，让一个个农民自己到税务机关去申请代开发票，实务操作中就有了一定的难度，所以蜀国桃园公司没有选择这种方法。

第二种：由蜀国桃园公司向税务机关申请农副产品的收购发票。那么，在公司向农民收购农副产品的时候，收购企业向农民开具收购发票。买鸡蛋，就向农民开具收购鸡蛋的发票；买青菜，就向农民开具收购青菜的发票。开完以后，也是不用交增值税、个人所得税的。公司可以将这些发票作为成本的依据，并且根据增值税相关政策，计算相应的进项进行抵扣。

这样一对比，就会发现第二种方法比较容易实施，一是可以批量处理，二是自己开票，操作起来也容易控制。

于是，在实际操作过程中，蜀国桃园公司就按这种方式去操作。但问题是，税务机关对开具农副产品收购发票是有要求的，要求是收购的物品和发票必须一一对应，并且要获得对方的身份证信息，同时资金流也要对应。比如，在实际操作过程中，有时候涉及的人很多，量比较大，一线的操作人员为了避免麻烦，就可能不按照规定去操作而汇总开具收购发票。而这种汇总开具收购发票的方式，会因为没有达到开具农副产品收购发票的要求，最后不被税务机关认可，从而出现税务风险。

所以，即使税收策划方案是有依据的，操作方式本身也没有问题，但是执行人员在操作过程中也可能有偏差，从而导致税收策划失败，这也是税收策划面临的风险。

5. 税收策划与业务运营脱节

企业为了降低税务成本进行了税收策划，但是企业的业务运作却受到影响，这也是企业税收策划的一大风险。

我们看一个例子，有一家企业聘请顾问做税收策划方案，这个顾问建议企业把制造部分跟销售部分分离，分设销售公司，这样销售公司可以在有税收优惠政策的"税收洼地"设立，将来可以享受税收优惠。看起来这个主意非常不错，只要把销售公司分离出去，就可以享受税收优惠。

这个策划在税务上没有问题，操作上也可以实现，非常完美。但是在业务上却出现了问题，因为这家企业的客户都要求招投标。销售公司刚刚成立，没有成功的销售案例，也没有相应的资质，甚至可能连参加招投标的资格都没有，最后还得由制造企业参加招投标，由制造企业拿下订单，客户也只愿意跟制造企业结算货款，接受制造企业的发票。

所以，虽然策划顾问做出的这个方案很好，但是不能落地，从业务的角度来讲，它没有办法实现。这个例子说明企业做税收策划方案不能只想税务的问题，还要考虑业务。从业务、税务、法律、财务四个方面进行统筹，才是一个合理的税收策划方案。

（二）来自企业外部的税收策划风险

1. 税务稽查风险

在遇到税务稽查的时候，企业本以为天衣无缝的税收策划方案，可能受到税务机关的质疑，被推翻，甚至可能惹上税务问题。

比如，著名的新疆霍尔果斯，我们知道它是有税收优惠政策的。根据财政部、国家税务总局的通知，在霍尔果斯设立的、符合条件的企业，可以享受五年免征企业所得税的优惠政策。这个政策是国家制定的，有效期到2020年。问题是我们知道有很多设在新疆霍尔果斯的影视公司被税务机关稽查，他们的税收策划被否定了。为什么？影视行业在霍尔果斯本身是可以享受五年免征企业所得税的优惠政策的，这一点从政策的角度看没有问题。这些企业在霍尔果斯注册了相关的影视公司，并且办理了税务相关手续，按道理应该可以享受所得税的优惠政策，五年不交所得税，问题在哪里呢？

在于这些影视公司，在新疆霍尔果斯做的是虚拟注册。也就是说，虽然在当地注册了影视公司，但既没有实际的办公地址，也没有人员在当地办公，只是委托当地的第三方中介机构负责开具发票，负责申报纳税，然后享受免征所得税的优惠政策，而国家的这一项税收优惠政策是不支持虚拟注册的。后来很多企业进行了改进，在当地实际租赁场地，在当地聘请员工，按照当地的要求进行整改。整改后的企业，就可以继续享受免征所得税的优惠政策。没有达到标准的企业，则不能享受免征企业所得税的优惠政策。

目前国家税务总局公布的税收优惠政策，大多是不支持虚拟注册的。这就要求企业在进行税收策划的时候，一定要保持高度警惕。否则，辛辛苦苦做好的税收策划，落地了，执行了，结果在税务稽查的过程中被否定了。同时，根据税收政策，不符合条件就要补缴企业所得税，其结果可能比不做税收策划还要多。

2. 税务人员执法风险

由于税收法律存在不明晰性，而各级税务机关对相关法律或法定程序的理解不同，对税收策划也有不同的看法，因此带来税收策划风险。一方面，我国现有的税收法律、法规层次较多，部门规章和地方性法规众多，不便于全面掌握。另一方面，因为税务机关自由量裁权和解释权的存在，导致同一项策划方案，有的税务机关觉得是可行的，有的税务机关则认为是在非法避税或偷税。

3. 政策变动风险

政策变动,一是指国家的政策变动,二是指地方政府承诺的政策发生变动。一些地方政府为了发展本地经济,制定各种优惠政策吸引外地企业投资。当企业利用某一项政策的时候,一定要对该政策的趋势进行分析和判断,对当地税收环境、税务政策的稳定性进行分析和判断。如果政策变动,可能会带来非常大的负面影响。

地方税收优惠政策在合法性方面可能存在先天的不足,企业利用地方税收优惠政策前,应对违约风险、利益损失风险进行全面分析与评估,尽量利用国家其他优惠政策进行优化组合,实现合理合法降低税负的目的。

以上就是常见的税收策划风险。当然,我们不是说有风险企业就不去做税收策划了,税收策划的风险大部分是可控的。只要在税收策划的过程中考虑到策划风险,想到如何去防范,制定有效的税收策划方案,就能促进企业更好发展。

六、常见企业纳税九大误区

误区1:企业一次性收取三年的房租并开具发票,当年一次性确认收入

根据《国家税务总局关于贯彻落实企业所得税法若干税收问题的通知》第一条规定:根据《企业所得税法实施条例》第19条的规定,企业提供固定资产包装物或者其他有形资产的使用权取得的租金收入,应按交易合同或协议规定的承租人应付租金的日期确认收入的实现。其中,如果交易合同或协议中规定租赁期限跨年度,且租金提前一次性支付的,根据《实施条例》第九条规定的收入与费用配比原则,出租人可以对上述已确认的收入,在租赁期内分期均匀计入相关年度收入。出租方如未在我国境内设有机构场所,且采取据实申报缴纳企业所得税的非居民企业,也按本条规定执行。

根据上述文件规定,企业提供固定资产、包装物或者其他有形资产的使用权取得的租金收入,应按交易合同或协议规定的承租人应付租金的日期确认收入的实现。其中,如果交易合同或协议中规定租赁期限跨年度,且租金提前一次性支付的,根据《实施条例》第九条规定的收入和费用配比原则,出租人可以对上述已确认的收入,在租赁期内分期均匀计入相关年度收入,不需要一次性当年确认收入。

误区2:增值税视同销售行为,企业所得税不视同销售

从视同销售范围来看,增值税的视同销售只涉及货物和应税服务,不涉及加工、修理修配劳务,而企业所得税视同销售涵盖货物和劳务;从视同销售的内涵来看,增值税的视同销售不仅强调货物的用途,还要考虑货物的来源,企业所得税的视同销售,只强调货物的用途，与货物的来源无关。具体分析如下：

（1）将加工、修理修配等增值税应税劳务，用于捐赠、偿债、赞助、集资、广告、样品、职工福利或者利润分配。由于《增值税暂行条例实施细则》第四条规定的视同销售仅涉及货物，不涉及加工、修理修配劳务，故将加工、修理修配等增值税应税劳务用于捐赠、偿债、赞助、集资、广告、样品、职工福利或者利润分配在增值税上不视同销售，仅将无偿提供加工、修理劳务所消耗的原材料、燃料、动力等已经抵扣的进项税额转出处理，但依据《企业所得税法实施条例》第二十五条规定应视同销售缴纳企业所得税，在企业所得税汇算清缴时调整应纳税所得额。

（2）将货物用于不动产在建工程等。企业将货物用于不动产在建工程等，在企业内部使用不具有销售性质，货物的所有权并没有发生转移，只是资产的实物表现形式发生了变化，按《企业所得税法实施条例》的规定，不再视同销售缴纳企业所得税。按《增值税暂行条例》的规定，对于将企业的货物用于这些方面，视同销售，只做进项税额转出处理。

（3）将货物用于对外捐赠。企业将货物用于对外捐赠，按《企业所得税法实施条例》的规定要视同销售缴纳企业所得税；按《增值税暂行条例》的规定，对货物用于对外捐赠，无论货物是自产或委托加工收回的，还是外购的，在增值税上都要视同销售计提销项税额。

误区3：认缴制下投资未到位发生的利息支出在税前扣除

根据《国家税务总局关于企业投资者投资未到位而发生的利息支出企业所得税前扣除问题的批复》（国税函〔2009〕312号）规定，根据《中华人民共和国企业所得税法实施条例》第二十七条规定，凡企业投资者在规定期限内未缴足其应缴资本额的，该企业对外借款所发生的利息，相当于投资者实缴资本额与在规定期限内应缴资本额的差额应计付的利息，其他不属于企业合理的支出，应由企业投资者负担，不得在计算企业应纳税所得额时扣除。

所以，企业投资者在规定期限内未缴足其应缴资本额的，该企业对外借款所发生的利息，相当于投资者实缴资本额与在规定期限内应缴资本额的差额应计付的利息，其不属于企业合理的支出，应由企业投资者负担，不得在计算企业应纳税所得额时扣除。

误区4：加速折旧一定对企业有利

这个是错误的。实行加速折旧政策后，税前扣除的固定资产折旧费用与财务核算的固定资产折旧费用可能会不同，产生复杂的纳税调整，加之一些固定资产核算期延长，会增加会计核算负担和遵从风险，有些纳税人生产经营可能会受到一定影响。一些上市公司出于公司年度业绩披露或经营效益考核需要，选择实行加速折旧优惠政策的积极性也不高。

此外，加速折旧虽然是一项税收优惠政策，但只是形成暂时性差异，只能延迟纳税，不能减少纳税。前期税前扣除的折旧额多，纳税少，后期税前扣除的折旧额少，纳税多，但纳税总额是不变的。对亏损企业和享受定期减免税额的企业来说，选择加速折旧优惠政策的意义不大。

享受税收优惠是纳税人的一项权利，纳税人可以自主选择是否享受优惠。因此，企业在利用加速折旧时，应该综合考虑。比如企业处于五免三减半的免税期，如果使用固定资产加速折旧，前期少缴的税款都被免掉了，等过了减免期又要多缴税款，显然是不合适的。

误区5：所有的工资、薪金都能税前扣除

根据税收相关规定，合理的工资、薪金要符合一定的标准，而这些标准由税务机关来确定。

（1）合理的工资、薪金支出，准予扣除，还需实际发放。按照税收政策规定，不能在税前扣除的工资、薪金总额，如已计提尚未发放的工资、薪金，应进行纳税调增。

（2）工资、薪金包括基本工资、奖金、津贴、补贴、年终加薪、加班工资以及与员工任职或者受雇有关的其他支出，不包括企业的职工福利费、职工教育经费、工会经费以及养老保险费、医疗保险费、失业保险费、工伤保险费、生育保险费等社会保险费和住房公积金。

（3）列入企业员工工资、薪金制度，固定与工资薪金一起发放的福利性补贴，符合《国家税务总局关于企业工资、薪金及职工福利费扣除问题的通知》第一条规定的，可作为企业发放的工资、薪金支出，按规定在税前扣除。

（4）企业在年度汇算清缴结束前向员工实际支付的，已预提汇缴年度工资、薪金，准予在汇缴年度按规定扣除。

（5）根据税法规定，由企业确认地通过预计负债而计入费用的辞退福利不能作为工资、薪金税前扣除。

（6）离退休人员的退休工资等相关支出不得在税前扣除。

（7）税前扣除的工资、薪金支出应足额扣缴个人所得税。

（8）企业因雇用季节工、临时工、实习生、返聘离退休人员以及接受外部劳务派遣用工所实际发生的费用，应区分为工资、薪金支出和职工福利支出。

（9）属于国有性质的企业，其工资、薪金不得超过政府有关部门给予的限定数额，超

过部分不得计入企业工资、薪金总额，也不得在计算企业应纳税所得额时扣除。

误区6：企业筹建期获取的进项税额都可以抵扣

根据《增值税暂行条例》的规定，企业筹建期间获取的增值税专用发票，只要其用途不属于不得从销项税额中抵扣的范围，那么取得的增值税专用发票就可以抵扣进项税额。

在实务操作中，进项税额是否可以抵扣与企业是否处于筹建期没有关系，根据《增值税一般纳税人资格认定管理办法》和国家税务总局公告2015年第18号文等文件的规定，增值税进项税额是否可以抵扣取决于是否取得一般纳税人资格。所以，筹建期获取的进项税额都可以抵扣，是税收策划的一个误区。

误区7：一般纳税人不可以享受小型微利企业税收优惠政策

企业所得税涉及的小型微利企业和增值税一般纳税人不同，属于不同税种的纳税人分类，且认定和分类标准也不一样。企业所得税涉及的小型微利企业的认定标准有年度应纳税所得额、从业人数和资产总额三个。而增值税纳税人是按照经营规模的大小和会计核算健全与否等标准，分为一般纳税人和小规模纳税人。企业所得税法及实施条例的规定中并没有规定符合条件的小型微利企业必须是增值税小规模纳税人，因此，增值税一般纳税人只要符合小型微利企业的条件，也可以享受小型微利企业的税收优惠政策。在这里特别提醒，增值税小规模纳税人不一定就是企业所得税规定的小型微利企业。

误区8：合同约定了对方承担税款，纳税人就可以不履行纳税义务

企业可能会与合作方约定，将纳税义务转嫁由对方来承担。但根据《中华人民共和国民法典》的相关规定，合同条款若与法律法规相抵触，不受法律的保护。

以销售不动产为例，纳税人销售不动产的营业额为纳税人销售不动产时从购买方取得的全部价款和价外费用，房地产开发公司作为纳税人，应当按照《中华人民共和国税收征收管理法》有关规定如实纳税。如果房地产开发公司通过合同将纳税义务转移给买受人，这样的税款承担约定对合同双方以外的税务部门不产生任何法律效力。也就是说，合同双方在合同中约定由某方缴纳税款，并不能改变税款纳税主体，也不能免除纳税主体的纳税义务。纳税主体的纳税义务不会因合同约定而转移。所以，在履行合同时，应当按照税法规定履行纳税义务，以免遭受不必要的损失。

误区9：开了发票，企业所得税就要确认收入

纳税义务发生的时间，是指税法规定的纳税人应当承担纳税义务的时间，不同税种的纳税义务发生的时间不尽相同。

比如销售商品，如果提前开具发票，开具发票的当天也就是确认增值税纳税义务发生的时间，按照规定需要缴纳增值税。但销售商品时，需同时满足国税函〔2008〕875号文第一条规定的条件："采取预收款方式的，在发出商品时确认收入。"因此，采取预收款方式销售商品，先开具发票，虽然商品未交付但按规定要缴纳增值税，企业所得税处理上则不需要确认收入。

从上述有关企业所得税收入确认时间的规定可以看出，不存在类似流转税的纳税义务发生时间中"先开具发票的，为开具发票的当天"的规定。也就是说，开具发票不是企业所得税的收入确认时间。比如租赁期限跨年度，且租金提前一次性支付的，根据《企业所得税法实施条例》第九条规定的收入与费用配比原则，出租人可以对上述已确认的收入在租赁期内分期均匀计入相关年度收入。

第三节　税收策划常见思维

企业减少税负的税收策划方案有很多种，总结一下，目前最常用的方式有下列几种：税收优惠政策策划、组织形式策划、纳税时间策划、交易模式策划、合同签订策划、空间地域策划、用工方式策划、设立环节税收策划等，这些税收策划方式并不是孤立存在的，也不是只能单独采用。税收策划更像是一盘棋，只有系统地、全面地考虑，才能真正促进企业的发展，起到合规减税的效果，否则只会按下葫芦浮起瓢。

一、税收优惠政策策划

利用优惠政策策划法，是指纳税人凭借国家税法规定的优惠政策进行税务策划的方法。

税收优惠政策是指税法给予符合特定条件的纳税人鼓励和照顾的特殊规定。具体而言，国家为了扶持某些特定产业、行业、地区、企业和产品，或者对某些有实际困难的纳税人给予照顾，在税法中做出某些特殊规定，比如，免除其应缴的全部或部分税款，或者按照其缴纳税款的一定比例给予返还等，从而减轻其负担。

（一）利用优惠政策策划的方法

1. 直接利用国家政策策划法

国家为了促进经济的发展，总会制定许多税收优惠政策。对于企业利用这些税收优惠政策进行策划，国家是支持与鼓励的，因此，纳税人可以光明正大地利用优惠政策为自己的生产经营活动服务。

2. 创造条件策划法

实务中，企业或个人很难完全符合税收优惠条件，总会有某项或某几项正好差一些，这时，企业或个人就得想办法创造条件使自己符合税收优惠规定或者通过挂靠某些能享受优惠待遇的企业或产业、行业，使自己符合优惠条件，从而享受优惠待遇。

【案例】

全民关注的电影《战狼2》，2017年票房高达54.6亿元，雄踞票房榜首。导演兼主演吴某在新疆霍尔果斯成立了一家文化公司，即登峰国际文化传播有限公司。而霍尔果斯是当时税收优惠最全面的地方，最大的优惠就是企业所得税五年之内全免。

按照《战狼2》54.6亿元的总票房来算，根据协议，吴某分得18.4亿元，如果没有税收优惠，那么本该按照25%的企业所得税税率缴纳税款，企业所得税税前可扣除项目金额为2.7亿元。

根据税法规定，企业所得税应纳税款为：（18.4-2.7）×25%=3.93（亿元）。

如果注册在霍尔果斯，企业应纳税款则为：（18.4-2.7）×0%=0（亿元）。

吴某通过税收优惠政策策划节省了3.93亿元的企业所得税。

通过以上安排，纳税人确实可以实现节税的目的，但值得注意的是，纳税人在进行税收策划的过程中要尽量做到实质与形式相吻合，否则将面临更大的税务风险。

（二）主要的优惠政策

（1）免税。相应的税收策划方法指在合法、合理的情况下，使纳税人成为免税人，或使纳税人从事免税活动，或使征税对象成为免税对象，而免纳税收的税收策划方法。

（2）减税。相应的税收策划方法指在合法、合理的情况下，使纳税人减少应纳税收而直接节税的税收策划方法。

（3）税率差异。相应的税收策划方法指在合法、合理的情况下，利用税率的差异而直接节税的税收策划方法。

（4）税收扣除。相应的税收策划方法指在合法、合理的情况下，使扣除额增加而实现直接节税，或调整各计税期的扣除额而实现相对节税的税务策划方法。

（5）税收抵免。相应的税收策划方法指在合法、合理的情况下，使税收抵免额增加而节税的税收策划方法。

（6）退税。相应的税收策划方法指在合法、合理的情况下，使税务机关退还纳税人已纳税款而直接节税的税收策划方法。

（三）应注意的事项

尽量挖掘信息源，多渠道获取税收优惠政策，充分利用税收优惠政策；利用优惠政策策划应在税收法律、法规允许的范围之内，采用各种合法的或非违法的手段；尽量与税务机关保持良好的沟通。

二、纳税人组织形式策划

因组织形式不同，企业整体的税收负担也会存在很大的差异，企业进行税收策划的方式也就很多。

企业组织形式不一样，税收策划效果也不一样。有效的预先安排，可以避免未来产生不可逆转的后果。

1. 企业成立之初，选择适当的企业组织形式

企业的组织形式多种多样，可以是投资者需要承担无限责任的经营主体，可以是投资者需要承担有限责任的经营主体，也可以是双方的综合。投资者需要承担无限责任的经营主体包括个体经营者、个人独资企业。投资者需要承担有限责任的经营主体有一人有限公司、两人以上有限责任公司、股份有限公司等。双方的综合形式为有限合伙企业。

其中，投资者需要承担无限责任的经营主体不需要缴纳企业所得税，只需要投资者缴纳个人所得税，但投资者对经营主体在经营中产生的债务承担无限连带责任；投资者需要承担有限责任的经营主体实行双重纳税，包括企业所得税和投资者的个人所得税，同时，投资者以认缴出资的注册资本为限，对经营主体的债务负担有限责任。

不同组织形式的企业有不同范围的权利和责任，它们在税收策划过程中也可能扮演"不同角色"。清晰理解企业的不同组织形态，就可以利用组织形式来进行税收策划。

例如，有限责任公司和个人独资企业在税收策划方面可操作的空间差别很大，具体表现在：个人独资和有限责任公司的区别主要在企业所得税这一方面，有限公司一般只适用查账征收的方式，查账后缴纳企业所得税，正常的税率为净利润的25%；缴纳企业所得税后的部分再分红给股东，还需要缴纳20%的个人所得税。而个人独资企业适用查账征收和核定征收两种方式，只需要缴纳个人所得税，不需要缴纳企业所得税，查账征收一般适用5%—35%的经营所得个人所得税税率；个人独资企业如果申请核定征收的方式，缴纳的税额会更少，所得税税率可以降至0.5%—2.1%。

许多地方政府或经济开发区为了吸引区域外的企业到当地投资入驻，给予个人独资企业很多特殊的税收优惠政策。无论是大企业股东还是自由职业者等高收入者，都可以成立个人工作室等个人独资企业，作为税收策划的工具。

2. 利用股东结构进行税收策划

企业的股东可以是自然人，也可以是有限公司、合伙企业，以不同的主体作为股东，则呈现的税负承担结果也不同。

一般情况下，作为上市公司持股主体的持股平台公司进行减持，将减持款分配至股东个人账户时，按规定需要缴纳三种税：增值税、企业所得税、个人所得税，综合税负有可能高达40%。如果持股主体由有限公司改为有限合伙企业，企业所得税为0。如果再迁至税收洼地，能够享受所得税核定征收或返还的政策，与常规相比，会出现较大程度的不同。

总之，利用企业组织形式实现税收策划是每个准纳税人在正式注册成立前必须考虑与分析的。这就要求投资人在确定组织形式前充分做好调研工作，收集经营投资所在地和关联方所在地的经济、法律以及行业状况等信息，模拟计算综合税负，分析风险，为选择具体组织形式做好准备工作。调研内容主要包括不同地区、不同经营模式适用的法规和政策差异，尤其是各类减免政策。只有这样，投资人才可以未雨绸缪，抢占先机，依靠税务策划赢在起跑线上。

三、纳税时间策划

在法律允许的范围内合理安排纳税时间，是一种经常用到的有效的税收策划方法。

笔者将从企业所得税的角度对这一税收策划方法进行阐述。对于企业来说，企业所得税可谓无可争议的一大税种，所以对于企业所得税的税收策划的意义就显得更加重大。纳税时间策划具体有以下几种：

（一）延期纳税

在合法条件下，企业可以尽量延期纳税，因为纳税人延期缴纳本期税款，就相当于得到了一笔无息贷款。也就是说，纳税人在本期有更多的资金可用于生产，获得更多的利润，相当于间接节减了税款。推迟所得税纳税期的方法有两种，一种是想办法推迟企业收入的实现，另一种就是尽量提前扣除项目的列支。具体方法有如下：

（1）推迟销售收入的实现。销售收入的实现一般情况下是以企业将产品卖出去并取得货款的凭证为依据，如果企业的现售行为发生在月末或年末，企业当月或当年的所得税就会增加，如果企业将销售推到次月或次年，那么纳税时间就延后了。但是企业不可能也不会为了推迟纳税而不去销售货物或者不收取货款，这样不利于企业的持续发展，也可能因此造成一大批客户的流失，而且企业如果推迟收款也不利于企业资金周转。但是如果企业做过税收策划的话，这个问题就很好解决，那就是企业可以先发出商品，推迟结算，而以预收账款处理收款。

（2）推迟分期付款销售收入的实现。分期付款销售商品以合同约定的收款日期确认收入的实现，合同约定收款日期与实际收款日期可以不一样，企业经过策划可以很容易地实现及时回笼资金，又推迟收入实现。

（3）推迟长期工程收入的实现。比如建筑、安装、装配工程等，持续时间超过一年的，按完工进度和完成的工作量确认收入的实现，因而在收入的实现时间上，企业具有很大的自主性，可以尽量推迟收入实现。

（二）合理选择纳税年度

企业可以恰当选择享受税收优惠的第一个年度。企业所得税的一些定期优惠政策是从企业取得生产经营所得的年度开始适用的，如果企业从年度中间甚至年底开始生产经营，则该年度将作为企业享受税收优惠政策的第一年，由于该年度的生产经营所得非常少，因此企业是否享受减免税政策意义并不是很大，所以，企业应当恰当选择享受税收优惠的第一个年度，适当提前或者推迟生产经营活动，最大限度地用好税收优惠政策。

（三）合理选择清算日

根据法律规定，企业清算当年应当划分为两个纳税年度清算，从当年1月1日到清算开始日为一个生产经营纳税年度，从清算开始日到清算结束日的清算期间为一个清算纳税年度。清算日期的选择往往会影响两个纳税年度的应税所得，从而影响企业的所得税。所以，合理选择清算日，也是税收策划中纳税时间策划的一种常见模式。

四、业务转化、转移方式策划

业务转化方式策划是指企业在进行税收策划的时候，能够正确地、灵活地转化购买、销售、运输、建房等业务，如无形资产转让可以合理转化为投资或合营业务，工程招标中介可以合理转化为转包人，甚至还有企业雇员与非雇员之间的相互转化……

业务转移税收策划方法有：

（1）企业可以找到一个企业所得税税率比较低的税收洼地，然后将所有业务都转移到税收洼地去，这样就能够适用低税率，从而减少企业的税费支出，实现企业利益最大化。

（2）企业可以将高利润的业务转移到税率洼地，设立新公司，这样就能够有效减少税费支出。

注意，做业务转化、转移税收策划的时候，一定要在法律允许的范围之内。

五、费用扣除的税务策划

在税收法律法规和政策允许的范围内，企业应当尽可能列支当期发生的费用，减少应缴纳的所得税。

《企业所得税法》允许税前扣除的费用有三种：一是允许据实全额扣除的项目，包括合理的工资、薪金支出，企业可以按照法律、行政法规的相关规定提前用于环境保护、生态恢复等方面的专项资金，向金融机构借款的利息支出等。这类费用应当列足用够。二是有比例限制的可以部分扣除的项目，包括公益性捐赠支出、业务招待费、广告宣传费、工会经费等。企业应当控制这些支出的规模和比例，保持在可扣除的范围内，超额的部分，税法不允许在税前扣除，要并入利润，在扣除时应注意控制额度，避免增加税费负担。三是允许加计扣除的项目，包括企业的研发费用和企业安置残疾人员所支付的工资等，经营中可以考虑适当增加这类支出的额度，充分发挥其抵税的作用。

六、合同签订策划

合同是平等的民事主体之间发生权利义务关系的重要法律凭证，是对合同双方的一个法律约束，更是企业进行税务事项管理的重要工具。合同的签订方式和内容与企业的税务成本有着不可分割的联系，可以说，合同决定企业的业务流程，决定企业的账务和税务处理，因此，签订合同的同时应当进行涉税分析，将合同作为企业税收策划的重要工具。

通过策划，一方面可以有效化解合同中隐藏的涉税风险，另一方面可以获得税收效益，让企业少交税、晚交税或不交税。税收策划的很多方法，如组织形式、纳税时间、业务转化等，都要通过合同实现。

（一）简易计税的灵活运用

在现实中，很多业务可以选择一般计税，也可以选择简易计税。如仓储服务的增值税税率，采用一般计税就是6%，选择简易计税就是3%；出租不动产，一般计税就是9%，符合条件的选择简易计税就是5%；混凝土生产企业（仅限于以水泥为原料生产的水泥混凝土），一般计税就是13%，选择简易计税就是3%；销售自产建筑用和生产建筑材料所用的砂、土、石料，采用一般计税就是13%，选择简易计税就是3%；公共交通运输服务（包括滴滴打车、曹操打车等网约车），采用一般计税就是9%，选择简易计税就是3%；建筑服务，采用一般计税就是9%，符合条件的选择简易计税就是3%。

在建筑安装工程中，一般纳税人提供的建筑服务，可以选择适用增值税简易计税方法的情形有三种：为建筑工程老项目提供的建筑服务、为甲供工程提供的建筑服务和以清包工方式提供的建筑服务。另外，建筑工程总承包单位为房屋建筑的地基与基础、主体结构提供工程服务，建设单位自行采购全部或部分钢材、混凝土、砌体材料、预制构件的，适用简易计税方法计税。

例如，《财政部、国家税务总局关于全面推开营业税改征增值税试点的通知》（财税〔2016〕36号）附件2《营业税改征增值税试点有关事项的规定》："一般纳税人为甲供工程提供的建筑服务，可以选择适用简易计税方法计税。"就是说，只要有"甲供材"的情形，无论甲供材的比例、数额是多少，施工企业就有一定的选择权，既可以选择一般计税，也可以选择按3%的税率简易计税。对施工企业而言，当从事房建工程、路桥工程和装修工程时，原则上，如果施工企业采购的物资材料占工程总造价比例大于百分之六十，选择一般计税方法较为有利，如果施工企业采购的物资材料占工程总造价比例小于百分之六十，则选择简易计税较为有利。因此，施工企业在签订建筑安装工程施工合同前，就应当进行税负测算，与发包方协商在合同中约定选择一般计税方法还是简易计税方法，从而避免发包方与施工方多缴税款。

一般而言，何时选择简易计税，要结合对经营的影响来确定，如果销售对象主要是个人消费者，或非增值税纳税单位，则可以选择简易计税方法，如果销售对象主要是增值税纳税企业，则要慎重选择计税方法。

（二）合同服务性质的选择

不同服务适用的税率会有所不同，在签订合同时，就应当针对合同业务的性质进行税务策划。

例如，企业有时由于业务需要，会租赁车辆。在签订租车协议时，如果从税务的角度去考虑，可以有两种不同的模式，第一种是单纯租赁车辆，这种在增值税政策里面属于动产的租赁，一般纳税人适用13%的增值税税率，第二种租车模式是除了租车还会配备司机，这种配备司机的租车服务属于运输服务，作为出租方的一般纳税人是按照9%的税率缴纳增值税。对于车辆出租方和承租方，如果能事前商讨车辆租赁模式，可以有效减轻负担，如果合同中描述不清楚，则应当按动产租赁缴纳13%的增值税，对于交易双方，都可能增加税负。

（三）分开列合同事项

税法规定，对于由受托方提供原材料的加工或定作合同，若在合同中分别列加工费和原材料费用，则应当分别根据加工承揽合同、购销合同计税，其中，加工费根据加工承揽合同适用0.5‰的税率计税贴花，原材料费用根据购销合同适用0.3‰的税率计税贴花，上述两项税额合计，即为合同应贴印花税税额；若合同中没有分别列加工费和原材料费用，则从高适用税率，即全部以加工承揽合同适用0.5‰的税率计税贴花。

企业在签订由受托方提供原材料的加工或定作合同时，应当在合同中将受托方收取的加工费与所提供的原材料费用分列，这样便能够达到降低印花税税负的目的。

（四）合同决定纳税时间

在买卖合同中，货物交付与款项支付时间往往是必备条款，其约定直接影响增值税的纳税义务发生时间。通过对交货时间、款项支付时间的策划，可以有效地对增值税缴纳时间进行调整。

对于直接收款销售货物的，纳税义务发生时间有四种情形：货物已发出，收到款项，纳税义务发生；货物已发出，没有收到款项，但已到合同约定的收款日，纳税义务发生；货物未发出，收到款项，纳税义务发生；货物未发出，没有收到款项，但已到合同约定的收款日，纳税义务发生。

对于分期收款销售货物的，纳税义务发生时间有三种情形：货物已发出，收到款项，纳税义务发生；货物已发出，合同约定收款日，纳税义务发生；货物已发出，合同未约定收款日，发出货物时，纳税义务发生。

（五）价格约定有技巧

在签订合同时，价格条款中应明确价格是含税还是不含税。业务人员在签订合同时往往不注重税务管理，只注意在合同中写明价钱，却没有明确价格是否含税。而含税与不含税将直接影响税额或抵扣额。

（六）合同要明确税收的实际承担者

在合同中，合同当事人可以对税费负担进行约定，这种约定只要不违反税收法律、行政法规对于税种、税率等要素的强制性规范，不损害国家税收利益，且不违反我国《民法典》的相关规定，则该约定在合同当事人之间有效，形成合法有效的债权债务关系。但这种合同条款的效力并不影响税务机关的征税活动，法定纳税人不能以此约定为借口逃避纳税义务。纳税人依法缴纳税款后，可根据合同约定，实现相应的债权。

第二章　从经营环节看税收策划

第一节　增值税策划技巧

一、身份转换

公司注册完成以后，纳税人身份的选择也是摆在企业老板和财务人员面前的一道选择题，很多中小企业纳税人在身份选择上很被动，致使企业多缴了增值税。那么，到底要怎么选择呢？

我们知道，我国增值税的纳税人分为两类：一般纳税人和小规模纳税人。对一般纳税人实行凭票抵扣税款的制度，对其会计核算水平要求较高，管理也较为严格。对小规模纳税人实行简易征收办法，对纳税人的要求不高。一般纳税人所适用的增值税税率为13%（9%、6%），小规模纳税人所适用的征收率一般为3%。一般纳税人的进项税额可以抵扣，而小规模纳税人的进项税额不可以抵扣，一般纳税人可以使用增值税专用发票，而小规模纳税人不可以使用增值税专用发票。

由于一般纳税人和小规模纳税人税款计算方式是不同的，而且在这两种计算方法中，也许有一种对纳税人来说更加有利。于是，就可以将一般纳税人降格为小规模纳税人，或者有条件成为一般纳税人的不作一般纳税人认定，以便于纳税人进行税收策划。当然，也有可能存在本不符合一般纳税人条件的企业主动申请认定为一般纳税人，从而达到少缴纳税款的经济目的。

二、兼营销售

根据《增值税暂行条例》第三条的规定，纳税人兼营不同税率的项目，应当分别核算不同税率项目的销售额；未分别核算销售额的，从高适用税率。因此，纳税人兼营不同税率的项目时，一定要分开核算，否则会增加负担。

2019年4月1日起，增值税一般纳税人发生增值税应税销售行为或者进口货物，原适用

16%税率的，税率调整为13%；原适用10%税率的，税率调整为9%。纳税人购进农产品，原适用10%扣除率的，扣除率调整为9%。纳税人购进用于生产或者委托加工13%税率货物的农产品，按照10%的扣除率计算进项税额。原适用16%税率且出口退税率为16%的出口货物、劳务，出口退税率调整为13%；原适用10%税率且出口退税率为10%的出口货物、跨境应税行为，出口退税率调整为9%。适用13%税率的境外旅客购物离境退税物品，退税率为11%；适用9%税率的境外旅客购物离境退税物品，退税率为8%。

【案例】

某公司属于增值税一般纳税人，某月签订销售合同，合同约定销售钢材取得不含税销售额1800万元，销售农机设备取得不含税销售额200万元，合计2000万元。在这笔业务中，销售钢材适用的增值税税率为13%，销售农机适用的增值税税率为9%。

在未分别核算的情况下，需要从高适用13%的增值税税率，则企业应纳增值税为（1800+200）×13%=260万元。由于两种经营活动的税率不同，分别核算对企业有利，两种经营活动应当分别核算。这样，应纳增值税为1800×13%+200×9%=252万元。分别核算和未分别核算相差260-252=8万元。由此可见，分别核算可以为该公司减轻增值税税负8万元。

三、混合销售

根据《增值税暂行条例实施细则》第五条规定，一项销售行为如果既涉及货物又涉及非增值税应税劳务，为混合销售行为。从事货物的生产、批发或者零售的企业、企业性单位和个体工商户的混合销售行为，按照销售货物缴纳增值税；其他单位和个人的混合销售行为为视为销售非增值税应税劳务，不缴纳增值税。

从上述规定可以看出，不同性质的企业在发生混合销售行为时，在适用税率上是有区别的。也就是说，对于生产、批发、零售企业，发生混合销售行为，税负会上升；但如果是其他服务性单位，发生混合销售行为，税负反而会下降。

【案例】

某企业销售产品后，需要对客户的相关操作人员培训。如果根据混合销售的政策，该企业取得的全部收入都需要按照13%的税率缴纳增值税。这种情况下，企业可以成立一家负责培训的公司，对外提供后续服务。根据增值税相关政策，该企业无论是一般纳税人还是小规模纳税人，对外提供培训服务都可以选择简易计税，缴纳3%的增值税。当然，该分公司自己获得的进项不能抵扣，但对外可以开3%的增值税专用发票，客户取得专票后也可以进行抵扣。这样一来，产品收入和培训收入就可以适用不同的税率，分别交税，税比较低。

对企业进行专业化的组织是税收策划的重要途径。从现行税收制度的设计可以看出，政策精神对专业化生产和协作是认可和支持的，而对大而全的全能型企业，是从严的，对于制造型和销售型企业的混合销售行为，往往会征收税率较高的增值税。企业可以围绕专业分工进行设计，建立专业化服务公司，在财务上实行独立核算，在业务上与生产厂商直接挂钩，为客户提供配套服务，对销售关系与委托安装、委托维修服务等服务关系明确进行区分。

但是服务型的企业，跟制造型企业、销售型企业的税收策划方法是相反的。制造型企业、销售型企业要避免混合销售，尽量分开；而服务型企业应该利用混合销售按照服务征税的政策，尽量使用混合销售来促销，把销售混合到服务里。

【案例】

一家餐饮企业，主营业务就是提供餐饮服务，在提供餐饮服务的同时，现场也会销售一些加工好的工业成品食品。如果企业采取的模式是兼营销售，那么单独销售工业食品应当按13%的增值税税率交税，税是比较高的。通过策划，可以采用促销的方式，如果消费者达到一定的消费额度，可以赠送这种工业食品，或者消费者用餐后，另外增加一定的餐费就可以获得赠送的食品。这样处理以后，就变成在餐饮服务的同时赠送相关的食物，属于混合销售行为，按照6%的税率缴纳增值税，在一定程度上降低了税。

四、促销方式

销售的实现是企业盈利的第一环节，销售收入是影响企业税负的一个主要因素。企业在对外销售时，往往有折扣销售、赠物或返券销售等促销方式。好的促销手段能够给企业的生产经营活动带来直接的推动作用。

1. 打折销售

打折销售是零售业最常见的一种促销手段，即经营者在商品原价的基础上打一定折扣后销售，如服饰商品最常用的"全场七折""新款折"等促销方式。在增值税的核算上，打折销售是很好处理的，只需要将折扣额和销售额开在一张购物小票上，即可按折后价计算增值税。也就是说，税法认可企业的让利行为，企业虽然因为打折销售损失了一部分销售额，但增值税的税负也相应减轻。另外，税法规定，未在同一张发票"金额"栏内注明折扣额，而仅在发票的"备注"栏内注明折扣额的，折扣额不得从销售额中减除。

2. 降价销售

降价销售是指为了吸引消费者，直接将商品降价销售，也就是通常意义上的特价销售。这种方式下，只要发票上注明为特价销售，就可以按特价计税。如消费者购买原价为200元的商品，商家以100元降价销售，并在发票上分别注明原价及降价后的实际价格，就可以按照100元来计算增值税。从税收策划的角度来看，直接的降价销售是有利于企业税收策划的，只要企业按照税法规定将降价后的实际销售额和原价在同一张购物发票上注明即可。

3. 购买馈赠

购物返券是目前大型商业零售企业广泛应用的一种变相打折方式，即消费者购买一定金额的商品，即可获得相应的返券，凭该券可在商场内等同现金消费。还有价外馈赠，即购买一定数量的商品，即可获得相应的赠品，主要用于家用电器、化妆品等高价商品的促销。在税法中，价外馈赠的商品应视同销售，按所赠物品的市场价格来计税。这种促销方式本质上与购物返券的税务结果是相同的。

顾客购买价值1000元的商品，商家同样是让利300元，但采用不同的促销手段，对于商家来说税负却大不相同。因此，在做每一项经营决策时，先要进行相关的税收策划，以便降低税，获取最大的经济效益。

【案例】

某大型商场商品销售利润率为40%，销售1000元商品，其成本为600元。商场是增值税一般纳税人，消费者购货均能取得增值税发票。现为促销，欲采用三种方式：一是8折销售商品；二是购物满800元赠送价值200元的商品（成本120元，均为含税价）；三是购物1000元返还200元现金。

消费者购买一件价值1000元的商品，对于商家来说以上三种方式的应纳税情况及利润情况如下（不考虑城建及教育附加）：

1.8折销售，价值1000元的商品售价800元

应缴增值税800÷（1+13%）×13%−600÷（1+13%）×13%=23.01元。

2.购物满800元，赠送价值200元的商品

销售800元商品应缴增值税800÷(1+13%)×13%−480÷(1+13%)×13%=36.81元；

赠送200元商品视同销售，应缴增值税200÷(1+13%)×13%−120÷(1+13%)×13%=9.2元。

合计应缴增值税36.81+9.2=46.01元。

3.购物满1000元返还现金200元

应缴增值税1000÷（1+13%）×13%−600÷（1+13%）×13%=46.02元

另外，商场向顾客返还现金需代顾客缴纳个人所得税，即200÷（1−20%）×20%=50元。

合计应缴税费46.02+50=96.02元。

上述三个方案中，方案一最佳，方案二次之，方案三最差。但如果前提条件发生变化，则方案的优劣也会随之改变。

五、委托代销

根据《增值税暂行条例》第19条的规定，增值税纳税义务发生时间：（1）发生应税销售行为，为收讫销售款项或者取得索取销售款项凭据的当天；先开具发票的，为开具发票的当天；（2）进口货物，为报关进口的当天。

根据《增值税暂行条例实施细则》第38条的规定，收讫销售款项或者取得索取销售款项凭据的当天，按销售结算方式的不同，具体为：（1）采取直接方式销售货物，不论货物是否发出，均为收到销售款或者取得索取销售款凭据的当天。（2）采取托收承付和委托银行收款方式销售货物，为发出货物并办妥托收手续的当天。（3）采取赊销和分期收款方式销售货物，为书面合同约定的收款日期的当天，无书面合同或者书面合同没有约定收款日期的，为货物发出的当天。（4）采取预收货款方式销售货物，为货物发出的当天，但生产销售生产工期超过12个月的大型机械设备、船舶、飞机等货物，为收到预收款或者书面合同约定的收款日期的当天。（5）委托其他纳税人代销货物，为收到代销单位的代销清单或

者收到全部或者部分货款的当天。未收到代销清单及货款的，为发出代销货物满180天的当天。（6）销售应税劳务，为提供劳务同时收讫销售款或者取得索取销售款的凭据的当天。（7）纳税人发生视同销售货物行为，为货物移送的当天。

因此，纳税人可以充分利用上述增值税纳税义务发生时间的规定，通过适当调整结算方式进行税收策划。例如，采取赊销和分期收款方式销售货物时，若购买方在合同约定时间无法支付货款，则应当及时修改合同，以确保销售方在收到货款后再缴纳增值税。否则，销售方需要在合同约定的付款日期（但在该日期实际上并未收到货款）缴纳增值税。对于委托销售的，如果发出代销货物即将满180天仍然未收到代销清单及货款，则应当及时办理退货手续，否则就会发生增值税的纳税义务。

【案例】

甲公司委托乙公司代销一批货物。甲公司于2019年1月1日发出货物，2019年12月1日收到乙公司的代销清单和全部货款113万元。甲公司是按月缴纳增值税的企业。甲公司应当何时缴纳增值税？如何进行税收策划？

甲公司在发出代销货物满180天的当天，发生增值税的纳税义务。即2019年6月29日计算增值税，应纳增值税为113÷（1+13%）×13%=13万元。甲公司应当在7月15日之前缴纳13万元的增值税，如有进项税额，可以抵扣进项税额后再缴纳。

策划方案：甲公司为了避免在发出货物满180天时发生增值税的纳税义务，可以在发出货物179天时，即2019年6月28日与乙公司协商退还代销的货物，然后在2019年七月与乙公司重新办理代销货物手续。这样甲公司就可以在实际收到代销清单及113万元的货款时，计算13万元的增值税销项税额，并于2020年的1月15日之前缴纳13万元的增值税。

六、甲供工程与清包工

一般纳税人为甲供工程提供的建筑服务，可以选择适用简易计税方法计税。甲供工程，是指全部或部分设备、材料、动力由工程发包方自行采购的建筑工程。一般纳税人只有采取甲供工程的方式提供建筑服务，才能选择适用简易计税方法计税，否则应当按照一般计税方法计税。当然，具体哪一种方式更能节税，应当综合考虑工程所使用的设备、材料、动力中能够抵扣的进项税额。多数情况下，选择适用简易计税方法计税，可以实现税负最低。

【案例】

甲安装公司主要通过甲供工程的方式提供建筑服务，年销售额约2000万元，属于一般纳税人，适用9%的税率，全年进项税额约40万元，需要缴纳增值税为2000÷（1+9%）×9%-40=125.14万元，请提出税收策划方案。

策划方案：甲安装公司独立核算以甲供工程的方式提供的建筑服务，并选择适用简易计税方法计税。全年需要缴纳增值税为2000÷（1+3%）×3%=58.25万元。通过税收策划，减轻增值税负担125.14-58.25=66.89万元。

一般纳税人以清包工方式提供的建筑服务，可以选择适用简易计税方法计税。以清包工方式提供建筑服务，是指施工方不采购建筑工程所需的材料或只采购辅助材料，并收取人工费、管理费或者其他费用的建筑服务。一般纳税人只有以清包工方式提供建筑服务才可以选择适用简易计税方法计税，以包工包料的形式提供建筑服务的不能选择适用简易计税方法计税。

【案例】

甲装修公司主要以清包工方式提供装修服务，年含税销售额为3000万元，属于一般纳税人，适用9%的税率，全年进项税额约50万元，需要缴纳增值税为3000÷（1+9%）×9%-50=197.71万元。

策划方案：甲装修公司独立核算以清包工方式提供的建筑服务，并选择适用简易计税方法计税。全年需要缴纳增值税为3000÷（1+3%）×3%=87.38万元。通过税收策划，减轻增值税负担197.71-87.38=110.33万元。

装修公司可以通过核算建筑工程所需的材料能够抵扣的进项税额来比较哪种方式税负较轻，从而在签订装修合同时，与客户协商采取该种方式。

第二节　企业所得税策划技巧

一、亏损结转

《中华人民共和国企业所得税法》第18条规定，企业纳税年度发生的亏损，准予向以后年度结转，用以后年度的所得弥补，但结转年限最长不得超过5年。弥补亏损期限，是指纳税人某一纳税年度发生亏损，准予用以后年度的应纳税所得弥补，一年弥补不足的，可以逐年连续弥补，弥补期最长不得超过5年，5年内不论是盈利还是亏损，都作为实际弥补年限计算。这一规定为纳税人进行税收策划提供了空间，纳税人可以通过对本企业支出和收益的控制来充分利用亏损结转的规定，将能够弥补的亏损尽量弥补。

这里有两种方法：如果某年度发生了亏损，企业应当尽量在邻近的纳税年度获得较多的收益，也就是尽可能早地对亏损予以弥补；如果企业已经没有需要弥补的亏损或者企业刚刚组建，而亏损在最近几年又是不可避免的，那么，应该尽量先安排企业亏损，然后再安排企业盈利。

当然，企业的年度亏损额是按照税法规定的方法计算出来的，不能利用多算成本和多列工资、招待费、其他支出等手段虚报亏损。企业必须正确地计算申报亏损，才能通过税收策划等获得合法利益，相反，为了亏损结转而虚报亏损有可能违反税收政策导致额外损失。

【案例】

假设某企业2014—2020年各纳税年度应纳税所得额如下表所示。请计算该企业2014—2020年度每年应当缴纳的企业所得税，并提出税收策划方案。

2014—2020年各纳税年度应纳税所得额（单位：万元）

年份	2014	2015	2016	2017	2018	2019	2020
应纳税所得额	40	−40	−30	−20	10	20	30

该企业2014年度应纳税所得为40万元，由于以前年度没有需要弥补的亏损，因此2014年度的应税额：40×25%＝10万元。2015—2017年度亏损，不需要纳企业所得税。2018—2020年度应纳税所得共计60万元，弥补以前年度亏损后没有余额，均不需要纳企业所得税。因此，该企业2014—2020年度一共需要缴纳企业所得税10万元。

策划方案：该企业的特征是先盈利后亏损，企业在以后年度的亏损不可能用以前年度的盈利来弥补。而企业能否盈利在很大程度上都是可以预测的。因此，如果企业已经预测到某些年度会发生无法避免的亏损，那么，就尽量将盈利放在亏损年度以后。本案中，该企业可以在2014年度多开支40万元，也就是将2015年度的部分开支提前做出，而将某些收入放在2015年度来实现。这样，企业2014年度的应纳税所得额就变为0。2015年度由于减少了开支，增加了收入40万元，亏损变为0。以后年度的生产经营状况不变，该企业在2016—2019年度同样不需要纳企业所得税，2020年度弥补亏损以后剩余10万元应纳税所得额，需要缴纳企业所得税。根据国家税务总局2019年第13号公告，年应纳税所得额低于100万元的，其所得减按25%计入应纳税所得额，按20%的税率缴纳企业所得税。因此，该企业2020年度需要缴纳企业所得税：10×25%×20%=0.5万元。通过税收策划，该企业减少应纳税额9.5万元。

二、利润转移

对于既适用25%税率也适用20%税率以及15%税率的企业集团而言，可以适当将适用25%税率的企业的收入转移到适用20%税率或者15%税率的企业中，从而适当降低企业集团的所得税负担。如果企业集团中没有适用较低税率的企业，企业可以通过专门设立高新技术企业或者小型微利企业的方式来增加适用较低税率的企业。

企业之间利润转移主要有关联交易和业务转移两种方法。通过关联交易转移利润应注意把握度，明显的利润转移会受到税务机关的关注和反避税调查。业务转移是将甲公司的某项业务直接交给乙公司，通过这种方式转移利润，目前尚不受税法规制，税务风险比较小。

【案例】

某企业集团下属甲、乙两个企业。其中，甲企业适用25%的企业所得税税率，乙企业属于需要国家扶持的高新技术企业，适用15%的企业所得税税率。2019纳税年度，甲企业的应纳税所得额为8000万元，乙企业的应纳税所得额为9000万元。甲、乙两个企业在2019纳税年度分别应当缴纳多少企业所得税，该企业集团如何进行税收策划？

策划方案：甲企业2019纳税年度应当缴纳企业所得税：8000×25%=2000万元。乙企业2019纳税年度应当缴纳企业所得税：9000×15%=1350万元。该企业集团合计缴纳企业所得税2000+1350=3350万元。

由于甲企业适用的企业所得税税率高于乙企业的，因此可以考虑通过业务调整、转移支付等方式将甲企业的部分收入转移到乙企业。假设该企业集团通过税收策划将甲企业的应纳税所得降低为7000万元，乙企业的应纳税所得额相应增加为1亿元，则甲企业2019纳税年度应当缴纳企业所得税：7000×25%=1750万元，乙企业2019纳税年度应当缴纳企业所得税：10000×15%=1500万元，该企业集团2019纳税年度合计缴纳企业所得税：1750+1500=3250万元。由此可见，通过税收策划，该企业集团可以少缴企业所得税：3350-3250=100万元。

三、加速折旧

《中华人民共和国企业所得税法》第11条规定，在计算应纳税所得额时，企业按照规定计算的固定资产折旧，准予扣除。同时，规定了不同固定资产计算折旧的最低年限。

目前，有很多加速折旧的税务政策。主要包括：

1. 企业在2018年1月1日至2020年12月31日期间新购进的除房屋、建筑物以外的固定资产，单位价值不超过500万元的，允许一次性计入当期成本费用，在计算应纳税所得额时扣除，不再分年度计算折旧。

2. 由于技术进步，产品更新换代较快的固定资产，以及常年处于强震动、高腐蚀状态的固定资产，可以缩短折旧年限或者采取加速折旧的方法。

3. 对生物药品制造业，专用设备制造业，铁路、船舶、航空航天和其他运输设备制造业，计算机、通信和其他电子设备制造业，仪器仪表制造业，信息传输、软件和信息技术服务业等6个行业的企业2014年1月1日后新购进的固定资产，可以缩短折旧年限或者采取加速折旧的方法。

4. 对轻工、纺织、机械、汽车四个领域重点行业的企业2015年1月1日后新购进的固定资产，可由企业选择缩短折旧年限或者采取加速折旧的方法。

5. 自2019年1月1日起，适用《关于完善固定资产加速折旧企业所得税政策的通知》（财税〔2014〕75号）和《关于进一步完善固定资产加速折旧企业所得税政策的通知》（财税〔2015〕106号）规定固定资产加速折旧优惠的行业范围，扩大至全部制造业领域。

加速折旧在税务上的作用：推迟纳税时间，也就是说前面少交税，后面多交税，这样企业就节省了所得税对应的资金利息。同时，如果结合其他优惠政策，还能产生其他作用。

【案例】

某企业2019年的利润为400万元，当年新购进固定资产120万元。如何进行税务策划？

策划方案：第一种情况，如果企业选择一次性税前扣除，扣完以后，当年应纳税所得额就变成280万，符合小微企业的政策，需缴纳企业所得税23万。第二种情况，如果企业按部就班，选择按照十年计提折旧，就不适用小微企业的政策了。那么，企业所得税的适用税率依然是25%，400万元的利润需要缴纳企业所得税100万元。对比之下，相差77万元。所以，对于大量的中小企业来讲，利用加速折旧的政策结合小微企业政策，是非常成功的一种税收策划方法。

折旧年限越短，则年折旧额越大，从而使得年利润越低，年应纳所得税额也就越少。因此，在盈利期间，企业应尽量按照税法规定的最低年限对固定资产进行折旧；反之，在减免税期间，则尽量采用较长的折旧年限对固定资产进行折旧。由于使用年限本身就是一个可以预计的经验值，使得折旧年限容纳了很多人为的成分，为税收策划提供了可能。

【案例】

某软件企业目前还可以享受2年减半征收企业所得税的优惠政策，当年购进一台300万元的设备，该企业在不考虑该设备折旧的情况下，每年的利润为500万元。在税收策划时，有三种选择，第一种方法，选择一次性税前扣除，扣除以后，当年利润变成200万，可享受减半征收企业所得税。第二种方法，选择按六年加速折旧，折旧费用每年为50万元，扣除以后当年利润变成450万元，可享受减半征收企业所得税。第三种方法，不选择任何优惠政策，该设备直接按照十年计提折旧，每年为30万元的折旧费用，扣除以后当年利润变成470万，可享受减半征收企业所得税。

虽然第三种方法会导致当年多缴纳一些企业所得税，但关键在于，过了这两年，企业就需要按照25%的税率缴纳企业所得税，到时候就会有明显区别。选择第一种方法的，两年以后没有折旧成本。选择第二种方法的，六年以后没有折旧成本。选择第三种方法的，几年以后还有很高的折旧成本，就可以降低企业所得税。

四、利息支出

《中华人民共和国企业所得税法》第 8 条规定："企业实际发生的与取得收入有关的、合理的支出，包括成本、费用、税金、损失和其他支出，准予在计算应纳税所得额时扣除。"这里对可以扣除的支出设定了三个条件：第一，实际发生；第二，与经营活动有关；第三，合理。所谓实际发生，是指该笔支出已经发生，其所有权已经发生转移，企业对该笔支出不再享有所有权，本来应当发生，但是实际上并未发生的支出不能扣除。所谓与经营活动有关，是指支出必须与企业的收入有关系，而且这里的收入还必须是应当计入应纳税所得额的收入，仅仅与不征税收入相关的支出不能扣除。所谓合理的，一方面是指该支出本身是必要的，是正常的生产经营活动所必需的，而非可有可无，甚至不必要的；另一方面该支出的数额是合理的，而不是过分的、不成比例的、明显超额的。

企业在生产经营活动中发生的下列利息支出，准予扣除：

1. 非金融企业向金融企业借款的利息支出、金融企业的各项存款利息支出和同业拆借利息支出、企业经批准发行债券的利息支出。

2. 非金融企业向非金融企业借款的利息支出，不超过按照金融企业同期同类贷款利率计算的数额的部分。

当企业支付的利息超过允许扣除的数额时，企业可以将超额的利息转变为其他可以扣除的支出，如通过工资、奖金、劳务报酬或者转移利润的方式支付利息，从而降低所得税负担。

【案例】

某企业职工人数为 1000 人，人均月工资为 4000 元。该企业 2019 年度向职工集资人均 10000 元，年利率为 10%，假设同期同类银行贷款利率为年利率 6%。由于《企业所得税法》规定，向非金融机构借款的利息支出，不高于按照金融机构同类、同期贷款利率计算的数额的部分，准予扣除。因此，超过的部分不能扣除，应税所得额：$1000 \times 10000 \times (10\% - 6\%) = 400000$ 元。企业为此多缴纳企业所得税：$400000 \times 25\% = 100000$ 元。应当代扣代缴个人所得税：$10000 \times 10\% \times 20\% \times 1000 = 200000$ 元。如果进行税收策划，可以考虑将集资利率降低到 6%，这样，每位职工的利息损失为：$10000 \times (10\% - 6\%) = 400$ 元。企业可以通过提高工资待遇的方式来弥补职工在利息上的损失，即将 400 元平均摊入一年的工资中，每月增加工资 33.33 元。这样，企业为本次集资所付出的利息与税收策划前是一样的，职工所实际获得的利息也是一样的。但在这种情况下，企业所支付的集资利息就可以全额扣除，而人均工资增加33.33元仍然可以全额扣除，由于职工个人的月工资没有超过《中华人民共和国个人所得税法》所规定的费用减除额度5000元，因此，职工也不需要为此缴纳个人所得税。通过策划，该企业少缴纳企业所得税10万元。另外，还可以减少企业代扣代缴的个人所得税：10000×1000×（10%-6%）×20%=80000元。可谓一举两得，企业和职工都获得了利益。如进一步进行策划，可以将全部利息改为工资发放，不需要代扣代缴利息的个人所得税，而工资由于尚未达到5000元，实际上也不需要缴纳个人所得税，当然，这种方式涉及下一年度职工社保缴费基数整体提升，会一定程度上增加企业负担。

五、捐赠支出

《财政部国家税务总局关于公益性捐赠支出企业所得税税前结转扣除有关政策的通知》（财税〔2018〕15号）规定，企业通过公益性社会组织或者县级（含县级）以上人民政府及其组成部门和直属机构，用于慈善活动、公益事业的捐赠支出，在年度利润总额12%以内的部分，准予在计算应纳税所得额时扣除；超过年度利润总额12%的部分，准予结转以后三年内在计算应纳税所得额时扣除。

这个政策里面有三个核心要点：第一，捐赠应当是用于公益慈善事业，如果是非公益慈善活动的捐赠，是不能税前扣除的；第二，要通过公益性社会组织或者县级以上人民政府捐赠，如果是通过其他途径，是不能税前扣除的；第三，捐赠支出只能在年度利润12%以内进行税前扣除，超过的部分允许向后结转，但结转年限最多只能是三年。

企业在进行捐赠时应当注意要符合税法规定的要件。如果企业在当年的捐赠达到了限额，则可以考虑在下一个纳税年度再进行捐赠，或者将一个捐赠分成两次或多次进行。

【案例】

某企业当年利润总额为4000万元，预计第二年利润总额为5000万元。现在计划对外捐赠1000万元，相关部门提出三个方案：一是直接向受赠对象进行捐赠，二是通过公益组织或政府部门一次性捐赠，三是通过公益组织或政府相关部门分两年进行捐赠。如果从税收策划的角度分析，第一种方法，捐赠的金额无法在税前扣除，会导致企业多缴纳企业所得税：1000×25%=250万元；第二种方案由于超过当年利润总额的12%，无法在当年全部税前扣除，导致当年多缴纳企业所得税：（1000-4000×12%）×25%=130万元；第三种方法可以在当年和第二年全部税前扣除，不会增加企业的税负。

第三节　个人所得税策划技巧

越来越多的自然人有资格成为个人所得税的纳税义务人，这也就使得个人所得税策划引起了人们的重视。

一、居民个人综合所得

2018年10月1日起，《个人所得税法》对工资、薪金所得、劳务报酬所得、稿酬所得、特许权使用费所得进行了调整，即劳务报酬所得、稿酬所得、特许权使用费所得以收入减除20%的费用后的余额为收入额，稿酬所得的收入额减按70%计算，与工资、薪金所得并入居民个人年度综合所得计税，以每一纳税年度的收入额减除费用6万元以及专项扣除、专项附加扣除和依法确定的其他扣除后的余额，为应纳税所得额。按照法律规定，适用7级超额累进税率，最高一级为45%，最低一级为3%。

简单地用公式表达就是：

年度应纳税所得额=年度综合所得收入-60000元-专项扣除（五险一金等）-专项附加扣除-依法确定的其他扣除

综合所得收入=工资、薪金所得+劳务报酬收入×（1-20%）+稿酬收入×（1-20%）×（1-30%）+特许权使用费收入×（1-20%）

正所谓"省下的都是自己的"，在新的税收政策下，怎样才能既合法又有效地使自己的应纳税所得额降到最低呢？

（一）充分利用专项附加扣除政策

个税专项附加扣除（即个人所得税专项附加扣除），是指《个人所得税法》规定的子女教育、继续教育、大病医疗、住房贷款利息、住房租金和赡养老人等六项专项附加扣除，是落实新修订的《个人所得税法》的配套措施之一。

1.子女教育

根据税法，纳税人的子女接受全日制学历教育的相关支出，按照每子女每月1000元的标准定额扣除，学历教育包括义务教育、高中阶段教育、高等教育，年满三岁至小学入学前处于学龄前阶段的子女，按上述规定执行，父母可以选择其中一方按扣除标准的100%扣除，也可以选择由双方分别按扣除标准的50%扣除，具体扣除方式在一个年纳税年度内不能变更。根据《国务院关于设立3岁以下婴幼儿照护个人所得税专项附加扣除的通知》〔国发（2022）8号〕，纳税人照顾3岁以下婴幼儿子女的相关支出，自2022年1月1日起，按照每个婴幼儿每月1000元的标准定额扣除。

那么，究竟是选择由一方扣除还是选择由双方各按50%扣除呢？

【案例】

王先生和王太太有一儿一女，女儿读一年级，儿子刚刚上了幼儿园。2020年度，王先生的应纳税所得额为12万元（尚未考虑子女教育专项附加扣除），王太太的应纳税所得额为3万元（尚未考虑子女教育专项附加扣除）。

方案一：如果由王太太申报两个子女的专项教育附加扣除2.4万元，则2020年度，王先生的应纳个人所得税税额130000×10%-2520=10480元；王太太应纳个人所得税税额（30000-24000）×3%=180元。二人共同纳税10480+180=10660元。

方案二：如果由王先生申报两个子女的专项教育附加扣除2.4万元，则2020年度，王先生的应纳个人所得税税额（130000-24000）×10%-2520=8080元；王太太应纳个人所得税税额=30000×3%=900元。二人共同纳税8080+900=8980元。

方案三：如果由王先生和王太太各自按照50%申报两个子女的专项教育附加扣除2.4万元，则2020年度，王先生的应纳个人所得税税额（130000-12000）×10%-2520=9280元；王太太应纳个人所得税税额（30000-12000）×3%=540元。二人共同纳税9280+540=9820元。

很明显能看出，虽然对于王先生夫妇而言，子女教育的专项附加扣除总额是固定的2.4万元，但是这2.4万元由适用税率高的一方全额申报，节税金额更多。

2. 大病医疗

在一个纳税年度内，纳税人发生的与基本医保相关的医药费支出，扣除医保报销后，个人负担累计超过15000元的部分，由纳税人在办理年度汇算清缴时，在8万元限额内据实扣除，纳税人发生的医药费用支出，可以选择由本人或其配偶扣除。未成年子女发生的医药费用支出，可以选择由其父母一方扣除。

【案例】

2019年2月，王先生和王太太的女儿降生。2020年1月发现女儿有先天性疾病，当年花费医疗费用10万元，全部自付。2020年度，王先生的应纳税所得额为10万元（尚未考虑大病医疗专项附加扣除），王太太的应纳税所得额为3万元（尚未考虑大病医疗专项附加扣除）。

方案一：如果由王太太申报大病医疗专项附加扣除8万元，则2020年度，王先生的应纳个人所得税税额100000×10%−2520=7480元；王太太的应纳个人所得税税额0元，二人共同纳税7480+0=7480元。

方案二：如果由王先生申报大病医疗专项附加扣除8万元，则2020年度，王先生的应纳个人所得税税额（100000−80000）×3%=600元；王太太的应纳个人所得税税额30000×3%=900元，二人共同纳税600+900=1400元。

由此可见，对于王先生夫妇而言，大病医疗的专项附加扣除总额是固定的8万元，但是这8万元由适用税率高的一方全额申报，节税金额更多。

(二) 利用递延纳税商业养老保险政策

从2019年开始，国家推出了"递延纳税商业养老保险"的税收优惠政策，即员工在外面买符合政策要求的商业养老保险，发生的保费支出可以在交个人所得税之前扣除。究竟可以扣多少呢？按照工资总额的6%跟1000元的规定额度相比，哪一个少就选哪一个。比如，员工的工资是1万，一个月的工资乘以6%就是600元，比1000元低，每个月的商业养老保险支出可以扣除600元，一年下来就可以扣7200元。如果工资是2万，工资乘以6%是1200元，比1000元多，每个月可以扣商业养老保险1000元，一年就是1.2万元。

需要注意的是，利用这个政策需要提供保单和发票，要按照保监会的规定去操作，因为政策要求的是递延纳税商业养老保险，不是所有的商业保险都可以。尽管目前执行口径并没有严格落实，但员工和企业都需要理解这个政策要求。

(三) 利用其他的免税政策

按照国家的政策规定，给员工报销的安家费是可以税前扣除的，不需要计入员工的工资，员工也不用缴纳个人所得税。什么是安家费呢？就是员工在就职、调职的时候需要搬迁，这个时候会产生费用，这一部分费用可以由单位来承担，这就叫安家费。注意，安家费一定要凭票报销，才可以不交个人所得税。如果企业发放了一笔固定的补贴，比如，员工从A城市调到B城市任经理，员工需要搬家，企业直接以货币形式给员工发放2000元补贴作为搬家费，这种就不符合国家对安家费的规定，就要交个人所得税。

除此之外，还有几个方面的政策可以利用，一个是员工领取的生育保险是免征个人所得税的；一个是员工受工伤获得的相关工伤待遇，也是免征个人所得税的；还有一点，职工领取的生活困难补助，也是免征个人所得税的。企业可以利用这些政策帮助员工做好税收策划，员工挣到手里的钱越多，在企业留得就越久，有助于促进企业长期稳定发展。

二、利用年终奖单独计税

年终奖单独计算个人所得税的时候，先用年终奖除以12，根据这个数额，按照月度综合所得税率表找到适用的税率，整个年终奖就按照这个税率单独计算缴纳个人所得税。这是按照除以12后对应的税率计算的，个税负担应该会低一些。当然，我们的年终奖金可以按照刚才讲的方法单独计算个人所得税，也可以选择并入当年综合所得一起计算个人所得税。

那么，年终奖税务策划要注意哪些问题呢？

1. 要考虑年终奖是单独计税还是合并计税

这个选择权在员工个人手中。如果合并在一起，也许是有利的，也许是不利的。需要先行测算员工的工资是多少，年终奖是多少，单独计税个人所得税总共是多少，合并计税个人所得税总共是多少。通过对比，来决定选哪一种方式是比较合适的。

首先，建议大家选择年终奖跟工资分开计税，不管是哪个收入群体都分开计税。到了年底，一年有多少工资，简单明了。然后我们再算一遍，工资和年终奖合并计税是多少，看一下哪一个比较有利。有人就会有疑问，已经分开了，年底还能合并吗？当然可以，合并的方法是，在年度汇算清缴时选择一起汇算清缴。如果多交了税，可以申请退税。如果平时已经选择年终奖和工资合并计税，到了年底是没有办法选择分开计税的，所以建议平时选分开计税，汇算清缴的时候再决定是否需要合并计税。如果是分开有利就选择分开计税，反之则可以通过汇算清缴来解决，这是一种最佳的处理方法。比如，王先生的年薪是7万，这种情况下就没有必要单独计算年终奖的个税了，把年终奖并到工资里反而可以少交税，因为王先生的可扣除额项目还没有用尽。如果是年薪高的人呢，可能年终奖单独计税，节税就会多一点，这个需要具体测算。

2. 年终奖什么时候发

现在有些企业既发年终奖，又发双薪，不在同一个月。如果不在同一个月就不可能享受一次性年终奖的相关政策。比如，有的企业12月发的是双薪，次年三到六月才发年终奖，所以这个双薪就一定是并入当月工资去计算缴纳个人所得税了，不能并到年终奖里面去除以12缴纳个人所得税。这种情况怎么办呢？建议有两个，第一，双薪跟年终奖在同一个月发，可以都在12月份发，也可以把双薪并到第二年发。可能有些员工不会同意，对于这些员工，建议用第二个措施，12月份不发双薪，借一个月工资的钱给员工，作为临时借支处理，在次年三到六月份的时候，把双薪跟年终奖在同一个月发，双薪部分就不给员工钱了，扣下来，归还员工的借款。前面有借款，后面有还钱，就差几个月，也没有什么问题。这样就可以保证双薪跟年终奖在一起发放，也能合在一起享受除以12的税收优惠政策。需要注意的是，不是所有的人这么做，其个税都能降低，有些人可能个税成本反而升高了，所以要做测算。

年终奖方面还有一个比较经典的问题，大家都知道，就是年终奖的雷区。什么是雷区呢？就是多发钱，反而会少拿钱。比方说本来给员工发3.6万的年终奖，但是由于员工工作表现非常好，企业决定给员工多发一块钱，即36001元的年终奖。本来3.6万的年终奖交3%的个人所得税，现在36001元，多了1元，直接按照10%缴纳个人所得税。多发了一块钱，反而多交了一两千的个人所得税，员工税后拿到的钱呢，还不如原来多。这种情况就叫作年终奖的雷区。

年终奖(元)	雷区(元)
36000	36001—38567
144000	144001—160500
300000	300001—318333
420000	420001—447500
660000	660001—706538
960000	960001—1120000

图上展示了目前年终奖的雷区，凡是在雷区的数额，都不如左边年终奖数额税后拿到的年终奖多。

建议大家比照这个雷区搜索一遍，凡是在雷区的，都要避开，因为发了员工也拿不到。所以，本来发16万的年终奖，但考虑到个税问题，给员工发14.4万才是最合算的。这是一片爱心，一片关怀，但是员工能不能理解企业的良苦用心呢？如果员工非要16万的年终奖，怎么办呢？如果必须发的话，他肯定会多交个人所得税。解决的方式是多出的1.6万，我们把它单独拿出来：第一，给员工做一次有关个税的讲解和培训，告诉他是拿不到这个钱的，不发了，有时候放弃也是一种幸福。第二，并入员工工资交个税。但为什么要并入呢？这个好像没什么理由，反而还有其他潜在风险，例如万一发生劳动争议，企业赔偿员工的基数相应增加。第三，给员工发一个单项奖励，单项奖励就是1.6万，然后根据个人所得税相关政策，单项奖励并入当月工资计算个人所得税，这样一来就没有什么风险，比较容易解释。所以，采用措施三，皆大欢喜，是双方均可以接受的一种方法。

发年终奖令人开心，但是还是有很多的问题要解决。发年终奖一定要避开雷区，建议以单项奖励名义发放，保障员工与企业双方的利益。

三、劳务报酬所得

劳务报酬所得虽然并入综合所得计征个人所得税，但在实际征管过程中采取的是预缴和汇算清缴相结合的方法。在预扣预缴劳务报酬的税款时，要以劳务报酬收入减除费用后的余额为收入额，每次收入不超过4000元的，减除费用按800元计算，每次收入4000元以上的，减除费用按收入的20%计算。居民在办理年度汇算清缴时，再将劳务报酬并入年度综合所得计算应纳税款，多退少补。根据这种预扣预缴方法，纳税人原则上可以降低每次取得劳务报酬的数额，从而降低预扣预缴税款的数额。

由于劳务报酬采用固定数额与固定比例的扣除模式，如果从事某项劳务成本较高，纳税人在取得劳务报酬时，原则上应将各类成本转移至被服务单位，由此可降低劳务报酬的表面数额，实现劳务报酬的整体税负降低。

由于劳务报酬所得按照每个纳税人取得的数额分别计征个人所得税，因此，在纳税人的劳务实际上是由若干人提供的情况下，可以通过将部分劳务报酬分散至其他人的方式来减轻税负，例如在建筑行业中，经常利用劳务施工队分散报酬的方式进行策划。

四、生活福利的灵活运用

对于员工福利，其实并没有一个准确的定义。实践中所说的员工福利，就是根据福利费的相关政策总结归纳的，有七个方面：第一，与员工生活相关的福利，包括职工食堂、职工的浴室、理发室等内部设置的福利设施及与工作人员相关的费用；第二，企业自办食堂相关的补贴；第三，公司给予的就餐补贴；第四，符合国家相关政策的供暖以及防暑降温补助；第五，发给员工的节日补助；第六，发给职工的生活困难补助；第七，按照国家规定承担的丧葬补助费、抚恤费、职工异地安家费、独生子女费、探亲假的路费。

处理员工生活福利的时候，税务上有三个问题要解决：第一，能否计入福利费；第二，福利费凭什么票据作为成本费用列支；第三，员工领取生活福利费，是否需要缴纳个人所得税。

（1）员工的伙食补贴。如果企业定期定额向员工发伙食补贴，根据所得税相关政策，属于工资，不计入福利费，不占用福利费的额度。这种补贴方式应该当成工资来处理，员工按照工资交个人所得税，单位计入工资税前列支，不受福利费百分比的限制。该情形的问题是，在计算社保基数与离职补偿的时候，伙食补贴也会被并入工资薪金。

还有一种不是定期定额的，而是节假日才发放的补贴，有些是货币，有些是非货币，这种福利不是按月固定发放，可以计入员工的福利费。这种情形，受职工工资总额14%的限制。给内部员工发放节假日的补贴，不需要外部的凭证，有员工签收表、支付的凭证、内部审批单据即可，只要福利费不超过职工工资总额14%，便可以进行税前扣除，而超过部分需要纳税调整，需要交个人所得税。所以，建议工资比较低的采用这种方法，对于高工资的员工不建议发节假日补贴。

（2）餐厅福利。餐厅福利可以采用两种形式，有条件的企业可以开设职工食堂，给员工发放饭卡，凭饭卡免费就餐，这种情况不需要交个人所得税。没有条件设立餐厅的企业，可以与附近的餐饮企业签订协议，由对方提供送餐服务，企业凭获取的发票、协议列入员工福利费。也可以选择不同的餐饮店，增加选择。

（3）生活困难补助。根据国家税务机关的规定，由于某些特定的原因，员工个人或者家庭生活出现一定的困难，企业可以给予一些临时性生活困难补助，称为生活困难补助，不需要交个人所得税。当然，企业应当制定统一的标准，统一限额。这种情形不需要取得发票，根据企业的制度进行内部审批，员工进行签收即可。在员工有困难的时候，企业可以使用该政策来帮助员工解决问题。员工收到的生活困难补助不用交个人所得税，可以计入职工福利费，在不超过职工工资总额14%的前提下税前扣除。需要注意的是，生活困难补助只能发现金，不能发实物，发实物的补助要并入工资交个人所得税。

（4）误餐补助。如果员工上班期间外出办事，没有办法回到公司就餐，单位要承担外出的就餐费用，即误餐补助，有两种处理方法：第一种，员工在外面吃饭，拿到发票回来按规定流程报销；第二种，按照公司的规章制度，补贴固定的金额，要注意与出差补助区别开。误餐补助在规定标准范围以内的，不交个人所得税。企业可以利用误餐补助的政策，帮经常外出办事的员工，比如送货司机、行政外勤、销售人员进行个税策划。

五、合理采取私车公用策划个税

"私车公用"是指公司股东或员工将自有的车辆用于公司的经营活动，公司支付租赁费或者汽油费、路桥费、汽车维修费等费用或者发放补贴的一种经济行为。目前私家车越来越普及，企业为了节约成本，也为了增加员工收入，越来越多地采用私车公用。

通过私车公用，一是弥补了企业公务用车的不足，方便企业经营和员工出行；二是员工不需要将这笔费用并入工资薪金计算个人所得税；三是企业可以将这些车辆产生的多数费用作为合理支出，在税前扣除，实现税务合规优化。

私车公用可谓一举三得，但是也要学会正确地运用这一方法：

第一，要建立制度。企业必须建立严格的公务用车制度，对使用车辆的原因、时间、地点、人员等进行规范，履行内部申请和审批制度，做好车辆使用记录，公事、私事分得清，否则就容易被视为不能分清个人消费和企业费用，导致不允许税前扣除。

第二，要签订协议。公司应和员工签订租车书面协议，明确车辆的使用情况及其费用分摊方式。比如：个人必须将车辆交由企业保管并使用，个人不再随意使用，接受公司统一调度。同时，公司应保存汽车行驶证、车主驾驶证和身份证、保险单据等复印件。

第三，要规范核算。对于费用报销的范围，要有一定的限制。一般认为与车的使用相关的汽油费、过路过桥费和停车费可以扣除；与车本身相关的车辆购置税、保险费、保养费，由于无论企业是否使用都会发生该费用，所以不建议进行报销。

第四，出租车辆的自然人需要去税务机关代开汽车租赁发票（一般需要准备的资料：机动车登记证、车主和经办人身份证、汽车租赁合同）。当然，如果每月租赁费用少于500元，根据2018年国税总局刘宝柱副司长对《企业所得税税前扣除凭证管理办法》的解读，这种零星支出也可以凭内部凭证进行报销和税前扣除。

第五，要考虑个人所得税成本测算。租赁财产所得，每次收入不超过四千元的，减除费用800元，即每月800元可以不缴纳个人所得税，超过部分，要按照百分之二十缴纳个人所得税。企业在进行私车公用处理的时候，建议进行财务测算。

对于存在私车公用现象的企业，建议做好这几点，留存好车辆使用证据，以证明业务的真实性和合理性，在未来对这些费用能不能报销产生争议的时候，可以减少不必要的麻烦。

第四节　其他税种策划技巧

一、消费税

根据《消费税暂行条例》第三条的规定，纳税人兼营不同税率的应当缴纳消费税的消费品（以下简称应税消费品），应当分别核算不同税率应税消费品的销售额、销售数量；未分别核算销售额、销售数量，或者将不同税率的应税消费品组成成套消费品销售的，从高适用税率。

上述规定要求纳税人必须注意分别核算不同税率的应税消费品的销售情况。这一税收策划方法看似简单，但如果纳税人不了解税法的这一规定，没有分别核算的话，在缴纳消费税的时候就会吃亏。因此，纳税人在进行纳税申报的时候，必须注意消费品的组合，没有必要成套销售的，就不宜采用这种销售方式。

【案例】

某公司既生产经营普通化妆品，又生产经营高档化妆品，高档化妆品的消费税税率为15%，普通化妆品不征收消费税。2020年度，该公司高档化妆品的不含税销售额为2000万元，普通化妆品的不含税销售额为1000万元。由于该公司未分别核算销售额，应当一律按高档化妆品的税率15%征收消费税。如果该公司将高档化妆品与普通化妆品组成成套消费品销售，全部销售额也要适用15%的税率，这两种做法显然都会加重税负，2020年度该公司应纳消费税额为（2000+1000）×15%=450万元。如果该公司事先进行税收策划，分别核算两种经营项目，则该公司2020年度应纳消费税额为2000×15%=300万元，减轻税收负担450-300=150万元。

消费税的纳税环节有其特殊性，除了金银首饰在零售环节征税、卷烟在批发环节额外征收一道消费税、超豪华轿车在零售环节征税外，其他应税消费品都在生产制作或委托加工环节征税。由于生产制作不是最后一个流转环节，后续还存在批发、零售等环节，企业在税收策划上就有了一定的空间。企业可以设立独立核算的销售公司，以较低的价格向销售公司供货，再以正常价格对外批发或零售，由于在销售环节不缴纳消费税，可以使消费税的整体税负有所减轻。目前，这种在纳税环节进行策划的方式，已经在化妆品、烟酒、轿车行业得到普遍的运用。当然，我们所说的较低价格应有一定的限度，有相对合理的理由，如果压低幅度过大，则税务机关可能认定计税价格明显偏低，行使价格调整权。

消费税计税依据的销售额，不包括应向购货方收取的增值税税款。如果纳税人应税消费品的销售额中未扣除增值税税款或者因不得开具增值税专用发票而发生价款和增值税税款合并收取的，在计算消费税时，应当换算为不含增值税税款的销售额。现实生活中，部分企业将含增值税的销售额作为消费税计税依据的情况时有发生，导致纳税人由于计算错误而多缴纳了税款。尽管我国税法规定多缴纳税款可以退回，但资金占用成本、与税务机关交涉的成本都是客观存在的，因此，进行准确计算从而不多缴税也是一种基础税收策划。

二、房产税

根据《房产税暂行条例》第三条、第四条的规定，房产税依照房产原值一次减除10%—30%后的余值计算缴纳。房产出租的，以房产租金收入为房产税的计税依据。前者的税率为1.2%，后者的税率为12%。两种方式计算出来的应纳税额有时候存在很大差异。在这种情况下，就存在税收策划的空间，企业可以适当将出租业务转变为承包业务，尽量避免采用依照租金计算房产税的方式。

【案例】

甲公司有一处自建仓库，房产的计税余值为5000万元，现准备对外出租，如果对外签订仓库租赁合同，每年取得不含增值税租金1000万元，需要按照租金收入缴纳房产税1000×12%=120万元。如果将仓库租赁合同修改为仓储保管合同，将单纯的房产租赁改为仓储保管服务，增加相应的物业管理，这样就可以按照计税余值计算房产税5000×1.2%=60万元。而节省下来的房产税足够支付增加相应物业管理的支出。

另外，很多出租的房屋附带有家具或设备，租金比较高，而缴纳房产税时是按照收取租金的全额来计算的。实际上，租金中很大一部分是家具和设备的租金，而这部分是不需要缴纳房产税的。这样，无形之中就增加了房产税。因此，出租人可以通过减少出租房屋的附属设施来降低租金。如果出租房屋内的家具和设备无法处理或者承租人希望有丰富的家具和设备，可以通过两种方法来解决：第一种方法，与承租人签订一个买卖协议，即先将家具和家电出售给承租人，出租人收取的仅仅是房屋的租金，租赁期满以后，出租人再将这些家具和家电以比较低的价格购买回来。这样，通过买卖差价，出租人就收回了出租这些家具和设备的租金，而这些租金是不需要缴纳房产税的，这样就降低了出租人的房产税负担。第二种方法是与承租人签订两份租赁协议，一份是房屋租赁协议，一份是家具和设备的租赁协议。其中，房屋租赁需要缴纳房产税和增值税，而家具和设备租赁仅需要缴纳增值税。

【案例】

甲公司将一栋写字楼出租给若干家公司，每年取得不含增值税租金1000万元，需要缴纳房产税120万元，甲公司为该写字楼配备了充足的办公设备和家具家电，也提供物业服务，请为甲公司提供房产税的税收策划方案。

策划方案：甲公司可以在重新核算相关经营成本的基础上，将写字楼租赁合同修改为三份合同：一份写字楼租赁合同，不含增值税租金为800万元；一份办公设施租赁合同，不含增值税租金为100万元；一份物业服务合同，不含增值税服务费为100万元。这样，甲公司每年仅需缴纳房产税800×12%=96万元。

三、印花税

根据《中华人民共和国印花税法》的规定，在中华人民共和国境内书立应税凭证或者进行证券交易的单位和个人，为印花税的纳税义务人，应当缴纳印花税。纳税人根据应纳税凭证的性质分别按比例税率或者按件定额计算应纳税额，在签订合同的时候，也可以经过合理策划，使各项费用及原材料成本等通过非违法的途径，从合同所载金额中减除，从而压缩合同的表面金额，达到少缴税款的目的。

同一应税凭证载有两个以上税目事项，并分别列明金额的，按照各自适用的税目税率分别计算应纳税额，未分别列明金额的，从高适用税率。当一份合同涉及两个以上业务时，分别记载金额，可以相应减轻税收负担。

印花税应税合同的计税依据是合同所列的金额，不包括列明的增值税税款；产权转移书据的计税依据是产权转移书据所列明的金额，不包括列明的增值税额。因此，在对价款进行表述时，一般建议以价税分离的方式进行表述，即分别列明不含税价、税率税款、价税合计的金额。如果没有进行价税分离表述，则应当按照总价款计算印花税，这样就无形中增加了税负。

另外，在现实经济生活中，各种经济合同的当事人在签订合同时，有时会遇到计税依据无法确定的情况，从而导致印花税的税额也无法确定。如技术转让合同中的主要收入，是按销售收入的一定比例确定或按其利润分成的；财产租赁合同，只是规定了月（天）租金标准，却无租赁期限。对于这类合同，可在签订时先按定额5元贴花，以后结算时再将实际结算的金额作为计税依据，补贴印花。这就为纳税人进行税收策划创造了条件。

【案例】

A企业从B租赁公司租入一台设备，双方于2021年1月1日签订了租赁合同。合同约定，该设备租期10年，每年租金120万元，10年共1200万元。那么双方在签订合同时需分别缴纳印花税1200万×1‰=1.2万元。但是，如果双方于2021年1月1日签订租期为1年的租赁合同，以后连续9年都签订补充协议按年续租，则在2021年1月签订合同时，双方只需分别缴纳印花税120×1‰=0.12万元，以后连续9年的每年1月，双方分别缴纳印花税120×1‰=0.12万元。这种情况下，虽然印花税总额不变，但推迟了纳税时间，利用了资金时间价值。

四、契税

契税是一种重要的地方税种，在土地、房屋交易的发生地，不管何人，只要所有权发生转移，都要依法纳税。目前，契税已成为地方财政收入的固定来源，在全国，地方契税收入呈迅速上升态势。土地、房屋权属转移方式不同，契税确定方法也各有差异。契税税收策划方法有很多，笔者在这里为大家介绍一种最简单且常见的方法。

根据《中华人民共和国契税法》规定，契税的计税依据：土地使用权互换、房屋互换，为所互换的土地使用权、房屋价格的差额。那么如果交换价值相等，则无需缴纳契税。也就是说，当双方当事人进行等价交换时，任何一方都不用缴纳契税，因为差价为零。纳税人可以借此政策进行税收策划。当纳税人交换土地使用权或房屋所有权时，如果能想办法使双方的价格差额较小甚至没有，这时以价格为计税依据计算出来的应纳契税就会较小甚至没有。当然，纳税人申报的成交价格、互换价格需要相对合理，如果差额明显偏低且无正当理由，税务机关可以依照《中华人民共和国税收征收管理法》的规定核定。

【案例】

甲公司有一块价值5000万元的土地拟出售给乙公司，并拟从乙公司购买另外一块价值5000万元的土地。双方分别签订土地销售与购买使用权转让合同后，如按百分之三契税税率计算，则甲公司应缴纳契税5000×3%=150万元，乙公司应缴纳契税5000×3%=150万元。如果双方改变合同订立方式，签订土地使用权交换合同，约定以5000万元的价格等价或较小的差价交换双方土地，根据契税法的规定，由于双方互换土地没有差额或差额较小，则可以不缴纳契税或以差额部分为计税依据缴纳很少的契税。

第三章　常见税务问题解答汇总

第一节　增值税常见问题解答

1. 小规模纳税人如何确认免征增值税的销售额？

答：根据《国家税务总局关于小规模纳税人免征增值税征管问题的公告》（国家税务总局公告2021年第5号）规定，自2021年4月1日起，小规模纳税人发生增值税应税销售行为，合计月销售额未超过15万元（以1个季度为1个纳税期的，季度销售额未超过45万元）的，免征增值税。

小规模纳税人发生增值税应税销售行为，合计月销售额超过15万元，但扣除本期发生的销售不动产的销售额后未超过15万元的，其销售货物、劳务、服务、无形资产取得的销售额免征增值税。

2. 公司为增值税一般纳税人，零售烟、酒、食品等消费品是否可以开具专用发票？

答：根据《国家税务总局关于修订〈增值税专用发票使用规定〉的通知》（国税发〔2006〕156号）第十条第二款规定，商业企业一般纳税人零售的烟、酒、食品、服装、鞋帽（不包括劳保专用部分）、化妆品等消费品不得开具专用发票。

3. 因质量、包装等问题支付给客户违约金，应当开具何种票据？

答：价外费用，包括价外向购买方收取的手续费、补贴、基金、集资费、返还利润、奖励费、违约金、滞纳金、延期付款利息、赔偿金、代收款项、代垫款项、包装费、包装物租金、储备费、优质费、运输装卸费以及其他各种性质的价外收费。

上述费用如果是销售方取得，属于价外费用，销售方可以自行开具发票，内容为价外费用——罚款、违约金等；如果是购买方取得，则不属于因销售货物或服务取得，不属于增值税应税行为，不需要开具发票，开具收据即可。

4. 外聘专家发生的机票费用能否抵扣？

答：根据《国家税务总局关于国内旅客运输服务进项税抵扣等增值税征管问题的公告》规定，《关于深化增值税改革有关政策的公告》第六条所称"国内旅客运输服务"，限于与本单位签订劳动合同的员工，以及本单位作为用工单位接受的劳务派遣员工发生的国内旅客运输服务。纳税人购进国内旅客运输服务，以取得的增值税电子普通发票上注明的税额为进项税额的，增值税电子普通发票上注明的购买方"名称""纳税人识别号"等信息，应当与实际抵扣款的纳税人的信息一致，否则不予抵扣。

外聘专家不是企业的员工或本单位作为用工单位接受的劳务派遣员工，因此发生的机票费用不得抵扣。

5. 付款方与实际购买方不一致，发票应当开给谁？

答：销售商品、提供服务以及从事其他经营活动的单位和个人，对外发生经营业务收取款项，应按照实际业务由提供服务一方向接受服务一方开具发票。

6. 企业享受残疾人增值税即征即退优惠政策是否需要每年备案？

答：自2021年4月1日，纳税人适用增值税即征即退政策的，应当在首次申请增值税退税时，按规定向主管税务机关提供退税申请材料和相关政策规定的证明材料。

纳税人后续申请增值税退税时，相关证明材料未发生变化的，无需重复提供，仅需提供退税申请材料，并在退税申请中说明有关情况。纳税人享受增值税即征即退条件发生变化的，应当在发生变化后首次纳税申报时向主管税务机关书面报告。

7. 增值税一般纳税人适用进项税额加计抵减政策的条件是什么？

答：根据《关于深化增值税改革有关政策的公告》（财政部、税务总局、海关总署公告2019年第39号）第七条规定，自2019年4月1日至2021年12月31日允许生产生活性服务业纳税人，按照当期可抵扣进项税额，加计10%抵减应纳税额。

根据《财政部、税务总局关于明确生活性服务业增值税加计抵减政策的公告》（财政部、税务总局公告2019年第87号）规定，2019年10月1日至2021年12月31日，允许生活性服务业纳税人按照当期可抵扣进项税额加计15%，抵减应纳税额。

上述公告所称生产、生活性服务业纳税人是指提供邮政服务、电信服务、现代服务、生活服务取得的销售额占全部销售额比重超过50%的纳税人，四项服务的具体范围按照《销售服务、无形资产、不动产注释》（财税〔2016〕36号）执行。

8. 公司为小规模纳税人，提供劳务派遣服务选择差额征税时，扣除部分可以开具专用发票吗？

答：根据《财政部、国家税务总局关于进一步明确全面推开营改增试点有关劳务派遣服务收费、公路通行费抵扣等政策的通知》（财税〔2016〕47号）第一条，选择差额纳税的纳税人，向用工单位收取用于支付给劳务派遣员工工资、福利和为其办理社会保险及住房公积金的费用，不得开具增值税专用发票，可以开具普通发票。

9. 公司为增值税一般纳税人，现在是否可以开具16%税率增值税专用发票？

答：自2019年9月20日起，纳税人需要通过增值税发票管理系统开具17%、16%、11%、10%税率蓝字发票的，应向主管税务机关提交《开具原适用税率发票承诺书》，办理临时开票权限。临时开票权限有效期限为24小时，纳税人应在获取临时开票权限的规定期限内开具原适用税率发票。

纳税人办理临时开票权限，应保留交易合同、红字发票、收讫款项证明等相关材料，以备查验。纳税人未按规定开具原适用税率发票的，主管税务机关应按照现行有关规定进行处理。

10. 公司销售自有房产，开具发票有何要求？

答：销售不动产，纳税人自行开具或者税务机关代开增值税发票时，应在发票"货物或应税劳务、服务名称"栏填写不动产名称及房屋产权证书号码（无房屋产权证书的可不填写），"单位"栏填写面积单位，备注栏注明不动产的详细地址。

11. 公司为增值税一般纳税人，向销售方索取专用发票需要提供什么资料？

答：根据《国家税务总局关于进一步优化营改增纳税服务工作的通知》（税总发〔2016〕75号）规定，增值税纳税人购买货物、劳务、服务、无形资产或不动产，索取增值税专用发票时，须向销售方提供购买方名称（不得为自然人）、纳税人识别号、地址电话、开户行及账号信息，不需要提供营业执照、税务登记证、组织机构代码证、开户许可证、增值税一般纳税人登记表等相关证件或其他证明材料。个人消费者购买货物、劳务、服务、无形资产或不动产，索取增值税普通发票时，不需要向销售方提供纳税人识别号、地址电话、开户行及账号信息，也不需要提供相关证件或其他证明材料。

12. 纳税人开具专用发票后冲红，当季度销售未超过45万，已缴纳的税款是否可以申请退还？

答：纳税人自行开具或申请代开增值税专用发票，应就其开具的增值税专用发票相对应的应税行为计算缴纳增值税。按照政策规定，小规模纳税人月销售额未超过15万元（季度销售额未超过45万元）的，当期因开具增值税专用发票已经缴纳的税款，在增值税专用发票全部联次追回或者按规定开具红字专用发票后，可以向主管税务机关申请已缴纳的增值税。

13. 企业以不动产、无形资产投资取得股权，是否需要缴纳增值税？

答：根据《财政部、国家税务总局关于全面推开营业税改征增值税试点的通知》，在中华人民共和国境内销售服务、无形资产或不动产的单位和个人为增值税纳税人；销售服务、无形资产或者不动产是指有偿提供服务、有偿转让无形资产或者不动产；有偿是指取得货币、货物或其他经济利益。

因此企业以不动产、无形资产对外投资，取得被投资方股权的行为，属于有偿转让不动产、无形资产，应按照规定缴纳增值税。

14. 企业享受招用退役士兵扣减9000元的优惠，是否在每月申报时扣减？

答：企业招用自主就业退役士兵，与其签订1年以上期限劳动合同并依法缴纳社会保险费的，自签订劳动合同并缴纳社会保险当月起，在3年内按实际招用人数予以定额依次扣减增值税、城市维护建设税、教育费附加、地方教育附加和企业所得税优惠。定额标准为每人每年6000元，最高可上浮50%，各省、自治区、直辖市人民政府可根据本地区实际情况在此幅度内确定具体定额标准。

企业按招用人数和签订的劳动合同时间核算企业减免税总额，在核算减免税总额内每月依次扣减增值税、城市维护建设税、教育费附加和地方教育附加。纳税年度终了，如果企业实际减免的增值税、城市维护建设税、教育费附加和地方教育附加小于核算减免税总额，企业在企业所得税汇算清缴时以差额部分扣减企业所得税。当年扣减不完的，不再结转以后年度扣减。

15. 真实发生交易却收到"虚开发票"如何处理？

企业应积极配合税务检查，并提供相关材料证明业务真实性。

（1）及时补开、换开发票。企业取得不合规发票、不合规其他外部凭证的，如果支出真实且已实际发生，应当要求对方补开、换开发票、其他外部凭证。补开、换开后的发票、其他外部凭证符合规定的，可以作为税前扣除凭证。注意，如果发票对应年度，其所得税汇算清缴期已经结束，企业应当自税务机关告知之日起60日内补开、换开符合规定的发票、其他外部凭证。

（2）因客观原因确实无法补开换开发票的，提供相关资料证实支出真实性。

企业在补开、换开发票、其他外部凭证过程中，因对方注销、撤销、依法被吊销营业执照，被税务机关认定为非正常户等无法补开、换开发票、其他外部凭证的，凭以下资料证实支出真实性后，允许税前扣除其支出：

①无法补开、换开发票、其他外部凭证原因的证明资料（包括工商注销、机构撤销、列入非正常经营户、破产公告等证明资料）；②相关业务活动的合同或者协议；③采用非现金方式支付的付款凭证；④货物运输的证明材料；⑤货物入库、出库内部凭证；⑥企业会计核算记录以及其他资料。

这里面的第①、②、③项是必备资料。

（3）企业在规定期限未能补开、换开符合规定的发票、其他外部凭证，并且未能提供相关资料证实其支出真实性的相关支出，不得在发生年度税前扣除。

企业应在税务机关规定的期限内调整发生年度的企业所得税应纳税所得额，并做企业所得税更正申报。政策依据是《国家税务总局关于发布〈企业所得税税前扣除凭证管理办法〉的公告》（国家税务总局公告2018年第28号）。

16. 转让股权的违约金是否需要缴纳增值税？

《财政部、国家税务总局关于全面推行营业税改增值税试点的通知》（财税〔2016〕36号）附件1《营业税改征增值税试点实施办法》第一条规定，在中华人民共和国境内销售服务、无形资产或者不动产的单位和个人，为增值税纳税人，应当按照本办法缴纳增值税不缴纳营业税。参考《厦门国税货劳处10月营改增政策问题解答》："5. 买卖非上市公司股权是否按金融服务缴纳增值税？答：买卖非上市公司股权行为，不属于增值税征税范围。"非上市公司股权，不属于金融商品，购买股权应认定为投资行为，转让股权取得的收益应认定为投资收益不征收增值税。参考《全面推行营改增试点问题解答（二）》："4. 股权转让是否缴纳增值税？答：非上市企业未公开发行股票，其股权不属于有价证券，转让非上市公司股权不属于增值税征税范围，转让上市公司股权应按照金融商品转让税目征收增值税。此外，个人从事金融商品转让免征增值税。"

根据上述规定，公司转让非上市公司股权不属于增值税应税范围，因而向购买方收取的违约金也不属于增值税应税范围，不缴纳增值税。

17. 如何防范电子专票纸质打印件重复入账的风险？

电子专票的纸质打印件只是承载电子专票发票信息的载体，不具备物理防伪功能，具有可复制的特点。为避免电子专票的纸质打印件重复报销入账，各单位应建立完善的内控机制，严格按照财会〔2020〕6号文件规定，如果以电子专票的纸质打印件作为报销入账归档依据的，必须同时保存打印该纸质文件的电子专票。同时，建议各单位在报销入账时对发票代码、号码进行查重处理。（1）对于已经使用财务信息系统的单位，可以通过建立发票数据库的方式升级系统功能，利用系统进行自动比对；（2）对于尚未使用财务软件实施纯手工记账的单位，可以通过电子表格等方式建立已入账发票手工台账，有效防范重复报税、虚假入账等风险。

18. 取得的中央财政补贴需要缴纳增值税吗？

根据《国家税务总局关于取得增值税扣税凭证认证确认期限等增值税征管问题的公告》（国家税务总局公告2019年第45号）规定："七、纳税人取得的财政补贴收入，与其销售货物、劳务、服务、无形资产、不动产的收入或者数量直接挂钩的，应按规定计算缴纳增值税。纳税人取得的其他情形的财政补贴收入，不属于增值税应税收入，不征收增值税。本公告实施前，纳税人取得的中央财政补贴继续按照《国家税务总局关于中央财政补贴增值税有关问题的公告》（2013年第3号）执行；已经申报缴纳增值税的，可以按现行红字发票管理规定，开具红字增值税发票将取得的中央财政补贴从销售额中扣除。八、本公告第一条自2020年3月1日起实施，第二条至第七条自2020年1月1日起实施。此前已发生未处理的事项，按照本公告执行，已处理的事项不再调整。"

19. 销售自己使用过的固定资产可以开具专用发票吗？如果放弃享受优惠，可以开专票吗？

根据《国家税务总局关于增值税简易征收政策有关管理问题的通知》（国税函〔2009〕90号）规定："一、关于纳税人销售自己使用过的固定资产：（一）一般纳税人销售自己使用过的固定资产，凡根据《财政部　国家税务总局关于全国实施增值税转型改革若干问题的通知》（财税〔2008〕170号）和财税〔2009〕9号文件等规定，适用按简易办法依4%征收率减半征收增值税政策的，应开具普通发票，不得开具增值税专用发票。（二）小规模纳税人销售自己使用过的固定资产，应开具普通发票，不得由税务机关代开增值税专用发票。二、纳税人销售旧货，应开具普通发票，不得自行开具或者由税务机关代开增值税专用发票。"

根据《国家税务总局关于营业税改增值税试点期间有关增值税问题的公告》（国家税务总局公告2015年第90号）规定："二、纳税人销售自己使用过的固定资产，适用简易办法依照3%征收率减按2%征收增值税政策的，可以放弃减税，按照简易办法依照3%征收率缴纳增值税，并可以开具增值税专用发票。"

20. 小规模纳税人期间取得的专票成为一般纳税人后可以抵扣吗？

根据《国家税务总局关于纳税人认定或登记为一般纳税人前进项税额抵扣问题的公告》（国家税务总局公告2015年第59号）规定，纳税人自办理税务登记至认定或登记为一般纳税人期间，未取得生产经营收入，未按照销售额和征收率简易计算应纳税额申报缴纳增值税的，其在此期间取得的增值税扣税凭证，可以在认定或登记为一般纳税人后抵扣进项税额。

21. 企业经营属于超过经营范围的应税业务，能否直接开具发票？

如果有税种而且有对应征收品目，可以根据实际发生的业务据实开具发票，如没有对应税种，则需到前台核对税种。对于偶然发生的业务，可以向税务机关说明情况后，增加相应征收税目，新增征收品目，可全市通办理，所需资料为税务登记副本的原件，若属于经营性业务，则需要变更经营范围。

22. 纸质的增值税专用发票已认证抵扣，发生销货退回、开票有误、应税服务中止等情形，还能作废或冲红吗？如何处理？

根据《国家税务总局关于修订〈增值税专用发票使用规定〉的通知》（国税发〔2006〕156号）规定："同时具有下列情形的，为本规定所称作废条件：（一）收到退回的发票联、抵扣联时间未超过销售方开票当月；（二）销售方未抄税并且未记账；（三）购买方未认证或者认证结果为'纳税人识别号认证不符''专用发票代码、号码认证不符'。"

纳税人开具增值税专用发票后，发生销货退回、开票有误、应税服务中止等情形，但不符合发票作废条件或者因销货部分退回及发生销售折让的，应按照国家税务总局公告2016年第47号文件规定进行冲红处理，具体处理办法如下：

第一步：填开《开具红字增值税专用发票信息表》（以下简称《信息表》），《信息表》填开分为以下情形：

一、由购买方开具的主要情形：

（1）购买方取得增值税专用发票已用于申报抵扣的，购买方可在新系统中填开并上传《开具红字增值税专用发票信息表》，在填开《信息表》时不填写相对应的蓝字增值税专用发票信息，应暂依《信息表》所列增值税税额从当期进项税额中转出，待取

★ 企业法税融合实务指南 ★★★

得销售方开具的红字增值税专用发票后，与《信息表》一并作为记账凭证；

（2）购买方取得增值税专用发票未用于申报抵扣，但发票联或抵扣联无法退回的，购买方填开《信息表》时应填写相对应的蓝字增值税专用发票信息。

二、由销售方开具的主要情形：销售方开具增值税专用发票尚未交付购买方，以及购买方未用于申报抵扣并将发票联及抵扣联退回的，销售方可在新系统中填开并上传《信息表》。销售方填开《信息表》时应填写相对应的蓝字增值税专用发票信息。

第二步：主管税务机关通过网络接收纳税人上传的《信息表》，系统自动校验通过后，生成带有红字发票信息表编号的《信息表》，并将信息同步至纳税人端系统中，纳税人也可凭《信息表》电子信息或纸质资料到税务机关对《信息表》内容进行系统校验。

第三步：销售方凭税务机关系统校验通过的《信息表》开具红字专用发票，在新系统中以销项负数开具红字专用发票应与《信息表》一一对应。

23. 在季度中间新成立的小规模纳税人，如何享受小微企业免征增值税政策优惠？

根据《国家税务总局关于国内旅客运输服务进项税抵扣等增值税征管问题的公告》（国家税务总局公告2019年第31号）规定："自2019年1月1日起，以1个季度为纳税期限的增值税小规模纳税人，因在季度中间成立或注销而导致当期实际经营期不足1个季度，当期销售额未超过30万元的，免征增值税。"

24. 一般纳税人注销税务登记时，增值税留抵税额能否申请退税？

根据《财政部、国家税务总局关于增值税若干政策的通知》（财税〔2005〕165号）第六条规定："一般纳税人注销或被取消辅导期一般纳税人资格，转为小规模纳税人时，其存货不作进项税额转出处理，其留抵税额也不予以退税。"

同时，根据《财政部、税务总局、海关总署关于深化增值税改革有关政策的公告》（财政部税务总局海关总署公告2019年第39号）第八条规定：

自2019年4月1日起，试行增值税期末留抵税额退税制度。

（一）同时符合以下条件的纳税人，可以向主管税务机关申请退还增量留抵税额：

1. 自2019年4月税款所属期起，连续六个月（按季纳税的，连续两个季度）增量留抵税额均大于零，且第六个月增量留抵税额不低于50万元；

486

2.纳税信用等级为A级或者B级；

3.申请退税前36个月未发生骗取留抵退税、出口退税或虚开增值税专用发票情形的；

4.申请退税前36个月未因偷税被税务机关处罚两次及以上的；

5.2019年4月1日起未享受即征即退、先征后退政策的。

25. 公司为员工提供免费宿舍是否涉税？

《财政部国家税务总局关于全面推行营业税改增值税试点的通知》（财税〔2016〕36号）附件1《营业税改征增值税试点实施办法》第十条规定："销售服务、无形资产或者不动产，是指有偿提供服务、有偿转让无形资产或者不动产，但属于下列非经营活动的情形除外：……（三）单位或者个体工商户为聘用的员工提供服务。"根据上述规定，公司为员工提供宿舍属于"单位或者个体工商户为聘用的员工提供服务"，不属于增值税征收范围。

《个人所得税法实施条例》第六条、第八条规定，工资、薪金所得，是指个人因任职或者受雇而取得的工资、薪金、奖金、年终加薪、劳动分红、津贴、补贴以及在任职或者受雇有关的其他所得。个人所得的形式，包括现金、实物、有价证券和其他形式的经济利益。国家税务总局纳税服务司2012年5月7日政策解答："根据个人所得税法的规定原则，对于发给个人的福利，不论是现金还是实物均应缴纳个人所得税，但目前对于集体享受的、不可分割的、非现金方式的福利，原则上不征收个人所得税。"

国家税务总局2018年第三季度税收政策解答："对于任职受雇单位发给个人的福利，不论是现金还是实物，依法均应缴纳个人所得税。但对于集体享受的、不可分割的、未向个人量化的非现金方式的福利，原则上不征收个人所得税。"

根据上述规定，如果单位提供的是集体宿舍，原则上不征收个人所得税。

26. 出租不动产押金未退承租方的，是否计征增值税？

根据《财政部、国家税务总局关于全面推开营业税改征增值税试点的通知》（财税〔2016〕36号）附件1《营业税改征增值税试点实施办法》第37条规定："销售额，是指纳税人发生应税行为取得的全部价款和价外费用，财政部和国家税务总局另有规定的除外。价外费用，是指价外收取的各种性质的收费，但不包括以下项目：

（一）代为收取并符合本办法第十条规定的政府性基金或者行政事业性收费。

（二）以委托方名义开具发票代委托方收取的款项。"

根据《中华人民共和国增值税暂行条例实施细则》第12条规定："条例第六条第一款所称价外费用，包括价外向购买方收取的手续费、补贴、基金、集资费、返还利润、奖励费、违约金、滞纳金、延期付款利息、赔偿金、代收款项、代垫款项、包装费、包装物租金、储备费、优质费、运输装卸费以及其他各种性质的价外费用。但下列项目不包括在内：（一）受托加工应征消费税的消费品所代收代缴的消费税。（二）同时符合以下条件的代垫运费：1. 承运部门的运费发票开具给购买方的；2. 纳税人将该项发票转交给购买方的。"因此，出租方将不动产出租后，未将不动产经营租赁服务的押金退还给承租方，属于价外收取费用，应当作为价外费用计征增值税。

27. 处理销售、库存作废材料是不是需要做进项税转出呢？

《增值税暂行条例》第十条　下列项目的进项税额不得从销项税额中抵扣：

（一）用于简易计税方法计税项目、免征增值税项目、集体福利或者个人消费的购进货物、劳务、服务、无形资产和不动产；

（二）非正常损失的购进货物，以及相关的劳务和交通运输服务；

（三）非正常损失的在产品、产成品所耗用的购进货物（不包括固定资产）、劳务和交通运输服务；

（四）国务院规定的其他项目。

《增值税暂行条例实施细则》第24条规定："条例第十条第（二）项所称非正常损失，是指因管理不善造成被盗、丢失、霉烂变质的损失。"因此非因管理不善造成被盗、丢失、霉烂变质的损失，不需要作进项税转出。只有上述明确规定的情形，才需要做进项税转出。

28. 招标公司没收投标保证金是否需要开发票？

《中华人民共和国增值税暂行条例》第一条　在中华人民共和国境内销售货物或者加工、修理修配劳务（以下简称劳务）销售服务、无形资产、不动产以及进口货物的单位和个人，为增值税的纳税人，应当依照本条例缴纳增值税。

第六条　销售额为纳税人发生应税销售行为收取的全部价款和价外费用，但是不包括收取的销项税额。

根据《中华人民共和国增值税暂行条例实施细则》第12条规定："条例第六条第一款所称价外费用，包括价外向购买方收取的手续费、补贴、基金、集资费、返还利润、奖励费、违约金、滞纳金、延期付款利息、赔偿金、代收款项、代垫款项、包装费、包装物租金、储备费、优质费、运输装卸费以及其他各种性质的价外费用。"

根据《国务院税务总局关于发布〈企业所得税税前扣除凭证管理办法〉的公告》（国家税务总局公告2018年第28号）第八条规定："税前扣除凭证按照来源分为内部凭证和外部凭证。内部凭证是指企业自制用于成本、费用、损失和其他支出核算的会计原始凭证。内部凭证的填制和使用应当符合国家会计法律、法规等相关规定。外部凭证是指企业发生经营活动和其他事项时，从其他单位、个人取得的用于证明其支出发生的凭证，包括但不限于发票（包括纸质发票和电子发票）、财政票据、完税凭证、收款凭证、分割单等。"第十条："企业在境内发生的支出项目不属于应税项目的，对方为单位的，以对方开具的发票以外的其他外部凭证作为税前扣除凭证……"

因此，若企业提供代理服务并收取保证金，应按照应税销售行为收取的全部价款和价外费用缴纳增值税，并开具增值税发票。若只收取保证金未发生增值税应税范围销售行为，不涉及缴纳增值税，其支出以对方开具的发票以外的其他外部凭证作为税前扣除凭证。

29. 企业在机构所在地从事建筑服务，收到预售款，是否需要预缴增值税？

根据《财政部、税务总局关于建筑服务等营改增试点政策的通知》（财税〔2017〕58号）规定："三、纳税人提供建筑服务取得预收款，应在收到预收款时，以取得的预收款扣除支付的分包款后的余额，按照本条第三款规定的预征率预缴增值税。按照现行规定应在建筑服务发生地预缴增值税的项目，纳税人收到预收款时在建筑服务发生地预缴增值税。按照现行规定无需在建筑服务发生地预缴增值税的项目，纳税人收到预收款时在机构所在地预缴增值税。适用一般计税方法计税的项目预征率为2%，适用简易计税方法计税的项目预征率为3%。"

根据《国家税务总局关于小规模纳税人免征增值税政策有关征管问题的公告》（国家税务总局公告2019年第4号）第六条规定，按照现行政策规定应预缴增值税税款的小规模纳税人，凡在预缴地实现的月销售额未超过十万元的，当期无需预缴税款。

纳税人可以根据上述情形判断收到预收款时，是否需要预缴增值税。

30. 企业招用高校毕业生可以享受什么税收优惠政策呢？

《财政部、税务总局、人力资源社会保障部、国务院扶贫办关于进一步支持和促进重点群体创业就业有关税收政策的通知》（财税〔2019〕22号）第二条规定："企业招用建档立卡贫困人口，以及在人力资源社会保障部门公共就业服务机构登记失业半年以上且持《就业创业证》或《就业失业登记证》（注明'企业吸纳税收政策'）的人员，与其签订1年以上期限劳动合同并依法缴纳社会保险费的，自签订劳动合同并缴纳社会保险当月起，在3年内按实际招用人数予以定额依次扣减增值税、城市维护建设税、教育费附加、地方教育附加和企业所得税优惠。定额标准为每人每年6000元，最高可上浮30%，各省、自治区、直辖市人民政府可根据本地区实际情况在此幅度内确定具体定额标准。城市维护建设税、教育费附加、地方教育附加的计税依据是享受本项税收优惠政策前的增值税应纳税额。按上述标准计算的税收扣减额应在企业当年实际应缴纳的增值税、城市维护建设税、教育费附加、地方教育附加和企业所得税税额中扣减，当年扣减不完的，不得结转下年使用。"

因此，企业招用高校毕业生若符合上述文件规定条件，可以享受在三年内按实际招用人数予以定额依次扣减增值税、城市维护建设税、教育费附加、地方教育附加和企业所得税的优惠政策。

31. 客户要求补开几年以前的发票是否符合规定？

《发票管理办法》第19条规定："销售商品、提供服务以及从事其他经营活动的单位和个人，对外发生经营业务收取款项，收款方应当向付款方开具发票；特殊情况下，由付款方向收款方开具发票。"第35条规定："违反本办法规定，有下列情形之一的，由税务机关责令改正，可以处1万元以下的罚款；有违法所得的予以没收：（一）应当开具而未开具发票，或者未按照规定的时限、顺序、栏目，全部联次一次性开具发票，或者未加盖发票专用章的……"《国家税务总局关于明确中外合作办学等若干增值税征管问题的公告》（国家税务总局公告2018第42号）第七条规定："纳税人2016年5月1日前发生的营业税涉税业务，包括已经申报缴纳营业税或补缴营业税的业务，需要补开发票的，可以开具增值税普通发票。纳税人应完整保留相关资料备查。"

因此，公司要给对方开具发票。应该开票而未开票的，税务机关会责令改正，处1万元以下的罚款。

32. 母公司给子公司提供服务收取的服务费有何涉税问题？

《国家税务总局关于母子公司间提供服务、支付费用有关企业所得税处理问题的通知》（国税发〔2008〕86号）

一、母公司为其子公司（以下简称子公司）提供各种服务而发生的费用，应按照独立企业之间公平交易原则确定服务的价格，作为企业正常的劳务费用进行税务处理。母子公司未按照独立企业之间的业务往来收取价款的，税务机关有权予以调整。

二、母公司向其子公司提供各项服务，双方应签订服务合同或协议，明确规定提供服务的内容、收费标准及金额等，凡按上述合同或协议规定所发生的服务费，母公司应作为营业收入申报纳税；子公司作为成本费用在税前扣除。

三、母公司向其多个子公司提供同类项服务，其收取的服务费可以采取分项签订合同或协议收取；也可以采取服务分摊协议的方式，即，由母公司与各子公司签订服务费用分摊合同或协议，以母公司为其子公司提供服务所发生的实际费用并附加一定比例利润作为向子公司收取的总服务费，在各服务受益子公司（包括盈利企业、亏损企业和享受减免税企业）之间按《中华人民共和国企业所得税法》第四十一条第二款规定合理分摊。

四、母公司以管理费形式向子公司提取费用，子公司因此支付给母公司的管理费，不得在税前扣除。

五、子公司申报税前扣除向母公司支付的服务费用，应向主管税务机关提供与母公司签订的服务合同或者协议等与税前扣除该项费用相关的材料。不能提供相关材料的，支付的服务费用不得税前扣除。

根据上述规定，母公司向子公司提供服务，双方应签订服务合同或协议，明确规定提供服务的内容、收费标准及金额等，并按独立交易原则收取价款费用，费用支出方取得相应的发票作为成本费用在税前扣除，取得收入方应作为营业收入申报纳税，缴纳增值税后，还应缴纳城建税、教育费附加、地方教育费附加等附加税费，涉及印花税应税税目的还要缴纳印花税。

33. 购买库存商品用于研发，需要进项税额转出吗？

《中华人民共和国增值税暂行条例》

第十条　下列项目的进项税额不得从销项税额中抵扣：

（一）用于简易计税方法计税项目、免征增值税项目、集体福利或者个人消费的购进货物、劳务、服务、无形资产和不动产；（二）非正常损失的购进货物，以及相关的劳务和交通运输服务；（三）非正常损失的在产品、产成品所耗用的购进货物（不包括固定资产）、劳务和交通运输服务；（四）国务院规定的其他项目。

因此，购买库存商品用于研发，不需要进项税额转出。

34. 学校的赞助费收入能否作为教育服务收入免增值税？

根据财税〔2016〕36号文件规定，从事学历教育的学校提供的教育服务免征增值税。提供教育服务免征增值税的收入，是指为列入规定招生计划的在籍学生提供学历教育服务取得的收入，具体包括经有关部门审核批准，并按规定标准收取的学费、住宿费、课本费、作业本费、考试报名费收入以及学校食堂提供餐饮服务取得的伙食费收入。除此之外的收入，包括学校以各种名义收取的赞助费、择校费等，不属于免征增值税的范围。

35. 取得的电子普通发票，没有不得抵扣的情况，如何确定进项税额？

根据《财政部、税务总局、海关总署关于深化增值税改革有关政策的公告》（财政部、税务总局、海关总署公告2019年第39号）第六条规定："纳税人购进国内旅客运输服务，其进项税额允许从销项税额中抵扣。（一）纳税人未取得增值税专用发票的，暂按照以下规定确定进项税额：1. 取得增值税电子普通发票的，为发票上注明的税额……"

36. 集团内借用人员发生的差旅费，能否在借用单位抵扣？

《企业所得税法》第8条规定："企业实际发生的与取得收入有关的、合理的支出，包括成本、费用、税金、损失和其他支出，准予在计算应纳税所得额时扣除。"第41条规定："企业与其关联方之间的业务往来，不符合独立交易原则而减少企业或者与关联方应纳税收入或者所得额的，税务机关有权按照合理方法调整。"

《财政部、税务总局、海关总署关于深化增值税改革有关政策的公告》（财政部、税务总局、海关总署公告2019年第39号）："纳税人购进国内旅客运输服务，其进项税额允许从销项税额中抵扣。"

《国家税务总局关于国内旅客运输服务进项税抵扣等增值税征管问题的公告》（国家税务总局公告2019年第31号）第一条第一项规定："《财政部、税务总局、海关总署关于深化增值税改革有关政策的公告》（财政部、税务总局、海关总署公告2019年第39号）第六条所称'国内旅客运输服务'限于与本单位签订了劳动合同的员工，以及本单位作为用工单位接受的劳务派遣员工发生的国内旅客运输服务。"

根据上述规定，总公司的人为子公司办事应属于子公司发生费用。根据国家税务总局公告2019年第31号规定，总公司员工发生的差旅费用，无法在子公司层面计算抵扣。我们建议母子公司之间签订服务协议，报销在子公司层面进行，但由母公司抵扣进项税额。子公司支付报销款项作垫付处理，借记其他应收款垫付服务费，贷记银行存款。总公司按月或按年根据报销支出金额，加上工资等向子公司开具服务费发票。

37. 应办未办营业执照的纳税人能否使用发票？

《国家税务总局关于进一步完善税务登记管理有关问题的公告》（国家税务总局公告2011年第21号）第一条规定："从事生产、经营的纳税人，应办而未办工商营业执照，或不需要办理工商营业执照而需经有关部门批准设立但未经有关部门批准的，应当自纳税义务发生之日起30日内申报办理税务登记。税务机关对无照户纳税人核发临时税务登记证及副本，并限量供应发票。"

38. 取得了ETC充值发票后，在实际发生通行费用时还能索要发票吗？

不可以。根据《交通运输部、财政部、国家税务总局、国家档案局关于收费公路通行费电子票据开具汇总等有关事项的公告》（交通运输部公告2020年第24号）规定，ETC预付费客户可以自行选择在充值后索取不征税发票或待实际发生通行交易后索取通行费电子票据。客户在充值后索取不征税发票的，在服务平台取得由ETC客户服务机构全额开具的不征税发票；实际发生通行交易后，ETC客户服务机构和收费公路经营管理者均不再向其开具通行费电子票据。客户在充值后未索取不征税发票，在实际发生通行交易后索取电子票据的，通过经营性公路的部分，在服务平台取得由经营管理者开具的增税发票；通过政府还贷公路的部分，在服务平台取得由经营管理者开具的普通费财政电子票据。

39. 长期租赁车位，承租方拥有永久使用权的，应如何缴纳增值税？

《财政部、国家税务总局关于全面推开营业税改征增值税试点的通知》（财税〔2016〕36号）附件一《营业税改征增值税试点实施办法》附《销售服务、无形资产、不动产注释》规定："销售不动产是指转让不动产所有权的业务活动。不动产，是指不能够移动或者移动后会引起性质、性状改变的财产，包括建筑物、构筑物等。……转让建筑物有限产权或者永久使用权的，转让在建的建筑物或者构筑物所有权的，以及在转让建筑物或者构筑物时一并转让其所占土地的使用权的，按照销售不动产缴纳增值税。"因此，长期租赁车位，承租方拥有永久使用权的，应按照销售不动产缴纳增值税。

40. 不能抵扣的专票需不需要用途确认？

《财政部、国家税务总局关于全面推开营业税改征增值税试点的通知》（财税〔2016〕36号）附件一第二十七条规定：

> 下列项目的进项税额不得从销项税额中抵扣：
>
> （一）用于简易计税方法计税项目、免征增值税项目、集体福利或者个人消费的购进货物、加工修理修配劳务、服务、无形资产和不动产。其中涉及的固定资产、无形资产、不动产，仅指专用于上述项目的固定资产、无形资产（不包括其他权益性无形资产）、不动产。纳税人的交际应酬消费属于个人消费。
>
> （二）非正常损失的购进货物，以及相关的加工修理修配劳务和交通运输服务。
>
> （三）非正常损失的在产品、产成品所耗用的购进货物（不包括固定资产）、加工修理修配劳务和交通运输服务。
>
> （四）非正常损失的不动产，以及该不动产所耗用的购进货物、设计服务和建筑服务。
>
> （五）非正常损失的不动产在建工程所耗用的购进货物、设计服务和建筑服务。纳税人新建、改建、扩建、修缮、装饰不动产，均属于不动产在建工程。
>
> （六）购进的旅客运办理服务、贷款服务、餐饮服务、居民日常服务和娱乐服务。
>
> （七）财政部和国家税务总局规定的其他情形。
>
> 本条第（四）项、第（五）项所称货物，是指构成不动产实体的材料和设备，包括建筑装饰材料和给排水、采暖、卫生、通风、照明、通讯、煤气、消防、中央空调、电梯、电气、智能化楼宇设备及配套设施。

因此，不允许抵扣的增值税专用发票，建议用途确认后再做进项税额转出处理。

41. 租入车辆接送员工和生产经营共用，进项税额能否抵扣？

《财政部税务总局关于租入固定资产进项税额抵扣等增值税政策的通知》（财税〔2017〕90号）第一条规定："自2018年1月1日起，纳税人租入固定资产、不动产，既用于一般计税方法计税项目，又用于简易计税方法计税项目、免征增值税项目、集体福利或者个人消费的，其进项税额准予从销项税额中全额抵扣。"根据上述规定，公司租入车辆用于接送员工上下班，同时用于生产经营发生的租赁费，取得增值税专用发票，其进项税额可以全额抵扣。

42. 向个人出租房产能否开具增值税专用发票？

《增值税暂行条例》第21条规定："纳税人发生应税销售行为，应当向索取增值税专用发票的购买方开具增值税专用发票，并在增值税专用发票上分别注明销售额和销项税额。属于下列情形之一的，不得开具增值税专用发票：（一）应税销售行为的购买方为消费者个人的；（二）发生应税销售行为适用免税规定的。"《国家税务总局关于发布〈纳税人提供不动产经营租赁服务增值税征收管理暂行办法〉的公告》（国家税务总局公告2016年第16号）第12条规定，纳税人向其他个人出租不动产，不得开具或申请代开增值税专用发票。

根据上述规定，向个人出租房产，不能向其开具增值税专用发票。

43. 零售猫粮和狗粮是否可以免征增值税？

根据《财政部、国家税务总局关于饲料产品免征增值税问题的通知》（财税〔2001〕121号）规定："根据国务院关于部分资料产品继续免征增值税的指示，现将免税饲料产品范围及国内环节饲料免征增值税的管理办法明确如下：一、免税饲料产品范围包括：……（三）配合饲料。指根据不同的饲养对象，饲养对象的不同生长发育阶段的营养需要，将多种饲料原料按饲料配方经工业生产后，形成的能满足饲养动物全部营养需要（除水分外）的饲料。……"因此，零售猫粮和狗粮符合以上文件规定的，可以免征增值税。

44. 企业给员工提供无息借款，是否要视同销售缴纳增值税？

根据《财政部国家税务总局关于全面推开营业税改增值税试点的通知》（财税〔2016〕36号）附件1《营业税改征增值税试点实施办法》第十条规定："销售服务、无形资产或者不动产，是指有偿提供服务、有偿转让无形资产或者不动产，但属于下列非经营活动的情形除外：……（三）单位或者个体工商户为聘用的员工提供服务。"因此，不需要缴纳增值税。

45. 不包邮的商品，快递费是否含在开票金额内？

《中华人民共和国增值税暂行条例》第六条规定，销售额为纳税人发生应税销售行为收取的全部价款和价外费用，但是不包括收取的销项税额。《中华人民共和国增值税暂行条例实施细则》第十二条规定："条例第六条第一款所称价外费用，包括价外向购买方收取的手续费、补贴、基金、集资费、返还利润、奖励费、违约金、滞纳金、延期付款利息、赔偿金、代收款项、代垫款项、包装费、包装物租金、储备费、优质费、运输装卸费以及其他各种性质的价外收费。"

因此，商家销售不包邮的商品，应当就收取的全部费用开具发票。

第二节　企业所得税常见问题解答

1. 企业给员工的加班餐补费是否可以作为职工福利费在企业所得税税前扣除？以什么票据作为税前扣除凭证？

答：根据《国家税务总局关于企业工资薪金和职工福利费等支出税前扣除问题的公告》（国家税务总局公告2015年第34号）规定："列入企业员工工资薪金制度、固定与工资薪金一起发放的福利性补贴，符合《国家税务总局关于企业工资薪金及职工福利费扣除问题的通知》（国税函〔2009〕3号）第一条规定的，可作为企业发生的工资薪金支出，按规定在税前扣除。不能同时符合上述条件的福利性补贴，应作为国税函〔2009〕3号文件第三条规定的职工福利费，按规定计算限额税前扣除。"

如果是企业按照内部福利规定直接发放给员工的误餐补贴，可以内部凭证作为税前扣除凭证，内部凭证是指企业自制用于成本、费用、损失和其他支出核算的会计原始凭证，如果是由员工提供发票报销餐费，应以报销单据以及餐费发票作为税前扣除凭证。

2. 享受企业所得税优惠，是否需要办理审批或备案手续？

答：企业享受优惠事项采取"自行判别、申报享受、相关资料留存备查"的办理方式。企业应当根据经营情况以及相关税收规定自行判断是否符合优惠条件，符合条件的可以按照《企业所得税优惠事项管理目录》列示的时间自行计算减免税额，并通过填报企业所得税纳税申报表享受税收优惠。同时，归集和留存相关资料备查。留存备查资料是指与企业享受优惠事项有关的合同、协议、凭证、证书、文件、账册、说明等资料。

3. 小型微利企业的最新税收优惠政策是什么？需要符合什么条件？

答：根据《财政部、税务总局关于实施小微企业普惠性税收减免政策的通知》（财税〔2019〕13号）规定，对小型微利企业年应纳税所得额不超过100万元的部分，减按25%计入应纳税所得额，按20%的税率缴纳企业所得税；对年应纳税所得额超过100万但不超过300万元的部分，减按50%计入应纳税所得额，按20%的税率缴纳企业所得税。

上述小型微利企业是指从事国家非限制和禁止行业，且同时符合年度应纳税所得额不超过300万元、从业人数不超过300人、资产总额不超过5000万元等三个条件的企业。

　　根据《财政部、税务总局关于实施小微企业和个体工商户所得税优惠政策的公告》（财政部、税务总局公告2021年第12号）规定：自2021年1月1日至2022年12月31日，对小型微利企业年应纳税所得额不超过100万元的部分，在《财政部、税务总局关于实施小微企业普惠性税收减免政策的通知》（财税〔2019〕3号）第二条规定的优惠政策基础上，再减半征收企业所得税。

　　4. 企业当年度发生亏损，是否可以申报研发费用加计扣除？

　　答：当年度无论是盈利或亏损，只要企业发生的研发费用符合《财政部、国家税务总局科技部关于完善研究开发费用税前加计扣除政策的通知》（财税〔2015〕119号）和《国家税务总局关于企业研究开发费用税前加计扣除政策有关问题的公告》（国家税务总局公告2015年第97号）规定的条件的，就可以依法享受研发费用加计扣除优惠。

　　5. 公司不是高新技术企业，能申报研发费用加计扣除么？

　　答：高新技术企业资格并非享受研发费用加计扣除政策的必要条件。未取得高新技术企业资格的企业，只要不属于政策规定的限制性行业，且发生了符合条件的研发支出，就可以享受研发费用加计扣除政策。

　　6. 企业所得税列支的成本何时必须取得发票？

　　根据《国家税务总局关于企业所得税若干问题的公告》（国家税务总局2011年第34号）规定，企业当年度实际发生的相关成本、费用，由于各种原因未能及时取得该成本、费用的有效凭证，企业在预缴季度所得税时可暂按账面发生金额进行核算；但在汇算清缴时，应补充提供该成本、费用的有效凭证。

　　7. 以非货币性交易方式取得土地使用权，如何确定其成本？

　　《国家税务总局关于印发〈房地产开发经营业务企业所得税处理办法〉的通知》（国税发〔2009〕31号）

　　第三十一条　企业以非货币交易方式取得土地使用权的，应按下列规定确定其成本：

　　（一）企业、单位以换取开发产品为目的，将土地使用权投资企业的，按下列规定进行处理：

　　1. 换取的开发产品如为该项土地开发、建造的，接受投资的企业在接受土地使用权时暂不确认其成本，待首次分出开发产品时，再按应分出开发产品（包括首次分出的和以后应分出的）的市场公允价值和土地使用权转移过程中应支付的相关税费计算确认该项土地使用权的成本。如涉及补价，土地使用权的取得成本还应加上应支付的补价款或减除应收到的补价款。

2.换取的开发产品如为其他土地开发、建造的，接受投资的企业在投资交易发生时，按应付出开发产品市场公允价值和土地使用权转移过程中应支付的相关税费计算确认该项土地使用权的成本。如涉及补价，土地使用权的取得成本还应加上应支付的补价款或减除应收到的补价款。

（二）企业、单位以股权的形式，将土地使用权投资企业的，接受投资的企业应在投资交易发生时，按该项土地使用权的市场公允价值和土地使用权转移过程中应支付的相关税费计算确认该项土地使用权的取得成本。如涉及补价，土地使用权的取得成本还应加上应支付的补价款或减除应收到的补价款。

根据上述规定，公司应根据取得土地使用权的不同方式来确定其成本。

8. 高新技术企业认定条件有哪些？

《科技部、财政部、国家税务总局关于修订印发〈高新技术企业认定管理办法〉的通知》（国科发火〔2016〕32号）第十一条 认定为高新技术企业须同时满足以下条件：

（一）企业申请认定时须注册成立一年以上；

（二）企业通过自主研发、受让、受赠、并购等方式，获得对其主要产品（服务）在技术上发挥核心支持作用的知识产权的所有权；

（三）对企业主要产品（服务）发挥核心支持作用的技术属于《国家重点支持的高新技术领域》规定的范围；

（四）企业从事研发和相关技术创新活动的科技人员占企业当年职工总数的比例不低于10%；

（五）企业近三个会计年度（实际经营期不满三年的按实际经营时间计算，下同）的研究开发费用总额占同期销售收入总额的比例符合如下要求：1.最近一年销售收入小于5,000万元（含）的企业，比例不低于5%；2.最近一年销售收入在5,000万元至2亿元（含）的企业，比例不低于4%；3.最近一年销售收入在2亿元以上的企业，比例不低于3%。其中，企业在中国境内发生的研究开发费用总额占全部研究开发费用总额的比例不低于60%；

（六）近一年高新技术产品（服务）收入占企业同期总收入的比例不低于60%；

（七）企业创新能力评价应达到相应要求；

（八）企业申请认定前一年内未发生重大安全、重大质量事故或严重环境违法行为。

9. 企业购买预付卡如何在税前扣除？

对于企业购买、充值预付卡，应在业务实际发生时税前扣除。按照购买或充值、发放和使用等不同情形进行以下税务处理：一是在购买或充值环节，预付卡应作为企业的资产进行管理，购买或充值时发生的相关支出不得税前扣除；二是在发放环节，凭相关内外部凭证证明预付卡所有权已发生转移的，根据用途进行归类，按照税法规定进行税前扣除，比如发放给职工的，可作为工资、福利费，用于交际应酬的作为业务招待费进行税前扣除；三是本企业内部使用的预付卡，在相关支出实际发生时，凭相关凭证在税前扣除。

10. 企业作为出租方与承租方签订了为期两年的房屋租赁合同，合同中约定租金在周期开始时一次性支付，出租方如何确认收入？

企业提供固定资产、包装物或者其他有形资产的使用权取得的租金收入，应按交易合同或协议规定的承租人应付租金的日期确认收入的实现。其中，如果交易合同或协议中规定租赁期限跨年度，且租金提前一次性支付的，根据《企业所得税法实施条例》第九条规定的收入与费用配比原则，出租人可以对上述已确认的收入，在租赁期内，分期均匀计入相关年度收入。

相关文件：《国家税务总局关于贯彻落实企业所得税法若干税收问题的通知》（国税函〔2010〕79号）。

11. 关于收入的确认条件，税法和会计上有什么差异？需怎样调整呢？

税法上，同时满足四个条件就可确认所得税应税收入。四个条件分别是，（1）商品销售合同已经签订，企业已将商品所有权相关的主要风险和报酬转移给购货方；（2）企业对已售出的商品既没有保留通常与所有权有联系的继续管理权，也没有实施有效控制；（3）收入的金额能够可靠地计量；（4）已发生或将发生的销售方的成本能够可靠地合算。而会计上除了要求同时满足税法规定的四个条件外，还需要满足"经济利益很有可能流入企业"

这个条件，因而形成了会计上还没有确认收入，而在汇算清缴时需要调增计算企业所得税的情形。

12. 企业注销在清算时是否可以弥补亏损？

《财政部　国家税务总局关于企业清算业务企业所得税处理若干问题的通知》（财税〔2009〕60号）规定：

> 三、企业清算的所得税处理包括以下内容：
>
> （一）全部资产均应按可变现价值或交易价格，确认资产转让所得或损失；
>
> （二）确认债权清理、债务清偿的所得或损失；
>
> （三）改变持续经营核算原则，对预提或待摊性质的费用进行处理；
>
> （四）依法弥补亏损，确定清算所得；
>
> （五）计算并缴纳清算所得税；
>
> （六）确定可向股东分配的剩余财产、应付股息等。

13. 私车公用如何报销？

对于私车公用的费用报销，国家并没有出台专门性文件，以下是一些地方的规范，请参考。

《江苏省国家税务局关于企业所得税若干具体业务问题的通知》（苏国税发〔2004〕97号）第四条规定，"私车公用"发生的费用应凭真实、合理、合法凭据，准予税前扣除。对应由个人承担的车辆购置税、折旧费以及保险费等不得税前扣除。《北京市地方税务局关于明确若干企业所得税业务政策问题的通知》（地税企〔2003〕646号）第三条规定，对纳税人因工作需要租用个人汽车，按照租赁合同或协议支付的租金，在取得真实、合法、有效凭证的基础上，允许税前扣除；对在租赁期内汽车使用所发生的汽油费、过路过桥费和停车费，在取得真实、合法、有效凭证的基础上允许税前扣除，其他应由个人负担的汽车费用，如车辆保险费、维修费等，不得在企业所得税税前扣除。

根据上述规定，对于私车公用，双方应签订租赁合同或协议，在租赁期限对外发生的费用，企业凭借真实、合法、有效凭证可以税前扣除，但是不包括由个人负担的汽车费用。

14. 向员工借款利息如何税前扣除？

《最高人民法院关于修改〈关于审理民间借贷案件适用法律若干问题的规定〉的决定》

（法释〔2020〕6号）第二十六条规定，出借人请求借款人按照合同约定利率支付利息的，人民法院应予支持，但是双方约定的利率超过合同成立时一年期贷款市场报价利率四倍的除外。

《国家税务总局关于企业向自然人借款的利息支出企业所得税税前扣除问题的通知》（国税函〔2009〕777号）第二条规定："企业向除第一条规定以外的内部职工或其他人员借款的利息支出，其借款情况同时符合以下条件的，其利息支出在不超过按照金融企业同期同类贷款利率计算的数额的部分，根据税法第八条和税法实施条例第二十七条规定，准予扣除。（一）企业与个人之间的借贷是真实、合法、有效的，并且不具有非法集资目的或其他违反法律、法规的行为；（二）企业与个人之间签订了借款合同。"

《国家税务总局关于发布〈企业所得税税前扣除凭证管理办法〉的公告》（国家税务总局公告2018年第28号）第九条规定："企业在境内发生的支出项目属于增值税应税项目（以下简称'应税项目'）的，对方为已办理税务登记的增值税纳税人，其支出以发票（包括按照规定由税务机关代开的发票）作为税前扣除凭证；对方为依法无需办理税务登记的单位或者从事小额零星经营业务的个人，其支出以税务机关代开的发票或者收款凭证及内部凭证作为税前扣除凭证，收款凭证应载明收款单位名称、个人姓名及身份证号、支出项目、收款金额等相关信息。"

《财政部、国家税务总局关于全面推开营业税改征增值税试点的通知》（财税〔2016〕36号）附件1《营业税改征增值税试点实施办法》第五十条规定："增值税起征点幅度如下：（一）按期纳税的，为月销售额5000—20000元（含本数）。（二）按次纳税的，为每次（日）销售额300—500元（含本数）。起征点的调整由财政部和国家税务总局规定。省、自治区、直辖市财政厅（局）和国家税务局应当在规定的幅度内，根据实际情况确定本地区适用的起征点，并报财政部和国家税务总局备案。"

根据上述规定，企业向个人借款，不超过合同成立时一年期贷款市场报价利率四倍的，人民法院应予支持。但税前扣除的利息支出不得超过按照金融企业同期同类贷款利率计算的数额。另外，需注意的是，企业在支付个人利息时，每次不超过500元的，可以不用发票，用收款凭证就能进行税前扣除。收款凭证应载明收款单位名称、个人姓名及身份证号、支出项目、收款金额等相关信息。每次支付利息超过500元的，需要职工个人提供发票。

15. 未取得成本、费用有效凭证，企业所得税季度预缴能否扣除？

根据《国家税务总局关于企业所得税若干问题的公告》（国家税务总局公告2011年第

34号）规定，企业当年度实际发生的相关成本、费用，由于各种原因未能及时取得该成本、费用的有效凭证，企业在预缴季度所得税时，可暂按账面发生金额进行核算；但在汇算清缴时，应补充提供该成本、费用的有效凭证。

16. 企业的房屋折旧可以纳入加计扣除范围吗？

根据《财政部国家税务总局科技部关于完善研究开发费用税前加计扣除政策的通知》（财税〔2015〕119号）规定，允许加计扣除的折旧费用为用于研发活动的仪器、设备的折旧费，不包括房屋的折旧费。

17. 公司收到一笔财政拨款，已根据规定申报为不征税收入，该款项已用于研发，此项研发费支出是否可以加计扣除呢？

纳税人从有关部门取得的拨款用于研发，作为不征税收入处理的，要从研发费中剔除，不得加计扣除。

18. 企业租用了一层写字楼作为办公场所，因水、电表的用户业主是房东，企业缴纳水电费后，供水单位和供电单位均把发票开给了房东，企业应拿什么作为企业所得税税前扣除凭证？

税前扣除凭证按照来源分为内部凭证和外部凭证。内部凭证是指企业根据国家会计法律、法规等相关规定，在发生支出时，自行填制的用于核算支出的会计原始凭证。如企业支付员工工资，工资表等会计原始凭证即为内部凭证。外部凭证是指企业发生经营活动和其他事项时，取得的发票、财政票据、完税凭证、分割单以及其他单位、个人出具的收款凭证等。其中，发票包括纸质发票和电子发票，也包括税务机关代开的发票。

根据《国家税务总局关于发布〈企业所得税税前扣除凭证管理办法〉的公告》（国家税务总局公告2018年第28号）第十九条规定："企业租用（包括企业作为单一承租方租用）办公、生产用房等资产发生的水、电、燃气、冷气、暖气、通讯线路、有线电视、网络等费用，出租方作为应税项目开具发票的，企业以发票作为税前扣除凭证；出租方采取分摊方式的，企业以出租方开具的其他外部凭证作为税前扣除凭证。"

19. 竞业补偿金能否税前扣除？

按《劳动合同法》规定，用人单位与劳动者可在劳动合同中约定保守用人单位商业秘密和与知识产权相关保密事项。对负有保密义务劳动者，用人单位可在劳动合同或保密协议中与劳动者约定竞业限制条款，并约定在解除或终止劳动合同后，在竞业限制期限内按月给予劳动者经济补偿。

用人单位根据《劳动合同法》规定，实际支付给负有保密义务劳动者的竞业补偿金，按合同约定，可凭内部凭证和相关证明材料在税前扣除。

20. 确实无法支付的应付款项如何处理？

根据《企业所得税法实施条例》第22条规定，确实无法偿付应付款项应计入其他收入。原则上企业作为当事人更了解债权人实际情况，可由企业判断其应付款项是否确实无法偿付。同时，税务机关如有确凿证据证明债权人已作资产损失、债权人（自然人）失踪或死亡、债权人（法人）注销或破产及其他原因导致债权人债权消亡的，税务机关可判定债务人确实无法偿付。对这部分确实无法偿付的应付未付款项，应计入收入总额计征企业所得税。

21. 哪些固定资产不得计算折旧扣除呢？

固定资产是指企业为生产产品、提供劳务、出租或者经营管理而持有的使用时间超过12个月的，价值达到一定标准的非货币性资产，包括房屋、建筑物、机器、机械、运输工具以及其他与生产经营活动有关的设备、器具、工具等。

不得折旧的固定资产包括：

（1）房屋、建筑物以外未投入使用的固定资产；

（2）以经营租赁方式租入的固定资产；

（3）以融资租赁方式租出的固定资产；

（4）已足额提取折旧仍继续使用的固定资产；

（5）与经营活动无关的固定资产；

（6）单独估价作为固定资产入账的土地；

（7）其他不得计算折旧的固定资产。

22. 佣金支出，企业所得税税前如何扣除？

（1）限额扣除

一般企业。根据《财政部 国家税务总局关于企业手续费及佣金支出税前扣除政策的通知》（财税〔2009〕29号）规定，其他企业发生与其经营活动有关的手续费及佣金支出，按与具有合法经营资格中介服务机构或个人（不含交易双方及其雇员、代理人和代表人等）所签订服务协议或合同确认的收入金额的5%计算限额。

保险企业。根据《关于保险企业手续费及佣金支出税前扣除政策的公告》（税务总局公告2019年第72号）规定，保险企业发生与其经营活动有关的手续费及佣金支出，不超过当年全部保费收入扣除退保金等后余额的18%（含本数）的部分，在计算应纳税所得额时准予扣除；超过部分，允许结转以后年度扣除。

电信企业。根据《国家税务总局关于企业所得税应纳税所得额若干税务处理问题的公告》（国家税务总局公告2012年第15号）第四条规定，电信企业在发展客户、拓展业务等过程中（如委托销售电话入网卡、电话充值卡等），需向经纪人、代办商支付手续费及佣金的，其实际发生的相关手续费及佣金支出，不超过企业当年收入总额5%的部分，准予在企业所得税前据实扣除。

房地产企业。根据《国家税务总局关于印发〈房地产开发经营业务企业所得税处理办法〉的通知》（国税发〔2009〕31号）第二十条规定，企业委托境外机构销售开发产品的，其支付境外机构的销售费用（含佣金或手续费）不超过委托销售收入10%的部分，准予据实扣除。

（2）据实扣除

根据国家税务总局公告2012年第15号第三条规定，从事代理服务、主营业务收入为手续费、佣金的企业（如证券、期货、保险代理等企业），其为取得该类收入而实际发生的营业成本（包括手续费及佣金支出），准予在企业所得税前据实扣除。

注意事项：①企业应与具有合法经营资格的中介服务企业或个人签订代办协议或合同，并按国家有关规定支付手续费及佣金。除委托个人代理外，企业以现金等非转账方式支付的手续费及佣金不得在税前扣除。企业为发行权益性证券支付给有关证券承销机构的手续费及佣金不得在税前扣除。②企业不得将手续费及佣金支出计入回扣、业务提成、返利、进场费等费用。③企业已计入固定资产、无形资产等相关资产的手续费及佣金支出，应当通过折旧、摊销等方式分期扣除，不得在发生当期直接扣除。④企业支付的手续费及佣金不得直接冲减服务协议或合同金额，并如实入账。⑤保险企业应建立健全手续费及佣金的相关管理制度，并加强手续费及佣金结转扣除的台账管理。

23. 公司转让技术后，每年向使用单位收取技术服务费，能否享受所得税优惠？

《中华人民共和国企业所得税法》第27条规定："企业的下列所得，可以免征、减征企业所得税：……（四）符合条件的技术转让所得。……"

《中华人民共和国企业所得税法实施条例》第90条规定："企业所得税法第二十七条第（四）项所称符合条件的技术转让所得免征、减征企业所得税，是指一个纳税年度内，居民企业技术转让所得不超过500万元的部分，免征企业所得税；超过500万元的部分，减半征收企业所得税。"

《国家税务总局关于技术转让所得减免企业所得税有关问题的通知》（国税函〔2009〕212号）规定："技术转让收入是指当事人履行技术转让合同后获得的价款，不包括销售或转让设备、仪器、零部件、原材料等非技术性收入。不属于与技术转让项目密不可分的技术咨询、技术服务、技术培训等收入，不得计入技术转让收入。"

《国家税务总局关于技术转让所得减免企业所得税有关问题的公告》（国家税务总局公告2013年第62号）规定："一、可以计入技术转让收入的技术咨询、技术服务、技术培训收入，是指转让方为使受让方掌握所转让的技术投入使用、实现产业化而提供的必要的技术咨询、技术服务、技术培训所产生的收入，并应同时符合以下条件：（一）在技术转让合同中约定的与该技术转让相关的技术咨询、技术服务、技术培训；（二）技术咨询、技术服务、技术培训收入与该技术转让项目收入一并收取价款。"

因此，符合国家税务总局公告2013年第62号文件规定的技术咨询、技术服务、技术培训收入，可以按技术转让所得享受企业所得税优惠。技术转让项目投入使用后单独收取的技术咨询、技术服务、技术培训价款，不属于技术转让收入，不能享受技术转让所得减免企业所得税的优惠。

24. 税务机关代开运输发票，没有备注车牌号、起运地和到达地能否税前扣除？

《国家税务总局关于发布〈企业所得税税前扣除凭证管理办法〉的公告》（国家税务总局公告2018年第28号）第十二条规定，企业取得私自印制、伪造、变造、作废、开票方非法取得、虚开、填写不规范等不符合规定的发票，以及取得不符合国家法律、法规等相关规定的其他外部凭证，不得作为税前扣除凭证。

《国家税务总局关于停止使用货物运输业增值税专用发票有关问题的公告》（国家税务总局公告2015年第99号）第一条规定，增值税一般纳税人提供货物运输服务，使用增值税专用发票和增值税普通发票，开具发票时应将起运地、到达地、车种车号以及运输货物信息等内容填写在发票备注栏中，如内容较多可另附清单。

综上可知，运输服务的增值税发票，必须在备注栏填写起运地、到达地、车种车号以及运输货物信息等内容，税务机关代开运输服务发票时，也应遵循上述规定，否则属于不合规票据。税务机关代开的运费发票的备注栏没有填写车牌号、起运地和发运的信息，根据国家税务总局公告2018年第28号规定不可以税前扣除。

25. 筹办费核算范围是什么？如何在所得税税前扣除？

目前对于筹办费的核算范围并无官方规定，建议参照以下处理：

筹建人员开支的费用。（1）筹建人员的劳务费用，具体包括筹建人员的工资、奖金等工资性支出，以及应缴纳的各种社会保险。在筹建期间发生的如医疗费等福利性费用，如果筹建期较短可据实列支，筹建期较长的，可按工资总额的14%计提职工福利费予以解决。（2）差旅费，包括市内交通费和外埠差旅费。（3）董事会费和联合委员会费。

企业登记、公证的费用。主要包括登记费、验资费、税务登记费、公证费等。

筹措资本的费用。主要是指筹资支付的手续费以及不计入固定资产和无形资产的汇兑损益和利息等。

人员培训费。主要有以下两种情况：（1）引进设备和技术需要消化吸收，选派一些职工在筹建期间外出进修学习的费用；（2）聘请专家进行技术指导和培训的劳务费及相关费用。

企业资产的摊销、报废和毁损。

其他费用。（1）筹建期间发生的办公费、广告费、交际应酬费；（2）印花税；（3）经投资人确认由企业负担地进行可行性研究所发生的费用；（4）其他与筹建有关的费用，例如资讯调查费、诉讼费、文件印刷费、通信费以及庆典礼品费等支出。

《国家税务总局关于企业所得税若干税务事项衔接问题的通知》（国税函〔2009〕98号）第九条规定，新税法中开（筹）办费未明确列作长期待摊费用，企业可以在开始经营之日的当年一次性扣除，也可以按照新税法有关长期待摊费用的处理规定处理，但一经选定，不得改变。企业在新税法实施以前年度的未摊销完的开办费，也可根据上述规定处理。

《企业所得税法实施条例》第七十条规定，企业所得税法第十三条第（四）项所称其他应当作为长期待摊费用的支出，自支出发生月份的次月起，分期摊销，摊销年限不得低于3年。

根据上述规定，对于筹办费，纳税人可以选择一次性在税前扣除，也可以选择按照长期待摊费用处理，按不低于三年的时间摊销。

26. 关联公司之间无偿提供房屋有何涉税事项？

《财政部、国家税务总局关于全面推开营业税改征增值税试点的通知》（财税〔2016〕36号）附件1《营业税改征增值税试点实施办法》第十四条规定："下列情形视同销售服务、无形资产或者不动产：（一）单位或者个体工商户向其他单位或者个人无偿提供服务，但用于公益事业或者以社会公众为对象的除外。……"

根据上述规定，关联公司无偿让渡房屋，需要视同销售按不动产租赁服务缴纳增值税。

《企业所得税法》第四十一条规定，企业与其关联方之间的业务往来，不符合独立交易原则而减少企业或者其关联方应纳税收入或者所得额的，税务机关有权按照合理方法调整。

根据上述规定，关联公司将房屋无偿让渡给企业使用，属于不符合独立交易原则而减少企业或者其关联方应纳税收入或者所得额的行为，税务机关有权按照合理方法调整企业所得税应税收入。

27. 公司统一制作工作服发放给员工，属于集体福利吗？

《国家税务总局关于企业工资薪金及职工福利费扣除问题的通知》（国税函〔2009〕3号）第三条规定："《实施条例》第四十条规定的企业职工福利费，包括以下内容：（一）尚未实行分离办社会职能的企业，其内设福利部门所发生的设备、设施和人员费用，包括职工食堂、职工浴室、理发室、医务所、托儿所、疗养院等集体福利部门的设备、设施及维修保养费用和福利部门工作人员的工资薪金、社会保险费、住房公积金、劳务费等。（二）为职工卫生保健、生活、住房、交通等所发放的各项补贴和非货币性福利，包括企业向职工发放的因公外地就医费用、未实行医疗统筹企业职工医疗费用、职工供养直系亲属医疗补贴、供暖费补贴、职工防暑降温费、职工困难补贴、救济费、职工食堂经费补贴、职工交通补贴等。（三）按照其他规定发生的其他职工福利费，包括丧葬补助费、抚恤费、安家费、探亲假路费等。"

《国家税务总局关于企业所得税若干问题的公告》（国家税务总局公告2011年第34号）：

根据《中华人民共和国企业所得税法》（以下简称税法）以及《中华人民共和国企业所得税法实施条例》（以下简称《实施条例》）的有关规定，现就企业所得税若干问题公告如下：……

二、关于企业员工服饰费用支出扣除问题

企业根据其工作性质和特点，由企业统一制作并要求员工工作时统一着装所发生的工作服饰费用，根据《实施条例》第二十七条的规定，可以作为企业合理的支出给予税前扣除。……

七、本公告自2011年7月1日起施行。本公告施行以前，企业发生的相关事项已经按照本公告规定处理的，不再调整；已经处理，但与本公告规定处理不一致的，凡涉及需要按照本公告规定调减应纳税所得额的，应当在本公告施行后相应调减2011年度企业应纳税所得额。

28. 取得进项税发票的雇主责任险能否做企业所得税税前扣除？

雇主责任险是指被保险人所雇佣的员工在受雇过程中从事与保险单所载明的与被保险人业务有关的工作而遭受意外或患与业务有关的国家规定的职业性疾病，所致伤、残或死亡，被保险人根据《中华人民共和国劳动法》及劳动合同应承担的医药费用及经济赔偿责任，包括应支出的诉讼费用，由保险人在规定的赔偿限额内负责赔偿的一种保险。应当注意，此处的雇主是指用人单位（企业），不能误解为企业的投资者。

根据《企业所得税法实施条例》第四十六条规定，企业参加财产保险，按照规定缴纳的保险费，准予扣除。根据《保险法》第九十五条规定，财产保险业务包括财产损失保险、责任保险、信用保险、保证保险等保险业务。因此，企业参加的责任险属于财产保险，可以按税法规定税前扣除。

同时，雇主责任险是企业为了转嫁自身风险购买的一种财产保险，不属于员工福利，可按规定抵扣进项税。

29. 研发人员同时从事非研发活动的，发生的相关费用如何扣除？

根据《国家税务总局关于研发费用税前加计扣除归集范围有关问题的公告》（国家税务总局公告2017年第40号）规定，直接从事研发活动的人员、外聘研发人员同时从事非研发活动的，企业应对其人员活动情况做必要记录，并将其实际发生的相关费用按实际工时占比等合理方法在研发费用和生产经营费用间分配，未分配的不得加计扣除。

30. 核定征收企业是否可以享受研发费用加计扣除政策？

研发费用加计扣除政策适用于会计核算健全、实行查账征收并能够准确归集研发费用的居民企业，以核定征收方式缴纳企业所得税的企业不能享受此项优惠政策。

第三节　个人所得税常见问题解答

1. 个人办理内部退养手续而取得的一次性补贴收入，如何缴纳个人所得税？

办理内部退养的个人在其办理内部退养手续后至法定离退休年龄之间从原任职单位取得的工资、薪金，不属于离退休工资，应按"工资、薪金所得"项目计征个人所得税。

个人在办理内部退养手续后从原任职单位取得的一次性收入，应按办理内部退养手续后至法定离退休年龄之间的所属月份进行平均，并与领取当月的"工资、薪金所得"合并后减除当月费用扣除标准，以余额为基数确定适用税率，再将当月工资、薪金加上取得的一次性收入，减去费用扣除标准，按适用税率计征个人所得税。

个人在办理内部退养手续后至法定离退休年龄之间重新就业取得的工资、薪金所得，应与其从原任职单位取得的同一月份的工资、薪金所得合并，并依法自行向主管税务机关申报缴纳个人所得税。

2. 公司支付的旅游费如何进行税务处理？

个人所得税处理。个人无偿获得一次免费旅游的机会，是否缴纳个人所得税？按哪个税目缴税？这需要区分不同情况分析。

（1）公司对雇员和提供劳务的非雇员，应分别按照"工资、薪金所得"和"劳务报酬所得"代扣代缴个人所得税。《财政部、国家税务总局关于企业以免费旅游方式提供对营销人员个人奖励有关个人所得税政策的通知》（财税〔2004〕11号）规定："对商品营销活动中，企业和单位对营销业绩突出人员以培训班、研讨会、工作考察等名义组织旅游活动，通过免收差旅费、旅游费对个人实行的营销业绩奖励（包括实物、有价证券等），应根据所发生费用全额计入营销人员应税所得，依法征收个人所得税，并由提供上述费用的企业和单位代扣代缴。其中，对企业雇员享受的此类奖励，应与当期的工资薪金合并，按照'工资、薪金所得'项目征收个人所得税；对其他人员享受的此类奖励，应作为当期的劳务收入，按照'劳务报酬所得'项目征收个人所得税。"

（2）公司为投资人及其相关人员承担旅游费，按照"个体工商户的生产经营所得"或"利息、股息、红利所得"代扣代缴个人所得税。《财政部、国家税务总局关于规范个人投资者个人所得税征收管理的通知》（财税〔2003〕158号）规定："个人独资企业、合伙企业的个人投资者以企业资金为本人、家庭成员及其相关人员支付与企业生产经营无关的消费性支出及购买汽车、住房等财产性支出，视为企业对个人投资者的利润分配，并入投资者个人的生产经营所得，依照'个体工商户的生产经营所得'项目计征个人所得税。除个人独资企业、合伙企业以外的其他企业的个人投资者，以企业资金为本人、家庭成员及其相关人员支付与企业生产经营无关的消费性支出及购买汽车、住房等财产性支出，视为企业对个人投资者的红利分配，依照'利息、股息、红利所得'项目计征个人所得税。企业的上述支出不允许在所得税前扣除。"

（3）公司为客户承担旅游费，如果属于客户消费后的回馈，不征收个人所得税。《财政部、国家税务总局关于企业促销展业赠送礼品有关个人所得税问题的通知》（财税〔2011〕50号）第一条规定："企业在销售商品（产品）和提供服务过程中向个人赠送礼品，属于下列情形之一的，不征收个人所得税：1. 企业通过价格折扣、折让方式向个人销售商品（产品）和提供服务；2. 企业在向个人销售商品（产品）和提供服务的同时给予赠品，如通信企业对个人购买手机赠话费、入网费，或者购话费赠手机等；3. 企业对累积消费达到一定额度的个人按消费积分反馈礼品。"

在实际销售中，有的公司会在销售汽车、住房等的同时，赠送几日游的旅游服务，属于财税〔2011〕50号文件中提到的在销售商品和提供服务过程中向个人赠送礼品，所以这些因销售而产生的旅游费支出不需要代扣代缴个人所得税。

（4）公司为客户承担的旅游费，若是客户抽奖所得或向客户无偿赠送，按照"偶然所得"代扣代缴个人所得税，财税〔2011〕50号文件第二条第三项规定，企业对累积消费达到一定额度的顾客给予额外抽奖机会，个人的获奖所得按照"偶然所得"项目全额适用20%的税率缴纳个人所得税。

《财政部、税务总局关于个人取得有关收入适用个人所得税应税所得项目的公告》（财政部、税务总局公告2019年第74号）第三条规定："企业在业务宣传、广告等活动中，随机向本单位以外的个人赠送礼品（包括网络红包，下同），以及企业在年会、座谈会、庆典以及其他活动中向本单位以外的个人赠送礼品，个人取得的礼品收入，按照'偶然所得'项目计算缴纳个人所得税，但企业赠送的具有价格折扣或折让性质的消费券、代金券、抵用券、优惠券等礼品除外。"

按照上述文件规定，如果公司为客户提供了抽奖服务，对于中奖客户获得的免费旅游或者公司因业务宣传向客户提供的免费旅游，公司应按照"偶然所得"代扣代缴个人所得税。

增值税处理。公司购买的旅游服务属于集体福利，个人消费支出的旅游费增值税进项税额不能抵扣。《财政部　国家税务总局关于全面推行营业税改征增值税试点的通知》（财税〔2016〕36号）附件一《营业税改征增值税试点实施办法》第27条规定："下列项目的进项税额不得从销项税额中抵扣：（一）用于简易计税方法计税项目、免征增值税项目、集体福利或者个人消费的购进货物、加工修理修配劳务、服务、无形资产和不动产。其中涉及的固定资产、无形资产、不动产，仅指专用于上述项目的固定资产、无形资产（不包括其他权益性无形资产）、不动产。纳税人的交际应酬消费属于个人消费。……"

综上，公司发生旅游费支出，财务人员在实务中应当先判断每一笔支出的对象和性质，按章办事才能做出规范的税务处理，尽可能减少涉税风险。

3. 单位发放工资时，向员工发放的住房补贴计算个人所得税时是否可以扣除？

不可以，除外籍个人外，企业以现金形式发给个人的住房补贴、医疗补助费应全额计入领取人的当期工资、薪金收入计征个人所得税。

4. 纳税人的女儿已参加工作，现在停薪留职去国外读博，纳税人能否按照子女教育享受专项附加扣除？

可以，纳税人的子女接受全日制学历教育的相关支出，按照每个子女每月1000元的标准定额扣除。学历教育包括义务教育（小学、初中教育）、高中阶段教育（普通高中、中等职业、技工教育）、高等教育（大专专科、大学本科、硕士研究生、博士研究生教育）。

纳税人子女在中国境外接受教育的，纳税人应当留存境外学校录取通知书、留学签证等相关证明资料备查。

5. 个人提前退休取得的一次性补贴收入，应当如何计算缴纳个人所得税？

《财政部、税务总局关于个人所得税法修改后有关优惠政策衔接问题的通知》（财税〔2018〕164号）第五条（二）个人办理提前退休手续而取得的一次性补贴收入，应按照办理提前退休手续至法定离退休年龄之间实际年度数平均分摊，确定适用税率和速算扣除数，单独适用综合所得税率表，计算纳税。计算公式：

应纳税额＝｛〔（一次性补贴收入÷办理提前退休手续至法定退休年龄的实际年度数）－费用扣除标准〕×适用税率－速算扣除数｝×办理提前退休手续至法定退休年龄的实际年度数

6. 向水滴筹的捐款能否税前扣除？

《个人所得税法》第六条第三款规定，个人将其所得对教育、扶贫、济困等公益慈善事业进行捐赠，捐赠额未超过纳税人申报的应纳税所得额30%的部分，可以从其应纳税所得额中扣除；国务院规定对公益慈善事业捐赠实行全额税前扣除的，从其规定。

《个人所得税法实施条例》第19条规定，个人所得税法第六条第三款所称个人将其所得对教育、扶贫、济困等公益慈善事业进行捐赠，是指个人将其所得通过中国境内的公益性社会组织、国家机关向教育、扶贫、济困等公益慈善事业的捐赠。

《财政部、国家税务总局关于公益慈善事业捐赠个人所得税政策的公告》（财政部、国家税务总局2019年第99号公告）第一条规定，个人通过中华人民共和国境内公益性社会组织、县级以上人民政府以及部门等国家机关向教育、扶贫、济困等公益性慈善事业的捐赠，发生的公益捐赠支出，可以按照个人所得税法有关规定，在计算应纳税所得额时扣除。

根据上述规定，个人捐赠税前扣除的前提是通过中华人民共和国境内公益性社会组织、县级以上人民政府以及部门等国家机关向教育、扶贫、济困等公益慈善事业进行捐赠，水滴筹不属于名单内的公益性社会组织，实质是网络互助公司，因此对水滴筹的捐赠不能税前扣除。

7. 个体工商户个人所得税减半政策的具体规定是什么？

《财政部、税务总局关于实施小微企业和个体工商户所得税优惠政策的公告》（财政部、税务总局公告2021年第12号）

二、对个体工商户年应纳税所得额不超过100万元的部分，在现行优惠政策基础上，减半征收个人所得税。

三、本公告执行期限为2021年1月1日至2022年12月31日。

《国家税务总局关于落实支持小型微利企业和个体工商户发展所得税优惠政策有关事项的公告》（国家税务总局公告2021年第8号）

二、关于个体工商户个人所得税减半政策有关事项

（一）对个体工商户经营所得年应纳税所得额不超过100万元的部分，在现行优惠政策基础上，再减半征收个人所得税。个体工商户不区分征收方式，均可享受。

（二）个体工商户在预缴税款时即可享受，其年应纳税所得额暂按截至本期申报所属期末的情况进行判断，并在年度汇算清缴时按年计算、多退少补。若个体工商户从两处以上取得经营所得，需在办理年度汇总纳税申报时，合并个体工商户经营所得年应纳税所得额，重新计算减免税额，多退少补。

（三）个体工商户按照以下方法计算减免税额：

减免税额＝（个体工商户经营所得应纳税所得额不超过100万元部分的应纳税额—其他政策减免税额×个体工商户经营所得应纳税所得额不超过100万元部分÷经营所得应纳税所得额）×（1－50%）

（四）个体工商户需将按上述方法计算得出的减免税额填入对应经营所得纳税申报表"减免税额"栏次，并附报《个人所得税减免税事项报告表》。对于通过电子税务局申报的个体工商户，税务机关将提供该优惠政策减免税额和报告表的预填服务。实行简易申报的定期定额个体工商户，税务机关按照减免后的税额进行税款划缴。

四、关于执行时间和其他事项

本公告第一条和第二条自2021年1月1日起施行，2022年12月31日终止执行。2021年1月1日至本公告发布前，个体工商户已经缴纳经营所得个人所得税的，可自动抵减以后月份的税款，当年抵减不完的可在汇算清缴时办理退税；也可直接申请退还应减免的税款。

8. 社会保险费中个人承担部分是否可以在个人所得税应纳税所得额中扣除？

个人按照国家或省（自治区、直辖市）人民政府规定的缴费比例或办法实际缴付的基本养老保险费、基本医疗保险费和失业保险费，允许在个人应纳税所得额中扣除。企事业单位和个人超过规定的比例和标准缴付的基本养老保险费、基本医疗保险费和失业保险费，应将超过部分并入个人当期的工资、薪金收入，计征个人所得税。

9. 个人买卖股权涉及哪些税种？相关税种怎么计算？

根据《中华人民共和国个人所得税法》第六条、第三条第三款，《中华人民共和国个人所得税法实施条例》第六条第八款、第十七条的规定，个人转让股权所得属于财产转让所得，以转让财产的收入额减除财产原值和合理费用后的余额，作为应纳税所得额，按20%的税率计算缴纳个人所得税。合理费用是指在股权交易中产生的相关印花税、过户费等。

根据《中华人民共和国印花税法》附件《印花税税目税率表》规定，产权转移书据包括土地使用权出让书据，土地使用权、房屋等建筑和构筑物所有权转让书据，股权转让书据，商标专用权、著作权、专利权、专有技术使用权转让书据。其中，股权转让书据根据价款金额的万分之五贴花。

根据《国家税务总局关于印花税若干具体问题的解释和规定的通知》（国税发〔1991〕155号）规定，财产所有权转移书据的征税范围是，经政府管理机关登记注册的动产、不动产的所有权转移所立的书据，以及企业股权转让所立的书据。

根据《财政部、税务总局关于实施小微企业普惠性税收减免政策的通知》（财税〔2019〕13号）第三条规定，由省、自治区、直辖市人民政府根据本地区实际情况，以及宏观调控需要确定，对增值税小规模纳税人可以在50%的税额幅度内减征资源税、城市维护建设税、房产税、城镇土地使用税、印花税（不含证券交易印花税）、耕地占用税和教育费附加、地方教育附加。

个人转让非上市公司股权应按产权转移书据、税目缴纳印花税，可以享受减征政策。

10. 上半年租房，下半年贷款买房，能不能上半年享受住房租金专项附加扣除、下半年享受住房贷款专项附加扣除呢？

一个纳税年度内住房贷款利息扣除和房屋租金扣除只能二选其一。

11. 企业租用员工个人的私有车辆，并签订了合同，约定油费、过路费、保养费、保险费、车船税等由企业负担，请问这种情况下发生的费用是否允许企业所得税税前扣除？

根据《中华人民共和国企业所得税法》第八条规定，企业实际发生的与取得收入有关的合理的支出，包括成本、费用、税金、损失和其他支出，准予在计算应纳税所得额时扣除。根据《中华人民共和国企业所得税法实施条例》第三十条规定，企业所得税法第八条所称费用，是指企业在生产经营活动中发生的销售费用、管理费用和财务费用，已经计入成本的，有关费用除外。

所以，企业使用员工个人的车辆，在签订租赁合同并取得车辆租赁发票的情况下，其发生的与生产经营相关的油费、保养费、过路费等支出可以凭合法有效凭证税前扣除；而车辆保险费、车船税是与车辆所有权相关的费用，无论车辆是否公用，都需要购买保险、缴纳车船税，因此，不属于企业经营相关的费用，不可以税前扣除。

12. 工资、薪金所得的具体内容和征收范围是怎样的？

《中华人民共和国个人所得税法》第四条规定："下列各项个人所得，免征个人所得税：（一）省级人民政府、国务院部委和中国人民解放军军以上单位，以及外国组织、国际组织颁发的科学、教育、技术、文化、卫生、体育、环境保护等方面的奖金；（二）国债和国家发行的金融债券利息；（三）按照国家统一规定发给的补贴、津贴；（四）福利费、抚恤金、救济金；（五）保险赔款；（六）军人的转业费、复员费、退役金；（七）按照国家统一规定发给干部、职工的安家费、退职费、基本养老金或者退休费、离休费、离休生活补助费；（八）依照有关法律规定应予免税的各国驻华使馆、领事馆的外交代表、领事官员和其他人员的所得；（九）中国政府参加的国际公约、签订的协议中规定免税的所得；（十）国务院规定的其他免税所得。"

《国务院关于修改〈中华人民共和国个人所得税法实施条例〉的决定》（中华人民共和

国国务院令第600号）第八条第一项规定："工资、薪金所得，是指个人因任职或者受雇而取得的工资、薪金、奖金、年终加薪、劳动分红、津贴、补贴以及与任职或者受雇有关的其他所得。"第十三条规定："税法第四条第三项所说的按照国家统一规定发给的补贴、津贴，是指按照国务院规定发给的政府特殊津贴、院士津贴、资深院士津贴，以及国务院规定免纳个人所得税的其他补贴、津贴。"第二十五条规定："按照国家规定，单位为个人缴付和个人缴付的基本养老保险费、基本医疗保险费、失业保险费、住房公积金，从纳税义务人的应纳税所得额中扣除。"

根据《财政部国家税务总局关于误餐补助范围确定问题的通知》（财税字〔1995〕82号）规定："国家税务总局关于《征收个人所得税若干问题的规定》（国税发〔1994〕89号）下发后，一些地区的税务部门和纳税人对其中规定不征税的误餐补助理解不一致，现明确如下：国税发〔1994〕89号文件规定不征税的误餐补助，是指按财政部门规定，个人因公在城区、郊区工作，不能在工作单位或返回就餐，确实需要在外就餐的，根据实际误餐顿数，按规定的标准领取的误餐费。一些单位以误餐补助名义发给职工的补贴、津贴，应当并入当月工资、薪金所得计征个人所得税。"

13. 代扣代缴、代收代缴和委托代征（以下简称"三代"）手续费申请时限是怎样的？

《财政部、税务总局、人民银行关于进一步加强代扣代收代征税款手续费管理的通知》（财行〔2019〕11号）第四条

……2."三代"税款手续费按年据实清算。代扣、代收扣缴义务人和代征人应于每年3月30日前，向税务机关提交上一年度"三代"税款手续费申请相关资料，因"三代"单位或个人自身原因，未及时提交申请的，视为自动放弃上一年度"三代"税款手续费。各级税务机关应严格审核"三代"税款手续费申请情况，并以此作为编制下一年度部门预算的依据。

3.代扣、代收扣缴义务人和代征人在年度内扣缴义务终止或代征关系终止的，应在终止后3个月内向税务机关提交手续费申请资料，由税务机关办理手续费清算。

14. 什么情况下会导致个税退税审核不通过或者退税失败？

如果存在以下情况之一，可能导致退税审核不通过或者退税失败：（1）身份信息不正确；（2）提交的银行账户信息不正确或者无效，导致税款无法退还；（3）申报数据存在错

误或者疑点；（4）税务机关审核时发现有需要向您进一步核实了解的情况，但您未提供联系方式或者提供的联系方式不正确，无法与您联系；（5）税务机关向您核实有关年度汇算申报信息，您尚未确认或说明。

15. 单位聘请本单位内部职工授课，职工取得的授课费应该按什么项目扣缴个人所得税？

《中华人民共和国个人所得税法实施条例》第六条规定："个人所得税法规定的各项个人所得的范围：（一）工资、薪金所得，是指个人因任职或者受雇取得的工资、薪金、奖金、年终加薪、劳动分红、津贴、补贴以及与任职或者受雇有关的其他所得。（二）劳务报酬所得，是指个人从事劳务取得的所得，包括从事设计、装潢、安装、制图、化验、测试、医疗、法律、会计、咨询、讲学、翻译、审稿、书画、雕刻、影视、录音、录像、演出、表演、广告、展览、技术服务、介绍服务、经纪服务、代办服务以及其他劳务取得的所得……"

16. 企业在业务宣传、广告等活动中，随机向本单位以外的个人赠送礼品，应如何缴纳个人所得税？因外单位人员身份证信息无法全部获取，是否可以汇总申报？

根据《财政部税务总局关于个人取得有关收入适用个人所得税应税所得项目的公告》（财政部税务总局公告2019年第74号）第二条规定，企业在业务宣传、广告等活动中，随机向本单位以外的个人赠送礼品（包括网络红包，下同），以及企业在年会、座谈会、庆典以及其他活动中向本单位以外的个人赠送礼品，个人取得的礼品收入，按照"偶然所得"项目计算缴纳个人所得税，但企业赠送的具有价格折扣或折让性质的消费券、代金券、抵用券、优惠券等礼品除外。

因人员较多而未获取纳税人真实的基础信息时，扣缴义务人可暂采用汇总申报方式，扣缴义务人到主管税务局办税大厅开通"偶然所得"汇总申报功能后，可在自然人电子税务局扣缴端，分类所得"偶然所得"模块办理汇总申报，并注明"随机赠送礼品汇总申报"，但发放礼品的材料需要留存备查。

17. 单位发给员工的见义勇为奖励是否可以免个税？

首先，单位对本单位见义勇为的员工可否进行奖励？

参考《北京市见义勇为人员奖励和保护条例》第九条的规定，各级人民政府和机关、团体、企业事业单位，对见义勇为人员应当给予奖励。奖励实行精神奖励和物质奖励相结合的原则。因此，单位给本单位见义勇为的员工进行奖励是有依据的。

其次，单位给的奖励能否免个税？

参考《〈北京市见义勇为人员奖励和保护条例〉实施办法》第十七条的规定，对见义勇为人员的表彰和奖励办法按照相关法规和本市有关规定执行。对见义勇为人员的奖金免征个人所得税。

根据《财政部、国家税务总局关于发给见义勇为者的奖金免征个人所得税问题的通知》（财税字〔1995〕25号）规定：

> 目前，各级政府和社会各界对见义勇为者给予奖励的事例越来越多，各地要求对此明确税收征免政策。经研究，现通知如下：
>
> 为了鼓励广大人民群众见义勇为，维护社会治安，对乡、镇（含乡、镇）以上人民政府或经县（含县）以上人民政府主管部门批准成立的有机构、有章程的见义勇为基金会或者类似组织，奖励见义勇为者的奖金或奖品，经主管税务机关核准，免予征收个人所得税。

参考海南地税的回复：

> 问：员工取得公司发放的见义勇为奖金是否需要缴纳个人所得税？
>
> 答：根据《财政部、国家税务总局关于发给见义勇为者的奖金免征个人所得税问题的通知》（财税字〔1995〕25号）的规定，为了鼓励广大人民群众见义勇为，维护社会治安，对乡、镇（含乡、镇）以上人民政府或经县（含县）以上人民政府主管部门批准成立的有机构、有章程的见义勇为基金会或者类似组织，奖励见义勇为者的奖金或奖品，经主管税务机关核准，免予征收个人所得税。
>
> 因此，员工取得公司发放的见义勇为奖金不符合上述规定，应依法缴纳个人所得税。

结合以上规定及海南的解答，政府及主管组织给予见义勇为者的奖励是可以免个税的，但单位奖励给见义勇为员工的奖金是不适用免税政策的。

再次，是否可以按福利费来免个税？

《个人所得税法实施条例》第十一条："个人所得税法第四条第一款第四项所称福利费，

是指根据国家有关规定，从企业、事业单位、国家机关、社会组织提留的福利费或者工会经费中支付给个人的生活补助费；所称救济金，是指各级人民政府民政部门支付给个人的生活困难补助费。"

《国家税务总局关于生活补助费范围确定问题的通知》（国税发〔1998〕155号）对上述生活补助费作出了进一步的解释："近据一些地区反映，《中华人民共和国个人所得税法实施条例》第十四条所说的从福利费或者工会经费中支付给个人的生活补助费，由于缺乏明确的范围，在实际执行中难以具体界定，各地掌握尺度不一，须统一明确法规，以利执行。经研究，现明确如下：一、上述所称生活补助费，是指由于某些特定事件或原因而给纳税人本人或其家庭的正常生活造成一定困难，其任职单位按照国家法规从提留的福利费或者工会经费中向其支付的临时性生活困难补助。……"

根据上述政策，补助费是免个人所得税的，不建议以奖金形式发放。

18. 个人收回转让股权已交的个人所得税能否退还？

根据《中华人民共和国个人所得税法》及其实施条例和《中华人民共和国税收征收管理法》的有关规定，股权转让合同履行完毕、股权已作变更登记，且所得已经实现的，转让人取得的股权转让收入应当依法缴纳个人所得税。转让行为结束后，当事人双方签订并执行解除原股权转让合同、退回股权的协议，是另一次股权转让行为，对前次转让行为征收的个人所得税款不予退回。

股权转让合同未履行完毕，因执行仲裁委员会作出的解除股权转让合同及补充协议的裁决、停止执行原股权转让合同，并原价收回已转让股权的，由于其股权转让行为尚未完成、收入未完全实现，随着股权转让关系的解除，股权收益不复存在，根据《个人所得税法》和《征管法》的有关规定，以及从行政行为合理性原则出发，纳税人不应缴纳个人所得税。

19. 企业异地工程作业人员的个人所得税如何缴纳？

根据《关于建筑安装业跨省异地工程作业人员个人所得税征收管理问题的公告》（国家税务总局2015年第52号）的规定，承揽建筑安装业工程作业（包括建筑、安装、修缮、装饰及其他工程作业）的单位或个人在向个人支付工资、薪金时，属于个人所得税的扣缴义务人，依法向工程作业所在地税务机关，代扣代缴个人所得税，并办理全员全额扣缴明细申报。

20. 公司节日礼物如何进行税务处理？

（1）个税

依据《中华人民共和国个人所得税法》《中华人民共和国个人所得税法实施条例》，双节期间员工取得任职单位发放的礼品，不属于免征个人所得税的范围，而是属于个人因任职或者受雇取得的工资、薪金、奖金、年终加薪、劳动分红、津贴、补贴以及与任职或者受雇有关的其他所得，应计入当月的工资、薪金所得缴纳个人所得税。所得为实物的，应当按照取得的凭证上所注明的不含增值税价格计算收入额，无凭证的实物或者凭证上所注明的价格明显偏低的，参照市场价格核定收入额。

（2）增值税

情形一：发放企业自产产品。在此情形下，公司发放给员工的礼品，需要确认销售收入，按照对外售价（批发价格）视同销售，计征增值税进项税额。

情形二：发放外购产品。企业将外购的礼物发放给员工，不视同销售，若是外购礼品取得专票，进项税额不能抵扣，如果已经抵扣，发放福利环节需要进项税额转出。

情形三：发放现金、购物卡等。企业购买预付卡无法取得专用发票，仅能在购卡环节从售卡方或支付机构取得编码为"未发生销售行为的不征税项目"下设的601"预付卡销售和充值"的增值税普通发票。那就意味着持卡人的购卡金额无法抵扣进项税。依据：《关于营改增试点若干征管问题的公告》（国家税务总局公告2016年第53号）。

（3）企业所得税

企业将自产产品用于职工福利，应视同销售处理，按该产品市场销售价格确认销售收入，结转视同销售成本，按照所得缴纳企业所得税。

同样，无偿赠送购物卡，其实也只是将卡内预付资金进行转让，没有匹配的货物或服务，因此无论企业将购物卡用于职工福利还是对外赠送，在企业所得税上都无需视同销售处理。

第四节　其他税种常见问题解答

1. 有产权的地下车位是否需要缴纳房产税？

答：对于与地上房屋相连的地下建筑，如房屋的地下室、地下停车场、商场的地下部分等，根据《财政部、国家税务总局关于具备房屋功能的地下建筑征收房产税的通知》（财税〔2005〕181号），应将地下部分与地上房屋视为一个整体，按照地上房屋建筑的有关规定计算征收房产税。

2. 某些合同履行后，实际结算金额与合同所载金额不一致，应否补贴印花？

答：依照印花税法规定，应税合同的计税依据，为合同所列明的金额。因此，对已履行并贴花的合同，发生实际结算金额与合同所载金额不一致情形的，一般不再补贴印花。

3. 总公司和分公司之间签订合同是否需要缴纳印花税？

答：根据《国家税务总局关于企业集团内部使用的有关凭证征收印花税问题的通知》（国税函〔2009〕9号）规定，对于企业集团内具有平等法律地位的主体之间自愿订立、明确双方购销关系、据以供货和结算、具有合同性质的凭证，应按规定征收印花税。对于企业集团内部执行计划使用的、不具有合同性质的凭证，不征收印花税。

4. 纳税人缴纳的契税和印花税是否需计入房产税的房产原值？

答：需要。对依照房产原值计税的房产，不论是否记载在会计账簿固定资产科目中，均应按照房屋原价计算缴纳房产税。房屋原价应根据国家有关会计制度规定进行核算。对纳税人未按国家会计制度规定核算并记载的，应按规定予以调整或重新估价。

对按照房产原值计税的房产，无论会计上如何核算，房产原值均应包含地价，包括为取得土地使用权支付的价款、开发土地发生的成本费用等，宗地容积率低于0.5的，按房产建筑面积的二倍计算土地面积，并据此确定计入房产原值的地价。

5. 同一合同上有两个不同的事项，应该如何缴纳合同印花税？

答：根据《中华人民共和国印花税法》第九条规定，同一应税凭证载有两个以上税目事项并分别列明金额的，按照各自适用的税目税率分别计算应纳税额；未分别列明金额的，从高适用税率。

6. 公司因改制而更名，更名后除名称变更外，出资人等都未变更，房产证、土地证更名是否需要缴纳印花税？

答：根据《中华人民共和国印花税法》第一条规定，在中华人民共和国境内书立应税凭证、进行证券交易的单位和个人，为印花税的纳税义务人，应当依照本法规定缴纳印花税。

根据《中华人民共和国印花税法》第四条，印花税的税目、税率，依照本法所附《印花税税目税率表》执行。

如公司更名，从而房产证和土地使用证名称变更，发放新房产证、土地使用证，不属于印花税税目税率表》中产权转移书据，不需要缴纳印花税。